CyclOpe 2003

Les Marchés mondiaux

Sous la direction de Philippe CHALMIN

ECONOMICA
49, rue Héricart, 75015 Paris

Cercle CyclOpe

En période d'instabilité des marchés vous avez besoin d'un outil de synthèse et d'analyse !

Crise du pétrole, sécheresse aux Etats-Unis, flambée des cours des céréales, pénurie de nickel et effondrement du cacao, reprise des marchés industriels (de l'acier aux composants électroniques), gelées au Brésil, problèmes russes ou chinois…

L'actualité économique internationale de ces dernières années a amplement démontré l'importance des grands marchés internationaux pour l'ensemble des opérateurs économiques.

Créé en 1989 par Philippe Chalmin, le CERCLE Cyclope répond à un objectif principal : satisfaire les besoins de ces opérateurs pour une information rapide et synthétique sur l'évolution des grands marchés.

Les sources d'informations existantes ne donnent aujourd'hui qu'une image de la réalité à un moment donné : il est nécessaire de disposer à tout moment tant des cotations les plus fiables, que du recul nécessaire pour l'analyse et la synthèse.

LES MARCHÉS TRAITÉS

A ses adhérents, le CERCLE Cyclope propose un suivi de la plupart des grands marchés internationaux de commodités :
- produits alimentaires : céréales, oléo-protéagineux, sucre, café, cacao, viande, produits laitiers,
- matières premières agricoles : caoutchouc, coton, laine, bois,
- minerais et métaux : cuivre, plomb, zinc, aluminium, nickel, étain, métaux précieux, fer, acier, alliages et petits métaux,
- pétrole
- frêts maritimes
- produits industriels : pâtes et papiers, chimie de base…

ainsi que des analyses sur les marchés à terme et les opérateurs.

Cyclope est une société d'études, spécialisée dans l'analyse des marchés mondiaux des matières premières : elle tire son nom du rapport Cyclope publié chaque année depuis 1985 aux éditions Economica.

Cyclope est dirigé par Philippe Chalmin, professeur à Paris Dauphine où il dirige le DESS d'Affaires Internationales, consultant auprès d'organismes internationaux (OCDE, CEE, CNUCED) et par ailleurs, conseiller économique de la SFAC.

LES SERVICES

Le CERCLE Cyclope fonctionne à la fois comme un club et comme un service de publications. Il comporte donc trois pôles d'activités :

• 1. La Synthèse
Le CERCLE publie une synthèse mensuelle de marchés (11 numéros par an) reprenant des graphiques (moyennes mensuelles sur 8 ans et cours quotidiens) assortis d'analyses et de commentaires, ainsi que des statistiques les plus récentes sur les principaux marchés de commodités.

• 2. Le Cercle
Son objet est de réunir de manière régulière (au moins huit fois par an) les intervenants sur les marchés internationaux : banquiers, négociants, producteurs et consommateurs se retrouvent pour échanger de manière informelle autour d'un déjeuner. Ces réunions permettent des échanges en profondeur sur la conjoncture mais abordent aussi des thèmes plus vastes autour de conférenciers étrangers comme le ministre des matières premières de Côte d'Ivoire, le directeur général de l'Agriculture à Bruxelles, des dirigeants du LME.

• 3. Le Service de renseignements
Les responsables du Cercle peuvent à tout moment être consultés pour des questions touchant aux marchés internationaux.

Conditions d'adhésion

Il existe deux formules d'adhésion au Cercle Cyclope :

1. L'adhésion complète au Cercle Cyclope et à l'ensemble de ses services comprend :
- l'ensemble des publications servies en deux exemplaires pour deux personnes de la même société ou du même groupe
- les réunions du Cercle (6 à 8 déjeuners et 2 à 4 réunions thématiques par an)
- le Service de renseignements

Cette adhésion peut être imputée en abonnements ou frais d'études.

2. L'abonnement en un seul exemplaire à la synthèse mensuelle.

Sommaire

Les collaborateurs de CyclOpe 2003 VI

Avant-propos VIII

Chroniques d'une guerre annoncée XI

Première partie : Doutes et incertitudes du monde 1

I Après la grisaille de 2002, 2003 dans le monde : un monde en proie au doute et aux incertitudes économiques . . 3

II Amérique du Sud : les réformes ou l'enlisement 23

III Après Johannesburg : quelles perspectives de développement durable ? 35

IV Un certain parfum de protectionnisme ! 53

V L'affaire Metaleurop et Glencore 59

Deuxième partie : Les marchés 63

La conjoncture des marchés 2002-2003 65

I Les marchés financiers (bourses, monnaies, taux) 75

II Grains et agriculture tempérée 111

III Produits tropicaux 247

IV Produits de la mer 311

V Minerais et métaux 329

VI Énergie 399

VII Grands marchés industriels 451

VIII Services 493

IX Le marché de l'art 527

Nota : *Les parties sont repérées en marge par des onglets.*

Les collaborateurs du CyclOpe 2003

Philippe CHALMIN	Professeur associé à l'Université Paris-Dauphine	Coordination générale, Chroniques d'une guerre annoncée ; Environnement économique ; Minerais et métaux ; Protectionnisme ; Papier ; Art
Emmanuel BERT	Économiste à l'ONILAIT	Produits laitiers
Jean-Pierre BORIS	Journaliste à Radio-France Internationale	Thé ; Épices
Jean-Yves CARFANTAN	Professeur d'économie, représentant de l'ESA d'Angers dans le Mercosul (Brésil, Argentine, Chili)	Amérique latine
Eric CHAMPARNAUD	Économiste-Consultant au BIPE Responsable du Pôle Automobile,	Industrie ; Automobiles,
Michel CHATELUS	Professeur des Universités (Économie) et Chercheur associé à l'IEPE (Grenoble)	Énergie
Patricia COLMANT	Journaliste, Les Échos	Métaux précieux
Jean-Pierre COURSON	Directeur du développement Assurassur-Groupe Caisses d'Épargne	Réassurance
Philippe COUSINIÉ	Économiste viti-vinicole, lycée Agropolis de Montpellier	Vin
Jean-Philippe DAUVIN	Vice Président du Groupe STMicroelectronics, Chef Économiste	Semi-conducteurs
Dinu DRAGOMIRESCU	Journaliste à Recyclage Récupération Magazine	Plomb et Zinc
Gérald ESTUR	Statisticien, Comité Consultatif International du Coton (Washington)	Coton
Dominique FINON	Directeur de recherche au CNRS, directeur de l'IEPE (Grenoble)	Électricité
Frédéric HENIN	Journaliste à La France Agricole	Oléoprotéagineux ; Pomme de terre
Ralph ICHTER	Président Euroconsultants, (Washington)	Politique agricole américaine

Dominique JACOMET	Directeur Général Devanlay-Lacoste Vice-Président de l'UIT	Textiles
Alain KARSENTY	Économiste au CIRAD-Forêt	Bois tropicaux
Maxime LEMERLE	Chargé d'études EULER-Sfac	Télécommunications
Denis LOEILLET	Responsable de l'Observatoire des marchés du Cirad-flhor et rédacteur en chef de la revue FruiTrop	Agrumes, Bananes, Ananas
Françoise LUCAS-FONTAINE	Documentaliste au CREMMAP	Statistiques et prix, Produits agricoles
Jean-Marie MARTIN	Directeur de recherche au CNRS, IEPE (Grenoble)	Énergie
Patricio MENDEZ DEL VILLAR	Chercheur au CIRAD-CA (Brasilia)	Riz
Jean-François MEZAIZE	Directeur des Affaires économiques Union des Industries Textiles - UIT	Textiles
Jean-Charles MONATERI	Chercheur CNRS, Université Pierre Mendès France (Grenoble)	Chimie
Étienne MONTAIGNE	Professeur AGRO-M, École nationale supérieure agronomique (Montpellier)	Vin
Marc NICOLLE	Journaliste à AGRA-PRESSE	Jus de fruits, Droits à polluer
Christian de PERTHUIS	Professeur associé à l'Université Paris-Dauphine, Responsable de la Veille stratégique du groupe Caisse des dépôts	Marchés financiers, Sommet de Johannesbourg
Marie-Christine SCHMITT	Fondée de pouvoir EULER-Sfac	Transport aérien
Dolio SFASCIA	Collaborateur Cercle Cyclope	Produits agricoles
Jean-Paul SIMIER	Économiste, Chambre Régionale Agriculture Bretagne,	Viandes
Marie-Christine SIMONET	Journaliste	Métaux non ferreux
François VELLAS	Professeur à l'Université de Toulouse Directeur du DESS économie du tourisme international	Tourisme
Tancrède VOITURIEZ	Chercheur au CIRAD-CP	Produits tropicaux
Roland WIEFELS	Directeur INFOPESCA (Uruguay)	Produits de la mer

Dominique DALLE-MOLLE	Graphiques REXECODE
Martine GRANGÉ	Coordination et adaptation
Claire MABILLE	Couverture
Charles PRAGER	Traduction pour la version anglaise

Avant-propos

En dix-sept années d'existence, CyclOpe a essuyé nombre de tempêtes géopolitiques et de printemps orageux. Pour un ouvrage publié dans le courant avril de chaque année, il y a toujours quelques conférences internationales (on se souvient de l'Uruguay Round du GATT) dont on attend le résultat, quelques « affaires proches » du dénouement mais en 2003, c'est d'une guerre, la première du XXIe siècle, qu'il s'agit. Cette guerre a commencé le 18 mars 2003 au moment où les derniers textes et les ultimes statistiques nous parvenaient.

Nous avons choisi de ne pas modifier Cyclope 2003 mais de faire précéder l'ouvrage d'un « journal de guerre » tenu au jour le jour à partir du 16 mars et mené le plus loin possible en tenant compte d'une parution qui ne peut être repoussée au-delà du 15 mai 2003.

Mais, sans même la guerre et la montée des tensions qui en ont accompagné la préparation tout au long de 2002, ce dix-septième CyclOpe aurait été riche de maintes crises et autres soubresauts.

Ce fut d'abord une année économique heurtée au lendemain du 11 septembre et de l'éclatement de la bulle financière et de l'affaire Enron ; une année marquée par le retour du protectionnisme, notamment aux États-Unis dans le domaine agricole avec le Farm Act ou avec la mise en place de taxes sur les importations d'acier. Difficile dans ces conditions de préparer le grand rendez-vous de 2003 que sera la conférence de l'OMC à Cancun pour faire le point à mi-parcours du cycle de Doha. Mais 2002 aura aussi eu l'émergence d'un nouveau concept, celui du développement durable porté sur les fonts baptismaux lors de la conférence de Johannesbourg. La construction d'une mondialisation plus équilibrée avance ainsi, cahoteuse, de conférences en conflits commerciaux, politiques ou... militaires.

CyclOpe, c'est aussi bien sûr le suivi de l'ensemble des marchés de la planète par une équipe de plus en plus internationale. Cette année, pratiquement toutes les analyses sont marquées par le facteur chinois. Au-delà des aléas climatiques et militaires, c'est bien la dynamique de la demande chinoise à l'importation pour les commodités qui a soutenu les prix au moment où les économies occidentales souffraient. A l'inverse, le facteur chinois pèse de plus en plus lourd à l'exportation non seulement sur des produits comme les vêtements pour lesquels la Chine bénéficie d'un avantage comparatif du fait du coût de sa main-d'œuvre, mais aussi pour des technologies avancées comme celles des semi-conducteurs. La Chine, désormais dans l'OMC, s'éveille et les marchés tremblent !

De Bagdad à Beijing, voilà au fond le voyage de Cyclope 2003.

La publication de CyclOpe n'est possible que grâce au soutien de quelques entreprises qui nous apportent leurs concours et soutiennent ainsi la pérennité de cette petite « entreprise », au fond assez unique dans le monde académique et éditorial français. Que les dirigeants du Crédit Agricole, de l'Armement Louis Dreyfus, du groupe Serveur (Art Price), de Bollore, d'Onyx (groupe Vivendi Environnement), de Péchiney World Trade, de Mékatrade, de Soufflet, d'InVivo, de Sucre Union, du Port de Rouen et des Échos en soient ici chaudement remerciés.

Avant que de laisser au lecteur le « plaisir » de découvrir CyclOpe 2003, il me faut simplement lui rappeler que le seul responsable de trop nombreuses lacunes et imperfections n'est autre que le signataire de ces lignes.

Philippe Chalmin

Alice.
SUR LE PAPIER
OU SUR LE WEB,
RIEN N'EST PLUS SÛR.
lesechos.fr
Jeudi 11 janvier 2001
Les Echos
Le Quotidien de l'Economie
les Echos Management et les offres d'emplois

Chroniques d'une guerre annoncée

La première guerre du XXIe siècle aura duré quelques semaines au début du printemps 2003. Elle a été précédée d'une lente montée en puissance à partir de l'attentat du 11 septembre 2001 qui a radicalement modifié le regard que les États-Unis portent sur le reste du monde. Toute l'année 2002, au lendemain de la « victoire » en Afghanistan, avait été marquée par la préparation du conflit, par les débats aux Nations Unies, par les inspections en Irak, par les menaces de veto français et russe. Dans le champ économique, on avait connu alors un véritable choc pétrolier, l'approfondissement du marasme boursier et l'incertitude liée à cette guerre et à son déroulement avaient justifié un attentisme général que l'on retrouvait dans les médiocres chiffres de croissance de la fin de 2002.

Cette guerre aura été aussi, après la guerre du Golfe et la campagne d'Afghanistan, la plus médiatisée en temps réel de l'histoire. « La guerre comme spectacle », a-t-on pu penser à certains moments. Même si, au-delà du spectacle, notre information n'a, au fond, pas été meilleure qu'autrefois, il nous a paru intéressant de tenir un journal géopolitique et économique de ces trois premières semaines de conflit, vues avec un œil européen sans compétences particulières en matière militaire, mais en essayant de lier les événements sur le terrain et les soubresauts de la globalisation économique et financière de la planète. Dans un souci d'authenticité, nous n'avons pas retouché ces chroniques rédigées chaque soir, ce qui explique quelques erreurs factuelles et beaucoup de répétitions. Mais le lecteur y trouvera « dans leur jus » nos passions.

Cours du pétrole brut

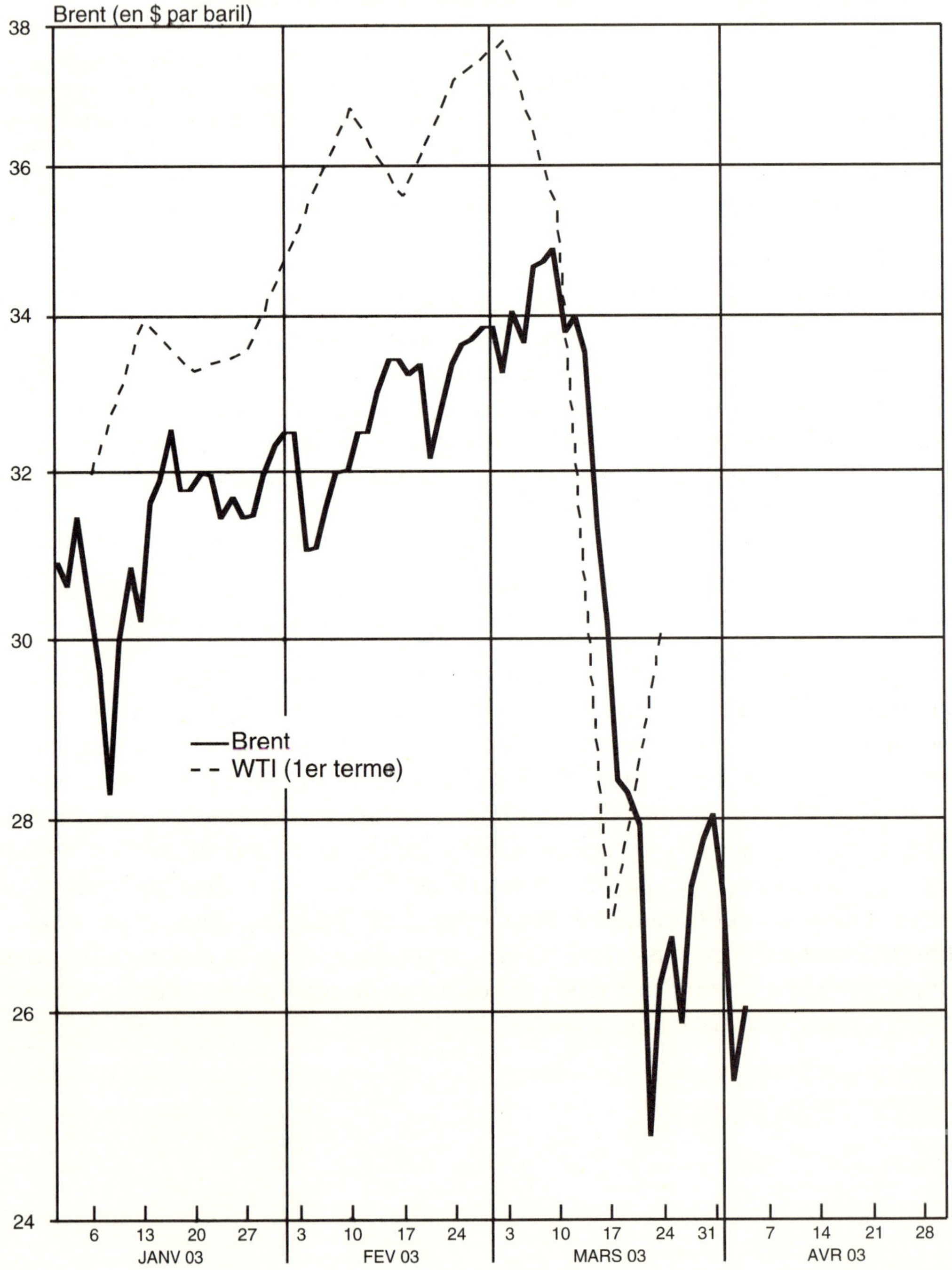

© REXECODE

• **Lundi 17 mars**

Au lendemain du sommet des Açores entre George Bush et ses principaux alliés européens (Blair, Aznar et le malheureux premier ministre portugais dont personne n'a retenu le nom), la tension est montée d'un cran alors que la guerre devenait une quasi-certitude. Malgré la tenue d'une réunion du Conseil de Sécurité de l'ONU, il se confirme que les États-Unis sont prêts à « y aller seuls » s'il le faut.

Curieusement, cette certitude a conforté les marchés comme si ce qui les inquiétait jusque-là c'était bien l'incertitude : les Bourses européennes - qui sortaient d'une semaine catastrophique - avaient ouvert ce matin en forte baisse. Au fur et à mesure de la confirmation des intentions belliqueuses américaines, la tendance s'est renversée à la hausse pour finir la journée à + 3,35 % pour le CAC 40 et alors qu'à l'ouverture américaine, le SP 500 était à + 2,62 %. Parallèlement, le Brent a perdu un peu plus et à $ 29,35, le baril est revenu au-dessous de la barre des $ 30 le baril. Les marchés « votent » pour la guerre en la jouant courte et rapide.

Le même jour se tenait à Bercy la réunion de la Commission Économique de la Nation. Le premier ministre, Jean-Pierre Raffarin, avait déjà annoncé une forte révision à la baisse des prévisions de croissance pour la France de 2,5 % à 1,3 % en 2003 (le cap de 2,5 % étant repoussé à 2004). Parmi les experts, le débat porte sur le calendrier de la reprise aux États-Unis, ce qui explique des divergences assez sensibles. Les prévisions émanant d'organismes américains sont beaucoup plus optimistes que celles en provenance d'Europe, de presque 1 % de croissance en 2004. Aux États-Unis, on parie sur un rebond au lendemain de la guerre, alors qu'en Europe on reste beaucoup plus circonspect, les seuls optimistes étant ceux qui estiment que les contraintes du Pacte de Stabilité ne pourront jouer.

Pour 2003, le consensus de croissance pour les États-Unis est pour les économistes français de 2,2 %, pour les économistes américains interrogés par « Blue Chip » de 2,6 %. Signalons seulement que l'un et l'autre chiffre sont plus de deux fois le consensus de la croissance eurolandaise, trois fois celle du Japon. Les États-Unis s'en vont en guerre avec une économie « qui tourne » et qui surtout bénéficie d'une politique économique (budget et taux) particulièrement accommodante.

La guerre, bien sûr, occupe toute l'actualité. On en oublierait presque un coup d'état en Centrafrique (mais qui pourrait bien s'intéresser à ce malheureux pays, symbole avec beaucoup d'autres du mal de vivre africain ?), l'ouverture d'un forum mondial sur l'eau à Kyoto (mais où en sont d'ailleurs les engagements de Kyoto sur les effets de serre ?) et un nouveau nom chinois à apprendre, celui de Wen Jiabao, nommé premier ministre d'un pays qui continue à afficher 7 à 8 % de croissance annuelle.

• **Mardi 18 mars**

Le sort en est donc jeté. Dans un discours à la nation américaine, George Bush a directement jeté le gant à Saddam Hussein en lui donnant quarante-huit heures pour se démettre : « l'exil ou la guerre » titre *Le Monde*, comme s'il pouvait y avoir un choix. Nul en effet n'a imaginé un moment que Saddam, arrivé au pouvoir sur le cadavre du général Kassem (et à l'époque avec le soutien des occidentaux trop heureux de se débarrasser de Kassem qui venait de nationaliser les gisements de pétrole irakien), puisse partir vers quelque Suisse ou autre Afrique du Sud. Ce sera donc la guerre et les États-Unis l'auront décidée de manière unilatérale en passant au-dessus de l'ONU, avant même tout veto de la France ou de la Russie. Tristement, l'équipe d'inspecteurs de l'ONU évacue Bagdad, montrant bien toutes les limites de la diplomatie lorsque domine la volonté de guerre. Pour autant que l'on puisse en juger, le gros des Américains est derrière son Président et il est probable que dans les jours à venir, les sceptiques se feront discrets. En Europe, il n'y a guère d'unanimité, même et y compris au Royaume-Uni : l'ancien titulaire du Foreign Office, « leader » de la Chambre des Communes, Robin Cook, a démissionné pendant que son successeur, Jack Straw, se livrait à une violente diatribe anti-française.

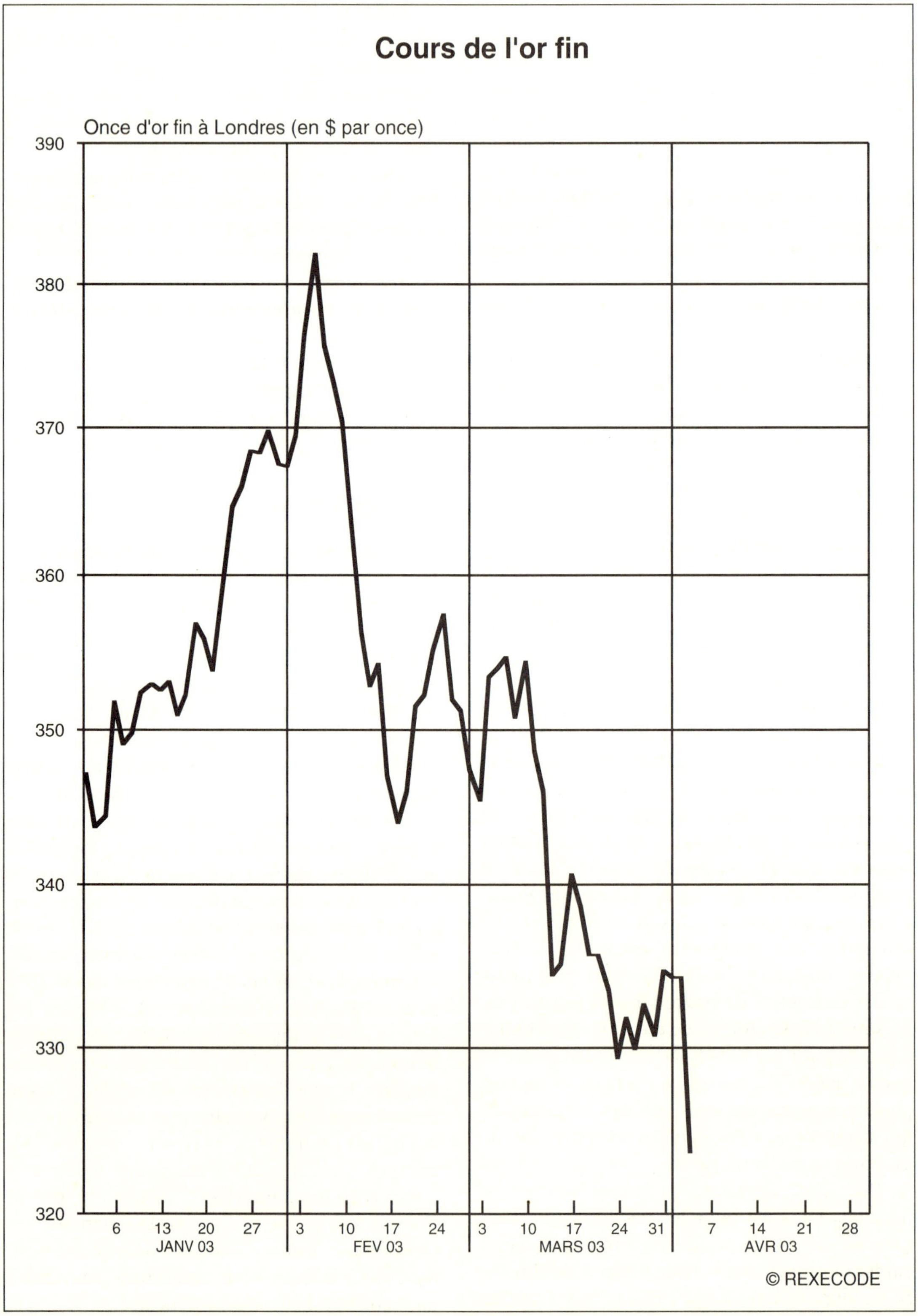
Cours de l'or fin
Once d'or fin à Londres (en $ par once)
390
380
370
360
350
340
330
320
6
13
20
27
JANV 03
3
10
17
24
FEV 03
3
10
17
24
31
MARS 03
7
14
21
28
AVR 03
© REXECODE

Sur les marchés, qui restent la photographie la plus instantanée des humeurs économiques, la consolidation se poursuit : le CAC à Paris perd certes 1 % mais le Dax à Francfort en gagne 2 et à l'ouverture de New York, le SP 500 est à peu près stable. Quant au pétrole, il accentue sa baisse en particulier aux États-Unis où le WTI (West Texas Intermediate) qui avait touché il y a quelques jours la barre des $ 40 le baril, vaut à peine plus de $ 32. À Londres, le Brent est à $ 28,4 ce qui montre bien que le marché ne donne plus guère que $ 5 à $ 7 de prime de risque.

Dans ce concert presque euphorique, sur le thème « tout plutôt que l'incertitude », le commissaire européen en charge de l'UEM, l'espagnol Pedro Solbes, n'a pas hésité à brandir le risque de récession mondiale (là, il exagère) ou au moins européenne. Sa prévision de croissance pour Eurolande en 2003 est de l'ordre de 1 % et c'est vrai qu'il n'en faudrait pas beaucoup pour basculer dans le camp de la récession. Mais la guerre en serait-elle responsable ? Ne pourrait-elle pas être au contraire un prétexte pour ne pas voir les problèmes de fond qui se posent et au premier chef, la crise allemande.

Avant même le premier tir, l'Europe est la grande perdante de ce conflit : elle est plus divisée que jamais ; son économie est bien fragile et certaines de ses activités comme le tourisme et l'aéronautique sont déjà touchées de plein fouet. La guerre agit en fait comme un révélateur cruel des faiblesses européennes tant économiques que politiques.

- **Mercredi 19 mars**

Le silence avant la tempête… On entend presque les bruits de bottes des troupes qui se massent dans le Golfe. Les derniers diplomates quittent Bagdad où ne restent que quelques journalistes. Dans la presse, ce ne sont que cartes de l'Irak et analyses des forces en présence dont le déséquilibre semble bien dérisoire. Il n'y a plus guère que d'ultimes tempêtes de sable qui semblent protéger encore le régime de Saddam Hussein dont on voit mal comment il ne s'effondrera pas dès les premières frappes. Mais les dirigeants irakiens apparaissent si lisses, si imperturbables.

Les marchés aussi attendent maintenant. Les Bourses sont presque stables, le pétrole Brent est au-dessus de $ 28 le baril et le dollar s'est un peu raffermi par rapport à l'euro (1 058). On attend. L'incertitude militaire, l'attente de la première bombe pèsent comme une chape de plomb sur les marchés. Silence dans les tranchées avant l'attaque.

Sur le front diplomatique, on peut en tout cas déjà faire les comptes d'une nouvelle fracture. La « coalition » est soutenue par l'Australie, le seul autre pays à envoyer des troupes, le Japon, la Corée du Sud et les Philippines en Asie, la Colombie et la Bolivie en Amérique latine et surtout par la quasi-totalité des PECO. C'est de ce côté que la surprise est la plus grande. Coincés longtemps entre l'Europe et l'URSS, à peine libérés de l'étreinte soviétique et manifestement quelque peu cyniques quant à leur adhésion européenne, les PECO se sont alignés sur les États-Unis sans aucun état d'âme et sans chercher en aucune manière à se coordonner avec une Union européenne, il est vrai, totalement divisée. Jacques Chirac avait raison de faire part de son amertume face à l'ingratitude de ces nouveaux membres qui coûtent quand même déjà assez cher au budget européen. Force est de constater que les États-Unis ont bien manœuvré dans la région, que la carotte « OTAN » a plus comptée que celle pourtant bien fournie financièrement de Bruxelles.

Curieuse fracture européenne et mondiale donc. Les États-Unis ont mis en évidence les limites de leur influence et ils n'ont à leur côté ni le Canada ou le Mexique, ni la Russie, la Chine ou l'Inde. Mais en Europe, au Proche-Orient et en Asie centrale, ils ont marqué des points… de division.

Le monde attend le premier fracas de canons !

- **Jeudi 20 mars**

Ca y est ! La première guerre du XXIe siècle vient de commencer, quelques minutes à peine après l'expiration de l'ultimatum américain.

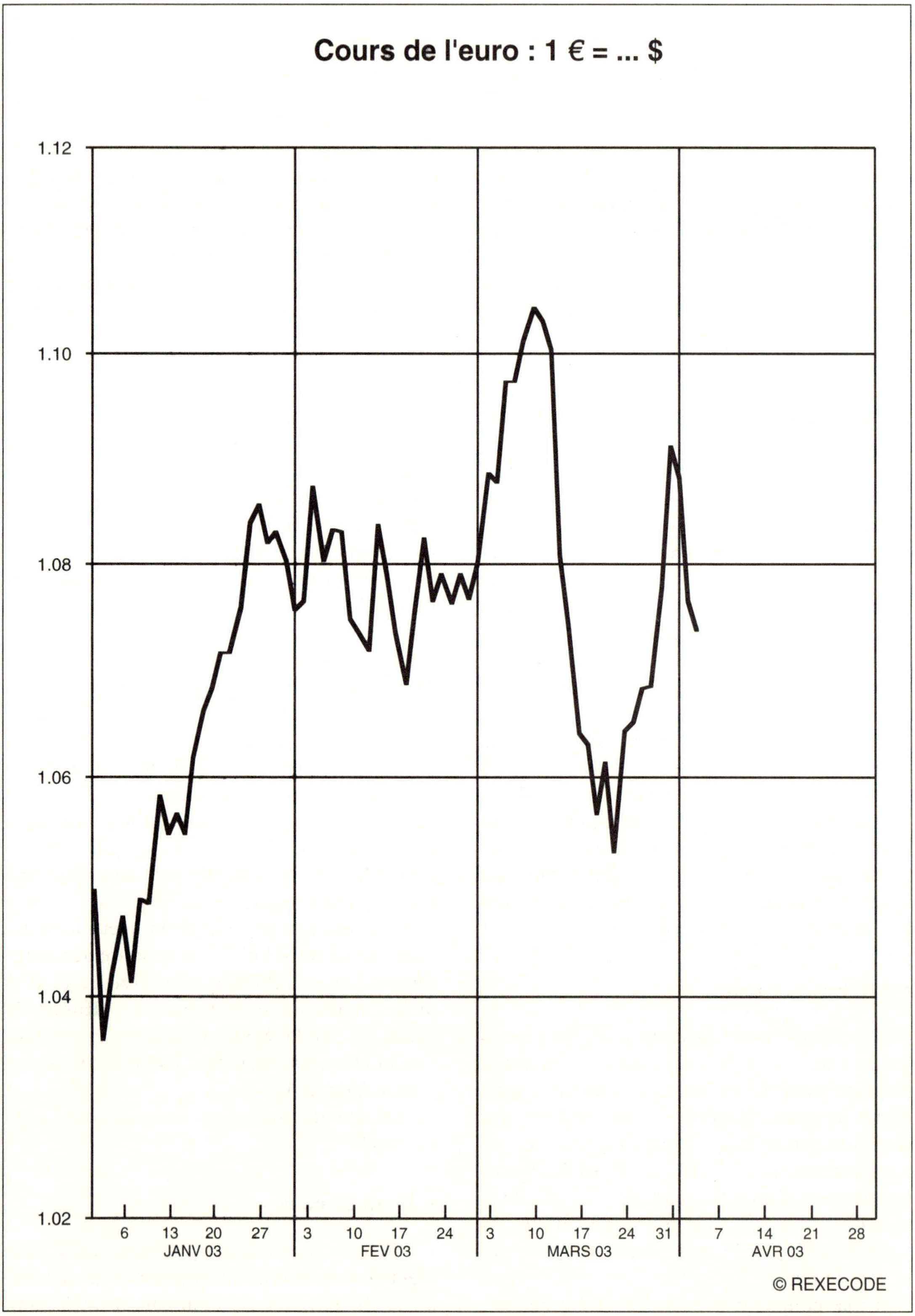
Cours de l'euro : 1 € = ... $
1.12
1.10
1.08
1.06
1.04
1.02
6 13 20 27
JANV 03
3 10 17 24
FEV 03
3 10 17 24 31
MARS 03
7 14 21 28
AVR 03
© REXECODE

Les forces de la « coalition » ont frappé. Ce mot de coalition – en français comme en anglais – est celui qui a été adopté pour désigner l'alliance américano-britannique et leurs alliés. Il a un petit côté de science-fiction, « d'Empire qui contre attaque ». Mais au fond tout ceci n'est-il pas vécu comme un gigantesque scénario à la Spielberg avec Saddam dans le rôle d'un « Dark Wador » bien affaibli.

Quelques missiles donc qui visaient – semble-t-il – les dirigeants irakiens dans leurs bunkers. Le monde qui suit en direct tout ceci n'en sait pas plus. La guerre a commencé, martèle-t-on sur les ondes, mais au fond on ne sait rien de plus. Cela promet en tout cas de mettre une ambiance cordiale au Sommet européen de Bruxelles qui se tient aujourd'hui et où Jacques Chirac et Tony Blair devraient se « croiser ».

Dans la matinée, les marchés boursiers européens sont fébriles : si les indices demeurent à peu près stables, il y a de fortes variations sur les valeurs elles-mêmes : à la hausse à Paris, des « militaires » comme Thales ou Alstom, à la baisse de manière très symbolique, le Club Méditerranée ! Le pétrole par contre poursuit sa baisse, à moins de $ 27 pour le Brent, de $ 29 pour le WTI. Les marchés pensent manifestement que la guerre se fera sans destruction pétrolière majeure. Gardons-nous quand même de toute euphorie ! En fin de matinée, une agence de presse russe annonçait que des puits étaient en feu dans le Sud de l'Irak. L'heure est aussi à la désinformation.

Il se confirme par contre que les États-Unis ne pourront utiliser la Turquie comme base arrière et que le gouvernement turc ne reviendra pas sur ce sujet devant le Parlement. Cette décision va coûter à la Turquie quelque $ 26 milliards, le paquet que les États-Unis avaient proposé ($ 6 milliards de dons et $ 23 milliards de garanties de prêts) et qu'ils viennent bien entendu de retirer. Dans un texte qui circule sur le net, l'écrivain brésilien Paulo Coelho a « remercié » George Bush d'avoir – entre autres – permis au Parlement turc cet acte de courage et de ne pas s'être laissé acheter. C'est en tout cas un courage qui coûte cher à des finances publiques turques qui en auraient eu bien besoin. Dans le même style de rétorsions, le *Financial Times* de ce matin mentionnait les craintes du groupe français J.C. Decaux qui s'apprête à soumissionner pour le marché du mobilier urbain de New York et qui anticipe quelques difficultés liées à sa nationalité ! Dans les premiers débats sur les ondes, on parle déjà de l'après, des dépouilles à partager, de la reconstruction à réaliser : les « carpetbaggers » sont déjà là.

On parle aussi de l'équilibre du monde. La guerre ne consacre-t-elle pas la fin d'un monde multipolaire pour la première fois depuis la signature du Traité de Westphalie. Les États-Unis ont pu s'affranchir des Nations Unies, constituer une « coalition » dérisoire mais, avec leur puissance, dominer le monde, un monde désormais unipolaire sur les cendres de l'URSS et désormais aussi de l'Europe.

Durant l'après-midi, des manifestations contre la guerre, entre autres à Paris, place de la Concorde, devant l'Ambassade des États-Unis. Les manifestants sont jeunes, souvent des adolescents issus de la génération « black, blanc, beur » : leur première manifestation peut-être : sur les marches de la Madeleine, ils chantent et applaudissent en brandissant des banderoles marquées du signe de la paix qui rappellent d'autres manifestations des années soixante, contre la guerre du Vietnam, à l'époque.

À Rome, le Vatican a clairement pris position contre la guerre. Un cardinal souligne avec juste raison ses craintes à propos d'une guerre dont un des protagonistes mentionne maintenant Allah et le djihad dans chacun de ses discours et dont l'autre termine ses péroraisons par « God bless America ». Allah et Dieu ont probablement mieux à faire que de s'affronter par disciples interposés.

On sait maintenant que l'opération américaine s'appelle « Liberté de l'Irak ». Mais qui doit décider de cette liberté ? Sur le terrain, on parle des premières opérations terrestres.

- **Vendredi 21 mars**

Accrochages à Bassorah où la bataille terrestre semble bien avoir commencé. Dans un style qui rappelle les grandes batailles de blin-

Bourse de New York

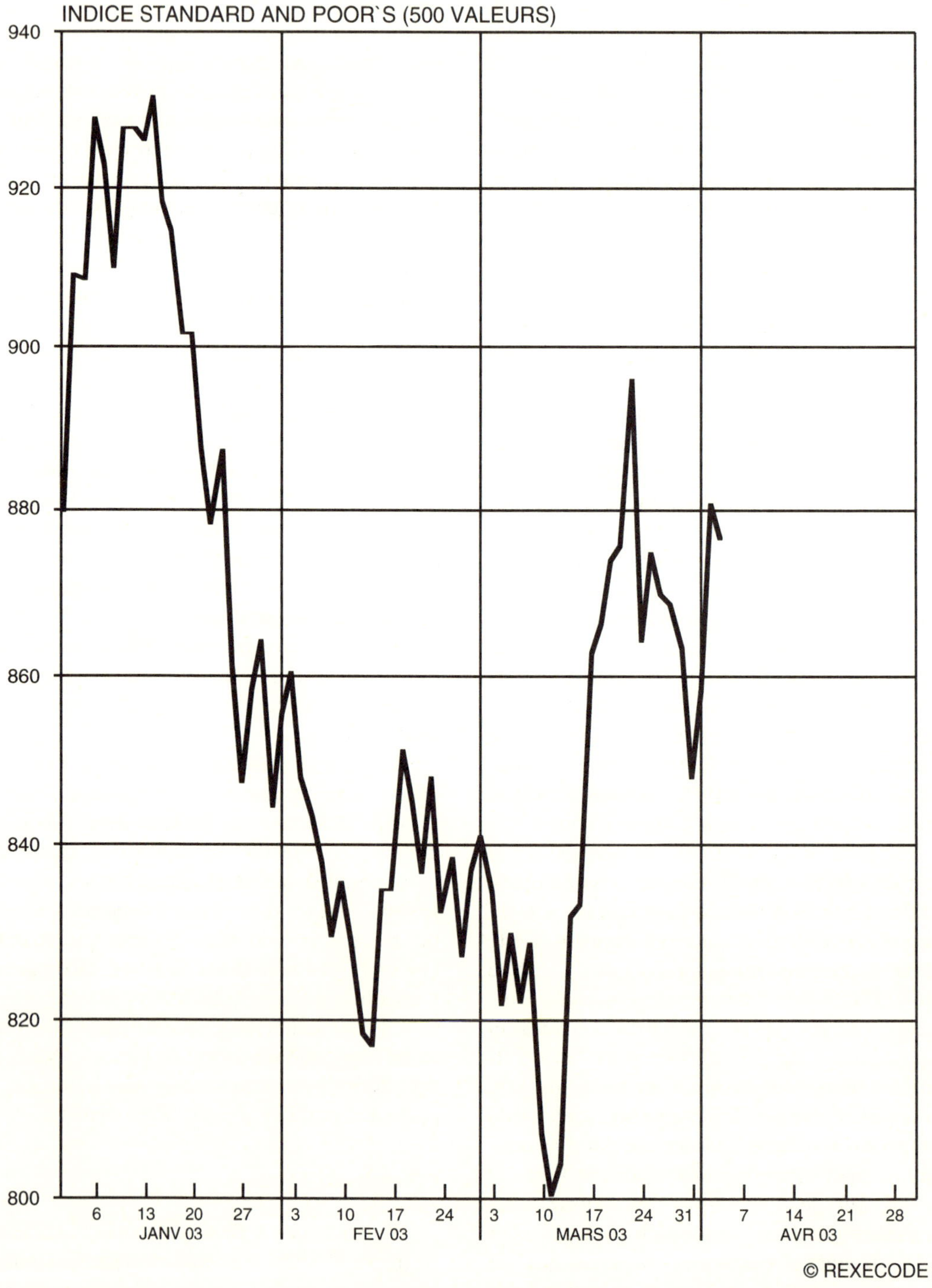

dés de la Deuxième guerre mondiale, la cavalerie américaine s'est élancée sur la route de Bagdad. L'absence de riposte irakienne demeure surprenante. N'y aurait-il, derrière toute la propagande irakienne, que du vent et le régime de Saddam Hussein va-t-il se dégonfler comme une vulgaire baudruche ? Y a-t-il ou non des armes stratégiques ? Faut-il s'attendre à une forte résistance urbaine des unités de la Garde présidentielle. Autant de questions qui restent sans réponses et qui font planer un dernier doute sur le sort de cette guerre. Il y a bien quelques puits de pétrole qui brûlent mais aucun affolement n'est même perceptible sur le marché du pétrole qui a clôturé la semaine à peine au-dessus de $ 25 le baril (pour le Brent). Il est vrai qu'en réunion à Vienne, les membres de l'OPEP se sont engagés à produire les quantités nécessaires pour compenser le déficit irakien : sans tenir compte du Venezuela, les membres de l'OPEP disposent de 1,5 à 2 millions de barils par jour de capacités immédiatement disponibles. L'Agence Internationale de l'Énergie, qui contrôle une réserve de 4 milliards de barils dans les pays de l'OCDE, a d'ailleurs estimé qu'il n'y avait aucun risque pesant sur l'approvisionnement mondial... du moins pour l'instant.

La même sérénité règne sur les marchés boursiers qui finissent eux aussi la semaine en forte hausse (+ 2,8 % à Paris par exemple). Les boursiers achètent bien au son du canon ! On peut simplement remarquer un peu moins d'enthousiasme qu'en 1991 : le jour du lancement de Tempête du Désert, le Dax allemand avait bondi de 8 % ! Malgré ce petit bémol, les marchés restent bien dans une hypothèse de guerre courte, ce que les faits pour l'instant semblent confirmer.

On parle maintenant d'ailleurs de plus en plus de l'après-guerre : de ses inconnues politiques avec le problème kurde sur lequel les Turcs (qui viennent d'autoriser le survol de leur territoire par les avions américains) ont leurs propres idées ; des besoins de la reconstruction aussi : $ 900 millions de contrats pour les infrastructures seraient déjà attribués à quelques grandes entreprises américaines. Et il faudra $ 5 milliards sur trois ans pour le seul secteur pétrolier ; on parle même de $ 15 milliards si l'on veut porter au plus haut le potentiel irakien. Bien sûr, les Européens ne voudraient pas être exclus.

Mais aujourd'hui à Bruxelles, ce n'est pas la plus franche harmonie qui régnait sous la présidence gênée du premier ministre grec, Costas Simitis. Les Européens sont quand même parvenus à un accord minimal sur les questions humanitaires en souhaitant que celles-ci soient réglées sous le contrôle des Nations Unies. Mais derrière les problèmes de l'aide d'urgence, il y a bien sûr la gestion de l'Irak au lendemain de la guerre : qui signera les contrats ? Qui gérera la rente pétrolière ?

• **Samedi 22 mars**

Bombardements massifs sur Bagdad : le palais présidentiel est en flammes. Sur le terrain, il y aurait enfin de véritables combats au Sud, mais la chute de Bassorah ne serait qu'une affaire d'heures. Sur toutes les chaînes, la couverture de la guerre est impressionnante, mais au fond on ne s'en trouve pas pour autant mieux renseigné.

Incertitude par exemple en ce qui concerne l'entrée de troupes turques au Kurdistan irakien. Ce qui est sûr c'est qu'au Nord de l'Irak, les États-Unis devront compter avec une Turquie qui ne veut en aucune manière d'un Kurdistan indépendant. C'est là un avant-goût de la situation que devra gérer le futur proconsul américain.

Un peu partout dans le monde, les manifestations pacifistes rassemblent des foules impressionnantes que ce soit au Proche-Orient, mais aussi en Europe, à Paris par exemple cet après-midi. C'est là une dimension nouvelle qui était absente de la Guerre du Golfe en 1991 et dont le dernier précédent sont les grandes manifestations contre la guerre au Vietnam au début des années soixante-dix. La stratégie américaine est arrivée à ce paradoxe qu'après l'émotion mondiale au lendemain du 11 septembre (« Nous sommes tous des Américains » écrivait Colombani dans *Le Monde*), les États-Unis ont maintenant le gros des opinions publiques

Bourse de la zone euro

© REXECODE

contre eux alors même que tout le monde s'accorde à trouver Saddam odieux ! Le petit cercle conservateur, qui est à l'origine de ce que l'on commence à appeler la « doctrine Bush », de la préemption des conflits avant toute forme de multilatéralisme, n'avait probablement pas bien mesuré les conséquences de son activisme.

Mais pendant ce temps, la vie continue même si nombre de congrès et colloques sont annulés. À Maastricht se tient ainsi la TEFAF, la plus importante foire au monde dans le domaine de l'art et de l'antiquité. Il y a certes moins de visiteurs américains et du Proche-Orient mais les premiers jours de la foire ont fait l'objet d'une intense activité même si l'objet le plus convoité, une terre cuite du Bernin, modèle pour une fontaine de la Piazza Navone à Rome, pour $ 15 millions, n'a pas encore trouvé preneur.

• **Dimanche 23 mars**

Un dimanche au cœur de la guerre. Sur le terrain, les nouvelles sont contradictoires mais deux éléments se confirment. D'une part il ne semble pas y avoir les redditions de masse espérées par les États-Unis : c'est particulièrement le cas dans le Sud chiite, autour de Bassorah où l'on se souvient peut-être encore cruellement du lâchage par ces mêmes Américains lors des révoltes de 1991. D'autre part, les villes ne se rendant pas, l'offensive vers Bagdad les contourne : la stratégie américaine est là devenue très conventionnelle. Elle est donc plus lente. Le scénario de la guerre-éclair se fait moins probable ; l'encerclement de Bagdad sera difficile.

Une photo a fait le tour du monde : celle d'un soldat américain plantant la bannière étoilée au sommet d'un immeuble d'Oum Qasr, le principal port irakien. La photo rappelle bien sûr celle des marines au sommet d'Iwo Jima ou des soldats soviétiques au Reichstag à Berlin. Elle est décalée du discours officiel qui ne parle pas de conquête mais de liberté pour l'Irak. Les autorités américaines ont d'ailleurs démenti leur intention de mettre en place un gouverneur américain pour l'Irak. Mais en 1898, au lendemain de la guerre hispano-américaine dont le motif était la libération de Cuba et des Philippines du joug espagnol, on avait bien eu mise en place d'un protectorat.

D'autres photos et reportages : ceux des premiers morts et prisonniers du côté américain. La résistance irakienne serait plus forte que prévu et le mythe de la guerre pratiquement sans victimes militaires américaines (ce qui avait été le cas en Afghanistan) s'éloigne.

Mais en fin de journée, les agences de presse donnaient les blindés américains à 100 kilomètres de Bagdad alors que sur la Côte Ouest se préparait la cérémonie des Oscars…

• **Lundi 24 mars**

L'heure est au doute et, à l'ouverture, les marchés reflètent bien leurs incertitudes quant à la durée de la guerre, quant à la stratégie américaine dans un conflit qui donne l'impression de s'enliser. Les troupes américaines avancent et seraient même aux portes de Bagdad mais il se confirme qu'aucune ville de quelque importance n'a été encore prise. La guerre inquiète maintenant et les marchés boursiers sont en baisse alors que le pétrole se raffermit.

Un nouveau nom fait la une de la presse, portraits à la clef. Il s'agit du général Tommie Franks, le commandant américain, un Texan autodidacte, plus réservé que le tonitruant Norman Schwarzkopf de 1991, mais bien en ligne avec l'Amérique profonde tout en ne faisant pas d'ombre au secrétaire à la Défense, Donald Rumsfeld, plus omniprésent que jamais dans les médias.

Dans la nuit a eu lieu la cérémonie des Oscars : le film primé, Chicago, est politiquement très correct et d'une fadeur accomplie, à des années lumière d'une autre comédie musicale, le Cabaret de Bob Fosse avec Liza Minelli. L'événement, ce fut surtout l'oscar du meilleur documentaire accordé à Michael Moore pour « Bowling for Columbine » : le réalisateur en a profité pour critiquer la politique américaine et s'en prendre directement

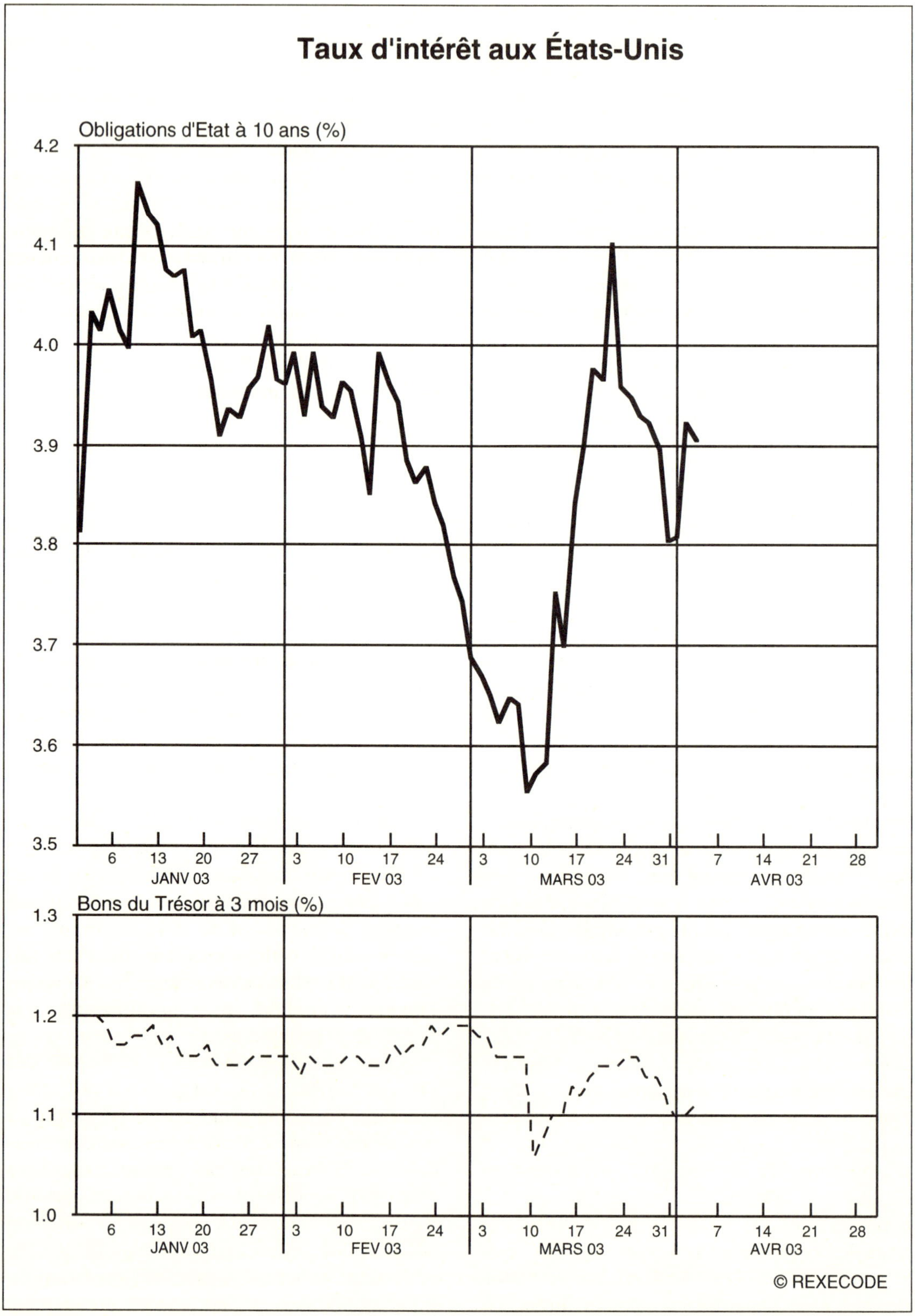
Taux d'intérêt aux États-Unis
Obligations d'Etat à 10 ans (%)
4.2
4.1
4.0
3.9
3.8
3.7
3.6
3.5
6 13 20 27 3 10 17 24 3 10 17 24 31 7 14 21 28
JANV 03
FEV 03
MARS 03
AVR 03
Bons du Trésor à 3 mois (%)
1.3
1.2
1.1
1.0
6 13 20 27 3 10 17 24 3 10 17 24 31 7 14 21 28
JANV 03
FEV 03
MARS 03
AVR 03
© REXECODE

au président Bush. Hollywood s'offre le frisson d'une petite fronde !

Sur le terrain et dans les salles de marché de la planète, il y a des corrélations frappantes. Lorsque les colonnes américaines furent lâchées vers Bagdad, les bourses s'enflammèrent (la semaine passée est la meilleure que les marchés boursiers aient connue depuis vingt ans) et le pétrole s'effondra presque. Mais alors que l'avancée se fait moins conquérante, que les « 100 kilomètres de Bagdad » d'hier sont aujourd'hui à 150 kilomètres, le repli est aussi boursier : – 3 % à – 4 % en Europe et – 2,5 % à l'ouverture à Wall Street. Quant au pétrole, il regagne 1 dollar : dans la mesure où la menace sur les puits koweitis et saoudiens a presque disparu, le marché ne devrait pas rebondir de manière très spectaculaire.

Depuis le 17 mars, date du chargement du dernier tanker de brut irakien au terminal turc de Ceyhan, le monde est privé de 1,75 million de barils/jour, ce qui est compensé pour les deux tiers par l'OPEP et pour un tiers par d'autres pays producteurs. Premier véritable enseignement de cette guerre : même un scénario d'enlisement ne provoquerait pas de choc pétrolier.

• Mardi 25 mars

La marche sur Bagdad se poursuit mais il se confirme que la résistance irakienne est plus forte que prévu, que l'effondrement attendu n'intervient pas, que la chevauchée des chars pose des problèmes logistiques non négligeables, qu'enfin une guerre implique des morts et des prisonniers, un aspect que l'opinion publique américaine a du mal à accepter. Des tempêtes de sable viennent aussi enrayer la mécanique et surtout les hélicoptères (il n'y avait pas de sable dans le Vietnam d'Apocalypse Now !).

Alors que les États-Unis avaient jusque-là une parfaite maîtrise des médias, la guerre des images s'est quelque peu rééquilibrée maintenant que les Irakiens peuvent montrer des victimes et des prisonniers américains. Alors que dans la plupart des guerres, les prisonniers ont été des enjeux de propagande, Washington s'indigne. Mais c'est au fond… de bonne guerre.

Pour le moment, la prise de conscience d'une guerre plus longue que prévu oblige George Bush à revenir demander une rallonge budgétaire de l'ordre de $ 75 milliards au Congrès. Jusqu'à maintenant, la Maison Blanche n'a jamais publié de chiffres précis quant au coût de la campagne d'Irak. Tempête du Désert en 1991 avait coûté $ 90 milliards et cette fois-ci, productivité militaire oblige, on espérait faire dans les $ 50-$ 60 milliards. Comme l'avait prévu, dans un rapport à l'Académie des Sciences américaine, l'économiste William Nordhaus, il va y avoir un dépassement avant même que d'envisager les coûts de l'après-guerre. De ce côté-là, la polémique est toujours aussi vive à propos de la gestion de la reconstruction de l'Irak. Nombre de contrats ont déjà été attribués par l'US Aid, bien sûr pour l'essentiel à des entreprises américaines !

La stratégie américaine en tout cas a provoqué un sursaut d'unité dans le monde arabo-musulman. Le paradoxe est qu'on en arrive à oublier la réalité de Saddam, un dictateur brutal qui n'a apporté que la misère à son peuple, pour en faire un nouveau Saladin (qui pour la petite histoire était… kurde). Le patriarche grec-orthodoxe de Damas a bien résumé le fatalisme ambiant : « On fait la guerre pour donner la paix aux Irakiens : l'endroit le plus paisible, c'est le cimetière ».

Réaction « technique » sur les marchés après la chute d'hier : les bourses reprennent 2 à 3 % et par contre le pétrole remonte un peu. Il en est de même pour l'or qui, il est vrai, avait perdu $ 15 l'once dans la première semaine du conflit.

• Mercredi 26 mars

Malgré les tempêtes de sable, la bataille se rapproche de Bagdad. C'est maintenant vraiment une guerre comme il n'y en avait pas eu en 1991, une guerre avec des morts et des blessés des deux côtés. Même si l'on parle d'un soulèvement à Bassorah, il semble bien que le « peuple irakien », dans un sursaut de nationalisme arabe (qui s'étend d'ailleurs au-

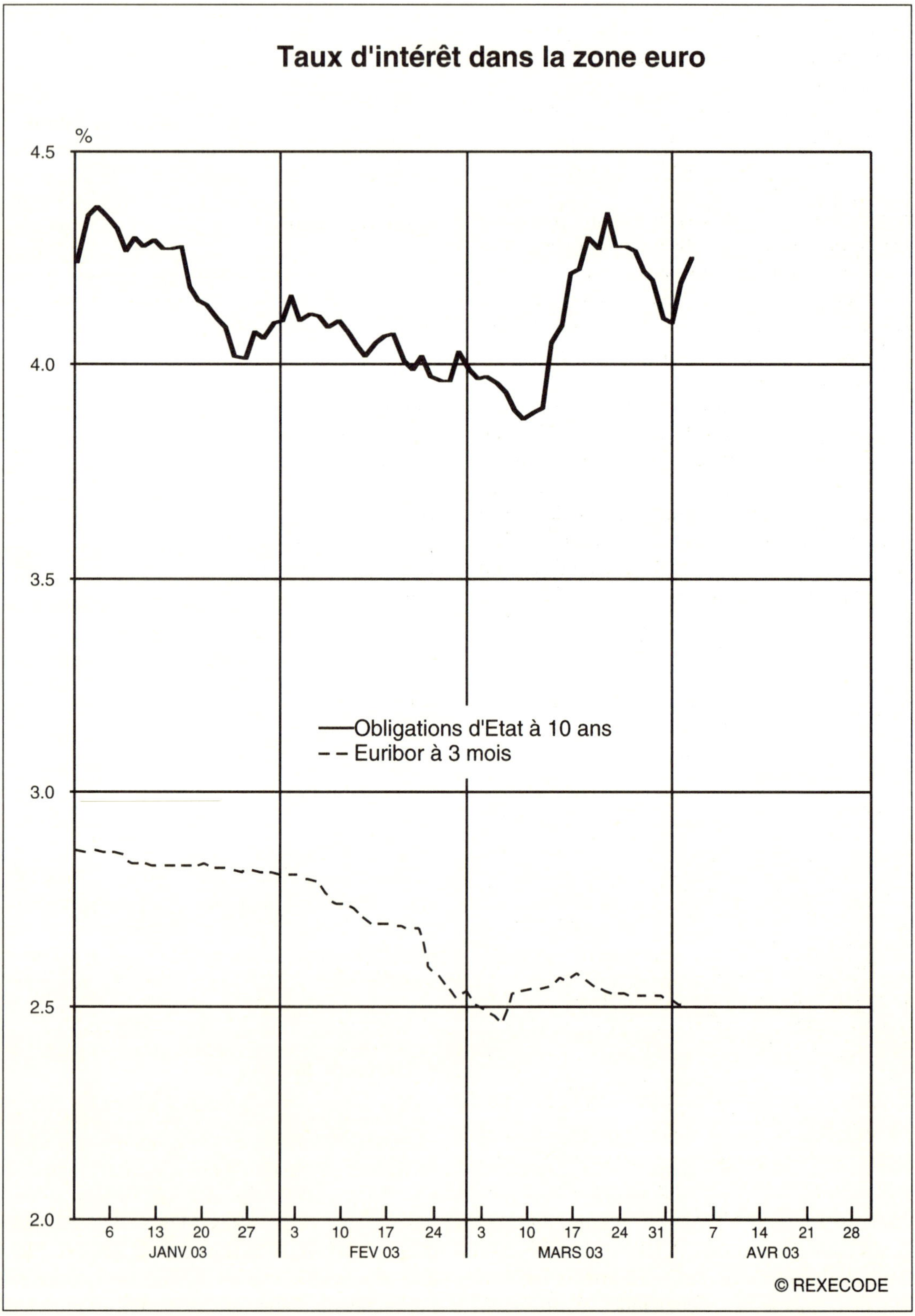
Taux d'intérêt dans la zone euro
%
4.5
4.0
3.5
3.0
2.5
2.0
Obligations d'Etat à 10 ans
Euribor à 3 mois
6 13 20 27 3 10 17 24 3 10 17 24 31 7 14 21 28
JANV 03
FEV 03
MARS 03
AVR 03
© REXECODE

delà des frontières dans toute la région), fait bloc derrière le régime et que même les Kurdes et les Chiites font preuve d'une certaine méfiance vis-à-vis de leurs libérateurs. La bataille de Bagdad qui va s'ouvrir évoque pour certains commentateurs Stalingrad, mais c'est plutôt des derniers jours de Berlin qu'il s'agit. Mais dans ce cas la logique irakienne est de provoquer un enlisement et éventuellement des dérapages suffisants pour que l'opinion publique oblige l'armée américaine à reculer. On parle ainsi d'un drame humanitaire à Bassorah. On peut en imaginer les conséquences médiatiques…

De tout ceci George Bush et Tony Blair doivent parler aujourd'hui à Camp David. Blair devrait en particulier chercher à influencer Bush sur deux points majeurs : d'une part la gestion de l'Irak au lendemain de la guerre sous le contrôle ou non des Nations Unies, d'autre part la mise en place effective d'un projet pour la Palestine, seul moyen d'éviter la polarisation du militantisme pan-arabe. Mais il n'est pas sûr que Tony Blair puisse avoir suffisamment d'influence face à une « équipe » Bush que ses premiers échecs risquent au contraire de durcir encore.

Les premiers éléments concernant le coût de la guerre que la Maison Blanche a présentés au Congrès font état de $ 30 milliards pour la mise en position des troupes (250000 hommes) puis de $ 7 milliards par mois de guerre. À noter que dans le budget présenté, il est prévu un don d'un milliard de dollars à la Turquie.

Dans cette guerre qui se fait en direct, les premiers indices d'écoute des chaînes de télévision mettent en évidence, pour le 20 mars, la poussée de Fox News, la chaîne de Rupert Murdoch très proche des néo-conservateurs, avec 6,2 millions de spectateurs devant CNN (5 millions). C'est un élément important de la cohésion de la population américaine derrière son Président mais ce, au prix d'une « certaine » forme de désinformation.

Les difficultés sont aussi croissantes dans le monde du transport aérien. Après la flambée des prix du pétrole en début d'année, la guerre – et donc la baisse du trafic – risque de porter un coup fatal aux compagnies aériennes, notamment américaines : les onze premières compagnies ont perdu $ 10 milliards en 2002 et devraient faire « mieux » encore en 2003. American Airlines, le numéro un mondial, perd $ 5 millions par jour…

- **Jeudi 27 mars**

Une semaine de guerre déjà. Donald Runsfeld avait dit que la guerre durerait « six jours ou six semaines ». Nous voilà donc au-delà de la partie basse de la fourchette.

Sur le terrain les combats se poursuivent sans que l'on puisse encore vraiment parler de « bataille de Bagdad ». Pour la première fois il y aurait eu des sorties de blindés irakiens de Bagdad vers le Sud, mais aussi de Bassorah, ce qui est plus surprenant. Manifestement les États-Unis rencontrent des problèmes logistiques, leur démonstration de force ne suffisant pas pour déclencher les défections en masse espérées (en réalité il n'y en a pratiquement pas eu et le régime de Bagdad bénéficie plutôt de ralliements). L'annonce de l'envoi d'une nouvelle division américaine (30000 hommes) montre bien que l'on rentre dans une logique de conflit long.

Les bombardements se poursuivent sur Bagdad et la première bavure a eu lieu : des bombes sont tombées sur un marché et auraient fait entre quinze et quarante-cinq victimes civiles. La guerre « propre » avec ses bombes « intelligentes » ne serait-elle qu'un leurre ?

Au Nord, la Turquie confirme qu'elle n'enverra pas ses propres troupes et qu'elle se contentera de sécuriser la frontière : y aurait-il quelque lien avec les crédits alloués hier par le Congrès américain ?

Du côté du Congrès justement, si les crédits de guerre sont passés, la proposition de réduction de $ 726 milliards des impôts présentée par la Maison Blanche et adoptée par la Chambre des Représentants a été réduite de moitié au Sénat ($ 350 milliards) grâce à l'appui de quelques républicains à la minorité démocrate. On ne peut faire la guerre et baisser les impôts ! La controverse fait aussi rage sur les contrats de reconstruction de l'Irak. Le géant américain de l'engineering et du BTP, Halliburton, serait en passe d'obtenir un contrat de $ 900 millions. Nul ne remet en cause les capacités des équipes de l'entreprise à intervenir en urgence mais le vice-président, Dick Cheyney, était le PDG d'Halliburton jusqu'à son élection… Pour rajouter aux mauvaises nouvelles, le panel de l'OMC, chargé de statuer sur les taxes mises en place en mars 2002 par les États-Unis pour protéger le marché domestique de l'acier, vient de condamner l'initiative américaine. C'est assez secondaire, mais cela ne manque pas de sel quand on sait que les principaux plaignants sont européens…

Alors que les marchés faisaient preuve d'un certain calme, la récession est réapparue à la une des journaux. Le FMI a fortement révisé à la baisse ses prévisions mais le mot de récession reste bien exagéré. Au pire – grâce à l'Asie – la croissance mondiale sera de l'ordre de 2,5 % ; si récessions il y a, elles pourraient intervenir au Japon et en Allemagne pour des raisons qui n'ont rien à voir avec la guerre. En Allemagne justement l'indicateur IFO, le baromètre le plus suivi outre-Rhin, a diminué de plusieurs points au mois de mars. Logiquement le chancelier Schröder a incriminé la guerre. Ce n'est bien sûr pas la seule ni la principale raison. La crise allemande est autrement plus profonde…

À New York, les discussions reprennent au Conseil de Sécurité sur la mise en œuvre du dispositif « Pétrole contre nourriture ». Le « machin » (l'expression est de De Gaulle) contre-attaque.

- **Vendredi 28 mars**

L'échec de « Shock and Awe » est maintenant à peu près patent. Le régime irakien ne s'effondre pas et on est surpris un peu plus chaque jour des capacités de résistance des milices du Baas. Sur le terrain, la percée américaine a marqué une pause : la colonne américaine s'étire maintenant sur 480 kilomètres et ceci ne manque pas de poser d'énormes problèmes logistiques. On parle de plus en plus d'une pause qui se prolongerait dans l'attente de la quatrième division d'infanterie dont l'armement vient à peine de passer Suez et dont les 30000 hommes auraient dû ouvrir le front Nord en passant par la Turquie. Dans cette hypothèse, la bataille de Bagdad ne commencerait pas avant le 15 avril, disent les experts et autres consultants militaires. La stratégie irakienne reste clairement celle de l'enlisement et de la défaite devant l'opinion publique, un peu comme durant la guerre du Vietnam lorsque les États-Unis l'avaient emporté lors de l'opération du Tet en 1968 mais avaient permis au Vietminh de remporter la guerre psychologique.

De ce point de vue, on parle d'exécution de soldats américains et britanniques. Les Irakiens ne respecteraient pas les « lois » de la guerre. Intoxication ?

La lecture des journaux américains est en tout cas édifiante : entre le *Wall Street Journal* et le *Financial Times*, la différence est frappante. Dans le WSJ, Melryn Krauss, de la fondation Hoover, n'hésite pas à parler d'« axe du mal » en visant Jacques Chirac et Gerhard Schröder. C'est d'ailleurs le président français qui concentre les critiques et même la haine. Le fossé franco-américain sera difficile à combler et on peut penser que les prochaines négociations de l'OMC en porteront les stigmates. Pourtant aux Nations Unies, la France soutient la proposition américaine de reprise du programme « Food for Oil ». La vraie question, sur laquelle apparemment Tony Blair n'a pas obtenu satisfaction, est celle du rôle des Nations Unies au lendemain d'une guerre dont on ne voit plus maintenant l'issue.

« Condie » Rice met en tout cas fièrement en avant les 47 membres de la coalition qui pèseraient 1,23 milliard de personnes et elle cite l'Estonie et l'Australie, la Pologne et le Danemark. Dans sa vision de l'avenir, il n'y a manifestement aucune place pour les Nations Unies. À la lecture de nombre de « papiers » d'explications qui apparaissent dans la presse américaine, on voit bien que le lien est fait entre l'Irak et le 11 septembre : la vengeance n'était pas complète avec l'Afghanistan et le semi-échec sur Al Qaeda. Dès les premiers mois de 2002, l'Irak était devenu l'objectif essentiel de la stratégie militaire américaine. La vengeance devait être complète.

De Camp David, Tony Blair ne semble pas non plus être parti avec des engagements à propos de la Palestine. Le fameux « road map » (la feuille de route) est suspendu à la fin de la guerre et à la nomination d'un véritable premier ministre palestinien. Ce n'est pas une priorité.

La guerre donc commence à s'ancrer dans la durée. Le gouvernement britannique vient de demander aux communes une rallonge budgétaire de £ 1,25 milliard. Les marchés du pétrole se sont aussi légèrement raffermis à plus de $ 27 pour le Brent, de $ 30 pour le WTI à New York. Il faut maintenant apprendre la patience.

• Samedi 29 mars

La pause est désormais à peu près officielle : les troupes américaines marquent le pas et attendent des renforts et surtout du ravitaillement. Pour la première fois, on a assisté à des attaques suicides de la part d'Irakiens. Se pourrait-il que le régime de Saddam Hussein et celui du Baas aient pu susciter pareil fanatisme. Hier déjà un imam de la prière du vendredi brandissait en chaire une kalachnikov. Aurait-on réussi l'impossible d'unifier laïcité et islam en terre d'Irak ?

Dans son discours hebdomadaire, George Bush joue d'un registre manichéen opposant le Bien et le Mal : le Bien, ce sont les troupes américaines venues délivrer l'Irak et apportant aux populations civiles eau et nourriture ; le Mal, ce sont les dignitaires irakiens, des criminels de guerre déloyaux qui obligent les populations civiles à la résistance. Le problème n'est pas de savoir si ce discours est excessif, mais comment les Américains le reçoivent. C'est tellement caricatural vu d'Europe qu'à la limite on ne le prend plus au sérieux… mais il est prononcé par l'homme le plus puissant de la planète.

En tout cas l'état major des Marines a fait savoir qu'il n'était pas question de revenir sur le contrat de restauration signé il y a un an avec Sodexho (pour $ 880 millions sur huit ans) : quelques élus républicains souhaitaient punir ainsi la France de son activisme aux Nations Unies.

Sur un autre front, à Genève, l'échec des négociations agricoles de l'OMC est patent. L'Europe est apparue désunie et le président du groupe de négociation a estimé impossible de respecter l'échéance prévue du 31 mars. Là aussi la France risque d'apparaître comme le principal responsable de cet échec.

À New York pourtant, il y a eu au moins un accord et la nouvelle résolution « pétrole contre nourriture » a été votée à l'unanimité. Malheureusement, l'Irak l'a rejetée et l'on ne voit guère de toute manière comment pourrait encore sortir du pétrole irakien.

• Dimanche 30 mars

La guerre occupe de moins en moins la une des journaux. Sans tomber dans la routine, on intéresse moins le public avec des images de bombardements ou de troupes en attente de ravitaillement. Même les manifestants antiguerre semblent se lasser : les pacifistes occidentaux sont moins nombreux de manifestations en manifestations. Tel n'est pas le cas des foules réunies dans le monde arabe et musulman, à Rabat ou Djakarta, à Amman ou Kuala Lumpur. La ferveur de ces foules semble galvanisée par la résistance de Saddam et le fossé se creuse entre les vrais pacifistes et ceux qui de plus en plus s'inscrivent dans une logique de « djihad ».

Une chose est claire en tout cas : le régime de Saddam a à peine plié et l'effondrement, marqué de milliers de défections, n'a pas eu lieu. Au contraire même on « découvre » un véritable sentiment national irakien qui fait maintenant front derrière Saddam.

La guerre va donc durer. Si l'issue en reste probable, nul ne sait quel en sera le déroulement. Circonscrite à l'Irak et à l'écart des champs pétroliers (ce qui n'est pas encore sûr pour la région du Nord), elle pourrait presque s'enliser dans l'indifférence générale. Nous sommes néanmoins dans un scénario qui, sur le plan économique, privilégie l'incertitude et donc l'indécision tant des consommateurs que des entreprises. Le rebond économique tant espéré aux États-Unis devra attendre la fin de la guerre.

• **Lundi 31 mars**

Peu d'opérations sur le terrain si ce n'est la poursuite des bombardements concentrés sur les casernes des unités de la Garde républicaine comme la fameuse division Medina. L'attention revient sur le cas de Bassorah. La grande ville du Sud n'est toujours pas tombée et fait l'objet, semble-t-il, d'un blocus souple de la part des Britanniques qui ne se risquent pas directement dans un combat de rues. Il y a longtemps que Bassorah aurait dû être libérée. La ville est-elle encore tenue par des fanatiques ? Que pense vraiment la population à majorité chiite ? Quel est le rôle des tribus et de leurs allégeances ? La chute de Bassorah serait un signal symbolique très fort qui fragiliserait un peu plus le régime de Bagdad. Mais est-elle possible ? Toutes choses égales par ailleurs, il n'y eut guère de défections en Allemagne en mars-avril 1945.

En pleine guerre, les États-Unis sont en tout cas en train d'administrer une admirable leçon de transparence : Richard Perle, le président du Defence Policy Board (un poste de conseiller relativement honorifique et non rémunéré), a dû démissionner du fait du contrat de consultant qu'il avait signé pour la vente de l'opérateur de télécommunications Global Crossing au groupe de Hong Kong Hutchinson Whampoa, propriété du milliardaire chinois Lika Shing. Perle était l'un des faucons les plus virulents, les plus durs aussi sur la France. Mais avec le procès Elf qui entre dans sa deuxième semaine, nous n'avons en ce domaine rien à dire et beaucoup à admirer. Le futur proconsul américain en Irak, le général en retraite Jay Garner a, quant à lui, des liens directs avec un fabriquant de missiles, ce qui ne prédispose guère pour gérer l'après-guerre.

Mais on en reste bien loin et en ce début de semaine, les marchés ont mis un certain temps à digérer la pause militaire du week-end et l'ont traduite en une forte baisse de 4 à 5 % des bourses européennes, de près de 2 % à l'ouverture des marchés américains. Le pétrole a quant à lui repris du terrain et le Brent était en fin d'après-midi à $ 28,22 le baril. Sur les marchés des métaux, l'orientation générale est désormais à la baisse et le cuivre est passé en dessous de la barre des $ 1 600 la tonne.

Il se confirme aussi aujourd'hui que les échéances de Doha (fixées au 31 mars) pour le « Development Round » de l'OMC ne pourront être tenues : le dossier agricole est bloqué et sur les services il manque encore nombre de propositions de négociations. Rappelons enfin que sur l'épineux dossier des médicaments, il manque toujours la signature américaine. La guerre se poursuivant, il sera difficile de trouver la sérénité nécessaire pour sauver la conférence de Cancun. Mais si cette opportunité était perdue, le calendrier même de Doha serait ensuite retardé par les élections américaines et le changement de Commission en Europe. Cet échec de l'OMC avait beau être prévisible, on pourra en mettre la responsabilité sur la guerre.

• **Mardi 1er avril**

Les combats reprennent de manière, semble-t-il, encore plus violente entre les troupes américaines et les divisions de la garde républicaine. Mais il est difficile de se forger une idée précise de la situation d'autant que les deux camps contrôlent l'information et, dans certains cas, la manipulent.

Une chose est sûre en tout cas : la guerre sera plus longue que tout ce qui avait été imaginé. Les marchés en tiennent compte et les perspectives économiques se font chaque jour plus moroses. En Europe, on n'hésite pas d'ailleurs à charger un peu la barque de la guerre pour justifier la médiocrité de la conjoncture : le premier ministre français, Jean-Pierre Raffarin, a ainsi parlé du retournement économique le plus marqué des dernières années. C'est vrai, mais la guerre a bon dos pour gommer les erreurs tant des prévisionnistes que des politiques qui les ont écoutés. La guerre rajoute certes aux inquiétudes ambiantes mais pour l'Europe, la crise allemande est autrement plus importante et nocive. La Bourse de Tokyo a clôturé hier son année fiscale 2002 au plus bas depuis 1982, à moins de 8 000 pour l'indice Nikkei en chute de 28 %. Faut-il incriminer la guerre ou la poursuite de la crise nippone ?

Sur les marchés, le pétrole bénéfice d'un léger regain de tension à $ 27 pour le Brent et au-dessus de $ 30 aux États-Unis. Certes, l'Irak a dû couper ses livraisons à la Syrie mais la vraie raison en est la réduction de 40 % de la production au Nigeria, soit 800 000 b/j, c'est-à-dire un peu moins de la moitié des expéditions irakiennes d'avant la guerre. Pour les matières premières, l'indice de Goldman Sachs (GSCI) a été en progression de 4 % au premier trimestre 2003 (mais il est exprimé en dollar et le billet vert a perdu 3 % sur la même période...).

La guerre des idées se poursuit aussi : elle est presque aussi importante que les opérations sur le terrain. Les « faucons » américains élargissent maintenant leurs tirs à tous les régimes non démocratiques de la région et au premier chef, à la Syrie et à l'Iran. Curieuse stratégie du domino qui risque de les pousser à soutenir un peu plus la résistance de Saddam et qui va à l'encontre des efforts de la diplomatie britannique. Un éditorial du *Wall Street Journal* explique d'ailleurs qu'il y a un retard « intellectuel » de l'Europe par rapport aux États-Unis en matière de réflexion stratégique qui explique en grande partie le « sabotage français » aux Nations Unies.

• **Mercredi 2 avril**

Les combats se poursuivent tout comme les bombardements. Les victimes civiles sont bien sûr plus nombreuses et le mythe de la guerre propre recule un peu plus. Les États-Unis accélèrent d'ailleurs l'envoi des renforts nécessaires pour mener une guerre plus « lourde » que ce qu'avait prévu au départ la doctrine Rumsfeld.

Colin Powell est à Ankara : la Turquie risque d'être une des grandes victimes économiques de la guerre si celle-ci se prolonge et remet en cause la saison touristique. Sur un autre registre, la « coalition » vient d'enregistrer une nouvelle adhésion assez paradoxale : l'Ukraine dont les vertus démocratiques et le flou nucléaire ont pourtant de quoi inquiéter.

Sur le front économique, l'inquiétude est, elle, générale. L'Institut de Finance Internationale, qui réunit les grandes banques de la planète, a publié, avant les réunions ministérielles du FMI de la semaine prochaine, un rapport alarmant sur la fragilité de l'économie mondiale. Un quotidien français titre : « La guerre annonce la récession ». Au niveau mondial, c'est bien sûr absurde du fait même de la croissance asiatique ; aux États-Unis, au pire, c'est-à-dire sans rebond, la croissance sera de l'ordre de 2 % en 2003. C'est en Europe que le mince filet de croissance est le plus fragile d'autant que l'Allemagne est probablement déjà en récession, mais pour des raisons qui n'ont rien à voir avec la guerre. En France, le moral des ménages est tombé à son plus bas niveau depuis 1995-1996. La guerre explique une partie de ce coup de « blues », mais une partie seulement...

Aux États-Unis, le Congrès a adopté en sus du budget de guerre, des aides exceptionnelles de $ 3,2 milliards pour les compagnies aériennes. American Airlines, le numéro un mondial, a finalement échappé à la faillite. Tel n'est pas le cas d'Air Canada qui a déposé hier son bilan.

• **Jeudi 3 avril**

Les troupes américaines semblent avoir bousculé les divisions de la garde républicaine irakienne. Kerbala aurait été prise et l'avant-garde américaine serait désormais dans la grande banlieue de Bagdad. On ne sait par contre si les grandes unités irakiennes sont détruites ou si elles se sont repliées vers les zones urbanisées pour attirer leurs adversaires dans des combats de rues dans lesquels ils ne pourraient utiliser leur supériorité technologique. Malgré ces doutes, un vent d'optimisme souffle et on parle à nouveau d'une fin de la guerre relativement proche. Les marchés ont réagi très positivement à la nouvelle de cette percée américaine : ils sont au fond à l'heure actuelle le meilleur thermomètre du moral des « traders » de New York ou de Londres qui suivent la guerre sur les écrans de CNN ou de la Fox : une percée et les cours montent, une pause et ils baissent ! Tout ceci n'est pas très sérieux mais ce n'est au fond que de l'écume.

Sur le marché du pétrole, on observe avec plus de logique le mouvement inverse des prix et on ne s'étonnera pas que le Brent ait regagné la zone des $ 25 le baril. Il y a à cela d'autres raisons : les incendies de puits dans le Sud de l'Irak seraient presque maîtrisés. Du pétrole irakien continue d'ailleurs à sortir et il y aurait ainsi 8 millions de barils au port turc de Ceyhan en mal d'acheteur. Enfin, on a annoncé la fin de la grève au Nigeria. Depuis le 12 mars, les prix à New York ont diminué de 25 %, ce qui fait presque un contre-choc pétrolier ! Les dernières statistiques de l'Agence Internationale de l'Énergie font d'ailleurs état d'une hausse de production dans de très nombreux pays comme l'Algérie, l'Iran, l'Arabie saoudite et bien sûr, le Venezuela, dont la production serait revenue à 2,5 millions de b/j.

Après Ankara, Colin Powell est à Bruxelles à l'OTAN mais surtout pour renouer les liens avec une Union européenne bien affaiblie au sein de laquelle toutefois on sent un renforcement de la position britannique qui cherche à faire des Nations Unies un maillon incontournable dans la gestion de la paix.

- **Vendredi 4 avril**

La prise de l'aéroport de Bagdad semble sonner le glas du régime irakien, même si l'on a toujours des doutes sur l'état exact des unités de la garde républicaine. Il n'y aura pas en tout cas de bataille conventionnelle comme on avait pu le penser. Il reste l'hypothèse de la guérilla urbaine mais celle-ci peut-elle perdurer une fois le régime renversé ?

C'est maintenant surtout de l'après-guerre que l'on parle alors que commencent à apparaître les premiers bilans économiques du conflit. Les scénarios catastrophe, ceux qui voyaient le pétrole à $ 50 le baril et au-delà, ne se sont pas vérifiés. Au contraire, ce soir le Brent termine la semaine en dessous de $ 25 le baril. Quant aux marchés boursiers, ils sont en hausse. À court terme, l'économie de guerre est « bonne » pour les États-Unis dont les dépenses militaires vont passer en 2003 de 3,4 % à 4,1 % du PIB, soit près du tiers de la croissance de l'année fiscale en cours. Il va falloir reconstituer les arsenaux et on peut rappeler un peu cyniquement qu'un seul missile Tomawhak coûte $ 600 000 ! À moyen terme, tout le monde a en tête la récession américaine de 1992 au lendemain de la guerre du Golfe, la récession qui avait emporté la fin de la présidence Bush-père.

Un article de *Business Week* traite d'un autre sujet d'après-guerre : le Tour de France. L'américain Lance Armstrong l'a déjà gagné quatre fois. Mais cette année, la portée symbolique d'une victoire serait tout autre même si on doit honnêtement douter des capacités d'un coureur français pour lui résister. Armstrong, sponsorisé par l'US Postal Service et aux États-Unis par Coca Cola, craindrait pour sa sécurité. Le cyclisme pourrait-il devenir un enjeu des tensions franco-américaines ? Pour l'instant, c'est la période des grandes classiques belges avec dimanche le célèbre Tour des Flandres auquel l'équipe américaine ne participe pas.

En fin de journée, apparition un peu surréaliste de Saddam Hussein à la télévision irakienne : discours puis bain de foule organisé dans la rue, comme si de rien n'était. Curieuse partie de poker menteur mais où les jetons sont d'innocentes victimes civiles.

- **Samedi 5 avril**

Après la prise de l'aéroport de Bagdad, l'encerclement de la capitale irakienne commence. Les troupes américaines ont manifestement accéléré leur progression ces derniers jours. Vont-elles maintenant se lancer dans la ville, au risque d'une guérilla urbaine difficile à maîtriser ? Mais quelles sont les véritables capacités de résistance du pouvoir irakien. Autant de questions qui jalonnent le déroulement de cette guerre au fond assez curieuse.

On se préoccupe beaucoup désormais de l'approvisionnement de l'Irak : à la différence de ses voisins syriens et turcs, autosuffisants et même parfois exportateurs, l'Irak est un bon exemple de la malédiction du pétrole : la dépendance d'une ressource facile à exploiter n'a pas incité à développer l'agriculture. La Mésopotamie, où les Anciens situaient les jardins d'Eden, tant la terre et les fleuves étaient riches, ne produit pas plus d'un quart des besoins irakiens : 1,5 à 1,7 million de céréales (récoltées entre avril et juin ce qui va commencer à poser des problèmes). Les États-Unis ont prévu d'envoyer 600 000 tonnes de blé en aide alimentaire : qu'en penseront les fournisseurs traditionnels européens et au premier chef la France ? L'Ukraine, qui fait désormais partie de la coalition, voudra peut-être sa part du gâteau. Les États-Unis comptent aussi expédier du poulet congelé en Irak. Ils remplaceraient ainsi le débouché russe mis en péril par des embargos sanitaires et la mauvaise volonté de Poutine. Les Russes avaient surnommé les cuisses de poulet, envoyées en 1990-1991 par les États-Unis, les « Bush legs ». Les Irakiens auront aussi leurs « Bush legs », mais ce ne sera pas le même Bush.

Il y a un marché financier qui a fortement rebondi depuis le début des tensions : c'est celui de la dette irakienne. Celle-ci s'élève à $ 118 milliards et sur le marché secondaire, elle s'échangeait début 2003 à 10 cents pour un dollar. Les dernières transactions se sont faites à 19 cents, ce qui montre que certains pensent que le nouveau gouvernement irakien appuyé par les États-Unis devra payer ses dettes…

Dans les hebdomadaires de cette fin de semaine, il est symptomatique de remarquer que la place consacrée à la guerre ne cesse de diminuer. Dans *Business Week* par exemple, on se préoccupe beaucoup plus des conséquences de l'épidémie de pneumopathie atypique sur l'économie asiatique et on y voit – avec juste raison – un signe des dysfonctionnements chinois. C'est peut-être effectivement plus important : sur les deux premiers mois de l'année, la production industrielle chinoise a progressé de 17,5 % ! L'Irak et même le Moyen-Orient, une fois levée la menace pétrolière, ne pèsent pas bien lourd.

- **Dimanche 6 avril**

Un premier avion américain a atterri sur l'aéroport de Bagdad. Dans le Sud, les blindés britanniques ont pénétré dans Bassorah. Il se confirme bien que la garde républicaine n'est plus en état de combattre en tant qu'unité constituée. Bagdad est maintenant encerclée et théoriquement plus personne n'y entre ou n'en sort. La guerre est probablement entrée dans sa dernière phase. Celle-ci peut durer longtemps même au-delà de la disparition de Saddam et des dirigeants du Baas. Le passage sera insensible de la guerre à la paix et il sera bien difficile de gagner la paix. Pour l'instant les troupes américaines effectuent des percées dans la ville, prennent les palais présidentiels, font étalage de leur puissance, en espérant ainsi miner l'autorité de Saddam et favoriser – enfin – un soulèvement populaire contre le régime.

Quoi qu'il en soit, avant même que les canons se soient tus, le temps des bilans et des premières réflexions sur « l'après » est venu.

Un premier bilan « à chaud »

Après trois semaines de combats et surtout plusieurs mois de préparation, quelques constats – presque définitifs – s'imposent tant sur le plan stratégique qu'économique. Du point de vue stratégique et en tenant compte de nos incompétences en ce domaine, plusieurs remarques :

- Globalement, l'offensive de la coalition s'est passée comme prévu. Il y a bien eu un temps de flottement mais celui-ci a peu duré. La doctrine « Rumsfeld » de l'attaque légère a été critiquée mais au fond elle a bien fonctionné sur un terrain – le désert irakien – particulièrement favorable. En aurait-il été autant d'une attaque par le Nord et les montagnes du Kurdistan ? Ce n'est pas évident mais le refus turc de laisser passer les troupes américaines a de toute manière vidé cette question de tout sens.

• La grande surprise a été la capacité de résistance du régime de Saddam Hussein qui montre bien que la nature même de l'état policier avait été sous-estimée, tout comme aussi une composante de nationalisme arabe difficile à mesurer.

• Plus surprenante encore a été la faiblesse apparente de la résistance militaire. Pouvait-il en être autrement sous le déluge de feu de « Choc et effroi ». Mais quand même, un esprit occidental a du mal à comprendre la logique de l'Irak ces derniers mois avec un tel déséquilibre militaire. Y avait-il d'autres armes ? On peut en douter et ce que l'on a surtout vu, ce sont des kalachnikovs contre des chars. Même les fameuses divisions de la garde républicaine se sont évanouies sans l'apparence de combats.

Il y a eu quelque chose de surréaliste dans cette « guerre » dont l'issue au fond ne faisait aucun doute. Les armes, mais aussi les discours, appartenaient à deux univers différents. Pouvait-il en être autrement ?

Sur le plan économique, les premiers jours de la guerre ont levé l'hypothèque principale, celle d'un choc pétrolier qui eut été tout à fait concevable dans l'hypothèse d'une offensive irakienne ou de la déstabilisation interne de l'un ou l'autre des états du Golfe. C'est ce que craignaient les marchés pétroliers lorsque le baril de Brent cotait début mars $ 35. Très peu de puits ont été détruits et la perte de la production irakienne a été largement compensée. Le pétrole a perdu $ 10 en quelques jours. Sur le marché américain entre le 27 février et le 7 avril, le baril aura perdu exactement 30 % de sa valeur. Une fois la guerre terminée, ce qui reste de la prime de risque devrait disparaître et le prix du baril reviendrait à ce qu'il était début 2002, c'est-à-dire autour de $ 20. On ne peut exclure d'ailleurs un véritable contre-choc pétrolier dans les premières semaines d'après-guerre avec les prix décrochant quelque temps au-dessous de $ 20 et il n'est pas certain que l'OPEP soit capable de remettre en place un système de quotas efficace. Il faudra cependant attendre des mois, voire des années, pour que l'Irak puisse donner tout son potentiel que certains placent à 6 millions de b/j (contre moins de 2 avant la guerre). À court et moyen terme en tout cas, le pétrole sera abondant, ce qui ne va pas dans le sens de l'équilibre écologique de la planète.

Au moment où les blindés américains fonçaient vers Bagdad, tombaient des indicateurs économiques confirmant un très net ralentissement en février et mars non seulement en Europe (cela on le savait déjà), mais surtout aux États-Unis. La montée vers la guerre a manifestement décalé la velléité de reprise anticipée fin 2002 : l'indicateur avancé du *Conference Board* s'est fortement détérioré en mars ; la confiance des consommateurs a diminué alors que l'économie américaine perdait des emplois (375 000 en février et 108 000 en mars) ; l'indicateur de la fédération des PME est retombé à son plus bas niveau depuis mars 2001, juste avant la récession. Tout ceci bien sûr, c'était l'avant-guerre, avec dans le cas américain, des conditions climatiques détestables (neige et froid). Que va-t-il se passer maintenant ? L'euphorie de la victoire va-t-elle provoquer un rebond économique ? Par leur comportement, les marchés boursiers l'anticipent un peu et, sauf nouveau scandale « à la Enron », on peut penser que l'on ne retrouvera pas les minima d'avant-guerre (mais oublions quand même les niveaux de 1999-2000). Avec des taux d'intérêt au plus bas depuis quarante ans, la consommation devrait se maintenir. Tout dépendra de l'investissement des entreprises. Logiquement, celui-ci devrait repartir permettant à l'économie américaine de « rouler » à 3 % de croissance dès le deuxième semestre 2003. Pour l'instant, le scénario de la récession d'après-guerre, comme cela avait eu lieu en 1991-1992 après la guerre du Golfe, ne nous semble pas crédible. Par contre, la guerre va contribuer à creuser un peu plus le déficit budgétaire américain et il y a peu de chances que George Bush puisse tenir ses promesses de baisses d'impôts (qu'il reportera peut-être sur un deuxième mandat qu'il a de fortes chances de décrocher).

En Europe par contre, la guerre aura été le cruel révélateur de faiblesses existantes. Les gouvernements auront beau jeu d'incriminer la montée des incertitudes, voire du terrorisme. Le mal est beaucoup plus profond. La guerre a fait régresser la construction européenne, a mis en évidence ses fragilités et ses dissensions. Il paraît exclu d'anticiper quelque rebond que ce soit d'autant que les véritables crises de sociétés allemande et hollandaise tirent l'Europe vers une croissance 2003 qui pourrait être inférieure à 1 %, soit 2 % de moins que de l'autre côté de l'Atlantique. C'est à chaud qu'il faut maintenant réformer le modèle rhénan, optimiser le modèle français. Il n'y aura pas de croissance pour venir au secours des politiques.

Au niveau international enfin, la guerre qui a contribué à marginaliser les Nations Unies, a fait une victime de plus car on imagine mal comment le processus de Doha pourra être remis sur les rails et la conférence de Cancun de l'OMC, prévue en septembre 2003, aboutir à un résultat concret. Mais nous sommes déjà là dans un « après-guerre » bien périlleux.

Penser l'après-guerre

Depuis le traité de Versailles, on sait qu'il est moins difficile de faire la guerre que de gagner la paix. C'est ce que devaient penser George Bush et Tony Blair lorsqu'ils se sont retrouvés au Sud de Belfast, en Irlande du Nord (tout un symbole) le 7 avril.

Il y a d'abord l'Irak à gouverner : proconsulat américain ou mandat des Nations Unies modèle Kosovo ? La balance pèse plutôt pour le premier cas de figure. Dominé depuis des décennies par le Baas, déchiré entre ethnies, confessions et tribus, l'Irak paraît en tout cas incapable de se gouverner et la galerie de généraux qui ont fait défection dans les années quatre-vingt-dix et qui parlent au nom de l'opposition n'inspire guère confiance. L'instauration de la démocratie en Irak sera longue et difficile et la théorie des « dominos à l'envers » (le cercle vertueux de la démocratie à partir de l'Irak) prendra longtemps à se concrétiser.

Entretemps, il faudra assumer ce qui est une nouvelle humiliation pour le nationalisme pan-arabe (la dernière victoire arabe remonte en fait à Suez en 1956 et il est intéressant de remarquer que les positions des protagonistes occidentaux d'alors étaient exactement l'inverse de celles de 2003, mais Nasser avait une autre dimension que Saddam). Arabité et Islam vont à nouveau marcher de concert et remettre un peu plus sur le devant de la scène un problème palestinien quasi-inextricable. Tout ceci ne peut faire que le lit de l'islamisme le plus radical que la présence militaire américaine dans le Golfe risque de renforcer un peu plus. Plus qu'en Irak, c'est en Turquie, où des islamistes modérés sont au pouvoir, que le domino de la démocratie et de la croissance économique peut jouer. Constatons seulement que grâce à la position très ferme de la majorité des églises chrétiennes, la dimension croisade/guerre sainte a pu être limitée.

Les grands équilibres géopolitiques de la planète sont aussi à repenser : l'OTAN est moribond, l'alliance atlantique sérieusement fissurée, l'Europe de la défense inexistante. La Russie a dans cette crise montré toutes ses limites et risque d'être affaiblie par la baisse des prix du pétrole. Il reste la Chine, le grand silencieux de cette guerre, la Chine qui va dépendre du Golfe pour ses approvisionnements pétroliers et qui risque d'être aux premières loges de la prochaine crise majeure que va devoir traiter George Bush autour du dossier nord-coréen.

La doctrine américaine de la préemption l'a emporté sur la tradition du multilatéralisme et de l'équilibre des forces. Ceci donne d'autant plus d'importance aux tentatives en cours pour bâtir au-delà d'une mondialisation transparente une véritable gouvernance économique mondiale. Au moment où la Chine rejoint l'OMC et alors que la Russie s'en rapproche, la stratégie de rupture des États-Unis (acier, agriculture, médicaments…) ne semble pas la plus judicieuse tout comme la chaise vide de Kyoto à Johannesbourg. Certes, il sera toujours possible de faire porter le chapeau d'un éventuel échec de Cancun sur l'Union européenne empêtrée dans ses propres contra-

L'Irak et la malédiction pétrolière

C'est le 28 juin 1914 que commença l'histoire pétrolière de l'Irak, un mois à peine avant que ne débute le premier conflit mondial. Ce jour-là, le Grand Vizir de la Sublime Porte (l'empire ottoman) accorda une concession pétrolière couvrant les vilayets de Mossoul et de Bagdad à la Turkish Petroleum Company au capital de laquelle on trouvait l'Anglo Persian Oil Company (la future BP qui appartenait alors à l'Amirauté britannique, avec 50 % des parts), la Royal Dutch Shell (25 %) et la Deutsche Bank allemande (25 %).

Quelques jours plus tard, la Première Guerre mondiale vint paralyser ce partenariat germano-britannique. En 1916, les fameux accords Sykes-Picot répartirent les zones d'influences française et anglaise au Moyen-Orient. Mossoul et le Nord de la Mésopotamie tombèrent dans la part française qui aurait formé une grande Syrie, allant du Liban à l'Iran. Mais ce furent des troupes britanniques qui prirent le contrôle de la région et en décembre 1918, quelques jours avant que ne commence la Conférence de Versailles, Français et Anglais se mirent d'accord pour rectifier les frontières et constituer l'Irak actuel ; en échange, Clémenceau obtint les 25 % allemands de la Turkish Petroleum Company, à l'origine de la Compagnie Française des Pétroles fondée en 1924 (notre actuel Total).

Malgré ses protestations, la Turquie ne put jamais récupérer la province de Mossoul. Par contre des compagnies pétrolières américaines s'invitèrent au partage du gâteau et obtinrent 25 % de la nouvelle Iraq Petroleum Company qui se développa à partir de 1927 et de la découverte du gisement de Kirkouk.

L'Irak, devenu entretemps un royaume sous protectorat britannique, vécut sous la quasi-férule de l'IPC, qui détenait une concession pour l'ensemble du territoire, jusqu'au début des années soixante. En 1961, au lendemain de la formation de l'OPEP, le général Kassem, qui avait renversé la monarchie, reprit le contrôle de 99,5 % des surfaces concédées à l'IPC. Ce fut un échec et Kassem fut assassiné avec, dit-on, la bénédiction de l'Occident qui vit avec plaisir le Baas s'installer au pouvoir faisant ainsi le lit de Saddam Hussein. En 1973, l'IPC était finalement nationalisée.

Tout au long de la courte histoire irakienne, le pétrole aura été à la fois la manne nourricière et la malédiction de ce territoire qui, entre ses deux fleuves, le Tigre et l'Euphrate, a été l'un des berceaux de l'humanité. Le pétrole a rendu possibles toutes les mégalomanies, toutes les dépenses – militaires et autres – inutiles. Il a même paralysé toute forme de développement économique véritable. Les Irakiens sont passés de la dépendance coloniale à l'accoutumance pétrolière.

Au moment où l'on va reconstruire l'Irak et où vont revenir les grands opérateurs pétroliers internationaux, il n'est pas mauvais de rappeler que le pétrole n'a apporté à l'Irak que du sang et des larmes.

dictions agricoles. Mais les pays du Sud ne risquent-ils pas de se lasser de ne voir rien de concret se dessiner de ce « cycle du développement » lancé à Doha dans l'émotion des lendemains du 11 septembre.

Gagner la paix, c'est répondre au défi du développement au Proche et au Moyen-Orient, mais aussi en Afrique subsaharienne et en Amérique latine. Les armes ont parlé, les canons se sont maintenant tus, il est temps d'écouter les pauvres.

Première partie

Doutes et incertitudes du monde

I	Après la grisaille de 2002, 2003 dans le monde : un monde en proie au doute et aux incertitudes économiques	3
II	Amérique du Sud : les réformes ou l'enlisement	23
III	Après Johannesburg : quelles perspectives de développement durable ?	35
IV	Un certain parfum de protectionnisme !	53
V	L'affaire Metaleurop et Glencore	59

Pauvre Afrique

$ 25 milliards, c'est la somme que – sans grand espoir – les chefs d'états africains sont venus quémander au sommet du G8 au Canada en juin 2002. En privé, ils avouaient qu'ils se contenteraient volontiers d'une fraction de cette somme pour essayer de réamorcer le développement économique du continent africain.

$ 25 milliards, c'est le marché annuel des aliments pour animaux de compagnie (les « pet foods ») tel qu'il est estimé par une étude récente.

Comparer ces deux chiffres n'a bien sûr aucun sens. Il n'est pas question de traumatiser les propriétaires de chiens et de chats en leur faisant remarquer qu'ils traitent mieux leurs animaux familiers que les populations africaines. Pourquoi en effet culpabiliser certains (pour des dépenses certes discutables) alors que c'est à l'ensemble des populations des pays riches que s'adresse la plainte africaine ?

Mais quand même ! Nos pays développés montrent par cet exemple qu'ils trouvent sans problème les ressources nécessaires pour financer des besoins de « confort », non prioritaires et que des esprits chagrins pourraient qualifier d'inutiles. La croissance du marché des « pet foods » transcende d'ailleurs les cultures puisque sur la période 1998-2000 elle a été de 3,7 % au Japon, de 3,2 % aux États-Unis, de 1,2 % en Allemagne…

Du côté africain, on aimerait avoir des chiffres de croissance comparables pour le PIB par habitant. Mais celui-ci stagne quand la folie des hommes ne le fait pas régresser. Pour quelques bonnes nouvelles, que de déceptions, que d'échecs, que de gâchis même. On se doit bien sûr de saluer les efforts du G8 qui a réussi, au moins en ce domaine, à surmonter ses divisions pour mettre enfin l'Afrique en tête des priorités mondiales. Il faut en effet de l'aide publique et un peu plus de compréhension de la part des organismes multilatéraux. Cela serait trop beau pour être suffisant ! L'Afrique a besoin d'elle-même – mais aussi de tous ceux qui auront confiance, qui seront prêts à investir, à commercer, à aider.

De ce point de vue, quand on compare les flux d'investissements, les perspectives des animaux de compagnie occidentaux sont bien meilleures que celles des Africains et la logique du « retour sur investissement » ne peut que confirmer cet état de fait : notre superflu a un avenir comptable rationnel. Mais le « dû à l'homme », pour reprendre la belle expression de Jean-Paul II, n'est pas mesurable à la même aune. Il n'est de l'ordre ni des comptables ni des financiers. Il est de l'espérance et de ses « petites » sœurs, foi et charité.

Notre comparaison n'a vraiment aucun sens. L'ordre de grandeur des chiffres montre simplement que tout est possible si on le veut.

– I –

Après la grisaille de 2002, 2003 dans le monde : un monde en proie au doute et aux incertitudes économiques

Vers l'Europe à 25…

« Sons moi donc cette troupe s'avance,
Et porte sur le front une mâle assurance.
Nous partîmes six ; mais par un prompt renfort,
Nous nous vîmes vingt-cinq après quelques efforts. »

Ainsi, paraphrasant le Cid, pourrait s'exprimer Europe, la belle nymphe que Zeus un jour enleva en se transformant en taureau. Dans les derniers jours de 2002, l'Union européenne a donc mis à bas les derniers restes du rideau de fer en s'élargissant à l'Est.

Que ce soit là un moment historique est une évidence. À la différence d'autres continents, l'Europe n'est pas un espace borné : l'Orient en est largement ouvert et ses frontières en furent celles des grands empires qui en rythmèrent l'histoire : à vingt-cinq, nous venons de récupérer la quasi-totalité de l'empire austro-hongrois, l'ultime percée des teutoniques vers les Pays Baltes et la malheureuse Pologne si souvent partagée et écartelée. De l'univers des croisades, Malte et Chypre entretiennent le souvenir. Il reste en fait, à l'extérieur de cette carte, deux empires qui marquèrent notre histoire : l'empire byzantin, pendant oriental de l'empire carolingien, et surtout l'empire ottoman qui, au fil de sa croissance puis de son déclin, fut plus européen qu'asiatique. Ou faudra-t-il arrêter l'Europe ? Les États-Unis avaient trouvé leur limite au bord du Pacifique et remarquons quand même qu'il leur fallut plus d'un siècle et une guerre civile sanglante – sans oublier quelques massacres d'Indiens – pour se forger un espace et une identité. Pour l'Europe – qui intégrera sans nul doute la totalité des Balkans dans les années à venir – la limite à l'Est, celle des empires ottoman et russe, se posera avec toujours plus d'acuité, faisant d'ailleurs oublier d'autres limites au Sud, lorsque la Méditerranée unissait au lieu de séparer.

Moment historique donc, mais défi aussi sur le plan des institutions. L'Europe s'est toujours faite sur des coups de tête, sans préparation véritable : il fallait être inconscient pour négocier en 1962 les premiers prix agricoles communs et même en 2002 pour établir l'euro avec pour tout bagage une malheureuse banque centrale. Mais là, comment ne pas opiner avec les esprits chagrins qui auraient presque souhaité qu'un échec du référendum irlandais de l'automne 2002 ne repousse un peu le calendrier de l'élargissement en laissant en particulier à la Convention présidée par Valery Giscard d'Estaing le temps d'achever ses travaux et surtout de les faire adopter. Jusque-là au prix de quelques crises et de « chaises vides », le bricolage européen pouvait suffire. Tel n'est plus le cas aujourd'hui alors que le pacte de stabilité met en évidence toutes ses carences. L'Europe n'a pas de gouvernement responsable et se perd trop souvent dans un maquis de règlements que l'on ne peut s'empêcher de trouver parfois bien bureaucratiques. Encore ceci ne serait-il qu'anecdotique si un choix clair avait été fait quant au « modèle » économique et social que l'on veut mettre en place. Les pères fondateurs étaient des démocrates chrétiens imprégnés du modèle rhénan ; on ne peut que constater ces dernières années une véritable dérive libérale plus mécanique d'ailleurs qu'idéologique.

Il faudra donc répondre à vingt-cinq aux questions que l'on n'aura point résolues à quinze. Est-ce possible ? Il le faudra ! Le sens de l'histoire le veut. Espérons en tout cas en l'enthousiasme des nouveaux venus qui ne sauraient se satisfaire d'une construction sans âme. Quant à la suite de l'élargissement, peut-on simplement rappeler qu'Europe, la jolie nymphe qui charma Zeus, était la fille du Roi de Tyr… au Liban !

2002 aura été, sur le plan géopolitique, une année de transition entre l'attentat du 11 septembre 2001 et la guerre en Afghanistan d'une part, la montée des tensions avec l'Irak d'autre part. 2003 s'ouvre avec des inconnues majeures et à l'heure du « bouclage » de Cyclope 2003, la situation politique et militaire autour de l'Irak est toujours aussi confuse.

Quelle image donner aux générations à venir d'une année 2002 marquée par la grisaille économique, de douloureux lendemains de krach boursier et surtout par des incertitudes géopolitiques, par la crainte et la peur de conflits et de tensions à venir. Est-ce celle de l'attentat de Bali, le plus meurtrier de l'année, des innombrables accrochages en Palestine, d'armées passant des montagnes afghanes aux déserts d'Arabie ? Sont-ce les nouveaux venus parmi les puissants du monde, de Hu Jintao, nouveau secrétaire général du PC chinois au président brésilien « Lula » dos Santos, du Premier ministre français, Jean-Pierre Raffarin, au turc Recep Erdogan. Ou bien ne faut-il pas écouter d'autres messages comme celui du Prix Nobel de la Paix, l'ancien président américain Jimmy Carter, ou celui des jeunes réunis à Toronto dans le cadre des journées mondiales de la jeunesse des chrétiens. Chacun peut au fond garder de 2002 l'image qui lui convient le mieux, mais il ne peut ignorer les menaces qui se sont accumulées et qui chargent l'horizon de 2003.

La croissance économique mondiale

Prévisions du FMI, variations annuelles en pourcentage

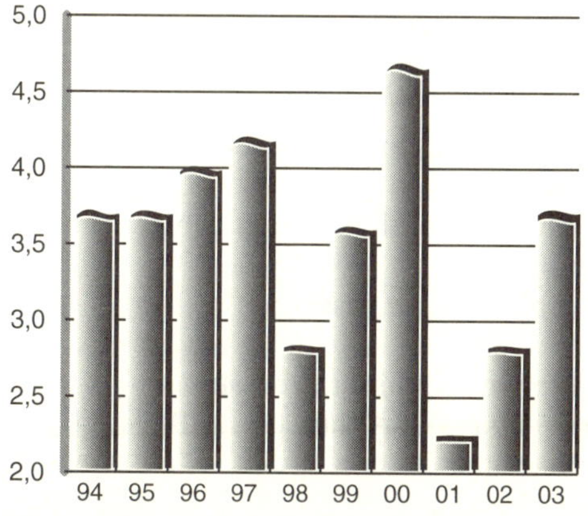

Les grandes menaces

En 2001, il y avait eu un avant et un après 11 septembre. En 2002, peu à peu, la cendre de l'effondrement des Twin Towers s'est dissipée et on aurait presque la cruauté de dire que le monde est retourné à ses démons anciens. Certes, les premiers mois de 2002 furent occupés par l'Afghanistan, mais dès la chute des Talibans et l'échec manifeste de la chasse à Bin Laden, l'intérêt – autre qu'humanitaire – pour l'Afghanistan diminua comme peau de chagrin : le pays revenu à ses féodalités, à ses clans de guerriers et à une véritable ingouvernabilité, n'est plus qu'un enjeu mineur qui, en 2003, devrait disparaître de la une des journaux. Pour les Afghans, le « grand jeu » est terminé et il n'est même pas sûr qu'ils aient su le monnayer en termes d'aide au développement.

Au-delà de l'Afghanistan, la vraie menace est bien sûr celle d'Al Qaeda. Bin Laden n'est probablement pas mort et ses réseaux sont en partie intacts. L'attentat de Bali montre une capacité d'influence considérable dans « les banlieues de l'Islam ». Les difficultés politiques de pays comme le Pakistan, le Soudan, le Yémen ou même l'Indonésie font le reste. Le problème « musulman » (c'est-à-dire le refus par certains intégristes de tout rapprochement avec la civilisation judéo-chrétienne) demeure entier et se nourrit de l'échec du développement économique de la plupart des pays à majorité musulmane (en dehors des monarchies pétrolières – mais peut-on y voir

Événement majeur aux conséquences mondiales

L'année 2002	Perspectives 2003
• Contrôle américain, puis allié en Afghanistan et chute des Talibans.	• Faible incidence des événements afghans.
• Montée des tensions avec l'Irak. Saddam Hussein accepte le retour des inspecteurs de l'ONU. Renforcement du potentiel américain dans le Golfe.	• Risque majeur de guerre. Conséquences graves pour le pétrole.
• Persistance des menaces réelles ou supposées du réseau Al Qaeda de Bin Laden ; attentat à Bali ; attentats au Pakistan, au Yémen…	• Forte probabilité de nouveaux attentats ; maintien de tensions fortes dans la plupart des pays musulmans.

Événement important aux conséquences régionales

L'année 2002	Perspectives 2003
• Fortes tensions au Cachemire entre l'Inde et le Pakistan.	• Situation plus calme mais tout dépend de l'évolution politique interne des deux pays.
• La Corée du Nord renoue avec ses tentations nucléaires.	• Faible risque de contagion : jeu subtil de pression sur la scène politique sud-coréenne.
• L'Union européenne passe de quinze à vingt-cinq.	• Ancrage réussi autour de l'Europe. On attend maintenant les travaux de la Convention.
• Victoire des islamistes modérés aux élections en Turquie.	• Un pays clef à surveiller en 2003.
• Poursuite et intensification du conflit Israël/Palestine.	• Après les élections israéliennes, peut-être une légère amélioration ?
• Arrêt du conflit au Congo démocratique.	• On peut espérer un léger mieux ;
• Congrès du PC en Chine.	• La transition se poursuit sans heurts apparents.

Événement important aux conséquences locales

L'année 2002	Perspectives 2003
• Poursuite du conflit tchétchène en Russie (et prise d'otages à Moscou).	• Potentiel explosif au Caucase et en Asie centrale.
• Déstabilisation de la Côte d'Ivoire.	• Solution politique improbable ; chaos probable.
• Crise économique, puis politique en Argentine.	• Le pire semble passé…
• Élection de Lula au Brésil.	• Alternance politique réussie ?
• Crise politique, putsch et grèves au Venezuela.	• Les États-Unis laisseront-ils le chaos s'instaurer ?

des réussites économiques – le seul pays à se distinguer reste la Malaisie). De ce point de vue, la Turquie aura en 2003 une valeur d'exemple essentielle : à peine sortie d'une crise économique et monétaire majeure, soutenue par le FMI plus pour des raisons géostratégiques que pour la qualité de sa gestion publique, la Turquie a vu en 2002 arriver au pouvoir (démocratiquement) un parti islamiste modéré qui va devoir poursuivre le relèvement économique, maintenir le cap européen malgré les rebuffades et... contenter son électorat. La réussite politique et économique de la transition turque serait la plus belle victoire possible en 2003 contre Bin Laden.

On ne peut bien sûr dissocier de la problématique musulmane l'évolution de la situation en Irak et en Palestine, même si au fond les logiques en sont fort différentes. Un temps éclipsé par Al Qaeda et l'Afghanistan, l'Irak de Saddam Hussein a fait un retour marqué sur le devant de la scène. Les inspecteurs de l'ONU sont retournés sur le terrain mais les États-Unis et leurs alliés (le Royaume-Uni au moins) se tiennent l'arme au pied. Y aura-t-il une guerre en 2003 ? Cette guerre sera-t-elle « courte et joyeuse », le « méchant » Saddam étant renversé (mais remplacé par qui ? l'exemple afghan porte à réfléchir !), ou bien sera-t-elle plus longue et surtout contagieuse pour les pétromonarchies du Golfe ? C'est là que le sort de Saddam, dirigeant laïc, rejoint celui de l'islamiste Bin Laden alors que leurs liens avant 2002 étaient probablement fort limités. Nul ne sait au fond ce qui sortira d'un conflit armé : des tensions pétrolières certainement, mais surtout un renforcement de la fracture entre l'Occident et le monde arabo-musulman dans la logique du « Choc des Civilisations » que décrivait Samuel Huntington, il y a déjà dix ans.

Il en est un peu de même en ce qui concerne la Palestine et Israël. La situation a rarement été pire qu'en 2002, pourtant Ariel Sharon est sorti renforcé – mais non majoritaire – des élections de janvier 2003. Face à un Arafat affaibli, saura-t-il donner une chance à

Les points de tension dans le monde en 2002/2003

Retour à Bakou et à Odessa...

Au début du XXe, l'Empire russe était considéré (avec l'Argentine) comme le plus prometteur des pays émergents : un tiers des investissements directs étrangers européens lui était consacré vers 1913. Une partie de ce décollage était due à l'exploitation de matières premières à l'origine de quelques-unes des plus grandes fortunes du pays. C'était en particulier le pétrole de la Caspienne avec sa nouvelle capitale, Bakou. C'était aussi l'exportation des céréales des plaines d'Ukraine : en 1914, s'il y avait une cotation de référence pour le blé à l'échelle mondiale, c'était bien le « fob Odessa ».

La grande parenthèse du communisme, le repli sur lui-même de l'Empire devenu soviétique, l'échec économique aussi, avaient fait disparaître Bakou et Odessa des cartes commerciales mondiales. La débandade soviétique et la balkanisation de l'URSS avaient même fait disparaître les derniers « villages de Potemkine » qui prêtaient encore à illusion. Après une longue décennie de transition, l'ex-URSS refait maintenant surface sur la scène économique mondiale assez logiquement comme producteur et exportateur de matières premières. En 2002, en voici quelques signes particulièrement symboliques : pendant quelques mois, la Russie est devenue, devant l'Arabie Saoudite, le premier producteur mondial de pétrole. De manière encore plus spectaculaire, les exportations de l'ex-URSS (à 90 % provenant de Russie) sont passées, entre 1996 et 2001 de 2,8 à 4,7 millions de barils/jour. Dans d'autres domaines comme les métaux non ferreux (aluminium, nickel, platinoïdes), le retour de la Russie est tout aussi spectaculaire avec la constitution, comme pour l'énergie, de puissants conglomérats dont le contrôle a donné lieu à d'homériques batailles entre les oligarques et le gouvernement central (Lukoil et Yukos pour le pétrole, Gazprom pour le gaz naturel, RusAl pour l'aluminium, Norilsk pour les non ferreux...).

Enfin, dans le domaine agricole, le « fob Mer Noire » est réapparu dans les cotations internationales de céréales et en 2001-2002, l'Ukraine, la Russie et le Kazakhstan ont exporté 11,4 millions de tonnes de blé, soit plus que l'Argentine ou l'Union européenne.

Voilà donc Bakou et Odessa de retour sur les marchés mondiaux ! C'est là une nouvelle dimension à intégrer, qui bouleverse nombre des schémas antérieurs. La Russie rejoint ainsi quelques pays spécialisés dans l'exploitation de leurs ressources naturelles comme l'Australie, le Canada ou, dans un autre genre, les émirats pétroliers. Le contrôle de l'Opep sur le marché du pétrole, la position du duopole États-Unis-Europe, sur celui des céréales ne manqueront pas de s'en trouver affectés.

Pour autant la situation même de la Russie en sera-t-elle améliorée ? Le recours aux matières premières – et à leur exportation – est en effet un réflexe de facilité : il permet d'assurer les fins de mois, de financer les dépenses publiques, de calmer l'agitation sociale. L'expérience montre aussi que, par leur importance, les flux financiers générés par ces exportations sont d'une assez grande « perméabilité » et agissent comme un élément corrupteur du tissu économique. Ce n'est pas un hasard si les « nouveaux riches » russes, tout comme les élites politiques, se sont attachés au contrôle et au développement de ce « quasi-dollar » plutôt qu'à toute activité économique vraiment créatrice de valeur ajoutée. Pétrole, métaux et mêmes céréales ne sont guère des facteurs de développement économique. Le passé en offre quelques « riches » exemples : la prospérité de l'Argentine à la fin du XIXe siècle, basée sur l'agriculture, n'a pas été très durable et on en voit aujourd'hui les conséquences. Aucun des exportateurs de pétrole n'est parvenu à échapper à son emprise et des pays comme l'Algérie, le Venezuela ou le Nigeria en sont de pitoyables exemples. Que dire enfin du Zaïre et de la Zambie ! Toute comparaison a bien sûr ses limites et en bien des domaines (taille, héritage industriel niveau de formation de la population) le cas russe est d'une autre dimension. Une chose est sûre en tout cas : la stratégie de l'émirat pétrolier, ou même, pour poser la problématique de manière plus positive, à l'australienne, serait à moyen terme suicidaire pour la Russie. Le problème est, qu'à court terme, elle conforte les fragiles équilibres économiques et surtout politiques.

La Russie, et au-delà la CEI, sauront-elles échapper à la malédiction des matières premières. Rien n'est moins sûr. Pour l'heure, le reste du monde doit compter avec Bakou et Odessa.

la paix et celle-ci est-elle d'ailleurs possible ? Mais la Palestine restera en 2003 encore un des points de tension majeurs de cette ligne de fracture qui casse le monde.

Tout cependant ne peut être traité avec la même sauce civilisationnelle de l'Occident judéo-chrétien contre l'Orient musulman. En Russie, le président Poutine essaie de vendre de la sorte son problème tchétchène, ce qui est pour le moins exagéré. Il faudra quand même en 2003 surveiller tous les soubresauts des épigones de l'empire soviétique, du Caucase à la Caspienne, de toutes ces « républiques » qui renouent avec les délices des dictatures et du culte de la personnalité. La région retrouve d'ailleurs toute son importance avec les projets bien avancés de gazoducs et d'oléoducs permettant de fournir à l'Occident une alternative aux disponibilités de l'Opep. Et la stabilité russe elle-même, celle de Poutine s'imposant face à ses oligarques (à la manière des premiers tsars et de leurs boyards) n'est-elle pas liée au cours du pétrole, la Russie n'étant au fond qu'un gigantesque émirat pétrolier.

Toutes les pièces de ce gigantesque puzzle, de ce « grand jeu » allant de la Méditerranée aux confins de l'Himalaya ont bougé en 2002 et trembleront encore en 2003. La déflagration irakienne peut avoir des conséquences insoupçonnables sur ces fragiles équilibres. Nous sommes là sans conteste au cœur des grandes menaces de 2003 et au-delà.

Conférences et « pow-pow » internationaux en 2002

Canada G7 et G8 : sans intérêt comme d'habitude, si ce n'est une initiative pour l'Afrique. La suite à Évian en juin 2003.

Johannesbourg, Sommet « de la Terre » : peu de résultats concrets, mais une prise de conscience nécessaire. Mieux que Rio ! Le protocole de Kyoto va enfin entrer en vigueur en 2003.

Porto Alegre, Florence : les « anti » de mieux en mieux organisés, toujours aussi peu représentatifs (souvent noyautés par l'extrême gauche trotskiste). En 2003, Lula va à Davos et à Porto Alegre… Tout un symbole !

OMC et Millenium Round : encore les blocages agricoles. Les États-Unis manient à la fois le chaud (acier, Farm Bill) et le froid. Rendez-vous à Cancun en septembre 2003.

Les tensions régionales

Sur chaque continent, le sang a coulé et des têtes sont tombées en 2002 alors que les tensions régionales ou locales s'accumulaient pour 2003.

En Asie, il y a bien sûr le « cas » de la Corée du Nord, cette dictature absurde, ultime avatar du communisme (Castro en est un autre) qui joue avec l'arme nucléaire. Il ne paraît pas devoir être réglé par les armes, ni devoir remettre en cause l'émergence économique asiatique, ni la transition chinoise. Pour la Chine, le Congrès du PC a entériné une succession en douceur et le maintien de cette expérience originale de troisième voie économique, de social-démocratie de marché avec parti unique qui – si elle réussit – permettra au milliard de Chinois de s'épargner le gâchis qu'ont connu tous les Pays de l'Est dans leur période post-communiste. On ne peut bien sûr écarter la possibilité d'une forte déstabilisation en Chine, provoquée par exemple par des inégalités qui deviennent insoutenables, mais celle-ci semble peu probable à court terme. L'autre géant asiatique, l'Inde, est sur le pied de guerre face au Pakistan. Mais là aussi, au-delà de la posture et des enjeux politiques locaux, les risques de conflit véritable semblent limités. Il faut par contre surveiller les évolutions de pays comme l'Indonésie et les Philippines où conflits ethniques et religieux s'ajoutent aux difficultés économiques. Il y a dans cette région nombre de volcans endormis qui n'attendent que de se réveiller.

En Afrique, la Côte d'Ivoire est venue s'ajouter à la longue liste des pays en proie à la guerre civile. Après le Congo, le Soudan, le Zimbabwé (et son président qui l'enfonce dans la misère), le Liberia, voici la vitrine de l'Afrique de l'Ouest qui cède aux conflits ethniques et tout l'édifice bâti avec sagesse par Félix Houphouet Boigny qui s'effondre. Malgré les efforts de la France et la signature des accords de Marcoussis, on ne voit guère de solution rationnelle s'imposer en 2003 sauf révolution à Abidjan ! Mais l'Afrique dont on a beaucoup parlé lors du Sommet du G8 au Canada avec le lancement d'une initiative de développement (le Nepad), pèse maintenant si peu que les massacres qui s'y perpétuent demeurent étonnamment silencieux !

En Amérique latine, 2002 avait commencé dans le fracas des casseroles des manifestants qui en Argentine ont vu se succéder cinq présidents en quinze jours. La misère y est maintenant moins bruyante mais le pays a le triste privilège de la plus forte récession économique au monde en 2002. La pente sera longue et difficile à remonter et les dangers en 2003 sont immenses. Plus au Nord, le Brésil a administré au reste du monde dubitatif une leçon d'alternance démocratique avec l'arrivée au pouvoir de Lula et de son Parti des Travailleurs qui jusque-là ne régnait que sur l'État du Rio Grande do Sul et sa capitale Porto Alegre devenue un des hauts lieux de la contestation anti-mondialisation. Il reste maintenant à transformer l'essai et à réussir notamment la réforme agraire sur laquelle tout le monde attend Lula…

De Davos à Porto Alegre

Davos, Porto Alegre… Chaque fin de janvier, voici un double rite bien établi. Les « puissants » – politiques et économiques – vont dans les montagnes suisses. Les « anti » et autres contestataires se retrouvent au soleil du Sud du Brésil. Cette année, le président brésilien « Lula » fera les deux rencontres. Certains gouvernements – comme la France – et quelques entreprises ou ONG sont aussi présents aux deux manifestations.

À vrai dire, il est frappant de constater la convergence de plus en plus grande entre Davos et Porto Alegre. À l'origine, Davos était avant tout une occasion de rencontres que liait une vague sauce intellectuelle : Américains et Européens s'y côtoyaient, qu'ils soient politiques, hommes d'entreprises ou universitaires. Ce « get together » n'a jamais prétendu porter au monde un message, même si implicitement le World Economic Forum adhère à un modèle que, pour ces dernières années, nous pourrions qualifier de « liberal avec remords ».

Point d'état d'âme par contre à Porto Alegre : on y est résolument « contre » et c'est même la seule chose qui unisse des participants fort disparates : contre le libéralisme bien sûr, contre la guerre en Irak, contre les OGM, contre les pavillons de complaisance et les paradis fiscaux… On serait bien en peine de bâtir avec tout cela un programme économique et social cohérent et l'on frémit un peu de croiser dans les rues de Porto Alegre nombre de militants trotskistes purs, durs et non repentis, ou un Fidel Castro, dernier vétéran du communisme tropical. Reconnaissons quand même à ce Woodstock brésilien la fraîcheur de sa spontanéité et quelques critiques tout à fait valides des excès du libéralisme et de ses « trous noirs ».

Dans un monde idéal, on voudrait beaucoup de Davos parce que c'est la croissance économique, le décollage de l'Asie, la progression de l'humanité, mais aussi un peu de Porto Alegre parce qu'il faut de la liberté, de la fraternité et beaucoup d'utopie. De la même manière qu'à Davos, on souffre de la langue de bois et d'un certain angélisme de circonstance, à Porto Alegre les récupérations politiques, l'opacité des représentants auto proclamés de la société civile mondiale posent problème.

Entre Davos et Porto Alegre, en cette fin de janvier 2003 marquée par la menace de guerre en Irak, le monde ne va pas changer. Il va progresser un peu, espérons-le, du moins si les mots très simples de tolérance et d'espérance peuvent y être entendus.

Enfin, le Venezuela inquiète : le pétrole a totalement détruit l'économie de ce malheureux pays ; les méthodes musclées du président Chavez ont fait le reste jusqu'à faire terminer l'année 2002 au marché pétrolier au-dessus de la barre des $ 30 le baril (base Brent). Nous sommes là bien sûr trop près du cœur des intérêts américains pour que Washington puisse se laver les mains de tout risque de « golpe ».

Il y a enfin l'Europe qui, en 2002, aura quand même bien progressé, de la mise en place de l'euro à l'élargissement. Il reste maintenant – et ce n'est pas rien – à doter cet ensemble encore hétéroclite des institutions nécessaires, ce que la Convention que préside Valery Giscard d'Estaing devrait avancer en 2003. Il faudra bien des années – et quelques crises – pour parvenir à digérer les avancées de 2002. Des grands leaders européens, le chancelier Schröder a de justesse conservé son poste (mais de ce fait sans véritable mandat de gouvernement) alors qu'en France, Lionel Jospin a mordu la poussière. L'Europe continuera certainement à avoir en 2003 des problèmes de gouvernance économique dans un contexte de croissance médiocre.

Quant aux États-Unis, George Bush y aborde une année de domination totale au Congrès, après sa « victoire » aux élections de novembre, avec quelques mois de liberté avant de songer à sa réélection en 2004 : le temps de mener à bien sa « mission » contre l'axe du mal ? Rarement en tout cas la puissance américaine aura été autant à son zénith, sans équivalent ni contrepoids dans le reste du monde.

Construire la mondialisation

Est-ce l'omnipotence de ce pouvoir américain, mais on ne peut pas dire que la cause d'une mondialisation organisée et ordonnée ait vraiment progressé en 2002. Les sommets internationaux classiques (G7/G8) n'ont pas brillé par leurs avancées, si ce n'est au Canada le souci affiché du développement africain. L'événement de l'année fut le sommet de la Terre organisé par les Nations Unies à Johannesbourg : non pas tant par les résultats concrets (la promesse enfin de ratification du protocole de Kyoto qui devrait effectivement entrer en vigueur en avril 2003), ni par l'absence remarquée du président Bush, mais par la dynamique positive qui a été impulsée entre les États, les ONG et les entreprises sur ce thème du développement durable (l'expression à la mode de l'année). Au-delà des gesticulations des « anti » à Porto Alegre, puis Florence (et peut-être un peu quand même grâce à eux), le souci des équilibres de notre planète commence enfin à être pris en compte par toutes les parties prenantes.

Par contre, le Millenium Round de l'OMC, lancé à Doha en novembre 2001, n'a guère progressé. L'accord sur les médicaments génériques est remis en cause ; les États-Unis ne se sont pas privés d'utiliser l'arme du protectionnisme en matière d'acier ; et le dossier agricole promet d'être encore plus épineux qu'à l'habitude. Fin 2002, l'Union européenne a fait en ce domaine des propositions assez ouvertes, mais les négociations promettent d'être difficiles en 2003 et il est fort difficile de prédire ce qui sortira de la conférence de l'OMC prévue à Cancun au Mexique en septembre 2003.

Mais force est de constater que les engagements solennels pris dans l'émotion des lendemains du 11 septembre ont été bien vite oubliés. Rien n'a été fait en matière de paradis fiscaux ni de pavillons de complaisance et des drames comme celui du « Prestige » au large de la Galice peuvent se reproduire presque en toute impunité.

Le monde n'a au fond guère progressé en 2002 et les mêmes doutes nous assaillent à l'aube de 2003. La seule force brutale des armes suffira-t-elle à les lever ? On peut en douter.

Un bilan économique en demi-teinte

Fermons bien vite aussi les fenêtres de 2002 sur le plan économique. Cela n'aura pas été un grand millésime, même si dans les premières semaines une certaine euphorie avait pu régner. Au lendemain du 11 septembre

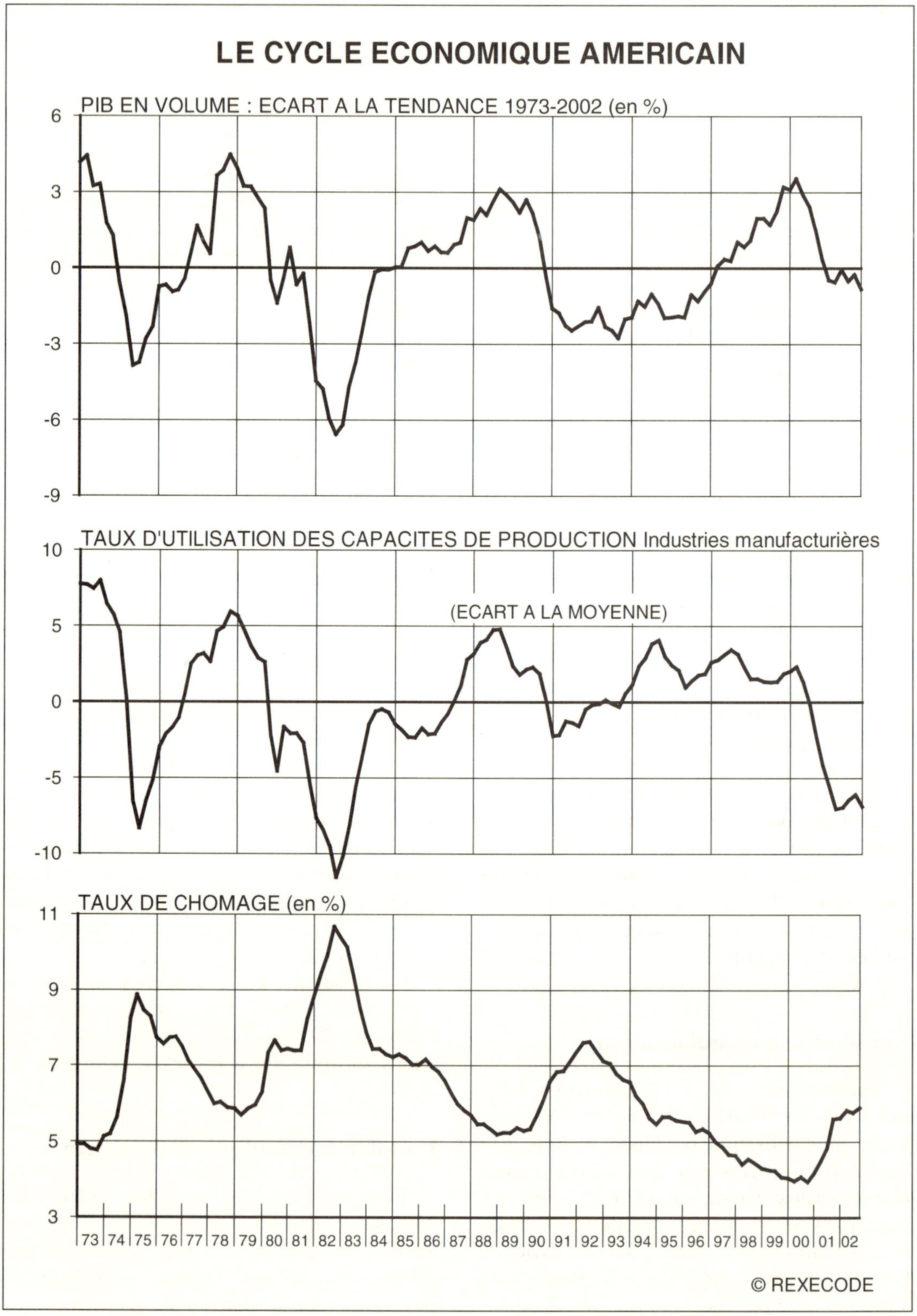
LE CYCLE ECONOMIQUE AMERICAIN
PIB EN VOLUME : ECART A LA TENDANCE 1973-2002 (en %)
6
3
0
-3
-6
-9
TAUX D'UTILISATION DES CAPACITES DE PRODUCTION Industries manufacturières
(ECART A LA MOYENNE)
10
5
0
-5
-10
TAUX DE CHOMAGE (en %)
11
9
7
5
3
73 74 75 76 77 78 79 80 81 82 83 84 85 86 87 88 89 90 91 92 93 94 95 96 97 98 99 00 01 02
© REXECODE

2001 en effet, grâce aux énergiques mesures tant budgétaires que monétaires prises aux États-Unis, la récession économique s'était rapidement terminée et on avait assisté à un spectaculaire rebond de la croissance au premier trimestre 2002, rebond qui avait – dans une moindre mesure – été sensible en Europe. Avec l'euphorie de la victoire en Afghanistan et la forte baisse des prix du pétrole (au-dessous de $ 20 le baril) on pouvait penser que la page de la récession de 2001 était tournée et que l'on allait bientôt retrouver des niveaux de croissance proches de ceux des années quatre-vingt-dix. Las, il n'en fut rien.

2002 : une année médiocre

Tout au long de l'année, ce ne furent que révisions à la baisse des prévisions de croissance aux États-Unis mais surtout en Europe. Il y eut aussi la prise de conscience qu'à côté du Japon, il y avait un autre grand malade, l'Allemagne en pleine crise de ce modèle rhénan autrefois tant admiré. A cela, il faut ajouter la poursuite du dégonflement de la bulle boursière qui avait éclaté en 2000 mais que l'affaire Enron, devenue affaire Andersen puis véritable crise de confiance du capitalisme américain, a relancé de manière dramatique au moins jusqu'à l'été 2002. Et puis il y eut enfin, outre les crises récurrentes en Argentine ou en Côte d'Ivoire, l'aggravation de la situation internationale et les bruits de bottes autour de l'Irak. Le résultat ne se fit pas attendre. Partout le moral des chefs d'entreprise reflua vers le pessimisme après le bref sursaut d'optimisme du début d'année. Sur la plupart des courbes qu'affectionnent les analystes, qu'il s'agisse de l'indicateur des directeurs d'achat aux États-Unis, de celui de la Banque Nationale de Belgique en Europe ou de l'IFO en Allemagne, commença à se dessiner la deuxième partie d'un « W », le signe d'une rechute. Là où la croissance restait positive, elle le devait à la dynamique de la consommation des ménages qui a été au fond la bonne surprise de 2002. Par contre, l'investissement des entreprises aura été la grande déception de l'année que ce soit aux États-Unis, en Europe, et bien sûr au Japon.

Au final, la croissance en 2002 restera marquée au coin de la médiocrité : 2,5 % quand même aux États-Unis mais moins de 1 % pour Eurolande et un zéro pointé au Japon. Il y a eu heureusement de meilleures nouvelles dans le reste du monde, en Chine, en Inde et dans le reste de l'Asie, bien des déceptions aussi en Amérique latine, en Afrique et au Proche-Orient. Avec une croissance mondiale estimée à 1,7 %, 2002 fait un peu mieux que 2001 (1,1 %). Le verre est à moitié plein quand on pense à la sinistrose qui régnait à l'automne

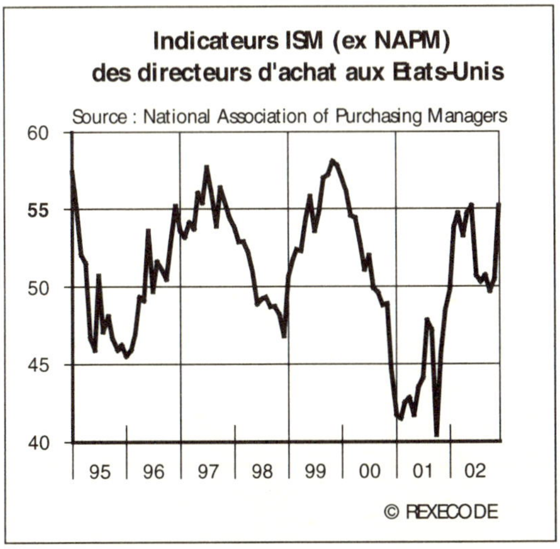

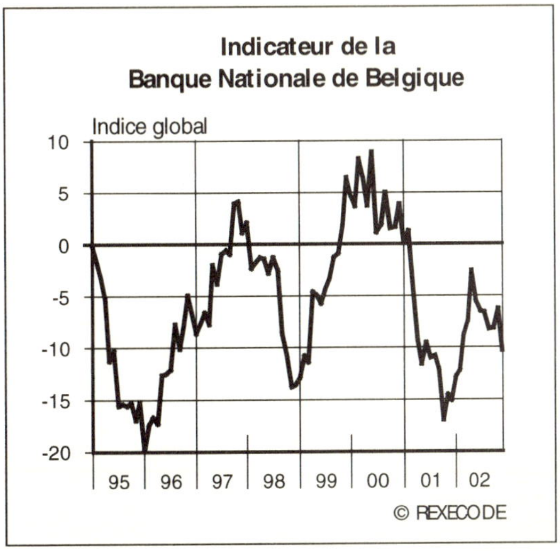

La guerre ? un jeu à somme négative

« Pour sortir de la crise économique, rien ne vaut une bonne guerre ! » Qui n'a un jour entendu cette phrase un peu lapidaire et n'a été enclin à y souscrire ? La Deuxième guerre mondiale n'est-elle pas le fruit et – pourrait-on dire – la sortie logique de la grande crise de 1929. Une manière de satisfaire les ventres creux n'a-t-elle pas toujours été d'entraîner les esprits vers de nouvelles conquêtes. Bien souvent la guerre a été l'enfant des échecs économiques, la conséquence de modèles insoutenables.

De l'expérience du passé, deux constats – presque opposés – s'imposent : oui, la guerre représente un soutien pour la croissance économique ; mais lorsque l'on fait un bilan global en incluant tous les coûts bilatéraux, on est obligé de constater l'aveuglement de ceux qui déclenchent des guerres en en sous-estimant systématiquement les coûts.

Premier constat donc : les guerres sont plutôt bonnes pour la croissance, surtout lorsqu'elles se passent sur des théâtres d'opération éloignée, ce qui serait le cas pour une guerre en Irak. Pour un pays comme les États-Unis, des conflits comme la Deuxième guerre mondiale, les guerres de Corée et du Vietnam ont été « rentables » en ce sens que la croissance du PIB a largement dépassé celle des dépenses militaires. Ceci se comprend parfaitement : l'augmentation des budgets publics, civils et militaires, finance l'investissement des entreprises, crée des emplois et malgré les pénuries éventuelles, soutient la consommation. Les périodes de guerre sont d'ailleurs souvent celles durant lesquelles des avancées scientifiques sont transformées en progrès technologiques. Les États-Unis ont ainsi d'autant plus profité des guerres du XXe siècle qu'ils n'en ont pas souffert à la différence de la guerre de Sécession. Si on intègre au coût d'une guerre ce que représentent les destructions et donc les reconstructions, le bilan, comme ce fut le cas en Europe pour les deux conflits mondiaux, devient franchement négatif.

Estimations du coût d'une guerre en Irak

(milliards de dollars)

	Estimation basse (guerre courte)	Estimation haute (guerre longue, élargie à la région et crise pétrolière)
Dépenses militaires	50	140
Dépenses d'après-guerre (pour dix ans après le conflit)		
– occupation et maintien de l'ordre	75	500
– reconstruction	30	105
– aide humanitaire	1	10
– impact sur le marché pétrolier	– 40	778
– effet macro-économique	– 17	391
Total	**99**	**1924**

Car, et c'est là notre deuxième constat, personne ne sait à l'avance ce que va coûter une guerre. Dans une étude récente pour l'Académie des Sciences américaines, le Prix Nobel d'économie William D. Nordhaus remarquait que personne n'aurait jamais provoqué de guerre s'il en avait su avec précision le coût exact. Quelle légèreté en effet a présidé aux fatales décisions qui ont précipité le déclenchement de la Première guerre mondiale que tous ses protagonistes imaginaient « courte et joyeuse ». Saddam lui-même aurait-il envahi le Koweit en 1990 s'il avait su ? Pour la guerre en Irak, aucune estimation sérieuse ne semble avoir été faite par les officiels américains. William Nordhaus propose une fourchette allant de $ 100 milliards pour le meilleur des scénarios (intégrant même des effets positifs sur la croissance grâce à un contre-choc pétrolier) à $ 1 500 milliards pour une guerre difficile impliquant des coûts élevés par la suite de maintien de l'ordre et de reconstruction. Le plus dur, et le plus coûteux aussi, dans une guerre est en effet de gérer la paix qui suit. Keynes l'avait bien compris lorsqu'il avait analysé les conséquences économiques du traité de Versailles. Mais là aussi comment mesurer vraiment le coût de ce que serait un véritable condominium américain sur l'Irak : l'exemple de l'Afghanistan ne peut qu'inciter à l'humilité. Enfin, dans le cas de l'Irak et du Golfe, on ne peut sous-estimer la dimension pétrolière d'un tel conflit : entre $ 15 et $ 40 le baril, toutes les hypothèses sont possibles.

L'impact macroéconomique des guerres et de l'augmentation des budgets militaires

(calculs de William Nordhaus pour l'Académie des Sciences)

	Augmentation des dépenses militaires	Croissance du PIB réel sur la même période (en % du PIB)
Deuxième guerre mondiale (1939-1944)	41,4	69,1
Guerre de Corée (1950-1951)	8	10,5
Guerre au Vietnam (1965-1967)	1,9	9,7
Guerre du Golfe (1990-1991)	0,3	– 1,3

Tant d'incertitudes, tant d'irresponsabilités aussi de la part de ceux qui décident vont à l'encontre de toutes les logiques de la croissance économique qui se fonde au contraire sur la confiance dans l'avenir et sur la fécondation des échanges. Dans l'histoire de l'humanité, les guerres ont toujours été des périodes de régression économique : il n'y a jamais eu de guerre « heureuse ». Laissons sur ce point le dernier mot à William Nordhaus : « la science économique nous apprend que le commerce est un jeu à somme positive qui aide tous ceux qui y participent. Par contre, la guerre est par essence un jeu à somme négative dans lequel les gains des vainqueurs sont bien inférieurs aux pertes des vaincus ». Voilà une réflexion à méditer par tous les « va-t-en guerre » de la planète.

La Chine à plus de 7 % de croissance

Il y a parfois des chiffres dont la régularité lasse et qui font songer à quelques rêves de planificateurs de la grande époque du Gosplan soviétique. On ne peut pourtant nier la réalité de la croissance chinoise qui, après une longue période (1984-1996) à plus de 10 % annuels, roule maintenant à une vitesse plus modérée de 7 à 8 %. L'économie se trouve dynamisée par la force de sa demande intérieure, soutenue en particulier par des dépenses publiques en très forte hausse (+ 24,4 % au premier semestre 2002). Il s'agit surtout de grands travaux qui devraient monter encore en puissance avec la perspective des Jeux Olympiques de Beijing en 2006. Pour ceux que certains chiffres macroéconomiques peuvent laisser sceptiques, signalons que la production chinoise d'acier a augmenté de 20 % en 2002 ! Mais la consommation n'est pas en reste grâce à l'augmentation des revenus (le gouvernement a doublé entre 1999 et 2002 le salaire des fonctionnaires...). Enfin, malgré la situation économique mondiale, les exportations ont repris leur progression. La Chine continue à bénéficier du gros des investissements directs étrangers (IDE) mondiaux. Ceux-ci ont même fortement augmenté de 29 % dans les quatre premiers mois de 2002 à la suite de l'entrée officielle de la Chine dans l'OMC : les mouvements de délocalisation se poursuivent ainsi dans l'électronique au départ de Taïwan et du Japon (Taïwan serait même selon certaines sources le premier investisseur « étranger » sur le continent). La baisse du yuan – dont le lien est fixe avec le dollar – n'aurait par ailleurs que des avantages puisqu'en renchérissant le coût des importations, elle permettrait de juguler un peu la déflation qui est l'un des principaux problèmes actuels de l'économie chinoise : elle contribuera aussi à protéger un peu certains secteurs des conséquences de l'ouverture accrue du marché intérieur à la suite de l'adhésion à l'OMC.

A priori, cette croissance devrait se poursuivre sur 2003. Pourtant, il existe plusieurs inconnues d'ordre politique, économique et social. En politique, après le Congrès du Parti Communiste qui s'est tenu à l'automne 2002, il faudra un peu de temps pour juger du cap tenu par la nouvelle équipe de Hu Jintao et du retrait effectif de Jiang Zemin. Sur le plan économique, il reste toujours le problème des réformes bancaires et financières, du poids des créances douteuses dans les bilans des principales banques, des difficultés de financement du secteur privé, et en particulier des petites entreprises. Enfin, du point de vue social, il faut tenir compte du nombre croissant des exclus de la prospérité et de l'augmentation du décalage entre riches et pauvres. Certes, la pauvreté absolue (mesurée en termes de consommation alimentaire) a diminué, mais représente encore 6 % de la population rurale. Mais on estime que plus de 200 millions de Chinois vivent avec moins d'un dollar par jour et à ce niveau, le système de protection sociale est totalement défaillant.

Les nouveaux dirigeants chinois ont donc devant eux une lourde tâche que de poursuivre la transition vers l'économie de marché tout en en limitant les aspérités sociales. Il n'est d'ailleurs pas impossible que durant les prochaines années, la Chine puisse être confrontée à une crise d'adaptation un peu identique à ce qu'avait connu le reste de l'Asie émergente en juillet 1997. Cette « prochaine » crise, la première de l'histoire à venir de Chine, aurait des conséquences très fortes sur le reste de l'économie mondiale tant la Chine aura dans les années à venir un rôle essentiel dans la dynamique des échanges internationaux. Nous n'en sommes – semble-t-il – heureusement pas là et pour l'instant la croissance chinoise demeure l'une des plus belles pages du carnet de notes de l'économiste et l'un des soutiens les plus fermes à l'ensemble des marchés mondiaux.

2001 et à l'ampleur du krach boursier que nous avons vécu ces deux dernières années. Il est à moitié vide dans de très nombreux pays et en particulier en Europe où la croissance aura bien été insuffisante pour permettre de régler sans difficultés les nombreux déséquilibres structurels de l'espace européen.

Qu'attendre de 2003 ?

2003 s'ouvre sur une incertitude géopolitique majeure que nous avons évoquée plus haut : guerre ou paix armée en Irak ? Guerre courte et décisive ou conflit long s'étendant à l'ensemble de la région, enflammant même le monde musulman ? Du pétrole à $ 15 ou $ 40 le baril ? Pendant quelques jours ou plusieurs mois ? Personne aujourd'hui ne peut trancher entre ces scénarios multiples. Nous vivrons au moins les premiers mois de 2003 avec cette véritable épée de Damoclès qui ne doit d'ailleurs pas occulter d'autres menaces, plus locales mais non moins réelles, en Amérique du Sud (du Venezuela à l'Argentine), en Asie centrale et au Proche Orient.

Ceci mis à part (!), 2003 s'ouvre avec son lot de « presque » certitudes d'une part, d'interrogations d'autre part. Au rang des premières, il y a la poursuite de la croissance en Asie tirée par la Chine, l'Inde et la Corée du Sud. Il faut bien sûr se préparer à ce qu'un jour la Chine connaisse à son tour une crise d'ajustement mais celle-ci apparaît peu probable dans les trimestres à venir au lendemain même du changement de direction au sein du PC chinois. Certains pensent même que jusqu'en 2007 (au lendemain des Jeux Olympiques de Beijïng) le monde peut dormir tranquille…

Il est malheureusement des certitudes moins agréables surtout lorsqu'elles concernent les deuxième et troisième économies mondiales. Le Japon et l'Allemagne devraient en 2003 rester proches de la croissance zéro. Nous ne sommes plus là face à un problème conjoncturel, mais à de véritables crises de société. Elle dure depuis dix ans au Japon et rien ne permet d'espérer une amélioration notable en 2003. Pour l'Allemagne, ce sera la troisième année de crise avec une politique affaiblie, de fortes tensions sociales et aucune marge de manœuvre budgétaire. La « panne » allemande handicapera bien sûr le reste de l'Europe et ne facilitera pas le fonctionnement des institutions européennes, quoique l'on puisse espérer au moins que la BCE en tire les conséquences en termes de taux.

Au chapitre des interrogations, la principale porte sur la dynamique du cycle économique et sur le contenu de la croissance aux États-Unis et dans une moindre mesure en Europe. La question là est simple : quand repartira l'investissement des entreprises ? En 2002, la croissance a tourné sur le seul moteur de la consommation des ménages : en 2003, celui-ci peut avoir quelques ratés liés au niveau quand même très élevé de l'endettement des ménages américains, à une plus grande morosité sur fond de montée du chômage chez leurs homologues européens. Le scénario idéal serait que le relais soit assuré par le moteur de l'investissement des entreprises : ce serait le gage d'une montée en puissance régulière et d'une véritable reprise au deuxième semestre 2003. Pour l'instant, on a bien enregistré quelques frémissements aux États-Unis dans le domaine des nouvelles technologies : cette hirondelle est-elle annonciatrice d'un printemps 2003 radieux, mais ne vient-elle pas trop tôt alors que les entreprises sont encore en plein nettoyage de bilan. Il est

Opinion des chefs d'entreprise en France

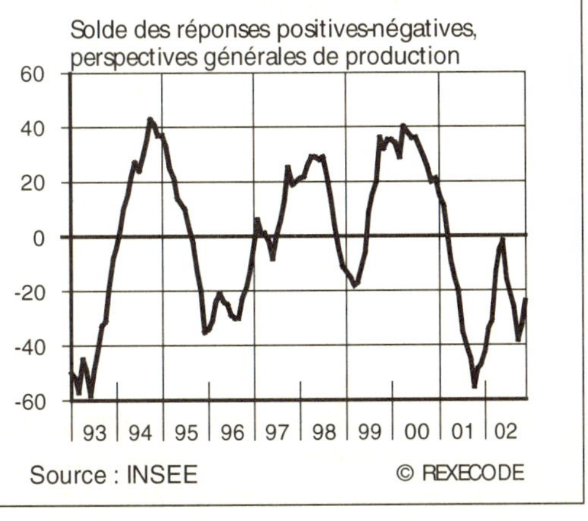

encore trop tôt pour juger du plan de relance présenté par George Bush début 2003. Les baisses d'impôt sont-elles vraiment la panacée universelle ? Si l'on peut être néanmoins raisonnablement confiant quant à la vitalité de l'économie américaine et à ses capacités de rebond, on doit aussi tenir compte de la poursuite de la purge boursière et des séquelles des « affaires » qui ont secoué le capitalisme américain en 2002. Tabler sur une véritable reprise de l'investissement aux États-Unis vers la mi-2003 paraît donc le plus logique, ce qui donnerait une croissance globale de l'ordre de 2,5 % à 3 %.

De tels chiffres ont de quoi faire rêver en Europe où l'on se pose la même question en ce qui concerne l'investissement mais avec une bien plus faible réactivité et surtout le boulet allemand. Il y a fort à craindre que la reprise de l'investissement n'intervienne en Europe qu'avec retard et de manière plus molle qu'aux États-Unis, la situation étant plus favorable en Europe du Sud qu'en Europe du Nord. Dans la plupart des pays, à l'exception de l'Allemagne, la croissance se situerait entre 1 et 2 %, les meilleures performances attendues étant celles de l'Espagne et de la France.

Mais au-delà de ces chiffres moyens, l'important est la tendance, l'allure de la courbe, sa pente : on peut anticiper un « mieux » pour la deuxième partie de 2003, ce « mieux » devant venir à notre sens de la reprise de l'investissement. Les arguments rationnels ne manquent pas mais il y a là aussi un peu de « méthode Coué » ou de la foi de l'économiste dans le caractère prophétique de ses prévisions !

On l'a compris, 2003 ne s'ouvre pas sous des auspices particulièrement brillants. Incertitudes géopolitiques, lendemains de crise boursière, dépressions nippones et germaniques se conjuguent pour rendre particulièrement aléatoire la lecture des cycles économiques. Au pire ce sera la stagnation, au mieux un millésime moyen mais qui nous préparerait un joli 2004 !

Au-delà de l'aléa irakien, le problème allemand est probablement le plus important souci qui pèse sur l'économie mondiale.

L'Allemagne est malade !

2 %, 1,5 %, 1,3 %, 1 %... au fil des jours, les prévisions des économistes pour la croissance allemande en 2003 n'ont cessé de diminuer. Prévision n'est bien sûr pas raison et on connaît les aléas dont souffrent pareils exercices. Mais après 0,7 % de croissance en 2001 et probablement guère plus de 0,2 % en 2002, l'Allemagne serait en 2003 dans sa troisième année de stagnation économique, aux portes même d'une deuxième récession après celle de 2001. La situation serait même pire en ne considérant que le marché allemand, c'est-à-dire la demande intérieure, pour lequel l'évolution est maintenant négative depuis près de deux ans. L'Allemagne connaît aujourd'hui sans conteste la situation conjoncturelle la plus difficile de toute l'Europe dont elle est devenue un véritable « maillon faible ». Mais peut-on encore aujourd'hui se contenter d'un diagnostic conjoncturel ? Cette seule clef d'analyse est-elle suffisante pour expliquer l'ampleur du malaise dont souffre l'Allemagne et qui s'apparente plutôt à une remise en cause profonde du modèle rhénan ?

Des facteurs objectifs tenant à la conjoncture

Comme tous les pays européens, l'Allemagne a souffert du retournement de la conjoncture économique mondiale dès la fin de 2000. L'appareil industriel allemand très spécialisé dans le domaine des biens d'équipement a été affecté par le ralentissement de l'investissement mondial. Cependant, force est de constater que ces derniers trimestres, le commerce extérieur a été le seul véritable soutien à la croissance. Si les exportations allemandes ont souffert, leur évolution est restée quand même positive. Convenons toutefois que la plus faible part des services dans l'économie allemande la rend plus sensible aux chocs extérieurs et aux cycles industriels. Cela dit, la crise allemande est pour l'essentiel « hausgemacht », c'est-à-dire faite de l'intérieur.

L'autre élément objectif que l'on peut mettre en avant tient bien sûr aux conséquences de l'unification allemande. Il était utopique d'imaginer que celle-ci se ferait sans heurts ni problèmes, surtout après le « coup » politique de la décision de parité entre le mark de l'Ouest et celui de l'Est. Après une phase de forte croissance, les Länder de l'Est sont tombés dans la stagnation à partir de 1997 (0,5 % de croissance), dans la récession en 2001 (– 0,1 %) alors que le chômage atteignait 19 % à Magdebourg et Leipzig, 20 % à Francfort sur l'Oder, 17 % à Berlin… Chaque année, les transferts vers l'Est pèsent 3,5 à 4 % du PIB. Mais plus de dix ans maintenant après l'unification, on ne voit guère d'amélioration ni de fin proche à ce qui aurait dû être une transition. Après avoir favorisé un véritable boom immobilier, la situation à l'Est a accentué et prolongé encore une crise du secteur du BTP dont l'Allemagne peine à se remettre. Il semble qu'en 2002, la baisse du nombre des permis de construire se soit arrêtée… mais à un niveau qui est le tiers de celui de 1995 !

Le retour de l'Allemagne de l'Est a été un fardeau que peu de pays auraient pu supporter. Dans le cas allemand, il a mis en évidence des faiblesses internes jusque-là cachées ou ignorées.

Un malaise « hausgemacht »

Il y a un indicateur qui, de tous, est probablement le plus parlant : c'est l'évolution démographique. La fécondité allemande est, avec celle du Japon, la plus faible de tous les pays développés. Depuis 1975, l'indice de fécondité allemand est resté inférieur à 1,5 alors que le seuil de renouvellement des générations est de 2,1. A trend démographique constant, les 82,3 millions d'Allemands de 2000 ne seraient plus que 58,6 millions en 2050, la part des plus de 60 ans passant de 23 % à 39 %. Avec un flux d'immigration de 300 000 personnes par an, l'Allemagne ne compterait quand même que 74,9 millions d'habitants en 2050. Sans parler de tous les problèmes que ceci posera en termes de vieillesse, de déséquilibre des générations, de retraites ou encore de brassage culturel lié à l'immigration, il faut s'interroger sur les raisons de ce refus de l'enfant, signe entre tous d'une absence de confiance et d'espérance en l'avenir. Il y a certes des raisons objectives liées au sous-équipement allemand en matière de crèches et de maternelles et plus largement aux problèmes rencontrés par un système éducatif qui n'a pas su se renouveler. Mais il y a autre chose que le sociologue Rolf Heinze décrit comme « die blockierte Geselschaft », la société bloquée, la matérialisation d'un sentiment de malaise et d'inconfort que décrit le mot allemand « ungemütlichkeit ».

On le retrouve dans le champ social avec l'explosion des coûts de la Sécurité sociale (de 22,3 % du PIB en 1991 à 26,6 % en 2001), dans le domaine éducatif où les Allemands ont découvert que leurs enfants étaient à 15 ans les derniers de la classe de l'OCDE en termes de compréhension et de lecture (mais l'éducation est l'affaire des Länder), dans le domaine du travail avec la montée du chômage au-delà de la barre des 4 millions et des 10 % (le niveau des 4,5 millions sera probablement atteint dans le courant de l'hiver 2003, Länder de l'Est compris, mais il faut rappeler qu'à l'Ouest, le taux de chômage aux alentours de 8 % est inférieur à celui de la France) et avec la révélation du scandale de l'ANPE allemande (Bundesanstalt für Arbeit) qui, malgré ses 86 000 salariés, truquait ses résultats !

Au cœur des problèmes économiques, deux piliers du modèle allemand vacillent : « Deutschland AG » et la « Mitbestimmung » (cogestion). Deutschland AG, c'était le secret de l'harmonie des relations entre les entreprises et les milieux financiers, des plus grandes dont le capital était réparti entre des « noyaux durs » de grandes banques et de compagnies d'assurances, aux PME (l'une des forces de l'économie allemande, ce que l'on appelle le « Mittelstand ») qui chacune avait sa « Hausbank », son partenaire bancaire souvent issu du milieu mutualiste. La restructuration du monde financier allemand à la mode anglo-saxonne, la prise de pouvoir par les salles de marché de Francfort, mais aussi de Londres, ont fait apparaître le carac-

L'ECONOMIE ALLEMANDE

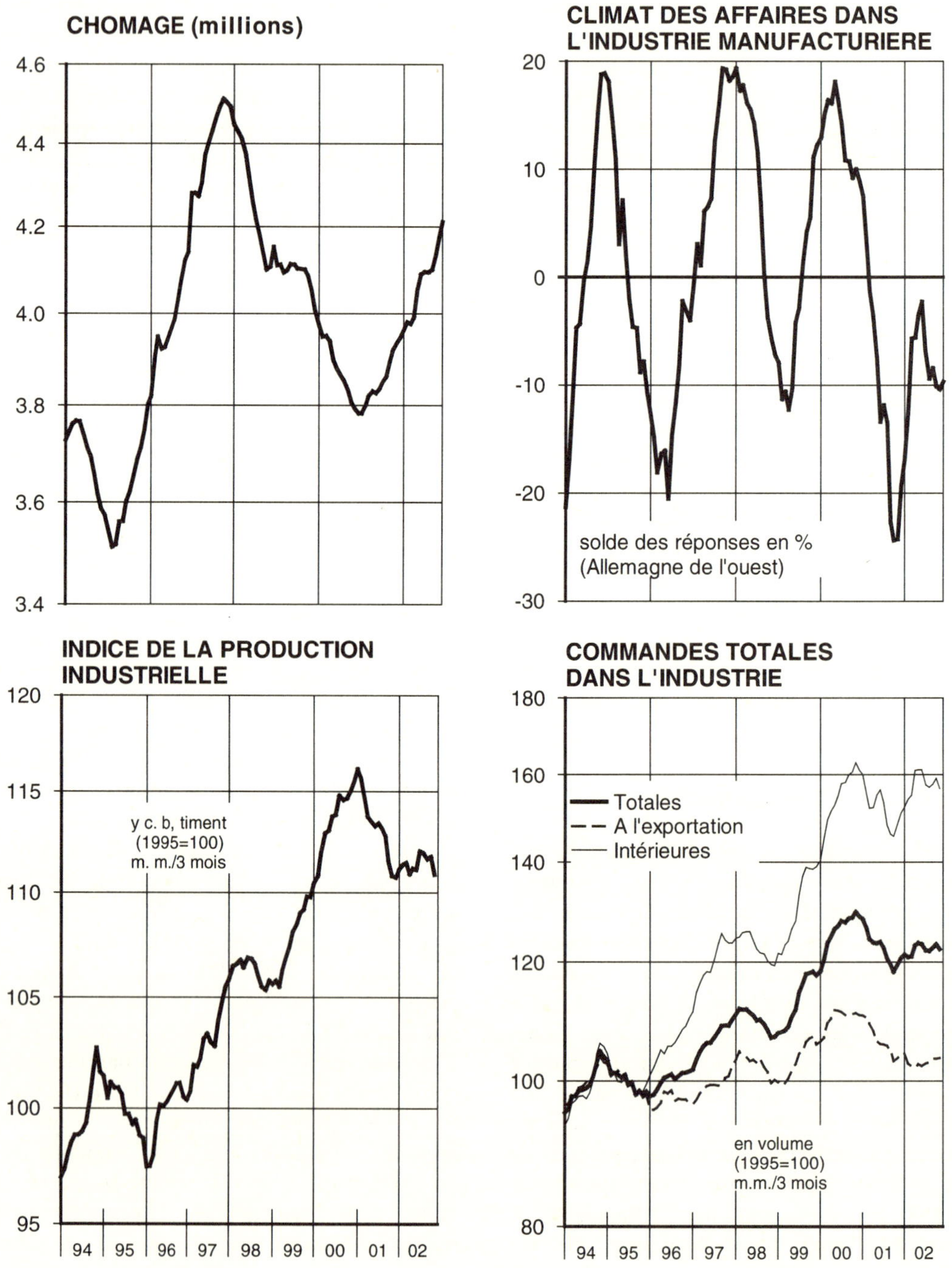

tère « improductif » de nombre de participations bancaires. Les contours des « groupes » sont devenus plus flous et quelques grandes entreprises symboles (Philipp Holzmann, Kirch, Babcock Börsig…) ont dû déposer leur bilan en 2002. La croissance du nombre de faillites, de 10 000 à 40 000 en une décennie, montre bien que le Mittelstand est lui aussi touché, que la banque prêteuse en dernier recours ne joue plus son rôle historique : à +0,5 % en mai 2002, la croissance du marché du crédit bancaire était au plus bas depuis vingt ans. L'irruption brutale du capitalisme à la sauce anglo-saxonne bouleverse le tissu même de Deutschland AG.

Du côté de la cogestion et plus largement de la situation sociale, les rigidités sont devenues la règle. Sans se préoccuper des questions de compétitivité, ni de productivité, les syndicats menés par IG Metall ont encore obtenu en 2002 des augmentations salariales, à terme destructrices d'emploi. Le gouvernement Schröder a bien suscité la création de la Commission Hartz (du nom du DRH de Volkswagen) et s'est engagé à en mettre en œuvre les principales conclusions visant à assouplir les rigidités du marché allemand du travail (travail temporaire par exemple), mais nombre d'observateurs s'accordent pour trouver les mesures préconisées bien insuffisantes. Comme en France, la question des retraites, aggravée par la situation démographique, est explosive. Nombre de ces points avaient été évoqués il a quelques années par un rapport fameux « Standort Deutschland » qui avait fait beaucoup de bruit à l'époque, mais dont les conclusions n'avaient guère été suivies.

Tout ceci se retrouve de manière très concrète dans le « spleen » des ménages allemands plus hédonistes que jamais quand il s'agit de voyager à l'étranger (44 millions de voyages hors d'Allemagne en 1999), mais plus retenus dans leur consommation domestique (– 5 % en un an à l'automne 2002 pour les ventes de détail).

Au fond, l'observateur de l'économie et de la société allemande ne peut que conclure que les Allemands aujourd'hui ne sont pas « heureux », ce qui est là bien sûr une notation

Indicateur du climat des affaires en Allemagne de l'ouest

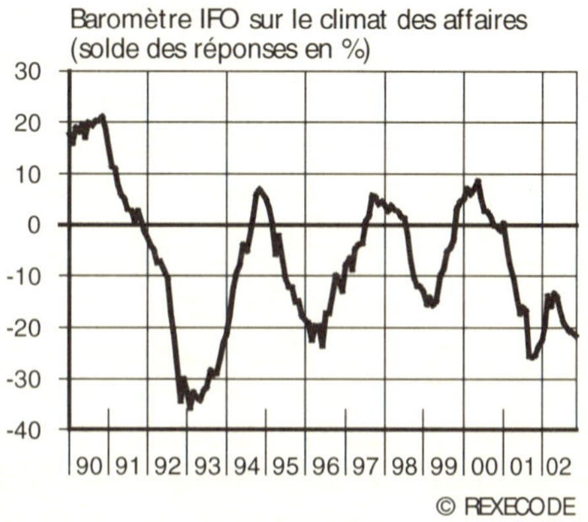

subjective et quelque peu irrationnelle, mais dont la traduction économique explique mieux que tout autre la stagnation dont souffre l'Allemagne depuis maintenant plus de deux ans.

Quelles perspectives ?

On fait souvent référence au Japon quand on parle de l'Allemagne. Dans ce cas, la comparaison n'est guère optimiste puisque l'Archipel est depuis plus de dix ans en crise sans espoir véritable d'en sortir à court terme. Les méthodes utilisées par le Japon – des plans de relance presque à fonds perdus – ont été d'une redoutable inefficacité en l'absence de réformes de fond et surtout de changements de mentalités dans les sphères dirigeantes du pays. Que faire en Allemagne ?

Le « Mittelstand » allemand

3 millions d'entreprises de moins de 500 salariés et de moins de 50 millions d'euros de chiffre d'affaires ;

70 % de l'emploi ;

46 % de l'investissement ;

57 % de la création de valeur des entreprises.

Le modèle rhénan est trop enraciné, trop complexe aussi pour qu'une simple potion combinant rigueur budgétaire et libéralisme suffise. De ce point de vue, la vision très rigide liée aux contraintes du Pacte de Stabilité risque d'aggraver encore la situation et il est utopique de parler, comme le gouvernement allemand le fait encore, d'un hypothétique retour à l'équilibre budgétaire. Rappelons seulement que les dernières estimations de déficit public en 2002 sont de 70 milliards d'euros, soit 3,8 % du PIB. Plus d'austérité serait absurde, mais d'autre part on peut douter de l'impact réel de mesures de relance. On doit aussi constater l'absence de consensus politique et l'indécision dont le corps électoral a fait récemment preuve avec maintenant un gouvernement Schröder plus faible que jamais obligé de composer avec ses alliés verts. Les premières mesures annoncées par le nouveau gouvernement en matière fiscale et surtout sociale (assurance maladie) ont fait l'unanimité contre elles, tant elles sont marquées au coin du court terme et de jongleries budgétaires. L'aveuglement est d'ailleurs collectif : les deux programmes électoraux, SPD et CDU, étaient irréalistes et la campagne s'est en fait jouée sur les inondations de l'Elbe et l'engagement allemand en Irak… Début 2003, les électeurs de plusieurs Länder ont infligé au Chancelier Schröder un véritable camouflet qui le fragilise un peu plus.

La modernisation du modèle rhénan prendra plus de temps qu'on ne le pense. L'atout allemand – à la différence du Japon – est sa position au cœur de l'Europe, aux premières loges de l'élargissement à l'Est. C'est aussi paradoxalement la volonté de la jeunesse est-allemande de se faire sa place au soleil. Au lendemain de la guerre, une partie du miracle allemand était venue du dynamisme des réfugiés venant des territoires de l'Est (Pologne, Prusse orientale, Sudètes…). Le phénomène peut se reproduire avec ces véritables « réfugiés de l'intérieur » que sont les Allemands de l'Est. Les marges de manœuvre du nouveau gouvernement sont faibles. Si notre diagnostic – celui du malaise structurel plus que de l'aléa conjoncturel – si ce diagnostic est juste, il faut s'attendre, au-delà d'une probable nouvelle récession durant l'hiver 2003, à plusieurs années de croissance médiocre et de demande intérieure mal orientée.

L'Allemagne est malade, mais c'est bien un problème pour toute l'Europe, une occasion peut-être aussi pour bâtir sur les décombres du modèle rhénan un véritable modèle européen qui ne soit pas seulement une liste de chiffres sans âme.

– II –

Amérique du Sud : les réformes ou l'enlisement

Au cours de la décennie passée, les pays d'Amérique du Sud ont commencé à libéraliser leurs économies et tenté d'équilibrer leurs comptes publics. Ils traversent depuis trois ans une crise qui étouffe la croissance, gonfle le chômage et aggrave les inégalités. Le paroxysme a été atteint au cours du premier semestre 2002 en Argentine. Tous les États du Cône Sud sont touchés à des degrés divers. Le Brésil a fait le choix de la rigueur budgétaire dès la fin des années quatre-vingt-dix. Il n'a pourtant pas échappé à la tourmente en 2002. La crise financière internationale a provoqué une aversion des marchés à l'égard de tous les pays émergents qui n'ont pas mis en œuvre les réformes fondamentales indispensables à l'assainissement durable des budgets publics et à l'essor de l'épargne intérieure. La nouvelle administration qui dirige le Brésil depuis janvier 2003 n'ignore pas cela. L'équipe du Président Lula sait aussi qu'elle ne peut pas faire basculer le pays dans des promesses de changement radical sans lendemain. Paradoxe : pour assurer à terme une croissance durable créatrice d'emplois, la gauche brésilienne doit maintenir la rigueur budgétaire et introduire rapidement les réformes qu'elle a bloquées lorsqu'elle était dans l'opposition. Sans ces réformes, le Brésil est condamné à la régression économique et sociale. Alors que l'Argentine peine à sortir du gouffre, un échec de Lula signifierait une marginalisation économique durable du sous-continent.

Argentine : lente sortie de l'abîme

Fait sans précédent dans le pays depuis un siècle, de 1999 à 2002, l'économie argentine a traversé quatre années consécutives de récession. Sur cette période sombre, le PIB s'est contracté de 18 % et la baisse du revenu moyen par habitant a dépassé 22 %. Dans les grandes villes, un actif sur cinq est désormais au chômage. Au cours du dernier semestre de 2001, à la débâcle économique est venue s'ajouter une crise politique majeure. À partir de décembre, après la démission du Président De La Rua, quatre leaders politiques se succéderont à la tête de l'exécutif. Le quatrième, Eduardo Duhalde, accepte de conserver le pouvoir jusqu'à la prochaine élection présidentielle prévue en mai 2003. Les gouvernements précédents avaient déjà confisqué les dépôts bancaires, limité les opérations de change et décrété un moratoire sur la dette extérieure. Dès janvier 2002, l'administration Duhalde met fin au régime de convertibilité qui assurait une parité fixe entre le dollar et le peso. Elle décide de dévaluer ce dernier et d'adopter une politique de changes flottants. Tout en critiquant la politique du FMI, elle tente de reprendre le fil du dialogue et de la négociation avec l'institution multilatérale.

L'abandon du régime de convertibilité a profondément altéré les conditions de fonctionnement de l'économie argentine. La redéfinition de tous les contrats intervenant à la suite de la dévaluation du peso va accentuer la crise financière dans laquelle se débattait le pays depuis 2001 et amplifier une récession qui se prolonge jusqu'en juillet 2002. La sortie du système de currency-board et l'adoption d'un dispositif de changes flottants avec possibilité d'interventions de la Banque centrale ont d'abord provoqué une sensible dépréciation du peso par rapport au dollar au cours des premiers mois de l'année. Dans un climat d'extrême nervosité des marchés, de janvier à juin, le dollar va presque quadrupler sa valeur en pesos malgré les interventions répétées de

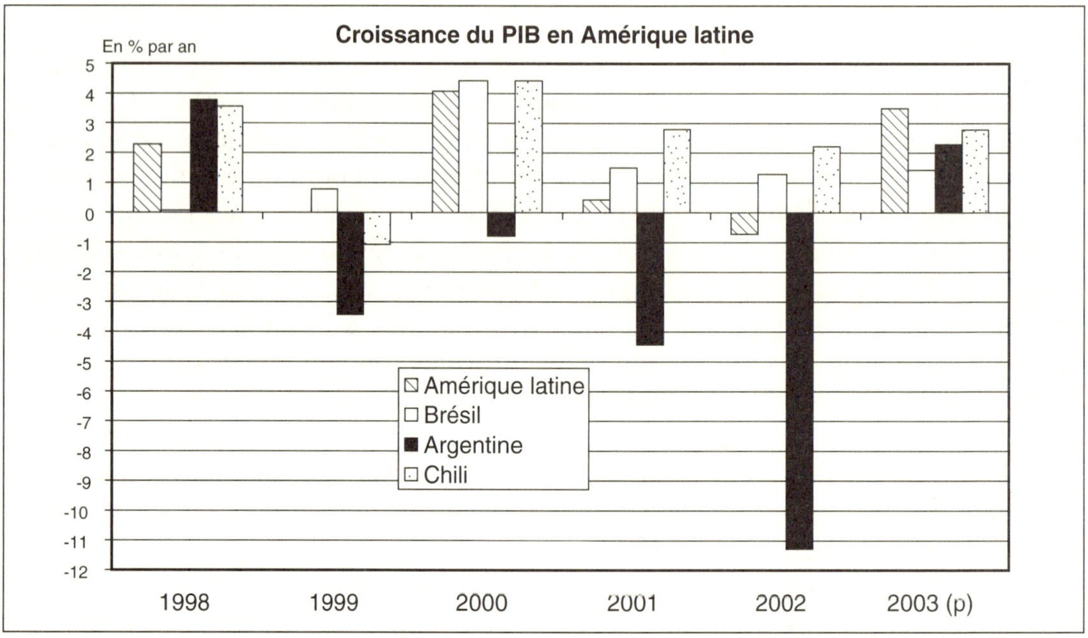

la Banque centrale dont les réserves de change vont fondre de $ 2 milliards en quelques semaines. Le billet vert se stabilisera à partir de juillet autour de 3,6 pesos.

Sur l'année 2002, la hausse des prix aura été de 40 %. Ce résultat est à fois encourageant et inquiétant. Encourageant parce qu'il marque une nette rupture avec le passé. Historiquement, la dépréciation de la monnaie nationale par rapport au dollar a toujours précédé une phase d'hyperinflation en Argentine. En 2002, les prix des biens intégrant des composants importés et les cours des denrées exportables (produits agricoles et alimentaires) ont augmenté en fonction de l'appréciation du dollar. En revanche, ces hausses n'ont pas touché les activités de services et les branches peu impliquées dans le commerce extérieur. Les autorités ont par ailleurs contribué à limiter la valse des étiquettes en refusant d'augmenter les prix des services publics assurés par des opérateurs privés et en décidant une réduction temporaire du taux de TVA (de 21 % à 19 %) sur les deux derniers mois de l'année. Illustration et conséquence de cette relative stabilisation des prix : le peso est demeuré l'unité de référence dans les transactions quotidiennes.

L'impact de la dépréciation du peso sur les prix domestiques doit cependant être évalué en considérant qu'elle s'est produite alors que toutes les composantes de la demande s'effondraient. Pendant des mois, la consommation a été en recul. Pour la quatrième année consécutive, l'investissement a chuté. Par ailleurs, dans un pays où deux habitants sur trois ont un parent proche touché par le chômage, les revendications d'indexation des salaires sont plutôt rares. Si l'Argentine n'a pas connu de spirale inflationniste en 2002, cela tient d'abord à l'effondrement de l'emploi et à la forte contraction de la demande, elle-même conséquence de la baisse des rémunérations réelles.

L'un des traits les plus marquants de la crise argentine aura été la profonde désorganisation des marchés financiers. Au cours du dernier trimestre de 2001, devant l'accélération des retraits bancaires et la transformation rapide des liquidités en dollars, les autorités locales ont limité les possibilités de retraits pour les clients des banques et plafonné les transferts de fonds vers l'étranger. La réduction des liquidités en circulation dans l'économie a littéralement asphyxié l'activité commerciale. Elle a contribué à accroître les tensions politiques et sociales qui culmineront avec la crise politique de décembre. L'administration Duhalde maintiendra pendant plusieurs mois le contrôle des changes et les restrictions sur l'utilisation des avoirs bancaires. Elle parviendra ainsi à éviter le développement d'un marché parallèle des transactions sur devises. L'effet le plus profond de l'abandon de la convertibilité et de l'adoption des changes flottants concerne les patrimoines financiers qui subiront une forte dévalorisation décidée par les autorités. La rupture imposée des contrats liant épargnants et institutions financières va décrédibiliser totalement ces dernières déjà fragilisées par la panique financière de la fin 2001.

La dépréciation du peso a eu pour premier effet immédiat d'accroître la valeur en monnaie nationale des avoirs auparavant libellés en dollars. Dès l'annonce de l'abandon du currency-board, tous les créanciers des institutions financières, notamment les titulaires d'avoirs bancaires libellés jusqu'alors en devises américaines, vont exiger de recevoir des dollars ou la contre-valeur exacte en pesos. Ces épargnants font alors usage d'un argument simple : à la veille de la chute du gouvernement De La Rua, lorsqu'ils déposaient des dollars sur leurs comptes, banques et pouvoirs publics leur assuraient que la parité billet vert-peso serait préservée. Cet engagement n'ayant pas été tenu, les institutions financières doivent supporter seules le coût de l'indemnisation de clients qu'elles ont trompés.

La chute de la monnaie nationale a aussi mécaniquement augmenté le coût des remboursements des dettes contractées en dollars. Avant décembre 2001, les Argentins étaient encouragés à s'endetter en dollars, une devise sur laquelle les taux d'intérêt pratiqués étaient plus faibles que ceux associés aux prêts en pesos. Dès la fin du système de convertibilité, les débiteurs endettés en devise américaine vont refuser d'assumer leurs engagements de remboursements dans une monnaie dont le prix a subitement augmenté. Satisfaire les créanciers en obligeant les banques à respecter les contrats passés avant fin 2001 revenait à abattre un système financier déjà chancelant et à étrangler les entreprises et particuliers endettés. Les autorités ont cherché à protéger les débiteurs en mettant en place une « pésification » asymétrique des actifs et des passifs du système financier. La plupart des emprunts ont été convertis en pesos sur la base de 1 peso = un dollar. Les dépôts bancaires ont été transformés en dépôts en pesos sur la base de 1 dollar = 1,4 peso. Lorsque ces mesures ne suffisaient pas à éviter la faillite de banques, l'État a fourni à ces dernières une aide qu'il a financée par l'émission de titres.

Reste que le système bancaire argentin demeure très fragile. Il est confronté à une offensive judiciaire massive des déposants. Ceux-ci considèrent que la dévalorisation des placements viole le principe constitutionnel de respect de la propriété privée. Sans la confiance des épargnants, les institutions financières ne peuvent remplir correctement leur fonction d'apport de liquidités à l'économie.

Si les autorités sont parvenues à éviter un effondrement du système bancaire, elles n'ont en revanche engagé aucune réforme budgétaire et fiscale permettant d'assainir, à terme, les budgets publics. C'est pourtant l'incapacité de l'État à assurer le remboursement de sa dette qui a précipité la débâcle politique de la fin 2001 et conduit le gouvernement à décréter un moratoire. À l'époque, la situation des finances publiques était calamiteuse. Avec la plongée de l'activité, les rentrées fiscales chutent. Alors que le gouvernement fédéral tente de limiter ses dépenses, les provinces laissent filer les déficits. Pour assurer les paiements, pouvoir central et gouverneurs locaux sont réduits à émettre des bons que doivent accepter entreprises, commerçants et particuliers. En 2001, le déficit du secteur public atteindra 3,3 % du PIB. En 2002, il a été ramené à 1,4 % de la richesse nationale. Pour une faible part, cette correction est liée à l'introduction d'une taxe sur les exportations qui a permis d'élargir les recettes fiscales. Au cours du second semestre de l'année, la modeste reprise de l'activité et l'augmentation des prix ont également permis un accroissement de la collecte d'impôts indirects. Mais la contraction du déficit est surtout la conséquence mécanique du moratoire. Depuis janvier 2002, l'État argentin n'assure plus le service des emprunts qu'il a contractés sur les marchés internationaux. En novembre, le gouvernement de Buenos Aires ira même jusqu'à suspendre le remboursement d'un prêt reçu de la Banque Mondiale.

Plongée dans la pire phase de récession de son histoire, l'Argentine s'est pratiquement isolée de la communauté financière internationale. Les opérateurs privés endettés auprès de créanciers étrangers ont cessé d'honorer leurs engagements ou tentent de négocier un rééchelonnement des annuités d'emprunts. Aucune émission de titres argentins n'a bien évidemment eu lieu sur les marchés extérieurs au cours des mois passés. L'investissement direct étranger a spectaculairement chuté en 2002. Les flux recensés atteignent $ 1,5 milliard. Trois ans plus tôt, alors que le pays achevait une période de forte croissance, ces apports de capitaux dépassaient $ 22 milliards. Jusqu'en décembre 2002, le Fonds Monétaire International considérait qu'aucun accord n'était envisageable avec l'Argentine, même sous la forme d'un dispositif minimal de report des remboursements des échéances dues. Au début de l'année, le FMI avait refusé un « brouillon » de lettre d'intention que lui présentait le ministre de l'Économie Roberto Lavagna. Les experts de Washington soulignaient alors que seule la définition d'un plan économique cohérent (traitant de l'inflation, de la restructuration des institutions bancaires et de la dette extérieure) permettrait une reprise des négociations.

L'année 2003 peut-elle marquer un début de sortie de crise et une relance des pourparlers entre l'Argentine et ses créanciers ? En mai, les Argentins éliront un nouveau président de la République. Le pays n'attend cependant guère de miracle de ces élections. Pendant les premiers mois de son mandat, le futur chef de l'État devra composer avec un Congrès qui ne sera rénové qu'en décembre. Les quatre années de récession que vient de traverser le pays ont totalement décrédibilisé les leaders politiques. Ce ne sont pas les prochaines échéances électorales qui expliquent le timide retour de l'optimisme que manifestent entreprises et consommateurs depuis juillet 2002. Le regain de confiance est lié au réveil de l'activité observé à partir de cette date. La reprise se manifeste dans les secteurs exportateurs et dans les productions qui remplacent les importations.

Première conséquence de cette amélioration : un net accroissement de l'excédent commercial en 2002 qui permet à l'Argentine de dégager un solde positif de ses paiements courants (près de 10 % du PIB). Pour une part, ce rééquilibrage des comptes extérieurs est évidemment le reflet de la chute de l'activité (les importations ont baissé de 60 % en 2002). Mais il résulte également d'une lente reprise des exportations longtemps pénalisées par la parité du peso. Certes, sur l'ensemble de l'année, cette relance n'est pas spectaculaire. Les branches exportatrices n'ont pas pu tirer immédiatement avantage de la forte dépréciation de la monnaie nationale. Comme d'autres secteurs, l'agriculture et les industries agroalimentaires étaient confrontées à la forte restriction du crédit bancaire et au renchérissement des intrants importés. Par ailleurs, dans un contexte de cours mondiaux élevés, au lieu d'écouler normalement leur production sur les marchés internationaux, les céréaliers argentins ont souvent préféré conserver leurs récoltes à la ferme en attendant que la liberté totale d'utilisation des avoirs bancaires soit rétablie. Ces obstacles devraient s'affaiblir en 2003. L'Argentine pourra alors encore accroître son excédent commercial en misant sur une progression de ses ventes à l'étranger.

L'apport nouveau de ressources fournies par les échanges commerciaux et le tourisme (le peso bon marché a transformé l'Argentine en destination privilégiée pour les tours-opérateurs) a déjà permis aux autorités de mettre fin au contrôle des changes et de rétablir le libre transfert des bénéfices de firmes étrangères vers l'extérieur. Par ailleurs, l'amélioration de la situation financière des entreprises contribue au rétablissement progressif des mécanismes normaux de paiement. Le changement des prix relatifs induit par la dévaluation du peso a permis à de nombreux opéra-

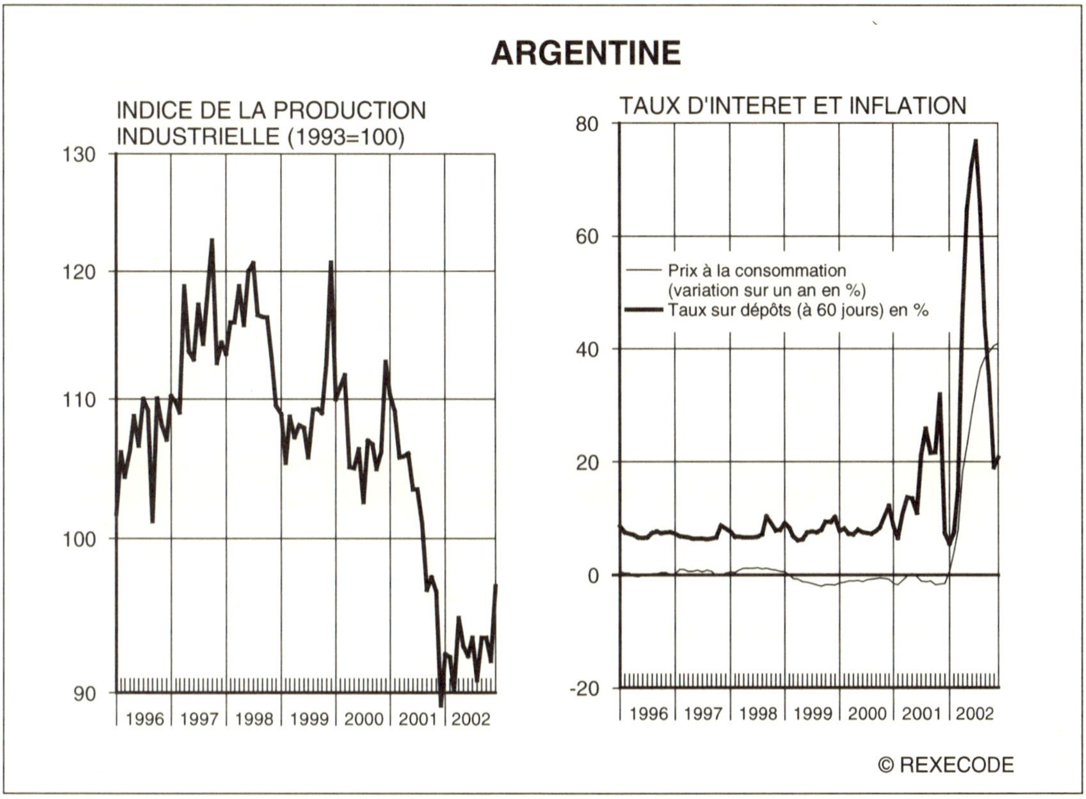

teurs privés de reconstituer leurs marges et d'améliorer leur capacité d'autofinancement alors que le crédit bancaire était pratiquement suspendu. Cette amélioration des trésoreries est à l'origine de la relative sérénité qu'ont manifesté les marchés financiers sur le second semestre de 2002. Lorsqu'à la fin de l'année le gouvernement argentin a finalement rétabli la liberté totale d'utilisation des dépôts et placements bancaires, cette décision n'a entraîné ni accroissement significatif des retraits, ni augmentation des achats de devises étrangères. Sur les derniers mois de l'année, le peso s'est même stabilisé par rapport au dollar et la Banque Centrale est parvenue à accroître ses réserves de change.

Pour que ce début de convalescence se confirme en 2003, deux conditions doivent être réunies. Il faut d'abord que l'Argentine retrouve son crédit sur les marchés financiers internationaux. L'accord finalement souscrit entre le gouvernement fédéral et le FMI en janvier est un premier pas. En programmant le refinancement de la part de la dette publique due aux organisations multilatérales, il réduit le poids du service de celle-ci dans le budget 2003. Il permet aussi au gouvernement Duhalde d'engager enfin des négociations sur le remboursement des emprunts contractés par l'Union et les provinces auprès de créanciers privés ($ 60 milliards au total). C'est ce remboursement que les autorités argentines avaient suspendu unilatéralement en janvier 2002 en décrétant un moratoire. L'État ayant montré l'exemple, les entreprises privées nationales endettées sur les marchés étrangers pourraient à leur tour engager des pourparlers sur le rééchelonnement de leurs propres emprunts. Une fois ces tractations lancées, l'Argentine serait en mesure d'emprunter à nouveau à l'extérieur. La seconde condition concerne la gestion du budget fédéral et des budgets des provinces. Dans l'hypothèse d'un accord avec tous les créanciers sur le refinancement de la dette publique, l'excédent primaire devra couvrir le paiement d'intérêts dus sur les nouveaux prêts consentis par les bailleurs de fonds et sur les emprunts antérieurs. Si tel n'est pas le cas, le déséquilibre du budget sera couvert par l'émission monétaire. Les tensions inflationnistes seront alors attisées. Ces deux conditions étant réunies, l'Argentine ne peut pas espérer de miracle en 2003. Au mieux, la croissance du PIB sera légèrement supérieure à 2 %.

La vigueur et la rapidité de la convalescence argentine dépendent également de la conjoncture qui prévaudra au Brésil. Si la nouvelle équipe au pouvoir à Brasília parvient à convaincre les investisseurs, cette crédibilité profitera aussi indirectement au pays le plus malade du sous-continent.

Brésil : la gauche au pied du mur

En 2002, pour la seconde année consécutive, le Brésil a connu une croissance très faible (+ 1,4 %). L'inflation a été de 11 %, un taux qui dépasse de loin l'objectif officiel de 5,5 % de hausse des prix. Conséquences de la dégradation de l'environnement extérieur (ralentissement des économies occidentales, crise argentine), ces médiocres performances sont aussi le reflet d'une trop grande dépendance à l'égard des capitaux étrangers. En période d'incertitude électorale, l'insuffisance de l'épargne intérieure contraint fortement l'activité. Pendant les neuf premiers mois de 2002, un doute sérieux existait quant à l'orientation que prendrait la politique économique avec une probable victoire de la gauche aux élections présidentielles d'octobre. La fuite des capitaux étrangers va provoquer une très forte dépréciation du real (plus de 50 % sur un an par rapport au dollar). Cette chute de la monnaie nationale explique, pour une large part, le regain d'inflation. Elle a contribué par ailleurs à accroître l'endettement du secteur public. Enfin, cet affaissement du real a plombé l'activité économique dans la mesure où il a contraint les autorités monétaires à relever leur taux d'intérêt de base et à renchérir ainsi le crédit.

Pendant les trois premiers trimestres de 2002, les marchés ont craint que dans l'hypothèse d'une victoire de Lula (candidat du parti des travailleurs, gauche socialiste) le Brésil connaisse un changement radical de politique économique. Sur l'année, la chute sensible des investissements directs étrangers, la contraction des placements de portefeuille et la baisse des prêts des banques internationales entraînent au total une diminution d'apports extérieurs de 40 %. La plongée du real par rapport au billet vert observée au cours des premiers mois de 2002 n'est pas le résultat d'une politique délibérée d'affaiblissement de la monnaie, mais la conséquence d'un ajustement extérieur brutal imposé par les sorties nettes de capitaux. L'hémorragie sera telle qu'en juillet le gouvernement en fin de mandat devra négocier dans l'urgence un accord de soutien avec le FMI. Le Fonds s'engagera à fournir $ 30 milliards de prêts exceptionnels au Brésil (dont $ 24 milliards versés en 2003). Ce soutien permet d'éviter pendant deux ans une menace de moratoire qui aurait pu être la conséquence du brusque retrait des prêts bancaires. En contrepartie, Brasília promet de maintenir le cap de la rigueur budgétaire.

Cet accord n'a pas suffi à rassurer les investisseurs sur le futur de la politique économique. À l'impact des mouvements de capitaux vient s'ajouter une spéculation sur le marché des changes qui s'amplifie à l'approche du scrutin. Désormais, seuls les sondages électoraux semblent orienter le cours du real. À la fin septembre, la monnaie brésilienne chute à son plus bas niveau depuis sa création en 1994 (3,6 reais pour un dollar). Ni le recentrage du candidat de gauche vers les milieux d'affaires, ni les efforts de communication du gouvernement sortant ne rassurent les marchés. L'indicateur de risque-pays atteint un score sidéral à la veille de l'élection. Les crédits internationaux octroyés au Brésil portent alors un taux supérieur de dix points à celui payé par le trésor des États-Unis. La réduction drastique des financements extérieurs s'accentue encore. Il a suffi que le candidat du gouvernement sortant voie ses chances s'effondrer dans les derniers sondages pour que se vérifie au Brésil un fait jamais vu : le non-renouvellement par les banques étrangères des lignes de crédit commerciales pour lesquelles le risque est pratiquement nul dans le cas d'un pays loin d'être menacé par une cessation de paiements.

Sur les derniers mois de la campagne, les autorités ont beau se référer aux résultats de la politique budgétaire (en 2002, pour la quatrième année consécutive, le secteur public dégage un excédent avant paiement des intérêts sur la dette, conformément aux engagements pris vis-à-vis du FMI), à l'amélioration des échanges extérieurs (l'excédent commercial va être multiplié par cinq entre 2001 et 2002 passant de $ 2,6 à $ 12,6 milliards ; sur cette dernière année, les paiements courants sont pratiquement équilibrés). Rien n'y fait. Les marchés ont les yeux rivés sur la contradiction majeure du discours électoral de la gauche. Afin d'amadouer les investisseurs, le candidat Lula s'est engagé à respecter les engagements internationaux pris par le gouvernement sortant (poursuite de la rigueur monétaire et budgétaire). Mais en multipliant les promesses, le même candidat a aussi fait naître une forte attente chez les fonctionnaires dont les salaires sont bloqués depuis 1994, chez les paysans sans terre qui souhaitent une réforme agraire radicale ou chez les pauvres des villes qui attendent un emploi. « Faim zéro », le programme phare de Lula présenté au cours de la campagne, prévoit une distribution de bons alimentaires à quelque 44 millions de pauvres et indigents dès 2003. Coût prévu de l'opération sur la première année du mandat : $ 1,5 milliard.

Les marchés estiment donc qu'une fois élu, Lula sera contraint d'accroître les dépenses publiques. Or une telle orientation, appliquée sans avoir préalablement engagé des réformes structurelles, risque d'aggraver la contrainte majeure qui limite l'action économique et sociale de l'État : le coût croissant du service de la dette publique dont l'encours a sensiblement progressé ces dernières années. La dette publique nette du Brésil représentait 63,9 % du PIB à la fin septembre 2002 (contre 49,3 % à la fin 2000). En soi, un tel ordre de grandeur ne pose pas de problème majeur. En revanche, le fait que la valeur nominale d'une majorité des titres de la dette soit indexée sur le taux d'intérêt à court terme ou sur le dollar limite considérablement les marges de manœuvre. En outre, la plupart des engagements de l'État brésilien sont des engagements à court terme. De nouveaux emprunts doivent être lancés en permanence pour assurer le paiement des annuités d'emprunts antérieurs. Dans ces conditions, la confiance du marché dans la capacité des décideurs politiques d'administrer correctement le passif est essentielle.

Pour plus de 70 % de l'encours (situation en septembre 2002), cette dette publique a été contractée vis-à-vis de banques, fonds de pension, compagnies d'assurances et épargnants brésiliens. Cette composante est libellée en reais. Environ 30 % de la dette est constituée de titres en dollars détenus par des investisseurs étrangers. Afin d'attirer les épargnants nationaux et d'assurer dans de bonnes conditions le refinancement permanent de la dette, la grande majorité des titres en circulation ont une valeur nominale indexée sur le dollar, sur le taux d'intérêt de base ou sur les indices d'inflation. Dès lors, toute crise de confiance des investisseurs nationaux et étrangers qui induit une dépréciation du real par rapport au billet vert provoque un gonflement mécanique de l'encours de la dette. L'année 2002 fournit une illustration parfaite de ce scénario. Les trois composantes de l'emballement de la dette ont fonctionné. La forte appréciation du billet vert a revalorisé tous les titres indexés sur la monnaie américaine. L'inflation en hausse (largement liée à l'ascension du dollar) a conduit les autorités à réajuster la valeur nominale de nouveaux titres émis. Pour tenter de juguler l'augmentation des prix, la Banque Centrale a relevé son taux de base. Celui-ci est passé de 18 % à la fin 2001 à 25 % un an plus tard. Cette politique monétaire a trois conséquences : elle contribue à l'augmentation du passif du secteur public (pour la part des titres indexés sur les taux d'intérêt), elle induit une explosion du coût des emprunts pris en charge par le budget, elle interdit toute croissance significative de l'économie. Le poids de la dette publique et ses modalités de financement interdisent à l'économie brésilienne de bénéficier de taux d'intérêt « civilisés ». Cette économie ne parvient pas à atteindre une croissance suffisante pour engendrer un progrès social. Les entreprises nationales sont asphyxiées alors qu'elles doivent rivaliser avec la concurrence étrangère.

En 2002, le secteur public brésilien (Fédération + États + municipalités) a consacré au paiement d'intérêts sur sa dette l'équivalent de 7,5 % du PIB national. Sur la même année, l'effort d'ajustement fiscal réalisé avant prise en compte des charges financières atteignait 3,75 % du PIB (soit le niveau fixé dans les accords avec le FMI). Dans de telles conditions, la politique économique ne dispose pratiquement plus de marges de manœuvre. Or, le pari de Lula est très précisément de redonner des marges de manœuvre à l'État. La nouvelle administration est cependant confrontée à un paradoxe. Pour retrouver la croissance en 2004 ou 2005, elle doit d'abord poursuivre la politique d'austérité budgétaire engagée par ses prédécesseurs. Elle doit sacrifier les premières années de gestion pour avoir à terme les moyens de stimuler la croissance et d'engager une action sociale ambitieuse. Certes, dans l'immédiat, le nouveau gouvernement peut restructurer certaines dépenses budgétaires et engager déjà des initiatives sociales (lutte contre la faim). Il est possible aussi qu'un regain de confiance des marchés permette une baisse des taux d'intérêt. Reste que pendant toute la phase initiale de son mandat, le Président Lula devra résister aux pressions des secteurs qui constituent sa base sociale (syndicats, fonctionnaires) et aux injonctions des courants les plus radicaux de son propre parti.

La première tâche du gouvernement est de réduire la trajectoire explosive de la dette publique. Pour atteindre cet objectif essentiel, il n'est pas question d'accroître la pression fiscale. Dans ce domaine, la limite a été atteinte sous la précédente administration (les prélèvements fiscaux sont passés de 25 % à 35 % du PIB entre 1994 et 2002). La seule démarche praticable consiste à institutionnaliser la recherche d'un excédent primaire du budget afin de reconquérir la confiance des marchés. Cet effort doit être mené à tous les niveaux de la sphère publique : municipalités, États fédérés, Union. À court terme, il s'agit ici de contrôler rigoureusement la progression des rémunérations dans la fonction publique et de limiter la croissance des investissements de l'État.

Pour que cette action soit crédible, elle doit intégrer des réformes structurelles permettant d'assainir en profondeur les finances publiques. Paradoxe encore : pour disposer de marges de manœuvre budgétaire à moyen terme, la gauche au pouvoir doit mettre en œuvre les réformes structurelles qu'elle avait paralysées sous la précédente administration. Sur ce terrain, la priorité concerne le système brésilien de retraites par répartition, à la fois profondément injuste et ruineux pour le budget de l'État. Le déficit des différents régimes de pension, pris en charge par la collectivité, est aujourd'hui la principale source des difficultés budgétaires chroniques du secteur public. En 2002, il atteignait plus de $ 25 milliards (5,5 % du PIB). Cette somme représentait trois fois la dépense fédérale en matière d'éducation ou encore dix-sept fois le budget que l'administration Lula entend consacrer au programme « Faim zéro ». Le quart de ce déficit est imputable au régime des retraités du secteur privé (20 millions d'allocataires). Pour cette catégorie, la pension mensuelle atteint en moyenne $ 100 par bénéficiaire. Le plafond individuel est de $ 450 par mois. Plusieurs millions de retraités sont en fait des citoyens très pauvres auxquels l'État assure un revenu de survie. Les trois quarts du « trou » des retraites proviennent du déséquilibre du régime des fonctionnaires (3 millions de bénéficiaires). La grande majorité des anciens agents de l'État vivent de pensions modestes. Mais quelques milliers de nantis (officiers des trois armées, hauts fonctionnaires ou universitaires en retraite) bénéficient de conditions de cessation d'activité (en moyenne, la retraite est prise à 53 ans) et de niveaux de transferts (l'indemnité mensuelle peut atteindre plusieurs dizaines de milliers de dollars) exceptionnels pour un pays en voie d'industrialisation. Ces privilèges acquis par une minorité d'inactifs sont financés pour l'essentiel par une collectivité dont la majorité des membres ne disposent pas de revenus acceptables. Faisant écho aux revendications des grands corps de l'État, la gauche a longtemps refusé une remise à plat de ce dispositif régressif de transferts sociaux. Elle est désormais condamnée à plafonner les retraites des fonctionnaires, à programmer un allongement des temps de cotisation, à organiser le développement d'un système de capitalisation. Les économies budgétaires permises par la réforme permettront, par exemple, de créer un système de retraites pour les 40 millions de travailleurs du secteur informel qui ne disposent d'aucune couverture. Elles contribueront aussi au nécessaire assainissement des finances publiques. Proposée dès sa prise de fonction (janvier 2003) par le Président Lula, la réforme des régimes de retraite est un test clé. Si la nouvelle administration échoue sur ce terrain, elle ne disposera pas des moyens budgétaires lui permettant d'atteindre les objectifs économiques (croissance, emploi) et sociaux (lutte contre la faim, politique éducative) qu'elle prétend défendre.

Deuxième exemple : la réforme fiscale. Celle-ci n'a jamais été sérieusement engagée par l'administration sortante dont l'objectif a toujours été d'accroître les impôts afin de garantir l'excédent primaire du budget et de rassurer ainsi les marchés. Cette obstination a entraîné une dégradation de la compétitivité des firmes nationales. Ici encore, l'administration Lula est au pied du mur. Elle doit rapidement remplacer les taxes en cascades qui pénalisent les entreprises et les filières par un impôt sur la valeur ajoutée. Cette réforme pourrait accélérer la reprise de l'activité, favoriser la création d'emplois. Elle limiterait le développement du secteur informel que viennent grossir les milliers d'entrepreneurs individuels qui tentent d'échapper à la pression fiscale.

Les grands chantiers ne manquent pas : le nouveau Président est attendu sur tous les problèmes majeurs du pays : trafic de drogue, violence, croissance, emploi. Dès son élection, il a indiqué que pour affronter ces défis il chercherait à créer un pacte réunissant l'ensemble des acteurs économiques et sociaux. Le capital de sympathie dont dispose le gouvernement Lula peut contribuer à l'établissement de ce pacte. Mais il pourrait fondre rapidement si les pouvoirs publics ne parviennent pas à contrôler l'inflation. Depuis deux ans, à l'exception des salaires, tous les prix essentiels de l'économie ont progressé. C'est le cas, par exemple, des prix des produits alimentaires de base dopés par la hausse du dollar. En 2002, les prix à la consommation ont progressé de 12,5 %, soit la plus forte augmentation enregistrée depuis 1995. Dans un pays qui a connu une inflation mensuelle à deux chiffres (avant 1995) et où la demande d'indexation des salaires est loin d'avoir disparu, il est essentiel que l'administration Lula parvienne à réduire le rythme annuel de hausse. Si elle échouait, la pression sociale pourrait vite devenir ingérable.

Les défis sont immenses. Sans réformes structurelles, le Président Lula ne pourra pas concilier réponses aux attentes sociales et rigueur financière. Loin de représenter une rupture profonde avec le passé, le projet politique du gouvernement vise à rendre possible la réduction du crédit pour assurer une reprise de la croissance et à stimuler les exportations afin de réduire la dépendance externe du pays. Dans l'immédiat, Brasília doit impérativement continuer à rassurer les marchés financiers. Si au cours des prochains mois la politique menée par le nouveau gouvernement ne permet pas d'éliminer tous les doutes quant à la rigueur de la politique monétaire et quant à la continuité de la politique budgétaire, le pays sera à nouveau délaissé par les investisseurs.

La conjugaison d'une éventuelle guerre en Irak et de fortes turbulences financières au Brésil anéantirait toute perspective de croissance sur le sous-continent, les capitaux fuyant alors une zone trop incertaine. Même le Chili serait touché : il n'atteindrait certainement pas les 3,3 % de croissance prévus pour 2003. Ce scénario sombre aurait surtout pour effet de renvoyer à une échéance imprévisible la sortie du tunnel qu'attendent les Argentins.

– III –

Après Johannesburg : quelles perspectives de développement durable ?

Grand-messes de la bonne conscience planétaire sans portée pratique pour les uns, patiente construction d'un système multilatéral plus favorable au développement soutenable pour les autres, les grands rendez-vous onusiens jalonnent la vie internationale depuis plusieurs décennies. Celui qui a réuni en septembre 2002 plus de 40 000 participants à Johannesburg sur la question du développement durable a été la rencontre internationale la plus importante de l'année. Ce fut aussi le premier grand rendez-vous international depuis Seattle à s'être tenu sans violence ni bataille rangée avec les forces de l'ordre, ce qui constitue en soi un élément de succès. Si on jauge le sommet aux seuls résultats de la négociation intergouvernementale, le bilan apparaît mitigé et en tout cas très en retrait sur les attentes de la société civile. Le sommet a été boycotté par le Président de la première puissance du monde et s'est heurté à de fortes oppositions entre le Nord et le Sud sur des sujets commerciaux qui ont bloqué toute nouvelle impulsion dans les domaines de la lutte contre le Sida ou le développement des agricultures au Sud. Un blocage d'autant plus décevant que le sommet de Doha tenu en 2001 dans le cadre de l'Organisation Mondiale du Commerce avait semblé ouvrir quelques portes en la matière.

Faut-il pour autant considérer Johannesburg comme un « non événement » ? Le sommet a permis des avancées significatives en matière de lutte contre le changement climatique. Il a ouvert des voies novatrices en matière de financement des biens collectifs par le partenariat public/privé, en particulier dans les secteurs de l'eau, de l'énergie et de l'économie en carbone. En introduisant la société civile au cœur de la négociation multilatérale, il a également contribué à promouvoir un mode de gouvernance basé sur la confrontation des points de vue entre les différentes « parties prenantes » et la mobilisation des acteurs sur le terrain.

Johannesburg : une triple charge symbolique

Le choix de Johannesburg comme site d'accueil du sommet mondial sur le développement durable comportait une forte charge affective et symbolique. Dix ans auparavant, l'Afrique du Sud n'avait pas pu envoyer de délégation officielle au sommet de la Terre de Rio : l'apartheid, il est vrai agonisant, n'avait pas encore été aboli, ce qui excluait l'Afrique du Sud des grands sommets organisés par les Nations Unies. Le sommet de Johannesburg a véritablement marqué la réhabilitation de ce pays dans le concert international.

Mais la mégapole sud-africaine symbolise aussi, de par son invraisemblable organisation spatiale, tous les progrès qui restent à accomplir pour concilier les différentes dimensions du développement durable. La richesse du sous-sol attira ici des générations successives d'hommes et de femmes séduits par l'extraction de l'or. Ces groupes humains s'organisent aujourd'hui, dans la métropole la plus riche d'Afrique, au sein de multiples espaces clôturés, généralement gardés, et qui ne communiquent plus entre eux. Certains de ces espaces sont immenses et densément peuplés : les fameux townships aux conditions de vie extrêmement précaires de Soweto et d'Alexandra ;

d'autres sortent massivement de terre et constituent des lotissements destinés aux classes moyennes qui s'érigent à l'abri de murs de protection. Le centre ville historique, totalement squatté par une marée humaine de déshérités, se délabre rapidement ; les entreprises ont migré vers le nouveau quartier d'affaires de Sandton qui hébergeait la conférence officielle du sommet. Les habitations environnantes sont ici majestueuses et luxuriantes, mais totalement inaccessibles du fait de la hauteur de leurs murs de protection et de toute l'armada des gadgets électroniques destinés à en garantir l'intégrité.

Derrière Johannesburg ce fut enfin tout un continent qui accueillit le sommet : l'Afrique, territoire de plus en plus marginalisé au jeu de la mondialisation, mais au cœur des objectifs de développement et de réduction de la pauvreté solennellement réaffirmés à New York lors du sommet du millénaire de septembre 2000. Avec peut-être un début de mise en œuvre concrète dans le cadre de la promotion par les chefs d'État africains du nouveau partenariat pour le développement de l'Afrique, le NEPAD.

Le développement durable, un concept onusien

Certains ont pu imaginer qu'en apposant le qualificatif « développement durable » au

L'émergence de la notion de développement durable dans la vie internationale

Le concept de développement durable est le fruit d'une longue maturation au sein du dispositif des Nations Unies. Bref rappel des principales étapes du processus :

– **1972. Conférence de Stockholm sur l'Environnement** : sous l'égide de l'ONU, pays occidentaux et pays en développement adoptent pour la première fois une déclaration commune sur les enjeux environnementaux communs ; absence de l'URSS et de ses satellites ; création du Programme des Nations Unies pour l'Environnement (PNUE) ;

– **1974. Déclaration pour un nouvel ordre économique international** : dans le cadre de l'assemblée générale de l'ONU, montée en puissance des pays non alignés qui mettent en avant le problème des termes de l'échange et l'insuffisance de l'aide publique au développement ; fixation de l'objectif de 0,7 % du PIB des pays donateurs pour cette aide ;

– **1987. Rapport Brundtland** : rapport de la Commission de l'ONU pour l'environnement et le développement qui définit le concept du développement durable comme un processus « s'efforçant de répondre aux besoins présents sans compromettre la capacité des générations futures à satisfaire les leurs », ce qui implique la reproduction et l'élargissement des trois composantes du capital : économique, sociale, écologique ;

– **1992. Sommet de la Terre de Rio** : 176 gouvernements, plus de 108 chefs d'État, 10 000 délégués se réunissent pour négocier une déclaration générale et un programme d'action pour le XXIe siècle (« Agenda 21 »). Adoption de la convention cadre sur les changements climatiques et de la convention sur la biodiversité ;

– **1997. Protocole de Kyoto** : adoption, dans le cadre de la convention sur les changements climatiques, d'objectifs quantifiés de réduction des émissions de gaz à effet de serre par les pays développés et des mécanismes d'incitation permettant de les mettre en place plus efficacement au moyen d'échanges de permis d'émission ;

– **2002. Sommet mondial du développement durable de Johannesburg** : confluence des problématiques de protection des ressources naturelles et des problématiques de développement économique et social. Irruption de la société civile dans le processus de négociation. Programmes d'action gouvernementaux ciblés sur la lutte contre la pauvreté et multiplication des initiatives partenariales publiques/privées.

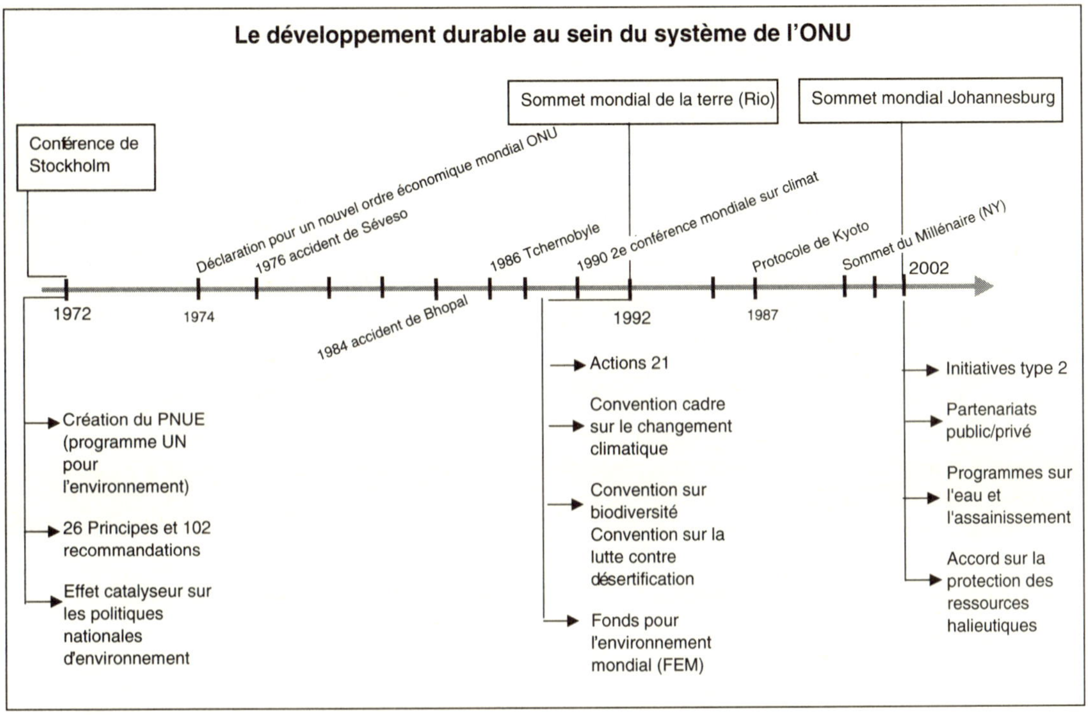

sommet de Johannesburg, l'ONU succombait, après beaucoup d'autres, à un puissant effet de mode. Avec la multiplication des scandales financiers et la retombée de l'économie, 2002 a révélé toute la fugacité d'une certaine forme de développement basée sur le cours de Bourse et les technologies de l'information. Paradoxalement, elle a aussi été l'année de l'appropriation, voire de la récupération, du concept de développement durable par la communauté des décideurs et les media. Au risque d'en faire une sorte de notion « attrape-tout », voire un simple produit de communication pouvant être mis à toutes les sauces.

S'il est un acteur qui ne peut être suspecté d'un tel comportement, c'est bien l'ONU : depuis l'origine, c'est elle qui a porté le concept de développement durable au sein de la vie internationale, en posant dès 1972, lors de la conférence de Stockholm, les premières bases du droit international de l'environnement puis en raccordant par la suite de plus en plus étroitement thématiques environnementales et préoccupations économiques et sociales. En 1987, c'est l'ONU qui introduisit la définition, aujourd'hui communément admise, du développement durable, comme processus qui « s'efforce de répondre aux besoins présents sans compromettre la capacité des générations futures à satisfaire les leurs ». Cette définition a été explicitée dans le rapport *Our Common Future* issu des travaux de la Commission Bruntland. À vrai dire, on ne voit pas très bien qui pourrait sérieusement s'opposer à une telle philosophie : il y a peu de partisans affichés du développement éphémère ou fugitif. Mais l'intérêt du rapport Bruntland est aussi d'avoir déterminé les trois dimensions qui doivent être intégrées dans toute démarche de développement durable : l'économique, l'environnemental et le sociétal. On peut ainsi considérer, à la suite du rapport Bruntland, que l'enjeu du développement durable est de trouver les moyens de simultanément reproduire et élargir les trois dimensions du stock de capital : le capital économique traditionnellement constitué de l'ensemble des infrastructures et équipements productifs et des technologies et savoir-faire disponibles ; le capital écologique composé de toutes les ressources naturelles dont hérite une génération ; le capital d'équité sociale qu'on peut assimiler à l'intégration de l'ensemble des individus à la collectivité ce qui implique un accès minimum à la richesse créée au sein de celle-ci.

Cette approche est bien plus intégratrice que ne l'étaient celles qui traitaient antérieurement d'un côté des questions de l'écologie et de l'autre du développement économique et social. Mais elle est bien plus complexe, car au niveau micro comme au niveau macroéconomique, les trois composantes du stock de capital sont partiellement substituables et partiellement complémentaires, avec une règle à peu près toujours vérifiée : à court terme, les concurrences entre les trois dimensions économique, sociale et environnementale sont généralement fortes et les complémentarités n'apparaissent véritablement qu'à mesure que s'allonge l'horizon temporel. Toute la question est de parvenir à introduire la perspective de long terme dans la prise de décision des agents économiques. Et c'est là qu'apparaissent immédiatement les difficultés.

Du fait de la préférence pour le présent, les agents ne tiennent pas spontanément compte du futur éloigné : avec ses taux d'actualisation qui dévalorisent le futur, le calcul économique est ainsi incapable de réellement prendre en considération les problématiques intergénérationnelles. C'est ce que Keynes exprimait sous une forme un peu abrupte : « à long terme nous sommes tous morts ». Une autre difficulté provient du fait que les générations futures ne disposent ni de bulletins de vote, ni de groupe de pression ou de représentation. Elles ne peuvent donc exercer la moindre influence sur la prise de décision de court terme : quelle « partie prenante » représente les intérêts de ces générations à venir ? Enfin, plus l'horizon s'éloigne et plus augmente l'incertain : jusqu'où alors faut-il appliquer le fameux « principe de précaution » censé guider l'action en cas de risque aléatoire ? Comme on le voit, tenter de prendre en compte les contraintes de développement durable, ce n'est jamais apporter des solutions toutes faites, mais bien plutôt chercher à intégrer de nouveaux critères, et donc plus de complexité, dans la prise de décision et le fonctionnement des économies.

Le rôle de l'ONU n'a pas seulement consisté à définir le concept de développement durable. Il a également été de porter cette notion dans la vie internationale, en parvenant même, dans certains cas, à l'introduire dans le droit international et donc à en rendre contraignantes certaines implications. Les deux repères clefs de ce point de vue sont le sommet mondial de la Terre tenu à Rio en 1992 et le protocole de Kyoto signé en 1997.

Pour comprendre les résultats du sommet de Johannesburg, il faut revenir à Rio, dix ans en arrière. Comme l'indique son intitulé, le « Sommet de la Terre » de Rio était très centré sur l'environnement. Aussi, les principales avancées de Rio n'ont pas résidé dans les grandes déclarations, toujours un peu incantatoires, adoptées par les gouvernements à la fin de la rencontre, pas plus que dans l'imposant programme d'actions, baptisé « agenda 21 », sans véritable portée opérationnelle. Elles ont résulté des trois conventions adoptées par les gouvernements dans le cadre des Nations Unies et portant sur la protection de l'environnement : la convention sur les changements climatiques qui déboucha en 1997 sur le fameux protocole de Kyoto ; la convention sur la biodiversité qui s'attaquait pour la première fois à l'un des risques les plus patents d'irréversibilité : celui de l'accélération de la disparition d'espèces vivantes ; la convention sur la désertification dont l'adoption en 1994 fut une résultante directe du sommet mondial.

Avec ces trois accords, la gouvernance mondiale s'enrichissait de nouveaux instruments, contraignants pour les États signataires, et introduisant pour la première fois les objectifs de préservation du patrimoine écologique commun dans la vie internationale. Mais leur mise en œuvre se heurta à des difficultés plus grandes que prévu, et notamment à de multiples heurts entre pays du Nord où les opinions publiques sont de plus en plus sensibles aux dégradations de leur environnement immédiat et pays du Sud craignant de voir des ressources détournées du développement économique pour la bonne cause de l'écologie des riches. C'est pourquoi le premier objectif du sommet de Johannesburg était de pratiquer une évaluation des progrès et des blocages apparus depuis le sommet de la Terre de Rio afin de mettre en œuvre des actions correctrices. Constat qui a eu au moins le mérite de rappeler toutes les carences du mode de développement de la planète.

Mondialisation, intégration, exclusion

Premier constat, l'extrême lenteur avec laquelle recule la pauvreté absolue dans le monde : par quels moyens peut-on parvenir à atteindre le premier objectif du sommet du millénaire, à savoir réduire d'ici 2015 de moitié les 1,2 milliard de personnes (une sur cinq dans le monde) vivant avec moins de 1 dollar par jour ? La première utilité de Johannesburg a été de rappeler avec force que le monde ne se dirigeait pas spontanément vers l'atteinte de cet objectif. D'après les comptages de la Banque Mondiale, le nombre total de pauvres dans le monde n'augmente pas, mais ne régresse pas non plus. En revanche, sa répartition géographique change fortement du fait de la divergence des trajectoires économiques entre grandes régions du monde.

L'accélération de la mondialisation durant les deux dernières décennies a en effet provoqué des redistributions majeures dans le processus de croissance mondiale. Au plan global, la libéralisation et la sophistication des marchés financiers censées apporter plus d'efficience dans l'allocation des ressources productives n'ont pas tout à fait eu les effets escomptés : le rythme de la croissance mondiale par habitant a été divisé de moitié à partir de 1980. Ce ralentissement a résulté de l'écroulement des économies à planification centralisée de l'ancien bloc soviétique et, au sein des économies industrialisées, du vif ralentissement du Japon et de l'Union européenne. Globalement, les pays en développement n'ont pas connu de ralentissement de leur croissance du produit par tête mais un accroissement saisissant des écarts entre performances des différentes régions : baisse du produit par tête sur vingt ans en Afrique sub-

PIB par habitant dans le Monde
(en dollars aux parités de pouvoir d'achat de 1990)

	1960	1980	2001	1980/1960 *(taux de croissance annuels, %)*	2001/1980
Monde	**8,1**	**14,5**	**19,9**	**3,0**	**1,6**
Pays industrialisés	**24,2**	**45,9**	**68**	**3,3**	**2,0**
États-Unis	35,4	57,8	90,1	2,5	2,2
Union Européenne (15)	22,4	42,8	60,3	3,3	1,7
Europe de l'Est	**10,3**	**22,6**	**15,5**	**4,0**	**-1,9**
Pays en développement	**3,4**	**5,9**	**11,1**	**2,8**	**3,2**
Asie	2,2	3,6	10,9	2,5	5,7
Dont Chine	1,9	2,7	14,4	1,8	8,7
Afrique Sub-Saharienne	3,6	4,6	4	1,2	-0,7
Amérique latine	9,9	18	19,8	3,0	0,5

Source : d'après IFRI (base CHELEM).

saharienne ; stagnation en Amérique latine du fait de la récurrence des crises financières ; intégration croissante et rattrapage accéléré de la zone Asie.

Ces tendances se recoupent très directement avec les progrès et les régressions en matière de lutte contre la pauvreté dont le premier facteur explicatif est toujours l'efficacité du modèle économique sous-jacent : la pauvreté a littéralement explosé dans nombre de territoires de l'ancien bloc soviétique, dont certains ont été les premiers à connaître, dans les années soixante-dix, une diminution de l'espérance de vie. En Moldavie, la proportion des habitants disposant de moins de 1 dollar par jour est par exemple passée de 4 % en 1987 à 66 % en 1995. Pauvreté en forte hausse également en Afrique où l'espérance de vie commence aussi à diminuer, mais à l'échelle du continent. Plus guère de progrès en la matière en Amérique latine, mais des avancées remarquables et touchant d'énormes masses humaines en Asie. Les modalités prises par la mondialisation durant les deux dernières décennies ont eu des effets complexes sur l'inégalité d'accès aux richesses dans le monde : elles ont simultanément favorisé des processus de rattrapage majeurs et provoqué des enchaînements pervers de marginalisation/exclusion de continents entiers. Face à la puissance de ces mouvements centrifuges, quelles furent les propositions de Johannesburg ?

En ce qui concerne les aspects commerciaux, il n'y a eu aucun progrès de la négociation globale. Même si ces questions se débattent plus dans le cadre de l'Organisation Mondiale du Commerce (OMC), la négociation du programme d'action de Johannesburg a été empoisonnée par le différend agricole Nord/Sud qui a fait oublier les ouvertures qui étaient apparues à Doha. Elle s'est également heurtée à l'épineuse question des droits de propriété et du coût des traitements du Sida qui n'a pas non plus progressé. De ce point de vue, il y aurait beaucoup à gagner à améliorer la coordination entre les négociations et les régulations commerciales pilotées au sein de l'OMC et la gouvernance du développement durable qui tente de se mettre en place sous l'égide des Nations Unies. Les choses ont par contre mieux évolué sous l'angle du financement des programmes d'aide au développement.

Les flux financiers Nord / Sud : coup d'arrêt à la baisse de l'aide publique ?

Depuis le début des années soixante-dix, les Nations Unies recommandent aux pays développés d'affecter 0,7 % de leurs ressources à l'aide publique au développement (APD). Si quelques pays du nord de l'Europe ont atteint (et même dépassé) ce chiffre, globalement le monde développé s'éloigne de l'objectif depuis le début des années quatre-vingt-dix : l'APD stagne en valeur absolue et régresse très significativement en proportion de la richesse créée. Jusqu'en 1998, le reflux de l'APD a été plus que compensé par les entrées de capitaux privés à long terme, notamment dans leur composante d'investissements directs, ce qui a permis de faire croître le montant total des ressources financières de long terme dirigées vers le Sud. Ce mouvement de vases communicants entre ressources publiques et capitaux privés est cependant loin d'être satisfaisant. Les flux privés sont en premier lieu bien plus volatiles, ce dont a témoigné leur effondrement entre 1998 et 2001 ; ils irriguent ensuite en ressources financières les zones à forte croissance et à risques limités, ce qui contribue à polariser les richesses et à marginaliser par défaut les pays et territoires du Sud les moins avancés et/ou les plus endettés.

À Johannesburg, les gouvernements des pays riches ont confirmé les engagements qu'ils avaient pris au sommet préparatoire de Monterrey, avec deux avancées : une réorientation de l'APD des donateurs par diminution des prêts à taux préférentiels au profit des dons, ce qui vise à soulager la dette des pays récipiendaires les plus faibles ; un engagement, non strictement quantifié, à redresser avant 2006 les flux d'aide publique en proportion du PIB pour l'ensemble des pays donateurs. L'Union européenne a été un peu plus précise en affichant l'objectif de relever de

Flux financiers de long terme des pays riches vers les pays en développement

Moyennes annuelles	1985/86	1990/91	1997/98	1999/00	2001
Total en milliards de $	56	86	184	164	108
Total en % PIB des pays donateurs	0,57	0,52	0,83	0,68	0,46
dont : aide publique (mrds $)	32	55	50	55	52
aide publique (% du PIB)	0,33	0,33	0,23	0,23	0,22
Capitaux privés (mrds $)	18	18	118	96	49
Capitaux privés (% du PIB)	0,18	0,11	0,53	0,40	0,21

Source : d'après OCDE (CAD).

Composition des flux financiers à destination des pays en développement

	1985/86	1990/91	1997/98	1999/00	2001
Total en mrds $	**56**	**86**	**184**	**164**	**108**
En %	**100**	**100**	**100**	**100**	**100**
Aide publique officielle	58	64	27	35	48
Autres flux publics	5	9	5	2	– 1
Investissements directs	15	29	44	51	62
Autres flux privés	16	– 8	21	8	– 16
Dons des ONG	6	6	3	4	7

Source : d'après OCDE (CAD).

22 milliards d'euros son aide au développement entre 2002 et 2006. Si on compare ces chiffres aux sommes engagées depuis le 11 septembre 2001 pour lutter contre le terrorisme et financer la guerre en Irak, l'effort supplémentaire apparaît bien modeste. Il reste que les gouvernements du Nord se sont engagés à Johannesburg à interrompre le déclin, à l'œuvre depuis une décennie, de l'aide publique au développement.

Le sommet de Johannesburg a également permis de recapitaliser le Fonds pour l'Environnement Mondial à hauteur de $ 3 milliards, et les États-Unis et l'Europe ont accru leurs engagements financiers publics dès 2003 dans le secteur de l'eau et, à un moindre degré, de l'énergie. Les avancées du sommet n'ont pas seulement concerné le montant de l'APD, mais les modalités de son utilisation. Le programme d'action adopté à Johannesburg trace de nouvelles lignes en faveur de la promotion du partenariat public/privé qui permettent d'escompter un dépassement des approches fondées sur le « tout marché » versus « le tout État ». Leur mise en œuvre est susceptible d'accroître la capacité des aides publiques à drainer capitaux et savoir-faire des acteurs privés. On passe ainsi d'une logique type vases communicants à une logique de complémentarité entre soutiens publics et capitaux privés.

Nouvelles impulsions en faveur du partenariat public/privé

Au plan local, les acteurs du développement savent bien qu'on peut monter et financer beaucoup plus de projets de développement si on parvient à combiner ressources publiques et financements de marché en opérant une synergie basée sur une stricte division des tâches : aux autorités publiques la fixation des objectifs et les fonctions d'impulsion et de contrôle ; aux opérateurs privés la mise en œuvre et l'exploitation dans le cadre du jeu concurrentiel. Au plan global, l'apparition de nouveaux biens collectifs planétaires, comme la stabilité du climat ou le maintien de la biodiversité, rend tout à fait impraticable la production des biens collectifs via les seuls États : il faut innover et trouver des moyens d'incitation qui permettent à l'ensemble des acteurs de s'engager dans le processus, comme le fait par exemple le protocole de Kyoto sur les changements climatiques avec ses outils de suivi des engagements et ses mécanismes d'incitation via le marché des droits d'émission des gaz à effet de serre.

Exemple de partenariats public/privé engagés à Johannesburg

Comme les sommets antérieurs, celui de Johannesburg a abouti à une déclaration des gouvernements et à un programme d'action qui engagent l'ensemble de la communauté mondiale. En langage onusien, on associe ces résultats aux résultats de « type 1 ». Les « initiatives de type 2 » regroupent tous les engagements qui ont été pris lors du sommet et qui peuvent mettre en jeu des gouvernements mais aussi des entreprises ou des acteurs émanant de la société civile. Un échantillon de telles initiatives impliquant des acteurs français :

– **Initiatives de l'Union européenne** : le gouvernement français s'est associé aux initiatives européennes dans les domaines de l'énergie, de l'eau et de la lutte contre le Sida qui seront respectivement financées à hauteur de 700 millions, 1,4 milliard et 1 milliard d'euros. L'initiative sur l'eau est supportée par de nombreux acteurs français : entreprises, ONG, centres de recherche.

– **Initiative franco-britannique pour l'Afrique** : engagement de Tony Blair et Jacques Chirac d'une aide publique de 300 millions d'euros à destination de l'Afrique dans des formules de partenariat public/privé attirant des investisseurs privés ;

– **Charte sur les services essentiels :** l'Institut de la Gestion Déléguée (IGD), en partenariat avec l'agence UNITAR de l'ONU, assure la promotion d'une charte d'accès aux services essentiels destinée à faciliter le partenariat public/privé au plan local. Cette démarche mobilise l'ensemble des acteurs des services essentiels : usagers, représentants des communautés locales, opérateurs, élus locaux et nationaux, etc.

– **Le partenariat public/privé et le financement du développement :** l'Institut du Développement Durable et des Relations Internationales (IDDRI) conduit un travail destiné à faciliter l'innovation en matière d'ingénierie financière pour accroître les ressources affectées au développement ;

– **Biodiversité :** le programme de gestion et de conservation des forêts du bassin du Congo, initié par l'Afrique du Sud et les États-Unis, vise à assurer la protection de 30 millions d'hectares de parcs nationaux et concessions forestières sous aménagements forestiers. Ce projet associe plusieurs acteurs français : AFD, CIRAD-forêt, exploitants et industriels français, etc.

Progrès et limites des luttes contre les maladies infectieuses

Nombre de décès (millions)	2000	1990	Variation
Infections respiratoires basses	3,87	4,29	– 0,42
Sida	2,94	0,31	2,63
Diarrhées	2,12	2,95	– 0,83
Tuberculose	1,66	2,04	– 0,38
Malaria	1,08	0,86	0,22
Rougeole	0,78	1,06	– 0,28

Source : The Worldwatch Institute.

En mettant l'accent sur ces partenariats public/privé, Johannesburg a marqué un véritable dépassement dans la façon dont on doit aborder la lancinante question des rapports de l'État au Marché. Jusqu'à la fin des années soixante, la vision dominante était que les États devaient assurer la production des biens collectifs de base en corrigeant les imperfections de marché. Durant les trois décennies de l'après-guerre, le poids des États dans les économies industrialisées augmenta ainsi partout très rapidement. À la suite du premier choc pétrolier, les gouvernements prirent conscience qu'une telle tâche devenait mission impossible, la crise réduisant les ressources financières publiques en élargissant simultanément les besoins. D'où le grand vent de libéralisme qui souffla, notamment au sein des grandes institutions multilatérales, jusqu'au milieu des années quatre-vingt-dix. Ce retour de balancier devait fournir un merveilleux argumentaire pour les gouvernements des pays riches soucieux de se refaire une santé budgétaire en économisant les deniers de l'aide publique au développement.

Les principales avancées en matière de partenariat public/privé ont concerné l'eau et, à un moindre degré, l'énergie. Concernant l'accès à l'eau potable et l'assainissement, Johannesburg a été la première grande rencontre internationale où les objectifs généraux du sommet du Millénaire ont été traduits en masses financières à engager et en projets mettant en lien collectivités publiques, opérateurs et financiers. De multiples projets ont été identifiés et l'Union européenne a mis 1,4 milliard d'euros sur la table pour soutenir les collectivités publiques du Sud. Le processus a été de surcroît doté d'un système de suivi et d'évaluation, le premier point d'étape devant être effectué à Kyoto dès 2003.

Les propositions initiales de l'Union européenne de promotion des énergies renouvelables au Sud ont été sérieusement écornées et ramenées à des engagements d'investissement public de $ 743 millions en 2003, partagés entre les États-Unis et l'Europe.

Un grand nombre d'initiatives publiques/privées ont été lancées à destination de l'Afrique, dont il est délicat d'évaluer les probabilités de réalisation effective. La plus importante, du moins par les engagements financiers mis en jeux, a été l'initiative franco-britannique annoncée conjointement durant le sommet par Tony Blair et Jacques Chirac qui se sont engagés à doter chacun de 300 millions de dollars un fonds destiné à attirer des capitaux privés.

L'un des plus grands échecs du sommet a été l'absence d'impulsion nouvelle apportée en matière d'accès à la santé et de lutte contre les maladies infectieuses. Concernant le sida, le sommet n'a pas permis de rapprocher les points de vue du Nord et du Sud sur l'épineuse question des brevets et des droits de propriété sur les agents thérapeutiques. Concernant les

Le protocole de Kyoto contre le changement climatique

Suivant les estimations du groupe d'experts rattaché à l'ONU (GIEC), la température moyenne de la planète risque d'augmenter de 1,4 à 5,8 °C d'ici à 2100. Cette élévation est liée à l'accroissement des émissions anthropiques de cinq gaz à effet de serre dont le plus important, le dioxyde de carbone (CO_2), représente plus de 70 % des émissions mondiales liées aux activités humaines.

Le Protocole de Kyoto, signé en 1997, est la traduction concrète des engagements pris dans la Convention cadre sur le changement climatique adopté en 1992. Il fixe des engagements quantifiés de limitation des émissions de gaz à effet de serre pour les pays de l'Annexe B : essentiellement les pays de l'OCDE et de l'ancien bloc soviétique. Le Protocole engage ces pays à réduire leurs émissions de gaz à effet de serre de 5,2 % entre 1990 et la première période d'engagement qui couvre les années 2008 à 2012. Les engagements varient d'un pays à l'autre, surtout en fonction de leurs capacités de réduction, du niveau de développement économique et des mesures prises auparavant. Aucun engagement quantitatif n'a été établi pour les pays en développement.

Pour accroître l'efficacité et réduire le coût des efforts de réduction des émissions, le Protocole de Kyoto prévoit trois « mécanismes de flexibilité » : l'échange de permis d'émission internationalement négociables, l'application conjointe et le mécanisme de développement propre. Le premier permettra, à partir de 2008, à un pays ou à une entreprise de tenir ses engagements en important des droits additionnels achetés auprès d'un pays ou d'une entreprise où le coût de la réduction des émissions est moindre. Dans le cas de l'application conjointe, un pays pourra comptabiliser comme baisse de ses propres émissions des réductions effectuées dans un autre pays industrialisé à condition que ces réductions s'ajoutent aux engagements pris par le pays hôte. Le mécanisme de développement propre dont les premiers projets ont démarré en 2002 s'inscrit dans la même logique, mais s'effectue entre un pays industrialisé et un pays en développement non tenu par les engagements de réduction.

En 2001 les États-Unis ont choisi de se retirer du Protocole. Ceci a affaibli le dispositif, mais ne l'a pas tué. L'entrée en vigueur du Protocole est en effet subordonnée à la ratification par un minimum de 55 pays, représentant au moins 55 % des émissions des pays industrialisés. Son principe a ainsi été acquis durant le sommet de Johannesburg où le Canada, la Russie et la Pologne se sont engagés sur la voie de la ratification du Protocole qui doit du coup entrer en vigueur en 2003.

Le Protocole de Kyoto ne devrait constituer que l'amorce de la lutte contre le changement climatique. Si ses objectifs sont pleinement atteints, il permettra certes de diminuer de 5,2 % les émissions des pays de l'Annexe B contre une croissance spontanée estimée à 20 %. Simultanément, les émissions devraient continuer à s'accroître fortement, notamment dans les pays d'Asie en croissance rapide. Or, pour juste stabiliser les concentrations de CO_2 autour d'un niveau représentant le double de la concentration atmosphérique préindustrielle, le GIEC estime qu'il faudrait réduire les émissions mondiales d'environ 50 à 70 % au cours des cent prochaines années.

Les engagements de réduction des émissions de gaz à effet de serre au titre du Protocole de Kyoto

(en %)	Répartition des émissions en 1990	Évolution observée 2000/90	Engagements* de réduction
États-Unis	36,1	18,1	– 7
UE	24,2	–1,4	– 8
Russie	17,4	– 30,7	0
Japon	8,5	10,7	– 6
Canada	3,3	12,8	– 6
Australie	2,1	28,8	8
Total pays Annexe B	100	– 1,7	– 5,2

Source : The Worldwatch Institute
* Engagements portant sur les émissions moyennes de 2008/2012 relativement à 1970.

autres maladies, le rythme des progrès s'est nettement ralenti durant la dernière décennie, la malaria gagnant même du terrain en partie en raison des restrictions apportées, pour des raisons écologiques, à l'usage du DDT dans la lutte contre la propagation de l'agent pathogène. Ici encore, pas de réaction décisive au cours du sommet mondial. Le coût en vies humaines de l'ensemble de ces infections va ainsi continuer de croître durant la prochaine décennie, avec un tribut qui sera particulièrement lourd pour l'Afrique.

La lutte contre les changements climatiques

En matière de protection de l'environnement, le sommet de Johannesburg a permis de réaliser des progrès significatifs dans le domaine de la maîtrise de la production des produits toxiques par l'industrie chimique et de la protection des ressources halieutiques. L'avancée la plus importante a concerné l'accélération de la ratification du protocole de Kyoto destiné à limiter les émissions de gaz à effet de serre.

La question des risques induits par le réchauffement de la planète présente un véritable cas d'école en matière de développement durable. Si on hiérarchise les pollutions suivant leur échelle géographique, les émissions de gaz à effet de serre constituent l'archétype de la pollution planétaire dans laquelle les effets négatifs potentiels sont collectifs, et totalement indépendants de la localisation et de l'identité de l'émetteur. Ces effets sont cumulatifs et n'apparaîtront qu'à très long terme. Ils constituent un risque majeur pour les générations futures, mais dont l'évaluation scientifique précise est impossible dans le cadre des connaissances actuelles. À l'opposé de ce type de situation, on trouve les pollutions atmosphériques domestiques. Leurs causes sont parfaitement connues : elles résultent des résidus de combustion dans les habitats traditionnels et précaires qui dégradent les atmosphères intérieures. Il y a ici un lien étroit et univoque entre l'émetteur et les dégâts engendrés. Bien que ces pollutions domestiques soient techniquement et économiquement évitables, le Programme des Nations Unies pour l'Environnement (PNUE) estime qu'elles ont été, en 2000, à l'origine directe de plus de 1,5 million de décès par affection des voies respiratoires dans les pays du Sud. Où faut-il dès lors affecter prioritairement les ressources ? Dans la réduction des gaz à effets de serre pour préserver les générations futures ou

Typologie des pollutions de l'atmosphère

Echelle géographique	Causes identifiées	Conséquences	Moyens de lutte et résultats
Domestique	Rejets des combustions domestiques	Dégradations atmosphériques intérieures, infections respiratoires (>1.5 Mons de décès/an d'après PNUE)	Aménagements habitats, éducation
Local	Concentration de CO, NO_X, particules et ozone dans les villes	Dégradations atmosphériques extérieures, infections respiratoires	Réduction des émissions par aménagement des systèmes de transport et d'habitat
Régional	Accroissement des concentrations de SO_2 dans l'atmosphère	Pluies acides	Durcissement des normes, permis d'émission aux USA, forte réduction des émissions en Europe et aux USA, pas en Asie
Plan étaire ➢ couche d'ozone	Émissions de gaz CFC (aérosols, réfrigérateurs...)	Destruction de la couche d'ozone	Protocole international de Montréal (1987), quasi-disparition des émissions identifiées
➢ gaz à effet de serre	Emissions de gaz à effet de serre (CO2, ...)	Accroissement de l'effet de serre, risque de changements climatiques	Protocole de Kyoto (1997)

dans l'amélioration immédiate des conditions d'habitat pour sauver massivement des vies au sein de la génération actuelle ?

Autre conflit de priorités : comment concilier un développement économique rapide dans les pays en développement avec la limitation des émissions de gaz à effet de serre ? Le problème est d'autant plus ardu que, dans le cadre des technologies connues, le niveau unitaire des émissions tend à s'accroître avec le développement : le montant des émissions est de l'ordre de 6 tonnes d'équivalent CO2 par habitant aux États-Unis, de 2,3 tonnes en Europe et de moins de 0,4 tonne en Inde. Bien entendu, les bonnes âmes écologiques prôneront un autre modèle de développement pour les pays pauvres, mais qui priverait concrètement leurs habitants d'une grande partie des biens et services consommés par ceux des pays riches.

Le protocole de Kyoto n'apporte pas de réponse toute faite à l'ensemble de ces questions, mais il présente un cadre d'action novateur et évolutif qui permet à la Communauté internationale de mieux affronter ces différentes questions. Son architecture, qui couple engagements quantitatifs de réduction des émissions par application de quotas nationaux et mécanismes de marché des permis d'émission permettant de réduire les coûts, doit beaucoup aux propositions initiales américaines. L'Union européenne défendait, au moment de la négociation du protocole, une logique alternative de taxation internationale des émissions suivant le principe « pollueur-payeur ». Le grand paradoxe est que depuis le retrait opéré début 2001 par le Président Bush, c'est désormais l'Union européenne qui porte ce projet dans la vie internationale. Le sommet de Johannesburg, lui, a de ce point de vue permis de réaliser trois types d'avancées.

Sous l'angle gouvernemental, l'engagement d'une ratification rapide pris durant le sommet par le Canada, la Russie et la Pologne a ouvert la voie à une entrée en vigueur effective du Protocole dès 2003.

Cette accélération du mouvement a provoqué un véritable effet de catalyse qui a entraîné une accélération de la mise en œuvre des politiques régionales contre les émissions de gaz à

Évolution des superficies forestières dans le monde

Millions d'hectares	1990	2000	Variation 2000/90
Afrique	703	650	– 53
Amérique latine	1 011	964	– 47
Asie	738	730	– 8
Europe	042	1 051	9
Amérique du Nord	467	470	3
Monde	**3 960**	**3 866**	**– 95**

Source : PNUE, Rapport GEO-3.

effet de serre. Aux États-Unis, plusieurs États exercent désormais, à la suite de la Californie, une pression en faveur d'un renforcement de la lutte domestique contre le changement climatique et un nombre croissant de grandes entreprises, dont nombre étaient présentes à Johannesburg, mènent désormais ouvertement campagne pour une ratification américaine du Protocole. C'est aussi le cas du Sénateur Lieberman, l'un des candidats les plus sérieux aux prochaines élections présidentielles américaines. L'Union européenne a simultanément accéléré la mise en œuvre de ses outils d'application du Protocole, dans le cadre de la Directive de décembre 2002 qui vise à lancer dès 2005, soit avec trois ans d'avance sur le calendrier de Kyoto, le marché régional des permis d'émission. Durant la phase transitoire de 2005-2007, ce marché sera ouvert à 4 000 à 5 000 installations industrielles et couvrira 46 % des émissions de CO^2 de l'Union.

La troisième avancée de Johannesburg concerne le lancement de projets dans le cadre du mécanisme dit de « développement propre » et qui permet, sous certaines conditions, à des opérateurs ou à des États des pays développés d'acquérir des crédits carbone en finançant des projets de développement économes en carbone dans les pays en développement. Plus de trente projets lancés lors du sommet mondial de Johannesburg utilisent ce mécanisme pour attirer des capitaux et des savoir-faire du Nord. La plupart de ces projets concernent le développement des énergies renouvelables et les plantations forestières, à l'image des deux fonds carbone lancés par la Banque Mondiale durant et à la suite du sommet, avec l'objectif de drainer chacun $ 100 millions vers les pays en développement.

L'un des points d'impact important de ces projets au titre du mécanisme de développement propre concerne les « puits de carbone », autrement dit des projets de plantation ou de restauration de forêts au Sud dont l'impact en terme de séquestration du carbone atmosphérique peut être financé, sous certaines conditions, par des crédits d'émissions. L'organisation non gouvernementale franco-brésilienne Pro-Natura a joué dans ce domaine un véritable rôle de catalyseur en servant de plaque tournante entre les investisseurs occidentaux et les acteurs de terrain. Ses projets visent à intégrer développement agricole local et reforestation en zone tropicale. Il y a là un enjeu majeur car la dégradation accélérée de la forêt tropicale, qui est provoquée, à titre principal, par les pratiques agricoles prédatrices de paysans sans ressources, constitue d'après le PNUE la première cause de réduction de la biodiversité dans le monde. Par ailleurs, on réconcilie, dans ce cas de figure, l'urgence du développement de la génération présente avec les objectifs de préservation du climat pour les générations à venir.

Crédit de carbone
Naissance d'un nouveau type de marchés en 2002

Un nouveau type de marché a vraiment émergé en 2002 : celui des crédits d'émissions de carbone. Ces crédits sont en fait des bonus acquis par les «bons élèves» en termes d'émissions de CO2. Le protocole de Kyoto prévoit que les entreprises qui auront moins émis de CO2 que leur plafond pourront céder ces crédits à des entreprises ayant dépassé leurs obligations.

À partir de la période 2008-2012, un dépassement devrait entraîner, dans l'Union européenne, une amende de 100 euros par tonne de CO2 excédentaire. De 2005 à 2008, l'amende prévue par le projet de directive européenne est de 50 euros. Soit beaucoup plus que les prix actuellement négociés sur le marché, qui sont de l'ordre de $ 3 à $ 5 la tonne. D'où un empressement des entreprises comme Shell, BP, ainsi que d'une vingtaine d'entreprises françaises, ou des gouvernements comme celui des Pays-Bas, à acheter des crédits de carbone, souvent en contrepartie d'investissements réducteurs d'émissions de gaz à effet de serre : les entreprises financent des investissements, par exemple des plantations de forêts en Afrique, avec des «bons» de carbone achetés sur le marché ou à d'autres pays. Le marché enregistre des transactions d'État à État, d'industriel à État, d'industriels à industriels.

Bruxelles prépare une directive européenne pour 2005, créant un marché européen des crédits d'émissions, pour rôder le système avant l'ouverture d'une période coercitive, de 2008 à 2012. Le protocole de Kyoto impose à l'Union européenne de réduire de 8% en 2008-2012 par rapport à 1990 ses rejets de CO2 et de cinq autres gaz à effet de serre, comptabilisés en tonnes-équivalent CO2.

Une prépondérance anglo-saxonne

Ces crédits d'émissions sont des produits financiers comme les autres. Ce sont de véritables contrats de marchandise. Contrairement à ce que l'on imagine, ce ne sont pas des droits à polluer, mais des incitations à moins polluer que ce que l'obligation imposera bientôt lorsque le protocole de Kyoto sera ratifié. Autrement dit il s'agit de faire mieux, et de rémunérer ce mieux.

Les marchés du CO2 sont expérimentés depuis 1996 au Canada. Mais le démarrage en vraie grandeur des marchés a été 2002. Le 2 avril 2002, Londres a ouvert le premier grand marché. Parallèlement, le CCX américain (Chicago Climate Exchange) a réellement démarré, même s'il a été officiellement inauguré en janvier 2003. Le CCX a déjà pour lui l'avantage d'avoir testé des contrats de SO2 (dioxyde de soufre) depuis dix ans.

Visiblement, les Américains, qui freinent des quatre fers dans les négociations diplomatiques, sont en train de doubler Kyoto par le marché. Ce sont d'ailleurs eux ainsi que les Britanniques qui ont injecté dans le protocole de Kyoto ces éléments de flexibilité, autre dénomination des crédits d'émissions.

Depuis 1996, les transactions de crédits d'émissions de CO2 ou d'équivalent ont porté sur 382 millions de tonnes, d'après l'hebdomadaire norvégien Point Carbon.

Les grandes dates de 2002 :

Voici les principales avancées qui ont marqué l'année 2002 :

– Les échanges ont démarré sur le marché conventionnel de Londres le 2 avril 2002.

– En France, le MEDEF (Mouvement des Entreprises de France) et l'EPE (Association Française des Entreprises pour l'Environnement) ont publié le 18 juillet 2002 un accord volontaire d'engagement auquel ont adhéré dix-huit grandes entreprises.

– La Banque mondiale a lancé son Biocarbonfund à l'occasion du sommet de Johannesburg début septembre.

– La directive européenne établissant un système d'échange de quotas d'émissions a été votée en première lecture par le Parlement européen en septembre 2002 et adoptée par le Conseil des ministres de l'environnement le 9 décembre dernier.

– Au niveau international, les premiers textes relatifs aux projets CDM (Clean Development Mechanisms) viennent d'être publiés par le comité exécutif, faisant suite à la COP 8 tenue à New-Delhi en novembre 2002.

Les échéances importantes de 2003 sont :

– La publication du projet de directive CDM européenne, prévue en avril 2003.
– La COP9 qui devrait statuer sur les CDM et se tenir à Milan à l'automne 2003.

L'irruption de la société civile dans l'enceinte multilatérale

En limitant l'analyse de Johannesburg aux seuls résultats de la négociation officielle, on passe sans doute à côté de l'essentiel. La véritable nouveauté du sommet de Johannesburg est d'être parvenu à établir un lien entre une négociation intergouvernementale et un ensemble de rencontres entre les acteurs de la vie économique et sociale : organisations non gouvernementales, entreprises, collectivités locales, syndicats, centres de recherche. C'est ce qui explique le nombre élevé des participants au Sommet et leur incroyable diversité : Johannesburg a été à la fois une négociation multilatérale entre gouvernements, une sorte de foire du développement durable, un carrefour entre acteurs d'origines multiples, un lieu de débats et d'oppositions militantes, un ensemble de manifestations culturelles et artistiques où se sont exprimées de multiples minorités.

Ce dispositif promeut une nouvelle forme de gouvernance, basée sur la confrontation des points de vue de l'ensemble des « parties prenantes ». Il marque un déplacement majeur du centre de gravité des négociations multilatérales : on passe d'un face-à-face confiné aux États à un jeu multi-polaire, plus complexe et plus riche, où se rencontrent de multiples acteurs qui se sont invités dans l'arène internationale. L'une des illustrations les plus marquantes en a été la déclaration commune du World Business Council For Sustainable Development, représentant le monde des multinationales, et de l'ONG Greenpeace, appelant, durant le sommet, les gouvernements à montrer moins de frilosité dans la mise en œuvre du Protocole de Kyoto.

L'irruption de la « société civile mondiale » n'a pas seulement consisté à faire pression sur les officiels. Elle a aussi débouché sur un ensemble de projets, à géométrie variable, qui contribueront à la réalisation des objectifs de développement et de réduction de la pauvreté. Aussi, les résultats et les espoirs qu'a fait naître Johannesburg ne sauraient se lire dans les seuls relevés officiels que sont la déclaration des chefs d'État et leur programme d'action. Ils doivent prendre en compte ces projets nouveaux émanant de la société civile mondiale. Pour une très large part, la réussite du Sommet, à savoir la mise en œuvre effective de programmes d'action pour faire reculer de façon concertée la pauvreté et les dégradations de l'environnement, dépend maintenant de la capacité de ces acteurs à rester mobilisés sur le terrain pour tenir les engagements pris.

– IV –

Un certain parfum de protectionnisme !

Au lendemain du 11 septembre 2001, organiser à Doha, au cœur du Golfe arabo-persique, une conférence internationale destinée à lancer un nouveau « Round » de négociations commerciales multilatérales tenait un peu de la gageure. En tout cas, dans les circonstances du moment, tout échec – « à la Seattle » – était exclu. Après quelques difficultés traditionnelles, quelques contorsions sur le non moins traditionnel dossier agricole et un accès mesuré de générosité des Pays du Nord sur la question des médicaments (mais ne fallait-il pas envoyer au reste du monde des messages symboliques), le Millenium Round fut officiellement lancé avec ce que l'on appelle de manière un peu grandiloquente le « Doha Development Agenda ». Le choix des mots est important : on ne parle plus simplement de commerce ni de libre-échange comme autrefois au GATT. L'heure est au « développement » que l'on veut équitable (version Porto Alegre) et surtout durable comme à Johannesbourg. Difficile pourtant de dire, au-delà des discours et des bonnes intentions, si le programme de Doha marque un vrai tournant en termes de développement économique. Il y a certes une prise de conscience accrue des échecs du passé et de la nécessité d'en faire plus pour certaines régions, comme l'a mis en évidence le lancement du NEPAD en direction de l'Afrique lors du G7 tenu au Canada en juin 2002 ou l'initiative « Tout sauf les armes » de l'Union européenne en faveur des PMA. Mais force est de constater que la première année de l'agenda de Doha n'a guère tranché sur les habitudes et qu'une fois l'émotion passée, chacun est retourné à ses égoïsmes et autres protectionnismes.

Retour au protectionnisme

Le 5 mars 2002, le président George Bush décidait contre toute logique économique de protéger l'industrie sidérurgique américaine en mettant en place des droits anti-dumping sur les importations américaines d'acier. Certes, la sidérurgie américaine souffrait comme en témoignaient la dizaine d'entreprises en faillite, sous la protection du « Chapitre 11 », à l'image de Bethlehem Steel. En fait, alors que le secteur des aciéries électriques, les « mini-mills », prospérait, c'est la sidérurgie traditionnelle de la Côte Est qui étouffait sous le poids des ans et surtout des dettes liées au service de ses retraites. La décision de George Bush était purement électoraliste visant en fait quelques circonscriptions électorales (deux sénateurs et dix-huit députés) dans la perspective des élections du Congrès de novembre 2002. Au total, ce sont plus de 20 millions de tonnes d'importations d'acier qui ont été frappées de tarifs douaniers de 30 % pour les sortes les plus importantes. L'Europe, la Russie, l'Asie mais aussi les partenaires des États-Unis au sein de l'Alena se trouvèrent affectés par cette mesure unilatérale qui provoqua un véritable tollé mondial. Les réactions ne tardèrent pas d'autant qu'à l'intérieur des États-Unis, nombre d'approvisionnements s'en trouvèrent fortement perturbés. Certains pays réagirent afin de se protéger eux-mêmes de détournements de trafic : l'Europe mit ainsi en place des quotas d'importations pour certaines sortes d'acier. La Chine fit de même. Mais la riposte alla plus loin : avant tout dépôt formel de plainte à l'OMC, l'Europe mit en place des mesures de rétorsion sur toute une gamme de produits allant des armes aux produits agricoles en passant par le textile. La Russie fit mieux en décrétant un embargo « sanitaire » sur ses importations de volailles américaines. Au fil des semaines, quelques aménagements furent trouvés et la remontée des prix de l'acier a contribué à calmer les passions. Le marché attend même avec une certaine angoisse l'anniversaire de la mesure en mars 2003 qui devrait correspondre à une première baisse des tarifs mis en place un an plus tôt.

La décision de George Bush a néanmoins été vécue comme une rupture et ce d'autant plus qu'elle ne fut pas la seule. Il y eut aussi la mise en place de mesures de protection sur le bois, contre le Canada cette fois-ci (permettant dans ce cas de protéger un siège de sénateur dans le Montana) et puis surtout l'adoption du Farm Bill le plus onéreux de l'histoire des États-Unis prévoyant une augmentation de 80 % des dépenses de soutien à l'agriculture sur les dix prochaines années. Certes, le texte adopté n'est pas celui que souhaitait l'Administration. Mais en signant une loi largement concoctée par le Congrès, George Bush avait aussi en tête quelques batailles sénatoriales à venir dans le Dakota du Sud, le Missouri et l'Arkansas. Il ne pouvait aussi risquer un choc frontal avec le Congrès au moment même où il cherchait à obtenir un mandat de négociation pour l'OMC et les accords de libre-échange bilatéraux (le « fast track » ou Trade Promotion Authority – TPA).

Au total, au premier semestre 2002, l'OMC a recensé cent quatre enquêtes antidumping et cent onze mesures définitives. Les principaux utilisateurs en furent les États-Unis (vingt-cinq) et l'Inde (vingt et un), le secteur le plus touché étant celui de l'acier et des métaux devant la chimie.

Ce réalisme américain, intervenant au moment où le FMI se montrait impitoyable avec un pays comme l'Argentine, a eu bien entendu un effet déplorable sur le reste du monde, qu'il s'agisse de l'Europe ou du dernier adhérent à l'OMC, la Chine, qui devait au même moment commencer à abaisser ses propres barrières tarifaires. Il a aussi affaibli la position diplomatique des États-Unis qui, sur l'ensemble de 2002, ont dû faire preuve de plus de retenue qu'à l'habitude dans leur croisade libre-échangiste. L'année 2002 fut au demeurant une année de transition dans l'agenda de l'OMC.

Objectif Cancun, septembre 2003

Théoriquement, l'agenda de Doha doit se terminer à la fin 2004, la durée optimale du Round étant fixée à quatre ans. La prochaine « ministérielle » de l'OMC, deux ans après Doha, sera donc l'occasion de faire le point à mi-parcours du Millenium Round. Ceci aura lieu à Cancun au Mexique en septembre 2003 et personne bien sûr ne souhaite une répétition des échecs des conférences de Montréal en 1988 (pendant l'Uruguay Round) ni surtout de Seattle.

Le programme est bien sûr très chargé mais surtout assez différent des Rounds précédents. Jusque-là, les débats avaient surtout lieu entre pays développés, et notamment entre États-Unis et Europe ; les pays en développement ne jouaient qu'un rôle relativement marginal même si quelques « gros » comme l'Inde savaient montrer des dents quand il le fallait et protéger leur marché national. Le Round actuel est beaucoup plus vaste puisqu'il touche aussi les services, la propriété intellectuelle et aussi tous les secteurs (agriculture, textiles) et thèmes (accès au marché, transparence des marchés publics, régulation...) qui, jusque-là, n'étaient abordés que de manière superficielle. Plus de cent-trente pays sont maintenant membres de l'OMC, les dernières adhésions en 2002 ayant été celles de la Macédoine et de l'Arménie (il reste vingt-cinq candidats dont... la Russie).

À Doha, l'Union européenne avait insisté pour que les pays en développement soient à la fois impliqués et concernés. À cette conférence, l'Inde n'avait d'ailleurs pas hésité à bloquer les négociations pour forcer le passage en matière d'accès au marché et de propriété intellectuelle. L'exercice en cours est au fond le premier véritablement global des négociations multilatérales. Même s'il y aura encore des passes d'armes entre Europe et États-Unis, la dimension Nord-Sud devrait devenir prépondérante avec des inconnues de taille comme la position de la Chine.

Or, depuis Doha, les avancées ont été fort limitées. Sur deux dossiers qui tiennent à cœur aux pays du Sud – les textiles et les médicaments – on peut même parler d'échec. Sur les textiles pour lesquels les derniers éléments de l'accord multifibres devraient être démantelés en 2005, l'échec est total. Et il en est de même pour les négociations sur la propriété intellectuelle et les exemptions prévues en ce qui concerne les médicaments essentiels, du fait dans ce cas de la mauvaise volonté américaine. Sur nombre de ces sujets, on note toutefois un net infléchissement de la position américaine depuis les élections de novembre 2002 : M. Zoellick, le négociateur américain (USTR) a manifestement beaucoup plus de marges de manœuvre face aux lobbies : ainsi il ne s'est pas opposé au compromis de Sydney qui pose en principe l'accès aux médicaments génériques pour tous les pays en développement pour une série de maladies beaucoup plus large que la stricte limitation aux épidémies les plus graves (sida) voulue par l'industrie pharmaceutique américaine. Il serait aussi près à lâcher du lest en matière de pics tarifaires industriels et même de protection sur les textiles.

C'est qu'après maintes difficultés, la Maison Blanche a obtenu du Congrès au début de l'automne son mandat de fast track qui lui permet de s'engager vraiment dans le feu des négociations.

Quant au dossier agricole, les positions des différentes parties restent encore aux antipodes : les États-Unis ont fait des propositions très éloignées de leur propre Farm Act ; l'Europe s'est avancée bien au-delà de la PAC actuelle et on doute fort de la capacité du président du groupe agricole, Stuart Harbinson, de parvenir à un document définissant les modalités de la négociation pour le 31 mars 2003, comme cela est prévu.

L'enjeu de Cancun est très simple. Dans une négociation de ce type, il faut arriver à la conférence avec un texte final pratiquement bouclé. Il faut donc que les gros dossiers soient suffisamment avancés pour qu'un texte de compromis soit adopté : c'est possible pour les services et les droits de douane industriels, déjà plus difficile pour l'agriculture, encore bien hypothétique pour tous les thèmes « à régulation » que l'Europe avait introduits à Doha (investissement, concurrence, environnement, transparence des marchés publics) et pour lesquels les pays en développement ne sont pas preneurs. Bien entendu, on s'accrochera sur quelques dossiers sensibles et probablement aussi sur la dimension « développement » qui, pour l'instant, n'a pas dépassé le stade des bonnes intentions.

Le risque est grand bien sûr que l'on ne parvienne pas à un consensus minimal et que l'on fasse porter le chapeau d'un éventuel échec à l'agriculture et, bien sûr, à l'Europe.

Tout dépendra donc dans les mois qui nous séparent de Cancun, de l'habileté diplomatique des uns et des autres : de ce point de vue, le couple Bob Zoellick (États-Unis)/Pascal Lamy (Union européenne) est assez exceptionnel et probablement le meilleur que l'on n'ait jamais eu. Mais l'un et l'autre sont loin de maîtriser leurs arrières qu'il s'agisse du Congrès ou des états membres de l'Union européenne. À la barre de l'OMC, le Néozélandais Mike Moore – qui n'aura pas laissé un souvenir impérissable – a été remplacé par le Thaïlandais Supachai Panitchpakdi pour un mandat de trois ans, ce qui paraît bien court pour vraiment achever la négociation en cours.

Des conflits à fleurets mouchetés

Curieusement, sur l'échiquier mondial, les grands acteurs se sont gardés de manœuvres trop agressives les uns vis-à-vis des autres : ainsi l'Europe, qui dispose d'une arme redoutable avec la condamnation des États-Unis sur le dossier des Foreign Sales Corporations (mécanisme fiscal revenant à une subvention aux exportations américaines très utilisé par les grandes sociétés de l'agroalimentaire et de l'aéronautique en particulier) et qui pourrait mettre en place des mesures de rétorsion autorisées par l'OMC à hauteur de $ 4 milliards, a fait preuve d'une immense patience face aux lenteurs du Congrès pour modifier la législation incriminée. Par souci de limiter les provocations, les États-Unis se sont abstenus d'attaquer les Européens sur le dossier des OGM et ont fait même preuve d'une retenue – intéressée – dans la mise en place par l'Europe de quotas d'importations de céréales.

Les États-Unis, comme l'Europe, ont par contre été fort actifs dans leur diplomatie bilatérale : les États-Unis ont signé des accords de libre-échange avec le Chili et Singapour et ont des projets de même type avec le Maroc et l'Australie. Quant à l'Europe, faut-il rappeler qu'elle est passée de quinze à vingt-cinq.

La « fenêtre de tir » de Cancun

Toute l'année diplomatique 2003 sera donc dominée par la préparation, la tenue puis la digestion de Cancun. Du point de vue du calendrier politique, la « fenêtre de tir » est favorable : après leur accès de protectionnisme de 2002, les États-Unis ont pour quelques mois les mains libres : la Maison Blanche dispose de son mandat « fast track » ; elle contrôle le Congrès et peut donc imposer une ligne libérale y compris sur les dossiers difficiles comme les textiles, l'acier et même l'agriculture en neutralisant l'action des lobbies. La nécessité de maintenir la coalition contre l'Irak, avant et après la guerre, va aussi obliger à faire des gestes vis-à-vis des pays en développement et à éviter tout échec trop flagrant à Cancun. Remarquons que cet état de grâce se terminera dès le début de 2004 à l'approche des élections, même si George Bush apparaît peu menacé au stade des primaires. Côté européen, il n'y a pas de grandes échéances électorales même si la Commission Prodi est en fin de mandat. En Chine, au Brésil, les changements d'équipe ont eu lieu. Enfin, on peut penser que l'hypothèque irakienne aura été, d'une manière ou d'une autre, levée.

Mais les vieux observateurs du GATT, puis de l'OMC, savent que dans pareil exercice, rien n'est jamais assuré… Rendez-vous à Cancun !

– V –

L'affaire Metaleurop et Glencore

Metaleurop, Prestige,
Marc Rich : Attention aux confusions !

1. Metaleurop est contrôlé à 33 % par **Glencore**
Jusqu'en 1992, Glencore s'appelait **Richco** et était dirigé par son fondateur **Marc Rich**. En 1992, Marc Rich et son associé initial Pincus Green ont vendu Richco à ses cadres. L'entreprise, dirigée jusqu'en 2002 par Willie Strothote, a été rebaptisée Glencore. Marc Rich a cessé tout contact avec eux et a même été en procès ces dernières années pour le règlement de sa vente (ceci n'a été réglé qu'en 2002).

2. Quelques années après (1996), Marc Rich a recréé sa propre entreprise de négoce, **Marc Rich Investment** (MRI) qui a connu un certain développement mais sans comparaison avec Glencore. Début 2000 (au moment où Bill Clinton graciait Rich), on a mentionné un rachat de MRI par **Crown Resources**. Cette opération ne s'est pas faite.

3. **Crown Resources** est une société de négoce suisse d'énergie détenue par le biais d'une holding à Gibraltar par Alfagroup, groupe russe d'énergie contrôlé par l'un des principaux oligarques Mikhail Friedman. Crown Resources est une « boutique » que Friedman aurait voulu développer, d'où l'idée du rachat de MRI. Mais même pour Rich, les pratiques de Crown Resources étaient trop aventureuses ! Crown Resources était l'affréteur du **Prestige** qui a coulé au large de la Galice en 2002. Depuis, la société a été revendue à ses cadres…

4. Sauf un lien à des époques différentes avec Rich, pouvant donner lieu à des interprétations abusives, les affaires Metaleurop et Prestige n'ont rien en commun.

Il était une fois une vieille usine dans un vieux département industriel qui produisait quelques vieux métaux de la révolution industrielle de l'autre siècle, du plomb et du zinc qui, pendant plus d'une centaine d'années, avaient pollué la nature et les corps. Mais la vieille usine employait près d'un millier de personnes et faisait partie du paysage et de l'histoire. Un jour on décida de la fermer et c'est là que commence notre histoire à Noyelles dans le Nord...

Noyelles est une usine où, jusqu'à il y a quelques jours, on traitait du minerai et des concentrés pour en extraire du plomb et du zinc. Le marché du zinc est très déprimé : en 2002, les prix ont baissé en moyenne de 12 % et le marché souffre de plusieurs centaines de milliers de tonnes d'excédents. De nouveaux producteurs se développent en Corée du Sud et en Asie Centrale : la marge de raffinage (c'est-à-dire la différence entre le prix du minerai et celui du métal) est au plus bas depuis vingt ans et le numéro 1 mondial du zinc, l'australien Pasminco, a fait faillite et est sous protection judiciaire. La plupart des analystes savent que la seule solution pour faire remonter les prix du zinc est la fermeture de capacités et la rationalisation de l'offre. En toute logique, ce sont les usines les moins rentables qui doivent fermer et c'est le cas dans les vieilles régions industrielles. Mais le problème est moins simple qu'il n'y paraît : fermer une usine est une chose, en assurer la responsabilité sociale en est une autre, mais financer la dépollution du site est infiniment plus compliqué et onéreux et il peut alors paraître plus simple et moins coûteux de « déménager à la cloche de bois ». C'est un peu ce qui se passe à Noyelles en ce début 2003.

L'usine de Noyelles appartient à la société Metaleurop. Metaleurop est le résultat de la fusion du français Pennaroya et des activités plomb et zinc de l'allemand Preussag. Metaleurop est un des groupes importants en Europe dans la métallurgie du plomb et du zinc et dans le recyclage des métaux qui possédait deux affineries en particulier, celle de Noyelles et celle de Nordenham en Allemagne. Du fait de la situation des marchés, Metaleurop était déficitaire et avait envisagé en 2002 un plan social à Noyelles et la réorientation de l'usine vers le recyclage. Mais la direction de l'entreprise avait été remplacée par les actionnaires en juin 2002.

Metaleurop a pour principal actionnaire le groupe suisse Glencore pour 33 % du capital. Preussag reconverti dans le tourisme sous le nom de TUI en possède moins de 10 % et le reste est dans le public. Avec trois administrateurs sur sept, on peut estimer que Glencore contrôle Metaleurop dans les faits. Or, Glencore est une entreprise de légende dans le monde des matières premières. Fondée en 1972 par un « Trader » (négociant) de génie, l'américain Marc Rich, appelée d'abord Richco, elle est devenue Glencore lorsque Rich et ses associés de la première heure l'ont vendue à ses dirigeants actuels qui la contrôlent toujours. C'est une entreprise « privée » (au sens américain du terme, c'est-à-dire qu'elle n'a jamais fait appel à des capitaux extérieurs et n'est soumise à aucune obligation de publication de comptes) ; elle est basée à Zug en Suisse, le canton dont la fiscalité est la plus faible et où se sont installés la plupart des grands négociants internationaux en métaux. Richco puis Glencore ont eu la réputation de l'entreprise de négoce international parmi les mieux gérées et contrôlant le mieux ses risques au monde. En 2001, le chiffre d'affaires de Glencore a été de $ 44,5 milliards ; la valeur de ses actifs était de

$ 10,8 milliards et ses fonds propres de $ 2,4 milliards. Glencore est la plus importante entreprise au monde dans le négoce de l'énergie, des métaux et même de produits agricoles comme les céréales.

Mais contrairement aux négociants se cantonnant à la seule activité de commerce, Glencore s'est au fil des ans fortement diversifié/intégré vers l'amont : ainsi, c'est un acteur majeur dans le domaine de l'alumine et de l'aluminium, dans le charbon et on peut quasiment estimer qu'il est le numéro 1 mondial du zinc : il possède en effet des usines en direct (Porto Vesme en Sardaigne, 62 % de Kazzinc au Kazakhstan), 33 % de Metaleurop comme on l'a vu et surtout 40 % de Xsastra, une entreprise minière cotée à la Bourse de Londres et que Glencore a développé en lui apportant une grande partie de ses actifs miniers et métallurgiques. Le président de Glencore est président du conseil de surveillance de Xsastra. Dans le zinc, Xsastra possède la Asturiana de Zinc et début janvier a acheté à Metaleurop son usine allemande de Nordenham ($ 100 millions). Comme on le voit, c'est une transaction entre « cousins ». Xsastra projetterait une augmentation de la capacité de Nordenham de 130 000 à 250 000 tonnes de zinc et par ailleurs était, début 2003, en négociation avec l'australien MIM Holdings (la célèbre mine de Mount Isa) pour un rachat. Dans ce contexte de restructuration et de croissance externe, Metaleurop et donc Noyelles deviennent marginaux, pire même un fardeau.

Résumons : Glencore par pions (détenus en minoritaire apparent) interposés rationalise peu à peu ses activités de zinc en Europe et dans le monde. Xsastra récupère le meilleur de Metaleurop, se développe et contrôle 600 000 tonnes de capacité de zinc. Metaleurop ne garde qu'une affinerie, n'a plus vraiment de stratégie. On change les dirigeants, on coupe les vivres et on ferme Noyelles, quitte à déposer le bilan de Metaleurop-Nord, voire même celui de Metaleurop dans son ensemble, la valeur de l'entreprise ($ 40 millions de capitalisation boursière) ne couvrant pas les charges de dépollution induites par la fermeture du site.

Sans forcer le trait, on peut penser que Glencore a trouvé un moyen élégant de rationaliser son outil de production de zinc au moindre coût et sans vraiment apparaître en première ligne ni pouvoir être considéré comme responsable. Bien joué ! Bien joué mais scandaleux.

Celui qui écrit ces lignes est un économiste libéral spécialisé des marchés internationaux et qui reconnaît le rôle éminent du négoce international. Il croit aussi en une éthique de la responsabilité au sein des entreprises. Glencore est une multinationale suisse plutôt apatride (probablement intouchable d'ailleurs dans son lointain canton suisse), le deuxième plus important négociant mondial (après l'américain Cargill), l'un des acteurs majeurs du monde minier et métallurgique, le type d'entreprise que l'on aurait pu - et dû - rencontrer au Sommet de la Terre en 2002 à Johannesbourg. De fait - sinon en droit - Glencore contrôle et gère Metaleurop et Xsastra.

Que les dirigeants de Glencore aient estimé que pour des raisons de prix de revient, d'efficience et de nécessaire rationalisation il fallait fermer Noyelles est leur plus strict droit d'entrepreneurs. Dans la conjoncture actuelle du marché du zinc, c'est probablement la décision la plus raisonnable. Mais ne doit-on pas alors en assumer la responsabilité, que ce soit vis-à-vis des salariés (il existe des obligations d'information) et surtout vis-à-vis de la collectivité ? Pour une entreprise de la taille et avec les moyens de Glencore, peut-on admettre le dépôt de bilan de la petite filiale française et de son millier d'employés et de ses terres polluées par un siècle d'activité ?

On plaidera, on condamnera peut-être en comblement de passif mais avant que les lenteurs de justice ne pénètrent les montagnes suisses, la plupart des salariés de Noyelles auront disparu. Ne faut-il pas alors faire appel à la conscience des dirigeants, leur dire que l'économie de marché ce n'est pas la loi de la jungle, que volens nolens leur responsabilité est engagée, les mettre aussi au ban du monde économique comme ces navires pourris arborant des pavillons de complaisance qui souillent nos côtes...

Il était une fois une vieille usine qu'on fermait. Et dans les montagnes suisses on riait...

Deuxième partie

Les marchés

	La conjoncture des marchés 2002-2003	65
I	Les marchés financiers (bourses, monnaies, taux)	75
II	Grains et agriculture tempérée	111
III	Produits tropicaux	247
IV	Produits de la mer	311
V	Minerais et métaux	329
VI	Énergie	399
VII	Grands marchés industriels	451
VIII	Services	493
IX	Le marché de l'art	527

INDICES REXECODE DES COURS DES MATIERES PREMIERES en $

INDICES GLOBAUX

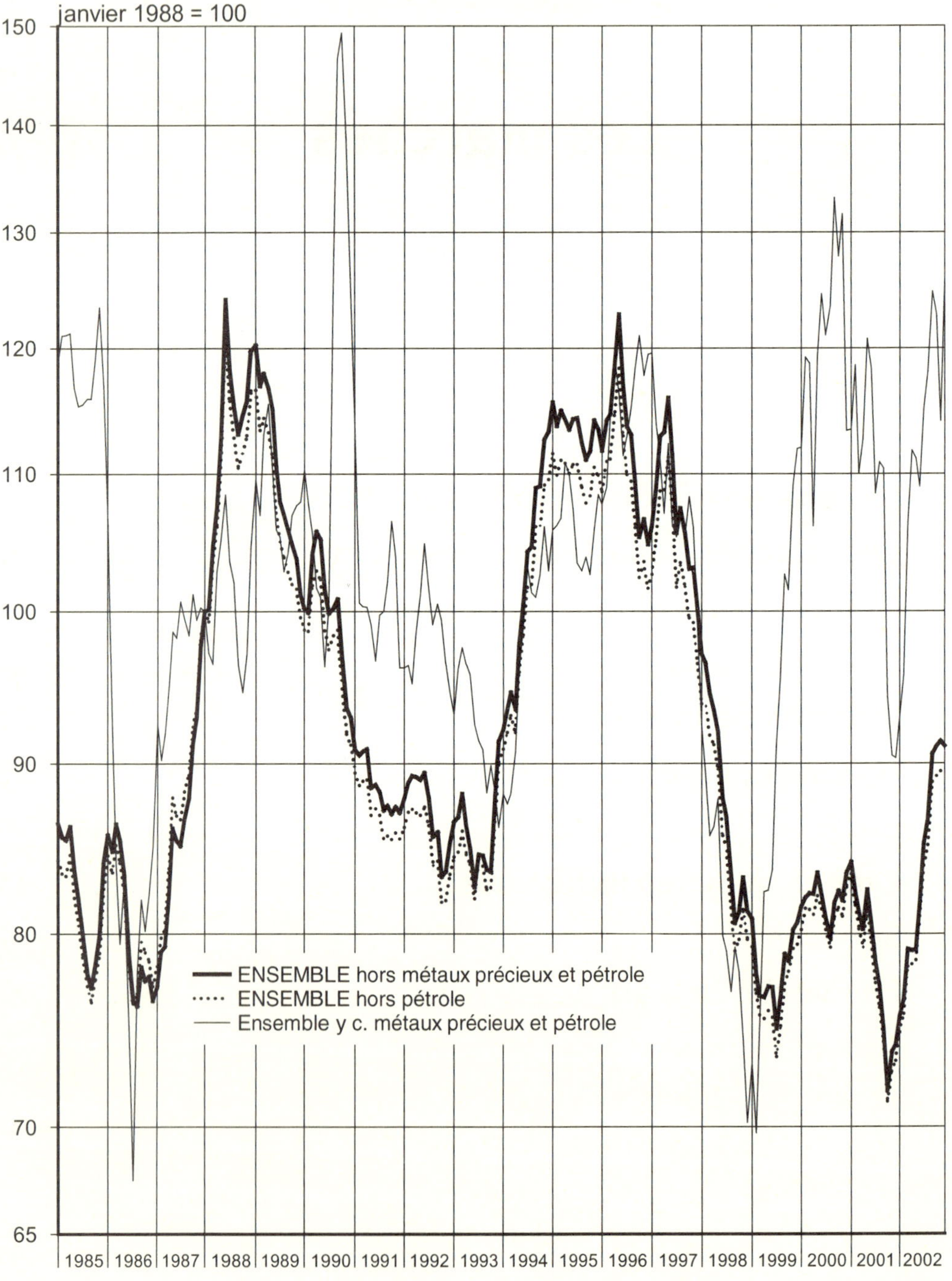

© REXECODE

La conjoncture des marchés 2002-2003

Dans un contexte économique mondial morose, les prix internationaux des grands produits de base se sont nettement appréciés par rapport aux minima historiques atteints à l'automne 2001. En moyenne, la hausse des prix en 2002 par rapport à 2001 s'affiche pour l'indicateur Rexecode-Cyclope (hors métaux précieux et pétrole) à +7,27 %. Mais par rapport au point le plus bas atteint en octobre 2001, la moyenne du mois de décembre 2002 se situait en progression de 17,2 %. Si l'on tient compte du pétrole, dont le prix moyen est finalement resté à peu près stable en 2002 par rapport à 2001, un peu en dessous de $ 25 le baril de Brent, l'évolution des prix en 2002 s'inscrit en hausse de 4 %.

Parmi les « grands » produits, la hausse la plus forte est à mettre au compte du cacao (+ 64 %), et ce pour la deuxième année consécutive (+ 22 % en 2001). Le déclenchement d'une véritable guerre civile en Côte d'Ivoire a bien sûr précipité cette hausse qui bénéficie surtout aux autres producteurs de cacao. Mais de très nombreux autres produits agricoles ont profité d'une conjoncture favorable liée pour l'essentiel à des phénomènes climatiques. À l'inverse, c'est dans le domaine industriel que les baisses sont les plus importantes, la palme revenant au palladium et au rhodium, en repli de quelque 45 %.

Au fond, dans un environnement économique qui aurait plaidé pour la stagnation des prix à leurs niveaux déprimés de 2001, ce sont avant tout des « accidents » externes, climatiques et politiques, qui expliquent le rebond quand même assez net de 2002. Ce type d'événements étant par nature imprévisible et dans un contexte pour 2003 qui ne brille pas par sa clarté économique ni géopolitique, l'exercice de prévision apparaît plus aléatoire que jamais.

En 2002, sécheresses et guerres civiles

L'événement majeur de 2002 aura été sans conteste la vague de perturbations climatiques qui a affecté une grande partie du monde, en particulier autour du Pacifique. On a assisté en effet à des sécheresses importantes qui, parmi les grands producteurs/exportateurs de produits agricoles, ont touché au premier chef l'Australie, les États-Unis et l'Afrique australe. Pour un pays comme l'Australie, probablement le plus affecté en 2002-2003, la baisse des productions va du tiers à la moitié des récoltes et a aussi affecté le cheptel en provoquant un mouvement d'abattage, et donc de décapitalisation. De manière symbolique, les États-Unis et l'Australie ont été contraints à importer quelques cargaisons de blé. En

INDICES REXECODE DES COURS DES MATIERES PREMIERES en $
MATIERES PREMIERES INDUSTRIELLES
janvier 1988 = 100
145
135
125
115
105
95
85
75
65
55
MATIERES PREMIERES INDUSTRIELLES
METAUX COMMUNS
TOTAL
1985
1986
1987
1988
1989
1990
1991
1992
1993
1994
1995
1996
1997
1998
1999
2000
2001
2002
© REXECODE

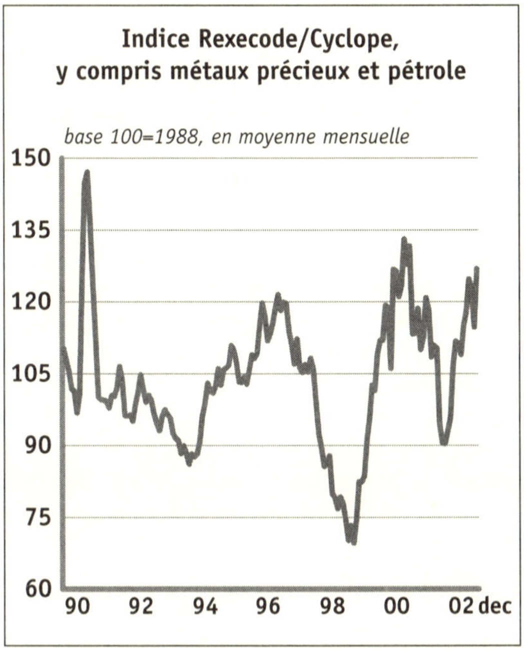

Afrique, la FAO estime à 40 millions de personnes la population touchée en 2002 par les famines (mais les hommes y ont aussi quelque responsabilité…). Les spécialistes de la climatologie sont pour l'instant encore divisés dans l'analyse du phénomène. Son intensité et sa localisation dans le Pacifique font bien sûr penser à « El Niño ». On sait qu'il s'agit là d'un phénomène récurrent qui se manifeste par le réchauffement des eaux dans le Pacifique équatorial, favorisant l'apparition de sécheresses accrues dans certaines régions (Australie, Indonésie, nord-ouest des États-Unis) et de pluviosités plus fortes dans d'autres (sud des États-Unis, Pérou). « El Niño » aurait une périodicité de cinq à sept ans et s'étendrait en général sur deux campagnes avec un point extrême autour de la période de Noël (d'où le nom « d'El Niño », pour l'Enfant Jésus en espagnol). Le dernier « El Niño » officiellement enregistré est intervenu en 1997 et il avait été l'un des plus marqués de l'histoire. Un retour « d'El Niño » en 2002-2003 serait donc tout à fait possible, même si l'on pense que son ampleur serait beaucoup plus faible. L'analyse précise de ce phénomène climatique est d'autant plus importante qu'elle conditionne en grande partie ce que sera 2003 : la poursuite des perturbations climatiques dans le cadre d'un véritable « El Niño » aurait des conséquences dramatiques pour des marchés dont les réserves ont été sévèrement

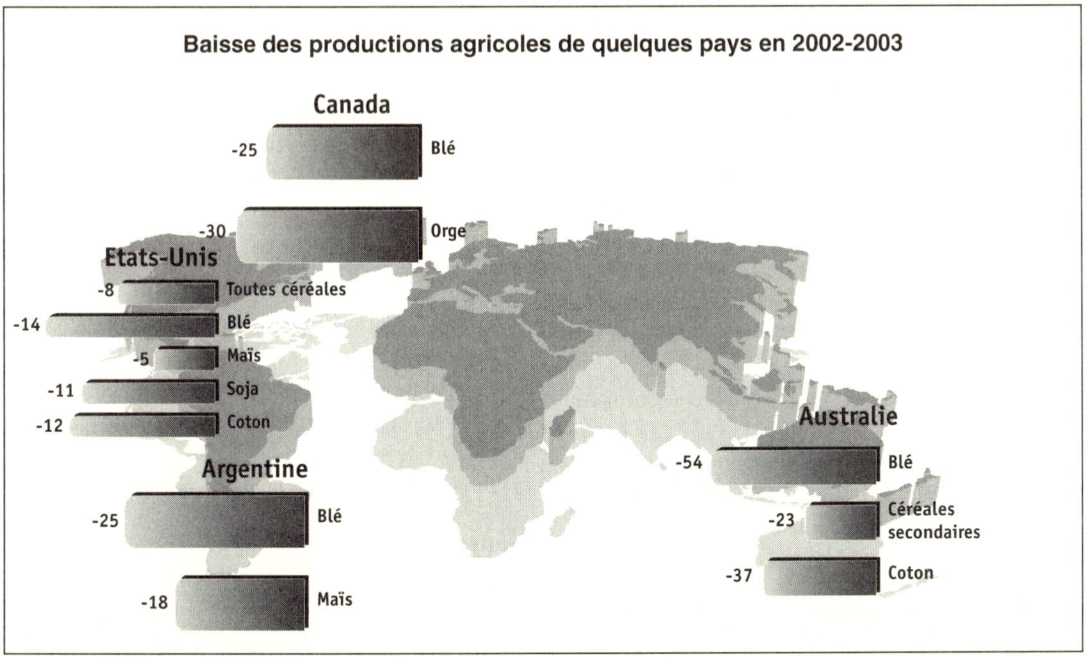

Éphéméride de 2002

Janvier
- Dissolution de l'Association des Pays Producteurs de Café (APPC), ce qui entérine l'échec de la politique de rétention de l'offre.
- Accord entre la Thaïlande, l'Indonésie et la Malaisie pour réduire production et exportations du caoutchouc.

Février
- Le mineur sud-africain Anglo-American décide d'abandonner ses activités de cuivre en Zambie.
- Kaiser Aluminium, troisième producteur américain d'aluminium, se met sous la protection du chapitre XI.

Mars
- Les États-Unis décident de mettre en place des taxes de 30 % à l'importation d'acier.
- Guerre du bois entre les États-Unis et le Canada à la suite de l'imposition de droits d'importation sur le bois canadien par les États-Unis.
- Embargo « sanitaire » russe sur les volailles américaines.

Avril
- Premières rumeurs d'El Niño en Asie.
- Lancement d'un nouveau système de ventes à terme du cacao en Côte d'Ivoire.
- Début du démantèlement du groupe sucrier Eridania-Béghin Say.
- Mise en place par l'Union européenne de quotas d'importation d'acier.

Mai
- Le producteur de nickel russe Norilsk emprunte $ 200 millions à des banques occidentales. Le prêt est gagé sur un stock de 60 000 tonnes de nickel stockées à Rotterdam.
- Le président Bush signe le nouveau Farm Act américain.
- Création d'Arcelor par fusion d'Usinor, d'Arbed et d'Aceralia. C'est le numéro un mondial de la production d'acier.

Juin
- Inco parvient à un accord avec les provinces canadiennes de Terre Neuve et du Labrador pour l'exploitation du gisement de nickel de Voisey Bay.

Juillet
- Cinquantième anniversaire et expiration du Traité européen de la CECA (charbon et acier).
- Présentation de la « mid term review » de la PAC, qui est en fait un nouveau projet de réforme.
- Supachai Panitehpakdi (Thaïlande) est le nouveau directeur général de l'OMC.
- Projet de nouvelle loi minière en Afrique du Sud, qui favorise les investisseurs noirs.

Septembre
- Plaintes du Brésil contre l'Europe à l'OMC sur le sucre, contre les États-Unis sur le coton.
- L'Administration américaine obtient du Congrès son mandat de « fast track » pour les négociations internationales.

Octobre
- Accord Chirac-Schröder sur le financement de la PAC jusqu'en 2013.
- Vente de Béghin Say à un consortium comprenant notamment les planteurs de betteraves français.

Novembre
- L'Union européenne officialise la mise en place des quotas d'importation de céréales pour 2003.

Décembre
- Accord à Copenhague sur l'élargissement de l'Europe de 15 à 25.
- La grève au Venezuela paralyse les exportations de pétrole.
- Présentation des propositions européennes en matière agricole à l'OMC avec de fortes baisses de subventions.
- Finalisation du décryptage du génome du riz.

Janvier 2003
- Présentation par la Commission européenne de sa proposition de réforme de la PAC.

Évolution du prix du pétrole depuis septembre 2001

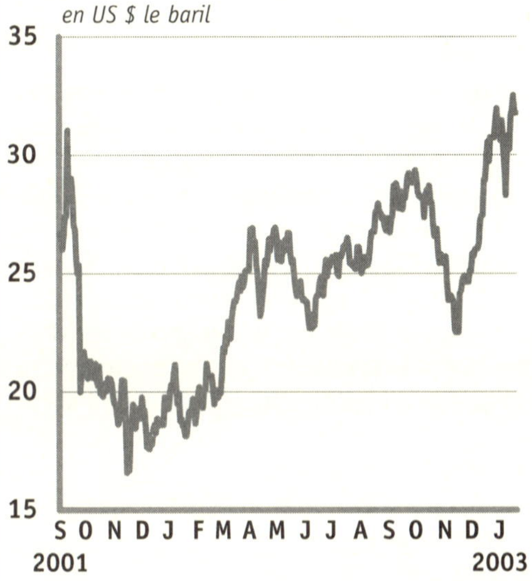

entamées en 2002. Mais l'économiste ne peut aller guère plus loin en matière de prévisions… climatiques.

Le domaine géopolitique aura été aussi en 2002 « riche » de péripéties plus ou moins heureuses. La plus spectaculaire a bien sûr affecté le marché du cacao. À dire vrai, la hausse des prix est bien antérieure au 19 septembre 2002, date de la première tentative de coup d'État en Côte d'Ivoire. Trois récoltes mondiales déficitaires successives avaient permis de presque tripler les prix de la fève depuis les niveaux minima atteints à la fin 2000. Mais depuis, la guerre civile larvée autour de la « boucle du cacao » ivoirienne (qui pèse 42 % de l'offre mondiale) a maintenu la tension sur le marché, alors que paradoxalement les arrivages de cacao dans les ports d'Abidjan et de San Pedro ont peu baissé. Seule différence, la rente du cacao sert maintenant à financer les « chiens de guerre ».

Le cas du pétrole est encore plus spectaculaire. De la fin septembre 2001 au printemps 2002, une certaine euphorie liée à l'union sacrée face à Bin Laden, puis aux Talibans, et ensuite à la victoire en Afghanistan, avait provoqué une détente des cours qui s'étaient même durablement installés au-dessous de la barre des $ 20 le baril (base Brent). Le marché en était au fond venu à ne tenir compte que des fondamentaux, équilibrés, voire même légèrement excédentaires, et à ramener la « prime de risque » pétrolière à zéro.

Le renouveau de la tension avec l'Irak orchestré d'abord par Saddam, puis par les États-Unis, a provoqué une forte reprise des cours à partir de mars 2002, et depuis le marché a coté le « risque » du Golfe arabo-persique entre $ 5 et $ 10 le baril. En fin d'année, la crise vénézuélienne, moins grave sur le plan géopolitique mais qui a coûté en décembre 2 millions de bj de production, a poussé les cours au-delà de $ 30 le baril.

Tous ces bruits de bottes, de l'Irak à la Corée du Nord, ont provoqué le réveil traditionnel de la « relique barbare », et l'or qui ne valait guère plus de $ 250 l'once au printemps 2001 a terminé 2002 au-delà de $ 350.

Il est aussi d'autres guerres qui ont quelque influence sur les marchés. La météorologie nous a privés des traditionnels conflits agricoles, quoique l'adoption en mai par les États-Unis d'un nouveau Farm Act ait été marquée par un renforcement de leur arsenal de

Indice Rexecode/Cyclope, hors métaux précieux et pétrole

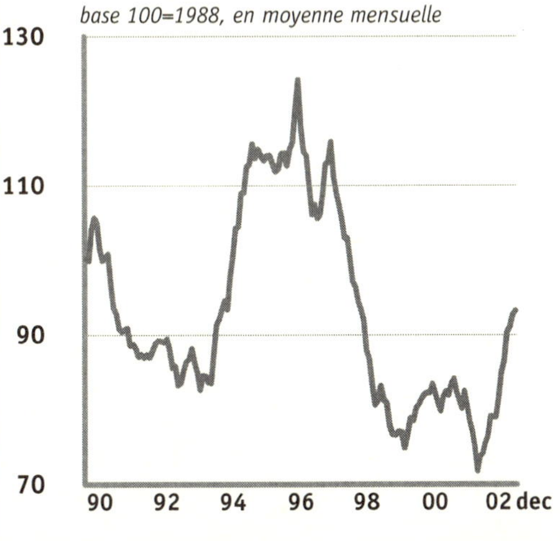

Café et cacao : contrastes !

« Jean qui rit » et « Jean qui pleure », telle pourrait être l'image de la conjoncture des deux grands marchés de produits tropicaux en 2002. Mais n'y a-t-il pas beaucoup d'Ivoiriens qui pleurent pour que les cours du cacao aient enfin le sourire ?

Le marché du cacao n'avait pourtant pas besoin de la crise ivoirienne pour renverser la vapeur : 2002-2003 (l'année cacaoyère commence le 1er octobre) aurait de toute manière été la troisième campagne déficitaire successive pour le marché mondial : après un déficit de 40 000 à 60 000 tonnes en 2001-2002 (sur un bilan mondial de 2,8 millions de tonnes), 2002-2003 s'annonçait déficitaire de 130 000 tonnes avec de toute manière une baisse de la production et, ce, malgré l'arrivage en fraude de cacao du Ghana. À cela il fallait ajouter de premières incertitudes ivoiriennes concernant moins la situation politique que l'organisation de la filière de commercialisation dont les réformes n'ont pas brillé par la transparence. Mais l'annonce d'une tentative de coup d'état le 19 septembre puis le début d'une véritable guerre civile en Côte d'Ivoire ont provoqué d'amples fluctuations au gré des trêves, des combats et des négociations. Pourtant, début janvier 2003, le cacao " sortait " encore à peu près régulièrement finançant, on peut le penser, l'effort de guerre des uns et des autres.

Des « fondamentaux » contrastés : bilan des campagnes 2001-2002

	Production	Consommation
Cacao	2 818	2 850
Café	115,2	108,3

(milliers de tonnes pour le cacao et millions de sacs pour le café)

La situation est bien différente pour le marché du café qui reste dans les affres d'excédents provoqués d'abord par l'émergence d'un nouveau grand producteur, le Vietnam, devenu en 2001 le deuxième exportateur mondial, puis par l'annonce d'une récolte exceptionnelle au Brésil qui, pour l'année de récolte 2002-2003 (qui commence dans ce cas en avril) devrait dépasser les 50 millions de sacs. Les prix, qui avaient atteint des minima quasi historiques à l'automne 2001, avaient retrouvé ces niveaux en août 2002 avant que de s'apprécier un peu en fin d'année. Par rapport à la dernière « grande » année pour le café (1997), la baisse des revenus des producteurs peut être estimée à 55 %, les pays les plus touchés étant souvent les plus pauvres : – 68 % pour l'Ouganda, le Kenya et la Papouasie, – 64 % pour la Colombie et l'Éthiopie... Face à cette impitoyable logique du marché et de ses excédents, les pays producteurs se sont révélés incapables de maîtriser et de réduire l'offre et les pays consommateurs se sont contentés de bonnes paroles et de soutien aux programmes visant à une amélioration de la qualité des cafés exportés.

Deux histoires bien différentes ; deux drames aussi mettant en évidence le danger que représente la trop grande dépendance vis-à-vis de marchés par nature instables et volatiles. Ni sur le café, ni sur le cacao, ni d'ailleurs sur les autres matières premières on ne peut fonder des stratégies de développement économique. Au contraire...

Facteurs de la hausse des marchés en 2002

Le climat et « El Niño »
- céréales
- oléagineux
- laine
- coton

Des crises politiques :
– Irak et Venezuela
- pétrole
- or

– Côte d'Ivoire
- cacao

Le protectionnisme
- acier

L'ajustement par les producteurs :
– multilatéral
- caoutchouc
- pétrole

– unilatéral
– métaux non ferreux

La demande chinoise
- fer
- minerais
- métaux non ferreux

… et encore à la baisse

La surproduction
- café
- sucre

subventions directes et indirectes à l'exportation, dont ont continué à souffrir des produits comme le coton, le riz et même le soja. Mais les États-Unis ont déclenché une véritable guerre économique lorsque le président Bush a décidé de surtaxer les importations américaines d'acier afin de protéger son marché intérieur. Avant même le dépôt formel de plaintes à l'OMC, l'Union européenne et la Chine ont adopté à leur tour des mesures de protection. Ceci a contribué à la remontée des cours aux États-Unis, en Europe, mais aussi paradoxalement sur les marchés internationaux qui ont bénéficié de la plus grande discipline des producteurs et de la force de la demande chinoise.

En effet, au-delà des péripéties climatiques et politiques, le facteur majeur qui explique en grande partie la bonne tenue des cours en 2002 est la dynamique de la demande chinoise. Une croissance économique de l'ordre de 8 % laisse en effet des traces et se retrouve en termes de besoins que les seules ressources locales ne peuvent satisfaire.

Les importations chinoises ont donc joué un rôle essentiel pour les minerais et métaux (+ 30 % pour le fer, +36 % pour l'alumine…), pour les matières premières agricoles (+ 345 % pour le coton, mais aussi la laine et le caoutchouc), pour les huiles végétales… Pour de très nombreux produits, la Chine est maintenant le premier importateur mondial, ce qui ne devrait pas manquer d'avoir une influence à l'avenir sur le fonctionnement des marchés et la logique des prix.

Soulignons enfin que pour nombre de produits, les producteurs ont été capables de limiter l'offre, soit à titre individuel (pour les métaux non-ferreux comme le cuivre ou l'étain), soit de manière multilatérale comme cela a été le cas pour le caoutchouc et dans une moindre mesure pour le pétrole (l'Opep a été presque disciplinée en 2002 !). Les échecs enregistrés pour le café et le riz n'en apparaissent que plus symboliques.

Météo, guerres, Chine, voilà quelques facteurs explicatifs de la reprise enregistrée sur les grands marchés mondiaux en 2002. Mais ceci se poursuivra-t-il en 2003 ?

Les grandes inconnues de 2003

À tout seigneur, tout honneur, la première et principale inconnue de 2003 concerne le pétrole. Elle n'est en aucun cas liée aux « fondamentaux » de l'or noir. La demande en effet n'en sera pas des plus dynamiques au vu d'une conjoncture économique plutôt grise : l'Agence internationale de l'Énergie anticipe une augmentation de la demande de 1,3 % (un million de bj), ce qui paraît déjà optimiste. À eux seuls, les pays de l'Opep disposent de capacités disponibles un peu inférieures à

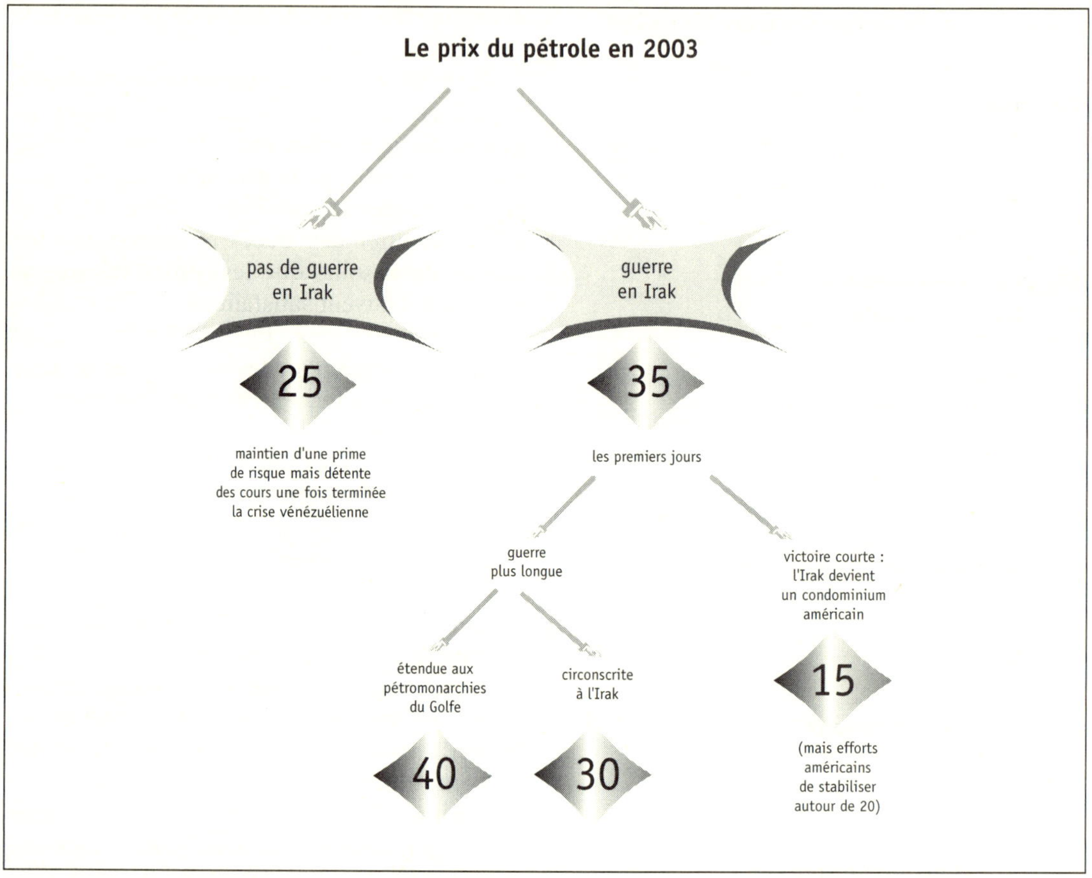

4 millions de bj, auxquelles il faut ajouter la montée en puissance des productions de l'ex-URSS pour lesquelles nombre de projets d'oléoducs voient le jour. Même l'absence temporaire de deux millions de bj vénézuéliens n'est pas en soi un problème. La grande question – peut-être déjà résolue lorsque le lecteur prendra connaissance de ces lignes – est celle de la guerre en Irak, de son déclenchement, de sa durée, de son amplitude géographique et de ses conséquences. En fonction des hypothèses retenues, le prix du pétrole peut être dans le courant de 2003 tout aussi bien de $ 15 le baril ou de $ 40 ! Nous ne nous hasarderons pas à faire des pronostics sur l'un ou l'autre scénario, même si on doit tenir compte de quelques éléments plus « certains », comme par exemple le temps qui sera de toute manière nécessaire pour que la production vénézuélienne revienne, après la grève, à pleine capacité. Comme il faut quand même faire une prévision, nous retiendrons l'idée de la moyenne des prix de 2002 ($ 25 le baril) en la majorant de $ 2 pour tenir compte dans la première partie de l'année du facteur vénézuélien. Mais aucune certitude ne peut être attachée à ce qui reste une hypothèse. Inutile de souligner qu'au travers du pétrole, c'est tout le champ de l'énergie, et au-delà de la chimie, qui se trouve concerné.

Les autres incertitudes sont souvent le reflet des accidents de 2002. Elles concernent la nature exacte « d'El Niño » et son influence sur les récoltes 2003, le devenir politique de certains pays comme la Côte d'Ivoire ou le Venezuela, l'issue aussi de certains conflits commerciaux comme ceux concernant l'acier et l'agriculture.

De ce point de vue, l'année sera dominée par la préparation de la conférence de l'OMC

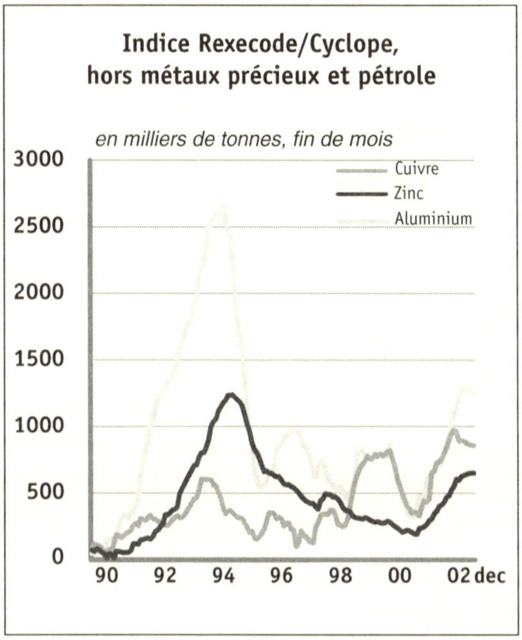

prévue à Cancun en septembre, un peu moins de deux ans après Doha, et donc théoriquement à mi-parcours du Millenium Round. Les sujets de contentieux ne manquent pas, mais il y a fort à parier qu'une fois de plus, l'agriculture en aura la vedette. Sur ce plan cependant, il faudra suivre aussi le débat européen sur la réforme de la Politique Agricole Commune, officiellement lancé par la proposition du Commissaire Franz Fischler le 21 janvier 2003. Il n'y en aura pas de conséquences directes sur les marchés en 2003, sauf peut-être en ce qui concerne la régulation du marché des céréales et la politique européenne à l'exportation. Sur le marché du blé, il faudra d'ailleurs suivre en 2003 l'évolution des différents prix (États-Unis, Europe, Mer Noire) et de leur éventuelle convergence vers un véritable prix mondial commun.

De manière générale, en l'absence de reprise marquée des économies occidentales, la Chine – et plus généralement l'Asie – restera le principal moteur de la demande et de sa croissance. Ceci devrait permettre de conforter la reprise des marchés constatée en 2002, et ce d'autant plus que le comportement des producteurs en termes de maîtrise de la production devrait continuer à être plus « réaliste ». Frilosité financière aidant, il n'y aura plus guère de grands projets miniers ou industriels et les fermetures de capacités annoncées seront mieux respectées. Alors que le Chilien Codelco confirme la diminution de ses exportations de cuivre, qu'Inco accumule les retards dans ses projets de nickel, que la production de zinc fait l'objet d'une restructuration sans précédent, même la Chine annonce une réduction de ses livraisons d'étain. Tout ceci milite pour une poursuite mesurée du mouvement de hausse de 2002, plus sensible probablement dans le domaine alimentaire. Une hausse globale de notre indicateur de l'ordre de 5 %, recouvrant de toute manière de très fortes volatilités individuelles, paraît probable.

Rarement pourtant, il aura fallu autant de prudence pour formuler ce qui est moins une prévision qu'un pronostic que les hasards de la géopolitique, de la météo et des hommes se chargeront de confirmer ou d'infirmer.

Passionnante année 2003 !

– I –

Les marchés financiers (bourses, monnaies, taux)

- Bourses et marchés des actions
- Marchés de taux et de devises
- Marchés dérivés et opérateurs

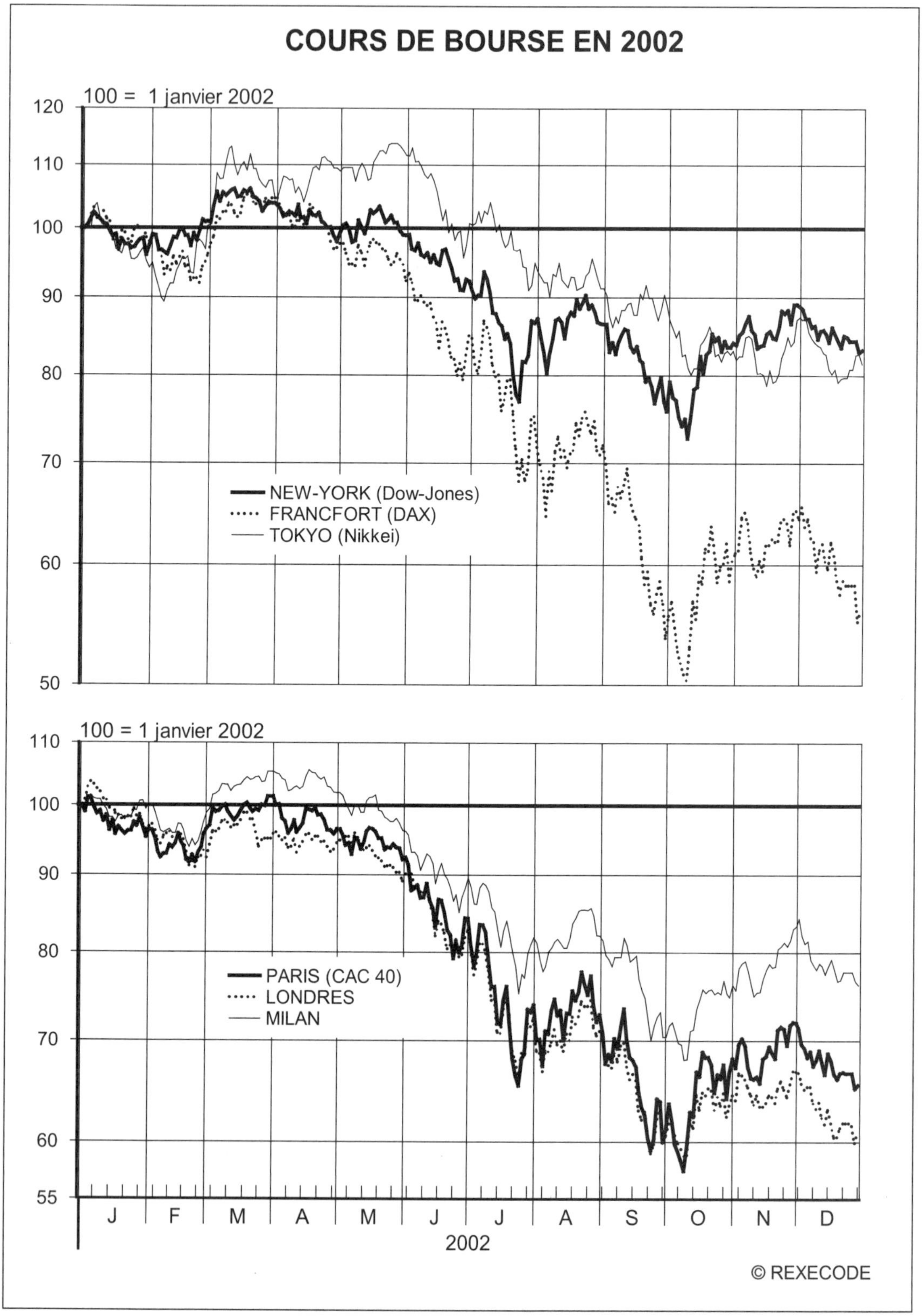
COURS DE BOURSE EN 2002
100 = 1 janvier 2002
120
110
100
90
80
70
60
50
NEW-YORK (Dow-Jones)
FRANCFORT (DAX)
TOKYO (Nikkei)
100 = 1 janvier 2002
110
100
90
80
70
60
55
PARIS (CAC 40)
LONDRES
MILAN
J F M A M J J A S O N D
2002
© REXECODE

Bourses et marchés des actions

Troisième année de baisse consécutive pour les Bourses mondiales qui ont subi le double choc de la montée de la dette et des scandales financiers venus d'Outre-Atlantique. Le correctif a été particulièrement sévère aux États-Unis et en Europe, un peu moins au Japon où des progrès significatifs ont été faits dans le traitement du problème des créances douteuses des banques. Dans leur ensemble, les marchés émergents se sont nettement mieux comportés que ceux des pays industrialisés, notamment en Europe orientale où les Bourses ont plébiscité l'élargissement de l'Union européenne. Le recul des cours s'est accompagné d'une crise d'anémie des marchés boursiers avec une nouvelle contraction du volume des émissions et une chute des opérations de fusions et acquisitions.

L'année 2002 restera surtout dans l'histoire comme celle du coup d'arrêt donné à la libéralisation financière aux États-Unis. La loi « Sarbane-Oxley » redonne en effet à la puissance publique des leviers de contrôle qui avaient au fil du temps été délégués aux acteurs de la finance et de l'audit. Ce retour des régulations publiques permettra-t-il de restaurer la confiance des investisseurs en provoquant un rebond des Bourses mondiales en 2003 ? Il faudra pour cela que les conditions économiques permettent d'accélérer l'assainissement des bilans et de restaurer des conditions plus profitables d'exploitation.

L'engrenage

En 2002, l'indice Morgan Stanley Capital International (MSCI) des bourses mondiales s'est contracté de 25,2 % en monnaies nationales et de 21,1 % en dollars. Ce recul a prolongé le correctif amorcé en 2000, en l'amplifiant : en trois ans les Bourses mondiales ont perdu 44 % en dollars. Malgré ce choc qui a semé un doute certain chez les investisseurs, le marché boursier n'a pas totalement effacé ses gains antérieurs : après trois années de purge, le gain annuel moyen d'un investisseur sur la Bourse « Monde » restait, fin 2002, de 4,8 % sur dix ans.

La gueule de bois des marchés n'est pas seulement apparue dans l'évolution des cours. Elle s'est aussi traduite par un affaiblissement du rôle de la Bourse dans le financement et les restructurations de l'économie. Le marché des fusions et acquisitions a reculé en 2002 de 37 % en valeur et de 22 % en nombre d'opérations. À $ 1 370 milliards, il n'a plus représenté que 30 % du montant record atteint en

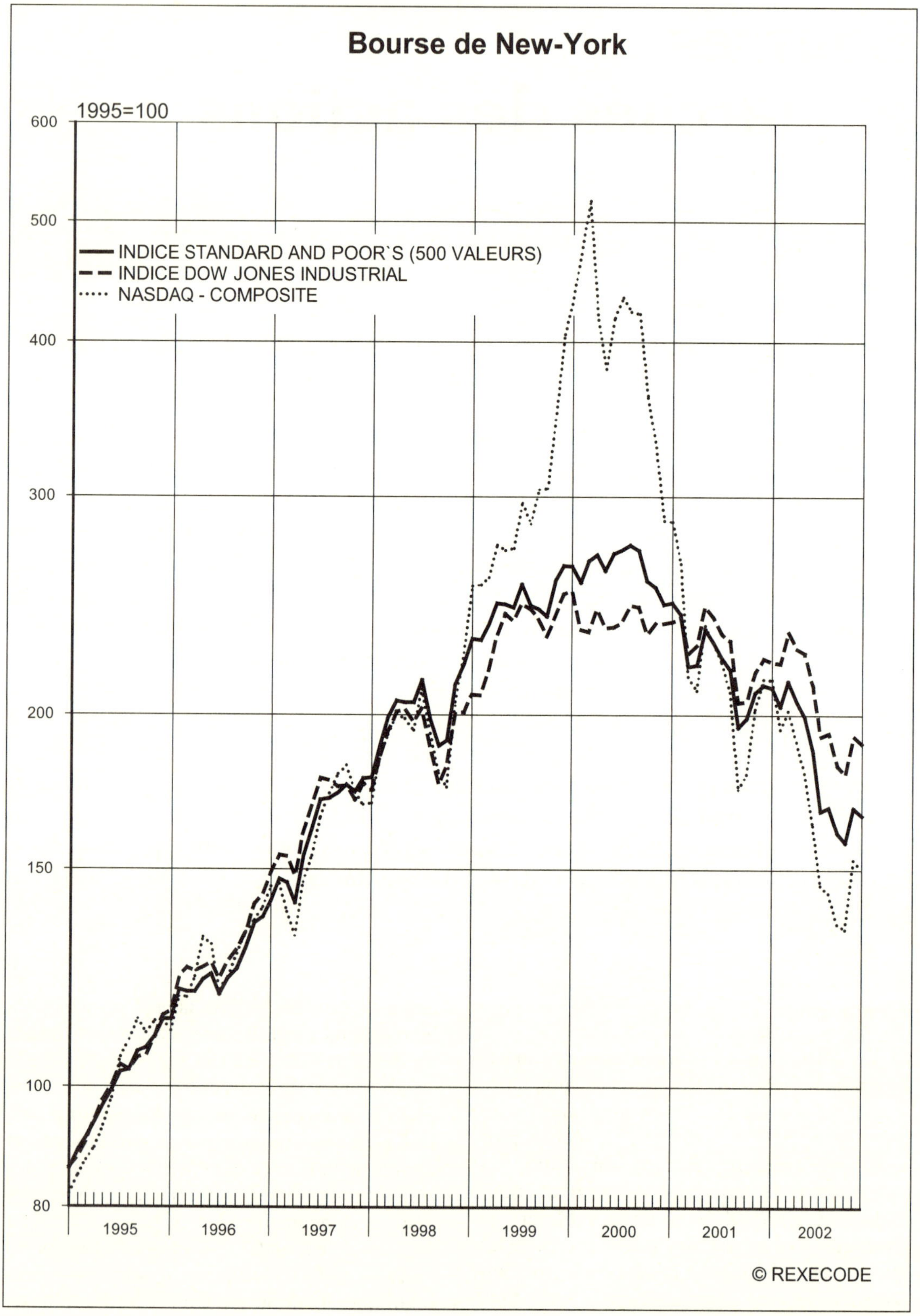
Bourse de New-York
1995=100
600
500
400
300
200
150
100
80
INDICE STANDARD AND POOR`S (500 VALEURS)
INDICE DOW JONES INDUSTRIAL
NASDAQ - COMPOSITE
1995
1996
1997
1998
1999
2000
2001
2002
© REXECODE

Performances des principaux indices boursiers depuis 1993

(en monnaies locales en %)

	1993	1994	1995	1996	1997	1998	1999	2000	2001	2002
Dow Jones (New York)	13,7	2,1	33,5	26,0	22,6	16,1	25,2	– 6,2	– 7,1	– 16,8
Nasdaq (New York)	14,8	– 3,2	39,9	22,7	21,6	39,6	85,6	– 39,3	– 21,1	– 31,5
Eurostoxx 50						32,0	46,7	– 2,7	– 20,3	– 37,3
CAC 40 (Paris)	22,1	– 17,1	– 0,5	23,5	29,5	31,5	51,1	– 0,5	– 22,0	– 33,7
FT 100 (Londres)	14,8	– 2,1	20,4	11,6	24,7	14,6	17,8	– 10,2	– 16,2	– 24,5
DAX (Francfort)	47,0	– 7,1	7,0	28,2	47,1	17,7	39,0	– 7,5	– 19,8	– 43,9
Nikkei (Japon)	2,9	13,2	0,7	– 2,6	– 21,2	– 9,3	36,8	– 27,2	– 23,5	– 18,6
Hang Seng (Hong-Kong)	115,5	– 29,9	20,9	33,5	– 20,0	– 6,6	68,8	– 11,0	– 24,5	– 18,2

1999. Comme en 2001, cet affaiblissement a été plus marqué aux États-Unis qu'en Europe.

Au sein de la triade, la hiérarchie entre grandes zones géographiques a significativement évolué : le marché japonais qui avait subi les déconvenues les plus sévères en 2000 et 2001 a un peu mieux résisté que ses homologues nord-américains et européens. Wall Street n'est pas parvenu à limiter les dégâts comme en 2001 et a réalisé une performance comparable à celle des marchés européens compte tenu de la dépréciation du dollar. Prolongeant un mouvement déjà observé en 2001, les marchés émergents ont, en moyenne, connu des évolutions plus favorables que celles des économies industrialisées, avec une baisse d'ensemble limitée à 7,8 % pour l'indice MSCI des pays émergents et une reprise de 15,6 % en Europe orientale.

L'engrenage baissier des Bourses s'est accompagné d'une crise de confiance sans précédent à l'égard des marchés. Le vif accroissement de la volatilité a déconcerté les opérateurs et pesé· sur leur confiance. Les investisseurs ont découvert que les affaires les plus emblématiques comme Enron, Andersern et Worldcom ne constituaient probablement que la face émergée de l'iceberg. D'où la multiplication des poursuites engagées par des clients à l'égard des noms les plus célèbres de la banque d'investissement suspectés de mélange des genres. Ces poursuites ont mis sur la défensive les grandes firmes de Wall Street et ont contribué à alourdir le climat. C'est ce qui a conduit aux États-Unis à un resserrement de l'encadrement réglementaire des marchés financiers.

Wall Street : séismes au cœur du système

Pour la troisième année consécutive, la Bourse de New York a nettement reculé. L'indice Standard and Poor's des 500 valeurs a abandonné 23,4 % entre le début et la fin d'année 2001, un recul d'une ampleur qui n'avait été atteinte qu'à une seule reprise depuis la guerre : lors du premier choc pétrolier en 1974. Comme en 2000, le correctif a davantage touché les jeunes sociétés, qui avaient antérieurement surfé sur la bulle spéculative ,que les sociétés traditionnelles. Cette revanche des anciens sur les modernes a provoqué un mouvement en ciseaux entre l'indice du Nasdaq, surpondéré en jeunes valeurs issues de la bulle Internet, qui a reculé de 31,5 %, et la résistance des trente valeurs du bon vieux Dow Jones qui n'a lâché que 16,8 % entre le début et la fin d'année.

La piteuse année boursière renvoie en premier lieu à la montée de la suspicion dont ont fait l'objet la première place boursière du monde et ses intervenants les plus prestigieux : les grandes firmes de courtage de Wall Street

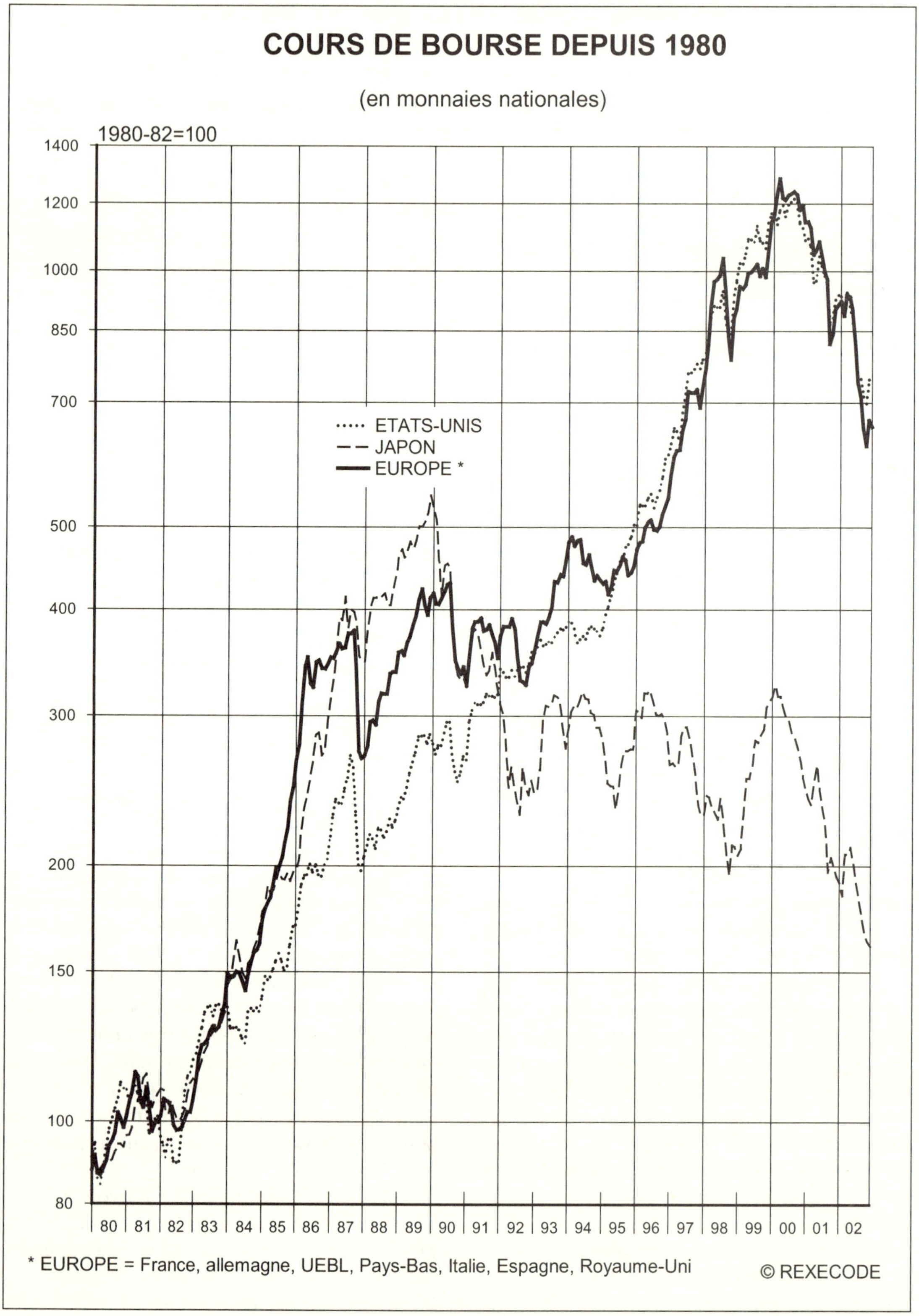
COURS DE BOURSE DEPUIS 1980
(en monnaies nationales)
1980-82=100
1400
1200
1000
850
700
500
400
300
200
150
100
80
ETATS-UNIS
JAPON
EUROPE *
80 81 82 83 84 85 86 87 88 89 90 91 92 93 94 95 96 97 98 99 00 01 02
* EUROPE = France, allemagne, UEBL, Pays-Bas, Italie, Espagne, Royaume-Uni
© REXECODE

La loi « Sarbane-Oxley » : le retour des régulations publiques

Le 30 juillet 2002, le Président Bush promulguait le « Corporate Accountability Act » qui restera dans l'histoire comme la loi « Sarbane-Oxley » du nom de ses deux promoteurs, l'un républicain l'autre démocrate, au Sénat et à la Chambre des représentants. Cette loi marque un retour, assez inattendu, de la part d'une administration considérée comme particulièrement proche des milieux d'affaires, de l'encadrement réglementaire des activités financières. On y trouve quatre séries de dispositions :

– **Audit et certification des comptes :** la loi met un terme au système d'autorégulation de la profession des auditeurs. Échaudé par l'ampleur de l'affaire Andersen, le législateur décide de mettre l'exercice de la profession d'auditeur sous la supervision du « Public Company Accounting Oversight », organisme financé par les cotisations des sociétés cotées, et qui édictera des règles strictes. La loi impose également une rotation des associés signataires des audits et restreint considérablement les possibilités d'exercice d'activités de conseil par les auditeurs ;

– **Gouvernance d'entreprise :** obligation pour les dirigeants d'entreprises de certifier personnellement les comptes, surveillance accrue des transactions des mandataires sociaux sur les titres de leurs sociétés et renforcement du rôle des comités d'audit internes. Par ailleurs, la loi accroît la responsabilité pénale des dirigeants ;

– **Réforme des normes comptables :** indépendance du « Financial Accounting Standard Board » à l'égard de la profession comptable, renforcement des règles concernant les transactions hors bilan et étude de faisabilité demandée à la « Securities and Exchange Commission » (SEC) sur l'évolution des normes comptables ;

– **Analystes et agences de notation :** adoption de principes destinés à limiter les possibilités de conflits d'intérêt entre analystes et commande à la SEC d'une étude sur le rôle des agences de notation dans le fonctionnement des marchés financiers.

Ce dispositif réglementaire constitue un véritable changement de cap dans le processus de libéralisation des marchés financiers engagé depuis le début des années quatre-vingt. Ce mouvement s'était au demeurant accéléré avec l'arrivée d'Harvey Pitt, ancien avocat attitré des grandes maisons de courtage, à la tête de la SEC, le gendarme de Wall Street. L'un des premiers effets de la loi « Sabarne-Oxley » a du reste été de contraindre Monsieur Pitt à démissionner de ses fonctions de Président de la SEC le 5 novembre 2002

désormais intégrées dans des institutions financières tentaculaires comme Citigroup ou JPMorgan-Chase. Aussi, durant le premier semestre, les rebondissements de l'affaire Enron-Andersen ont-ils eu plus d'impact sur les investisseurs que l'amélioration, par ailleurs indéniable, des indicateurs macroéconomiques. La brutale retombée des cours en milieu d'année qui a porté le Dow Jones à 7 286 points le 9 octobre, soit 38 % en dessous du pic de janvier 2000, s'explique en partie par l'onde de choc déclenchée par la débâcle de l'opérateur de télécommunication Worldcom.

Enron n'est en effet pas resté longtemps la plus grosse faillite de l'histoire américaine. Le 21 juillet, Worldcom laissait une dette non honorée de $ 41 milliards. Fait aggravant, l'équipe dirigeante devait reconnaître en novembre des malversations comptables pour un montant de $ 9 milliards. Sur l'ensemble de l'année, plus de 250 sociétés, dont Microsoft et General Electric, ont été au demeurant contraintes de réviser leurs comptes, laissant planer une suspicion générale sur la réalité de la situation financière des entreprises et les possibilités de redressement de leurs profits.

La montée des scandales financiers a déclenché une véritable onde de choc dans le cœur du capitalisme mondial. Première victime, Harvey Pitt, le gendarme de la Bourse,

COURS DE BOURSE SUR LES MARCHES EMERGENTS

(en monnaies nationales)

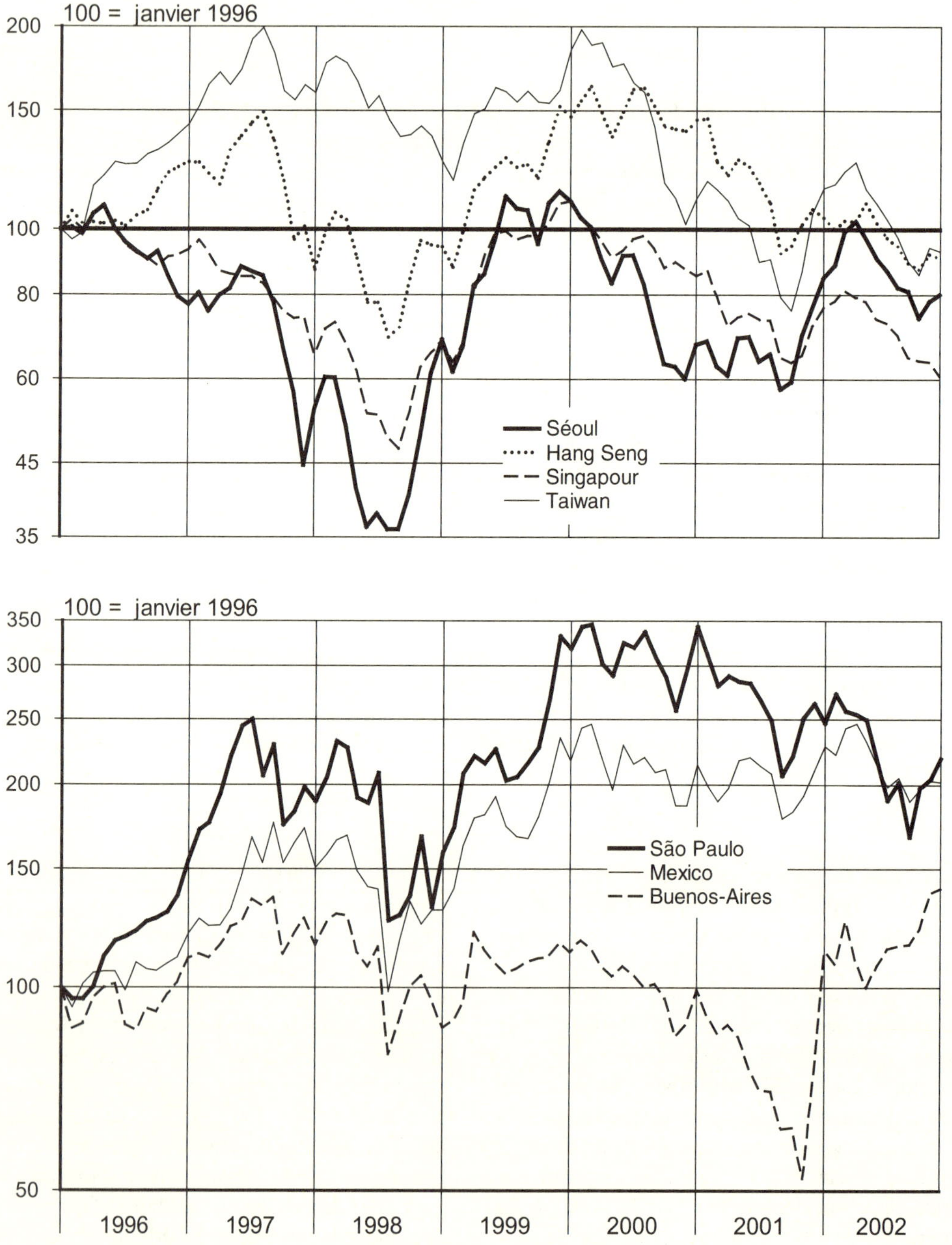

COURS DE BOURSE SUR LES MARCHES EMERGENTS EN 2002

(en monnaies nationales)

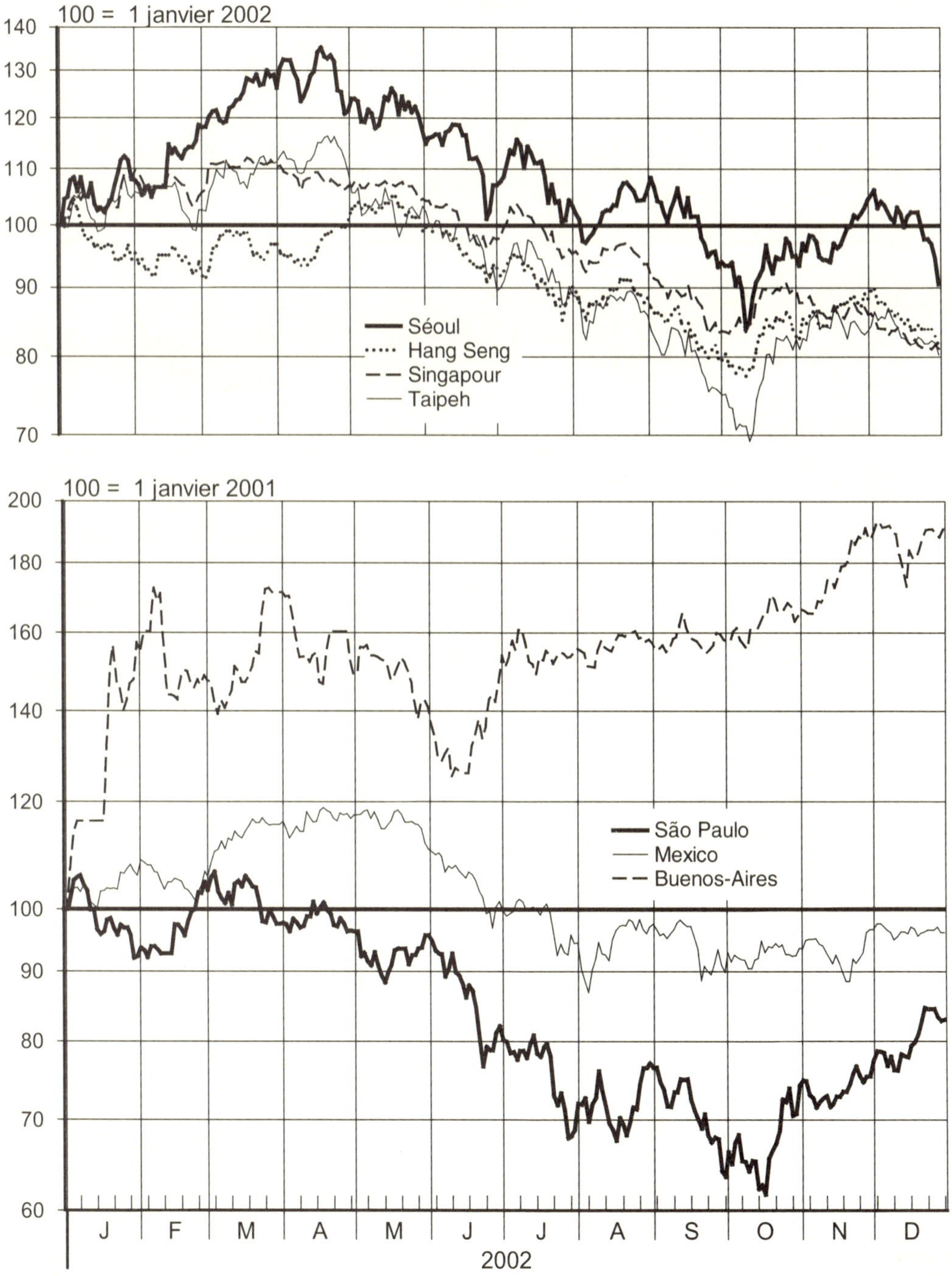

© REXECODE

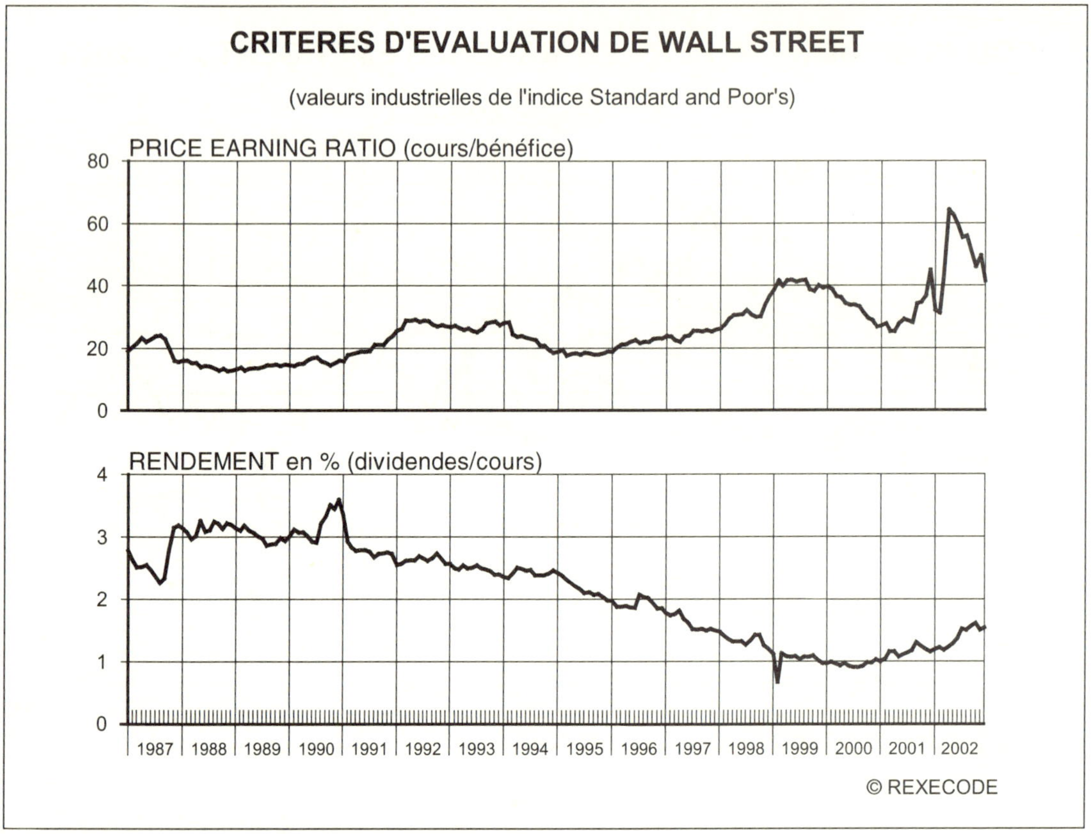

contraint de démissionner de la présidence de la Securities and Exchange Commission (SEC) le 5 novembre 2002 malgré de multiples appuis au sein de l'administration républicaine. Deuxième impact : l'entrée en action des avocats qui a déclenché la multiplication des recours devant les tribunaux de la part d'investisseurs ayant le sentiment d'avoir été trompés. Sans doute pas toujours à tort puisque les dix plus grandes banques d'investissement du pays ont accepté le 20 décembre de verser la coquette somme de $ 1,4 milliard ($ 400 millions pour la seule Citigroup) pour échapper à des poursuites pénales. Troisième réaction : celle du Président Bush qui n'a pas hésité à promulguer fin juillet la loi « Sarbane-Oxley » destinée à accroître l'encadrement réglementaire des marchés financiers. Par l'importance du changement de cap qu'elle marque par rapport au mouvement de libéralisation financière, cette loi a pu être comparée aux grandes lois bancaires promulguées au lendemain de la grande crise des années trente et dont la totale abrogation n'était intervenue qu'en 1999 !

Ces réactions ont-elles permis de restaurer durablement la confiance ? L'engrenage baissier a semblé s'interrompre, en fin d'année, une fois le point bas touché le 9 octobre. Cette consolidation est cependant restée fragile, le rebond du marché étant subordonné à un redressement rapide des bénéfices des entreprises. En 2002, la chute, pourtant marquée, des cours de Bourse a en effet été moins accusée que la contraction des bénéfices des entreprises cotées. Les multiples de capitalisation ont donc continué d'augmenter : sur l'ensemble des valeurs du Standard & Poor's, ils ont atteint 47 en 2002 contre 31 en 2001. Des nouvelles pas vraiment rassurantes pour les investisseurs.

Amérique latine : montée des incertitudes

Mesurées en dollars des États-Unis, les évolutions des autres marchés du continent américain n'ont pas été très éloignées de celles de Wall Street. À Toronto, les cours ont perdu 14,4 % en dollars des États-Unis, ce qui positionne avantageusement le Canada relativement à son grand voisin nord-américain. L'indice MSCI pour l'ensemble de l'Amérique latine n'a pas renouvelé sa performance de 2001 et a reculé de 24,8 % du fait de l'érosion très forte du change des monnaies.

Comme en 2001, l'Argentine est restée le maillon faible de l'Amérique latine. La Bourse de Buenos-Aires a reculé de 51 % entre le début et la fin d'année, ce qui la positionne, sans surprise, en queue du peloton américain. La totalité de ce recul provient de la dévaluation du peso qui a de fait perdu toute fonction de réserve de valeur enlevant du même coup toute signification à l'évolution des cours de Bourse en monnaie nationale.

Mauvaise passe également pour les marchés brésilien et chilien. Le marché brésilien a vécu, comme l'ensemble du pays, dans la perspective de l'élection d'abord annoncée puis effective du Président Lulla. La défiance des investisseurs internationaux a provoqué un affaiblissement de grande ampleur du taux de change du real qui a conduit à un recul des cours de Bourse en dollar de 34 % entre le début et la fin d'année à évolution nominale inchangée en monnaie locale. La médiocrité des performances économiques chiliennes a provoqué un recul de 22 % de la Bourse de Santagio.

Dans ce contexte très morose, on peut cependant souligner la bonne performance relative de la Bourse de Mexico qui n'a perdu que 15 % en dollars, l'étonnante résistance de celle de Caracas qui, malgré la gravité de la crise politique, n'a cédé que 18,6 % et surtout les surprenants rebonds des Bourses de Colombie et du Pérou.

Japon : inflexion dans la baisse

Après ses reculs de 27 % en 2000 et de 23,5 % en 2001, l'indice Nikkei n'a cédé que 18,6 %, soit seulement 10,1 % en dollars compte tenu de l'appréciation du change. La vulnérabilité économique de l'Archipel est encore apparue au grand jour en 2002 : des grands pays industrialisés, le Japon est le seul à avoir connu une baisse absolue de son PIB, en volume comme en valeur, de surcroît pour la deuxième année consécutive. À moyen terme, les résultats boursiers japonais sont devenus déroutants : fin 2002, les prix des actions ne représentaient plus, en moyenne, que 30 % de ceux atteints lors du pic de la fin 1989, et avaient rejoint les niveaux de 1984. Un peu comme si l'appareil productif japonais avait connu un « progrès zéro » durant les quinze dernières années.

Globalement les évolutions boursières japonaises se sont situées dans le prolongement des tendances déflationnistes, accompagnant la poursuite de la contraction des prix de l'immobilier et celle du niveau général des prix. Plus encore que les années précédentes, les évolutions ont cependant été fortement contrastées entre les différents compartiments du marché. Les grandes entreprises exportatrices, notamment dans le secteur automobile, ont connu d'assez beaux parcours. En revanche, les valeurs des banques et des compagnies d'assurance ont été particulièrement ébranlées par la politique gouvernementale de vérité sur le niveau des créances douteuses : à la suite des reclassements imposés par le ministère des Finances, le montant de ces créances a en effet été réévalué de 9 500 milliards de yens à 43 000 milliards, soit 8 % du PIB. Une opération vérité qui a fortement ébranlé la confiance des investisseurs et contraint la Banque du Japon à se porter acquéreur d'une partie des actions détenues par les banques. Un traumatisme à court terme, mais peut-être aussi les prémisses de l'assainissement qui seul permettra à l'Archipel de quitter la spirale déflationniste dans laquelle il s'est englué depuis quinze ans.

JAPON : L'ECLATEMENT DE LA BULLE SPECULATIVE

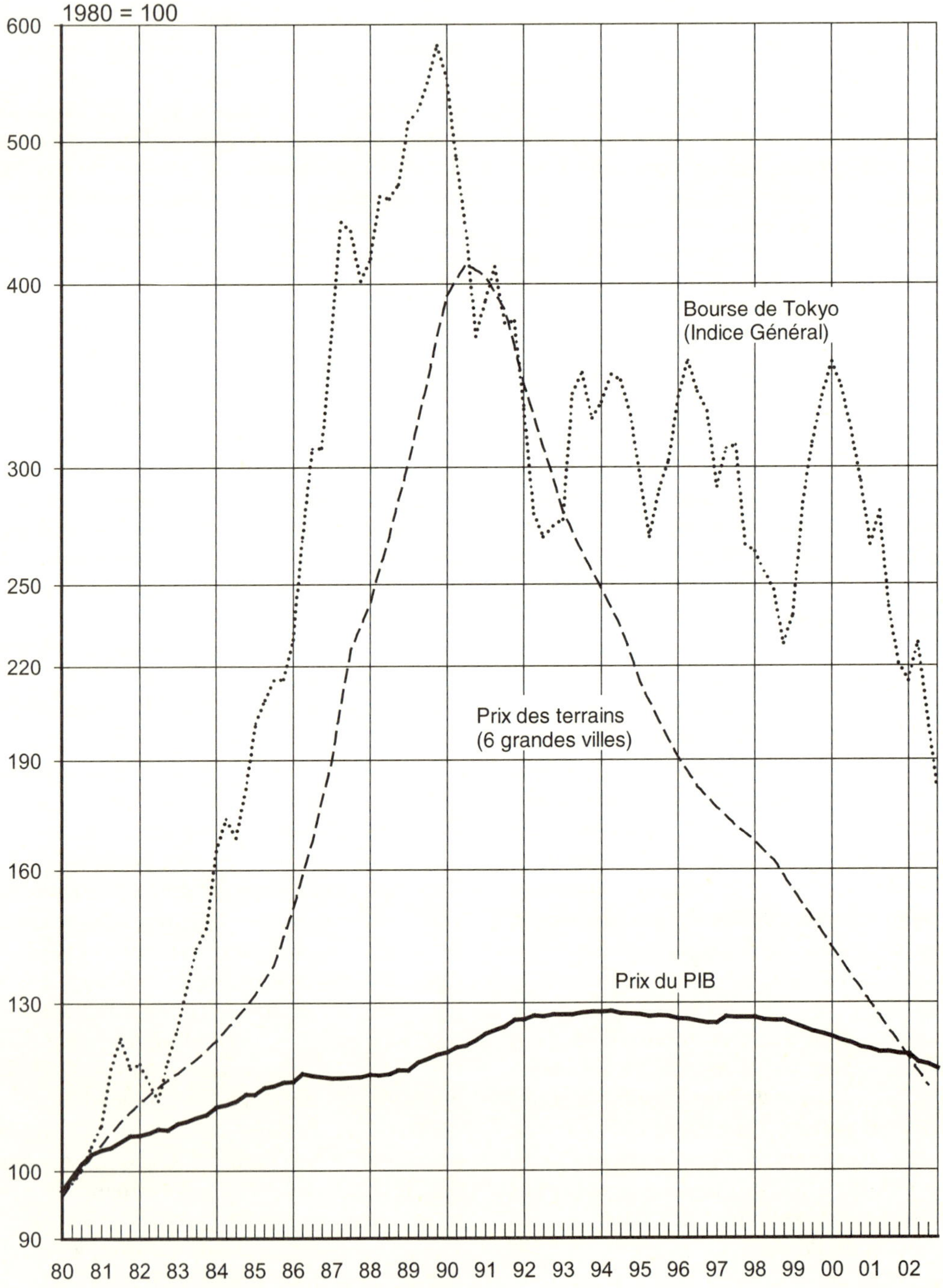

© REXECODE

Les indices boursiers « socialement responsables »

Les premiers fonds d'investissement éthique sont apparus dans les années vingt aux États-Unis. Mettant en œuvre des principes d'origine religieuse, ils pratiquaient l'exclusion de certaines sociétés en raison de la nature de leur activité : production de tabac, de jeux, d'armes pour l'essentiel. L'investissement socialement responsable (ISR) s'est fortement élargi par la suite et s'est professionnalisé dans les années quatre-vingt-dix. Sous l'impulsion de Ami Domini, l'agence KLD a créé en 1990 le premier indice socialement responsable : le Domini-400 qui retient 400 entreprises sélectionnées dans l'univers américain. Sur moyenne période, cet indice a connu une évolution un peu supérieure à celle de l'indice Standard & Poor's.

Jusqu'à un passé récent, l'Europe ne disposait pas d'indice boursier équivalent. Ce sous-équipement a été comblé, et on dispose depuis l'été 2001 de trois indices européens retraçant les parcours boursiers d'entreprises respectant certaines normes environnementales et sociales :

– en 1999 a été constitué le Dow Jones Sustainability Index (DJSI), dont la construction technique et la commercialisation sont assurées par la société SAM. L'indice DJSI-Stoxx retient un univers de grandes entreprises européennes, en surpondérant quelque peu les firmes du nord de l'Europe ;

– en juillet 2001 ont été créés coup sur coup le FTSE4Good en partenariat avec l'agence de notation sociétale britannique Eiris et l'indice ASPI lancé par Stoxx avec l'agence de notation française Arese.

Au cours de la première année pour laquelle on dispose d'informations complètes, les résultats des indices « socialement responsables » n'ont pas eu à rougir de leur performances. Les sociétés respectant les critères retenus en matière environnementale et sociétale ont établi des performances légèrement supérieures à celles des grands indices européens. La montée de la préoccupation développement durable au sein des entreprises serait-elle un gage de rendement financier pour l'investisseur ?

Une telle conclusion serait très abusive. Le champ rétrospectif couvert est très court. De plus, les gérants de portefeuille savent bien qu'il faut juger les performances financières en tenant compte du risque. Or la pratique de l'ISR est susceptible, en resserrant l'univers d'investissement, d'accroître le niveau du risque pris par l'investisseur.

Performance boursière des indices « socialement responsables » (variation en 2002 - %)

DJSI Stoxx Europe	– 30,5
FTSE4Good Europe	– 33,6
ASPI	– 35
Dow Jones Euro Stoxx	– 35

Source : CDC - Veille stratégique

Consolidation coréenne, rechute taïwanaise

L'indice MSCI des marchés émergents d'Asie a reculé de 10,3 % en monnaies locales et de 6,5 % en dollars. Compte tenu du contexte international, ces résultats sont favorables et traduisent les bons fondamentaux d'une zone dont la croissance s'est renforcée en 2002. Les contrastes ont cependant été accusés d'un pays à l'autre.

Les investisseurs ont connu de sérieuses déconvenues aux Philippines, ce qui reflète bien l'affaiblissement des conditions internes du pays. Le recul un peu supérieur à 25 % de Taïwan a été quelque peu surprenant, compte tenu du redressement de l'économie après la récession historique de 2001. Même observation pour la Chine continentale où le marché boursier, en baisse de 16,2 % en 2002, n'est manifestement pas en phase avec le redéploiement de l'appareil productif lié aux investisse-

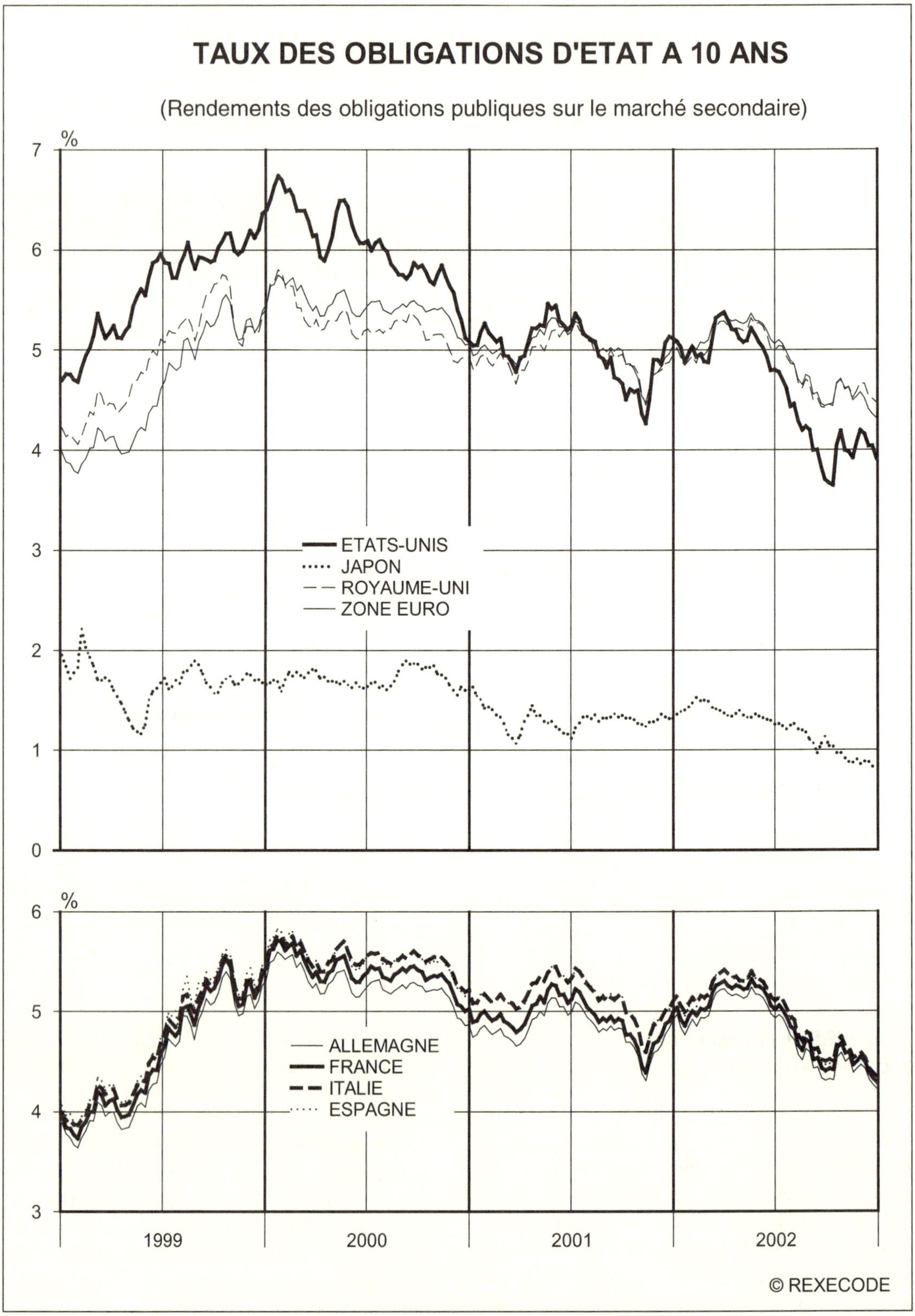
TAUX DES OBLIGATIONS D'ETAT A 10 ANS
(Rendements des obligations publiques sur le marché secondaire)
%
7
6
5
4
3
2
1
0
ETATS-UNIS
JAPON
ROYAUME-UNI
ZONE EURO
%
6
5
4
3
ALLEMAGNE
FRANCE
ITALIE
ESPAGNE
1999
2000
2001
2002
© REXECODE

ments directs étrangers dont les entrées se sont accélérées à la suite de l'adhésion du pays à l'Organisation Mondiale du Commerce (OMC).

Bonnes surprises en revanche en Corée où le rebond de la croissance et l'élargissement de ses bases domestiques ont favorisé une nouvelle hausse de 7,4 % des cours exprimés en dollars, en Inde où la Bourse a gagné 6 % et surtout en Indonésie où, après de multiples errements, le marché boursier a gagné 38 % en dollars.

Eurolande : vent glacial sur Francfort

Année noire pour les Bourses de la jeune zone Euro où les gouvernements ont semblé désemparés et mal coordonnés face à la dégradation de la situation économique. L'indice phare des cinquante valeurs de la zone a abandonné 37,3 % après le recul d'un peu plus de 20 % encaissé en 2001. Les secteurs liés aux technologies de l'information ont à nouveau beaucoup souffert, mais le fait nouveau de l'année 2002 a été l'accès de faiblesse des banques et des compagnies d'assurance.

Entre le début et la fin d'année, l'indice Dax de Francfort a perdu 43,9 % de sa valeur, soit, compte tenu de l'appréciation de l'euro sur le marché des changes, 34 % en dollars. Cette descente aux enfers est sans équivalent historique depuis qu'existe l'indice (1964). Elle traduit bien la montée des périls affectant la première économie européenne. Elle marque aussi le crépuscule d'un certain modèle rhénan dans lequel les entreprises étaient indéfiniment portées par leurs actionnaires : le groupe de construction Philipp Holzmann qu'avait pourtant tenté de sauver le Chancelier Schröder en 1999, a ainsi été contraint de jeter l'éponge au printemps ; il en va de même du groupe de presse Leo Kirch longtemps porté à bout de bras par les grandes institutions financières de Bavière, finalement mis en faillite en avril. À l'image de Deutsche Telecom dont le président, Ron Sommer, a été contraint de démissionner en juillet, le compartiment des technologies de l'information a été particulièrement sinistré. Les grandes banques privées ont également été fortement sanctionnées par le marché, notamment la CommerzBank qui a perdu la moitié de sa valeur, et leur affaiblissement est une menace supplémentaire qui pèse sur la reprise économique.

Par comparaison avec la situation allemande, on aurait presque tendance à relativiser le recul de 33,7 % du CAC-40 à Paris et à considérer comme de bonnes performances les diminutions respectives d'un peu plus de 23 % à Milan et à Madrid. Les investisseurs y ont cependant connu des sueurs froides, et la place parisienne mettra du temps à se rétablir après les déconfitures de France Telecom et de Vivendi Universal.

Avec un recul du Footsie de 24,5 %, le marché londonien a connu une deuxième année noire. Si les valeurs liées au marché domestique, comme la distribution et la banque de détail, ont bien résisté, le secteur des technologies de l'information a connu une véritable déroute. Cable & Wireless a perdu 86 % de sa valeur boursière en un an ; l'équipementier de télécommunication Marconi, ex-vedette du marché, a purement et simplement été éjecté de l'indice en cours d'année.

Remontée des Bourses d'Europe orientale

Dans ce contexte plutôt glauque, les évolutions boursières à l'Est sont apparues comme flamboyantes. Le redressement des fondamentaux économiques de la zone et les perspectives de l'élargissement de l'Union européenne constituent un attrait puissant pour les investisseurs. Si le marché de Varsovie s'est juste stabilisé, Budapest a gagné 30 % en dollars et Varsovie 41 %. Pour la deuxième année consécutive, Moscou a affiché une performance positive, avec un gain de 14 %. Seule ombre de taille au tableau : la poursuite de l'implosion de la Bourse turque qui a encore perdu 36,5 % l'an passé, dans un contexte politique domestique complexe et affecté par les difficultés de l'ancrage du pays à l'Union Européenne.

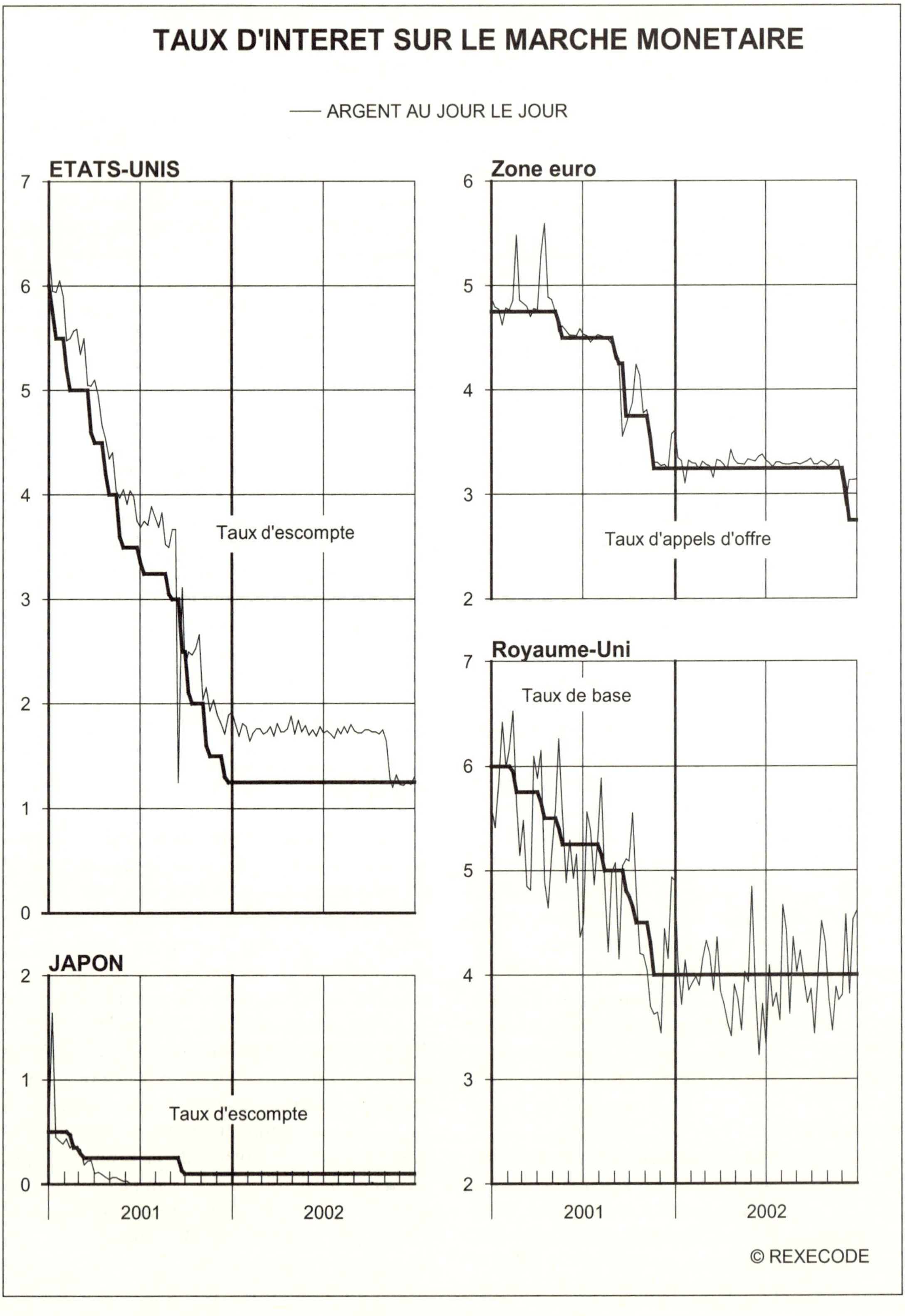
TAUX D'INTERET SUR LE MARCHE MONETAIRE
— ARGENT AU JOUR LE JOUR
ETATS-UNIS
Taux d'escompte
Zone euro
Taux d'appels d'offre
Royaume-Uni
Taux de base
JAPON
Taux d'escompte
2001
2002
© REXECODE

Marchés de taux et de devises

En 2002, les banques centrales ont poursuivi leur entreprise d'allégement des taux d'intérêt et d'injection de liquidités dans une économie mondiale en proie au doute. Les rendements à long terme sur le marché obligataire se sont fortement détendus, notamment en Amérique du Nord. Mais l'aversion croissante des investisseurs au risque a creusé les écarts entre compartiments du marché obligataire, ce qui a bloqué la propagation de l'abaissement des taux d'intérêt de long terme : la plupart des entreprises et nombre de zones émergentes n'ont ainsi pas pu bénéficier de la détente du coût de l'argent à long terme.
L'affaiblissement du dollar sur le marché des changes a constitué l'évolution majeure de l'année 2002. Il a entraîné un renforcement de la compétitivité-prix des États-Unis dont le déficit extérieur a par ailleurs battu tous ses records antérieurs. En Europe, l'appréciation de l'euro a élargi le potentiel d'abaissement des taux d'intérêt, mais a introduit une contrainte supplémentaire pour les exportateurs de la zone.

Politiques monétaires : toutes vannes ouvertes

Après le recul historique des taux d'intérêt piloté par Alan Greenspan en 2001, les opérateurs de marché n'imaginaient pas d'autres scénarios pour 2002 que celui d'une remontée graduelle du coût de l'argent à court terme à mesure de l'affermissement de la reprise économique. Ils ont à nouveau été déjoués par la Réserve Fédérale qui a maintenu inchangés ses taux directeurs durant la majeure partie de l'année et n'a pas hésité le 6 novembre à les réduire encore d'un demi-point. À 1,25 %, l'objectif sur le taux des fonds fédéraux avait ainsi rejoint, en décembre 2002, son niveau le plus bas depuis juillet 1961.

Compte tenu de l'accélération simultanée de la hausse des prix de détail, de 1,6 % sur douze mois en décembre 2001 à 2,4 % en décembre 2002, cela signifie que le prix de l'argent à court terme est devenu négatif aux États-Unis. Une telle situation allège le coût de refinancement des intermédiaires financiers, ce qui permet de lutter contre les tendances au rationnement du crédit. Cet objectif a sans doute constitué la préoccupation première de Monsieur Greenspan confronté pour la première fois de sa carrière de banquier central à un risque majeur de *credit crunch* sur son marché domestique.

Avec un taux d'escompte de 0,10 % depuis fin 2001, la Banque centrale du Japon pouvait

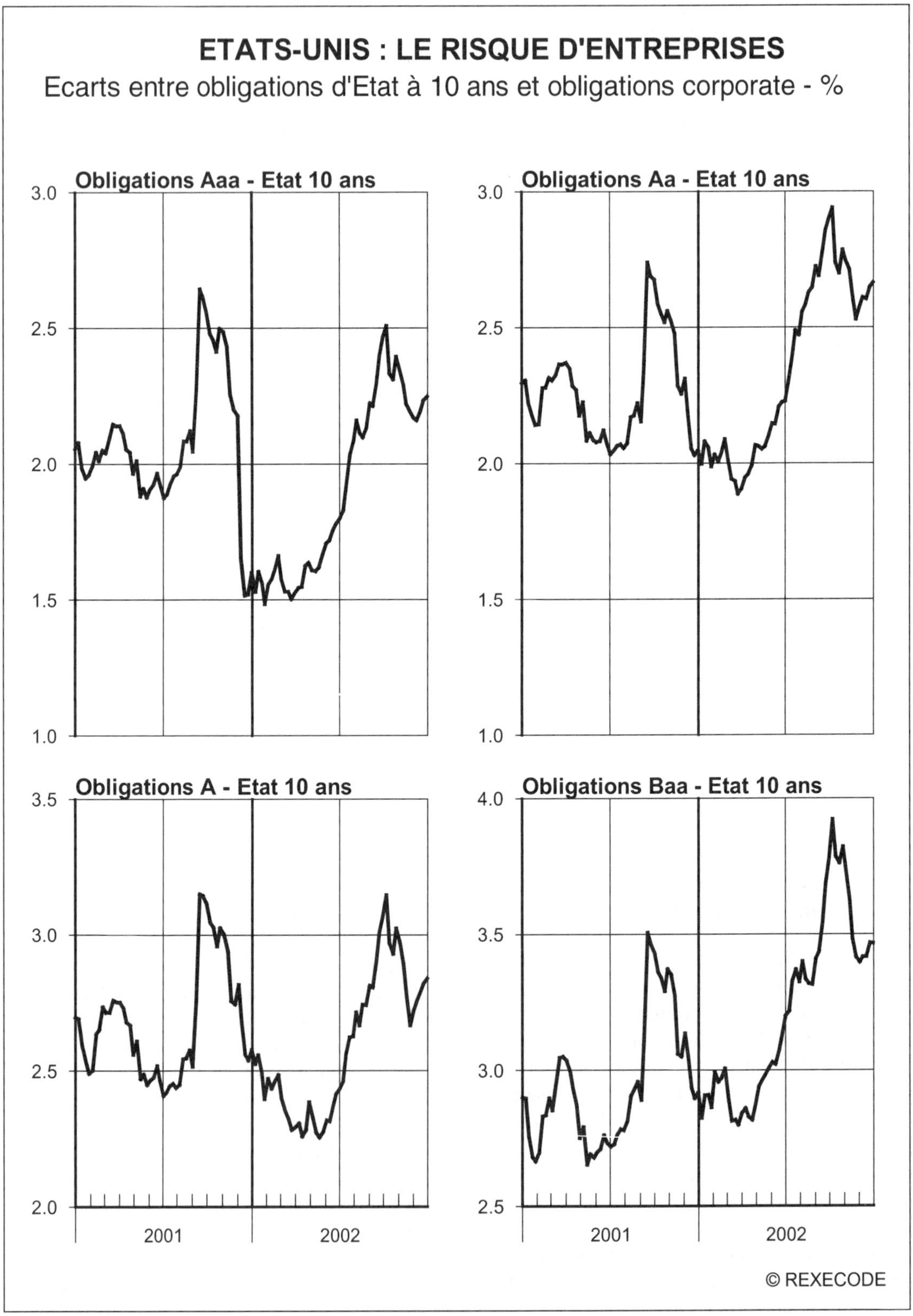
ETATS-UNIS : LE RISQUE D'ENTREPRISES
Ecarts entre obligations d'Etat à 10 ans et obligations corporate - %
Obligations Aaa - Etat 10 ans
3.0
2.5
2.0
1.5
1.0
Obligations Aa - Etat 10 ans
3.0
2.5
2.0
1.5
1.0
Obligations A - Etat 10 ans
3.5
3.0
2.5
2.0
2001
2002
Obligations Baa - Etat 10 ans
4.0
3.5
3.0
2.5
2001
2002
© REXECODE

	Décembre 1990	Décembre 2000	Décembre 2001	Décembre 2002
USA				
Taux à 10 ans	8,08 %	5,24 %	5,06 %	4,01 %
Inflation sur 12 mois	6,10 %	3,45 %	1,55 %	2,43 %
TAUX REEL	1,98 %	1,79 %	3,51 %	1,58 %
Japon				
Taux à 10 ans	6,70 %	1,60 %	1,33 %	0,85 %
Inflation sur 12 mois	3,80 %	– 0,49%	– 1,29%	– 0,35%
TAUX REEL	2,90 %	2,09 %	2,62 %	1,20 %
France				
Taux à 10 ans	10,01 %	5,05 %	4,88 %	4,36 %
Inflation sur 12 mois	3,40 %	2,18 %	1,36 %	2,30 %
TAUX REEL	6,61 %	2,87 %	3,52 %	2,06 %
Allemagne				
Taux à 10 ans	9,01 %	4,90 %	4,76 %	4,29 %
Inflation sur 12 mois	2,80 %	2,47 %	1,67 %	1,09 %
TAUX REEL	6,21 %	2,43 %	3,09 %	3,20 %
Royaume-Uni				
Taux à 10 ans	10,82 %	4,91 %	4,88 %	4,53 %
Inflation sur 12 mois	9,30 %	3,24 %	0,70 %	3,00 %
TAUX REEL	1,52 %	1,67 %	4,18 %	1,53 %
Espagne				
Taux à 10 ans	14,54 %	5,20 %	5,03 %	4,34 %
Inflation sur 12 mois	6,50 %	4,07 %	2,72 %	4,11 %
TAUX REEL	8,04 %	1,13 %	2,31 %	0,23 %
Italie				
Taux à 10 ans	11,96 %	5,23 %	5,04 %	4,41 %
Inflation sur 12 mois	6,30 %	2,70 %	2,45 %	2,88 %
TAUX REEL	5,66 %	2,53 %	2,59 %	1,53 %
Belgique				
Taux à 10 ans	10,00 %	5,27 %	5,00 %	4,45 %
Inflation sur 12 mois	3,50 %	2,49 %	1,96 %	1,42 %
TAUX REEL	6,50 %	2,78 %	3,04 %	3,03 %
Pays-Bas				
Taux à 10 ans	9,16 %	5,03 %	4,91 %	4,38 %
Inflation sur 12 mois	2,60 %	3,01 %	4,45 %	3,31 %
TAUX REEL	6,56 %	2,02 %	0,46 %	1,07 %
Suède				
Taux à 10 ans	12,27 %	4,82 %	5,23 %	4,79 %
Inflation sur 12 mois	10,90 %	1,43 %	2,55 %	2,12 %
TAUX REEL	1,37 %	3,39 %	2,68 %	2,67 %

Source : CDC IXIS CM.

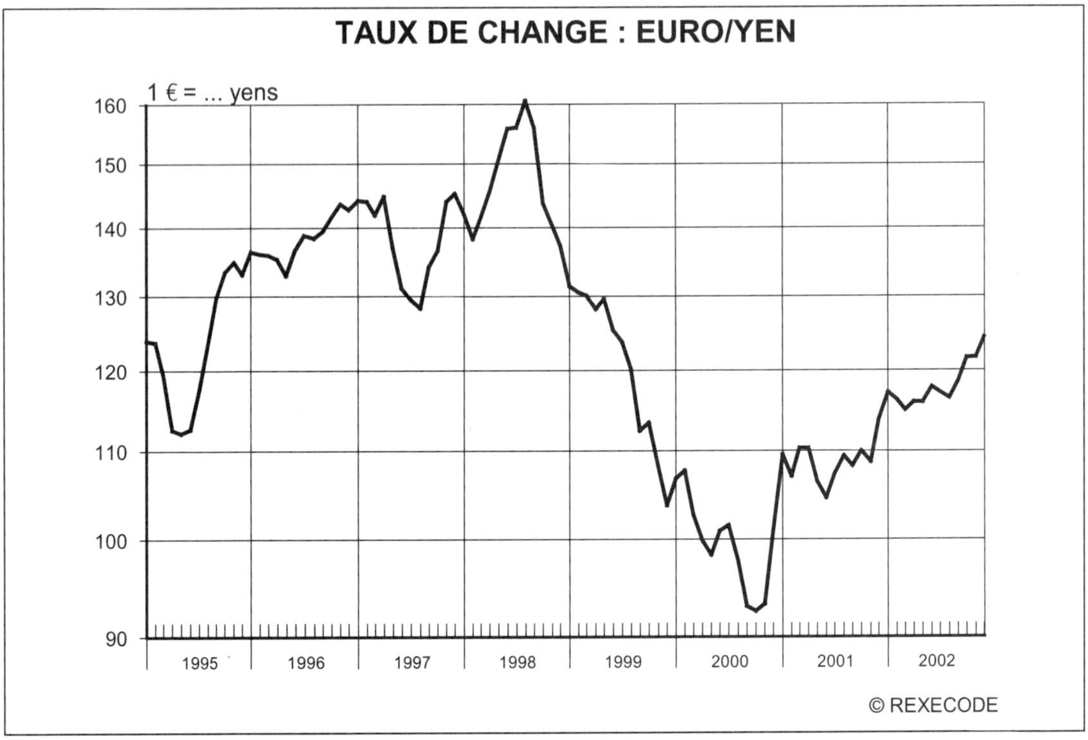
TAUX DE CHANGE : EURO/YEN
1 € = ... yens
160
150
140
130
120
110
100
90
1995
1996
1997
1998
1999
2000
2001
2002
© REXECODE

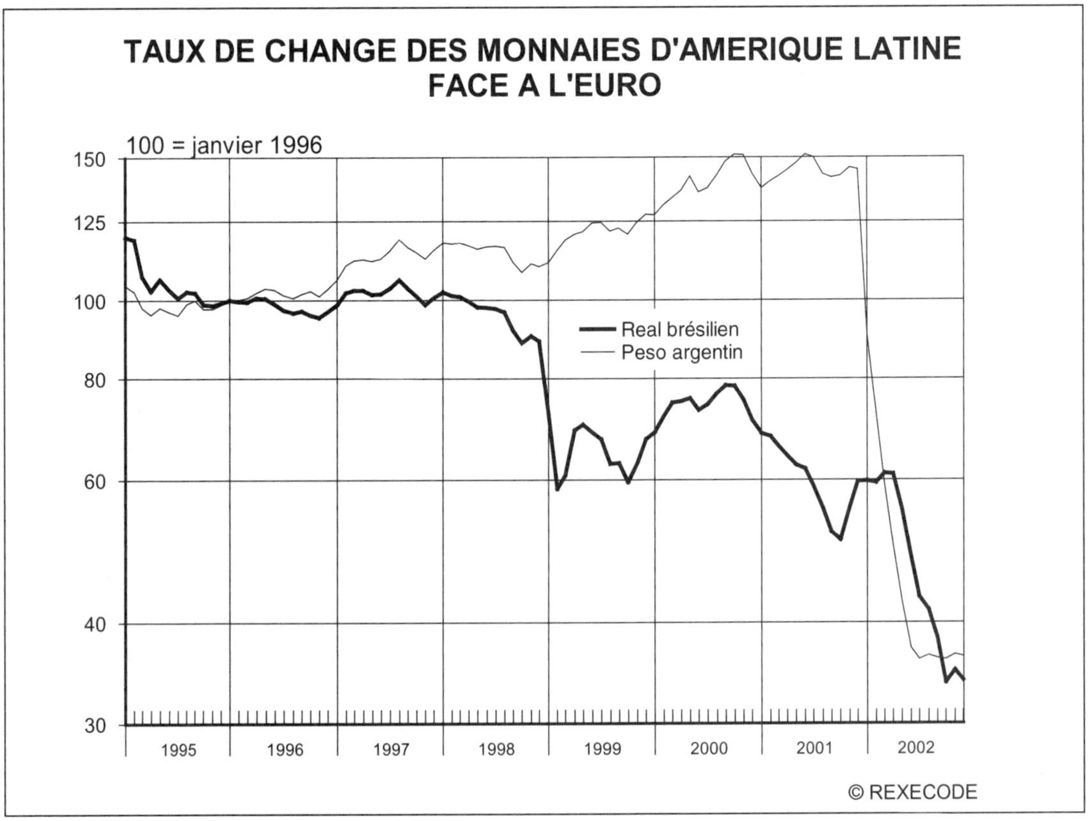
TAUX DE CHANGE DES MONNAIES D'AMERIQUE LATINE FACE A L'EURO
100 = janvier 1996
150
125
100
80
60
40
30
Real brésilien
Peso argentin
1995
1996
1997
1998
1999
2000
2001
2002
© REXECODE

À quoi servent les banques centrales ?

Mais à quoi donc servent les banques centrales ? Cette question, chacun se l'est posée en écoutant des annonces de décision – ou de non-décision – de telle ou telle banque de modifier ses taux. Greenspan, Duisenberg, Trichet sont devenus des compagnons familiers de la conjoncture économique rejoignant dans la légende leurs prédécesseurs célèbres des années vingt du siècle dernier, Montagu Norman, Hjalmar Schacht ou Émile Moreau.

Il n'est pas question bien entendu de discuter là le rôle de la Banque centrale dans l'émission et la circulation des espèces, dans les contrôles des circuits du crédit, dans le suivi des établissements bancaires. Mais en des temps de « benign Nejlect » en ce qui concerne les taux de change, et dans un univers de toute manière instable sur les marchés financiers, on peut s'interroger sur l'influence réelle qu'ont les Banques centrales au travers de leur seule véritable arme, la fixation des taux de réescompte et donc, en fait, des taux d'intérêt à court terme.

Dans une économie, le niveau des taux d'intérêt à court terme, et tous les éléments qui en découlent comme la pente de la courbe des taux, ont une influence très variable sur la conjoncture : certains pays ont une sensibilité plus grande que d'autres du fait d'un développement plus fort de l'endettement, d'un recours plus systématique aux taux variables. C'est le cas notamment des États-Unis et du Royaume-Uni alors que la sensibilité de pays comme l'Allemagne ou la France est beaucoup plus faible. En théorie, une baisse des taux favorise l'activité en rendant plus facile la reprise de la consommation et même en partie l'investissement. Mais ce qui est vrai aux États-Unis ne l'est manifestement pas au Japon où le recours à des taux zéro n'a eu aucune influence sur le comportement de consommateurs nippons tétanisés par leur crainte de l'avenir. Aux États-Unis, les Américains ont pu en 2001 et 2002 profiter directement des taux « offerts » par Alan Greenspan en renégociant leurs emprunts immobiliers (mortgages) et en recyclant en consommation une bonne partie des liquidités ainsi récupérées.

« L'arme des taux » a donc un impact variable sur l'économie réelle. Mais comme l'arme nucléaire, elle a aussi un effet dissuasif (ou expansif) sur les marchés financiers. C'est là qu'interviennent toute la finesse et la subtilité de celui qui la détient : faire peur sans agir, indiquer une orientation mais en laissant toutes les portes ouvertes, inspirer surtout confiance dans la légitimité des politiques suivies… La décision de la hausse ou de la baisse des taux lorsqu'elle intervient doit apparaître totalement légitime même – et surtout – si elle était imprévisible.

Le rôle du banquier central est au fond comparable à ce que nous faisons chaque jour lorsque nous faisons couler un bain dans notre baignoire. Nous pouvons jouer sur les robinets d'eau chaude et froide ; nous essayons de doser un parfait équilibre en fonction de la température de la maison, de l'heure de la journée. Il ne faut ni avoir froid, ni se brûler. De la même manière, les banques centrales craignent tout autant les surchauffes que les refroidissements. Mais pour gérer la température du bain, elles n'ont que le robinet des taux. Tout l'art est bien sûr de créer un sentiment de froid ou de chaleur sans en fait toucher au robinet. C'est ce que réussissent quelques « maestros » comme Alan Greenspan, mais ils sont plus l'exception que la règle.

Au fond, les Banques centrales sont aujourd'hui devenues des marchands d'illusions financières. Les taux ne font pas l'économie ni même la conjoncture. Les grands argentiers de la planète auraient tort de l'oublier.

AMERIQUE LATINE : LES RISQUES SOUVERAINS

Ecart entre obligations à 10 ans et obligations du Trésor américain

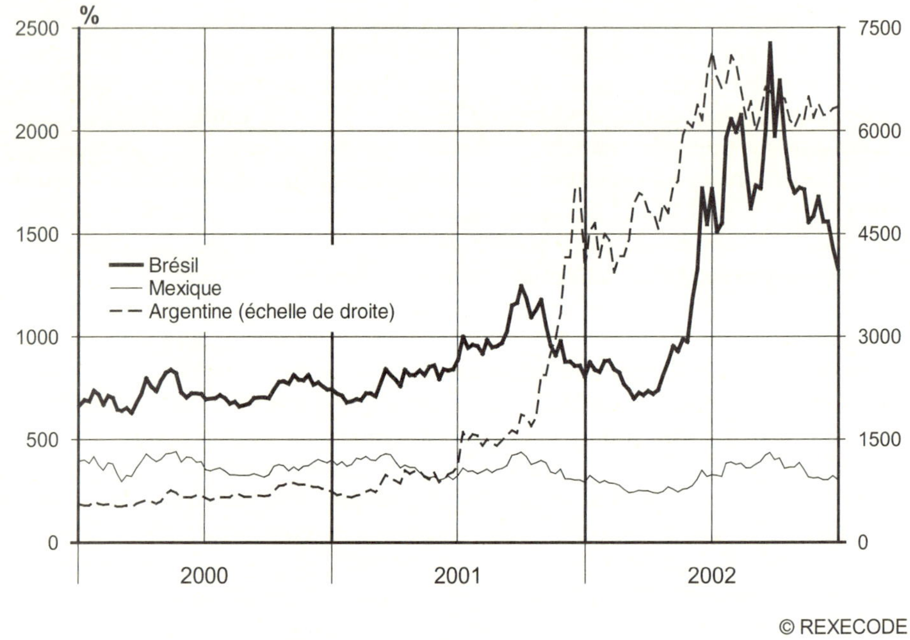

TAUX DE CHANGE : EURO/DOLLAR

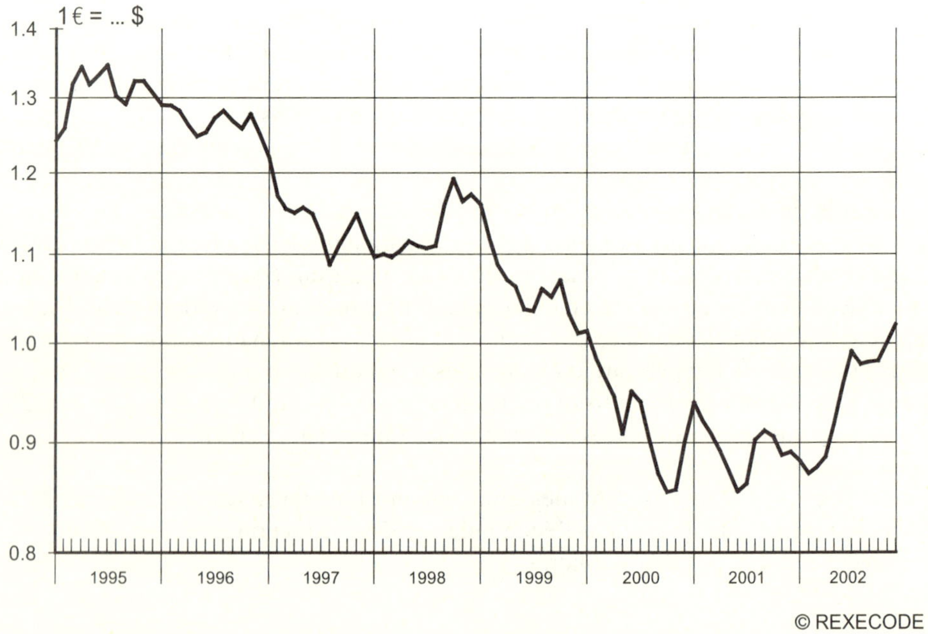

TAUX DE CHANGE DES MONNAIES D'ASIE FACE A L'EURO

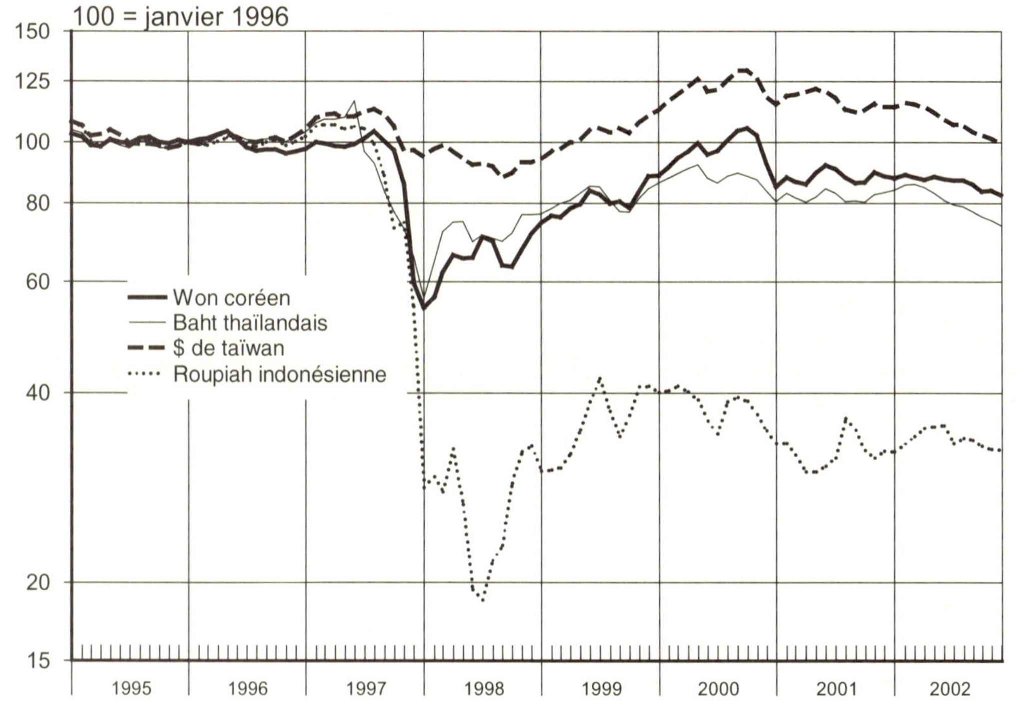

© REXECODE

difficilement franchir de nouveaux paliers dans sa politique de réduction des taux d'intérêt. Aussi a-t-elle enrichi en 2002 sa gamme d'intervention, notamment en rachetant des titres sur les marchés actions pour soutenir le bilan des établissements financiers, afin d'injecter effectivement des liquidités supplémentaires dans le circuit économique.

La Banque d'Angleterre est restée d'une grande prudence, en maintenant son taux directeur inchangé à 4 % sur l'ensemble de l'année. L'institution a marqué, à juste raison, sa préoccupation croissante face à l'emballement des prix de l'immobilier qui alimente un gonflement très excessif de l'endettement domestique.

Au rating des banquiers centraux, Monsieur Duisenberg a gagné des places en 2002, d'abord pour le doigté avec lequel il a confirmé son départ prévu pour 2003, destiné à laisser son fauteuil à un Français. Il a également bénéficié du retour en grâce de l'euro sur le marché des changes qui a facilité la réduction d'un demi-point des taux directeurs de la BCE en fin d'année. À 2,75 %, ceux-ci avaient pratiquement rejoint le rythme de progression des prix de détail (2,4 %), ce qui a montré la flexibilité de la BCE dans un contexte de montée des incertitudes particulièrement aiguë en Allemagne où l'économie a semblé comme anémiée.

Marchés obligataires : détente des taux à long terme

La détente des marchés obligataires observée en 2002 a résulté de deux facteurs principaux : l'accroissement des primes de risque sur le marché des actions a provoqué un retour des investisseurs sur le marché des obligations souveraines ; l'affaiblissement des perspectives économiques a abaissé leurs anticipations sur les rythmes d'inflation future. Le reflux des rendements obligataires a été particulièrement accusé aux États-Unis où le taux à dix ans est revenu de 5,2 % fin 2001 à 3,8 % fin 2002. Dans la zone euro, ce taux est retombé en fin d'année à 4,2 %. Au Japon, la barre des 1 % a été franchie, le rendement des titres publics à 10 ans ayant atteint le niveau historique de 0,9 % en décembre.

Le recul des rendements obligataires a été sur l'année plus fort que celui des taux monétaires. En conséquence, la tendance à l'accroissement de la pente de la courbe des taux à l'œuvre en 2001 s'est légèrement inversée. Traditionnellement, les conjoncturistes ne voient pas d'un très bon œil de tels aplatissements de la courbe des taux plutôt annonciateurs de ralentissement de l'activité.

Compte tenu de la très légère accélération de l'inflation, reflétant pour l'essentiel l'impact mécanique du relèvement des prix pétroliers, le reflux des rendements obligataires a allégé le coût réel de l'argent à long terme dans la plupart des économies industrialisées, du moins pour les États. Une grande exception à cette situation : en Allemagne le taux d'intérêt réel de long terme n'a pas diminué car la baisse nominale des rendements n'a fait qu'accompagner le reflux du rythme de l'inflation.

La montée des risques

La plupart des agents privés n'ont cependant guère ressenti les bénéfices du reflux du coût de l'argent à long terme. Comme sur le marché des actions, les investisseurs ont fait preuve d'une aversion croissante face à la prise de risque, ce qui a provoqué un mouvement général d'élargissement des écarts de taux, les fameux *spreads,* entre les différents compartiments du marché obligataire.

La perception des risques s'est traduite en premier lieu par une défiance à l'égard de certaines zones émergentes. Les écarts de taux

Les marchés émergents en 2002
2002-01 (fin d'année) en %

	Monnaie locale	En US dollars
Chine	– 16,2	– 16,2
Inde	5,3	5,9
Indonésie	18,9	38,1
Malaisie	2,7	2,7
Philippines	– 28,1	– 30,5
Singapour	– 18,2	– 12,9
Corée	– 3,0	7,4
Taïwan	– 25,9	– 25,4
Thaïlande	21,2	24,3
Argentine	64,9	– 51,0
Brésil	1,5	– 33,8
Chili	– 14,7	– 21,7
Colombie	48,9	18,3
Mexique	– 3,0	– 15,0
Venezuela	49,1	– 18,6
Israël	– 28,2	– 31,6
Afrique du Sud	– 11,8	23,3
Turquie	– 27,5	– 36,5
République Tchèque	19,2	40,9
Hongrie	5,4	28,9
Pologne	– 3,5	– 0,5
Russie	13,9	13,9

Source : Morgan Stanley Capital International

vis-à-vis des obligations du Trésor américain se sont ainsi fortement élargis durant la plus grande partie de l'année au Brésil et en Argentine, privant ces économies de tout le bénéfice de la décrue des rendements sur le marché obligataire international.

Les investisseurs sont également devenus bien plus sélectifs sur le compartiment des entreprises. En premier lieu, un nombre important d'entreprises a été rétrogradé par les agences de rating, ce qui rend mécaniquement plus délicats et plus coûteux leurs financements sur le marché obligataire ou par crédit bancaire. De plus, à notation inchangée, le rendement des obligations des entreprises s'est accru relativement à celui des obligations souveraines. Ceci a rendu très difficile l'accès au marché obligataire pour tous les émetteurs ne disposant pas des meilleures notations. Le creusement de ces écarts de taux, les *spreads* dans le jargon des marchés financiers, révèle bien l'aversion croissante au risque qui a joué en défaveur de la reprise économique.

Dernier risque, et non des moindres : la montée des déficits publics. La détente des marchés obligataires s'est effectuée dans un contexte de vif élargissement des déficits publics. En 2000, l'ensemble de la zone OCDE était parvenu pour la première fois depuis bien longtemps à équilibrer ses comptes publics : les excédents américain et européen avaient compensé cette année là le déficit japonais. En 2002, les comptes publics de l'OCDE ont laissé, d'après les premières estimations, un besoin de financement de l'ordre de 3 % du PIB, montant qui a toutes les chances d'être dépassé en 2003. Ce prélèvement sur l'épargne mondiale n'a pas contrarié la détente des taux car les capitaux ont afflué du fait de l'anémie de l'économie mondiale. Mais il faut s'attendre à un regain de tension sitôt que les besoins de financement des entreprises s'élargiront en exerçant une pression nouvelle sur la demande de capital.

Affaiblissement du dollar, remontée de l'euro

Le marché des changes a été marqué en 2002 par d'importants changements de trajectoires, avec l'affaiblissement du dollar et la remontée assez rapide de l'euro. L'Amérique latine a été confrontée à une double crise des changes en Argentine et au Brésil.

L'inversion de l'échelle des rendements à long terme entre les États-Unis et le reste du monde et la défiance croissante à l'égard de Wall Street ont tari les entrées de capitaux aux États-Unis. Il en est résulté un affaiblissement du dollar, assez marqué face à l'euro, de moindre ampleur face au yen. Ceci a provoqué un recul de l'ordre de 10 % du taux de change effectif du dollar de nature à accroître la compétitivité-prix des exportations des États-Unis qui, par ailleurs, en ont bien besoin : en 2002, le déficit des paiements courants américains a, pour la première fois de son histoire, dépassé $ 500 milliards, soit pratiquement 5 % du PIB du pays.

L'euro avait été introduit sur le marché des changes le 4 janvier 1999 au cours de $ 1,18. A l'époque les cambistes étaient partagés, mais une majorité anticipait plutôt un mouvement haussier de la nouvelle monnaie européenne. Durant les trois premières années, son parcours fut pourtant décevant : perte de 14 % face au dollar en 1999, recul d'un peu plus de 7 % en 2000 puis de 6 % en 2001. L'année 2002 a marqué un franc rebond de la monnaie unique qui a franchi la parité en octobre et a terminé l'année à $ 1,11, soit un gain de 18 % sur l'année. Ce mouvement haussier donne des marges de manœuvre supplémentaires à la Banque centrale en matière de relance monétaire. En revanche, il pourrait significativement peser, s'il se poursuivait, sur le dynamisme des exportateurs de la zone.

Les marchés des changes asiatiques n'ont pas connu de variations de grande ampleur en 2002, les grandes devises de la zone maintenant leur ancrage au dollar (Chine, Inde, Taïwan) ou s'appréciant de façon modérée (Japon, Corée, Thaïlande). L'Amérique latine a par contre connu une sévère crise des changes. En Argentine, le décrochement du peso face au dollar a provoqué une dépréciation de 70 % de la devise nationale. Au Brésil, le real a cédé 30 % face au dollar en dépit de fondamentaux économiques qui se sont pourtant bien comportés. Dans les deux cas, cette dépréciation rapide des monnaies a provoqué un alourdissement du poids de la dette extérieure.

Politiques budgétaires affichées et politiques budgétaires effectives

Si l'on se fie aux discours, les États-Unis et l'Europe suivent des orientations très divergentes en matière de politique budgétaire.

Outre-Atlantique, le changement de cap de politique budgétaire est clairement affiché et assumé par le Président Bush qui a présenté un premier plan de réduction d'impôts et d'accroissement des dépenses publiques au lendemain des attentats du 11 septembre et un second en janvier 2003.

Du côté de l'Union européenne, les principes de coordination budgétaire intégrés dans le fameux « Pacte de stabilité » ont été publiquement critiqués par Romano Prodi, président en exercice de la Commission, et un nombre croissant de voix rappelle une règle de bon sens : en période de basses eaux conjoncturelles, il est toujours aventureux d'alourdir les impôts ou de comprimer la dépense publique. Pourtant, c'est au nom du pacte de stabilité que la Commission n'a pas hésité à envoyer une mise en demeure au Portugal puis à l'Allemagne et à la France pour transgression attendue de la règle des 3 % de déficit public. Et on trouvera difficilement un ministre des Finances sur le vieux continent qui assume publiquement une politique de relance budgétaire.

La surprise vient lorsqu'on passe des « mots » aux « choses ». Dans la réalité, la politique budgétaire a été réorientée dans un sens expansif des deux côtés de l'Atlantique. Au sein de l'Union européenne, on ne trouve ainsi aucun pays où le déficit public ne soit pas supérieur en 2002 à ce qu'il était en 2000. Tout au plus doit-on reconnaître que le mouvement a été un peu plus accusé aux États-Unis qu'en Europe. La véritable exception à cette réorientation expansive des politiques budgétaires effectives se trouve ailleurs : au Japon où le besoin de financement de l'ensemble des administrations publiques n'a pratiquement pas changé entre 2000 et 2002 malgré la récession de l'économie.

Solde des comptes des administrations publiques

(en % du PIB)

	2000	2002
États-Unis	1,4	– 3,1
Union Européenne	0,8	– 2
Japon	– 7,4	– 7,9
OCDE	**0,0**	**– 2,9**

Source : OCDE.

Marchés dérivés et opérateurs

Il s'est échangé en 2002 un peu moins de 6 milliards de contrats sur les marchés organisés (futurs et options) de la planète, soit une progression de 36,8 %. Même en tenant compte du fait qu'un seul contrat (d'options sur l'indice boursier de la Corée du Sud… pour lequel 1,9 milliard de lots ont été échangés) est responsable de la moitié de cette croissance, la progression générale met bien en évidence les turbulences financières de l'année. Si l'on ajoute à cela une progression estimée à 15 % des volumes traités sur les marchés de gré à gré (OTC), on doit admettre que l'industrie des marchés dérivés, au-delà de l'affaire Enron, se porte bien. Force est de constater cependant que le gros de l'activité concerne le domaine financier, valeurs mobilières, taux et changes, et que dans le champ des commodités, la croissance reste beaucoup plus mesurée sans grandes innovations au niveau des marchés organisés alors que disparaissaient la plupart des places de marché électroniques.

Des volumes en croissance

Le principal marché à terme de la planète serait donc le Korea Stock Exchange avec près de deux milliards de contrats pour l'essentiel réalisés sur des options sur l'indice boursier local, le Kospi 200. Ce cas exotique – et sans dimension internationale – mis à part, les principaux marchés à terme de la planète – qui affichent des taux de croissance de 15 à 30 %, restent les deux grands européens, Eurex et Euronext, ainsi que les deux marchés de Chicago, le CME et le CBOT. Le premier marché spécialisé dans les commodités est le Nymex (énergie et métaux) mais à titre individuel le contrat de pétrole brut (WTI) de New York n'a été que le quinzième contrat échangé dans le monde en 2002. Au total, il s'est échangé dans le monde 481 millions de contrats de commodités en 2002, une progression de 16 % par rapport à 2001. A priori, on peut estimer que la place des commodités est encore plus faible en ce qui concerne les marchés de gré à gré.

Les principaux contrats traités dans le monde sont désormais ceux de l'énergie qu'il s'agisse du pétrole brut (New York et Londres), du gaz naturel ou des produits raffinés (New York, Londres et au Japon). On retrouve aussi les contrats agricoles de Chicago, les grands métaux à Londres et quelques contrats de métaux précieux à New York et au Japon. À cette liste, il faudrait probablement ajouter les volumes traités dans le domaine de l'énergie sur les marchés de gré à gré, notamment en ce qui concerne l'électricité aux États-Unis et en Europe.

L'activité des marchés à terme dans le monde

(millions de contrats)

		2001	2002
États-Unis		1 578	1 844
Reste du monde		2 803	4 149
Total		**4 382**	**5 994**
Dont	actions (indices)	1 498	2 789
	actions individuelles	1 179	1 264
	taux	1 233	1 394
	énergie	166	209
	agriculture	139	146
	non ferreux	70	75
	change	55	60
	métaux précieux	39	51

Les principaux marchés organisés dans le monde

(millions de contrats)

	2001	2002
États-Unis	1 578	1 844
Korea Stock Exchange	854	1 932
Eurex (Allemagne et Suisse)	674	801
Euronext (France, Benelux, Roy-Uni)	614	696
CME (Chicago)	411	558
CBOT (Chicago)	260	343
CBOE (Chicago)	306	267

L'activité des marchés à terme en 2002

Janvier	Fermeture du contrat argent au LME
Février	Contrat de **tournesol** sur Euronext-Paris
Mars	Contrat sur **l'aluminium** secondaire nord-américain au LME
	Contrat « **mini-café** » (un tiers de la taille du contrat normal) à New York
Mai	Contrat forward **d'électricité** européenne sur l'ICE d'Atlanta
	Le LME étend à soixante-trois mois les cotations du **cuivre** et de **l'aluminium**
Juin	Lancement d'un marché électronique du **sucre** en Inde (E. Sugarindice)
	Contrat d'options sur le **blé** sur Euronext
Septembre	Contrat sur le **nickel** à Osaka
	Projet de contrat **d'acier** au LME
Novembre	Contrats sur le **pétrole** du Moyen-Orient sur la base de l'indicateur Platts à Singapour et Tokyo
	Contrat sur le **soja** à São Paulo
	Cotation de l'or à Shanghai pour la première fois depuis 53 ans

Les principaux contrats de commodités sur des marchés organisés en 2002

(millions de contrats)

Sucre	NYBOT	6,1
Gasoil	IPE	8,1
Or	NYMEX	9
Kerosène	TOCOM	10,4
Fuel domestique	NYMEX	10,7
Essence sans plomb	NYMEX	11
Kerosène	CJCE (Japon)	14,3
Graine de soja	CBOT	14,4
Platine	TOCOM	14,4
Essence	CJCE (Japon)	15,2
Cuivre	LME	16,5
Maïs	CBOT	18,1
Or	TOCOM	20,5
Essence	TOCOM	20,8
Pétrole brut	IPE	21,4
Aluminium	LME	22,3
Gaz naturel	NYMEX	24,4
Pétrole brut	NYMEX	45,7

La concentration des marchés

La plupart des marchés sont désormais électroniques. En Europe, seul le LME a conservé encore son « ring ». Les « floors » (parquets) sont un peu plus nombreux aux États-Unis. Mais désormais, tous les marchés offrent la possibilité de transactions électroniques. La différence entre marchés organisés et marchés de gré à gré passant par des places de marché électroniques se fait donc de plus en plus ténue : les contrats sur les futures restent plus standardisés et surtout font l'objet d'enregistrement et de suivi financier par des caisses de compensation (clearing houses). Au lendemain de la débâcle d'Enron On Line, cette sécurité financière est plus que jamais essentielle.

Dans l'euphorie au B2B des années quatre-vingt-dix, on avait assisté à une véritable vague de créations de places de marché. L'échec est à peu près total et les dernières survivantes ont fermé leurs portes en 2002. La seule réussite en ce domaine reste l'International Commodity Exchange (ICE) qui, appuyé par de puissants actionnaires pétroliers et financiers, a même profité de la disparition d'Enron pour augmenter ses volumes et élargir la palette des produits traités. L'ICE a pris le contrôle de l'International Petroleum Exchange (IPE) de Londres, un marché à terme classique qui lui apporte le concours de son système de compensation au sein du système OTC Clearing auquel participe aussi le CBOT. La concurrence entre ICE/IPE et le Nymex de New York est maintenant totale. En 2002, l'ICE a réalisé 1,9 million de transactions sur le marché nord-américain, en dégageant un chiffre d'affaires de commissions de

Places de marché :
- Fermeture E. Metra (métaux) le 30 avril
- Fermeture Rooster.com (produits agricoles) en mai : Cargill en était un des principaux partenaires
- Ouverture du site Steel 24-7, la place de marché d'Arcelor, Thyssen-Krupp et Corus

Les sociétés de négoce en 2002

Grains	ADM reprend la totalité de Toppfer
Charbon	Glencore et Xsatra fusionnent leurs activités minières
Caoutchouc et huiles tropicales	Safic Alcan est désormais contrôlé à 100 % par le groupe allemand MG Technologies, ultime avatar de la Metallgesellschaft
Métaux	Faillite frauduleuse des négociants anglosaxons RBG et Allied Deals
Grains	Faillite de la coopérative américaine Farmland Industries : sa filiale de négoce international Tradigrain cesse son activité
Métaux	Scolia-Mocatta, filiale de la Bank of Nova Scolia, cesse toute activité au LME
Produits agricoles	Cargill rachète l'amidon d'Eridania Beghin Say et Bunge l'activité de trituration d'oléagineux
Métaux	Sempra Energy rachète les activités de négoce des métaux d'Enron
Tropicaux	Ed. F. Man rachète à Old Mutual le courtier britannique GNI
Métaux	Faillite de Newco (Suisse) dont Anglo American et BHP-Billiton étaient actionnaires
Pétrole	Le naufrage du Prestige précipite la vente de Crown Resources (Suisse) par le groupe russe Alfagroup à ses dirigeants

Négociants et brokers en métaux : les membres du LME à l'automne 2002

(ring dealing members)

Amalgamated Metal Trading	TUI AG (ex-preussag)	Allemagne
Barclays Bank PLC	Barclays	Royaume-Uni
Crédit Lyonnais Rouse	Crédit Lyonnais	France
Man Financial	Man Group	Royaume-Uni
Metdist Trading	Minmetco	Royaume-Uni/Inde
Natexis Metals	Natexis BP	France
Refco Overseas	Refco	États-Unis
Sempra Metals	Sempra Energy	États-Unis
Société Générale	Société Générale	France
Sucden Metals	Sucres et Denrées	France
Triland Metals	Mitsubishi	Japon

$ 125 millions, ce qui reste encore bien modeste.

En Europe, le paysage est dominé par Eurex et Euronext. Euronext, après avoir racheté le LIFFE, regroupe désormais la totalité des contrats de commodités européens, produits agricoles tropicaux et européens. Dans le champ de l'électricité, la concurrence est par contre beaucoup plus ouverte.

Dans le reste du monde, au-delà du Japon où les volumes importants traités ne doivent pas faire illusion, il faut surtout remarquer la progression de l'intérêt pour les marchés à terme en Chine et en Inde.

Peu d'innovations

Le champ des commodités couvertes par des marchés dérivés n'a pas augmenté, bien au contraire. Au lendemain de la chute d'Enron, bien des espoirs mis dans des produits originaux comme la bande passante, la température ou les droits à polluer, ont été révisés à la baisse quand ils n'ont pas purement et simplement disparu. Parmi les « nouvelles » commodités, le secteur le plus actif reste celui de l'électricité mais son développement se fait pour l'essentiel sur les marchés physiques et forward et pas sur les marchés de futures.

Des principales innovations de 2002, retenons plusieurs contrats asiatiques comme le nickel à Osaka, le pétrole du Moyen-Orient à Singapour et Tokyo. Le dossier le plus intéressant pour 2003 concerne un projet de contrat d'acier au LME qui a fait l'objet de discussions passionnées dans le monde de la sidérurgie. Sans préjuger des résultats, on ne peut s'empêcher d'un certain scepticisme quand on regarde la faiblesse des volumes traités au Pulpex pour la pâte à papier.

En tout cas, l'acier et les céréales européennes représentent à notre sens les deux seuls domaines de croissance véritable des marchés dérivés dans le monde des commodités.

Le négoce sur la défensive

Après le fracas de la chute d'Enron, le monde du négoce international retrouve peu à peu ses marques : les activités d'Enron ont été achetées par un relatif nouveau venu, Sempra Energy, un trader de Californie qui a notamment repris le négoce des métaux d'Enron, qui était en fait l'ancienne Metallgesellschaft. Dans le monde des métaux, un autre nom célèbre, Newco, une entreprise de Lucerne qui avait été créée par des anciens de Phibro, a aussi fermé ses portes. De cette génération de traders qui ont fait leur classe chez Phibro dans les années soixante-dix, il ne reste donc plus que Glencore, dont on a beaucoup parlé à propos de l'affaire Metaleurop, mais qui a poursuivi sa spectaculaire croissance dans le reste du monde, de l'aluminium au charbon, du Montenegro à l'Australie. Il y a aussi Marc Rich dont le projet de vente de ses activités au sulfureux oligarque russe Mikhail Friedman via Crown Resources n'a pas abouti. Dans la foulée du naufrage du Prestige au large de la Galice et des marées noires qui s'en sont suivies, Crown Resources a été « cédé » à ses dirigeants et rebaptisé comme l'une de ses vulgaires coques de noix plus ou moins pourries qu'ils avaient l'habitude d'affreter. Signalons quand même que l'Alfa group de Mikhail Friedman est jugé suffisamment fréquentable pour que BP s'associe à lui à la conquête de l'or noir russe. Toujours dans le domaine des métaux, on notera aussi une faillite frauduleuse du groupe anglo-saxon RBG qui a coûté plusieurs centaines de millions de dollars aux banques concernées.

Le monde du négoce reste en fait marqué par la présence d'un petit nombre d'acteurs globaux comme Cargill, Glencore, Louis Dreyfus, Man et d'une multitude de « boutiques » à l'existence beaucoup plus agitée. Remarquons simplement que dans nombre des cas, au fil de la commoditisation de nombreux secteurs industriels, la frontière entre négoce et industrie à l'amont ou à l'aval se fait de moins en moins précise. Mais tant qu'il y aura des risques et des incertitudes, il y aura de la place pour les « traders ».

Le nombre de membres « pleins » du LME n'a cessé de diminuer ces dernières années en même temps que le métier de « broker » se financiarisait. Sur onze membres, on compte quatre filiales de banques (on parlait fin 2002 de l'arrivée de CAI-Indosuez mais à terme Crédit Lyonnais et Crédit Agricole devraient fusionner). Mais il est aussi manifeste que TUI (ex Preussag) recentré sur le tourisme n'a plus aucune raison de posséder un siège au LME (remarquons que le plus important négociant ou métaux au monde, Glencore, n'est pas membre du LME).

VOLUME D'ACTIVITÉ DES MARCHÉS À TERME *(en milliers de contrats)*

	1999	2000	2001	2002
• AMERIQUE DU NORD				
- ETATS-UNIS				
Chicago Board Options Exchange	**254 356**	**326 360**	**306 668**	**267 616**
Chicago Board of Trade (CBOT)	**254 561**	**233 528**	**260 333**	**343 883**
• T.Bonds (10 ans)	90 042	62 750	58 571	56 082
• T.Notes (10 ans)	34 045	46 700	57 586	95 786
• maïs	15 724	17 816	16 729	18 132
• graine de soja	12 481	12 627	12 150	14 475
• huile de soja	5 663	5 370	6 034	6 816
• tourteau de soja	6 326	6 317	6 744	7 175
• blé	6 570	6 407	6 802	6 873
• avoine	371	402	441	415
• riz	139	169	122	194
Chicago Mercantile Exchange (CME)	**200 737**	**231 114**	**411 712**	**558 448**
• Eurodollar (3 mois)	93 418	108 114	184 015	202 081
• bétail vivant	3 839	3 681	4 271	3 852
• porcs vivants	2 358	2 111	2 018	1 931
• longes de porcs congelés	323	309	196	152
• bétail d'embouche	650	582	617	586
• bois d'oeuvre	287	221	207	164
• Goldman Sachs Commodity	926	1 002	480	-
• lait	45	45	88	103
Midamerica Commodity Exchange (MACE)	**2 452**	**1 669**	**583**	**483**
• soja	651	572	281	300
• maïs	291	270	119	107
• blé	132	77	52	74
New-York				
Amex	**129 651**	**207 714**	**205 103**	**186 039**
New York Board of Trade	**21 477**	**20 137**	**17 892**	**20 928**
• sucre	5 911	5 933	5 150	6 174
• café arabica	2 659	2 134	2 199	2 719
• cacao	1 868	2 110	2 006	2 080
• sucre interieur	138	122	117	141
• coton	2 448	2 597	2 260	2 328
• jus d'orange concentre	793	712	577	578
New York Mercantile Exchange	**109 858**	**104 075**	**95 231**	**133 950**
Nymex	**89 190**	**88 721**	**88 257**	**116 354**
• pétrole brut	37 860	36 882	37 531	45 740
• fuel domestique	9 200	9 631	9 264	10 731
• essence sans plomb	8 701	8 645	9 264	11 002
• gaz naturel	19 165	17 875	16 468	24 405
• platine	567	321	206	220
• palladium	75	51	26	41
• propane	37	26	11	13
• Californie/Oregon	52	7	-	-
• Palo Verde	51	21	-	-

VOLUME D'ACTIVITÉ DES MARCHÉS À TERME (suite)				*(en milliers de contrats)*
	1999	**2000**	**2001**	**2002**
Comex	**20 349**	**15 354**	**13 922**	**17 596**
• or	9 575	6 643	6 785	9 031
• argent	4 157	3 177	2 569	3 150
• cuivre	2 852	2 778	2 857	2 818
Kansas City Board of Trade (KCBT)	**2 524**	**2 664**	**2 618**	**3 327**
• blé	2 321	2 427	2 357	2 739
Minneapolis Grain Exchange (MGE)	**1 188**	**1 001**	**999**	**1 263**
• blé	1 120	956	968	1 199
Pacific Stock Exchange	**75 771**	**108 538**	**102 702**	**85 427**
Philadelphia Exchange	**48 101**	**76 522**	**101 373**	**88 955**
- CANADA				
Montreal Exchange	**9 592**	**12 988**	**7 534**	**8 405**
Winnipeg Commodity Exchange	**2 154**	**2 410**	**2 795**	**2 048**
• canola (colza)	1 748	1 879	2 359	1 738
• blé	106	161	144	84
• orge	213	266	225	204
• avoine (flax)	82	104	64	21
Winnipeg Commodity Exchange	**2 087**	**2 333**	**2 679**	**2 019**
• canola (colza)	1 686	1 816	2 249	1 710
• blé	106	161	144	84
• orge	211	259	221	203
• avoine (flax)	78	97	63	21
• EUROPE				
Eurex	**379 148**	**454 072**	**674 072**	**801 201**
Euronext Paris	**185 572**	**236 500**	**327 634**	**357 512**
• graines de colza	137	116	136	165
• blé	43	31	57	108
• maïs	7	28	58	98
LIFFE (Euronext)	**120 040**	**131 054**	**215 748**	**253 982**
• cacao	1 862	1 636	1 514	1 802
• café Robusta	1 565	1 470	1 548	1 905
• sucre blanc	990	907	898	1 045
• blé européen	100	87	96	81
• indice de fret maritime	16	3	6	0
• pomme de terre (40 t)	15	15	13	3
• orge européenne	6	3	9	3
Amsterdam Exchanges (Euronext)	**49 645**	**58 354**	**66 528**	**77 710**
• pomme de terre	67	63	61	42
• porcs vivants	43	32	32	5
Euronext Brussels	**7 412**	**31 802**	**4 571**	**3 851**

LES MARCHÉS

VOLUME D'ACTIVITÉ DES MARCHÉS À TERME (suite) *(en milliers de contrats)*

	1999	2000	2001	2002
ROYAUME-UNI				
London Metal Echange (LME)	**61 597**	**66 445**	**59 413**	**58 634**
• cuivre	16 789	17 565	17 798	16 579
• aluminium	22 211	25 443	23 768	22 330
• zinc	5 341	7 549	6 113	8 100
• nickel	5 396	5 126	3 195	3 187
• plomb	3 310	3 222	3 097	3 411
• étain	1 770	1 846	1 433	1 625
• aluminium recyclé	740	643	819	895
International Petroleum Exchange (IPE)	**17 764**	**25 491**	**26 411**	**30 441**
• pétrole brut	15 982	17 297	18 396	21 493
• gasoil	6 150	7 115	7 230	8 156
AUTRICHE				
Wiener borse.at	**1 230**	**877**	**562**	**219**
Futop Clearing Centre	**1 163**	**1 042**	**464**	**-**
FINLANDE				
Helsinki Exchanges	**2 635**	**882**	**992**	**-**
ESPAGNE				
MEFF	**17 670**	**22 625**	**37 139**	**41 382**
ITALIE				
IDEM Italian Derivatives Market	**9 238**	**7 462**	**8 751**	**9 599**
NORVEGE				
Oslo Stock Exchange	**4 334**	**4 111**	**1 486**	**1 463**
SUEDE				
OM Stockholm	**56 810**	**58 161**	**28 007**	**25 125**
• ASIE				
JAPON				
Central Japan Commodity Exchange	**1 327**	**21 329**	**27 847**	**30 012**
• soja importé	348	372	61	20
• cocon de verre à soie	240	147	90	13
• essence	-	11 048	14 392	15 213
• kerosene	-	8 714	12 347	14 338
• soja non OGM	-	66	22	18

VOLUME D'ACTIVITÉ DES MARCHÉS À TERME (suite)				(en milliers de contrats)
	1999	2000	2001	2002
Fukuoka Futures Exchange	**4 693**	**6 431**	**6 367**	**3 144**
• maïs	2 897	2 357	2 017	1 332
• soja importé	498	307	nd	3
• soja non OGM	-	1 284	1 478	825
• poulet	1 203	2 443	2 694	755
• tourteaux soja 507/02)	-	-	-	186
• haricot rouges	-	-	55	43
Kansai Commodities Exchange	**2 472**	**2 460**	**2 908**	-
Osaka Securities Exchange	**16 978**	**14 528**	**17 432**	**20 563**
Tokyo Commodity Exchange (Tocom)	**48 442**	**50 851**	**56 538**	**75 413**
• essence	3 973	14 370	16 441	20 866
• or	16 011	7 841	9 792	20 507
• platine	13 277	13 577	16 245	14 436
• kerosene	144	6 741	8 302	10 482
• caoutchouc	6 193	6 195	3 334	5 552
• crude oil	-	-	911	2 037
• argent	966	558	661	931
• aluminium	711	543	735	514
• palladium	5 832	1 007	117	88
Tokyo Grain Exchange (TGE)	**18 393**	**21 063**	**22 816**	**18 725**
• haricot rouge	1 378	680	1 094	593
• soja américain	3 279	2 355	1 740	1 002
• maïs	8 107	8 341	10 342	7 431
• sucre brut	1 042	1 561	1 033	709
• soja non OGM		856	3 341	3 417
Tokyo International Financial (TIFFE)	**14 930**	**17 201**	**7 642**	**4 471**
Tokyo Stock Exchange (TSE)	**14 162**	**15 529**	**13 535**	-
Shangaï Futures Exchange	**6 269**	**8 253**	**11 221**	-
• cuivre	5 119	5 347	8 178	-
• aluminium	513	910	2 896	-
• caoutchouc	636	1 995	146	-
COREE DU SUD				
Korea Stock Exchange	**97 137**	**213 495**	**854 792**	**1 932 691**
MALAISIE				
Malaysia Derivatives Exchange	**855**	**721**	**822**	**1 208**
• huile de palme brute	389	309	480	909
SINGAPOUR				
Singapore Exchange	**25 863**	**25 572**	**30 990**	**32 887**

VOLUME D'ACTIVITÉ DES MARCHÉS À TERME (suite) *(en milliers de contrats)*

	1999	2000	2001	2002
Singapore Commodity Exchange	**2 058**	**1 891**	**1 596**	**2 045**
• RSS3	662	570	661	914
• TSR20 (FOB)	1 252	1 043	900	1 112
HONG KONG				
Hong Kong Futures Exchange	**-**	**8 529**	**9 260**	**10 550**
	6 326	**5 069**	**6 542**	**7 283**
Taiwan Futures Exchange	**10 777**	**1 927**	**4 351**	**-**
• OCEANIE				
NOUVELLE-ZELANDE				
New Zealand Futures Exchange	**861**	**817**	**1 030**	**-**
AUSTRALIE				
Sydney Futures Exchange	**29 793**	**31 277**	**35 846**	**36 244**
• laine	21	15	12	20
• blé	9	10	4	0
• électricité	8	2	0	1
• AFRIQUE				
AFRIQUE DU SUD				
South African Futures Exchanges	**18 683**	**22 691**	**36 175**	**30 996**
• AMERIQUE LATINE				
BRESIL				
Bolsa Mercantil & de Futuros (BM&F)	**55 931**	**82 945**	**87 027**	**105 791**
• or ($)	13	247	187	386
• café ($)	317	391	460	483
• betail vivant	123	150	59	153
Mercado a Término de Buenos Aires	**232**	**236**	**199**	**8**
• blé	54	71	65	4
• maïs	39	56	45	1
• tournesol	34	29	10	0
• soja	43	81	76	3

– II –

Grains et agriculture tempérée

- Cap sur une nouvelle PAC
- Après le Farm Bill
- Les débats agricoles à l'OMC : l'Europe à Cancun
- Céréales
- Riz
- Oléoprotéagineux
- Viandes
- Lait et produits laitiers
- Pommes de terre
- Fruits et légumes
- Jus de fruits tempérés
- Vin
- Coton
- Laine
- Tabac
- Cuirs et peaux
- Fruits secs

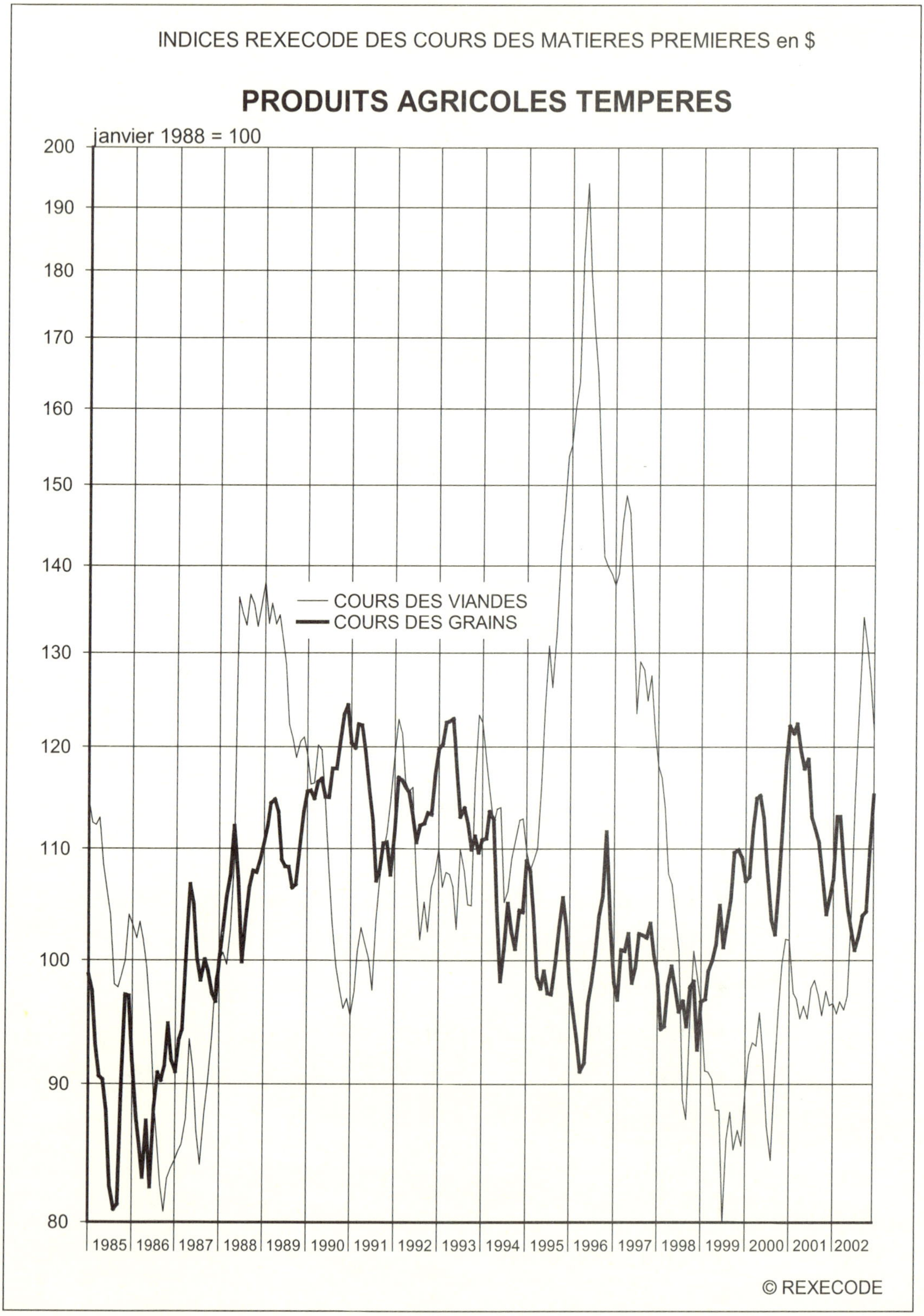
INDICES REXECODE DES COURS DES MATIERES PREMIERES en $
PRODUITS AGRICOLES TEMPERES
janvier 1988 = 100
200
190
180
170
160
150
140
130
120
110
100
90
80
COURS DES VIANDES
COURS DES GRAINS
1985
1986
1987
1988
1989
1990
1991
1992
1993
1994
1995
1996
1997
1998
1999
2000
2001
2002
© REXECODE

Grains et agriculture tempérée

En 2002-2003, quelques ruptures climatiques majeures sont venues rappeler aux hommes que malgré toutes leurs prouesses technologiques, ils restaient impuissants face à des changements massifs intervenant à la surface de la terre et des océans. Sécheresses pour les uns, inondations pour les autres ont provoqué un recul à peu près général des productions agricoles et des modifications sensibles dans les flux des échanges internationaux. Mais à ce phénomène récurrent (cela avait été pire en 1995-1997), il faut ajouter les conséquences d'une mondialisation accrue des échanges avec de nouveaux exportateurs (Russie, Ukraine, mais aussi Brésil pour les productions animales) et importateurs (la Chine bien sûr). Jusque-là limité à l'éternel dialogue de sourds entre l'Europe – qui prépare sa nouvelle PAC – et les États-Unis – qui ont adopté leur nouveau Farm Act – le débat agricole mondial s'est élargi, dans le cadre du Millenium Round lancé à Doha, aux pays en développement pour lesquels l'agriculture demeure un secteur vital au sens propre : début 2003, la FAO rappelait que trente-six pays dans le monde – et pas seulement en Afrique - souffraient de sévères pénuries alimentaires.

Un nouveau El Niño

2002 a donc été marqué par la réapparition de ce phénomène climatique qui provoque, dans le Pacifique, une inversion des courants marins et qui modifie l'équilibre des précipitations au sens le plus large : sécheresses en Australie, en Indonésie, aux États-Unis, en Afrique de l'Est ; pluies accrues en Équateur et au Pérou ; modifications de la mécanique des moissons en Asie… Ainsi, la production céréalière mondiale a reculé de 3,3 % (à 1 838 millions de tonnes selon la FAO, qui intègre le riz au stade usiné) pour atteindre son niveau le plus bas depuis cinq ans, nous ramenant en fait un peu au-dessus des niveaux atteints au moment du précédent El Niño. Ceci dégage un déficit mondial supérieur à 100 millions de tonnes qu'il a fallu prendre sur des stocks qui seront au 30 juin 2003 au plus bas depuis les années soixante-dix.

Pour 2003-2004, la question climatique est donc cruciale. Début 2003, les grands observatoires météorologiques mondiaux estimaient « certain » le maintien d'El Niño au moins pour les premiers mois de 2003 en estimant toutefois son intensité moindre qu'en 1997.

Parmi les grands producteurs et exportateurs agricoles, El Niño aura affecté au premier chef l'Australie, où les productions végétales ont été réduites de plus de moitié, les États-Unis et l'Afrique australe. Mais comment oublier les conséquences de la sécheresse sur des pays pauvres comme l'Éthiopie ou la Mongolie.

Haro sur les biotechnologies

Malgré ce contexte qui devrait encourager la poursuite de la recherche de variétés mieux adaptées et plus résistantes, la question du développement des biotechnologies, et en particulier des OGM (organismes génétiquement modifiés) n'a guère évolué face aux oppositions passionnelles qu'elles suscitent, notamment en Europe. Certes, la culture des OGM se développe dans le monde à partir des États-Unis, de l'Argentine et probablement de la Chine, les principales productions concernées étant le soja, le coton et dans une moindre mesure le maïs. Des avancées importantes ont été faites en 2002 en ce qui concerne le génome du riz. Mais on est encore loin de ce qui pourrait être une nouvelle « Révolution Verte » dont l'humanité a tant besoin. À la différence de la Révolution Verte des années soixante qui avait été mise en œuvre par des fondations à but non lucratif et par la recherche publique, les OGM sont aujourd'hui développées par un petit nombre d'entreprises internationales de l'agrochimie : Monsanto, Bayer (qui a racheté en 2002 les activités d'Aventis), Syngenta et DuPont. Ceci pose le problème de la brevetabilité d'organismes vivants, et plus largement celui du contrôle du patrimoine génétique de l'humanité. Au-delà de leur aspect passionnel et de réactions trop souvent irrationnelles (comme le refus de pays africains de recevoir de l'aide alimentaire américaine provenant d'OGM), les OGM posent une question fondamentale à la Communauté internationale en termes de gouvernance et d'éthique : comment assurer en ce domaine la recherche nécessaire, la rémunérer et pour autant en assurer le libre accès, en particulier dans les pays en développement qui devraient en être les premiers bénéficiaires. Il est clair que l'OMC n'est pas le lieu le plus propice à ce type de débats. Les États-Unis semblent en tout cas avoir renoncé à leur projet de plainte contre l'Europe qui continue à les interdire à la culture et à exiger des garanties d'origine. Une affaire de contamination d'OGM cultivées à des fins pharmaceutiques, qui a nécessité le retrait de plusieurs dizaines de milliers de tonnes de soja, a d'ailleurs contribué à ébranler les certitudes américaines en la matière.

À l'OMC en attendant Cancun… et la PAC

On se souvient qu'à Doha, l'agriculture avait comme à l'habitude tenu la vedette et qu'il avait fallu attendre la dernière heure pour trouver un compromis ampoulé annonçant l'ouverture de négociations « sans préjuger de leurs résultats ». L'actualité a été ensuite dominée par les débats nationaux : aux États-Unis, le résultat en a été la signature en mai par George Bush du Farm Act le plus coûteux de l'histoire. L'esprit du Fair Act de 1996 est totalement perverti par la mise en place d'aides et autres « marketing loans » (au point que deux universités américaines ont proposé sur le marché agricole des logiciels d'aide à la décision permettant aux « farmers » d'optimiser leurs choix et de s'y retrouver dans ce maquis). Ceci n'a pas empêché les États-Unis de camper à l'OMC sur une position de négociation très « dure » proposant en particulier la suppression totale des subventions à l'exportation, mais en veillant bien sûr à ce que les « marketing loans » n'y soient pas assimilés. Les États-Unis proposent aussi de ramener les soutiens agricoles (tous ?) en cinq ans à 5 % de la valeur de la production agricole nationale. Grâce à une conjoncture agricole soutenue et des prix élevés à Chicago, les États-Unis ont pu en toute sérénité tenir ce double langage, assurés qu'ils sont que dans la « moulinette » OMC, le Farm Act s'en tirera toujours mieux que la PAC, même si on commence à être conscient d'une nécessaire adaptation aux propositions faites à l'OMC… mais après les élections de 2004 !

Difficile par contre de parler en Europe de sérénité. D'une part, les garanties de marché ont mal fonctionné et l'Europe s'est trouvée largement ouverte aux céréales en provenance de la Mer Noire au point qu'il est fort probable que sur l'année calendaire 2002, l'Union européenne a été importatrice nette de céréales à l'encontre de toute logique. Pour endiguer ces flux, la commission a décidé de compliquer un peu plus la gestion des marchés en mettant en place à compter du 1er janvier 2003 un système de quotas d'importation dont il a bien fallu faire aussi profiter les États-Unis et le Canada.

Mais la grande affaire en Europe est la réforme de la PAC elle-même. Deux ans après le compromis de Berlin sur l'Agenda 2000, la Commission a proposé en juillet 2002 une

« revue à mi-parcours » qui s'est rapidement avérée être une véritable proposition de réforme de la PAC, dont le texte, encore renforcé, a été publié en janvier 2003. Certains pays, et au premier chef la France, ont d'entrée de jeu contesté le principe même d'une réforme qui n'est normalement prévue qu'en 2006. Coincé entre les élections allemandes et le sommet de Copenhague sur l'élargissement de l'Europe, le dossier agricole a fait l'objet d'un compromis franco-allemand dont le mérite aura été de pérenniser le financement de la PAC jusqu'en 2013. Sur le fond, la proposition Fischler (du nom du Commissaire à l'Agriculture, l'Autrichien Franz Fischler), va assez loin dans la logique du découplage des aides (sur le modèle du Fair Act américain de... 1996), mais demeure bien vague en ce qui concerne les mécanismes même de gestion des marchés. Si elle était adoptée, cette réforme aurait au moins le mérite de rendre plus faciles les négociations agricoles à l'OMC : en décembre 2002, l'Union européenne a d'ailleurs présenté des propositions assez radicales de baisse tant des restitutions à l'exportation que des droits de douane.

En 2003, la Commission se battra donc sur un double front assez subtil. À l'intérieur, il lui faudra batailler avec les pays opposés à la réforme menés par la France (où un mouvement, balayant presque tout le spectre politique, s'est développé sur le thème fédérateur mais bien vague des « prix rémunérateurs ») en s'appuyant tant sur les libéraux comme les Britanniques que sur les « écolos » du Nord de l'Europe et d'Allemagne (où la présidente du parti vert, Renate Künast, a conservé son portefeuille de ministre de l'Agriculture). Les négociateurs de la Commission s'appuieront aussi sur la pression extérieure des négociations de l'OMC dans la perspective de la réunion de Cancun de septembre 2003. Malgré l'ouverture agricole de l'Europe – beaucoup plus grande que celle des États-Unis en particulier – malgré les propositions de désarmement douanier vis-à-vis des pays du Sud (comme la proposition de suppression des restitutions sur le blé), la PAC reste en effet très attaquée par les pays en développement, souvent de manière assez injuste : ceci s'est encore vérifié au Sommet de la Terre à Johannesbourg en septembre 2002. Dans le cadre de l'OMC, les négociations devraient s'intensifier au premier semestre 2003, afin d'éviter qu'à Cancun, l'agriculture ne soit encore une fois le grand facteur de division (et dans ce cas l'arbre cachant la forêt des dissensions). En février 2003, le président du groupe agricole, Stuart Harbison (originaire de... Hong Kong !), a présenté un premier document qui a été jugé fort peu consensuel par les Européens.

Comme en 1992-1993, au moment de l'Uruguay Round, réforme de la PAC et Round de l'OMC vont donc évoluer de concert, ce qui ne sera bon ni pour l'un, ni pour l'autre dossier, et il est assez peu probable que des avancées réelles puissent intervenir avant 2004, une année d'élections qui paralysera de toute manière la partie américaine.

Pendant ce temps, à l'OMC, le mécanisme des panels et des arbitrages se rode peu à peu. Les États-Unis ont évité de s'en prendre directement à l'Europe (sur les OGM par exemple), mais ont poursuivi leur harcèlement du Canada et de l'Australie sur le thème des monopoles commerciaux (les offices ou Boards) et de la politique laitière pour le Canada (condamnation du système du double prix du lait). Le Brésil, qui s'affirme comme l'un des grands pays agro-exportateurs, est par contre en train de déposer une plainte contre la politique sucrière européenne (de concert avec l'Australie) et s'attaque même aux États-Unis à propos du coton et peut-être même du soja (avec parallèlement une éventuelle plainte européenne). Mais le Brésil va devoir aussi mener sa propre grande réforme, la réforme agraire tant promise par son nouveau Président.

Une nouvelle mondialisation agricole

Ce qui frappe l'observateur de la planète agricole, c'est la disparition des flux traditionnels et des zones protégées. Un peu comme à la fin du XIXe siècle lorsqu'apparurent sur les marchés européens blés australiens et viandes argentines, c'est à une nouvelle mondialisation que l'on assiste : Russie, Ukraine, Kazakhstan sont maintenant des « origines » reconnues pour les céréales ; le Brésil fait une percée dans le domaine de la volaille (tout comme la Thaïlande) et de la viande porcine ; l'Inde même devient un exportateur important de viande bovine et est le deuxième exportateur mondial de riz ; la Chine est le deuxième exportateur mondial de maïs et a rejoint la Thaïlande comme premier acteur mondial dans le domaine du poisson et des produits de la mer… Du côté des importateurs, tous les regards se tournent vers la Chine qui, dans le cadre de son adhésion à l'OMC, ouvre peu à peu ses marchés et suscite la convoitise de nombreux exportateurs et surtout des grandes « marques » de l'agroalimentaire mondial.

L'ouverture nécessaire – et heureuse – des marchés agricoles, la réforme des grandes politiques des pays développés ne doit cependant pas faire oublier que pour l'essentiel – ou au moins la grande majorité – des paysans de la planète, la référence du marché mondial restera vaine et dénuée de sens pendant encore de nombreuses années et que pour eux, il est nécessaire de maintenir au Sud les filets protecteurs de ces mêmes politiques agricoles tant décriées au Nord.

Cap sur une nouvelle PAC

Il l'a donc fait ! Début janvier 2003, le Commissaire européen à l'Agriculture a transformé son essai de bilan à mi-parcours de la réforme de la PAC de 2000 proposé en juillet 2002 en une véritable proposition de réforme en profondeur. Franz Fischler veut passer à la postérité comme celui qui aux côtés de Mansholt, Andriessen ou Mac Sharry, aura laissé sa marque sur l'agriculture européenne.

Ne revenons pas sur la question de savoir s'il faut ou non attendre 2006 pour réformer la PAC. À partir du moment où l'accord Chirac/Schröder de 2002 a réglé la question du financement de la PAC jusqu'en 2013, il est clair que plus tôt interviendra une réforme, mieux ce sera pour l'ensemble de la communauté agricole. Depuis trop longtemps les agriculteurs européens ont été ballottés de réformes en réformettes au point de ne plus avoir qu'une seule certitude, celle que chaque lendemain serait différent du jour même, au moins du point de vue réglementaire : quotas laitiers et quantités maximales garanties des années quatre-vingt, réforme Mac Sharry de 1993, agenda 2000 et compromis de Berlin... pour ne citer que quelques épisodes marquants. Reprisée çà et là, ravaudée en d'autres endroits, la trame de la PAC originelle, celle de 1958, a depuis longtemps disparu et a cédé la place à un véritable « monstre » dont la complexité n'a d'équivalent que les contradictions internes. Oui, il est grand temps de changer de PAC !

En imaginant qu'il faudra une bonne année pour parvenir à un accord sur une réforme, cela veut dire que le monde agricole peut espérer avoir en 2004 une politique agricole qui serait fixée pour près de dix ans, jusqu'en 2013. Dix ans ce n'est pas encore, l'espace d'une génération (qui est le véritable temps long du monde agricole), mais convenons que c'est là bien mieux que le temps court des marchés et des crises politiques que la PAC a connus depuis vingt ans.

Une réforme donc ! La dernière peut-être ! Une réforme en 2004 mais pour quelle politique agricole ?

La copie de Monsieur Fischler

Le projet présenté par la Commission présente l'avantage d'être à peu près complet et de couvrir la plupart des productions. Il reste quand même des lacunes concernant le sucre (un problème à lui tout seul et on comprend Franz Fischler de ne pas avoir voulu s'y brûler) et de manière plus grave la viande bovine. Comme trop souvent dans la littérature bruxelloise on y trouve le pointillisme le plus extrême sur certaines questions (prix et aides) et le flou le plus total sur d'autres et en particulier sur ce qui a trait au deuxième pilier et au développement rural.

À première vue, le projet de Monsieur Fischler ne manque pas de cohérence. L'idée en est simple : il regroupe toutes les aides directes existantes en un seul paiement unique par exploitation calculé sur la base des aides reçues en 2000-2002 et transformé en droit à paiement. Ce paiement est garanti quelles que soient les cultures pratiquées mais il fait l'objet d'un « conseil » obligatoire au-delà d'un seuil de 15 000 euros. Cet audit porterait sur des problématiques d'environnement, de sécurité alimentaire et de bien-être des animaux en particulier. Le droit à paiement est prévu dégressif mais il n'est pas par contre

Les propositions Fischler de janvier 2003

1 – Gestion des marchés

- Céréales
  - baisse de 5 % du prix d'intervention
  - abolition des majorations mensuelles
  - aide spécifique aux protéagineux dans la limite de 1,4 million d'hectares
  - passage de la plupart des aides spécifiques (pomme de terre de fécule, ensilage…) dans l'aide au revenu
  - baisse de 50 % du prix d'intervention du riz
- Lait
  - prorogation des quotas jusqu'en 2014/15
  - augmentation des quotas (1,5 % puis 1 % par an)
  - baisse des prix d'intervention : au total 35 % pour le beurre et 17,5 % pour la poudre de lait écrémé
- Productions énergétiques
  - aide spécifique dans la limite de 1,5 million d'hectares
- Autres productions (viande bovine, sucre…)
  - Aucune proposition

2 – Aide au revenu

- Remplacement de toutes les aides existantes (ou nouvelles du fait des baisses de prix) par un paiement unique par exploitation sur la base du montant reçu en 2000-2002
- Calcul d'un droit au paiement à l'hectare (paiement « spécial » pour l'élevage ?)
- Droit au paiement cessible avec ou sans terre
- Totale liberté de culture et de production (sauf cultures permanentes)
- Système de " conseil " obligatoire dans le cadre d'une conditionnalité des aides (environnement, sécurité alimentaire, bien-être des animaux) pour les agriculteurs recevant plus de 15 000 euros d'aide
- Gel des terres obligatoire de 10 % de la superficie (sauf pour les agriculteurs biologiques)
- Au-delà de 5.000 euros d'aides, dégressivité progressive allant jusqu'à 12,5 % en 2012 pour la tranche de 5 000 à 50 000 euros et à 19 % au-delà de 50 000 euros
- Pas de modulation !

3 – Développement rural

- Diverses mesures et propositions d'un certain flou artistique !

4 – Propositions de négociations à l'OMC

(indissociables en fait de la réforme de la PAC et présentées en décembre 2002 par Pascal Lamy et Franz Fischler)

- Baisse de 36 % des droits de douane (en moyenne mais avec un minimum de 15 % par produit)
- Baisse de 45 % des restitutions et suppression pour le blé, les graines oléagineuses, l'huile d'olive et le tabac
- Baisse de 55 % des aides versées pour le soutien aux marchés
- Maintien de la « boîte bleue »

plafonné. Enfin, il est assorti d'un gel des terres obligatoires de 10 % des surfaces. Quant aux politiques de marché, elles sont marquées par la baisse des prix (5 % pour les céréales, plus de 25 % pour le lait), la disparition de toutes les aides spécifiques et quand même le maintien des quotas laitiers dont les montants seraient toutefois augmentés.

On est là en présence d'un système de découplage à peu près parfait. Il ressemble à s'y méprendre à la loi américaine de 1995, le FAIR ACT appelé d'abord « Freedom to Farm Act ». On avait la même idée de calcul rétroactif de droits à aides, leur caractère automatique et la totale liberté de cultiver par la suite. Mais le système américain se limitait aux grandes cultures, il n'était pas conditionnel et ne comportait aucune jachère qu'au contraire il supprimait. On sait que la logique du FAIR ACT n'a pas survécu longtemps à la crise des marchés de la fin de la décennie.

Il y a cependant quelques incohérences dans le projet Fischler qu'il faut souligner :

• Quelle logique y a-t-il à mettre toutes les aides (végétales et animales) sur le même plan ? Et puis à se limiter aux aides existantes, n'augmente-t-on pas les discriminations vis-à-vis des producteurs qui ne sont pas aidés (légumes de plein champ, pomme de terre…).

• La conditionnalité est probablement une bonne chose. Mais le projet oublie l'une des principales fonctions de l'agriculture, sa présence dans l'espace et son rôle dans l'aménagement du territoire. Leur caractère rétroactif fige les aides dans leur géographie actuelle. Il y a même pire : les aides sont transférables entre producteurs, c'est-à-dire cessibles avec ou sans terre ! Une telle possibilité qui créerait un véritable marché des droits à paiement (ceux-ci n'étant pas plafonnés) va à l'encontre de toute logique de gestion de l'espace qui devrait au contraire impliquer un lien direct et indissoluble entre le droit à aide et la terre.

• Pourquoi enfin maintenir le gel des terres ou la jachère alors que la logique est d'aller vers le marché et qu'aucun autre grand pays ne s'impose cette contrainte.

Si Franz Fischler veut mener à bien sa politique de découplage, il doit en faire bénéficier chaque hectare cultivé et interdire toute cassure du lien entre l'aide et la terre. Comme on le voit, on en est loin.

D'autres critiques portent plus spécifiquement sur les politiques de marché :

• Baisser les prix n'a de sens que si l'on peut raisonnablement exporter sans restitutions (qui disparaîtraient de toute manière pour le blé dans la proposition Lamy à l'OMC). Pour les céréales, la baisse de 5 % est ridicule : trop ou trop peu ! Mais pour le lait, on restera de toute manière très loin du prix international et de plus sans véritables débouchés. Qu'en est-il enfin des prix de la viande ?

• Comme d'habitude, aucune précision n'est donnée quant à la manière dont la Commission compte gérer au quotidien les marchés. Que se passera-t-il lorsque, pour les céréales, les prix mondiaux seront supérieurs au prix d'intervention ? On sait que l'on touche là à l'un des points les plus opaques des pratiques de la Commission, et de ce point de vue Franz Fischler n'est guère libéral (au contraire même, il a instauré le 1er janvier 2003 des quotas d'importation de céréales qui risquent un jour de se retourner contre les producteurs).

Ainsi, la copie de Monsieur Fischler, si elle contient quelques idées intéressantes qui doivent être creusées, révèle nombre d'incohérences et surtout quelques lacunes béantes en ce qui concerne l'élevage et l'aménagement du territoire. Le plus frappant, c'est quand même un manque de « vision », de projet pour l'agriculture et une démarche plus proche de celle d'un boutiquier.

Ceci étant, la copie est sur la table et on sait que dans la logique de fonctionnement de l'Union européenne, seule la Commission peut proposer au Conseil des ministres qui tranche et amende. Il faut donc partir des propositions Fischler pour les amender.

Quelques propositions

Le cœur de notre analyse est de séparer les grandes cultures des productions animales d'herbivores (bovins, lait et viande, ovins). Pour les premières, on peut en effet partir des propositions Fischler en les améliorant. Pour les secondes, l'approche doit être radicalement différente.

Pour les grandes cultures, le découplage total « à la Fischler » est une bonne idée. Cependant, il est clair que le « droit à paiement » doit être non cessible et attaché à la terre. Faut-il l'asseoir sur des bases rétroactives et pérenniser ainsi les inégalités existantes ? On voit l'avantage qu'il y a à ne pas ouvrir à nouveau une véritable « boîte de Pandore ». Il faudrait en tout cas au moins réintégrer toutes les cultures de plein champ à l'exception des cultures permanentes. Le conseil ou audit est aussi une bonne idée : à partir du moment où il y a transfert financier de la société vers l'agriculture, le principe du contrôle est légitime. Ne faut-il pas d'ailleurs aller plus loin et – dans le cadre français au moins – intégrer cette démarche dans le cadre du mécanisme qui succédera aux CTE. Il faut donner d'ailleurs une certaine noblesse à ce contrat passé entre l'agriculteur et la société et y intégrer à cette occasion les fonctions d'aménagement du territoire et de développement rural (les quelques aides prévues par Monsieur Fischler à ce niveau-là devraient en fait être réintégrées dans cette démarche – même si elles ont le statut financier du deuxième pilier).

Face à ce découplage, les marchés doivent être libéralisés. Tout d'abord il n'y a aucune raison de maintenir un gel des terres et celui-ci doit disparaître. Quant au fonctionnement des marchés, il devrait être le plus transparent possible : maintien d'un prix d'intervention (dont le niveau dans l'idéal devrait correspondre à celui du loan rate américain), maintien des restitutions lorsque le prix mondial (une notion à clarifier pour le blé) est inférieur et ce y compris pour le blé dans la mesure où leur impact sur les pays du Sud est loin d'être aussi nocif qu'on le dit ; suppression de toute « zone grise » et autre taxe à l'exportation lorsque le prix mondial est supérieur à l'intervention : ceci revient à entériner le principe de l'instabilité des prix à l'intérieur de l'Union européenne mais ce n'est là qu'équité pour les producteurs qui pourront ainsi profiter des périodes favorables des marchés. Ce serait là une véritable révolution culturelle consacrant le démantèlement de la gestion traditionnelle des marchés en Europe depuis près d'un demi-siècle.

On le voit, dans ce champ des grandes cultures, nous allons jusqu'au bout de la logique Fischler : découplage intégral et liberté la plus grande possible donnée aux marchés. Ceci bien sûr n'empêche pas la possibilité – prévue par Fischler – d'encourager quelques productions spécifiques comme les protéagineux et les plantes énergétiques.

Mais ceci ne peut s'appliquer en l'état aux productions animales et là il faut entrer dans une autre logique. Dans une perspective de développement rural, la fonction de l'élevage est moins de produire du lait et de la viande que d'assurer le maintien de la présence agricole. Si l'on va au bout de ce raisonnement, on doit non seulement maintenir les quotas laitiers mais les étendre aux viandes. Ces dernières années, les éleveurs de races allaitantes ont été parmi les plus éprouvés de tous les agriculteurs.

Dans la mesure où l'on ne peut bâtir de stratégie sur l'exportation de lait et de viandes pour lesquels l'Europe ne sera jamais compétitive, ne faut-il pas réorienter ces productions pour la satisfaction du seul marché intérieur (en s'interdisant toute exportation) en liant les quotas de production à la terre dans une logique d'aménagement du territoire. Il faudrait donc maintenir les quotas laitiers (en les réduisant d'ailleurs), surtout ne pas toucher aux prix et probablement mettre en place des quotas de primes à la vache allaitante. Dans l'un et l'autre cas, ces quotas seraient incessibles et attachés à la terre.

Là encore il s'agit donc de pousser au bout la logique de la Réforme en reconnaissant que l'approche libérale n'est pas adaptée aux problèmes ni aux fonctions de l'élevage et qu'il faut au contraire adopter une autre démarche, beaucoup plus contraignante, en isolant par contre le marché européen.

L'ambition de la Réforme

Le monde agricole a trop souffert par le passé de réformes à moitié réalisées, de blocages et de démagogies politiques. Il se présente en 2003-2004 une opportunité exceptionnelle de bâtir une nouvelle PAC durable dans la perspective des garanties budgétaires jusqu'en 2013. Il faut donc agir et proposer. Le texte de la Commission a le mérite d'innover en matière de découplage mais il présente quand même de telles contradictions que l'on peut douter du réalisme de son application. Notre idée est une relecture de la proposition Fischler avec plus de marché d'une part, une distinction plus stricte entre les produits, leur nature et leurs objectifs, d'autre part. Elle est seulement une pierre apportée à un débat que l'on ne peut qu'espérer positif et constructif. Les agriculteurs européens le méritent.

Après le Farm Bill :
Les agriculteurs américains déterminés à ne pas abandonner leurs soutiens dans la négociation agricole de l'OMC

Le 13 mai 2002, le Président Bush a signé le « Farm Bill », devenu donc le « Farm Security and Rural Investment Act 2002 », dont Cyclope 2002 avait révélé les principales dispositions avant son adoption par les deux Chambres : le produit final n'a subi que de très légères modifications de curseur et conserve le système de soutien des revenus à trois étages, abondamment décrit dans l'édition 2002 de Cyclope : paiement direct forfaitaire auquel vient s'ajouter un paiement contracyclique plus ou moins découplé, ainsi qu'un *Deficiency Payment* totalement recouplé à la production quand le prix de marché tombe en dessous du fameux *loan rate* (équivalent du prix d'intervention européen).

Le fait que M. Bush ait signé une loi de soutien agricole budgétivore n'a surpris personne, étant donné l'enjeu décisif pour son programme de politique intérieure du contrôle du Sénat remporté haut la main par les républicains en novembre 2002.

Le Farm Bill de 2002 est en rupture totale avec les orientations libérales qui ont présidé à l'élaboration de la loi agricole de 1996, et qui sous-tendent toujours la rhétorique officielle de l'administration à l'OMC, même si le discours sonne faux et que personne n'est dupe.

Le retour à une politique de soutien des revenus agricoles

En intervenant pour soutenir durablement et parfois massivement le revenu agricole, les États-Unis reconnaissent l'érosion de compétitivité de leur agriculture par rapport aux agricultures des grands PED (Brésil, Argentine) et s'engagent à soutenir durablement le revenu agricole, même si les avis divergent sur l'étendue et la nature de ce soutien.

Au cours des années 1980, les organisations agricoles américaines se considéraient comme les producteurs les plus compétitifs au monde. C'est de cette époque que date la rhétorique sur la libéralisation des échanges et surtout le *« level playing field »* (égalité des chances) en matière de politique agricole. Ce sentiment d'invincibilité a bien sûr influencé la loi libérale de 1996, adoptée par le Congrès dans un contexte de marché euphorique pour les exportations agricoles américaines.

C'est avec la crise asiatique et l'effondrement des prix à partir de 1998 que la confiance des agriculteurs américains dans le marché a commencé à être ébranlée, au point que le Congrès a été contraint de dégager chaque année, depuis 1998, entre $ 8 et $ 10 milliards en sus des programmes habituels pour soutenir le revenu agricole.

Dans le même temps, les producteurs américains de maïs ou de soja observaient l'explosion de la production au Brésil et en Argentine, qui accaparait la croissance de la demande du marché mondial, qui demeure soutenue pour le soja en dépit de la crise économique persistante.

La première manifestation du mécontentement agricole a été le limogeage de l'ancien

Président du principal syndicat agricole américain, l'American Farm Bureau, jugé trop idéologique par ses troupes qui réclamaient un chèque du gouvernement, plutôt que la promesse de verts pâturages sur les marchés extérieurs.

Ce sont les agriculteurs américains qui ont fait le Farm Bill, grâce à la courroie de transmission que représentent les Commissions de l'Agriculture du Sénat et de la Chambre. À Washington, le Congrès détient le pouvoir législatif en matière de politique agricole et de politique commerciale ; les élus agissent strictement en fonction des intérêts économiques de leurs mandants : cela a le mérite de la simplicité.

Il y a belle lurette, en tout cas depuis 1997/1998, que les agriculteurs américains ne croient plus au discours officiel sur le libéralisme et le salut par l'exportation. Les agriculteurs américains se rendent bien compte que leur compétitivité s'érode, notamment en raison de la capitalisation des aides dans le prix du foncier. C'est la course en avant : des exploitations de plus en plus grandes, nécessitant des aides publiques massives, pour maintenir leur niveau de vie.

Il y a en gros deux catégories d'agriculteurs aux États-Unis : la moitié, qui a plus de 50 ans, veut que les aides publiques durent encore une dizaine d'années, jusqu'à leur retraite, afin de maintenir leur niveau de vie et surtout d'éviter un effondrement du prix du foncier. Quand on leur demande quelles sont leurs priorités législatives, l'allégement de l'impôt sur les successions arrive bien avant l'ouverture des marchés... Quant aux autres, les plus jeunes, ils tentent de se diversifier (production sous contrat par exemple) quand ils ne sont pas occupés à acheter des terres au Brésil ou au Paraguay.

Le Congrès vient d'injecter une nouvelle aide exceptionnelle de $ 3,1 milliards à l'agriculture américaine

Depuis 1998, le Congrès a institué un Farm Bill bis, sous la forme d'un guichet d'aides exceptionnelles destinées à soutenir le revenu

Prévisions budgétaires : agriculture
Dépenses de soutien et programmes environnementaux

	Commodity Credit Corporation Soutien agricole	Programmes environnementaux	TOTAL
2002	13,841	2,286	15,764
2003	13,043	2,617	15,399
2004	15,529	2,927	18,236
2005	17,304	3,442	20,516
2006	16,916	3,864	20,557
2007	16,159	4,074	20,021
2008	15,113	4,18	19,092
2009	15,552	4,778	20,214
2010	14,771	5,112	19,861
2011	13,989	5,373	19,338
2012	13,354	5,548	18,88
2013	12,809	5,793	18,582

Source : Congressional Budget Office – Janvier 2003.

agricole lorsque les aides « normales » s'avèrent insuffisantes pour maintenir le revenu agricole.

Entre 1998 et 2001, c'est plus de $ 35 milliards d'aides complémentaires qui ont été ainsi déversées sur l'agriculture pour compenser les pertes de marché et les calamités agricoles.

Bien que promis, juré, la réforme de l'assurance récolte était censée éliminer les aides exceptionnelles, 2002 ne fera pas exception : le Congrès vient de voter une rallonge de $ 3,1 milliards pour compenser les pertes de récolte jusqu'à 95 % d'une récolte normale, au prix actuel. Pas si mal...

Les subventions agricoles se capitalisent dans le prix de la terre, rendant politiquement impossible un retrait brutal des soutiens agricoles.

Il n'est pas rare aujourd'hui de voir des transactions foncières à $ 4 500 par acre (environ 10 000 euros par hectare) dans le Midwest, pour des terres qui s'échangeaient encore à $ 2 000 il y a quelques années.

Au Congrès et dans l'administration, on est bien conscient de ce phénomène : mais à la question de savoir quelle est la sortie possible de cette spirale inflationniste, la réponse est invariablement que politiquement, il n'y a pas de sortie possible à court terme : en d'autres termes, le Congrès est condamné à poursuivre une politique de soutien des revenus agricoles, sous une forme ou sous une autre, en espérant que l'évolution de la pyramide des âges réglera le problème des structures d'exploitation...

Les experts américains estiment qu'à l'horizon 2010, le nombre d'exploitations produisant 80 % de la production agricole américaine pourrait tomber d'un peu plus de 200 000 exploitations aujourd'hui à 70 000 exploitations seulement.

Vers une politique du deuxième pilier ?

Les services d'études du Congrès estiment que le prochain Farm Bill (à partir de 2008) amplifiera la tendance déjà amorcée avec le Farm Bill de 2002, dont les crédits affectés à la protection de l'environnement doubleront entre 2002 et 2008.

La réflexion porte également sur les initiatives de développement économique en milieu rural : plus de la moitié des revenus des ménages agricoles proviennent déjà de la pluri-activité. Mais à la différence de l'Europe, les Américains considèrent que le maintien des activités rurales n'est pas incompatible avec la diminution de la population agricole : d'où un certain nombre d'initiatives, comme par exemple une aide de plus d'un milliard de dollars pour subventionner l'installation de réseaux Internet à haut débit en milieu rural.

Après le Farm Bill : quel avenir pour l'agriculture américaine ?

Grandes cultures

À court terme, la forte hausse des prix du blé sur le marché intérieur à l'automne 2002 a provoqué une augmentation de 6 % environ des semis de blé d'hiver, soit la hausse la plus élevée depuis 1998. Avec la correction des prix intervenue depuis lors, les semis en blé de printemps sont en légère diminution. L'USDA prévoit tout de même une augmentation des surfaces en blé un peu supérieure à un million d'hectares.

À noter que les États-Unis se protègent des importations de blé des républiques de l'ancienne Union soviétique, sous couvert d'une raison phytosanitaire. En revanche, ces blés entrent au Canada et au Mexique...

En ce qui concerne le maïs et le soja, on assiste à un léger transfert (500 à 700 000 ha) du soja vers le maïs, en raison du réalignement des niveaux de soutien et des rendements médiocres en soja au cours des dernières années.

En définitif, l'impact du Farm Bill sur l'orientation des productions apparaît comme relativement limité.

Les exportations

L'émergence de nouveaux compétiteurs à bas coûts de production pousse les producteurs américains à la spécialisation.

Les exportations de l'ex-URSS, de la Chine, de l'Inde, de l'Argentine et du Brésil représentaient 30 millions de tonnes de céréales et de soja en 1994/95, soit 13 % environ des exportations mondiales. En 2002, les exportations de ces mêmes pays dépasseront 100 millions de tonnes, soit à peu près 38 % du commerce mondial.

Les agriculteurs américains ont compris qu'ils auront de plus en plus de difficultés à se battre sur le terrain des commodités, ce qui explique la forte poussée politique en faveur des OGM et de la fin du moratoire européen.

La position très offensive de l'USTR (le ministère du Commerce extérieur américain) dans ce dossier repose sur l'analyse que plus on attend, et plus les positions européennes vont contaminer le reste du monde. L'objectif n'est pas tant de réouvrir le marché européen aux aliments transgéniques américains, mais bien d'éviter la contamination aux autres marchés clients des États-Unis.

La menace très forte au mois de janvier 2003, d'une plainte contentieuse à l'OMC a été provisoirement mise en sommeil, Irak oblige : pour l'agriculture américaine et notamment pour les producteurs de maïs, il s'agit d'une priorité vitale pour l'avenir des productions américaines.

Après l'annonce de la mise en marché par Monsanto d'un maïs OGM résistant à plusieurs parasites à la fois, c'est le blé résistant à l'herbicide Round-Up que Monsanto veut mettre sur le marché dès 2003 ou 2004.

Les agriculteurs voient certes dans les OGM les augmentations de productivité, les économies d'énergie et de produits sanitaires, mais l'enjeu réel des OGM pour l'avenir, c'est la sélection de variétés spécialisées pour sortir de l'anonymat des commodités et créer de la valeur (taux de protéine, aminoacides, etc.).

Les agriculteurs américains considèrent que l'enjeu des OGM est vital pour l'amélioration des revenus : cela signifie également culture contractuelle, mais aussi traçabilité que l'on appelle ici *« préservation de l'identité »*.

Les agriculteurs américains sont convaincus de la nécessité de développer la traçabilité, qui se heurte encore à pas mal de résistance en raison des investissements que cela suppose sur l'exploitation et en aval dans la collecte et la distribution.

Le Farm Bill et la négociation agricole de l'OMC : priorité à l'accès par les États-Unis

Les États-Unis ont déposé à l'OMC une série de propositions, libérales en apparence, y compris en matière de soutien domestique. Cette dernière proposition permet en réalité aux États-Unis de maintenir le statu quo, en pérennisant la boîte orange à plus de $ 20 milliards, ce qui correspond à peu près au niveau des années 2000 et 2001 (moins élevé en 2002).

La proposition américaine en matière de soutien permet aux États-Unis de conserver en l'état l'acquis du Farm Bill, alors que l'Union européenne serait contrainte de « verdir » ses soutiens en généralisant le découplage dès la mise en œuvre d'un éventuel accord à l'OMC.

C'est sur l'accès au marché que l'administration américaine a l'obligation de résultats la plus forte, car le Congrès ne ratifiera un éventuel accord multilatéral – qu'il n'a pas demandé – que si la négociation agricole procure un avantage certain aux exportations américaines en abaissant les barrières tarifaires sur les grands marchés des pays développés (Union européenne élargie, pays asiatiques, Amérique centrale).

Pour l'Union européenne, l'avenir de l'agriculture européenne est une agriculture autocentrée, peu exportatrice, fondée sur l'identité et la qualité des produits.

Dans ce contexte, le découplage des aides conduira inéluctablement à l'érosion progressive des organisations de marché, sous la pression de la contrainte budgétaire et de la déliquescence de la préférence communautaire : gare à l'accès !

Avec une telle politique, libéraliser l'accès signifie des prix bas à perte de vue, que les aides directes ne parviendront pas à compenser.

Au contraire de l'Union européenne, la stratégie américaine demeure offensive, en dépit de la perte de compétitivité d'un certain nombre de secteurs de l'agriculture américaine au profit des grands PED (Brésil, Argentine) : l'ouverture des marchés s'accompagne, dans la stratégie américaine, d'une poursuite de la politique de soutien par les marketing loans, qui gomme le handicap de compétitivité tout en protégeant le marché intérieur des importations.

C'est donc bien le marketing loan qui constitue le maillon faible dans la stratégie américaine : le renoncement à terme aux subventions à l'exportation ne peut avoir pour contrepartie que l'abandon des marketing loans.

Pour les agriculteurs américains, l'objectif maximaliste affiché du *« level playing field »* vise à forcer l'Union européenne à abaisser son soutien interne global au niveau de celui des États-Unis : en réalité, les agriculteurs américains n'ont nullement l'intention d'abandonner leurs propres soutiens et notamment le marketing loan (*Loan Deficiency Payment*), le jeu consistant tout simplement à faire porter à l'Union européenne la responsabilité de l'échec.

Le Sénat vient d'ailleurs d'adopter une résolution déclarant les propositions Harbinson inacceptables en l'état…

La position des organisations agricoles américaines peut se résumer de la manière suivante : *« Retenez-moi ou je libéralise… »*.

Le « Farm Security and Rural Investment Act of 2002 »
Programmes Grandes Cultures (2002-2007)

I – Les aides non directement liées aux quantités produites : paiements directs et paiements contra-cycliques

À l'inverse du « deficiency payment » déclenché par le marketing loan, directement lié à la production d'une culture, l'agriculteur n'est pas tenu de produire pour bénéficier de l'aide forfaitaire, ou de l'aide variable liée aux target prices. En d'autres termes, un agriculteur peut ne pas produire la culture pour laquelle il a une base de référence, tout en bénéficiant de plusieurs dizaines de milliers de dollars d'aides pour cette production.

1. L'aide directe

Les aides forfaitaires découplées introduites par le Fair Act (aides PFC[1] ou AMTA[2]) sont reconduites, selon des modalités quelque peu différentes, sous le vocable de « paiements fixes ».
Comme pour le Fair Act, les aides sont accordées de manière contractuelle pour toute la durée de la loi.
À la différence des aides AMTA, ces paiements, dont le niveau a été relevé par rapport à celui de la dernière année du Fair Act, sont fixes pour toute la durée de la loi. Le soja et les oléagineux sont intégrés dans le dispositif et bénéficient désormais, tout comme les céréales, de l'aide directe.
Le paiement soja fait plus que compenser la baisse unitaire du loan rate.

Surfaces et rendements de référence :
Les rendements de référence n'ont pas été modifiés, ce sont les mêmes que ceux du Fair Act (référence historique, période 1981-85).
Pour le calcul des surfaces de référence (ou bases), l'agriculteur a le choix entre deux options :

- Ou bien ajouter aux bases céréales et coton de l'exploitation (celles du Fair Act de 1996, actualisées sur la moyenne des années 1991-1995) la surface plantée en soja et oléagineux sur la période 1998-2001.
  La somme des bases historiques et de la surface soja ne doit pas, en principe, excéder la totalité des surfaces exploitées (sauf double-cropping).
- Ou bien actualiser toutes les surfaces de référence en fonction des surfaces moyennes grandes cultures plus soja pour la période 1998-2001 (les semis non réalisés pour raisons climatiques sont pris en compte).
  Pour les bases soja ainsi créées, le rendement est calculé en prenant le rendement de l'exploitation pour la période 1998-2001, affecté d'un coefficient égal au rendement national pendant la période 1998-2001, divisé par le rendement national 1981-1985.

Exemple du soja :	rendement historique :	20 bu/acre
	rendement 1998/2001 :	30 bu/acre
	rendement moyen récent :	38 bu/acre

Un producteur ne peut pas choisir d'actualiser ses bases à la carte, il doit le faire pour l'ensemble de ses productions s'il choisit cette option.
La surface primée est égale à 85 % de la surface de référence.

Taux de paiement :
Le paiement direct est obtenu selon la formule suivante :
DP maïs = (payment rate) maïs X (rendement historique) maïs X (base) maïs X 0,85

Taux des paiements fixes pour les principales cultures

En $ / MT	Rappel Fair Act 2002	2002-2007
Maïs	10,6	11,0
Blé	17,3	19,1
Soja	Hors programme	16,2
Autres oléagineux	Hors programme	17,6
Orge	9,6	11,0

Plafond du paiement fixe : $ 40 000 par an et par exploitant.
La règle des trois entités s'applique, c'est-à-dire qu'un exploitant peut doubler son plafond s'il a un « intérêt actif » dans deux autres exploitations.

[1] Production Flexibility Contract.
[2] « Aides de transition vers le marché ».

Plafond effectif : $ 80 000 par an

Exemple : Exploitation moyenne du Midwest = 400 acres maïs, 400 acres soja

	Rendement historique qx/ha	Base	Prime USD
Maïs	63	400	10 600
Soja	26	400	6 500

Prime Fair Act 1996 = $ 10 600
Prime Nouveau Farm Bill = $ 17 000
Dans cet exemple, l'exploitant aura probablement intérêt à actualiser sa base pour maximiser les surfaces de référence maïs, car la prime à l'acre est plus importante que pour le soja.
Une fois maximisée la base maïs, il déclarera une base soja par différence entre la surface totale d'exploitation et sa nouvelle base maïs.

2. Introduction d'un target price et d'un paiement contra-cyclique
La loi réintroduit les target prices, qui déterminent un taux de paiement contra-cyclique pour chaque production.
Le taux de paiement contra-cyclique est évidemment fonction des niveaux de prix, mais l'absence d'obligation de produire fait dire à l'USDA que ces paiements sont découplés puisqu'ils ne dépendent ni de la culture plantée, ni du volume de production.

Target price : $/tonne	Prix objectif 2002-2003	**2004-2007**
Maïs	102	**104**
Blé	142	**144**
Orge	101	**103**
Soja	213	**213**
Autres oléagineux	216	**223**

Taux de paiement contra-cyclique : calculé par différence entre le prix objectif et le prix moyen de marché (ou le loan rate si le prix de marché lui est inférieur) auquel on déduit le taux de paiement fixe.
Le paiement contra-cyclique est calculé de la même manière que le paiement fixe (la surface primée est égale à 85 % de la base).

Surface et rendements de référence :
Pour les surfaces, l'exploitant a le choix entre les mêmes options que pour le paiement fixe.
Les rendements utilisés pour le calcul des paiements contra-cycliques peuvent être supérieurs à ceux pris en compte pour le calcul du paiement fixe. L'exploitant a le choix entre trois options pour chaque production :
- Utiliser les rendements de programmes (comme pour le paiement fixe)
- 70 % de la différence entre le rendement moyen de la période 1998-2001 et le rendement de programme ajouté au rendement de programme.
- 93,5 % du rendement moyen 1998-2001.

Plafond du paiement contra-cyclique : $ 65 000 par exploitant
La règle des trois entités s'applique, de sorte que le plafond effectif est de $ 130 000 par exploitant.
Un agriculteur percevra le maximum d'aides directes et contra-cycliques quand le prix de Marché est inférieur ou égal au loan rate, ce qui correspond à la situation actuelle et constitue le scénario le plus probable pour la durée du Farm Bill, sauf accident climatique.

Aide unitaire USD/MT	Loan rate	Paiement direct	Paiement CC	**Prime à l'hectare**	Coût variable/ha	Prime %
Maïs	77	11	13	**138**	346	40
Blé	103	19	20	**72**	165	43
Soja	184	16	13	**55**	173	32

Hypothèses : ① prix de marché = loan rate
② les semis réels correspondent aux « bases »

II – Les aides directes liées à la production : les marketing loans

Le mécanisme du marketing loan est reconduit. Les prix garantis, qui déclenchent les aides dès lors que le prix tombe en dessous du niveau de prix garanti, sont augmentés en moyenne de 5 % pour le blé et le maïs et diminués de 5 % pour le soja.

Prix garantis $/tonne	Prix marché mondial	Prix garantis Fair Act 2001	Prix garantis Nouveau Farm Bill	
			2002-2003	2004-2007
Maïs	73 – 77	75	**78**	**77**
Blé	100 – 105	95	**103**	**101**
Soja	150 - 160	193	**184**	**184**

Pour la première fois, le système des loan rates est étendu au pois et lentilles à un niveau de prix garanti très élevé ; il est réintroduit pour le miel et la laine.
Le point essentiel est que les loan rates sont fixés pour toute la durée du Farm Bill : à la différence du Fair Act, le secrétaire à l'Agriculture n'a plus la possibilité d'ajuster les loans en fonction de la situation de marché.
Comme dans la loi actuelle, la nouvelle loi permet à l'agriculteur de rembourser le prêt de campagne à un niveau inférieur au loan nominal (c'est le loan deficiency payment) en restant propriétaire de sa récolte, ce qui évite la constitution de stocks publics.
Le niveau de remboursement du loan est calculé chaque semaine par l'USDA en fonction de la situation de marché, de manière à rendre les prix de marché compétitifs sans constituer de stocks d'intervention (si l'agriculteur emprunte 100, et qu'il est contraint de vendre sur le marché à 90, il ne remboursera que 90). En réalité, il bénéficie dans tous les cas de figure d'une garantie de prix pour toute sa production au niveau du loan.
À noter que pour le coton et le riz, c'est le prix mondial qui est utilisé par l'USDA pour déterminer le taux de remboursement : le marketing loan constitue donc bel et bien une subvention à l'exportation, bien qu'il soit classé en soutien interne à l'OMC.

Plafond des aides couplées : $ 75 000 par exploitation
La règle des trois entités s'applique de sorte que le plafond effectif est de $ 150 000.
Pour le marketing loan uniquement, l'aide peut être versée en « bons à tirer » sur les stocks publics. Dans ce cas, l'aide en nature s'ajoute, sans limitation, aux $ 150 000.

III - Dispositions générales :

- Pour bénéficier des aides du marketing loan, l'agriculteur doit au préalable avoir conclu un contrat pour l'obtention des aides directes et contra-cycliques pour toute la durée de la loi. Ce contrat impose à l'agriculteur de déposer un plan agri-environnemental et de respecter les obligations de protection des zones sensibles.
- Plafonnement des aides :
  Une commission est créée pour étudier les problèmes de contournement des critères d'éligibilité et des plafonds. À noter que le plafond légal est en réalité de $ 360 000 par exploitant, sans compter les aides attribuées sous forme de bons à tirer sur les stocks publics qui sont sans limite. C'est le cas notamment en cas de dépassement du plafond « marketing loan ».
  La loi introduit une exclusion pour les individus dont le revenu fiscal (Adjusted Gross Income) dépasse $ 2,5 millions par an, sauf si la part agricole dépasse 75 % de ce revenu (cette mesure est destinée à écarter les joueurs de base-ball et les acteurs d'Hollywood).
- Assurances agricoles :
  La loi de 2000 (Agricultural Risk Protection Act of 2000) a dégagé un budget de $ 8,2 milliards pour la période 2001-2005, afin d'augmenter le taux de subvention des primes d'assurances et d'encourager les agriculteurs à y avoir recours.
  Les programmes d'assurances sont gérés par le secteur privé, qui bénéficie directement des subventions pour abaisser le coût des primes.
  Les produits d'assurances offerts vont de l'assurance récolte à l'assurance chiffre d'affaires, en passant par des polices couvrant les coûts de production ou le revenu brut d'exploitation.
- Disposition de mise en conformité avec l'OMC : la loi n'ignore pas (totalement) le risque de dépassement des engagements des États-Unis, notamment en ce qui concerne le soutien interne. Le Congrès laisse au Ministre le soin de déterminer si le plafond est dépassé ; « dans la mesure du possible », le Ministre pourra réduire les aides après avoir pris l'avis du Congrès…

IV – Le programme laitier

- Le paiement du lait et des produits laitiers repose sur des organisations de marché *(marketing orders)* pour chaque grand bassin laitier : le système repose sur un prix minimum du lait de consommation différencié par zone de production, et sur des prix dérivés pour le lait à usage de la transformation en effectuant une péréquation des prix payés aux producteurs.
Le système des *marketing orders*, qui date des années 1930, avait pour objet de lisser les coûts de livraison des régions à forte production (et faible consommation) vers les régions déficitaires.
Ce système est bien sûr sévèrement contesté par les transformateurs (la coopération a une position plus ambiguë) et critiqué par les producteurs de l'Ouest des États-Unis, les plus performants.
Il a en outre pour résultat d'instituer un prix artificiellement élevé pour le lait de consommation et les produits frais, et de diminuer le prix du lait qui alimente la transformation en excédents (poudre de lait écrémé).
Outre les *marketing orders*, le Nord-Est des États-Unis, zone de petite production familiale, bénéficiait d'un *« Compact »*, qui obligeait les transformateurs à payer un prix du lait à la consommation plus élevé à l'intérieur du compact (en dérogation aux règles du commerce inter-état).

Le volet laitier du nouveau Farm Bill a, comme d'habitude, été l'enjeu de querelles régionales dont certains sénateurs se sont fait les champions :
- La loi proroge le prix de soutien du lait à son niveau actuel ($ 9,90/cwt, soit $ 0,22 /kg), sous la forme d'une intervention publique sur la poudre, le beurre et le fromage.
Alors que le Fair Act avait supprimé l'intervention (cette disposition n'a jamais été appliquée), il n'en est apparemment plus question dans la nouvelle loi.
- Le Compact laitier est remplacé par un mécanisme de paiements contra-cycliques : celui-ci est déclenché lorsque le prix du lait de consommation tombe, dans le bassin de Boston, en dessous de $ 0,37 kg (ce qui est habituellement le cas).
Le taux du paiement contra-cyclique est égal à 45 % de la différence entre les deux prix. Le paiement est versé à tous les laits sans différencier les usages, mais dans la limite d'une production de 2,4 millions de livre par an (ce qui correspond à une exploitation de 132 vaches.
Ce nouveau programme de *« deficiency payment »* laitier est rétroactif au 1er décembre 2001 et s'applique jusqu'en 2005, pour un coût annuel moyen estimé à $ 1,3 milliard.
À titre d'exemple, le différentiel de Boston est actuellement d'environ $ 1 cwt : chaque exploitation laitière (y compris celles de Californie qui n'en ont nul besoin), touchera donc $ 24 000.
L'objectif de cette mesure est de maintenir en activité les petits producteurs laitiers du Nord-Est.
- La loi institue un prélèvement sur les produits importés, identique à celui imposé sur le lait domestique. Ce prélèvement est jusqu'à présent utilisé pour la promotion des produits laitiers, notamment le lait de consommation. Le produit de la taxe sur les importations irait ainsi financer la consommation de lait aux États-Unis, sans bénéfice direct pour les produits importés (fromages contingentés) qui acquitteront le prélèvement.

V – Le programme sucrier

C'est le seul programme agricole qui réintroduit une certaine gestion de l'offre.
La loi ré-introduit la notion de *« No Net Cost »*, c'est-à-dire que le Ministre devra gérer le programme à coût le plus faible possible pour le budget. Comme l'intervention est maintenue, la loi réintroduit les quotas de commercialisation pour gérer le marché, en tenant compte du niveau des importations obligatoires, de manière à ce que le prix ne tombe pas en dessous des niveaux d'intervention.

- L'intervention est maintenue à 18 ct/lb.
- Les prélèvements de coresponsabilité (*marketing assessment* et *forfeiture penalty*) sont supprimés, à la grande satisfaction des producteurs.
- Les taux de prêts du CCC (loan) sont baissés de 1 %.
- Le programme d'incitation à ne pas produire *(Payment in kind)* est reconduit et autorise le versement d'une aide en nature (bon à tirer sur les stocks publics) en contrepartie d'engagements de réduction des surfaces.
- TRQ : pour la première fois, la loi prévoit la possibilité de ré-allouer les quantités non utilisées.
- Aide au stockage privé : le programme de prêts au stockage (existant pour les céréales) est ouvert au sucre.
- Quotas de mise en marché : la loi autorise le Ministre à contingenter les mises en marché si la situation de marché l'exige. Les quotas sont fixés par coopérative pour la canne et la betterave.
En cas de dépassement, les quantités en excédents doivent être stockées aux frais des coopératives : quand le système est en place, le financement du retrait est ainsi reporté sur l'industrie sucrière.
Quand les importations dépassent un certain niveau (1,532 M short tons), les contingents de mise en marché tombent automatiquement, et le coût des retraits (intervention publique) est à nouveau à la charge des pouvoirs publics.

Le système de gestion de l'offre, par le biais du contrôle des mises en marché, ne joue que lorsque les importations de sucre se situent entre le minimum OMC (soit 1,23 million/tonnes courtes) et le fusible des 1,53 million tonnes. Au-delà, c'est l'intervention qui s'enclenche.
La loi contient donc indirectement une forte incitation pour l'administration à maintenir les importations sous le niveau des 1,53 million short tons.

VI – Mesures agri-environnementales ($ 38,5 milliards sur dix ans)

Le budget pour les mesures agri-environnementales est pratiquement doublé, puisque la loi ajoute $ 17,1 milliards (projection sur dix ans) aux $ 21,4 milliards correspondant à la projection de dépenses à législation constante.
Les programmes favorisant le retrait des terres sensibles (Réserve Foncière à long terme, Protection des zones humides, protection contre l'érosion) sont reconduits et étendus.

1 – L'originalité de la loi est de mettre l'accent sur les pratiques d'exploitation et de culture favorisant la protection de l'environnement, alors que jusqu'à présent, les programmes existants étaient incompatibles avec la poursuite d'une activité agricole.
   - Le programme EQUIP (Environmental Quality Incentive Program) est doté de $ 5,7 milliards pour la période 2002-2007, soit une multiplication par 5 par rapport au Fair Act. Il est destiné à aider les agriculteurs à mettre en œuvre et à investir dans des systèmes de production respectueux de l'environnement, sous forme contractuelle (jusqu'à 75 % des dépenses peuvent être prises en compte). 60 % du budget est réservé aux éleveurs, soumis à des contraintes environnementales (réglementaires et judiciaires) de plus en plus drastiques.
     Les aides versées au titre d'EQUIP sont plafonnées à $ 450 000 par exploitant sur six ans, il n'y a pas de limite annuelle.
   - Un nouveau programme (Conservation Security Program), doté de près de $ 2 milliards est créé pour encourager des pratiques culturales plus respectueuses de l'environnement (c'est le pendant pour les grandes cultures du programme EQUIP pour l'élevage).
     L'agriculteur devra conclure un contrat avec l'USDA, pouvant comprendre trois niveaux de pratiques environnementales de plus en plus contraignantes.
     Il recevra une aide annuelle indexée sur la valeur locative de la terre, avec les plafonds suivants :
     – $ 20 000 par an pour le premier tiers
     – $ 35 000 par an si l'agriculteur adopte le régime du deuxième tiers
     – jusqu'à $ 45 000 par an pour le tiers le plus contraignant
     La mise en œuvre pratique de ce programme demeure un mystère, ces primes viennent évidemment s'ajouter aux soutiens à la production.

2 – Les programmes de retrait de terres sont étendus : la Réserve Foncière à long terme passe de 14 à 16 millions d'ha et offre aux agriculteurs un loyer annuel sur une période comprise entre dix et quinze ans pour ne pas cultiver les terres (autorise les pâtures et l'implantation d'éoliennes pour la production de courant électrique !).
   Des programmes similaires existent pour la protection des zones humides (Wetlands Reserve – le programme est doublé).
   Enfin, un nouveau programme permet de subventionner les collectivités ou les associations pour l'achat de terres sensibles en vue d'éviter leur usage agricole.
   Il y a également une multitude de petits programmes, plus ou moins redondants.

VII – Le développement rural

Des subventions, des garanties de prêt ou des prêts directs sont alloués aux collectivités locales, aux coopératives et aux associations pour :

- Le traitement des eaux
- L'installation d'infrastructure internet à haute vitesse en milieu rural
- La scolarisation à distance
- L'installation d'activités économiques en général
- Le développement de la transformation des produits agricoles dans les coopératives locales
- L'amélioration des services publics dans les petites collectivités.

Les débats agricoles à l'OMC : l'Europe à Cancun

La réunion ministérielle de Cancun en septembre 2003 s'annonce difficile, car l'Union européenne va une nouvelle fois être en position d'accusée : va-t-on réformer la PAC à Cancun ?

Le sort de la Politique Agricole Commune sera en partie décidé en septembre prochain à Cancun, qui constitue le rendez-vous majeur de l'OMC en 2003. Pourquoi majeur ? Parce que le résultat de Cancun dictera le rythme et l'ampleur des réformes que la Commission souhaite imposer à l'agriculture européenne.

La Commission a rendu publique – avant même de consulter les Etats membres – une proposition de négociation qui épuise toutes nos marges de manœuvres et qui présente des risques certains de dérapage, notamment en matière d'accès.

Il est bien évident qu'au plan de la stratégie de négociation, Bruxelles sait qu'on n'en restera pas là et que sur la base d'une telle proposition, l'Union européenne sera contrainte de faire des concessions complémentaires à Cancun.

D'où l'idée que, si les projets de découplage de M. Fischler sont encalaminés pour un bon moment, en tout cas jusqu'à Cancun, on imposera par l'extérieur (OMC) ce qui n'a pu être avalisé de l'intérieur (Conseil).

M. Lamy n'a pas dit autre chose quand il dit que la proposition de négociation de la Commission lui permet de tenir jusqu'à Cancun. Il s'est bien gardé de préciser « après Cancun », tant il est évident, quand on se penche sur l'histoire des négociations commerciales, que l'Europe a toujours fini par payer sur l'agriculture.

C'est pour cela que la proposition européenne ne peut être considérée comme un point d'arrivée, mais plutôt comme une ouverture de négociation.

La maîtrise de l'accès est cruciale pour la survie des organisations de marchés

Sans maîtrise de l'accès, il n'y a plus d'organisations de marchés : c'est ce qu'on a pu constater tout au long de l'année 2002 sur le marché du blé, avec les importations en provenance de la Mer Noire ; la Commission a mis plus d'un an pour réagir…

Les priorités de négociations de l'Union européenne sont évidentes, et dans cet ordre :

- Maintenir la préférence communautaire en maîtrisant l'accès.
- Ne pas se faire dicter par l'OMC les politiques de soutien, tout en remettant en cause la classification actuelle, afin de pénaliser davantage les formes de soutien les plus distorsives à l'exportation (marketing loans).
- Enfin, conserver une capacité d'exportation Pays Tiers aidée dans les secteurs qui ne peuvent s'en passer, tout au moins à court et moyen terme (lait, viande bovine).

Au contraire du débat sur les aides à l'exportation, qui est le plus politisé, la négociation sur l'accès est technique, opaque et indolore en apparence, mais c'est là que sont les vrais enjeux économiques.

– Avec la « tarification » adoptée lors de l'Uruguay Round – c'est-à-dire la conversion en droits de douanes de tous les obstacles à l'importation, notamment les prélèvements variables – la négociation sur l'accès a perdu sa visibilité politique pour devenir un problème de curseur, aux mains des négociateurs chevronnés de l'OMC. Ceux-ci manient les formules pour aboutir, sans en avoir l'air, à des désarmements tarifaires très substantiels.

Il est facile en effet de constater que par rapport à une moyenne tarifaire inférieure à 10 % pour les produits industriels, le droit agricole moyen à 70 % avec des pics à 600 % constitue un crime contre le libre-échange auquel il faut remédier sans tarder…

– S'agissant d'obscures formules techniques, la suisse (dont les Suisses ne veulent pas) ou celle d'Uruguay, les responsables politiques européens n'y comprennent rien et ne mesurent pas l'enjeu de ces marchandages opaques, dont l'effet économique peut être désastreux, même s'il se fait sentir de manière différée.

L'acceptation de la tarification, combinée avec l'engagement de poursuivre le processus de désarmement, conduit fatalement, quel que soit le niveau départ, à transformer en passoire la préférence communautaire, même si l'échéance pouvait paraître lointaine lors de la négociation d'Uruguay. C'est la grande victoire des négociateurs américains dans l'Uruguay Round.

• Il faut rejeter fermement l'approche de l'harmonisation proposée par les Américains et les Cairns (« level playing field »). Dans toute l'histoire des négociations commerciales, on a toujours baissé les droits de douanes selon une formule moyenne proportionnelle : c'est comme cela que le Japon a pu développer son industrie d'exportation à l'abri des importations, il n'y a aucune raison que l'agriculture européenne fasse aujourd'hui les frais d'une modification des règles du jeu.

L'URUGUAY ROUND a innové en s'immisçant dans les politiques de soutien interne, alors que le GATT ancienne formule ne se préoccupait que des échanges

• La négociation sur les soutiens internes a été organisée autour du concept des boîtes : le jeu consiste à faire classer les aides des autres dans les boîtes interdites ou contraignantes, tout en mettant ses propres soutiens dans la seule boîte libre de toute contrainte, la boîte verte.

De temps en temps, on modifie les règles du jeu en inventant une nouvelle boîte (la bleue, parce que cela arrangerait à la fois les Américains et les Européens), ou bien on accepte bêtement des exclusions en apparence bénigne, mais qui finissent par coûter très cher (la clause « de minimis », qui permet aux Américains de mettre hors négociation $ 10 milliards d'aides distorsives par exemple).

• En matière de soutien interne, la proposition de négociation et le projet de réforme de la PAC se rejoignent pour faire imposer de l'extérieur le découplage cher à M. Fischler : si le découplage n'est pas possible au plan interne, l'abandon de la boîte bleue le rendrait incontournable…

La suppression de la boîte bleue signifierait, par exemple, l'abandon des quotas laitiers et une obligation de découplage des aides au secteur.

La boîte bleue est le seul « crédit » de négociation que l'Union européenne retire de sa politique de maîtrise de l'offre. Les contraintes quantitatives imposées par Bruxelles bénéficient aux autres grands pays exportateurs, dont les agriculteurs ne sont tenus à aucune des disciplines de gestion de l'offre qui frappent les agriculteurs européens. Les États-Unis ont abandonné depuis 1996 le gel des terres sur les grandes cultures alors que M. Fischler se propose d'imposer aux agriculteurs européens un gel obligatoire de 10 % : c'est complètement aberrant, dans le contexte d'un marché quasiment ouvert comme celui du blé.

• Les États-Unis ont inventé la négociation sur le soutien interne pour forcer une réduction des aides de la PAC, en n'imaginant pas que leurs propres soutiens pourraient être un jour dans le collimateur : c'est ainsi que les grands PED membres de Cairns, Brésil en tête, ont rebattu la donne en introduisant des concepts nouveaux (plafonnement global, y compris de la boîte verte, resserrement des critères d'éligibilité à la boîte verte, etc..).

Le Brésil semble également décidé à recourir aux règlements des différends pour forcer Américains et Européens à modifier leurs politiques de soutien (attaque contre l'OCM sucre, attaque contre le marketing loan américain).

Le Brésil s'est également réservé le droit de faire des propositions précises en vue de discipliner les aides de la boîte orange, qui bénéficient aux exportations et ont un effet dépressif sur les prix (marketing loans américains).

• La proposition américaine, grâce au maintien de la clause de minimis, permettrait la mise en œuvre intégrale de la nouvelle loi agricole, sans discipliner les distorsions au commerce mondial engendrées par le recours au marketing loan. L'Union européenne se doit d'avoir, à cet égard, une position plus offensive.

• Avec près de 70 % du soutien interne en boîte bleue, cette boîte est dans la ligne de mire des Américains et des Cairns. Le projet de découplage annoncé au monde entier les renforce dans leur conviction que la boîte bleue est vulnérable.

Subventions à l'exportation

Leur suppression est demandée par tous les partenaires de l'Europe, y compris à l'intérieur de l'Union européenne. La France, et ses capacités à l'exportation, sont particulièrement visées.

Le sentiment qui prévaut à Bruxelles est que les restitutions sont devenues inutiles, particulièrement sur le blé : c'est d'ailleurs le sens de la proposition de la Commission.

Ce sentiment est validé par le contexte monétaire des années passées, mais l'évolution des parités euro-dollar est plus prononcée et plus rapide que ne le prévoyaient les projections de marché réalisées par la DG Agriculture.

Une baisse prononcée et durable du dollar aurait probablement un effet très sensible sur les exportations européennes, à la fois sur le blé qui n'en bénéficierait plus, mais aussi sur les produits qui continueraient à en bénéficier du fait des plafonnements budgétaires.

L'abandon des restitutions sur le blé sera probablement une concession nécessaire, pas forcément suffisante, à la conclusion d'un accord agricole qui laisserait quelques marges de manœuvre à l'Union européenne en matière d'accès et de soutien interne, mais il est prématuré de le mettre sur la table avant Cancun.

La proposition communautaire ne prévoit aucun mécanisme d'urgence : l'idée d'une clause de sauvegarde monétaire, qui pourrait jouer d'ailleurs aussi bien à l'exportation qu'en matière d'accès pour corriger les fluctuations excessives des taux de change, a été avancée par le passé et fermement rejetée. Les chances de voir une telle proposition refaire surface sont quasi-nulles.

En revanche, l'insistance de la France a finalement conduit à la prise en compte du marketing loan américain, au même titre que les autres formes d'aides à l'exportation : l'élimination des subventions à l'exportation sur certains produits sera en principe conditionnée par le renoncement au marketing loan. La Commission s'était jusqu'alors refusée à attaquer de front le marketing loan américain.

Au plan stratégique, la proposition de la Commission est habile, parce qu'elle vise à remettre en cause le front anti-PAC Cairns/PED

L'Union européenne n'est pas isolée sur l'accès, beaucoup de membres de l'OMC partagent ses préoccupations : c'est le cas du Japon, d'autres grands pays asiatiques, du Canada (tout au moins pour l'agriculture « québécoise ») et de la Chine.

• Le Japon est un allié peu sûr, comme l'Union européenne a pu le constater à ses dépens, à Doha. C'est pour cela que l'Europe doit appuyer les initiatives des agriculteurs japonais, qui visent à bloquer toute velléité du gouvernement japonais à céder aux intimidations américaines. La grande peur du Japon, c'est l'ouverture de son marché du riz, non pas aux exportations américaines, mais à celles de la Chine.

La Chine est nouvelle à ce jeu, on peut cependant lire dans l'attitude chinoise deux priorités : ne pas en faire davantage en matière d'accès que les accords d'accession à l'OMC – la Chine ne les respecte pas sans que les Américains protestent – et bloquer les importations OGM américaines pour pouvoir développer une industrie nationale des biotechnologies.

Sur l'accès, la Chine devrait être une alliée pour l'Europe ; l'Inde semble soutenir la formule d'uruguay (position comparable à celle de l'Union européenne).

• Les Cairns anglo-saxons sont les adversaires naturels de l'Europe, car l'OMC est la seule façon pour eux de percer la préférence communautaire. L'Australie est appâtée par la carotte américaine d'un accord bilatéral de libre-échange, dont les organisations agricoles américaines ne veulent à aucun prix.

Il n'y a pas d'accord possible avec eux, mais ils ne comptent pas vraiment, si on parvient à les isoler des autres Cairns latino-américains.

• Restent les Cairns latino-américains, Argentine et surtout Brésil, qui s'affirment de plus en plus comme le principal bénéficiaire de la mondialisation de l'agriculture.

L'idée « d'engager » le Brésil prend tout sons sens depuis le changement politique intervenu dans ce pays : au-delà des gestes politiques (le Brésil est un grand pays, culturellement plus proche des valeurs européennes que des valeurs américaines, qui cherche des alliances pour contrebalancer l'influence américaine), un accord bilatéral avec le Brésil d'abord, le Mercosur ensuite, exigera des concessions agricoles importantes de la part de l'Europe.

Il ne faut pas se leurrer, ce n'est pas une négociation facile, mais le jeu en vaut la chandelle car une percée avec le Brésil permettrait d'enfoncer un coin dans le groupe des Cairns. La réticence du Brésil vis-à-vis de l'accord FTAA proposé par les Américains et l'absence d'atomes crochus entre l'administration Bush et l'équipe Lula devrait faciliter un rapprochement avec l'Europe.

• Enfin, les PED pèsent lourds dans la négociation depuis Doha, et bénéficieront très certainement d'un traitement privilégié dans la négociation agricole.

On mesure mal l'intérêt qu'ont les PED importateurs agricoles à soutenir les thèses les plus extrêmes en matière de libre-échange agricole, d'autant que les plus pauvres d'entre eux bénéficient d'un accès à peu près libre au marché communautaire. Mais les plus pauvres, surtout les francophones, comptent assez peu dans la négociation.

Il faudra favoriser les plus pauvres, tout en étant vigilant sur le traitement spécial et différencié réservé aux grands PED exportateurs agricoles : c'est le sens de la proposition de la Commission.

Il faudra bien parvenir à une définition à l'OMC de ce qu'est un pays en développement, au sens de l'accord agricole (on voit la même problématique surgir dans les discussions sur le médicament).

D'un point de vue tactique, le traitement spécial et différencié sera d'autant plus facile à limiter que l'Union européenne aura négocié des accords bilatéraux avec ces pays ou groupes de pays.

Si l'on veut enfoncer un coin dans les Cairns, il faudra lâcher du lest dans le cadre des accords Mercosur.

Alors que le Farm Bill constitue un recouplage des aides et marque le retour durable à une politique de soutien des revenus, l'Union européenne s'engage à marche forcée dans une réforme libérale de sa politique agricole qui rappelle la loi agricole américaine de 1996…

La reconnaissance par les États-Unis de la spécificité de l'agriculture encourage la Commission à rechercher un terrain d'entente avec les Américains, dont la manifestation évidente est l'absence remarquée d'une politique offensive contre le marketing loan.

Cette stratégie est à l'évidence vouée à l'échec, car les États-Unis ont deux objectifs vitaux dans cette négociation : l'accès et les OGM.

S'il fallait se livrer à un pronostic sur l'avenir des négociations agricoles, c'est le Congrès des États-Unis qui en détient en grande partie la clé :

– Il n'y aura pas de modification ou de réforme du Farm Bill avant son échéance normale en 2008.

– En mettant la barre très haut en matière d'accès, et en critiquant le traitement favorable réservé aux PED dans le document Harbinson, le Congrès fait monter les enchères, alors que les organisations agricoles espèrent secrètement l'échec des négociations, afin de pouvoir justifier la poursuite des soutiens après 2008.

– Il ne se passera rien à Cancun : la réunion ministérielle de septembre 2003 ne constitue qu'une étape dans un processus qui, à l'évidence, ne sera pas conclu en 2005 : figer les modalités de la négociation agricole, alors qu'aucun progrès n'aura été réalisé dans les autres secteurs de la négociation, notamment sur les sujets nouveaux (investissement, concurrence, environnement), constituerait pour l'Union européenne une erreur tactique qui conduirait à surpayer sur l'agriculture.

– Après Cancun, il ne se passera plus rien jusqu'au printemps 2005 en raison de l'échéance présidentielle américaine.

Céréales

Il y a de multiples manières d'analyser la situation mondiale des céréales en 2002-2003. La plus optimiste consiste à se concentrer sur les prix internationaux, les plus classiques, ceux du Golfe du Mexique, et de constater une remarquable flambée avec des niveaux proches en octobre des $ 200 la tonne pour le Hard Red Winter (blé de qualité), de $ 160 la tonne pour le Soft Red Winter, de $ 110 la tonne pour le maïs. Pour le blé, ce n'est pourtant là qu'une partie de la réalité car pour d'autres origines, l'histoire était toute différente : fob Mer Noire, on parlait de prix évoluant entre $ 80 et $ 100 la tonne au plus et fob Rouen, le blé n'a jamais dépassé les $ 120 la tonne.

Dans un contexte de marchés tendus par un déficit mondial de l'ordre de 100 millions de tonnes en 2002-2003, l'évolution des flux commerciaux a obéi à une logique surprenante qui a fait de l'Union européenne un importateur majeur au point d'obliger la Commission à mettre en place un système de contingentement d'importations.

La baisse de la production mondiale

De sérieuses perturbations climatiques, El Niño, en particulier, ont provoqué une baisse de 20 millions de tonnes de la production de blé, de 35 millions de tonnes de celle de céréales secondaires. En soi, ce ne sont pas là des variations particulièrement catastrophiques, mais leur impact est d'autant plus important qu'elles ont affecté les grands exportateurs, fournisseurs du marché mondial : les États-Unis (– 10 millions de tonnes pour le blé, – 17 millions de tonnes pour le maïs et le sorgho), l'Australie (– 14 pour le blé et – 5 pour l'orge), le Canada (– 5 pour le blé) et même l'Argentine (– 2 pour le blé). Paradoxalement, la seule augmentation notable de la production (11 millions de tonnes de blé) est à mettre au compte de l'Union européenne qui rattrape, il est vrai, une très mauvaise campagne 2001-2002. Il faut aussi signaler le maintien de niveaux élevés de production de « nouveaux » producteurs que sont la Russie, l'Ukraine ou le Kazakhstan.

Pour la campagne 2003, la principale inconnue est celle du climat sachant qu'il est a priori certain que les conditions d'El Niño vont perdurer au moins dans les premiers mois

Prix du blé HWR n°2 fob Golfe US
(en US $/t)

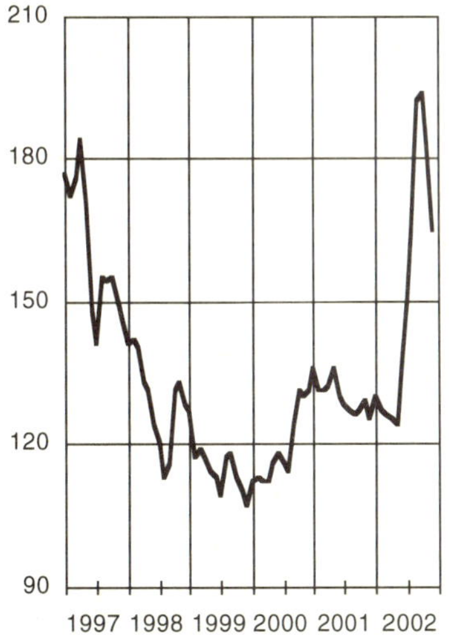

de 2003. Aux États-Unis, les semis de blé d'hiver ont augmenté de près d'un million d'hectares mais tout dépendra des conditions de sécheresse après un hiver particulièrement rigoureux. L'Iowa, l'un des principaux greniers à maïs américains, a connu son mois de décembre le plus sec depuis 130 ans en 2002. Début 2003 en tout cas, les marchés américains étaient en assez nette baisse par rapport à leurs sommets de l'automne 2002 mais restaient encore $ 25 la tonne au-dessus de leurs prix de janvier 2002 pour le blé (et $ 15 la tonne pour le maïs). Mais comme on l'a vu, l'actualité céréalière a quelque peu quitté les rives et les élévateurs du Golfe du Mexique.

La montée des « nouveaux » exportateurs

Longtemps les exportations mondiales de céréales ont été le fait d'une poignée de pays en Amérique du Nord et du Sud, en Europe et en Océanie. Cela a bien changé. Pour la deuxième année consécutive, il a fallu tenir compte avec le retour, après de longues décen-

Retour aux sources…

Au milieu du XIXe siècle, les grands négociants internationaux en céréales étaient grecs. Au Baltic Exchange de Londres (l'ancêtre du GAFTA), on comptait 300 grecs sur 400 membres. L'un des principaux acteurs à l'époque était une entreprise du nom de Ralli Brothers : les cinq frères Ralli étaient installés à Londres, Marseille, Constantinople, Odessa, Calcutta et Bombay.

Voilà une géographie du commerce des céréales que l'on avait oubliée, mais qui, d'Odessa à Bombay, est tout à fait d'actualité au début du XXIe siècle !

(Par la suite, Ralli se spécialisa dans le coton dont il était le principal négociant mondial lorsqu'il fut racheté en 1981 par Cargill).

CEREALES		1997/98	1998/99	1999/00	2000/01	2001/02	2002/03 (p)
Production mondiale		**1 500,8**	**1 480,0**	**1 469,3**	**1 452,1**	**1 483,6**	**1 436,2**
dont	Etats-Unis	327,9	340,9	326,1	334,0	315,3	289,1
	Chine	252,2	253,8	251,9	214,7	217,6	221,4
	U.E. (15)	206,3	209,9	198,9	212,0	198,2	209,9
	Inde	94,7	98,8	102,3	108,0	103,5	100,3
	Russie	67,4	46,9	53,7	64,0	83,7	85,3
Exportations mondiales		187,1	192,4	210,4	209,2	212,9	209,7
dont	Etats-Unis	78,8	82,3	86,7	84,0	82,2	78,5
	U.E. (15)	25,1	22,8	29,5	24,2	15,8	22,1
	Canada	23,2	17,2	22,1	20,5	18,6	10,6
	Australie	22,3	20,9	21,4	21,4	21,8	12,1
Importations mondiales		187,1	192,4	210,4	209,2	212,9	209,7
dont	Japon	26,7	26,1	26,0	26,1	25,0	24,4
	Corée Rép.	12,3	12,5	11,4	12,9	11,8	12,4
Stocks de clôture		**236,0**	**364,0**	**418,0**	**394,4**	**375,4**	**313,7**

(en millions de tonnes) *(Sources : USDA, CIC)*

CEREALES SECONDAIRES	1997/98	1998/99	1999/00	2000/01	2001/02	2002/03 (p.26.02.02)
Production mondiale	**914,6**	**894,1**	**884,5**	**869,8**	**903,5**	**871,5**
dont Etats-Unis	265,8	271,5	263,4	273,2	262,0	245,1
Chine	141,6	144,1	138,0	115,0	123,6	132,4
U.E. (15)	106,5	106,2	102,4	107,6	107,7	106,8
Brésil	36,4	33,0	33,2	43,4	36,9	38,2
Russie	32,5	19,9	22,7	29,5	36,8	34,7
Inde	32,1	32,9	31,5	31,6	34,7	28,5
Mexique	26,5	25,7	26,5	24,5	27,2	26,2
Canada	28,4	26,6	26,8	24,3	22,6	19,6
Exportations mondiales	91,7	93,7	101,9	107,7	106,2	106,3
dont Etats-Unis	52,3	52,5	56,9	55,4	56,3	53,0
Argentine	6,2	10,8	8,6	12,8	9,6	10,2
U.E. (15)	8,1	9,1	12,8	9,7	5,0	7,1
Australie	4,4	4,8	4,1	4,7	5,2	2,1
Canada	5,3	3,2	3,7	3,6	2,5	1,6
Importations mondiales	91,7	93,7	101,9	07,7	106,2	106,3
dont Japon	20,8	20,4	20,0	20,3	19,3	18,6
Mexique	6,4	8,6	9,7	11,1	10,1	10,8
Corée Rep.	9,0	7,5	7,6	9,7	8,0	8,7
Arabie Saoudite	6,4	6,6	6,8	6,3	7,1	6,8
Stocks de clôture	124,0	198,0	216,0	193,0	181,0	150,0

(en millions de tonnes) *(Sources : CIC)*

Les stocks mondiaux de céréales
(en millions de tonnes)

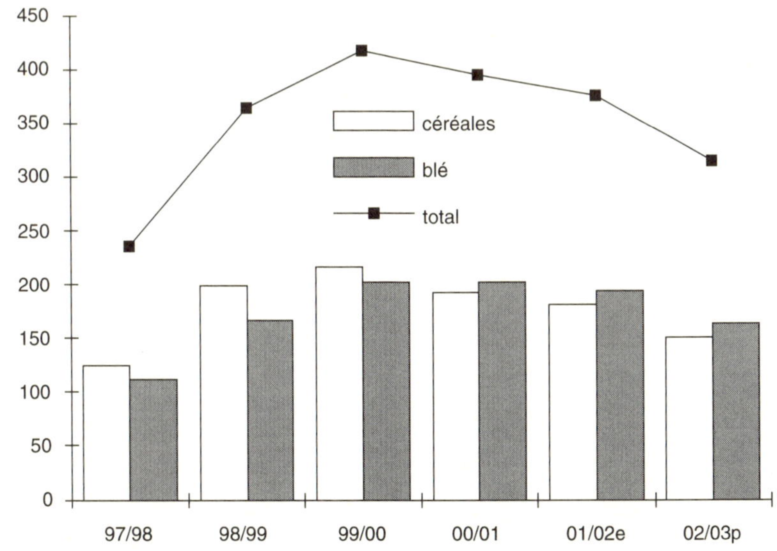

nies d'absence, des origines de la Mer Noire, c'est-à-dire de l'ex-URSS (Russie, Ukraine et plus loin du Kazakhstan), des pays du Danube, un peu en retrait toutefois en 2002-2003, ainsi que du sous-continent indien.

En l'espace de trois campagnes, la Russie et l'Ukraine ont vu leur production céréalière augmenter de 38 %, quelque 35 millions de tonnes supplémentaires qui, malgré les difficultés logistiques, sont venues peser un peu plus sur les marchés, et notamment sur les plus proches. D'une année sur l'autre, les exportations russes et ukrainiennes de blé sont passées de 10 à 15 millions de tonnes. De 3 millions de tonnes exportées en 2000-2001, on est passé à

Quelques exportateurs « non conventionnels » de blé

(millions de tonnes)

	2001-2002	2002-2003
Kazakhstan	3,8	5
Inde	3,5	5
Turquie	0,6	1,2
Russie	4,5	8,5
Ukraine	5,5	6,8
Bulgarie	0,8	1,1
Total	**18,7**	**27,6**

(source : FAO)

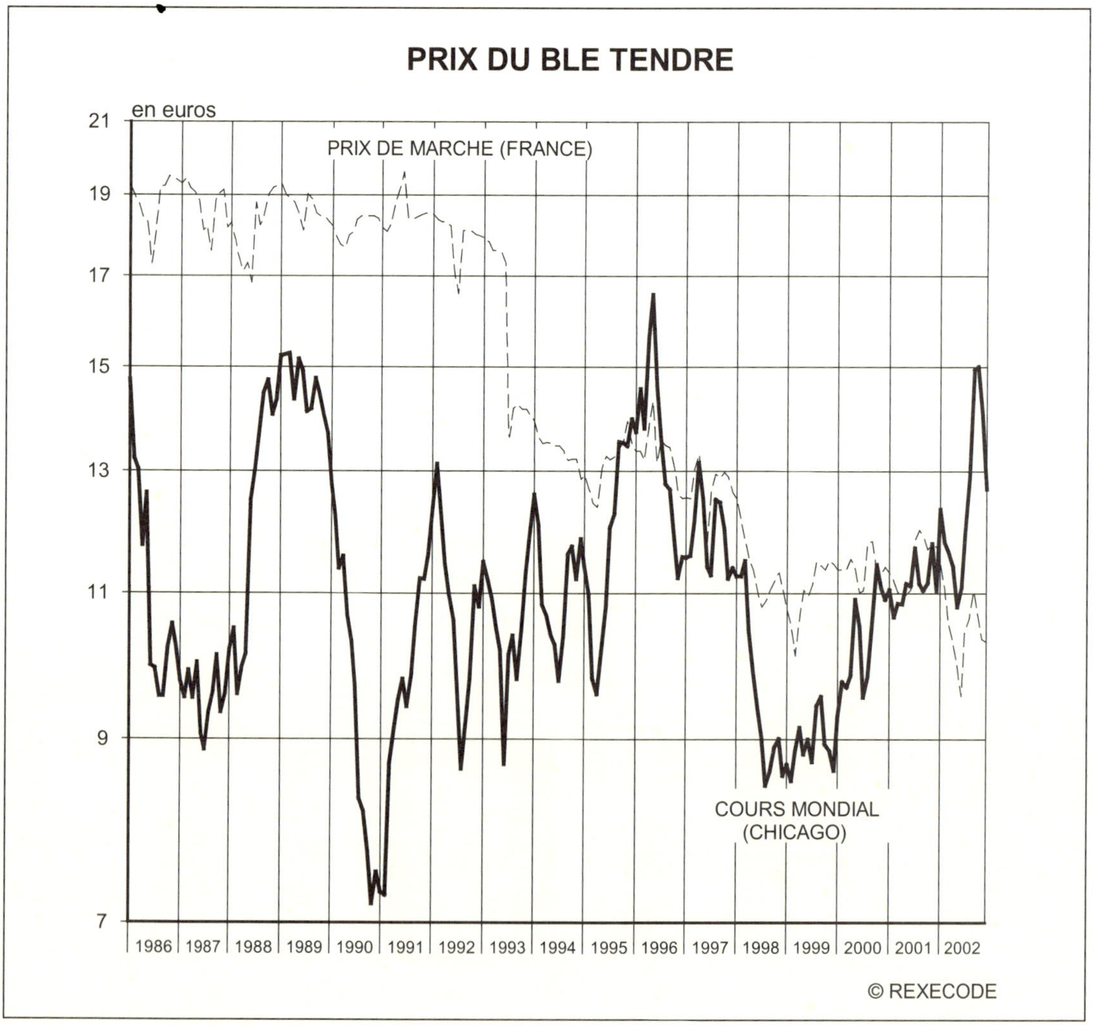

plus de 22 millions de tonnes de céréales exportées en 2002-2003. Cette abondance a fait pression sur les prix qui sont demeurés inférieurs à $ 100 la tonne fob pour une bonne part de l'année. Même en tenant compte des différentiels de qualité et des problèmes de logistique qui limitent dans les faits la réalité de la concurrence entre opérateurs, il y a quand même une différence de prix ($ 30 à $ 50 la tonne avec le fob Golfe) difficile à expliquer et qui logiquement ne devrait pas perdurer.

Ces disponibilités abondantes et à bas coûts ont été écoulées en priorité sur les régions limitrophes du Sud de la Méditerranée (Maghreb, Égypte, Israël) mais aussi vers l'Union européenne elle-même (Italie, Grèce, Espagne) en profitant de conditions douanières préférentielles : le mouvement s'est accéléré en 2002-2003 avec pour la première moitié de la campagne des engagements d'importation de blé de 8,7 millions de tonnes de blé contre 3,5 l'année précédente. Les blés de la Mer Noire profitent de prix de référence, pour le calcul des droits de douanes, calculés sur la base des prix américains, ramenés en caf Europe. Ils peuvent donc entrer sans problème en Europe et ont contribué à maintenir les prix européens sous pression. Résultat, alors que Chicago flambait, Rouen, même en tenant compte de la baisse du dollar, bougeait à peine ! L'Europe, qui importait habituellement 3 millions de tonnes de blé tendre, serait passée pour ces deux dernières campagnes à 10 millions de tonnes ! L'année même où la France battait un nouveau record de production à 69 millions de tonnes de céréales !

La réaction européenne

L'Europe aura donc été la grande victime de cette curieuse année céréalière. En temps normal, elle est excédentaire d'une dizaine de

Les quotas d'importation européens à compter de janvier 2003

- Contingent d'importation de
  - 2 981 600 tonnes de blé de basse et moyenne qualité :
    - 572 000 tonnes pour les États-Unis
    - 38 000 tonnes pour le Canada
    - 2 371 600 tonnes pour les autres pays tiers (en quatre tranches trimestrielles)
  - 300 000 tonnes d'orges fourragères
  - 50 000 tonnes d'orges de brasserie
- Les droits pour ces quotas sont de
  - 12 euros/tonne pour le blé
  - 16 euros/tonne pour l'orge fourragère
  - 8 euros/tonne pour l'orge de brasserie
- Les droits normaux sont de
  - 95 euros/tonne pour le blé
  - 93 euros/tonne pour l'orge
  - pour le blé de haute qualité et le maïs, le droit reste sur le principe de la différence entre prix caf et 155 % du prix d'intervention
- Par ailleurs, l'Europe conserve des importations à droits nuls ou réduits de :
  - 2,5 millions de tonnes de maïs et 300 000 tonnes de sorgho pour l'Espagne et le Portugal
  - 1,7 million de tonnes de blé, 120 00 tonnes d'orge et 755 000 tonnes de maïs en provenance des PECO.

BLE	1997/98	1998/99	1999/00	200/01	2001/02 (p.26.02.03)	2002/03
Production mondiale	**586,2**	**585,9**	**584,8**	**582,3**	**580,1**	**564,7**
dont U.E. (15)	99,8	103,7	96,5	104,4	90,5	103,1
Chine	110,6	109,7	113,9	99,7	94,0	89,0
Inde	62,6	65,9	70,8	76,4	68,8	71,8
Russie	34,9	27,0	31,0	34,5	46,9	50,6
Etats-Unis	62,1	69,4	62,7	60,8	53,3	44,0
Ukraine	-	-	13,6	10,2	21,0	20,5
Argentine	15,9	11,5	15,7	16,5	15,3	12,5
Canada	29,8	24,1	26,9	26,8	20,6	15,7
Turquie	16,2	18,5	16,5	17,5	15,5	17,5
Australie	23,7	21,5	24,8	22,2	24,9	9,4
<u>Exportations mondiales</u>	<u>95,4</u>	<u>98,7</u>	<u>108,5</u>	<u>101,5</u>	<u>106,7</u>	<u>103,4</u>
dont Etats-Unis	26,5	29,8	29,8	28,6	25,9	25,5
U.E. (15)	17,0	13,7	16,7	14,5	10,8	15,0
Australie	17,9	16,1	17,3	16,7	16,6	10,0
Russie	-	-	0,6	1,1	4,6	10,0
Canada	17,9	14,0	18,4	16,9	16,1	9,0
Ukraine	-	-	2,5	0,1	5,5	8,0
Argentine	10,3	8,9	10,8	11,2	11,4	7,5
<u>Importations mondiales</u>	<u>95,4</u>	<u>98,7</u>	<u>108,5</u>	<u>101,5</u>	<u>106,7</u>	<u>103,4</u>
dont U.E. (15)	-	-	4,0	3,1	10,3	10,7
Brésil	5,9	7,3	7,1	7,3	7,1	6,9
Egypte	6,9	7,4	6,2	6,1	7,0	6,3
Japon	-	5,7	6,0	5,8	5,7	5,8
Algérie	3,8	4,5	4,4	5,7	4,6	4,9
Indonésie			3,8	4,3	3,9	4,2
Corée Rep.	3,3	5,0	3,8	3,2	3,8	3,7
Stocks de clôture	**112,0**	**166,0**	**202,0**	**201,4**	**194,4**	**163,7**

(en millions de tonnes) *(Source : CIC)*

millions de tonnes de blé et de cinq millions de tonnes de céréales secondaires, essentiellement de l'orge. Mais il faut aussi tenir compte des nombreux coups de canifs pratiqués au fil du temps dans la préférence communautaire : il y a ainsi les contingents de maïs et de sorgho à droit zéro pour la péninsule ibérique. À droit zéro aussi 300 000 tonnes de blé de haute qualité (ou blé de force avec un taux de protéines de 14 %). Dans le cadre de l'élargissement, les PECO ont aussi bénéficié de quotas importants, de 1,7 million de tonnes de blé et de 755 000 tonnes de maïs notamment. Mais l'arrivée des blés russes et ukrainiens posait un tout autre problème. Une solution élégante eut été de modifier les bases de calcul du « prix » mondial (actuellement : marché à terme de référence (Chicago) + primes fob + fret sur Rotterdam) en intégrant les « cotations » de la Mer Noire. Le problème est que celles-ci n'existent pas vraiment, au moins sous la forme d'un marché « officiel » et la Commission n'a pas souhaité s'engager sur cette piste pourtant la plus logique.

Le choix a été fait de privilégier la création de nouveaux quotas, quitte à compliquer un peu plus la mécanique céréalière européenne. L'observateur ne peut qu'être frappé en effet du manque de transparence du fonctionnement de la Commission dans le domaine des céréales : ce sont les services de la Commission qui décident des quantités exportées, des restitutions accordées ou non, de la « zone grise » particulièrement floue lorsque les prix

Contingents tarifaires : bilan pour les principales céréales

Produit	Volume (1 000 t)	Droit (€/t)	Origine
Blés (tendre et dur)	5 026		
Blés haute qualité	300	0	Tous pays
Blé dur	50	0	Tous pays
Blé tendre (basse et moy.)	2 372	12	Tous pays
Blé tendre (basse et moy.)	572	12	États-Unis
Blé tendre (basse et moy.)	38	12	Canada
Blé tendre	1 695	0	PECO**
Orge	470		
Brasserie	50	8	Tous pays
Autres orges	300	16	Tous pays
Autres orges	120	0	PECO**
Maïs	3 255		
Espagne*	2 000	Droit réduit	Tous pays
Portugal	500	Droit réduit	Tous pays
Toutes destinations	755	0	PECO**
Sorgho	400		
Espagne	300	Droit réduit	Tous pays
Toutes destinations	100	40 % NPF ACP	

* *Quantités diminuées des volumes de produits de substitution des céréales importés en Espagne au cours de l'année.*

** *Contingents déterminés* nationalement

mondiaux (mais lesquels ?) sont supérieurs aux prix communautaires et que l'on peut – ou non – mettre en place des taxes à l'exportation. Curieusement, la Commission a peu utilisé à l'automne la possibilité d'exportation à restitution zéro et en fin d'année accordait des restitutions de 4 euros la tonne (pour un calcul de prix fob de 115 euros la tonne). Par contre, les certificats d'importation se multipliaient, avec un niveau d'importation de blé estimé à 10 millions de tonnes. Cette flambée des importations était bien sûr liée à la volonté de « passer » avant le 31 décembre 2002 et à la mise en place des fameux quotas.

La mise en place de quotas, annoncée dès le mois de juillet, a fait l'objet de négociations serrées à l'OMC dans le cadre de l'article 28. L'Union européenne a pris comme référence les trois dernières années connues (1998-

Consommation mondiale de blé
(millions de tonnes)

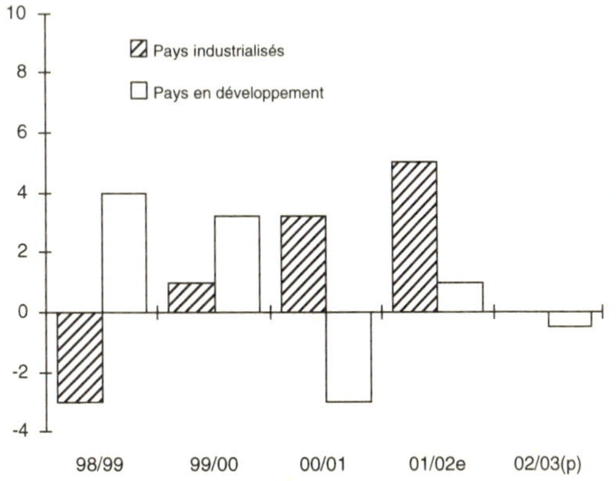

Sources : CIC, FAO

MAÏS		1997/98	1998/99	1999/00	2000/01	2001/02	2002/03 (p)
Production mondiale		**575,7**	**606,6**	**608,0**	**590,6**	**602,0**	**598,9**
dont	Etats-Unis	233,9	247,9	239,7	251,9	241,5	228,7
	Chine	104,3	133,0	128,1	106,0	114,0	123,0
	U.E. (15)	38,9	35,3	36,6	37,7	39,7	40,2
	Brésil	30,1	32,4	31,8	42,3	36,0	37,1
	Mexique	16,9	17,8	19,2	17,9	20,4	19,8
	Argentine	19,4	13,2	17,2	15,4	14,7	14,5
Exportations mondiales		62,7	67,4	70,9	76,9	77,8	79,2
dont	Etats-Unis	37,4	47,3	50,1	47,7	49,9	47,0
	Chine	3,2	3,3	7,2	9,9	6,3	12,0
	Argentine	10,0	10,0	7,9	11,8	9,2	9,5
	Brésil	-	-	0,1	2,2	4,9	1,6
Importations mondiales		62,7	67,4	70,9	76,9	77,8	79,2
dont	Japon	15,9	16,1	16,0	16,3	15,8	15,5
	Corée Rép.	7,7	7,3	7,1	9,5	7,8	8,5
	Mexique	3,8	5,5	4,8	5,6	5,3	6,2
	Egypte	3,1	3,8	4,4	5,1	5,6	5,5

(en millions de tonnes) *(Source : CIC)*

Prix du maïs US n°2 jaune fob ports du golfe US
(en $/tonne)

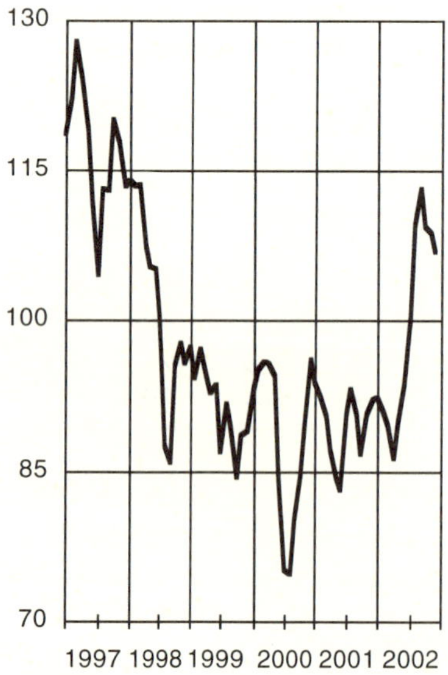

2001) ce qui permettait de minimiser les flux de la Mer Noire. Mais se posait le problème des exportations américaines de blés de qualité intermédiaire qui auraient été balayées par les blés moins chers provenant de Russie et d'Ukraine. Finalement, Américains et Canadiens ont obtenu des quotas spécifiques (600 000 tonnes) tandis qu'un quota de 2,3 millions de tonnes était ouvert au « reste du monde » (la Russie et l'Ukraine pourraient se partager des sous-quotas). Ces tonnages bénéficient d'un droit réduit à 12 euros la tonne. En janvier 2003, les premières adjudications dans le cadre des nouveaux quotas ont donné des résultats pour le moins curieux : les demandes ont porté sur 16 millions de tonnes d'importations pour un contingent trimestriel de 600 000 tonnes...

Voilà donc un accroc supplémentaire à la logique de la préférence communautaire. Au total, l'Union européenne a ouvert des contingents d'importation portant sur plus de 5 millions de tonnes de blé et sur plus de

SORGHO		1997/98	1998/99	1999/00	2000/01	2001/02	2002/03 (p)
Production mondiale		**61,0**	**62,1**	**63,3**	**56,2**	**59,8**	**51,3**
dont	Etats-Unis	16,6	13,2	15,1	12,0	13,1	9,4
	Inde	8,3	10,2	8,9	7,7	8,4	8,0
	Nigeria	6,9	7,3	7,5	7,8	7,8	7,9
	Mexique	-	6,4	6,4	5,7	5,9	5,5
	Chine	3,6	4,1	3,2	2,6	2,7	2,7
	Soudan	3,4	3,7	4,3	2,6	4,4	2,8
	Argentine	3,8	3,2	3,4	3,1	2,9	2,5
Exportations mondiales		7,0	6,0	7,7	8,4	7,0	6,5
dont	Etats-Unis	5,4	4,5	6,1	6,3	5,7	5,5
	Argentine	1,1	0,7	0,5	0,8	0,3	0,5
Importations mondiales		7,0	6,0	7,7	8,4	7,0	6,5
dont	Mexique	3,1	2,8	4,6	5,2	4,6	4,4
	Japon	2,6	2,2	2,0	2,0	1,9	1,4

(en millions de tonnes) *(Source: CIC)*

Prix du sorgho, US, n°2 jaune fob Golfe US
(en $/tonne)

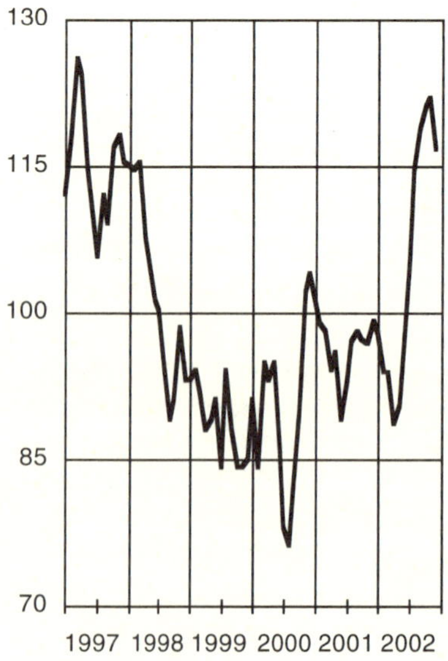

4 millions de tonnes de céréales secondaires. D'une manière ou d'une autre, il faudra en réexporter l'équivalent !

Or, sur ses marchés extérieurs, l'Europe a souffert : il y a bien eu quelques cargaisons vers les États-Unis mais les volumes restent anecdotiques, ce qui montre bien d'ailleurs la solidité de la « préférence » américaine non écrite mais autrement redoutable que les complexes réglementations communautaires. Sur la Méditerranée, l'Europe a souffert de la concurrence de la Mer Noire mais l'Égypte a aussi réussi à acheter du blé américain, par essence non compétitif si l'on ne tient pas compte des conditions de crédit et autres « cadeaux » qui ont pu être accordés. La deuxième partie de la campagne se présentait mieux et à la mi-février 2003, le cap des 10 millions de tonnes de certificats d'exportation de blé avait été passé (pour une prévision de 15 pour l'ensemble de la campagne).

L'Europe céréalière est donc dans une position difficile. Force est de constater que le contenu des propositions faites par Monsieur Fischler dans le cadre de son projet de réforme

ORGE	1997/98	1998/99	1999/00	2000/01	2001/02	2002/03 (p)
Production mondiale	**153,6**	**135,7**	**126,3**	**133,5**	**143,2**	**132,5**
dont U.E. (15)	52,6	52,1	48,4	50,8	48,1	47,8
Russie	20,8	9,8	10,6	14,1	19,5	18,7
Ukraine	-	-	6,4	6,9	10,2	10,4
Turquie	7,3	7,7	6,6	7,6	6,9	7,5
Canada	13,6	12,7	13,2	13,5	10,8	7,3
Etats-Unis	7,8	7,7	6,1	6,9	5,4	4,9
Australie	6,0	5,3	5,0	6,8	8,4	3,3
Exportations mondiales	12,7	16,6	18,5	18,0	17,7	16,6
dont U.E. (15)	5,5	7,3	10,1	7,6	3,6	5,0
Ukraine	-	-	0,7	1,2	2,8	3,3
Russie	-	-	0,1	0,7	2,7	3,0
Australie	2,5	4,2	3,3	3,6	4,0	1,8
Canada	3,2	2,4	1,7	1,9	1,1	0,4
Importations mondiales	12,7	16,6	18,5	18,0	17,7	16,6
dont Arabie Saoudite	3,5	4,5	5,5	4,8	5,6	5,2
Chine	1,5	1,9	2,2	2,1	2,1	2,1
Japon	1,7	1,5	1,5	1,5	1,3	1,3

(en millions de tonnes) *(Source : CIC)*

LES MARCHÉS

de la PAC n'apporte guère de renfort : baisse de 5 % du prix d'intervention (trop ou trop peu ?), suppression des majorations mensuelles, mais apparemment aucun changement dans le fonctionnement au quotidien de la gestion du marché qui aura pourtant en 2002 montré toutes ses limites.

Perspectives 2003

Sauf accident climatique majeur, les fondamentaux des céréales devraient se rééquilibrer en 2003. On ne peut bien sûr balayer du revers de la main la question climatique surtout lorsqu'elle affecte des pays importants : on sait, par exemple, que la moitié des surfaces de céréales d'hiver ukrainiennes ont été affectées par le froid et devront être replantées non pas en blé mais en orge. On surveillera aussi les conséquences de la sécheresse sur les blés d'hiver en Amérique du Nord. Mais on doit par contre s'attendre à un retour à la normale dans le Pacifique et surtout en Australie.

Les prix mondiaux devraient se stabiliser dans la première partie de 2003 à leurs niveaux du début de l'année dans la perspective de stocks de clôture au plus bas depuis vingt ans et de l'impact des récoltes médiocres de l'hémisphère Sud. Le marché sera bien entendu sensible à tout accident climatique dans la configuration assez classique d'un « weather market ». À cela il faut ajouter l'inconnue qui pèse sur le prix du blé : va-t-on assister – ce qui paraît le plus logique – à un phénomène de convergence entre le prix américain, le fob Rouen et la Mer Noire ? Chicago va-t-il retrouver sa représentativité ? Qu'attendre enfin des débats politiques quand on connaît la place symbolique des céréales sur la scène internationale ? Autant de questions qui font de 2003 une année charnière.

MANIOC	1997	1998	1999	2000	2001	2002 (p)
Production mondiale*	**161,9**	**164,5**	**172,3**	**177,4**	**181,0**	**180,0**
dont Nigeria	32,1	32,7	32,7	32,0	32,6	33,5
Brésil	24,3	19,7	20,9	23,3	22,5	23,1
Thaïlande	18,1	16,3	20,3	18,8	18,3	17,3
Indonésie	15,1	14,7	16,5	16,1	16,1	16,1
Congo R.D.	16,2	15,6	16,5	16,0	15,4	15,0
Ghana	7,0	7,2	7,8	8,1	8,9	8,9
Exportations mondiales**	**6,4**	**4,4**	**6,8**	**7,1**	**6,5**	**-**
dont Thaïlande	5,3	4,0	6,2	6,5	6,0	-
Importations mondiales**	**6,4**	**4,4**	**6,8**	**7,1**	**6,5**	**-**
dont U.E.	3,6	2,9	4,3	3,7	3,0	-
Chine	0,4	0,5	1,1	1,0	2,0	-

(en millions de tonnes) *(Source : FAO)*

* en équivalent racines
** en poids de cossettes et granulés

Prix des granulés de manioc
fob Bangkog
(en US $/t)

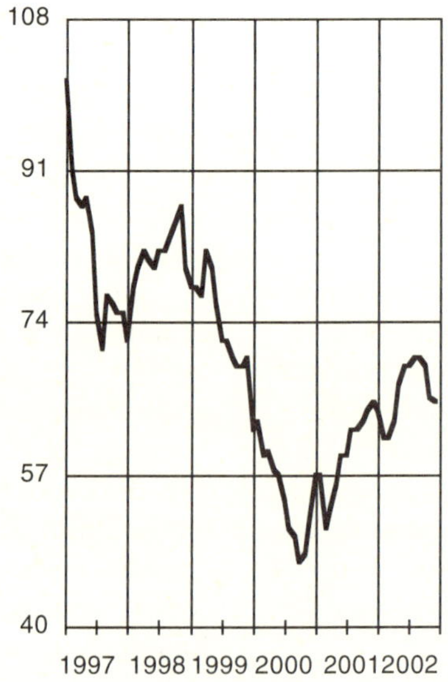

COLLECTE ■ VIGNE ■ MALTERIE
NÉGOCE INTERNATIONAL ■
■ MEUNERIE ■ MAÏSERIE
■ RIZ ET LÉGUMES SECS
LA MAÎTRISE DE
L'AGRO-FILIÈRE
GROUPE SOUFFLET
Quai du Gal Sarrail - BP 12 - 10 402 Nogent sur Seine CEDEX
Tél. 33 (0)3 25 39 41 11 - Télex 840 610 F - Fax 33 (0) 3 25 39 00 87

RIZ	1997	1998	1999	2000	2001	2002 (e)	2003 (p)
• Riz paddy							
Production mondiale	**577,3**	**581,8**	**583,8**	**611,8**	**599,4**	**597,9**	**582,0**
dont Chine	203,0	193,0	200,6	200,4	189,8	179,3	177,5
Inde	124,0	127,0	129,1	134,2	127,3	137,4	120,0
Indonésie	49,1	49,0	49,2	50,9	51,9	50,5	51,6
Bangladesh	28,5	30,0	29,9	34,6	37,6	37,8	38,5
Thaïlande	23,0	23,0	22,8	24,2	25,8	26,5	25,8
Vietnam	29,0	31,0	30,9	32,7	32,5	32,0	34,1
Japon	13,0	11,0	11,2	11,5	11,9	11,3	11,1
Birmanie	17,0	18,0	17,1	20,1	21,3	21,9	21,9
• Riz décortiqué							
Exportations mondiales	**18,7**	**27,3**	**24,9**	**22,5**	**24,1**	**27,4**	**26,8**
dont Thaïlande	5,2	6,3	6,7	6,6	7,5	7,3	7,5
Inde	1,9	4,5	2,7	1,4	1,9	6,5	4,5
Vietnam	3,5	3,8	4,6	3,4	3,5	3,2	3,9
Etats-Unis	2,3	3,2	2,6	2,8	2,5	3,1	3,4
Chine	0,9	3,7	2,8	3,1	2,0	1,9	2,1
Pakistan	1,9	1,8	1,9	2	2,3	1,5	1,5
Autres	3,0	4,0	3,6	3,2	4,4	3,9	3,9
Importations mondiales							
dont Indonésie	1,0	6,1	3,8	2,0	1,5	3,5	3,2
Nigeria	0,7	0,6	0,7	1,0	1,6	1,8	1,7
Arabie saoudite	0,9	0,9	0,8	0,8	0,8	0,9	1,0
Iran	1,2	0,5	1,0	1,1	0,8	0,8	0,8
UE-12	0,6	0,6	0,7	0,6	0,7	0,7	0,7
Japon	0,6	0,6	0,7	0,7	0,6	0,7	0,7
Brésil	1,1	1,5	1	0,7	0,7	0,7	0,7
CEI	0,4	0,3	0,6	0,6	0,4	0,5	0,5
Chine	0,4	0,3	0,2	0,2	0,3	0,3	0,4
• Asie orientale	5,5	12,8	9,9	7,2	7,0	9,2	8,7
• Afrique	4,0	4,5	5,4	6,1	7,3	7,8	7,5
• Proche et Moyen Orient	3,5	4,2	4,2	4,3	4,4	4,6	4,7
• Amérique latine	2,9	2,9	2,8	2,5	2,8	3,0	3,0
• Pays Industriels (hors japon)	2,0	2,1	2,1	2,0	2,0	2,1	2,1
Stocks de clôture	**151,7**	**152,9**	**157,4**	**168,0**	**163,1**	**148,2**	**123,6**

(en millions de tonnes) *(Source : FAO)*

Riz

En 2002, le commerce mondial du riz a connu une progression de 10 % par rapport à 2001, dépassant les 27 millions de tonnes contre 24,5 millions de tonnes l'année précédente. Ce volume d'échanges constitue un nouveau record historique après celui de 1998. En 2003, les échanges devraient rester à des niveaux élevés, avoisinant une nouvelle fois les 27 millions de tonnes. Cette progression du commerce mondial tient à l'insuffisance de la production dans les principaux pays producteurs d'Asie qui connaissent une stagnation des surfaces et des rendements ; en 2002-2003, la baisse des rendements moyens serait de 7 %. Les prix mondiaux, pour leur part, se sont raffermis par rapport à 2001, en particulier pour les riz d'origines thaïlandaise et vietnamienne. Seuls les prix américains et indiens ont connu un fléchissement en raison d'une offre plus abondante, combinée à des stocks pléthoriques détenus par le gouvernement indien. En 2002, les prix asiatiques ont ainsi progressé de 10 % en moyenne par rapport à 2001, tandis que les prix américains ont fléchi de 20 % et que les prix indiens ont chuté de 15 à 30 % selon les catégories.

Une production mondiale stagnante

En 2001-2002, la production mondiale a légèrement reculé à 597 millions de tonnes contre 599 millions de tonnes en 2001, soit

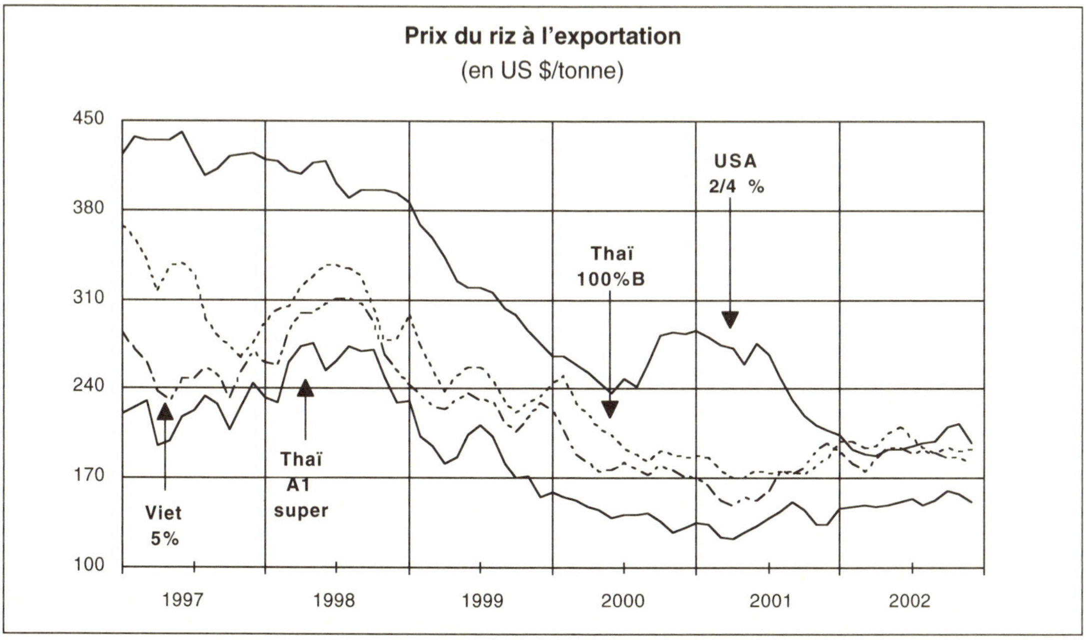

environ 398 millions de tonnes de riz en équivalent blanchi. Cette réduction tient principalement à la nouvelle baisse, pour la quatrième année consécutive, de la production chinoise qui est tombée à 180 millions de tonnes contre 190 millions de tonnes en 2000-2001. Malgré les efforts importants pour accroître la productivité, ce pays n'arrive pas à endiguer la réduction constante des surfaces rizicoles au profit de cultures plus rémunératrices, comme les protéagineux. En revanche, l'Inde a vu pour sa part sa production progresser à 137 millions de tonnes contre 127 millions de tonnes en 2000-2001, grâce à un accroissement des rendements. L'Indonésie, troisième producteur mondial, maintient son niveau normal de production autour de 50 millions de tonnes, mais demeure le premier importateur mondial avec 3,5 millions de tonnes importées en 2002 et 3,2 millions de tonnes prévues en 2003. Dans le reste du monde, les récoltes n'ont guère progressé à cause des mauvaises conditions climatiques, notamment en Afrique, en Amérique latine et en Océanie. Aux États-Unis, par contre, la production a connu une amélioration grâce à de bons rendements.

Les stocks mondiaux en 2002 ont reculé de près de 10 % en raison de la faiblesse de la production dans les principaux pays consommateurs asiatiques. Les stocks de clôture de 2002 ont été estimés à 148 millions de tonnes contre 163 millions de tonnes en 2001.

Des perspectives inquiétantes pour 2003

En 2003, les perspectives mondiales s'annoncent médiocres avec un nouveau recul de la production de 2,2 % à 584 millions de tonnes. En Chine la production baisserait à 177,5 millions de tonnes et en Inde, selon les prévisions, la récolte ne dépasserait pas les 125 millions de tonnes suite à une baisse sensible des surfaces rizicoles. Le commerce mondial devrait se maintenir aux mêmes niveaux élevés qu'en 2002. Pour faire face aux besoins de consommation, les stocks mondiaux seraient, une nouvelle fois, en recul à 125,5 millions de tonnes, soit une baisse de 15 %.

Outre les problèmes de disponibilités de ressources en eau et en terres, la réduction constante des surfaces rizicoles et de la production chinoise tient aussi à la baisse des prix à la production depuis le début des années 1990. Découragés, les producteurs tendent à s'orienter vers des cultures plus rémunératrices.

Du côté des importateurs, la situation de 2002 devrait être reconduite en 2003 avec des importations avoisinant 27 millions de tonnes. L'Indonésie sera une nouvelle fois, et de loin, le premier importateur mondial avec 3,2 millions de tonnes prévues en 2003. En Afrique subsaharienne, le Nigeria et la Côte-d'Ivoire resteront les deux principaux importateurs de la sous-région, avec respectivement 1,7 million de tonnes et 1 million de tonnes importées en 2003, et dont le principal fournisseur reste la Thaïlande. La crise ivoirienne n'a fait qu'amplifier une situation alimentaire déjà difficile ; en 2002, la production de la Côte-d'Ivoire aurait chuté d'un tiers à 800 000 tonnes par rapport à 2002. Les disponibilités d'exportations mondiales devraient, pour leur part, être une fois encore suffisantes pour faire face aux besoins globaux d'importation, mais les prix pourraient se raffermir à mesure que les stocks mondiaux diminuent.

Des prix globalement plus fermes

En 2002, les cours mondiaux sont restés globalement plus fermes en raison d'une demande soutenue en particulier des pays asiatiques. La hausse des prix a touché essentiellement les riz thaïlandais et vietnamiens, toutes catégories confondues. Leurs ventes ont été cependant en légère baisse en raison des exportations massives de l'Inde à des prix très fortement subventionnés consentis par le gouvernement indien ; les prix indiens ont chuté de 20 % en moyenne, soit une baisse de 40 % en deux ans. Les États-Unis pour leur part ont dû aussi abaisser leurs prix (plus de 20 % en moyenne entre 2001 et 2002) pour maintenir leurs parts de marché.

En Thaïlande, le prix du riz Thaï 100 % B (moins de 5 % de brisures) a progressé de $ 20 la tonne en moyenne, passant de $ 177 à $ 197 la tonne FOB. Le Thaï 25 % a gagné $ 15 la tonne, passant de $ 156 à $ 171 la tonne FOB. La brisure Thaï A1 Super est passée, pour sa part, de $ 136 à $ 151 la tonne entre 2001 et 2002.

Au Vietnam, les cours ont connu une remontée équivalente à la Thaïlande. Les difficultés d'approvisionnement et la rétention de la part des producteurs ont contribué au renchérissement des prix à l'exportation. Le riz Viet 5 % est passé de $ 168 à $ 188 la tonne en 2002. Le riz Viet 25 % a progressé $ 19 la tonne passant de $ 150 à $ 169 la tonne FOB.

Aux États-Unis, le prix nominal du riz Long Grain n° 2 4 % brisures est passé de $US 253 à $ 198 la tonne FOB, soit une chute de $ 57 la tonne sur l'ensemble de l'année 2002. Fin 2002, les prix américains tendaient à se raffermir en raison d'une activité commerciale soutenue sur l'Amérique latine. Au fil des années, on assiste à un resserrement du différentiel de prix avec son concurrent thaïlandais, le Thaï 100 % B. L'écart moyen est passé de 40 % en 2001 à une quasi-parité en 2002. Ce resserrement, dû à la pression des concurrents asiatiques, a permis aux Américains de relancer leurs ventes notamment sur les marchés d'Amérique centrale, du Moyen-Orient et de l'Afrique du Sud.

La faiblesse des prix mondiaux pénalise la production mondiale

En 2002, malgré leur raffermissement, les prix mondiaux sont restés aux niveaux les plus bas de la dernière décennie. Cette faiblesse tient en grande partie aux excédents exportables et au recours massif aux stocks publics pour faire face aux défaillances de la production mondiale qui tend à s'essouffler en raison d'une baisse constante des surfaces rizicoles asiatiques et de la stagnation des rendements moyens. Pour pallier à cette baisse, les principaux exportateurs asiatiques, avec la Thaïlande en tête, ont cherché à améliorer leur coopération afin d'assurer à chacun des prix plus stables. Mais cette initiative rencontre encore la réticence de certains pays, et notamment de l'Inde qui refuse tout accord sur des prix communs à l'exportation. Ainsi, le projet de coopération entre exportateurs n'a pour l'instant abouti que sur un accord minimum d'échange d'informations sur le marché.

Bien que cette faiblesse des prix mondiaux profite aux consommateurs les plus démunis, elle décourage aussi les producteurs qui se tournent vers des cultures plus rentables, comme les oléagineux. La Chine, premier producteur mondial, a perdu, depuis le début des années 1990, près d'un million d'hectares de riz chaque année, soit 3 % en moyenne par an de sa surface rizicole ; une perte compensée en partie seulement par une amélioration des rendements moyens. Ce pays reste néanmoins un exportateur net grâce aux importants stocks encore disponibles, mais qui tendent à fondre comme neige au soleil ; ils ont baissé de 30 millions de tonnes de tonnes en trois ans, se situant pour la campagne 2002-2003 à 67 millions de tonnes, soit près de 65 % des stocks mondiaux. À terme, la Chine pourrait ainsi devenir l'un des principaux importateurs, d'autant que son adhésion à l'OMC devrait l'amener à ouvrir davantage son marché interne.

Ailleurs, hors du continent asiatique, la campagne 2002-2003 aura aussi été médiocre. L'Australie, qui a connu l'une des pires sécheresses de son histoire, verrait sa récolte réduite de 70 % par rapport à celle de 2001-2002. Au Brésil, la récolte serait également en baisse en raison des mauvaises conditions climatiques, ce qui devrait entraîner un accroissement des importations d'Argentine et d'Uruguay, ses principaux fournisseurs.

Objectif atteint en Thaïlande

En Thaïlande, compte tenu de la forte concurrence, les exportations n'ont pas dépassé leur seuil historique de 2001, mais elles ont tout de même atteint l'objectif fixé par le gouvernement de 7,2 millions de tonnes, soit 300 000 tonnes de moins qu'en 2001. Pour 2003, l'objectif d'exportation s'élève à

7,3 millions de tonnes. Le gros de ventes thaïlandaises vient du secteur privé, mais l'État a poursuivi en 2002 son programme de promotion des exportations, ce qui a eu aussi pour effet de raffermir les prix à l'exportation. Ses principaux clients ont été une nouvelle fois le Nigeria, l'Iran, le Sénégal, l'Afrique du Sud et la Malaisie.

L'Inde fait une percée historique

L'Inde a été à l'honneur en 2002 avec une percée historique sur le marché à l'exportation grâce à une politique gouvernementale d'aide aux exportations et dont l'objectif consistait aussi à se débarrasser d'une partie des stocks pléthoriques que détenait ce pays. Ces derniers totaliseraient encore fin 2002 plus de 14 millions de tonnes contre 23 millions de tonnes fin 2001. Au total, les exportations indiennes ont atteint 6,6 millions de tonnes contre 1,9 million de tonnes en 2001, se rapprochant ainsi de la Thaïlande et distançant le Vietnam qui s'essouffle.

Et le Vietnam subit la concurrence indienne

Le Vietnam a exporté 3,2 millions de tonnes en 2002 contre 3,5 millions de tonnes en 2001, subissant de plein fouet la concurrence de l'Inde sur le marché des riz basse et moyenne qualité. Les principaux clients furent l'Irak, l'Indonésie, les Philippines et Cuba. Ces résultats sont bien en deçà du record de 1999 à 4,65 millions de tonnes. Durant le dernier trimestre 2002, le rythme des ventes a été aussi assez faible en raison de l'attitude attentiste des négociants et des producteurs locaux qui espéraient une revalorisation des prix.

Les États-Unis se maintiennent dans le peloton de tête

Avec un volume d'exportation de 3,1 millions de tonnes, les États-Unis se maintiennent dans le « top 5 » des exportateurs, derrière la Thaïlande, l'Inde et le Vietnam, et devant le Pakistan. Le rapprochement des prix par rapport à la Thaïlande, leur principal concurrent, a permis de réactiver les ventes sur ces marchés traditionnels de l'Amérique centrale et du Proche-Orient ; ces marchés représentent près des 70 % des exportations nord-américaines. Les États-Unis ont fait aussi une nouvelle entrée sur le marché brésilien profitant de la hausse des prix internes au Brésil. Les marchés européens et japonais demeurent, pour leurs parts, un débouché important pour les riz de haute qualité. Le *marché de l'aide alimentaire* reste également très actif, et il représenterait près de 20 % des exportations nord-américaines.

La sécurité alimentaire reste toujours préoccupante

La sécurité alimentaire reste toujours un sujet de préoccupation en raison de l'essoufflement de la production mondiale, en baisse depuis 2000. C'est le cas notamment de l'Asie qui demeure le principal pôle d'importation avec plus de 50 % des importations mondiales. En Afrique Subsaharienne, le déficit rizicole continue à se creuser avec 7,3 millions de tonnes importées en 2002, soit 27 % des importations mondiales. Le Moyen-Orient pour sa part, maintient un volume d'importation autour de 4 millions de tonnes, tandis qu'en Amérique latine, les importations restent stables à 2,7 millions de tonnes, grâce à une relative stabilité de la demande sur le marché sud-américain.

À long terme, la situation alimentaire tend à se dégrader dans de nombreux pays asiatiques en raison d'une croissance démographique plus rapide par rapport à la production rizicole. Cette tendance tient essentiellement à l'essoufflement des rendements qui ne progressent guère (seulement de 1 % par an contre une moyenne de 2,5 % au cours des années 1970 et 1980) et à la diminution des surfaces rizicoles en concurrence avec des cultures et/ou des activités plus rémunératrices.

Oléoprotéagineux

Tous les regards se portent pour la seconde partie de la campagne 2002-2003 concernant le soja sur le continent sud-américain, dont l'importance des récoltes déterminera l'évolution des cours, et l'Asie, moteur du commerce mondial. La croissance de la consommation de soja et d'huile de palme en Chine et en Inde semble en effet insensible à l'augmentation des cours. Or, avec une production mondiale estimée selon Oil World à 311 millions de tonnes (millions de tonnes) (décembre 2002) pour une consommation de 318 millions de tonnes, il n'est pas difficile de comprendre que le marché des oléoprotéagineux soit tendu depuis l'été 2002. Le département américain de l'agriculture (USDA) fait à peu près le même constat. Malgré une hausse de 2 millions de tonnes, la production mondiale des sept principales graines oléagineuses égale à 324 millions de tonnes ne permettrait pas de couvrir les besoins en huile pour la seconde année consécutive.

La sécheresse a fortement pénalisé en 2002 les États-Unis, le Canada et l'Australie. Des inondations en Chine et des moissons erratiques en Inde pèsent aussi sur le bilan de la saison. Et avec la poursuite de l'Agenda 2000, davantage de producteurs européens ont été dissuadés de semer du colza et du tournesol. À cela s'ajoute le potentiel de production limité d'huile de palme malaise ou encore l'insuffisance des infrastructures des pays de la Mer Noire qui ne leur permettent pas de vendre à la fois des céréales et du tournesol. Mais le niveau actuel des cours a aussi conduit l'Ukraine et la Russie à se lancer dans la trituration pour dégager des marges supplémentaires.

Les quantités disponibles assez restreintes d'oléoprotéagineux ont renforcé la dépendance des marchés vis-à-vis du soja. Et pour les mois à venir, aucune graine n'est en mesure de prendre le relais. Le retour progressif vers une stabilité monétaire rendra la commercialisation des produits sud-américains plus aisée.

Perspectives à 2009

Avec un cours moyen prévisionnel compris entre 220 et 230 € par tonne pour le colza et entre 250 et 260 € la tonne pour le tournesol, la Commission européenne estime que la surface cultivée dans l'Union européenne des Quinze devrait augmenter progressivement de 4,3 millions d'hectares à 4,7 d'ici à 2009. À cela s'ajoutent 900 000 hectares d'oléagineux pour la production non alimentaire si le taux de jachère reste fixé à 10 %. Toutes les cultures bénéficieraient de la hausse des emblavements.

La production européenne passerait dans le même temps de 11,4 millions de tonnes à 13,5 millions en 2009. La production de colza atteindrait 8,7 millions de tonnes, celle de tournesol 3,4 millions et celle de soja 1,4 million. Les protéagineux seraient insensibles aux bonnes prévisions de prix. Les surfaces implantées ne devraient pas dépasser 1,2 million d'hectares.

8 GRAINES OLEAGINEUSES	2000/01	2001/02	2002/03 (p)
Production totale	**307,32**	**317,12**	**313,64**
Soja	175,20	184,20	189,20
Coton	34,00	37,26	33,57
Colza	37,46	36,37	31,62
Tournesol	23,11	21,28	22,98
Arachide	22,94	24,11	22,14
Palmiste	6,62	6,75	6,96
Coprah	5,66	5,00	4,91
Lin	2,33	2,15	2,26
Exportations totales	**67,22**	**64,72**	**69,01**
Soja	53,16	53,50	59,00
Colza	7,46	5,52	4,41
Tournesol	2,73	1,70	1,96
Arachide	1,34	1,48	1,33
Coton	1,33	1,29	1,01
Lin	0,79	0,75	0,77
Palmiste	0,24	0,33	0,37
Coprah	0,17	0,15	0,16
Importations totales	**67,29**	**64,70**	**69,13**
Soja	53,04	53,50	59,00
Colza	7,61	5,61	4,43
Tournesol	2,73	1,67	1,98
Arachide	1,35	1,44	1,36
Coton	1,35	1,25	1,04
Lin	0,80	0,76	0,77
Palmiste	0,23	0,33	0,36
Coprah	0,18	0,14	0,19

8 TOURTEAUX	2000/01	2001/02	2002/03 (p)
Production totale	**177,07**	**186,53**	**191,22**
Soja	117,34	126,99	134,59
Colza	21,29	20,40	18,27
Coton	14,85	16,19	14,99
Tournesol	9,97	8,75	9,43
Arachide	6,89	7,66	7,17
Palmiste	3,48	3,52	3,73
Coprah	1,98	1,81	1,72
Lin	1,27	1,21	1,32
Exportations totales	**47,74**	**52,67**	**54,5**
Soja	37,73	43,63	45,52
Palmiste	2,79	2,72	2,92
Tournesol	2,60	2,29	2,62
Colza	2,49	1,98	1,51
Coprah	1,13	0,91	0,87
Coton	0,69	0,73	0,71
Arachide	0,24	0,34	0,26
Lin	0,07	0,07	0,09
Importations totales	**48,18**	**52,74**	**54,46**
Soja	38,08	43,64	45,47
Palmiste	2,80	2,75	2,88
Tournesol	2,64	2,29	2,61
Colza	2,47	2,01	1,54
Coprah	1,21	0,89	0,89
Coton	0,66	0,75	0,72
Arachide	0,24	0,34	0,26
Lin	0,08	0,07	0,09

TABLEAU RECAPITULATIF OLEAGINEUX

(en millions de tonnes)

Source : Oil World

10 HUILES	2000/01	2001/02	2002/03 (p)
Production totale	**92,09**	**94,33**	**95,57**
Soja	27,05	29,39	31,25
Palme	23,83	24,78	25,59
Colza	13,95	13,50	12,07
Tournesol	8,67	7,39	8,26
Arachide	4,87	5,44	5,09
Coton	3,92	4,29	4,00
Palmiste	2,88	2,93	3,09
Coco	3,52	3,20	3,06
Olive	2,73	2,78	2,52
Lin	0,67	0,63	0,64
Exportations totales	**33,48**	**35,83**	**37,27**
Palme	17,32	18,79	19,37
Soja	7,59	9,11	10,09
Tournesol	2,57	2,22	2,45
Coco	2,17	1,89	1,73
Palmiste	1,38	1,48	1,57
Colza	1,35	1,26	1,02
Olive	0,55	0,48	0,51
Arachide	0,25	0,25	0,23
Coton	0,20	0,24	0,19
Lin	0,10	0,11	0,11
Importations totales	**33,53**	**35,49**	**37,75**
Palme	17,41	18,49	19,63
Soja	7,47	9,03	10,27
Coco	2,21	1,92	1,74
Tournesol	2,59	2,24	2,44
Palmiste	1,43	1,45	1,60
Colza	1,34	1,29	1,02
Olive	0,55	0,48	0,51
Arachide	0,24	0,25	0,23
Coton	0,18	0,24	0,20
Lin	0,11	0,10	0,11

Prix de quelques huiles en US $/tonne

	Palme	Coco	Soja	Colza
1995	628	670	625	613
1996	531	751	552	556
1997	546	657	565	565
1998	671	658	626	623
1999	436	737	427	425
2000	310	450	338	347
2001	287	318	354	402
2002	**389**	**421**	**454**	**484**

- *Huile de palme Malaisie caf Rotterdam*
- *Huile de coco Philippines/Indonésie caf Rotterdam*
- *Huile d'arachide, toutes provenances caf Rotterdam*
- *Huile de soja, toutes provenances, fob Pays-Bas*

Les cours dans le sillage du soja

Le redressement important des cours des principales graines et de leurs produits dérivés date du printemps 2002, lorsque le niveau des récoltes de colza et de tournesol dans l'hémisphère Nord a commencé à être connu. Résultat, la tonne de soja payée aux producteurs américains autour de $ 154 en décembre 2001 valait un an après plus de $ 200. Mais la baisse du dollar par rapport à l'euro atténue cette hausse sur les marchés européens et rend par conséquent le colza et le tournesol produits par l'UE moins compétitifs.

Les prix de l'huile sont eux aussi en nette hausse. La tonne d'huile de soja avait atteint en décembre 2002 environ $ 500 sur le marché américain contre $ 330 un an plutôt. Le repli des cours sur le marché de Rotterdam observé en janvier 2003 est à lier à de meilleures prévisions de récoltes, mais surtout au reflux du dollar. Quant aux tourteaux, l'évolution est plus contrastée car la demande des pays importateurs semble avoir décliné en 2002. Les cours du tourteau de soja ont baissé au début de 2002 à Chicago puis se sont redressés à partir de mars-avril sans atteindre les niveaux de la précédente campagne. La moyenne pour 2002-2003 serait de $ 174 la tonne contre de $ 188 en 2001-2002.

Le colza s'inscrit dans ce mouvement haussier. Comme l'offre s'est réduite au fur et à mesure de l'avancée des campagnes canadienne et australienne, les prix se sont emballés à Hambourg entre juillet et septembre en passant de 222 € la tonne à 256 € la tonne. Ils ont à nouveau fortement progressé depuis l'automne et ont franchi en début d'année le cap des 300 €. Les opérateurs craignent une situation de pénurie d'ici la fin de la campagne. Pour le tournesol, la reprise des cours date de la fin de la campagne 2000-2001. Après avoir aussi dépassé le cap de €/t 300 en juillet 2002 aux États-Unis (prix payé aux producteurs), ils semblent perdre depuis du terrain. À Rotterdam, les cours se situent à des niveaux en moyenne plus élevés qu'à Chicago (€/t 287 contre €/t 238 à Chicago), mais la tendance est moins nette. Ce n'est que depuis

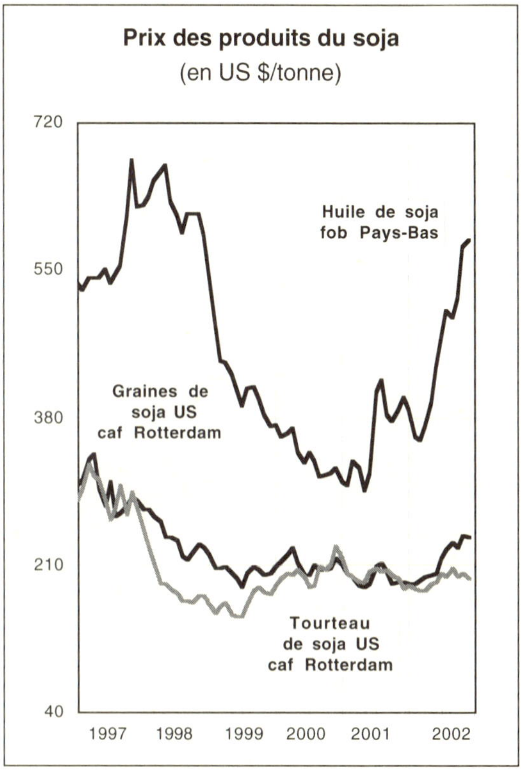

l'été dernier que le redressement des cours est manifeste. Le cap des $ 300 la tonne a été franchi en novembre 2002, mais le fléchissement du dollar peut peser depuis sur l'évolution des cours.

Les cours du pois protéagineux stagnent depuis août 2002 de 140 € la tonne sur le marché européen. Trop onéreux, les industriels de l'alimentation animale des secteurs des volailles et des ruminants en particulier, se tournent vers d'autres graines. Selon une étude du Céréopa, une augmentation de 0,15 € à 0,30 € par quintal peut faire perdre en France 30 % du volume d'utilisation du pois. En 2002, le taux d'incorporation à la fabrication d'aliments aurait été du reste si bas que les exportations françaises de pois dépasseraient la consommation intérieure. Côté producteurs, la bonne orientation des marchés à la fin de l'année 2001 n'a pas empêché une nouvelle régression des surfaces en 2002 en dessous du seuil de 400 000 ha. « Pour que l'offre augmente, il faudrait des prix attractifs, mais aussi

SOJA	1997/98	1998/99	1999/00	2000/01	2001/02	2002/03 (p)
• *Graine*						
Production mondiale	**158,06**	**160,55**	**160,12**	**175,20**	**184,20**	**189,20**
dont Etats-Unis	72,55	74,60	72,22	75,05	78,67	73,20
Brésil	31,60	31,38	34,13	39,06	42,40	47,50
Argentine	18,90	20,60	21,20	27,30	30,20	33,80
Chine	14,70	15,00	14,25	15,40	15,45	16,40
Exportations mondiales	40,46	39,96	46,12	53,16	53,50	59,00
dont Etats-Unis	23,74	23,89	26,62	26,50	29,20	25,00
Brésil	8,95	8,93	11,10	15,47	14,70	20,50
Argentine	3,16	3,05	4,13	7,16	5,95	9,30
Importations mondiales	39,84	39,71	46,19	53,04	53,50	59,00
dont U.E. (15)	16,89	15,95	14,89	17,40	18,00	18,00
Chine	3,06	3,86	10,11	13,25	10,39	14,80
Japon	4,87	4,81	4,91	4,77	5,02	5,17
• *Huile*						
Production mondiale	**23,15**	**24,56**	**25,32**	**27,05**	**29,39**	**31,25**
dont Etats-Unis	8,23	8,20	8,08	8,35	8,57	8,66
Brésil	3,80	4,04	4,02	4,34	4,81	5,30
Chine	1,70	1,84	2,65	3,27	3,50	3,97
Argentine	2,30	3,32	3,12	3,19	3,87	4,54
U.E. (15)	2,91	2,93	2,76	3,02	3,19	3,19
Exportations mondiales	7,56	7,73	6,78	7,59	9,11	10,09
dont Argentine	2,12	3,12	2,87	3,14	3,71	4,37
Brésil	1,20	1,45	1,13	1,54	1,80	2,20
U.E. (15)	1,02	1,08	1,08	1,10	1,14	1,07
Etats-Unis	1,49	1,08	0,63	0,64	1,15	1,08
Importations mondiales	7,48	7,60	6,94	7,47	9,03	10,27
dont Inde	0,25	0,84	0,91	1,36	1,52	1,92
Iran	0,70	0,93	0,66	0,73	0,82	0,83
Chine	2,04	0,93	0,58	0,21	0,60	1,16
• *Tourteau*						
Production mondiale	**100,68**	**106,15**	**109,57**	**117,34**	**126,99**	**134,59**
dont Etats-Unis	34,60	34,29	36,35	35,73	36,55	36,24
Brésil	15,71	16,51	16,46	17,72	19,42	21,42
Chine	8,56	9,19	12,89	15,61	16,49	18,63
Argentine	10,44	13,90	13,45	13,69	16,55	19,48
U.E. (15)	12,73	12,58	11,82	12,93	13,73	13,88
Exportations mondiales	33,57	35,93	35,68	37,73	43,63	45,52
dont Argentine	9,71	13,15	13,14	13,36	16,41	19,00
Brésil	9,78	10,35	9,89	10,84	11,86	13,25
Etats-Unis	8,47	6,52	6,69	6,95	6,82	6,05
Importations mondiales	33,29	35,99	35,64	38,08	43,64	45,47
dont U.E. (15)	13,21	16,48	16,11	16,75	19,38	19,30
Europe Centrale	2,32	2,39	2,41	2,95	3,30	3,57
Indonésie	0,67	0,83	1,13	1,61	1,58	1,70
Thaïlande	0,88	1,19	1,47	1,42	1,71	1,86

(en millions de tonnes) *(Source : Oil World)*

COLZA	1997/98	1998/99	1999/00	2000/01	2001/02	2002/03 (p)
• *Graine*						
Production mondiale	**33,06**	**36,06**	**42,62**	**37,46**	**36,37**	**31,62**
dont Chine	9,57	8,30	10,13	11,38	11,32	10,40
U.E. (15)	8,71	9,50	11,48	8,95	8,87	9,25
Canada	6,39	7,64	8,80	7,13	4,93	3,58
Inde	4,65	5,00	5,10	3,75	4,85	3,50
Exportations mondiales	4,95	6,82	8,90	7,46	5,52	4,41
Importations mondiales	4,29	6,73	9,17	7,61	5,61	4,43
• *Huile*						
Production mondiale	**12,21**	**12,52**	**14,47**	**13,95**	**13,50**	**12,07**
dont Chine	3,08	3,57	4,69	4,67	4,26	3,73
U.E. (15)	3,46	3,53	3,83	3,53	3,67	3,49
Inde	1,87	1,43	1,66	1,59	1,70	1,34
Canada	1,37	1,26	1,27	1,22	0,97	0,85
Japon	0,86	0,90	0,92	0,90	0,87	0,79
Exportations mondiales	2,10	1,88	1,91	1,35	1,26	1,02
Importations mondiales	2,11	1,99	1,96	1,34	1,29	1,02
• *Tourteau*						
Production mondiale	**18,98**	**19,57**	**22,16**	**21,29**	**20,40**	**18,27**
dont Chine	5,59	6,45	7,99	7,77	7,03	6,14
U.E. (15)	4,86	4,87	5,17	4,87	5,00	4,81
Inde	2,93	2,76	2,63	2,52	2,68	2,11
Canada	2,01	1,90	1,89	1,81	1,42	1,26
Japon	1,18	1,26	1,26	1,23	1,19	1,10
Exportations mondiales	2,94	2,16	2,89	2,49	1,98	1,51
Importations mondiales	2,97	2,17	2,83	2,47	2,01	1,54

(en millions de tonnes) *(Source : Oil World)*

Prix de l'huile de colza
Pays-Bas, fob ex-usine
(en US $/tonne)

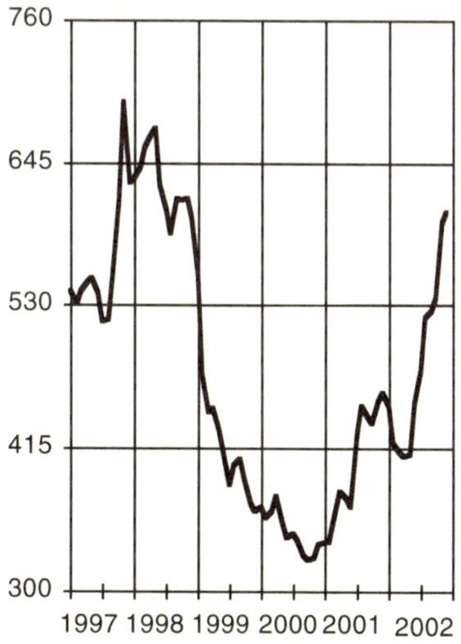

une intervention des pouvoirs publics pour éviter que le marché européen se ferme lorsque les cours sont élevés », estime la Fédération des Producteurs Français (FOP).

Des cours plombés

La conjoncture favorable des marchés n'a cependant rien d'exceptionnel. Les cours des fèves de soja restent largement en dessous du niveau atteint durant les trois campagnes de 1995 à 1998. La raison ? Le nouveau Farm Bill. Entré en application à partir de la récolte 2002 pour six ans, il pèse sur les cours et atténue leurs progressions. La nouvelle loi étend l'architecture de base du Fair Act à davantage de produits (pois secs, lentilles, pois chiches) et surtout normalise le niveau très élevé des subventions dont ont bénéficié en urgence les « farmers » au cours des trois dernières années. Résultat, les aides contracycliques

LES MARCHÉS

pérennisent les augmentations de surfaces constatées avant la mise en place du nouveau Farm Bill (plus de 1,5 million d'hectares au pire de la dépression selon European Oilseed Alliance). Quant aux loan rates, ils garantissent les prix et empêchent l'ajustement de la production en fonction du marché. Simplement, les nouveaux loan rates avantagent un peu moins le soja par rapport aux céréales et ceci pourrait avoir un impact sur les emblavements en 2003.

Le coût de la politique agricole du Président Bush reposera sur l'ensemble des autres pays producteurs. « Sans les aides versées entre 1998 et 2002, les "farmers" produiraient entre 15 % et 20 % d'oléoprotéagineux en moins. Et sans la baisse des cours, l'Europe n'aurait pas eu à réduire sa production d'environ 10 % à 15 % et par conséquent, à accroître ses importations de graines et de produits dérivés de 5 % à 7 % », estiment les organisations de producteurs européens en lançant à l'automne 2002 la procédure ROC (Règlement des Obstacles au Commerce) auprès de la Direction générale du Commerce à Bruxelles contre les subventions américaines aux oléagineux et les effets pervers du nouveau Farm Bill.

La production plafonne

Toutefois, le soja n'est plus le moteur de la croissance de la production mondiale d'oléoprotéagineux de ces dernières années mais il sauve le bilan de la campagne. La production de fèves progresserait seulement de 2 % en 2002-2003 contre 5 % la saison précédente en passant de 184,3 millions de tonnes à 188,9 (source USDA) respectivement 183,1 millions de tonnes et 189,1 millions de tonnes pour la (FAO). Selon l'International Service for the Acquisition of Agri-biotech Application, plus de 50 % des surfaces de soja ont été implantées pour la première fois dans le monde en 2002 avec des variétés génétiquement modifiées. Et le quart des 36,5 millions d'hectares ainsi cultivés concerne les pays en voie de développement.

Toutes origines confondues, les 92,2 millions de tonnes d'huile végétale (source USDA, décembre 2002) produites en 2002-2003 ne seraient pas suffisantes pour couvrir la consommation de la planète en forte croissance. Pour la seconde partie de la campagne, les marchés étaient, fin janvier 2003, dans l'attente de bonnes nouvelles météorologiques. La sécheresse menace l'Argentine et des pluies abondantes nuisent aux cultures de soja déjà implantées dans le Nord-Ouest du Brésil. Les bonnes conditions d'implantations des cultures avaient conduit l'USDA à revoir en décembre 2002 ses prévisions à la hausse. L'Argentine récolterait ainsi 33,5 millions de tonnes de fèves de soja contre 30 millions de tonnes l'an dernier et le Brésil récolterait 49 millions de tonnes contre 43,5 millions de tonnes. La production des deux pays serait par conséquent supérieure à celle des États-Unis estimée à 74 millions de tonnes, fortement en baisse. Reste à savoir si la stabilité des cours qui pourrait en découler, ou tout au moins le ralentissement de leur progression, ne sera pas contrariée par des opérations de rétention et de spéculation de la part des producteurs sud-américains. À moins que la croissance plus importante que prévue de la consommation ne relance l'inflation des cours. En attendant, le Brésil s'impose, au lendemain de l'élection de son nouveau Président, sur tous les fronts. Second producteur mondial de fèves et d'huile de soja (2,3 millions de tonnes pour 2001/2002), il dispose de quantités suffisantes pour satisfaire à la fois les besoins de plus en

Prévisions FAO

Pour les années 2015-2030, la FAO prévoit la poursuite du dynamisme des marchés des oléoprotéagineux. Leur consommation est conjointe au développement économique des pays émergents comme l'ont montré ces dernières années les évolutions des besoins de la Chine, de l'Inde ou encore de la Turquie. Plus d'une calorie sur cinq provient déjà des graines oléoprotéagineuses.

TOURNESOL	1997/98	1998/99	1999/00	2000/01	2001/02	2002/03 (p)
• Graine						
Production mondiale	**23,89**	**27,60**	**26,96**	**23,11**	**21,28**	**22,98**
dont Russie	2,55	3,00	4,15	3,91	2,67	3,10
U.E. (15)	4,08	3,43	3,10	3,33	3,02	2,86
Argentine	5,68	7,13	5,80	2,95	3,65	3,85
Ukraine	2,30	2,40	2,74	3,46	2,31	2,85
Chine	1,35	1,46	1,76	1,95	1,75	1,90
Etats-Unis	1,67	2,39	1,97	1,61	1,55	1,23
Exportations mondiales	3,00	3,86	3,04	2,73	1,70	1,96
Importations mondiales	3,00	3,84	3,11	2,73	1,67	1,98
• Huile						
Production mondiale	**8,59**	**9,32**	**9,55**	**8,67**	**7,39**	**8,26**
dont Russie	-	-	1,20	1,26	1,03	1,18
U.E. (15)	2,15	2,21	2,12	2,04	1,48	1,57
Argentine	2,17	2,35	2,14	1,46	1,30	1,54
Ukraine	-	-	0,88	0,97	0,88	1,05
Exportations mondiales	3,01	3,04	2,94	2,57	2,22	2,45
Importations mondiales	3,07	3,04	2,93	2,59	2,24	2,44
• Tourteau						
Production mondiale	**10,24**	**11,05**	**10,97**	**9,97**	**8,75**	**9,43**
dont U.E. (15)	2,80	2,88	2,69	2,59	1,90	1,99
Russie	-	-	1,17	1,22	1,05	1,14
Argentine	2,30	2,42	2,11	1,44	1,26	1,51
Ukraine	-	-	0,90	0,96	0,89	1,04
Exportations mondiales	2,65	2,88	3,01	2,60	2,29	2,62
Importations mondiales	2,66	2,83	2,99	2,64	2,29	2,61

(en millions de tonnes) *(Source : Oil World)*

Prix de l'huile de tournesol, toutes provenances ex tank Rotterdam
(en US $/tonne)

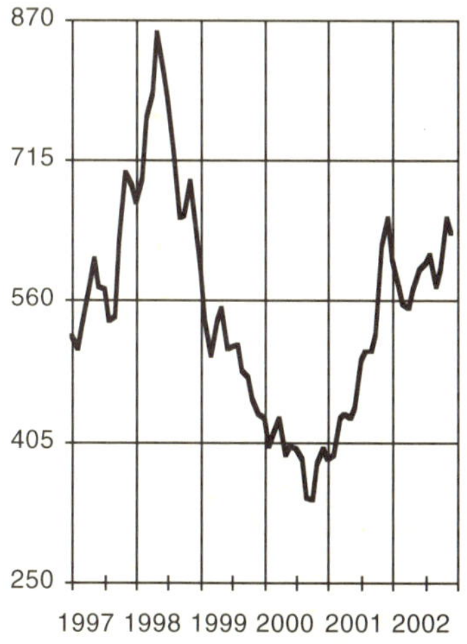

plus importants de sa filière d'élevage hors sol (porcs et volailles) et pour palier aux capacités de production limitées des autres grands producteurs, les États Unis, en tête.

La production mondiale de colza plonge à 32,1 millions de tonnes (source USDA). Ce repli est imputable aux résultats catastrophiques du Canada qui n'a récolté que 3,5 millions de tonnes contre 7 millions deux ans auparavant. Seuls 18,5 millions de tonnes de tourteaux de colza seraient produits en 2003 contre plus de 22 millions de tonnes il y a trois ans. Quant aux 9,2 millions de tonnes (source USDA) de l'Union européenne, ils restent inférieurs aux niveaux constatés avant l'entrée en application de l'Agenda 2000. Avec l'alignement des primes des oléoprotéagineux sur celles des céréales, les agriculteurs français ont réduit de 21 % les surfaces implantées en

LES MARCHÉS

Compter avec les Peco en 2004

Les dix nouveaux membres de l'Union européenne représentent actuellement, avec 5 millions d'hectares, la moitié de la surface actuelle des quinze pays adhérents et 36 % de leurs productions.

Dotés d'un bon niveau technologique, les gains de productivité existent et l'accroissement des surfaces cultivées pourrait se poursuivre. Mais les capacités de stockage et la faible organisation de la filière en matière de commercialisation constituent un sérieux handicap. La valorisation du potentiel de production des Pecos sera liée à l'évolution de la consommation de viandes blanches dans l'UE élargie.

La Commission européenne prévoit que la production des dix pays d'Europe centrale et orientale dépasse dans quatre ans leurs capacités de trituration. Exportateurs nets de graines (800 000 tonnes), ils contribueraient alors à réduire la dépendance de l'Union européenne vis-à-vis des pays tiers en protéines végétales mais pas en soja. Les productions des dix futurs adhérents sont en effet à 49 % du colza (Pologne, Roumanie, République tchèque, Slovaquie) et à 46 % du tournesol (Roumanie, Hongrie, Bulgarie).

colza d'hiver depuis 1999. Et à l'automne 2002, ils ont cherché la sécurité de leur revenu aux dépens des perspectives de marché qui étaient pourtant bonnes. Résultat, l'Union européenne perd du terrain. La baisse de la production d'oléoprotéagineux s'inscrit à contre courant de la progression de 30 millions de tonnes en cinq ans constatée au niveau mondial.

La campagne 2002-2003 marque en revanche la fin du déclin du tournesol. Le département américain à l'agriculture estime la hausse de la production mondiale autour de 10 % (23,3 millions de tonnes contre 21,3 millions la campagne précédente). Les disponibilités en graines de tournesol plus importantes comblent, en partie seulement, les baisses de récoltes des autres secteurs. Elles sont toutefois insuffisantes pour revenir aux niveaux atteints il y a deux ans (24,9 millions de tonnes) et les records de 1999/2000 (27 millions de tonnes environ) semblent à ce jour hors de portée.

L'Union européenne engrange sa plus faible récolte de tournesol depuis 1985 (1,7 million de tonnes) en dépit de bons rendements. Le déclin des surfaces observé depuis dix ans s'est poursuivi dans les trois principaux pays producteurs de l'Union. Aux USA, le recul à 1,2 million de tonnes (– 21 %) de la production américaine est lié à la sécheresse et aussi à la baisse des emblavements. Conséquence, la trituration du tournesol atteindrait son plus bas niveau depuis dix ans, à 600 000 tonnes. Les autres producteurs traditionnels affichent en revanche de bonnes performances. Selon les dernières prévisions, la Russie et l'Ukraine ont récolté près de 6,7 millions de tonnes, en progression de 25 % par rapport à 2001. La Roumanie, la Hongrie et la Bulgarie ont produit 2,5 millions de tonnes et seraient en mesure d'exporter 700 000 tonnes. La Chine passe de 1,5 million de tonnes en 2001/2002 à 1,8 million. Enfin, les dernières estimations fixent à 4 millions de tonnes la récolte argentine grâce à l'augmentation de 15 % des surfaces implantées.

La production d'arachide plafonnerait comme l'année précédente autour de 3,2 millions de tonnes. Quant au coton, les 3,5 millions de tonnes de graines attendues correspondent au niveau de production d'il y a deux ans. Le département américain à l'agriculture évalue aussi à 2,35 millions de tonnes la production d'huile d'olive pour 2002-2003. Le recul annoncé de 18 000 tonnes se traduira par une baisse de la consommation et des exportations dans les mêmes proportions.

ARACHIDE	1997/98	1998/99	1999/00	2000/01	2001/02	2002/03 (p)
• Graine						
Production mondiale	**20,31**	**21,87**	**21,21**	**22,94**	**24,11**	**22,14**
dont Chine	7,64	8,32	8,85	10,11	10,13	10,10
Inde	5,24	5,30	3,72	4,10	5,15	3,80
Nigeria	1,23	1,32	1,30	1,30	1,17	1,28
Etats-Unis	1,26	1,35	1,30	1,11	1,45	1,19
Exportations mondiales	1,29	1,19	1,31	1,34	1,48	1,33
Importations mondiales	1,30	1,20	1,28	1,35	1,44	1,36
• Huile						
Production mondiale	**4,47**	**4,77**	**4,48**	**4,87**	**5,44**	**5,09**
dont Chine	1,57	1,99	2,22	2,38	2,54	2,53
Inde	1,62	1,51	0,98	1,01	1,43	1,18
Nigeria	0,30	0,33	0,33	0,32	0,27	0,30
Sénégal	0,09	0,09	0,14	0,21	0,21	0,13
Exportations mondiales	0,25	0,24	0,24	0,25	0,25	0,23
Importations mondiales	0,26	0,24	0,25	0,24	0,25	0,23
• Tourteau						
Production mondiale	**6,22**	**6,88**	**6,42**	**6,89**	**7,66**	**7,17**
dont Chine	2,39	3,03	3,20	3,53	3,76	3,75
Inde	2,22	2,15	1,48	1,49	2,04	1,62
Nigeria	0,40	0,41	0,40	0,39	0,33	0,36
Exportations mondiales	0,44	0,33	0,24	0,24	0,34	0,26
Importations mondiales	0,44	0,33	0,24	0,24	0,34	0,26

(en millions de tonnes) *(Source : Oil World)*

Prix de l'huile d'arachide toutes provenances caf Rotterdam
(en US$/tonne)

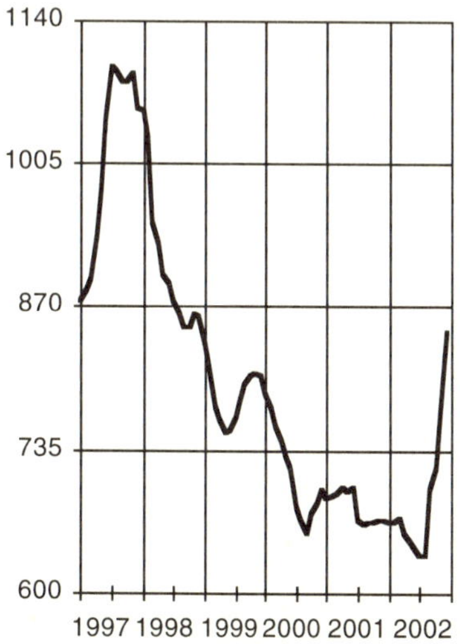

Des stocks en baisse

De faibles récoltes et une consommation dynamique réduiraient de 4 millions de tonnes les stocks mondiaux d'oléoprotéagineux en fin de campagne. Estimés à 32,5 millions de tonnes, ils seraient équivalents à ceux de 1998-1999. Les stocks de fèves de soja baisseraient de 3 millions de tonnes et ceux de colza de 1 million de tonnes environ. Pour l'huile, ils régresseraient encore, tous produits confondus, de 1,1 million de tonnes en 2003 après 0,9 million en fin de campagne dernière (source USDA). Le niveau des stocks mondiaux d'huile de soja représenterait moins d'un mois de la consommation mondiale et il reviendrait aux États-Unis de supporter pour la seconde année consécutive l'essentiel de leur baisse. Ils n'ont pas non plus été aussi bas en Chine, en Malaisie et en Inde depuis près de dix ans. En revanche, les stocks mondiaux

COTON	1997/98	1998/99	1999/00	2000/01	2001/02	2002/03 (p)
• Graine						
Production mondiale	**34,84**	**32,82**	**33,51**	**34,00**	**37,26**	**33,57**
dont Etats-Unis	6,29	4,87	5,76	5,84	6,76	5,89
Chine	8,19	8,01	6,82	7,87	9,47	8,40
Inde	5,15	5,42	5,30	4,80	5,37	4,90
Pakistan	3,18	2,99	3,82	3,63	3,65	3,44
Ouzbékistan	-	-	2,03	1,75	1,83	1,78
Exportations mondiales	0,94	0,99	1,29	1,33	1,29	1,01
Importations mondiales	0,95	0,99	1,26	1,35	1,25	1,04
• Huile						
Production mondiale	**4,09**	**3,83**	**3,89**	**3,92**	**4,29**	**4,00**
dont Chine	1,08	1,06	1,00	1,15	1,37	1,19
Etats-Unis	0,56	0,38	0,43	0,37	0,40	0,41
Inde	0,48	0,49	0,52	0,44	0,49	0,45
Pakistan	0,32	0,30	0,39	0,37	0,39	0,36
Ouzbékistan	-	-	0,31	0,27	0,28	0,28
Exportations mondiales	0,22	0,16	0,21	0,20	0,24	0,19
Importations mondiales	0,21	0,18	0,17	0,18	0,24	0,20
• Tourteau						
Production mondiale	**15,87**	**15,29**	**14,89**	**14,85**	**16,19**	**14,99**
dont Chine	4,87	4,78	4,03	4,56	5,42	4,71
Inde	3,00	3,19	3,10	2,83	3,10	2,85
Etats-Unis	1,60	1,11	1,26	1,17	1,15	1,19
Pakistan	1,26	1,19	1,53	1,45	1,53	1,41
Ouzbékistan	-	-	0,76	0,65	0,68	0,67
Exportations mondiales	0,62	0,65	0,63	0,69	0,73	0,71
Importations mondiales	0,67	0,68	0,61	0,66	0,75	0,72

(en millions de tonnes) *(Source : Oil World)*

de tourteaux protéinés (environ 5,65 millions de tonnes - source USDA) resteraient en fin de campagne à leur niveau de l'année précédente.

L'Asie, moteur du marché mondial

La consommation mondiale d'oléoprotéagineux des zones tempérées se portera davantage sur le soja et le tournesol. Mais le niveau actuel des prix et le retournement de la conjoncture économique mondiale atténueraient les besoins de nombreux pays émergents comme la Turquie où la demande en tourteaux, et surtout en huile, est très élastique (y compris l'huile de palme). La forte croissance de l'Asie rend en revanche ce continent indifférent aux tensions des marchés. La consommation d'huile et de tourteaux a doublé en Chine depuis 1994 (30,6 millions de tonnes pour les tourteaux, 14 millions pour l'huile, source USDA) alors que la production d'oléoprotéagineux, en passant de 36 millions de tonnes en 1994 à près de 51,6 millions en 2002-2003 (source USDA), n'a augmenté que de 40 %. Résultat, la Chine renforce, d'année en année, son degré de dépendance vis-à-vis

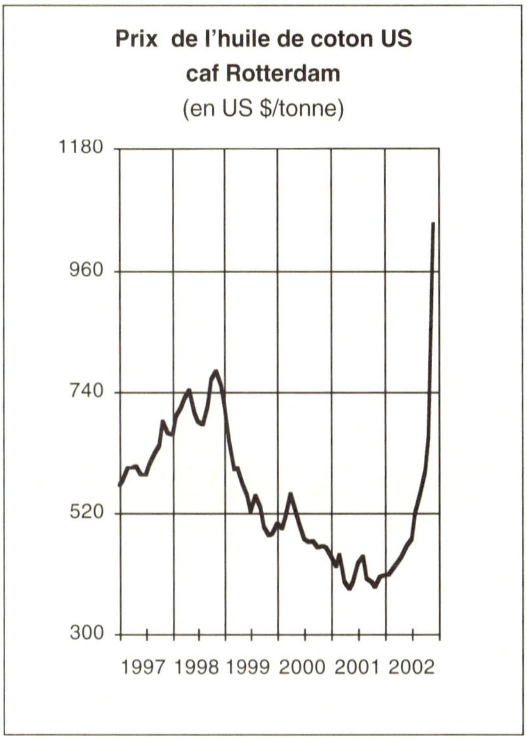

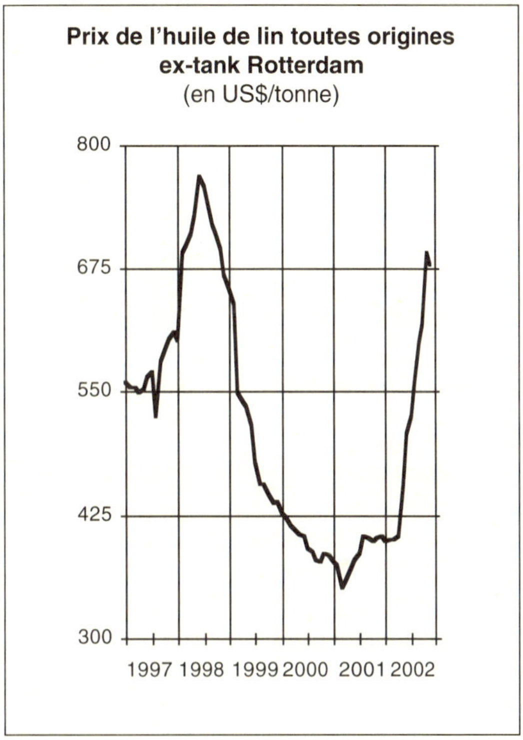

de ses importations. Mais elle achète essentiellement des graines car elle dispose depuis 1997 des unités de trituration nécessaires pour fabriquer de l'huile. 98 % des 14,4 millions de tonnes des volumes importés sont des fèves de soja en provenance du Brésil, d'Argentine et des USA. Le reste est du colza mais sa part régresse depuis quelques années puisque l'offre est faible. Comme le déficit de la Chine en huile se creuse (la consommation d'huile progresserait d'au moins 4 % en 2002-2003 contre 3 % pour les tourteaux), le pays pourrait passer des contrats pour 800 000 tonnes d'huile de soja et 40 000 tonnes d'huile de colza durant cette campagne. Notons que ses importations sont plus faciles depuis qu'elle a adhéré à l'OMC car des contingents à droits réduits sont ouverts.

Avec une production en baisse de 2 millions de tonnes, l'Inde prévoit d'acheter cette saison 2 millions de tonnes d'huile de soja contre 1,55 million l'année précédente. Compte tenu du niveau des droits de douane appliqués ($ 600 la tonne - chiffres de novembre 2002), son importation reste cependant moins avantageuse que l'huile de palme pour laquelle ils ne sont que de $ 470 la tonne. Mais certains opérateurs craignent que de nouvelles mesures gouvernementales limitent d'ici la fin de la campagne le volume des importations.

Toujours confrontée à un fort déficit en protéines végétales, l'Union européenne reste le plus gros importateur mondial de fèves de soja (21,2 millions de tonnes pour 2002-2003) et de tourteaux (20,2 millions de tonnes). Mais les conséquences de la crise de l'ESB sur les achats d'oléoprotéagineux s'estompent et les problèmes de la filière hors sol atténuent les besoins des élevages. Cependant, 2002-2003 se traduira par une dépendance de l'UE toujours aussi prononcée vis-à-vis du soja.

Un flux Amérique-Asie

Le rythme des échanges commerciaux s'accélère. Selon l'USDA, les exportations de graines augmenteraient en 2002-2003 de

LIN	1997/98	1998/99	1999/00	2000/01	2001/02	2002/03 (p)
• *Graine*						
Production mondiale	**2,41**	**2,82**	**2,87**	**2,33**	**2,15**	**2,26**
dont Canada	1,04	1,21	1,12	0,77	0,76	0,74
Chine	0,39	0,50	0,40	0,52	0,42	0,46
Etats-Unis	0,15	0,17	0,20	0,27	0,29	0,41
Inde	0,31	0,28	0,29	0,24	0,26	0,24
U.E. (15)	0,29	0,31	0,56	0,21	0,13	0,12
Exportations mondiales	0,89	0,92	0,71	0,79	0,75	0,77
Importations mondiales	0,91	0,91	0,70	0,76	0,76	0,77
• *Huile*						
Production mondiale	**0,68**	**0,73**	**0,73**	**0,67**	**0,63**	**0,64**
dont U.E. (15)	0,21	0,22	0,22	0,18	0,18	0,18
Chine	0,12	0,15	0,15	0,13	0,13	0,13
Etats-Unis	0,10	0,10	0,12	0,11	0,10	0,12
Inde	0,09	0,09	0,09	0,07	0,07	0,07
Exportations mondiales	0,12	0,13	0,15	0,10	0,11	0,11
Importations mondiales	0,12	0,13	0,15	0,11	0,10	0,11
• *Tourteau*						
Production mondiale	**1,31**	**1,42**	**1,42**	**1,27**	**1,21**	**1,32**
dont U.E. (15)	0,39	0,42	0,41	0,34	0,35	0,33
Chine	0,27	0,33	0,34	0,30	0,28	0,28
Etats-Unis	0,18	0,19	0,23	0,21	0,18	0,21
Inde	0,17	0,17	0,16	0,15	0,14	0,14
Exportations mondiales	0,10	0,11	0,10	0,07	0,07	0,09
Importations mondiales	0,10	0,11	0,10	0,08	0,07	0,09

(en millions de tonnes) *(Source : Oil World)*

5 millions de tonnes alors que la production n'a crû que de 2 millions de tonnes. Pour l'huile et les tourteaux, elles progresseraient d'un peu plus d'un million de tonnes chacune. Le soja supportera seul la croissance des échanges puisque les quantités disponibles des autres graines et de leurs produits dérivés sont réduites. Du reste, la FAO fixe à 84 % le taux de dépendance du commerce mondial des oléoprotéagineux vis-à-vis de cette plante.

Le Brésil pourrait exporter 20,5 millions de tonnes de fèves de soja sur 2002-2003 et l'Argentine 9,7 millions de tonnes contre respectivement 15,5 millions de tonnes et 6,0 millions. Ces deux pays pallieraient ainsi à la diminution des ventes des États-Unis estimées à 25,4 millions de tonnes de fèves de soja contre 28,9 millions de tonnes. Si les exportations américaines vers la Chine décollent depuis qu'elle autorise transitoirement les importations de variétés de soja génétiquement modifiées, celles vers les autres pays reculent. Seuls 6 millions de tonnes de tourteaux et un peu plus d'un million de tonnes d'huile de soja seraient vendus (source USDA). Selon une récente étude de l'USDA, les États-Unis perdent des parts de marché pour leurs exportations de soja depuis 1999-2000. Elles ne représenteraient plus que 40 % des échanges mondiaux de 2002-2003 contre 57 % trois ans auparavant. Le Brésil a dans le même temps progressé de 24 % à 34 % et l'Argentine de 9 % à 16 %.

Le repli des exportations de colza pour la troisième saison consécutive est bien sûr lié aux faibles quantités de graines et de produits

HUILE D'OLIVE	1997/98	1998/99	1999/00	2000/01	2001/02	2002/03 (p)
Production mondiale	**2,57**	**2,54**	**2,41**	**2,73**	**2,78**	**2,52**
dont U.E.	2,25	1,79	1,88	2,05	2,39	1,90
Espagne	*1,11*	*0,80*	*0,70*	*1,04*	*1,47*	*0,92*
Italie	*0,59*	*0,43*	*0,67*	*0,51*	*0,48*	*0,52*
Grèce	*0,41*	*0,51*	*0,45*	*0,47*	*0,39*	*0,40*
Syrie	0,08	0,13	0,09	0,18	0,10	0,16
Turquie	-	0,06	0,17	0,19	0,07	0,19
Exportations mondiales	0,46	0,57	0,50	0,55	0,48	0,51
dont U.E.	0,25	0,24	0,31	0,33	0,35	0,31
Importations mondiales	0,46	0,56	0,51	0,55	0,48	0,51
dont Etats-Unis	0,12	0,17	0,19	0,21	0,22	0,22

(en millions de tonnes) *(Source : Oil World)*

Huile d'olive : production et consommation mondiales
(en millions de tonnes)

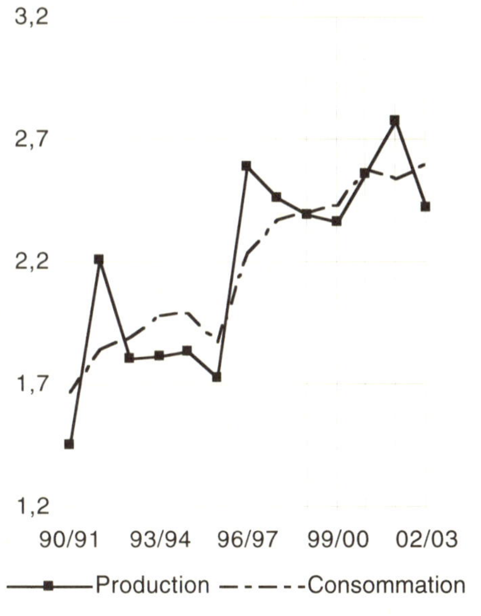

dérivés disponibles. Cependant, de belles perspectives s'ouvrent pour l'Union européenne après une campagne 2001-2002 catastrophique. La France exporterait jusqu'à un million de tonnes de colza alors qu'elle n'en a pas vendu plus de 150 000 tonnes l'an dernier. Ses principaux clients seraient le Mexique pour 400 000 tonnes et le Pakistan (déjà plus de 300 000 tonnes achetées depuis le début de la campagne). Le Japon et la Chine ont aussi conclu des contrats. Ce dynamisme de la demande en colza européen se poursuivra jusqu'au début de la prochaine campagne puisque la récolte canadienne est prévue à la fin de l'été 2003.

Avec 2,3 millions de tonnes en 2002-2003 contre 2,2 millions auparavant, les opérateurs ne s'attendent pas en revanche à ce que les exportations mondiales de graines de tournesol redémarrent : en prenant en compte l'huile et les tourteaux, les volumes engagés resteront inférieurs de 4 millions de tonnes à ceux des années 1998/99.

COPRAH, COCO	1997/98	1998/99	1999/00	2000/01	2001/02	2002/03 (p)
• Graine de coprah						
Production mondiale	**5,15**	**3,88**	**5,29**	**5,66**	**5,00**	**4,91**
dont Philippines	1,73	1,25	2,14	2,78	2,07	1,98
Indonésie	1,12	0,86	1,40	1,24	1,24	1,24
Exportations mondiales	0,23	0,22	0,23	0,17	0,15	0,16
Importations mondiales	0,21	0,24	0,23	0,18	0,14	0,19
• Huile de coco						
Production mondiale	**3,45**	**2,35**	**3,09**	**3,52**	**3,20**	**3,06**
dont Philippines	1,63	0,78	1,20	1,73	1,41	1,25
Indonésie	0,65	0,48	0,81	0,70	0,75	0,74
Exportations mondiales	2,12	1,04	1,78	2,17	1,89	1,73
Importations mondiales	2,12	1,17	1,74	2,21	1,92	1,74
• Tourteau de coprah						
Production mondiale	**1,95**	**1,34**	**1,76**	**1,98**	**1,81**	**1,72**
dont Philippines	0,87	0,42	0,64	0,92	0,81	0,92
Indonésie	0,40	0,28	0,48	0,44	0,47	0,49
Exportations mondiales	0,97	0,55	0,88	1,13	0,91	0,87
Importations mondiales	0,99	0,57	0,82	1,21	0,89	0,89

(en millions de tonnes) *(Source : Oil World)*

Prix de l'huile de coco
Philippines/Indonésie
caf Rotterdam
(en US $/tonne)

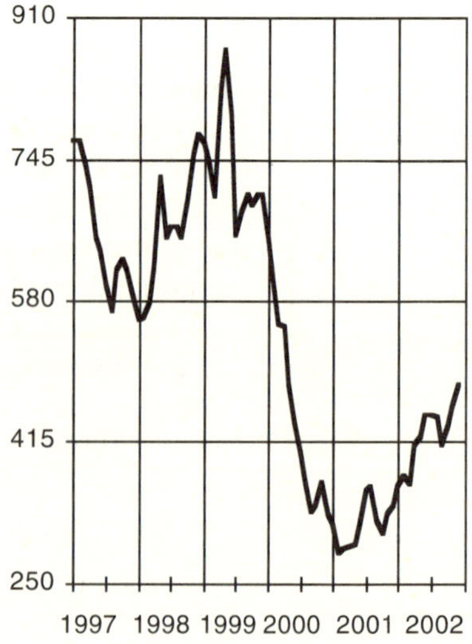

Viandes

Un épais brouillard stratégique, économique et financier, entoure la planète en ce début 2003. L'économie des viandes n'échappe pas à cette incertitude générale. La cassure due aux crises financières de 1997 et 1998 n'est toujours pas effacée, alors que les perspectives de croissance sont moroses. La production de viandes continue à progresser, mais dans un contexte de prix déprimés. Le Japon, premier acheteur mondial de viandes, poursuit dans une spirale déflationniste. L'Amérique latine reste économiquement fragile. Le Brésil, fort d'avantages comparatifs indéniables, confirme sa fulgurante percée sur les marchés internationaux. Dans le même temps la Russie développe ses achats, faute de pouvoir reconstruire son économie agricole. L'Union européenne est désormais limitée par les accords de l'Uruguay Round, alors que l'ALENA poursuit son expansion.

Les fluctuations monétaires conditionnent profondément la compétitivité des viandes et modèlent les échanges internationaux. Les maladies animales sont désormais une variable majeure et dressent de nouvelles frontières.

Le marché international des viandes a été plus spécifiquement marqué en 2002 par :

- une production mondiale encore en hausse, surtout tirée par les PVD et la volaille,
- une abondance en viandes porcine et de volaille (et des prix bas), alors que la situation de la viande bovine s'est améliorée et que la viande ovine est restée bien orientée,
- des échanges mondiaux notablement ralentis par de multiples embargos sanitaires, qui sont devenus une pratique protectionniste courante,
- une forte croissance des échanges de viande porcine (+ 25 %), alors que ceux de viande de volaille baissent légèrement pour la première fois depuis de longues années (– 1 %), comme ceux de viande bovine (– 3 %),
- l'émergence du Brésil, comme second exportateur mondial de viandes,
- l'importance stratégique des achats de la Russie (second importateur mondial),
- la baisse des exportations de viande des États-Unis, pour la première fois depuis 1985, notamment sous le coup des difficultés sanitaires de la volaille,

De nombreuses maladies animales qui affectent le commerce des viandes en 2003

- grippe aviaire à Hong Kong et aux États-Unis…
- maladie de Newcastle sur le cheptel avicole, aux États-Unis et au Danemark
- peste bovine en Afrique et en Asie…
- peste porcine dans quelques régions européennes (Luxembourg, Catalogne…), mais aussi en Corée du sud ou au Venezuela
- nouvelle épidémie de fièvre aphteuse en Corée du sud
- maladie porcine d'Aujeszky en Europe ou au Brésil,
- fièvre catarrhale du mouton dans le sud et l'est de l'Europe (maladie de la « langue bleue »)
- fièvre de la vallée du Rift en Afrique
- fièvre hémorragique de Crimée-Congo
- virus West Nile en Afrique du nord et tropicale, au Moyen-Orient, Inde et Asie Centrale…
- virus Nipah en Asie
- bactéries E. Coli, campylobacter, salmonella…
- la tremblante du mouton ou « scrapie »
- wapitis d'élevage atteints d'encéphalopathie au Canada…

…et bien sûr Encéphalopathie Spongiforme Bovine ou ESB !

L'Office International des Epizooties basé à Paris recense près de cent maladies animales faisant l'objet d'un suivi international, dont quinze en liste A (maladies ayant des conséquences sanitaires et socio-économiques graves).

Le palmarès mondial des viandes en 2002

Production mondiale de viandes (242 millions de tonnes)

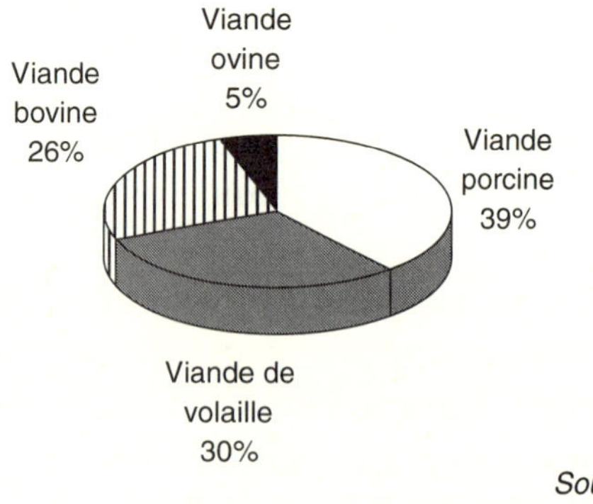

Commerce mondial de viandes (18 millions de tonnes)

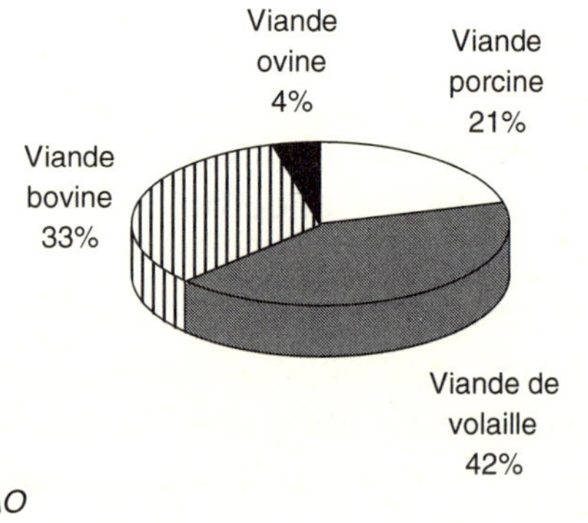

Source : FAO

Alors que la viande porcine domine largement la production mondiale de viandes, c'est la viande de volaille qui arrive en tête des échanges, suivie par le boeuf. Les échanges mondiaux sont réduits puisqu'ils ne représentent que 7 % de la production mondiale de viandes (hors ALENA et intra-européens). Environ 10 % des viandes de volaille et bovine passent les frontières contre seulement 6 % de la viande ovine et 4% de la viande porcine.

– la forte remontée des exportations de l'Union européenne, après les difficultés sanitaires de 2001 (+ 43 % en viande porcine, +18 % en viande de volaille), et cela malgré le GATT,
– la résurgence de vieilles maladies méconnues ou oubliées, du fait de la progression des échanges (fièvre de la Vallée du Rift, fièvre de Congo-Crimée, grippe ou peste aviaire…)
– la baisse du dollar et la forte remontée de l'euro en 2002, alors que le real brésilien enregistrait une nouvelle dépréciation de 40 %.

En février 2003, à l'heure où nous écrivons ces lignes, nous pouvons faire l'hypothèse que le commerce international des viandes restera dans l'avenir très sensible à l'état de santé générale de l'économie mondiale. En tout état de cause, les viandes seront abondantes sur le marché. Sept variables essentielles pèseront sur l'économie des viandes en 2003 et 2004 :
– les épizooties en cours ou à venir,
– la dynamique de l'ESB en Europe et en Asie,
– la sécheresse dans l'hémisphère Sud (Australie, Brésil…), mais aussi en Amérique du nord, qui affectera la ressource fourragère et céréalière (retour de El Niño ?),
– les stratégies d'internationalisation des grandes firmes,
– la conjoncture économique asiatique et en particulier du Japon, premier acheteur mondial,
– la fluctuation des taux de change des monnaies des principaux vendeurs ou acheteurs de viandes (euro, dollars américain, canadien, australien et néo-zélandais, peso, real, yen, yuan chinois, won coréen, rouble…),
– les événements militaires en Irak, qui auront de fortes conséquences sur le prix du pétrole et l'économie du Proche et Moyen-Orient, mais aussi de la Russie, fortement acheteurs de viandes.

Viandes : embargos sanitaires en série en 2002

Aucune crise sanitaire sérieuse n'aura marqué le commerce mondial de viande en 2002. Mais avec la baisse régulière des droits de douane imposée par les négociations du GATT en 1993, les barrières non tarifaires se développent, et en particulier les barrières sanitaires sur la viande. Aujourd'hui la moindre inquiétude sanitaire ou vétérinaire est davantage utilisée comme un obstacle aux échanges et ainsi en 2002 :

– embargo japonais sur la viande porcine de Corée et de Taïwan pour cause de fièvre aphteuse,
– maintien des embargos coréen et japonais sur la viande porcine de certaines régions européennes pour cause de fièvre aphteuse ou de peste porcine,
– embargo russe sur les viandes de volaille américaines après détection de salmonelles,
– embargo sur le poulet congelé européen en Arabie saoudite avec le doute d'une contamination par l'hormone MPA,
– embargo européen sur les viandes chinoises de volaille et de lapin, avec des traces d'antibiotiques,
– poursuite des embargos au Moyen-Orient et en Iran sur la viande bovine européenne pour cause d'ESB,
– poursuite de l'embargo français sur la viande bovine britannique jusqu'en octobre 2002…

Source : Ofival

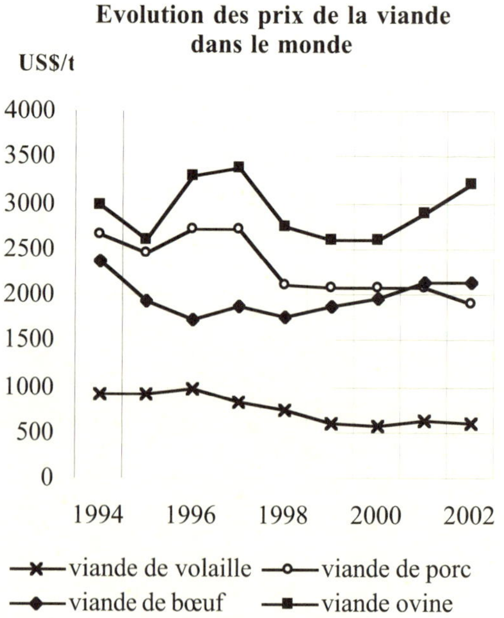

Source : FAO

Viande bovine : apaisement des inquiétudes sanitaires ?

En 2002, le marché de la viande bovine s'est brutalement assombri dans la zone Pacifique et quelque peu éclairci dans la zone Atlantique. En 2001, la réapparition de la fièvre aphteuse dans les pays du Rio de la Plata (Argentine, Uruguay) et la seconde crise de l'ESB en Europe avaient relancé le cloisonnement commercial entre les deux zones, qui s'estompait depuis une dizaine d'années. Mais la découverte d'un premier cas d'ESB au Japon a sérieusement ralenti les exportations de viandes américaines et australiennes et entraîné une forte dégradation des cours. Ceux-ci restent néanmoins nettement supérieurs à ceux de l'Atlantique, toujours handicapés par des embargos sanitaires multiples, notamment pour les viandes européennes. Avec la fin de l'épidémie de fièvre aphteuse, les viandes latino-américaines voient leur marché s'ouvrir de nouveau, mais restent handicapées par les crises politiques et financières, en particulier en Argentine.

Le marché du Pacifique

L'année 2001 avait été euphorique : demande et prix records. Face à une crise de la consommation japonaise pour cause d'ESB, et avec une forte disponibilité en viandes américaines et australiennes, les prix à la production se sont brutalement dégradés en 2002 (environ – 10 %). La chute a été d'autant plus forte que les offres de « petites » viandes océaniennes (viandes « de fabrication »), et de viandes préparées d'Argentine ou du Brésil, étaient abondantes.

Le **Japon** a découvert son premier cas de « vache folle » en septembre 2001. C'était également le premier cas asiatique. Ceci a provoqué un véritable séisme dans le pays du Soleil Levant : diminution de la consommation de 60 % dans les jours qui ont suivi et une demande encore inférieure de 20 % un an plus tard. Les importations qui assurent les deux tiers de la consommation ont reculé de 30 % en 2002. Les opérateurs ont plus délaissé les viandes fraîches que les viandes congelées, car la chute de la consommation a plus affecté les achats des ménages que la restauration hors-domicile. Ainsi les viandes australiennes, acheminées pour 60 % en frais, ont été plus pénalisées que les viandes américaines. Avant la crise, ces deux origines se partageaient presque à parts égales le marché d'importation. Un tel ralentissement des achats du Japon (second importateur mondial derrière les États-Unis), a fortement pesé sur les cours mondiaux et les cours des animaux dans les pays fournisseurs.

En 2003, la découverte d'un septième cas d'ESB à la fin janvier ne devrait guère favoriser une reprise rapide de la consommation et donc des importations. De plus, celles-ci risquent d'être entravées par le déclenchement d'une clause de sauvegarde, au cours de l'été 2003, qui entraînerait un passage des droits de douane de 38,5 % à 50 %.

Prix de la viande de boeuf, toutes provenances ports américains
(en US cents/lb)

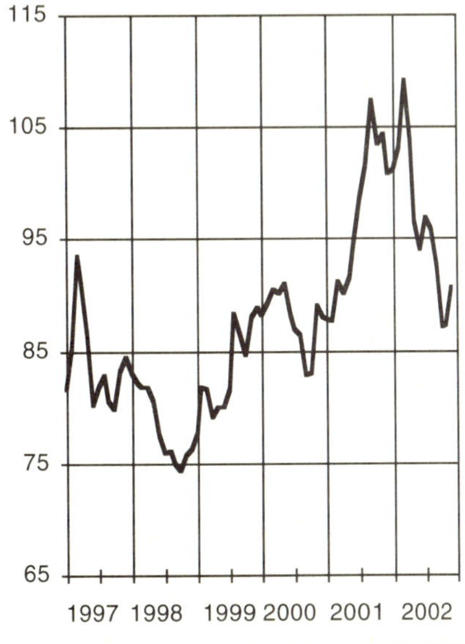

VIANDE BOVINE	1997	1998	1999	2000	2001	2002 (e)
Production mondiale	**57 600**	**58 300**	**59 000**	**59 500**	**59 000**	**60 100**
dont Etats-Unis	11 710	11 800	12 100	12 200	11 900	11 300
U.E.	7 930	7 670	7 720	7 400	7 300	7 500
Brésil	6 050	6 140	6 270	6 520	6 900	7 140
Argentine	2 975	2 600	2 840	2 880	2 680	2 640
Russie	2 500	2 090	1 900	1 840	1 760	1 730
Australie	1 940	1 990	1 960	1 990	2 050	2 100
Canada	1 070	1 150	0 250	1 250	1 250	1 260
Exportations viande de boeuf et de veau						
• dans le Pacifique						
Australie	1 150	1 260	1 270	1 340	1 395	1 420
Etats-Unis	969	985	1 090	1 130	1 030	1 120
Canada	400	430	490	520	570	650
Nouvelle-Zélande	500	490	440	490	500	510
• dans l'Atlantique						
U.E.	1 050	770	961	670	550	630
Brésil	230	310	460	500	750	900
Argentine	440	300	360	360	170	280
Uruguay	230	220	190	190	140	220
Importations viande de boeuf et de veau						
• dans le Pacifique						
Etats-Unis	1 063	1 200	1 300	1 380	1 440	1 500
Japon	924	950	970	1030	940	660
Canada	250	230	250	260	300	330
Corée du Sud	200	190	240	320	250	390
• dans l'Atlantique						
Russie	970	700	840	480	650	700
U.E.	430	390	425	420	380	400
Stocks de viande de boeuf et de veau						
U.E.	640	500	50	12	400	270
Etats-Unis	171	215	181	18	30	20

(en milliers de tonnes, équivalent poids carcasse) (Sources : FAO, U.E., USDA)

En **Corée du sud**, les importations progressent fortement depuis la libéralisation totale du marché des viandes en 2001, selon les accords du GATT de 1994. Auparavant, les volumes de viandes importées étaient contingentés et deux marchés cohabitaient distinctement : celui des viandes domestiques et celui des viandes importées. Malgré des droits de douane encore relativement élevés (41,6 % du prix CAF), les viandes extérieures arrivent dans les circuits alimentaires à des prix imbattables, comparés à ceux des viandes coréennes parmi les plus chères du monde. Selon l'USDA, un hamburger préparé avec des viandes importées revient à $ 3,30 le kilo contre $ 8,65 avec des viandes locales. Sous l'effet d'une forte baisse des prix, les importations ont nettement progressé en 2002 et contribuent à fragiliser encore plus une filière nationale en perte de vitesse (chute de 50 % de

Viandes dans le nouveau Farm Bill : COOL !

La nouvelle loi agricole américaine, plus connue sous le nom de Farm Bill, a été reconduite pour 2002-2007. Alors que la loi précédente mettait en avant la régulation par le marché, celle-ci marque le retour à un plus fort soutien budgétaire de l'État fédéral américain. Dans un contexte de marchés mondiaux déprimés, les aides directes aux producteurs de grandes cultures ont doublé en dix ans. Ainsi le Farm Bill 2002 fait passer les dépenses agricoles à $ 175 milliards sur dix ans, soit 73 % d'augmentation ! Les dépenses pour les grandes cultures (blé, maïs, soja, coton) représentent 70 % du total. Les productions animales, hormis le lait, ne sont pas concernées directement. Les viandes bénéficient indirectement d'une compétitivité accrue de l'alimentation animale, via la baisse des matières premières (la moitié du coût des viandes blanches). En revanche les viandes américaines vont bénéficier d'une innovation relativement protectionniste : l'obligation à partir de 2004, au niveau des commerces de détail (mais pas des restaurants) d'indiquer le pays d'origine de la viande. Seul le bétail né, élevé et abattu aux États-Unis pourra bénéficier de la mention « origine États-Unis ». Ce dispositif intitulé « Country Of Origin Labelling » ou COOL, a suscité l'émoi des exportateurs canadiens de viande qui voient ainsi une atteinte aux règles de libre marché de l'ALENA.

la production depuis 1998). Les États-Unis et l'Australie fournissent respectivement 55 % et 30 % des importations coréennes, essentiellement en congelé. En 2003, les importations devraient atteindre un nouveau record, notamment du fait d'une progression des achats de viande fraîche, permise par le nouveau régime d'importation.

Dans les autres **pays du Sud-Est asiatique**, la consommation a repris en 2002, sur la base de viandes importées à meilleur prix, surtout en provenance d'Australie. L'**Inde** est désormais un acteur incontournable sur le marché asiatique. En six ans, ce pays a doublé ses exportations, estimées à 400 000 tonnes en 2002. L'Inde est ainsi devenue le premier fournisseur de la **Malaisie** et des **Philippines**. Elle a remplacé l'Union européenne sur le marché égyptien et est également un fournisseur important d'autres pays du Moyen-Orient : Iran, Jordanie. En Inde, la religion dominante est l'Hindouisme et interdit la consommation de viande de vache (abattage interdit dans 25 états sur 27). Le gisement de mâles est important (88 millions de vaches et de bufflonnes). Depuis dix ans, l'engraissement de buffles finis dans des feeds-lots se développe. Cet animal est moins soumis aux interdits religieux hindouistes. Il est surtout destiné aux 120 millions de musulmans ou tourné vers l'exportation.

En **Amérique du nord**, le mouvement de décapitalisation du cheptel amorcé en 1995 ne semble toujours pas s'estomper, sous l'effet de sécheresses persistantes qui affectent l'Amérique du nord jusqu'au Mexique. Avec l'ALENA, les filières canadiennes, américaines et mexicaines sont de plus en plus intégrées, via des flux d'animaux vivants et de viandes croissants.

Aux **États-Unis**, la production reste largement handicapée par une sévère sécheresse, tant dans les plaines du Nord et du Centre, que les plateaux de l'Ouest. La plupart des fermes et des ranchs situés dans le Colorado, le Montana et le Nebraska ont vendu le maximum de génisses pour l'engraissement aux dépens du renouvellement de leur troupeau. L'activité des feeds-lots a reculé de 5 % en 2002 et les achats de maigre en provenance du Mexique ont reculé de 40 %. Faute d'animaux, les abatteurs se sont davantage approvisionnés sur le marché canadien. Le cheptel devrait subir une nouvelle contraction pour la septième année consécutive en 2003, et atteindre son plus bas niveau depuis 1959 !

Les États-Unis sont à la fois les premiers importateurs mondiaux (viandes de vache pour la « fabrication » provenant d'Océanie) et les seconds exportateurs (viandes « grain-fed » provenant des feeds-lots et à destination asiatique). La bonne orientation de la demande intérieure a entraîné un développement des importations en 2002, surtout en provenance du Canada. Le Canada est le plus important fournisseur de viandes de qualité, fraîches et réfrigérées. Pour la première fois depuis 1995, l'Australie a rempli son contingent à l'importation. Près de 60 % des viandes importées sont congelées, principalement en provenance d'Australie. Malgré une production en baisse, les ventes se sont accrues en 2002 : – 25 % vers le Japon, mais + 140 % vers la Corée du Sud. Les accords internationaux et les investissements multinationaux dans les pays du Pacifique facilitent la progression des viandes américaines. La dégradation des prix a favorisé les ventes de viandes fraîches vers le Mexique. En revanche, les ventes sont restées stationnaires vers le Canada. Ces quatre destinations totalisent ainsi 95 % des volumes exportés. Faute de disponibilités, les ventes devraient rester stables en 2003.

Depuis la création de l'ALENA en 1994, l'économie bovine du **Canada**, comme son économie en général, est de plus en plus dépendante de l'économie américaine. Le cheptel canadien est engagé dans un mouvement de décapitalisation sous l'effet d'une forte demande américaine en animaux maigres et finis. Les viandes sont également aspirées par la demande du grand voisin du sud (75 % des exportations totales). Si bien que la consommation intérieure recule au profit des viandes blanches. Alors que les exportations ont progressé en 2002, elles devraient reculer en 2003, sous l'effet d'une sécheresse persistante.

Avec l'ALENA, le **Mexique** est désormais fortement dépendant des États-Unis, tant pour sa production d'animaux (fortes exportations

Le top 10 des sociétés de viande aux États-Unis

Les États-Unis sont leader mondial des viandes. Leurs entreprises sont donc les premières mondiales. Ces dernières années, le secteur des produits carnés américains a été marqué par de nombreuses fusions-acquisitions. Tyson Foods arrive en tête de liste des acquisitions, avec le rachat de IBP Inc et Dakota Dunes, et se classe numéro un américain et donc mondial ($ 24 milliards de chiffre d'affaire). Cargill et Smithfield Foods ont également acquis plusieurs sociétés.

Société	CA 2002 ($ milliards)	Salariés	Usines
Tyson Foods	24	124 000	128
Con Agra Foods	22	80 000	82
Cargill (Excel)	12	20 000	21
Smithfield Foods	7	30 000	9
Farmland	5	nd	5
Sara Lee Corp	4	nd	nd
Hormel	4	16 000	29
Oscar Mayer (Kraft)	4	8 000	7
Perdue Farm	3	20 000	19
Pilgrims Pride	2	24 500	24

Source : Meat and Poultry, USA

de maigre vers le nord), que pour ses approvisionnements en viande. Depuis le début du marché unique nord-américain, le cheptel mexicain a régressé d'un tiers, sous l'effet d'une concurrence forte (nombreuses faillites de petits élevages). En 2002, le cheptel mexicain a pu se reconstituer du fait d'une réduction des achats de maigres par les engraisseurs américains. Mais à long terme, les acheteurs américains devraient revenir sur le marché mexicain. Le Mexique est indemne de fièvre aphteuse depuis 1954. En 2002, il a recentré ses achats de viande vers les États-Unis, en fermant ses frontières aux viandes argentines et uruguayennes. En 2003, les importations devraient encore augmenter et provenir à 70 % du grand voisin américain.

En **Océanie**, l'année 2002 marque un brutal retournement du marché après une année 2001 exceptionnelle du fait d'une conjoncture internationale inédite (retrait de l'Argentine pour cause de fièvre aphteuse, mise à l'écart de l'Union européenne pour cause d'ESB). Après avoir augmenté de 30 % en 2001, les prix ont ainsi accusé un repli de 12 %.

En **Australie,** les éleveurs ont subi en 2002 deux incidents majeurs : l'effondrement de la demande japonaise et les effets d'une nouvelle sécheresse, la plus grave depuis un siècle. La sécheresse décime les cheptels australiens. Ainsi 40 % des 130 000 familles de fermiers en Australie devraient bénéficier du programme d'assistance mis en place par le gouvernement fédéral. La sécheresse pourrait représenter une perte de 3 milliards d'euros pour l'économie australienne.

Dans les deux principaux états producteurs de viande bovine, Nouvelle-Galles du Sud et Queensland, la pluviométrie a reculé de 60 %. Les effectifs des feed-lots sont retombés à leur niveau de 2000. Les exportations en vifs ont alors repris : plus d'un million de têtes en 2002 (soit + 40 %). Les deux principaux clients (Indonésie et Égypte) ont fortement accru leurs achats. Malgré un léger recul de la production, les prix ont chuté de 20 %. En effet, la filière a surtout été marquée par un recul des exportations de viande vers le Japon. La progression vers les autres pays asiatiques (Corée du sud, Taïwan, Malaisie, Indonésie), n'aura pas suffi à compenser le recul d'un marché japonais très rémunérateur. Au total, l'Asie absorbe 40 % des exportations australiennes. Le reste va vers l'Amérique du nord : États-Unis (stable en 2002 à 380 000 tonnes) et le Canada, où les ventes ont doublé pour atteindre 100 000 tonnes

La sécheresse se poursuit en 2003. Elle provoque même de graves incendies aux portes de Sydney. Après une phase de décapitalisation, la production devrait donc baisser dans les années à venir.

En **Nouvelle-Zélande**, depuis quelques années, la bonne conjoncture laitière a favorisé l'expansion du troupeau de vaches. Mais le troupeau allaitant a régressé. Ainsi malgré un cheptel bovin record, la production de viande est stable (cheptel laitier moins productif que le cheptel allaitant). Les exportations de viandes néo-zélandaises se sont stabilisées en 2002 : recul vers l'ALENA (70 % des ventes) et le Japon (10 % des ventes) et augmentation vers les autres pays asiatiques, au prix de fortes concessions tarifaires.

Global Beef Liberalisation Magellan Project

C'est le nom donné à une stratégie définie au sein du Groupe de Cairns, lors d'une réunion en Uruguay en 2000, pour libéraliser le marché mondial de la viande bovine. Ce projet imaginé par l'Australie rassemble les États-Unis, la Nouvelle-Zélande, le Canada et le Mexique. Au cours de la 14ᵉ réunion ministérielle du Groupe de Cairns, en octobre 2002 en Bolivie, les Australiens ont présenté un rapport qui indique que la disparition des aides à la production et aux exportations se traduirait par un relèvement des cours mondiaux de la viande et par un gain annuel de $ Aust. 220 millions pour les éleveurs australiens. Les éleveurs sud-américains pourraient accroître leurs parts de marché en Europe et les éleveurs australiens progresseraient au Japon et en Corée du sud.

Le marché de l'Atlantique

Après une année 2001 totalement noire, marquée par une série de crises sanitaires : seconde crise ESB en Europe, épidémie de fièvre aphteuse en Amérique latine et en Europe, la zone Atlantique a connu un répit en 2002. L'Amérique du sud voir progressivement ses marchés se réouvrir, alors que la viande bovine européenne semble sortir de la psychose qui l'affecte depuis 1996. Mais la démarcation sanitaire entre Atlantique et Pacifique est de nouveau valide !

L'Amérique du Sud a été fortement marquée par la résurgence de la fièvre aphteuse en 2001. Cette maladie a été circonscrite mais elle reste endémique, et menace toujours les filières sud-américaines. Par ailleurs, les crises financières et politiques handicapent l'économie de ces pays à grand potentiel d'élevage.

En **Argentine**, l'élevage est totalement bouleversé. À partir de février 2001, la crise de la fièvre aphteuse couplée à la crise financière a totalement sinistré le secteur : fermeture des marchés à l'exportation, forte baisse de la productivité et « stocks sur pied » dans la crainte permanente de la dévaluation. À partir de janvier 2002, la levée de l'embargo de la plupart des pays importateurs de viande bovine a permis le redémarrage des exportations, stimulées par la dévaluation du peso (– 72 % par rapport au dollar avec la fin de la parité, en mai 2002).

En 2002 la reprise des exportations a été spectaculaire, en particulier vers l'Union européenne. Les ventes en Europe ont dépassé les 90 000 tonnes dont plus de 45 000 tonnes en quota « Hilton Beef » (contingent à l'importation consolidé à l'OMC et portant sur des viandes de qualité : découpes désossées réfrigérées). C'est un record, mais acquis grâce à des prix largement revus à la baisse : – 30 % par rapport à 2001 et – 50 % par rapport à 2000. Notons que l'Union européenne a revu à la hausse les contingents Hilton ou « viande congelée », suite à la crise financière. Ce sont surtout les marchés allemand, néerlandais ou britannique qui absorbent ces flux supplémentaires. Vers les autres destinations (Amérique du Nord, Israël, Hong Kong...), la reprise est nettement plus lente. La production devrait augmenter en 2003 et dégager de plus fortes disponibilités à l'exportation. Néanmoins, la hausse des coûts de production et la forte baisse de la consommation intérieure sont des handicaps de long terme.

L'**Uruguay** a connu la fièvre aphteuse, comme l'Argentine, en 2001. Depuis, elle revient dans les échanges internationaux. La monnaie nationale flotte depuis juin 2002 – 50 % de sa valeur) et favorise les exportations. L'Union européenne est redevenue le principal débouché et a importé deux fois plus de viande en 2002. Mais sur ce marché, la concurrence du Brésil et de l'Argentine est très vive.

Le **Brésil** est bien évidemment le géant de la région. Ces dix dernières années, ses exportations de volaille et de viande porcine ont été multipliées par quatre pour atteindre respectivement 1 250 000 tonnes et 265 000 tonnes. L'essentiel de la percée commerciale a été opéré sur des marchés privilégiés pour les Européens : Moyen-Orient pour la volaille et Russie pour la viande porcine. La progression de la viande bovine est bien moindre et elle est progressivement rattrapée par la production de volaille. Néanmoins le Brésil est le troisième exportateur mondial de viande bovine, juste derrière l'Australie et les États-Unis. L'essentiel de la production se concentre dans les états méridionaux, à base de races européennes. L'État du Rio Grande Do Sul a connu une alerte de fièvre aphteuse en 2001, vite enrayée par une vaccination systématique. Ce sont les exportations qui tirent la production : 200 000 tonnes de « corned beef » vers le Royaume-Uni et les États-Unis, 700 000 tonnes de viandes vers le reste du monde. La filière brésilienne cherche à développer les exportations de viande découpée fraîche ou réfrigérée. Les ventes en frais explosent vers l'Union européenne, où les droits de douane à taux plein ne sont plus suffisants pour stopper des viandes dopées par les dévaluations monétaires. Ainsi, on trouve régulièrement sur le marché brésilien du filet d'aloyau à $ 2,50 le kg. En congelé les destinations sont plus diversifiées (Moyen-Orient ou Golfe Persique). En 2002, la Russie apparaît comme un marché émergent : dans la foulée de la volaille, les importations de bœuf ont fortement progressé (32 000 tonnes en 2002 contre seulement 3 000 tonnes l'année précédente).

En **Russie**, la production de viande bovine tend à se stabiliser après dix années de recul incessant. Seule la viande de volaille est en progression sensible. L'importation reste donc nécessaire : un tiers de la consommation intérieure. L'Union européenne reste le fournisseur principal, loin devant l'Ukraine, en couvrant les deux tiers des achats russes.

Europe : lent retour à la normale

Après la seconde crise de l'ESB en 2001, l'année 2002 apparaît finalement comme une année calme pour les professionnels de la filière bovine européenne.

Après l'effondrement de sa consommation en 2001, la viande bovine européenne a quasiment retrouvé à la fin 2002 son niveau d'avant la crise, à l'exception de l'Allemagne, frappée dès 1994 par la psychose de l'ESB. Sur l'ensemble de l'Union européenne à 15, le recul serait seulement de 2 % par rapport à 1998. C'est inespéré, voire exceptionnel. En effet, malgré les tonnes d'articles de presse et les heures de reportages télévisés sur la vache folle, les consommateurs européens démontrent un fort attachement à la viande bovine. Le scénario serait-il identique pour les autres viandes, et en particulier pour les viandes blanches ? Le développement de maladies « médiatisées », en particulier sur le poulet, épargné jusqu'alors par les alertes sanitaires, sera intéressant à ausculter en 2003 (grippe aviaire, salmonelle...). L'absence de réaction du consommateur aux derniers soubresauts qui ont agité le milieu de la viande bovine en 2002, montre sans doute l'apaisement de l'opinion publique sur les craintes liées à la vache folle. Le scandale de Buffalo Grill en France en est le meilleur exemple. Si les révélations publiques seront sans doute commercialement catastrophiques pour la firme de restauration, elles n'auront pas eu d'impact majeur sur la consommation générale du produit. De même, la condamnation d'une filiale marseillaise de Sodexho pour « tromperie et publicité mensongère » sur la qualité du bœuf servi dans les cantines scolaires, n'aura eu aucun impact dans l'opinion.

La viande bovine fut néanmoins épaulée par un arsenal d'interventions publiques sans précédent : près d'un million de bovins de plus de trente mois éliminés et 110 000 tonnes de viande détruite en 2001, dispositif de retrait/stockage d'animaux du marché prolongé jusqu'en février 2002, intervention massive. Ces mesures visant à garantir la santé

Viande : une définition européenne plus précise

Depuis la première grande crise européenne de la « vache folle » en 1996, l'Europe réorganise en permanence son arsenal réglementaire et juridique en matière de protection des consommateurs et de santé publique. Ainsi toutes les questions de sécurité alimentaire ne sont plus traitées par la Direction générale de l'Agriculture mais par la DG Protection de la santé et des consommateurs, sous l'autorité du Commissaire Byrne.

Le 1er janvier 2003, l'Union européenne a adopté une nouvelle directive en matière d'étiquetage des viandes. Celle-ci précise le terme « viande », utilisé pour l'étiquetage de produits à base de viande. Pour la plupart des consommateurs, le terme « viande » désigne le muscle. La nouvelle définition permettra de savoir s'ils consomment du muscle, de la matière grasse ou des abats. La directive s'applique aux produits contenants de la viande, à l'exclusion des viandes non transformées. Elle vise en fait les saucisses, les pâtés, les viandes cuites, les plats cuisinés et les conserves de viande. L'espèce animale d'origine sera également indiquée.

Propositions agricoles de l'UE à l'OMC : impact pour les viandes européennes

Dans une relative indifférence, la négociation agricole à l'OMC a repris depuis début 2000, conformément aux accords de l'Uruguay Round. La dernière conférence ministérielle de Doha en novembre 2001, a accéléré les discussions. À la prochaine conférence de Cancun au Mexique, en septembre 2003, les membres de l'OMC devraient déposer leurs offres définitives de négociation (baisse moyenne des droits de douane, gestion des contingents…).

Le 16 décembre dernier, la Commission européenne a créé la surprise en mettant sur la table de l'OMC une nouvelle proposition de négociation agricole, précisément chiffrée. Sa dernière proposition datait de la fin 2000, et l'Union européenne se devait de réagir face aux plus récentes positions des États-Unis et du groupe de Cairns.

Propositions Union européenne pour une libéralisation des marchés agricoles

- Subventions à l'exportation : – 45 %
- Tarifs douaniers : – 36 %, avec un minimum de 15 % par ligne tarifaire
- Soutien interne : – 55 %

Source : UE 2002

Nul doute que l'application de ces propositions aurait de fortes conséquences sur les viandes européennes. Malgré les deux réformes de la PAC de 1992 et 1999, celles-ci restent fortement dépendantes des mécanismes de gestion de marché : protection douanière, aide à l'exportation et intervention directe en cas de surproduction. Les viandes porcine et de volaille faiblement soutenues par Bruxelles, restent en revanche à l'abri derrière des tarifs douaniers élevés. Une baisse de 36 % des droits de douane pourrait entraîner un fort développement des importations en provenance du Brésil ou de Thaïlande. La viande bovine totalement déconnectée des prix mondiaux serait non seulement affectée par la baisse des droits de douane, mais aussi par le fort recul des restitutions (-45 %). Elle est par ailleurs fortement concernée par la diminution du soutien interne.

Le « Doha Round » reviendra également sur l'accord SPS (sanitaire et phytosanitaire) ou l'accord OTC (normes techniques, étiquetage…), particulièrement importants pour le commerce des viandes. Les débats autour des « aspects non commerciaux » ou « non-trade concerns », liés au commerce toucheront également les viandes, notamment au travers de la prise en compte du bien-être animal (« animal welfare »).

En février 2003, le président des négociations agricoles à l'OMC, Stuart Harbinson, a proposé une offre de réduction des soutiens agricoles qui va plus loin que l'offre européenne : fin des subventions à l'exportation en dix ans, réduction de 25 % à 60 % de la protection aux frontières en cinq ans, diminution de 50 % en cinq ans des soutiens aux agriculteurs… Comme pour l'Uruguay Round, la discussion agricole va être très difficile !

Europe à 15 : une exportation de viandes moins basée sur les restitutions sauf pour le boeuf

(Pourcentage d'exportations sans restitutions)

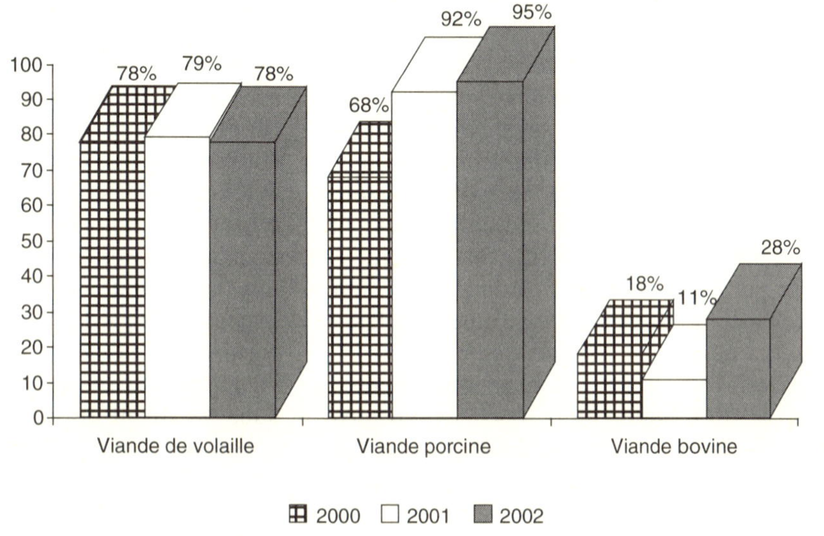

publique et rassurer le consommateur ont sans doute vu leur efficacité amplifiée par une décrue du nombre de cas d'ESB déclarés en Europe depuis deux ans (sauf en Espagne et en République d'Irlande). Fort de cet apaisement et de garanties scientifiques supplémentaires, la France a ainsi pu lever dans l'indifférence quasi générale l'embargo qu'elle maintenait vis-à-vis des viandes bovines britanniques depuis 1996. Alors qu'à la demande de la Commission européenne, cet embargo avait été levé dans l'ensemble de l'Union européenne en 1999, la France avait maintenu le sien. Ce qui lui avait valu une condamnation par la Cour européenne de justice en 2001 et la menace d'une astreinte journalière de 158 000 €. L'obstination aurait été non seulement très coûteuse, mais aussi moins utile dans la mesure où les cas d'ESB sont en forte diminution au Royaume-Uni (755 cas en 2002, contre 1202 en 2001 et plus de 35 000 en 1993). Dans ce pays, l'élevage bovin a été totalement déstructuré par les crises sanitaires des années 1990, à tel point qu'un tiers de la consommation de viande bovine britannique est désormais importé.

Après une élimination forcée de plus d'un million d'animaux, la production européenne est en baisse : environ 7,5 millions de tonnes en 2002 contre plus de 8 millions en 1996 (– 7 %). Cette tendance va se poursuivre en 2003.

Contrairement à la consommation intérieure, la demande extérieure continue à bouder les viandes européennes. Les exportations ont faiblement repris, car la plupart des marchés traditionnels (Moyen-Orient et Afrique du Nord) sont restés fermés et ont été occupés par d'autres fournisseurs (Inde en Égypte). Seul le Liban a fait exception avec un flux important de jeunes bovins importés vivants. Avant la seconde crise ESB, cette zone absorbait près de la moitié des exportations communautaires de viandes bovines. Comme en 2001, la Russie est demeurée le débouché prédominant, avec 80 % des volumes exportés par l'UE. Mais c'est un débouché extrêmement fragile : marché à bas prix sur lequel se retrouvent périodiquement tous les excédents mondiaux, alors que les acheteurs russes restent très opportunistes. Deux pays membres ont réalisé l'essentiel des ventes vers des pays tiers : Allemagne et Irlande avec respectivement 35 % et 23 % des ventes (France : 8 %).

L'Union européenne a de nouveau ouvert, début 2002, ses frontières aux viandes fraîches et congelées d'Argentine et d'Uruguay. Celles-ci sont revenues en force sur le marché européen, dopées par les dévaluations monétaires et la chute de la consommation intérieure. Ainsi, en moins de six mois, le quota « Hilton Beef » fixé à 28 000 tonnes pour la campagne OMC 2001/2002, fut totalement utilisé par les Argentins. Les importations en provenance du Brésil, d'Argentine et d'Uruguay ont augmenté respectivement de 30 %, 120 % et 100 %. Elles sont stables en provenance d'Océanie, alors que les viandes nord-américaines sont toujours soumises à l'embargo sur les hormones. Sur l'ensemble 2002, les importations sont remontées à 400 000 tonnes, égalant ainsi le haut niveau de 1999.

Alors que l'Europe était un exportateur net de viande bovine jusqu'à la moitié des années 1990 (environ 1 million de tonnes exportées contre 400 000 importées), elle pourrait être prochainement importatrice nette (à peine 600 000 tonnes exportées contre 400 000 importées).

En 2003, la partition sanitaire entre marchés du Pacifique et de l'Atlantique se maintiendra. Néanmoins les prix de chaque zone convergeront davantage. Sur le marché du Pacifique, les cours devraient se redresser sous l'effet d'un ralentissement des productions nord-américaine et australienne. Toutefois, les hésitations de la demande japonaise, hypothéquée par le marasme économique et la découverte de nouveaux cas d'ESB, pourraient atténuer la reprise. Sur le marché Atlantique, le Brésil devrait poursuivre sa percée, surtout en viandes fraîches et congelées. La présence de l'Union européenne pourrait croître avec le déstockage des viandes d'intervention et de retrait, sous réserve que les acheteurs ne doutent pas de la qualité sanitaire. Mais il est vrai, que l'Union européenne n'est plus seule à présenter la marque infamante de l'ESB : le Japon, l'Israël mais aussi l'Amérique du Nord ont des doutes.

Viande ovine : stagnation du commerce international

Au début du xxe, la viande ovine fut la première viande à s'internationaliser, notamment dans le cadre du Commonwealth. Elle ne représente plus aujourd'hui que 4 % des échanges mondiaux et 5 % de la production mondiale. Le commerce de viande ovine est concentré entre un nombre limité de pays ou groupes de pays. Les deux plus grands fournisseurs sont en Océanie : Nouvelle-Zélande et Australie représentent 85 % des ventes mondiales. L'Union européenne (un quart des achats mondiaux) et les pays pétroliers du Golfe persique et du Maghreb sont les principaux acheteurs.

En 2002, la forte baisse des abattages en Australie et Nouvelle-Zélande a entraîné une légère diminution des échanges mondiaux et permis le maintien des prix internationaux à des niveaux élevés. Dans l'Union européenne, l'année 2001 avait été profondément perturbée par une épizootie de fièvre aphteuse, en provoquant une forte baisse de la production, de la consommation et des échanges. L'année 2002 marque un retour à la normale, mais sans effacer toutes les séquelles de la crise sanitaire : la production britannique, fortement exportée vers le continent, reste ainsi en recul de 22 % par rapport à 2000.

Dans le reste du monde, les évolutions sont contrastées : les cheptels de Chine et de Russie connaissent une forte croissance, alors que la décapitalisation se poursuit en Amérique du Sud et en Europe de l'Est.

En **Océanie**, deux types de viande sont exportés : mouton et agneau. La Nouvelle-Zélande fournit 70 % de la viande d'agneau échangée dans le monde, dont la moitié à destination de l'Union européenne. L'Australie vend les trois quarts de la viande de mouton échangée, essentiellement en vif, vers les pays arabes mais aussi l'Asie du Sud-Est.

En **Australie**, avec la remontée du cours de la laine (+ 22 % en 2002), les abattages de mouton ont reculé. De plus la sécheresse qui a commencé à sévir au second semestre 2002, n'a pas favorisé la finition des animaux pour la boucherie.

L'Australie est toujours le premier exportateur mondial d'ovins vivants, orientés à 97 % vers le Moyen-Orient. Les ventes ont légèrement reculé en 2002, sous l'effet de la baisse des revenus pétroliers et du retour de la concurrence des pays d'Afrique de l'Est (fin d'embargo sanitaire). Ainsi le Soudan aura fourni 2 millions de moutons vivants à l'Arabie Saoudite. Pour le pèlerinage de la Mecque (Haj), qui dure deux mois, il aura exporté 600 000 moutons. Le nombre de moutons abattus dans le cadre du pèlerinage s'élève à un million de têtes pour environ deux millions de pèlerins. Si les frontières d'Arabie Saoudite sont ouvertes de nouveau aux moutons du Soudan, elles restent fermées à ceux de Turquie en raison de la fièvre de la Vallée du Rift. Les ventes de viande australiennes sont également en recul, surtout vers l'Afrique du Sud en proie à de sérieuses difficultés économiques. Elles se développent en revanche vers l'Amérique du Nord et les pays d'Extrême-Orient.

En **Nouvelle-Zélande**, les abattages d'agneaux ont diminué de 2 % en 2002. Du fait d'une moindre disponibilité à l'exportation, les ventes ont été maintenues vers les pays fortement rémunérateurs (Europe, Japon, États-Unis, Canada), mais réduites vers les autres destinations.

Les États-Unis sont devenus un marché important, du fait d'un fort déclin de la production intérieure et surtout depuis l'abolition des contingents à l'importation en 2001, après un jugement de l'OMC. Les ventes vers l'Union européenne sont contingentées dans le cadre du GATT, à hauteur de 226 700 tonnes. Elles ne peuvent plus progresser depuis plusieurs années. Aussi les opérateurs néo-zélandais s'emploient à contourner l'obstacle, notamment en substituant de la viande réfrigérée ou « chilled », nettement plus rentable, à la viande congelée. Sa part a encore progressé en 2002 de 8 % pour atteindre 34 000 tonnes, soit 15 % du total de ses ventes dans l'Union européenne.

Le « chilled » est caractéristique de la mutation qualitative du commerce mondial des viandes. Alors que les carcasses entières congelées constituaient en 1975 la grande majorité des ventes néo-zélandaises, elles ne représentent plus aujourd'hui que 10 % des exportations vers l'Europe. Pendant longtemps, le seul moyen d'acheminer la viande fraîche d'un bout à l'autre du monde était l'avion, transport fort coûteux. La progression des techniques de conservation a permis de repousser à seize semaines après l'abattage la date limite de consommation de la viande simplement réfrigérée. Le transport maritime est alors redevenu possible. Pour accélérer cette évolution, la Nouvelle-Zélande commence à utiliser le premier bateau d'une série de dix en construction, capables de transporter 9 000 tonnes de marchandises. Pouvant transporter chacun 4 100 containers réfrigérés, ces navires sont destinés à répondre encore plus rapidement à l'engouement dont le « chilled » bénéficie sur le marché européen. L'avantage commercial est évident : une pièce d'agneau néo-zélandais simplement réfrigérée, vient en concurrence directe des produits frais européens et se valorise à un prix double de la même pièce congelée. Cet avantage est d'autant plus fort que l'Océanie produit à « contre-saison » de l'Europe. Ainsi depuis 1999, les exportateurs néo-zélandais ont particulièrement visé les fêtes de Pâques, ce qui a entraîné un net arasement des cours. Dans l'avenir, les livraisons de « chilled » vers l'Europe devraient encore progresser. Pour l'instant, la forte saisonnalité de la production néo-zélandaise, qui reprend à la fin de l'hiver austral en novembre, et le délai d'acheminement de sept semaines, font que l'essentiel des tonnages n'arrive en Europe qu'en début d'année et pour les fêtes pascales. Aussi, les abatteurs s'efforcent-ils de préparer des « agneaux primeurs », exportables dès octobre, afin d'être présents pour les fêtes de fin d'année. Ils essaient également de délocaliser la production dans l'île du Nord, au climat plus chaud, afin de favoriser la période de production des agneaux.

VIANDE OVINE	**1997**	**1998**	**1999**	**2000**	**2001**	**2002** (e)
Production mondiale	**10 900**	**11 100**	**11 400**	**11 400**	**11 300**	**11 500**
dont U.E.	1 100	1 140	1 120	1 123	1 030	1 045
Australie	632	645	670	720	680	650
Nouvelle-Zélande	567	530	519	550	550	520
Russie	200	180	130	110	110	115
Afrique du Sud	138	126	120	100	105	115
Etats-Unis	118	114	112	97	97	97
Argentine	58	48	50	52	49	48
Principaux exportateurs						
Nouvelle-Zélande	468	450	440	450	460	430
Australie	390	400	410	440	490	460
Principaux importateurs						
U.E.	269	287	268	278	284	284
Etats-Unis/Canada	61	80	76	84	99	103
Japon	64	61	56	60	60	60
Russie	35	35	35	35	35	40

(en milliers de tonnes, équivalent poids carcasse) (Sources : FAO, UE, USDA)

États-Unis : la sécurité alimentaire des viandes renforcée

L'administration fédérale américaine a annoncé début 2003 qu'elle allait affecter la somme record de $ 797 millions à la sécurité alimentaire, après les intoxications graves de l'été dernier. En effet de très grandes quantités de viande, mises en cause dans plusieurs intoxications sérieuses et décès, ont dû être retirées du marché. Ces scandales avaient touché de grands groupes comme Pilgrim's Pride, ConAgra, Smithfield et Cargill.

Ainsi les États Unis s'inquiètent de la sécurité alimentaire sur leur territoire. Phénomène peu connu : les intoxications et leurs conséquences mortelles y sont depuis longtemps nombreuses, beaucoup plus qu'en Europe. À la différence de cette dernière, ce sont moins les maladies qui inquiètent que les germes pathogènes, responsables d'intoxications alimentaires : listeria, escherichia Coli… S'ajoute à cela, depuis le 11 septembre 2001, la crainte d'une guerre biologique.

Dans l'**Union européenne**, 2001 avait été une année noire : pour cause de fièvre aphteuse, près de 5 millions d'ovins ont été sacrifiés et détruits. C'est surtout la Grande-Bretagne qui a été touchée, mais quatre autres pays européens ont été également affectés : Irlande, France, Belgique et Pays-Bas. La maladie a été rapidement endiguée, mais la production européenne marque le pas : après un recul de 8 % en 2001, elle ne progresse que de 1 % en 2002. Le Royaume-Uni est toujours en fort recul (– 22 % par rapport à 2000), et les tendances structurelles de déclin se sont accélérés dans plusieurs pays : Irlande, France…

Au niveau du commerce, toutes les interdictions sanitaires ayant été levées, les volumes échangés entre les États membres ont progressé sans pour autant retrouver les niveaux de 2000. Le Royaume-Uni qui fournissait un tiers du marché français en 2000, est loin d'être revenu à son niveau initial. Les importations en provenance des pays tiers, toujours limitées par les contingents fixés par le GATT, n'ont pu s'accroître de façon significative (+ 1 % en 2002). L'Océanie représente 86 % des achats totaux de l'Union européenne. Mais les hausses ne viennent pas d'Australie et de Nouvelle-Zélande, qui utilisent depuis plusieurs années la totalité de leurs contingents. En revanche, ces pays essaient de valoriser un peu plus chaque année le quota qui leur est ouvert en augmentant la part de viande réfrigérée et de morceaux nobles. Ainsi la Nouvelle-Zélande a encore accru ses ventes de viande réfrigérée (34 000 tonnes en 2001 sur un total de 226 700 tonnes, soit 15 %). Le reste provient essentiellement d'Amérique latine et des PECO. L'Europe importe aujourd'hui 22 % de sa consommation totale de viande ovine.

L'année 2002 a marqué la disparition de la fièvre aphteuse. En revanche, les autorités sanitaires européennes auront été très occupées par des inquiétudes concernant des liens possibles entre la maladie de la tremblante du mouton et une possible EST ovine (encéphalopathie spongiforme transmissible comparable à la maladie de la vache folle). Les vétérinaires redoutaient que des cas de tremblante (maladie qui sévit depuis plus de deux siècles dans les troupeaux britanniques), ne masquent en fait des cas d'EST ovine, avec des symptômes proches. Un programme de test de dépistage a été mis en place.

Peu médiatique, la fièvre catarrhale ou maladie de « la langue bleue », a continué à sévir en Méditerranée (Grèce, Italie, Corse, Baléares). L'Italie a été particulièrement touchée : plus de 2 millions d'ovins ont été éliminés.

En 2003, les quantités échangées au niveau mondial devraient stagner, tant en animaux vivants qu'en viande. Vers le Moyen-Orient, le mouton australien devrait subir une plus grande concurrence de la viande de volaille, abondante et compétitive. La crise irakienne et ses conséquences régionales pourraient également influencer le marché (niveau d'achat, prix du pétrole…). Les exportations néo-zélandaises d'agneau pourraient également diminuer, mais non à destination d'un marché européen très rémunérateur, et où la part de « chilled » continuera à progresser. En Europe, la physionomie du marché dépendra essentiellement du comportement britannique, et en particulier de sa capacité à reconquérir les parts de marché perdues sur le continent. La dépréciation de la Livre Sterling vis-à-vis de l'euro, toujours en dehors de la monnaie unique européenne, pourrait favoriser les ventes britanniques. Sur le plan sanitaire, un éventuel lien entre la maladie de la tremblante et une forme ovine de l'ESB, continue à inquiéter les éleveurs européens. Les prix internationaux devraient rester élevés, mais sans doute à un niveau inférieur à 2002.

Mc Donald's dans le doute !

Mc Donald's a bâti son développement et son image sur la viande. Son célèbre « big mac », accompagné de « french fries » a fait le tour du monde. Depuis, la gamme s'est enrichie avec le Chicken Mc Nuggets ou autre Hamburger.

La célèbre multinationale américaine du hamburger compte plus de 30000 restaurants implantés dans cent vingt et un pays et sert quarante-six millions de clients chaque jour. Elle est la seconde firme mondiale par le nombre d'employés : près d'un million de personnes (mais la plupart des restaurants sont sous franchise). En France, terre de gastronomie, son succès est étonnant avec près de 900 restaurants ouverts depuis le premier à Strasbourg en 1979.

La firme au célèbre logo jaune est devenue un symbole de l'Amérique et de sa culture alimentaire, pour le meilleur et pour le pire. Pendant longtemps, le fast-food symbolisait le mode de vie américain généralement envié, synonyme de liberté, notamment pour les jeunes. La multinationale du hamburger incarne aujourd'hui, et malgré elle, la mondialisation, la domination américaine et provoque le rejet. Ainsi les combattants de la « mal-bouffe » en ont fait une cible favorite ! Au cours des dernières années, des Mc Donald's ont été détruits en Belgique, au Mexique, en Angleterre, au Chili, en Chine, en Colombie, en Afrique du Sud, en Grèce, en Turquie… La propagande islamiste proche d'Al-Qaida sur Internet la désigne clairement comme une cible !

Mc Donald's est par ailleurs confronté depuis quelques années à une crise de croissance. Face à une concurrence accrue sur le segment de la restauration rapide et peut-être à une certaine usure de son style, la firme a enregistré au dernier trimestre 2002, la première perte de son histoire. Ce sont désormais 600 restaurants au lieu des 175 initialement prévus, qui devront être fermés en 2003, notamment aux États-Unis et au Japon, après 200 fermetures effectuées en 2002.

Mc Donald's a même des raisons de se sentir menacé sur son propre territoire d'origine. Des poursuites judiciaires ont été engagées à Manhattan par des clients obèses qui l'accusent de les avoir trompés sur la qualité diététique des repas. Si les plaintes sont déclarées recevables, une multitude de procès pourrait suivre !

Viande porcine : dynamisme asiatique et de l'ALENA

La viande porcine est la première viande produite et consommée dans le monde : 39 % de l'ensemble des viandes. Sa croissance reste vigoureuse, particulièrement en Asie qui représente 55 % de la production mondiale.

Les échanges mondiaux ont connu une croissance spectaculaire en 2002 : + 25 % ! Le Brésil, inexistant il y a cinq ans, est devenu le quatrième exportateur mondial ! Après un effacement dû à la fièvre aphteuse, l'Union européenne a opéré un retour remarqué en augmentant ses ventes de 43 % !

Le redressement spectaculaire des prix observé en 2000 et 2001 s'est brutalement arrêté en 2002. De part et d'autre de l'Atlantique, les prix ont même fortement régressé : – 19 % en Europe et – 25 % aux États-Unis. Compte tenu d'une parité quasiment parfaite entre dollar et euro, les prix sont de nouveau convergents entre Amérique du Nord et Europe de l'Ouest (soit environ 1 € ou 1 $ le kg de carcasse). Mais l'Europe ne progresse guère, alors que l'Amérique du Nord est dopée par le développement des échanges dans le cadre de l'ALENA, et la concentration capitaliste de la production. Si les difficultés sanitaires semblent s'estomper, les marchés restent soumis à des risques d'embargo rapides.

Aux **États-Unis**, après une croissance soutenue en 2002, la production est prévue en baisse pour 2003. Les éleveurs réagissent à la fois à une hausse des prix des grains et à la surproduction. C'est en premier lieu la sécheresse qui bouleverse la donne porcine, en affectant fortement la récolte de maïs et de soja. Le ratio de prix « porc/maïs » est ainsi très défavorable. Le recul de la production devrait permettre un redressement notable des prix qui ont perdu 25 % en 2002 ($ 1,04 le kg de carcasse). En 2003, la reconstitution des cheptels de truies et donc l'évolution de la production seront essentiellement dépendantes du coût de l'alimentation animale.

Les exportations américaines sont toujours très concentrées vers le Japon et le Mexique (respectivement 50 % et 22 % des tonnages). Après un nouveau record en 2002, les exportations devraient de nouveau progresser en 2003. Selon les accords de l'ALENA, les barrières douanières mexicaines à l'importation sont totalement abolies depuis le 1er janvier 2003. Presque immédiatement, l'Interprofession porcine mexicaine a entamé une démarche auprès de son gouvernement pour obtenir la mise en place de nouvelles taxes à l'importation, arguant que les exportateurs américains pratiquaient des prix de dumping sur les épaules et les jambons. Depuis 1998, les autorités mexicaines maintiennent ainsi des taxes à l'importation sur les porcs vivants américains, malgré les accords de libre-échange de l'ALENA.

Les importations de porcs vivants en provenance du Canada ont continué à progresser en 2002, du fait d'une intégration croissante entre les filières des deux pays (naissage au Canada et engraissement aux États-Unis). Ce sont annuellement 6 millions d'animaux qui traversent la frontière. Les importations de porcelets sont aujourd'hui nettement majoritaires (70 % des animaux vivants), alors que celles de porcs charcutiers régressent. En effet, les investissements canadiens dans les industries de transformation continuent à se développer (Ontario, Manitoba, Alberta et Québec).

Au **Canada**, la production a une nouvelle fois progressé en 2002 (+ 6 %). Le Québec, première Province en terme de production, augmente de 4 %, l'Ontario de 7 %, le Manitoba de 5 %, l'Alberta de 12 % et le Saskatchewan de 19 % ! Depuis 1996, la production canadienne s'est accrue de 50 %, forte d'avantages comparatifs certains : espace pour l'épandage du lisier, disponibilités céréalières, demande forte du grand voisin du Sud… L'af-

États Unis : le poids des firmes

	Nombre de truies	% total États-Unis
Smithfield Foods	744 000	13 %
Premium Standard Farms	225 000	4 %
Seaboard Corporation	212 000	3 %
Prestage Farms	122 000	2 %
Cargill	105 000	2 %
Total 5 firmes	1 408 000	24 %
Total 40 firmes	2 775 000	46 %

Source : USDA 2002

À la fin des années 80, l'arrivée de firmes intégratrices extérieures à l'agriculture familiale, a créé une nouvelle dynamique de production porcine aux États-Unis. Ce modèle a été ensuite développé dans d'autres états, au détriment des élevages traditionnels (exploitations du Corn Belt produisant à la fois céréales et porcs). Ces firmes détiennent aujourd'hui 50 % des truies américaines. La moitié des animaux sont élevés dans des unités de plus de 5 000 têtes.

La concentration est rapide : depuis 1993, les deux tiers des exploitations porcines ont disparu, alors que les cinq premières firmes ont triplé leur nombre de truies.

faiblissement du dollar canadien a été aussi favorable. Mais comme aux États Unis, la législation environnementale commence à imposer ses contraintes, notamment au Québec, qui a mis en place un moratoire sur la création et l'extension d'élevages. En revanche, dans l'Ouest, la faible densité porcine laisse présager encore un fort développement. Les exportations canadiennes continuent à battre des records. Les États-Unis représentent 60 % des ventes et 20 % de la production. Mais dans le cadre de l'ALENA, il faut désormais considérer un seul marché du porc nord-américain.

Le **Japon** est le premier acheteur mondial de viande porcine. La consommation se développe, malgré une chute de la production nationale (autosuffisance de 55 %). La découverte d'un premier cas d'ESB en septembre 2001 et des scandales de fraude à l'importation de viande bovine ont encore accentué l'attractivité de la viande porcine. Malgré la mise en place régulière de clauses de sauvegarde à l'importation, les importations continuent à se développer. Une nouvelle clause de sauvegarde est en place depuis le 1er août 2002 jusqu'au 31 mars 2003, entraînant une hausse de 24 % des prix à l'importation. Ces barrières pénalisent davantage les Européens, et en particulier les Danois (fournisseurs de viande congelée), que les Américains (fournisseurs de viande fraîche ou réfrigérée). En décembre 2002, la France a pu reprendre ses ventes vers le Japon, après vingt-deux longs mois d'embargo sanitaire (fièvre aphteuse et peste porcine).

La **Corée du sud** reste absente des marchés internationaux depuis la déclaration d'une épidémie de fièvre aphteuse en mars 2000. Alors qu'elle espérait un retour en 2002, la situation s'est encore aggravée. Le Mondial de football, qui se déroulait dans ce pays et au Japon en juin 2002, a failli être fortement perturbé avec la découverte de nouveaux cas de fièvre aphteuse dans des élevages porcins. Les autorités ont immédiatement réagi en ordonnant l'abattage de plus de 100 000 animaux. En 2002, la peste porcine est également venue aggraver une situation sanitaire déjà confuse. La Corée est de plus en plus un marché important à l'importation (poitrines), sur lequel les Européens se développent. La France vient d'obtenir à la fin 2002 la réouverture sanitaire de ce marché, fermé depuis l'épidémie de fièvre aphteuse du début 2001 (dix-huit mois de fermeture).

Le monde asiatique est largement dominant dans le monde porcin : sa part de production se renforce avec près de 59 % du cheptel mondial. L'élévation du niveau de vie augmente la demande de viande (Philippines, Taïwan...), et l'accroissement de la productivité permet une augmentation encore plus rapide de la production (55 % de la production mondiale). La **Chine** est évidemment le premier producteur mondial. **Hong Kong** est une porte d'entrée et de sortie commerciale majeure pour la Chine continentale. Les importations augmentent fortement, à la fois à destination du marché local (développement des chaînes de fast food) et de la Chine. Elles ont toutefois ralenti en 2002, car la Chine a imposé un embargo sur les produits en provenance d'Amérique du Sud et d'Europe, pour cause de fièvre aphteuse. La Chine est également allée au-delà des normes internationales en rejetant les abats de porcs d'Europe et du Canada, sous le prétexte d'une politique de « tolérance zéro » face à E. Coli et aux salmonelles.

Europe : reflux brutal des prix

Dans **l'Union européenne**, malgré une très faible hausse de la production en 2002, les prix accusent un recul de plus de 19 %. La fameuse « loi » du cycle du porc ne fonctionnerait-elle plus ? La baisse des prix ne peut pas être expliquée seulement par l'évolution des tonnages produits. En réalité, les évolutions de ces dernières années ont été fortement perturbées par des événements sanitaires sans précédent. La seconde crise de l'ESB en octobre 2000 et la grippe aviaire en Italie ont favorisé des cours élevés du porc. En 2001, la conjoncture porcine est restée favorable alors qu'une épidémie de fièvre aphteuse frappait une partie du commerce européen de viande porcine et aurait dû fort logiquement entraîner un effondrement des cours. L'année 2002 doit donc être analysée comme une année de réajustement du prix du porc, conformément au cycle de production, après deux années de forte hausse (+ 30 % en 2000 et + 20 % en 2001). Les cours du cadran breton qui font référence en France affichent ainsi 1,102 €/kg en 2002 contre 1,451 € en 2001 (– 24 %). C'est encore nettement au-dessus des cours de la dernière crise de 1999 (0,959 €), mais l'amplitude entre le haut et bas de cycle est importante : environ 0,60 € en moins de trois ans, soit environ la moitié d'un prix moyen sur longue période. La chute des prix est d'autant plus dommageable pour les marges des éleveurs que le ratio prix du porc/coût aliment s'est dégradé, du fait d'une hausse de coût de l'alimentation animale.

La production communautaire a connu un pic de 1998 à 2000 attendu par les analystes dès 1997, mais différé du fait de l'épidémie de peste porcine aux Pays-Bas, en Allemagne et en Espagne. Les années 2001 et 2002 ont marqué une pause avant une reprise en 2003. La croissance de certains pays compense globalement la chute d'autres pays européens. Les productions danoises et espagnoles poursuivent leur progression, tandis que l'on observe une baisse aux Pays-Bas, au Royaume-Uni et plus récemment en Belgique. En Allemagne, en Italie et en France, la tendance est à la stabilisation. Les contraintes environnementales jouent évidemment un rôle structurel croissant dans la localisation de la production européenne, en freinant la croissance des bassins les plus concentrés et souvent les plus dynamiques. Les accidents sanitaires, nombreux depuis dix ans, jouent également un rôle prépondérant : fièvre aphteuse au Royaume-Uni, en Irlande, aux Pays-Bas et en France ou peste porcine classique en Espagne et en Allemagne.

En 2003, les craintes sanitaires semblent s'estomper, mais le secteur n'est pas à l'abri d'un nouveau scandale ou d'une épidémie soudaine qui peuvent remettre en cause l'évolution cyclique des cours. Ainsi la peste porcine reste endémique dans plusieurs pays européens. En juillet 2002, le secteur porcin néerlandais a été mis en alerte par la découverte de traces de l'hormone MPA dans l'aliment du bétail. La moitié des producteurs de porcs néerlandais ont été concernés. Mais dix autres pays européens (dont la France) ont également été mis en alerte. Fort heureusement, les autorités sanitaires européennes ont rapidement réussi à circonscrire le problème avant que des embargos internationaux ne se déclenchent. Mais à la différence de beaucoup d'autres régions du monde, l'Europe est une zone de production où le niveau sanitaire s'améliore grâce à de forts investissements préventifs : plan d'éradication du virus Aujeszky, lutte contre les salmonelles...

Les embargos sanitaires dus à la fièvre aphteuse ont entraîné une forte chute des exportations européennes en 2001 (– 18 %). Après la réouverture progressive des marchés extérieurs (Japon, États-Unis et Corée du sud fin 2002), les ventes ont spectaculairement repris en 2002 (+ 43 %) et devraient poursuivre sur leur lancée en 2003. Les viandes transformées continuent à bénéficier de restitutions, alors que les pièces fraîches, réfrigérées ou congelées n'y sont plus éligibles depuis juillet 2000. Les ventes vers la Russie ont fortement reculé sous l'effet d'une concurrence accrue du Brésil, nouveau venu sur ce marché. Le Danemark réalise près de la moitié des tonnages vers les pays tiers quand la France pèse seulement 10 %. La Russie reste le premier débouché extérieur, suivie par le

Brésil : naissance d'un géant de la viande

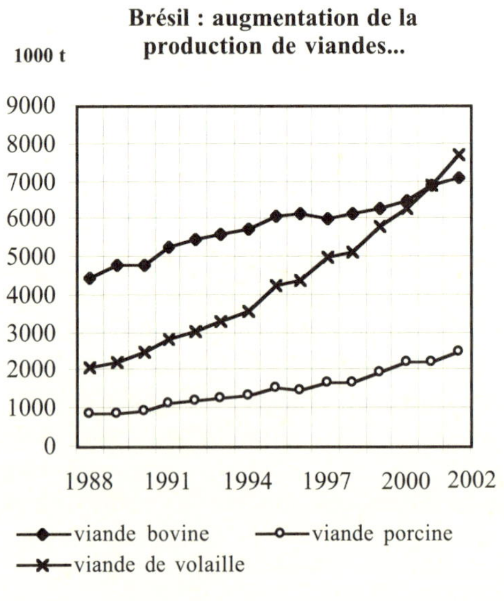

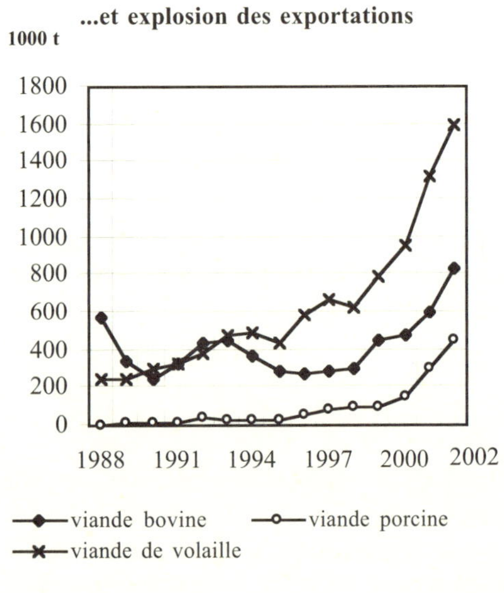

Source : UE, USDA, FAO

Depuis 10 ans, la production brésilienne de viandes a été multipliée par 2 et les exportations ont été multipliées par 4. La progression est surtout considérable en viandes blanches : volaille mais aussi viande porcine.

Japon (essentiellement approvisionné par le Danemark). Sous l'effet des accords « double zéro » (abolition des restitutions Union européenne et droits de douane PECO nuls), les pays d'Europe centrale augmentent leurs achats (surtout Hongrie, Pologne, Roumanie et Bulgarie). Mais ces pays présentent à moyen terme un potentiel de production.

En 2003, la production de l'Union européenne devrait poursuivre sa phase ascendante, mais ne progressera que modérément. La remontée des exportations et la stabilisation ne suffiront pas à compenser les effets négatifs d'une concurrence internationale forte (Brésil, chute des prix américains….). Les prix devraient rester médiocres, voire encore baisser. À moins que la variable sanitaire ne vienne de nouveau tout perturber.

En **Russie** la production de viande porcine reste inférieure de 50 % à celle du début des années 90. Forte d'une récolte céréalière en hausse et d'un retour des investissements, la production se redresse légèrement depuis 2001. Les importations de produits bon marché fournissent une grande part de la consommation, qui croît de nouveau depuis 2000. Les achats ont ainsi fait un bond de 70 % en 2002 ! Aidés par une dévaluation du real, les exportateurs brésiliens ont quasiment remplacé en moins de deux ans les fournisseurs américains et européens. Ainsi, au second semestre 2002, le Brésil expédiait chaque mois plus de 30 000 tonnes de viande porcine vers la Russie à un prix défiant toute concurrence (carcasses congelées à 1.07 €/kg, FOB). Ainsi, l'Union européenne qui fournissait trois quarts des achats russes en 1999, n'en assurait plus qu'un tiers en 2002.

Le **Brésil** est en train de devenir un acteur de premier plan dans les échanges internationaux de viande porcine. En moins de deux ans, il s'est hissé au quatrième rang des expor-

LES MARCHÉS

VIANDE PORCINE	1997	1998	1999	2000	2001	2002 (e)
Production mondiale	**82 000**	**88 000**	**89 900**	**91 100**	**92 100**	**93 300**
dont Chine	36 000	39 000	40 100	44 100	41 800	43 000
U.E.	16 250	17 620	18 020	17 650	17 530	17 730
Etats-Unis	7 830	8 620	8 760	8 600	8 690	8 970
Russie	1560	1510	1490	1500	1470	1560
Canada	1 260	1 340	1 550	1 640	1 730	1 830
Pologne	1 540	1 650	1 680	1620	1 550	1 580
Japon	1 280	1 285	1 277	1 270	1 250	1 200
Principaux exportateurs						
U.E.	947	1 096	1 511	1 400	1 160	1 660
Canada	420	430	550	660	730	800
Etats-Unis	470	560	580	590	710	710
Brésil	80	100	110	160	340	450
Chine	160	165	120	090	110	230
Hongrie	133	104	130	140	120	80
Principaux importateurs						
Japon	790	777	919	995	1 070	1 130
Russie	800	725	800	470	560	960
Etats-Unis	287	320	375	439	461	480
U.E.	66	50	65	56	55	52

(en milliers de tonnes, équivalent poids carcasse) *(Sources : FAO, U.E., USDA)*

tateurs mondiaux (450 000 tonnes vendues en 2002). Des coûts de production faibles (aliment, main-d'œuvre, absence de contraintes environnementales, faiblesse persistante du real et des investissements importants dans toute la filière ont dopé les exportations). Les principaux marchés sont la Russie (88 % des ventes en 2002), la Chine via Hong Kong et l'Argentine. L'Union européenne pourrait développer rapidement ses achats, ainsi que le Japon. L'année 2002 aura toutefois été caractérisée par une flambée du coût de production (pénurie de maïs). En 2003, la croissance de la production devrait se ralentir sous l'effet d'un renchérissement de l'alimentation animale. Certains soucis sanitaires pourraient aussi ralentir la progression brésilienne : la maladie d'Aujeszky vient ainsi de frapper l'État de Santa Catarina en décembre 2002. À plus long terme (cinq ans), les analystes les plus optimistes estiment que la viande porcine aura pris le pas sur le poulet et le bœuf, et sera la viande la plus exportée par le Brésil.

Après la baisse des prix en 2002, la production pourrait marquer une certaine pause en 2003. Dans les Amériques, la production pourrait même légèrement baisser, sous l'effet d'un recul de la production de grains (surtout en Amérique du Nord, mais aussi au Brésil). En Europe, la croissance sera faible. Cette relative atonie de la production sera donc le principal facteur favorable au redressement des cours en fin d'année, mais dans un monde avec peu de marchés solvables et rémunérateurs. À moins que de nouvelles alertes sanitaires perturbent de nouveau le classique cycle du porc.

Viande de volaille : alerte sanitaire

Comme les années précédentes et malgré des prix de l'alimentation animale en hausse, la production mondiale de viande de volaille enregistre en 2002 la croissance la plus élevée des produits carnés, tant dans les pays en développement que dans les pays développés. En 2003, la baisse des marges bénéficiaires ne devrait pas empêcher la production de progresser dans les principaux pays exportateurs. Les quatre premiers exportateurs mondiaux : États-Unis, Brésil, Union européenne et Chine, assurent les deux tiers de la production mondiale de viande de volaille.

L'année 2002 aura surtout été marquée par un fort accroissement des préoccupations sanitaires (maladies mais aussi résidus d'hormones, d'antibiotiques...). Inévitablement, les échanges ont été notoirement perturbés : embargos, contrôles supplémentaires. Ainsi pour la première fois depuis l'explosion des échanges internationaux de viandes, c'est-à-dire depuis la fin de la Deuxième guerre mondiale, la viande de volaille apparaît à son tour entravée par des accidents sanitaires. Est-ce durable ?

Les **États-Unis** sont les premiers producteurs et exportateurs mondiaux. En 2002 les embargos sanitaires, notamment vers la Russie, ont stoppé leur progression ininterrompue depuis plusieurs années (ventes en recul de 12 %, soit environ 300 000 tonnes). Le recul a été d'autant plus fort que le Brésil a pu rapidement combler l'absence américaine, dopé par une industrie en plein développement et un real compétitif. En 2003, les exportations de viande de « broilers » (poulets) devraient revenir aux niveaux de 2001. L'essentiel de la remontée sera dû à un retour sur le marché russe (40 % des ventes américaines en 2001). Les gains à l'exportation seront également importants sur les marchés asiatiques et de l'ALENA (Mexique, Canada). Mais la persistance de la maladie de Newcastle, notamment en Californie, pourrait prolonger le retrait américain en 2003. La progression devrait être particulièrement forte vers le **Mexique**, engagé dans un programme d'élimination progressif et total de ses tarifs douaniers à l'importation dans le cadre de l'ALENA, alors que la demande de son industrie de transformation est croissante.

À l'inverse du reste de l'Amérique latine frappée par la récession économique, la production du **Brésil** continue à croître fortement. Elle a connu toutefois un net ralentissement en fin d'année 2002 du fait de la forte augmentation des cours du maïs et du tourteau de soja. L'État du Paranã est leader, devant les États de Santa Catarina et Rio Grande do Sul. En 2002, les exportations brésiliennes ont augmenté de 14 %, surtout en découpe de poulets. Profitant de la suspension temporaire des exportations américaines vers la Russie, le Brésil y a accru ses exportations de 200 % (soit environ 300 000 tonnes). Le Brésil a également renforcé ses ventes à destination de l'Arabie Saoudite. En 2003, les exportations brésiliennes devraient ralentir sous l'effet d'un accroissement de la demande intérieure et d'un ralentissement de la production pénalisée par des coûts de production en hausse (coût plus élevé du maïs à l'importation du fait de la dévaluation du real). Les ventes brésiliennes vers ses deux principaux marchés : Arabie Saoudite et Union européenne qui totalisent 20 % des exportations pourraient ralentir. L'Arabie Saoudite reproche des taux trop élevés d'humidité dans la viande, alors que l'Europe a relevé ses taxes à l'importation sur les produits salés et saumurés.

Le Brésil continue d'apparaître comme le nouveau champion mondial à l'exportation, en combinant développement du marché intérieur et conquête extérieure. Climat idéal, abondance en céréales et soja, économies d'échelle, filière totalement intégrée et monnaie dévaluée sont autant d'atouts. En août 2002, le Brésil a obtenu l'ouverture d'un marché très protégé (contingent et fortes barrières tarifaires) : le Canada, réservé jusque-là aux seules volailles américaines ! Seuls les états brésiliens indemnes de la maladie de Newcastle sont autorisés à exporter vers ce marché fortement rémunérateur. À noter également le démarrage d'exportation de viande de volaille et de bœuf vers l'Algérie.

En **Chine**, la filière volaille connaît une forte croissance du fait d'une progression dynamique de la consommation dans les villes. Malgré de forts atouts (large production et main-d'œuvre bon marché), les exportations sont entravées par des problèmes sanitaires récurrents. Les ventes à destination du Japon et de la Corée du Sud ont diminué en 2002. De même, l'Union européenne a interdit les achats de viande de volaille chinoise en raison de résidus d'antibiotique chloramphénicol découverts dans des crevettes importées. En matière d'importation, les espoirs suscités par l'adhésion en 2001 de la Chine à l'OMC sont revus à la baisse. En effet, compte tenu des tarifs douaniers à l'importation et surtout des exigences sanitaires (procédures de quarantaine, tolérance « zéro bactérie »), les achats chinois progresseront peu. Au début 2002, la province de Hong Kong a connu sa quatrième épidémie de grippe aviaire en quatre ans, révélant une fois de plus l'extrême fragilité sanitaire de la filière hong kongaise (prédominance d'un marché de gros de volailles vivantes, favorable à la propagation du virus). Cette épidémie moins grave que celle de 1997, qui avait entraîné la mort de six personnes, inquiète néanmoins l'OMS (mutation possible du virus sous une forme transmissible à l'homme).

Au **Japon**, la consommation de viandes a été fortement perturbée depuis 1998 par les crises financières et économiques successives. Les importations de viande de volaille se sont légèrement redressées en 2002. Elles devraient rester actives en 2003, du fait d'une forte demande en produits transformés dans les circuits de restauration collective et de détail, notamment de produits à bon marché en provenance de Chine et de Thaïlande.

VIANDE DE VOLAILLE	**1997**	**1998**	**1999**	**2000**	**2001**	**2002** (e)
Production mondiale	**59 900**	**61 600**	**68 800**	**68 000**	**69 900**	**72 100**
dont Etats-Unis	14 950	15 130	16 000	16 200	16 610	17 050
U.E.	8 660	8 882	8 820	8 780	9 100	9 080
Brésil	4 560	4 600	5 640	6 120	6 730	7 220
Japon	1 235	1 220	1 190	1 200	1 180	1 200
Principaux exportateurs						
Etats-Unis	2 190	2 180	2 250	2 430	2 740	2 415
Brésil	665	631	800	950	1 310	1 500
U.E.	1 086	1 176	1 117	1 150	1 050	1 240
Chine	370	355	404	504	520	430
Thaïlande	200	285	300	340	440	430
Hongrie	110	125	114	100	100	105
Principaux importateurs						
Russie	1 250	1 270	1 090	1 100	1 580	1 640
Moyen-Orient	610	630	750	770	820	840
U.E.	290	383	430	590	824	788
Chine	780	804	950	960	850	750
Japon	590	605	670	720	710	750

(en milliers de tonnes, équivalent viande prête à cuire) *(Sources : FAO, U.E., USDA)*

États-Unis : inquiétudes sanitaires et commerciales pour la volaille

En mars 1996 lors de la crise de la « vache folle », l'Europe apparaissait relativement isolée en matières d'inquiétudes sanitaires. À peine remise d'une crise sanitaire et surtout commerciale sans précédent, une seconde psychose de l'ESB secouait l'élevage européen en octobre 2000. Quelques mois plus tard, en février 2001, une épidémie de fièvre aphteuse se déclarait sur le sol britannique, avant d'affecter plusieurs pays du continent. Mais l'Amérique latine n'était pas en reste. Alors que la plupart de ses pays exportateurs de viande bovine (Argentine, Uruguay, Brésil...) retrouvaient progressivement le statut de pays « libre de fièvre aphteuse sans vaccination », l'Argentine était de nouveau frappée en août 2000 par une nouvelle épidémie. De même, l'Asie, qui est handicapée par des zones endémiques de fièvre aphteuse (Corée et Taïwan pour le porc), découvrait l'ESB en septembre 2001 avec la révélation d'un premier cas au Japon.

Dans ce contexte, les États-Unis semblaient relativement épargnés, hormis quelques soupçons (encéphalopathie chez des cervidés, listéria...). Depuis 2002, plusieurs alertes sanitaires ont affecté le premier exportateur mondial de viandes et particulièrement en volaille, viande jusqu'alors peu concernée par des embargos sanitaires. Les États-Unis dominent largement le marché international de la viande de volaille, totalisant près de 45 % du commerce mondial. L'année 2002 aura ainsi enregistré une série de zoonose frappant les volailles américaines : grippe aviaire en Virginie et dans d'autres États, rhume de la pintade, maladie de Newcastle en Californie... Plusieurs états ont alors réagi en stoppant leurs achats de viandes américaines : Mexique, Philippines, Chine, Japon... Mais c'est surtout l'attitude de la Russie qui aura défrayé la chronique : embargo imposé en mars 2002 suite à la découverte d'antibiotiques, d'hormones ou de salmonelles dans la viande de volaille « made in USA ». En 2001, le marché russe, avait absorbé plus d'un million de tonnes de découpes de volailles, soit 8 % de la production américaine, mais 40 % des exportations totales de volailles, pour une somme de $ 650 millions (premier débouché de la volaille américaine). En 2002, les exportations vers la Russie auront ainsi diminué d'un tiers. Alors que 38 états américains étaient frappés d'embargo, il aura fallu attendre septembre 2002 pour voir une levée de l'embargo moyennant la création d'un certificat vétérinaire, qui sera validé par des inspections russes des filières de production américaines (élevages et abattoirs).

La **Thaïlande** est le quatrième exportateur mondial. Ses deux principaux marchés sont le Japon (produits transformés) et l'Europe (morceaux congelés). En mars 2002, les douanes européennes ont décelé dans des produits congelés thaïlandais des traces de résidus chimiques interdits en Europe (nitrofuranes). La filière thaïlandaise a aussitôt annoncé une augmentation de ses normes qualitatives, afin de ne pas compromettre l'avenir de ses exportations.

En **Russie**, on observe depuis quelques années des investissements significatifs dans les productions hors-sol, et notamment avicoles. Ainsi, le Groupe Cherkizovsky, un des holdings de viande les plus importants de Russie, a investi près de $ 450 millions ces cinq dernières années, depuis l'élevage jusqu'à la transformation. Toutefois, ces investissements ne compensent toujours pas la faible productivité globale du secteur (la moitié de la production du pays provient d'opérateurs de petite taille). Face à la progression rapide des importations à bas prix, les leaders du secteur demandent l'instauration de quotas d'importation. Pour l'instant, seul le marché du sucre est géré selon une politique de quotas tarifaires à l'importation. Alors que la Russie entame ses négociations agricoles pour son entrée à l'OMC (avant fin 2003 ?), les droits de douane

Russie : les viandes étrangères à la rescousse !

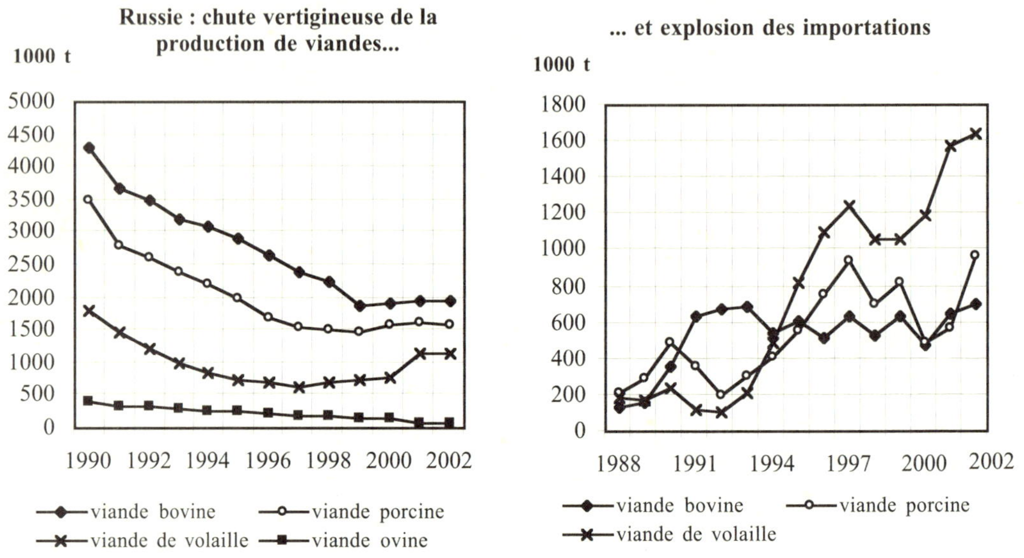

Source : UE, USDA, FAO

Depuis la fin de l'URSS en 1990, la production de viandes a reculé de 50 %. Les importations ont été multipliées par 3 et représentent désormais 40 % de la consommation nationale

sur les viandes de volaille ont été relevés depuis septembre 2002, de 25 % à 33.3 %. En 2003, les importations russes seront ainsi plus limitées, d'autant plus que la récolte céréalière abondante stimulera la production intérieure.

Depuis son indépendance vis-à-vis de l'ex-URSS, l'**Ukraine** a vu sa filière avicole se démembrer. Le pays est importateur net de volailles, avec des importations légales ou illégales qui représentent la moitié de sa consommation. Sur la base d'arguments sanitaires (utilisation d'antibiotiques, hormones de croissance, trempage dans des bains désinfectants), les États-Unis sont interdits de vente

OMC : un futur panel volaille contre l'Europe ?

Les importations européennes de viande de volaille en 2001 ont explosé (+ 43 %), et notamment en provenance du Brésil et de Thaïlande. La Commission européenne a tenté de les freiner, en reclassant en juin 2002 les viandes salées et saumurées dans la catégorie « congelées », permettant ainsi d'imposer un droit de douane plus élevé (plus de 1 €/ kg contre 0,35 € pour les produits salés). Quelques semaines plus tard, le Brésil a engagé une procédure de consultation auprès de l'organe des règlements des différents de l'OMC. Début 2003, les États-Unis se sont déclarés comme « tierce partie », pouvant réactiver ainsi la célèbre « guerre du poulet » des années 1970 ! La Thaïlande pourrait suivre. Un panel contre l'Union européenne pourrait être mis en place, et la volaille européenne se retrouverait alors au cœur de la négociation agricole générale de l'OMC. Avec le risque de servir de monnaie d'échange.

Quotas russes à l'importation : blés contre viandes !

La Russie prépare son accession à l'OMC. Elle pourrait intervenir avant la fin 2003. Elle fait donc monter les enchères. En 2002, elle avait peu apprécié les mesures protectionnistes en faveur de la sidérurgie américaine (quotas d'importation…) et qui frappaient de plein fouet les aciéries russes et européennes. Elle avait réagi avec un embargo sanitaire sur les découpes de poulet « made in USA », les « Bush's legs ». L'Europe, un peu plus tard, débordée par les importations de céréales à bas prix de la Mer Noire (Ukraine et Russie), a décidé de les contingenter à partir de janvier 2003. La réaction russe ne s'est pas fait attendre en annonçant la mise en place de quotas d'importations sur les viandes, dés le 1er avril 2003. La réaction a été d'autant plus vive que les importations de viande ont augmenté de 20 % depuis 1999 (+ 56 % pour la volaille), pour représenter 40 % de la consommation nationale. Le mode de gestion de ces quotas est encore peu précis. Mais ceux de viande de volaille sont d'ores et déjà affectés et avantagent nettement les États-Unis (74 % des volumes), l'Union européenne (19 %), le Brésil (4 %) et d'autres pays tiers (3 %). Les quotas de viandes bovine et porcine seraient moins sévères (seulement accroissement de droits), à la différence de la volaille (limitation d'importation).

Quotas russes annuels à l'importation de viandes en 2003 (en tonnes)

	Importations 2002	Quotas 2003
Volaille	1 644 000	1 050 000
Porc	960 000	450 000
Bœuf	700 000	420 000

Source : Moscow Times-2003

LES MARCHÉS

depuis février 2002. À l'instar de la Russie, les autorités gouvernementales tentent de reconstruire la filière. L'Ukraine a des atouts : elle dispose notamment de céréales bon marché et de qualité.

L'Union européenne est à la fois exportateur et importateur mondial. Depuis 1995, sa position internationale s'érode doucement sous l'effet des accords de l'Uruguay Round : stagnation des ventes dans un marché mondial en expansion et forte hausse des importations depuis deux à trois ans, notamment du Brésil.

En 2001, les importations européennes avaient fait un bond de 31 % par rapport à 2000, et doublaient par rapport au niveau de 1998. Elles représentent aujourd'hui près de 10 % de la consommation communautaire. Les trois premiers importateurs : Allemagne (260 000 tonnes), Pays-Bas (114 000 tonnes) et Royaume-Uni (100 000 tonnes) font entrer plus des deux tiers des viandes. En 2002, les importations ont reculé, essentiellement du fait d'une baisse des achats de viande saumurée et sous l'effet d'une remontée de la production intérieure, conjuguée à une moindre demande (retour de la consommation de viandes bovine et porcine après les accidents sanitaires de 2001). Le Brésil, premier fournisseur, a renforcé ses parts de marché au détriment de la Thaïlande. Les importations pourraient de nouveau augmenter en 2003, sous l'effet d'une libéralisation du commerce avec les PECO, avant élargissement de l'Union européenne en 2004 (accords dits « double-zéro » : zéro droits de douane pour les PECO et zéro restitutions pour l'Union européenne à quinze).

Après une progression de 18 % en 2002, les exportations européennes pourraient de nouveau augmenter en 2003. Tout d'abord

Union européenne : de 15 à 25 pays producteurs de viande

Élargissement de l'Union européenne :
+17 % de viandes avec les dix nouveaux pays membres

Union Européenne à 25 :
quel potentiel supplémentaire de productions de viande

Millions de tonnes en 2002

	Bovine	Ovine	Volaille	Porcine	Total viandes
UE-15	7,6	1	9,1	17,9	35,6
Laeken-10	0,7	0,02	1,7	3,5	5,92
UE à 25	8,3	1,02	10,8	21,4	41,52
% évolution	+ 9	=	+ 19	+ 20	+ 17
Roumanie + Bulgarie	0,2	0,1	0,4	0,8	1,5

Source : Union européenne 2002

En mai 2004, l'Union européenne comptera dix nouveaux États-membres : Pologne, Hongrie, République tchèque, Slovaquie, Slovénie, Estonie, Lituanie, Lettonie, Chypre et Malte.

Ces pays comptent 75 millions d'habitants, pour 375 millions dans l'Union européenne à 15. Avec cet élargissement, l'Union européenne verra ainsi sa population augmenter de 20 % et sa superficie agricole d'un tiers. Ces pays amèneront une production carnée supplémentaire de 17 %, essentiellement composée de viande porcine (60 % du tonnage de viande produite). Compte tenu de son poids démographique (la moitié de la population des dix nouveaux pays), la Pologne représente la moitié de la production de viande supplémentaire. Depuis la chute du système communiste et la disparition du Comecon, au début des années 1990, la production a considérablement régressé (moins un tiers). Le développement économique futur de ces pays pourrait favoriser une reprise de la consommation et donc de la production, qui possède des atouts non négligeables (céréales disponibles, tradition dans les productions animales…). Ce sont surtout les viandes blanches, à base de céréales (porc et volaille), qui pourraient se développer rapidement. À moins que l'intégration extrêmement rapide (trop rapide ?) de ces nouveaux pays dans le marché unique européen ne favorise des importations alimentaires massives en provenance de l'Ouest.

vers les PECO, grâce à une ouverture plus grande de leurs marchés via les accords dits « double zéro » (15 % de leur approvisionnement en 2002 contre 10 % en 2000). Par ailleurs, l'augmentation des restitutions vers le Proche et Moyen-Orient (40 % des exportations totales), pourrait favoriser une reconquête des parts de marché perdues.

L'Europe n'est pas épargnée par l'augmentation des préoccupations sanitaires en volaille : foyer persistant de grippe aviaire en Italie, maladie de Newcastle au Danemark, bactéries Compylobacter et Salmonella fortement présentes aux Pays-Bas

L'offre de viande de volaille restera abondante dans les prochains mois. Les prix seront fortement compétitifs, permettant à la viande de volaille d'enregistrer une croissance nettement plus dynamique que les autres viandes. À moins que les alertes sanitaires se multiplient de nouveau en 2003.

Lait et produits laitiers

Faiblesse de la demande internationale pendant une bonne partie de l'année, cours mondiaux déprimés, l'année 2002 ne restera pas dans les annales. Elle fait suite à une période de prix élevés qui ont peut-être découragé certains acheteurs ou au moins généré un attentisme. Les difficultés économiques en Argentine puis la sécheresse en Australie ont perturbé l'offre sur le marché mondial. En fin d'année, la reprise de la demande et la baisse de production en Australie ont permis au prix de décoller. Cette situation plus favorable pourrait perdurer en 2003 même si les stocks importants en Europe et aux États-Unis devaient limiter la reprise des cours.

Le dynamisme de la production mondiale de lait ne se dément pas

Selon la FAO, la production mondiale de lait a continué à augmenter en 2002. La production de lait, tous types confondus, a atteint 598 millions de tonnes, en progression de 1,1 % par rapport à 2001. Au cours des dernières années, la progression a été assez régulière pour atteindre 8 % depuis 1995.

Sur la période 1995-2002, la production totale de lait a augmenté de 58 millions de tonnes, dont 22 millions de tonnes de lait de bufflesses et 35 millions de tonnes de lait de vache. La progression de la production de lait

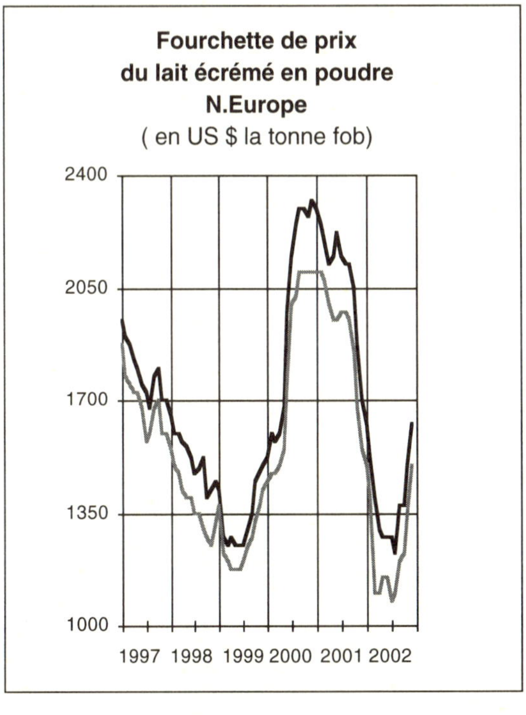

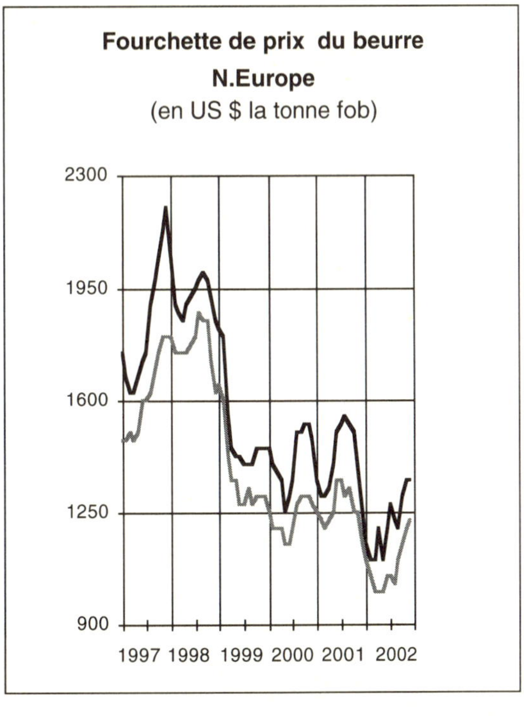

de bufflesses est beaucoup plus dynamique que celle de lait de vache, + 40 % depuis 1995 contre + 7,6 %. La part du lait de bufflesses est ainsi passée de 10 % en 1995 à 13 % en 2002.

La production laitière en Europe et au Canada est bridée par des quotas de production concernant le lait de vache. L'augmentation de la production de lait au cours des dernières années a donc été essentiellement le fait de certains pays en développement alors que la production des pays développés était plus stable.

L'Asie (Inde et Chine en particulier), l'Amérique Latine (Brésil, Argentine, Uruguay), l'Amérique du Nord (États-Unis) et l'Océanie (Australie et Nouvelle-Zélande) sont les principales zones de croissance de la production. La baisse de la production dans les pays de l'Est qui a suivi la chute du mur de Berlin semble terminée, notamment en Russie, en Ukraine et dans les futurs membres de l'Union élargie.

C'est donc dans les zones dans lesquelles la consommation augmente dans le sillage de la progression du nombre de consommateurs, de la hausse des revenus et de la modification des habitudes alimentaires, que la production laitière se développe le plus.

Ce constat n'est pas nouveau mais renforce l'idée selon laquelle le marché mondial des produits laitiers sera toujours limité (seulement 7 % de la production mondiale fait l'objet d'échanges) et concentré sur des commodités facilement transportables que sont le beurre, les poudres de lait et certains fromages. Bien sûr, il y a l'Océanie et quelques pays qui disposent de potentiels agricoles importants et qui sont tournés vers le marché mondial. Mais l'Océanie ne représente que 4 % de la production mondiale et pèse à peine plus que le Brésil.

Toujours selon la FAO, la production mondiale de fromages continue sa croissance régulière d'environ 2 % par an. Seule une faible part, moins de 10 %, fait l'objet d'échanges internationaux, essentiellement du cheddar ou d'autres fromages à pâte pressée, des fromages fondus ou de la mozzarelle. La production de poudre de lait entier, dont 60 % se retrouve sur le marché mondial, progresse de 2,5 % par an. Quant au beurre, au beurre concentré et au ghee, les fabrications mondiales sont stables et les échanges pèsent environ 10 % de la production. Les fabrications de poudre de lait écrémé sont stagnantes

LAIT DE VACHE	**1998**	**1999**	**2000**	**2001**	**2002** (e)	**2003** (p)
Production mondiale (USDA)	**373,7**	**378,1**	**382,4**	**386,3**	**390,7**	**392,3**
(FA0)	**474,9**	**484,8**	**490,3**	**495,4**	**499,1**	**-**
dont U.E. (USDA)	113,8	115,2	114,9	115,2	115,4	115,4
(FA0)	121,8	122,7	122,0	120,4	121,0	-
États-Unis	71,4	73,8	76,0	75,0	77,0	78,0
Inde	35,5	36,0	36,3	36,4	36,2	37,0
Russie	33,0	32,0	31,9	33,0	33,3	33,2
Brésil	21,6	21,7	22,1	22,6	23,3	-
Nouvelle-Zélande	11,6	11,1	12,2	13,2	13,9	14,2
Ukraine	13,8	13,1	12,4	13,1	13,3	-
Pologne	12,5	12,1	11,8	11,9	12,0	12,2
Australie	9,8	10,5	11,2	10,9	11,6	11,0
Chine	6,6	7,2	8,3	8,7	9,1	-
Mexique	8,4	8,9	9,3	9,5	9,9	9,6
Japon	8,6	8,5	8,5	8,3	8,2	-

(en millions de tonnes) *(Source : USDA)*

depuis quelques années après avoir baissé nettement, notamment dans l'Union européenne ; 30 % des quantités produites sont exportées sur les marchés mondiaux.

Excédents en Europe et aux États-Unis et sécheresse en Australie

Dans l'Union européenne, la production de fromages a stagné en 2002. Il s'agit d'un rattrapage car la consommation avait été dynamisée par les crises de l'ESB et de la fièvre aphteuse. Des reports de consommation entre viande bovine et les autres viandes et les fromages avaient été constatés, en particulier en Allemagne et en Italie. Les consommateurs ont retrouvé le chemin de la viande bovine, au détriment des fromages notamment. Les fabrications communautaires de poudres grasses, destinées aux deux tiers à l'exportation sur le marché mondial, sont assez stables, comme les exportations. Avec une petite progression de la collecte et la baisse des fabrications de caséines (concentrés de protéines laitières), la production des produits de base, poudre de lait écrémé et beurre, a augmenté, notamment pour la poudre de lait écrémé. Des excédents de beurre et de poudre de lait écrémé, correspondant à 1 à 2 % de la production européenne, ont été achetés à l'intervention publique en 2002 ;

Ça bouge aux États-Unis

Le nouveau Farm Bill, signé le 13 mai 2002, a introduit un changement important pour le secteur laitier en rendant beaucoup plus systématique le versement d'aides directes aux producteurs, alors que depuis 1996, celui-ci n'avait eu lieu que ponctuellement sous forme d'aides d'urgence.

Une aide directe (Milk Income Loss Contract) à tous les producteurs de lait a été mise en place, correspondant à 45 % de l'écart entre le prix du lait de consommation (classe I, du prix de Boston) et $ 16,94/100 pounds. Cette aide est mensuelle, rétroactive en décembre 2001, et plafonnée à un volume d'environ 1 million de litres de lait par exploitation et par an. Compte tenu de la rétroactivité des paiements et de la faiblesse des prix du lait, ces paiements ont été systématiques en 2002.

D'autre part, l'USDA a annoncé au cours de l'année des mesures afin d'écouler les stocks importants de poudre de lait écrémé.

Environ 80 000 tonnes ont été affectées à un programme d'aide pour l'alimentation des troupeaux des exploitations touchées par la sécheresse aux États-Unis. D'autres volumes sont régulièrement affectés à des programmes d'aides intérieures (écoles, hôpitaux, prisons…). 200 000 tonnes sont affectées à un programme d'aide alimentaire internationale et risquent de se trouver sur le marché mondial dans les tout prochains mois. Enfin, 150 000 tonnes seront vendues progressivement par adjudication, à bas prix sans doute, pour la fabrication de caséines et caséinates. Jusqu'à présent, les États-Unis ne produisaient pas ce type de produits.

Enfin, comme le permet la réglementation, l'USDA a modifié les niveaux de soutien du beurre et de la poudre de lait écrémé. Afin de limiter la reconstitution des stocks, un rééquilibrage a été opéré entre le prix de soutien du beurre et celui de la poudre de lait écrémé pour les produits fabriqués à partir du 15 novembre, tout en maintenant le prix de soutien global du prix du lait à son niveau actuel. Le prix de soutien du beurre augmente de 23 % pour atteindre $ 2 315 la tonne, et celui de la poudre de lait écrémé diminue de 11 % pour être fixé à $ 1 764 la tonne. Une telle modification avait déjà eu lieu en mai 2001 et les prix de soutien américains de la poudre de lait écrémé se sont fortement rapprochés des cours mondiaux, ouvrant de plus fortes possibilités d'exportations hors DEIP, celui-ci étant limité à 68 000 tonnes pour la poudre de lait écrémé.

les stocks ont gonflé pour atteindre 190 000 tonnes et 140 000 tonnes respectivement en fin d'année 2002.

Aux États-Unis, la collecte a continué à progresser avec une augmentation de près de 3 % en 2002. Les prix du lait payés aux producteurs sont au plus bas depuis vingt ans et les excédents de matière protéique s'accumulent sous forme de poudre de lait écrémé achetée par l'USDA. En fin d'année 2002, les stocks atteignaient 500 000 tonnes… Les producteurs américains de lait accusent les importations de caséines et de concentrés de protéines, d'Europe et de Nouvelle-Zélande essentiellement, qui entrent sur le marché avec des droits de douane faibles et sans contingents, de se substituer à la poudre de lait écrémé américaine. Face à cette situation, plusieurs décisions ont été prises permettant de rendre la poudre de lait écrémé plus compétitive et d'écouler les stocks (voir encadré).

En Nouvelle-Zélande qui exporte plus de 90 % de sa production sur le marché mondial, la hausse de la collecte serait limitée à 2 %. Outre les facteurs climatiques, deux éléments pourraient expliquer cette faible progression. D'une part, la faiblesse des prix du lait, liée à celle des cours mondiaux, n'incite pas à la reconversion dans cette production. D'autre part, l'obligation pour les producteurs qui veulent augmenter leur production de payer une redevance plus élevée pour financer les investissements nécessaires à l'écoulement de cette matière première supplémentaire, diminue l'intérêt de produire plus.

En Australie, après le record de la campagne précédente, la collecte devrait baisser fortement en raison de la sécheresse exceptionnelle qui affecte certains États producteurs de lait. Le repli serait de 10 % pour cette campagne et la sécheresse pourrait compromettre plus durablement la production si de nom-

BEURRE	**1998**	**1999**	**2000**	**2001**	**2002** (e)	**2003** (p)
Production mondiale	**5 296**	**5 474**	**5 688**	**6 015**	**6 211**	**6 279**
dont Inde	1 600	1 750	1 950	2 250	2 600	-
U.E.	1 721	1 731	1 700	1 710	1 740	1 740
États-Unis	530	579	570	561	620	600
Fédération de Russie	270	260	265	270	275	265
Nouvelle-Zélande	343	316	344	352	321	345
Pologne	183	168	169	181	180	185
Échanges mondiaux	**627**	**593**	**712**	**741**	**707**	**697**
Exportateurs						
Nouvelle-Zélande	315	279	338	347	331	315
U.E.	168	171	176	174	185	200
Australie	105	117	139	122	114	91
Ukraine	10	8	31	46	48	-
Pologne	5	3	3	19	16	14
Canada	12	11	10	16	21	23
Inde	1	1	2	10	10	-
États-Unis	3	2	4	1	1	-
Importateurs						
Fédération de Russie	150	55	60	110	120	135
U.E.	95	105	104	115	108	100
Égypte	40	43	49	50	50	-
Mexique	25	34	34	35	37	40
						-
Stocks de clôture	**274**	**340**	**323**	**297**	**310**	**285**
U.E.	52	111	119	120	153	158

(en milliers de tonnes métriques) *(Source: USDA)*

breux éleveurs, faute de fourrages, étaient obligés de réduire leurs troupeaux. La baisse de la production, sensible dans la deuxième moitié de l'année, a affecté l'offre de produits laitiers sur le marché mondial et a participé à la remontée des cours.

En Argentine, la crise économique et financière a fortement affecté le secteur laitier. La production serait en baisse importante. Après avoir dépassé 10 millions de tonnes en 1999, elle serait retombée à 8,2 millions de tonnes en 2002. Toutefois, compte tenu de la baisse de la demande intérieure, les exportations auraient été moins affectées.

Remontée des cours mondiaux en fin d'année

Les cours mondiaux des produits laitiers sont traditionnellement assez volatiles et la période récente le confirme. Pour les poudres de lait, ils sont passés de plus de 2 000 $/tonne au début de 2001 à un peu plus de $ 1 000 la tonne pendant une grande partie de 2002. En

LAIT ÉCRÉMÉ EN POUDRE	1998	1999	2000	2001	2002 (e)	2003 (p)
Production mondiale	**3 055**	**3 183**	**3 298**	**3 294**	**3 473**	**3 408**
dont U.E.	1092	1108	1079	953	1040	990
États-Unis	515	617	659	641	695	645
Australie	231	265	264	265	273	285
Fédération de Russie	170	130	125	130	140	130
Inde	120	130	150	175	200	-
Nouvelle-Zélande	215	203	197	227	237	285
Japon	202	192	194	175	180	172
Mexique	118	140	151	143	150	150
Pologne	122	109	139	151	150	155
Chine	42	48	58	70	80	-
Canada	70	78	75	90	100	100
Brésil	58	60	62	103	107	108
Échanges mondiaux	**895**	**1 190**	**1 202**	**935**	**976**	**1 125**
<u>Exportateurs</u>						
Australie	199	240	253	225	212	220
Nouvelle-Zélande	197	205	175	195	245	265
États-Unis	104	217	142	96	100	175
U.E.	175	272	358	137	150	200
Pologne	101	83	86	108	100	100
Canada	34	41	32	46	60	60
<u>Importateurs</u>						
Mexique	93	123	129	140	140	145
Fédération de Russie	20	90	51	50	50	60
U.E.	66	73	78	59	50	50
Brésil	42	46	30	11	16	16
Indonésie	40	58	95	100	110	-
Philippines	76	87	108	89	105	-
Malaisie	60	72	75	77	80	-
Algérie	87	71	70	75	75	-
Stocks de clôture	**570**	**568**	**625**	**792**	**970**	**913**
U.E.	203	181	0	0	90	130
États-Unis	69	113	288	408	500	425

(en milliers de tonnes métriques) *(Source : USDA)*

LAIT ENTIER EN POUDRE	1998	1999	2000	2001	2002 (e)	2003 (p)
Production mondiale	**2 810**	**2 907**	**3 054**	**3 060**	**3 116**	**3 177**
dont U.E.	1 024	1 005	951	840	840	850
Chine	369	450	522	540	545	-
Nouvelle-Zélande	397	382	420	480	540	560
Brésil	240	244	256	345	355	365
Australie	127	145	187	205	207	200
Fédération de Russie	72	55	75	110	120	120
Échanges mondiaux	**1 230**	**1 289**	**1 318**	**1 379**	**1 391**	**1 413**
Exportateurs						
Nouvelle-Zélande	383	382	407	511	521	545
U.E.	590	577	576	478	500	500
Importateurs						
Brésil	133	147	108	43	85	75
Mexique	46	35	34	55	45	45
Algérie	105	108	110	110	110	-
Stocks de clôture	**226**	**219**	**235**	**183**	**186**	**184**
dont Nouvelle-Zélande	54	40	52	20	38	52

(en milliers de tonnes métriques) *(Source : USDA)*

fin d'année, avec la reprise de la demande, la faiblesse de l'offre australienne et la remontée de l'euro face au dollar américain, les cours sont remontés à $ 1 600 – 1 800 la tonne. Pour le beurre, la remontée des cours a été limitée et les prix ont été globalement très bas en 2002.

L'Union européenne reprend des couleurs sur les marchés mondiaux

Après une mauvaise année à l'exportation, en particulier pour les poudres de lait, l'Union européenne a augmenté en 2002 ses ventes à destination des pays tiers. La reprise a été progressive à partir de l'été et s'est traduite par de fortes demandes de certificats d'exportation, notamment pour les poudres de lait. Face à cet afflux de demandes, la Commission européenne n'a pas hésité à rejeter les demandes de certificats d'exportation et a décidé parallèlement de baisser drastiquement les restitutions à l'exportation.

Ainsi, les restitutions ont été ajustées à la baisse en quelques semaines à quatre reprises pour la poudre de lait entier et à trois reprises pour la poudre de lait écrémé. La Commission a également réduit la durée de validité des certificats d'exportation pour la poudre de lait écrémé.

Ces décisions peuvent paraître surprenantes dans un contexte d'excédents sur le marché communautaire et de prix encore peu rémunérateurs. L'Union européenne n'a sans doute pas pu profiter pleinement de la demande des marchés mondiaux car les contraintes relatives au respect des engagements GATT ont imposé de limiter les exportations de poudres de lait. En effet, les contingents d'exportations subventionnées des catégories poudre de lait écrémé et « autres produits laitiers » risquaient d'être rapidement consommés. Par ces mesures, la Commission a souhaité conserver des possibilités d'exportations jusqu'à la fin de la période GATT en cours, c'est-à-dire juin 2003.

Globalement, sur l'ensemble de l'année 2002, les ventes communautaires de poudre de lait écrémé sur le marché mondial sont remontées de 20 % par rapport à 2001, une très mauvaise année. Les exportations communautaires de poudre de lait écrémé sont très fluctuantes mais 2002 se situent en dessous de la moyenne des dernières années.

Les exportations européennes de poudres grasses avaient chuté de 20 % en 2001. Les ventes ont un peu progressé en 2002 mais les marchés perdus, au profit de la Nouvelle-Zélande notamment, n'ont pas pu être reconquis. Jusqu'en 2000, les exportations communautaires de poudres grasses ont été assez stables, aux alentours de 600 000 tonnes par an. Les contraintes imposées par le GATT et l'agressivité des concurrents sur ce marché porteur, ont fait de l'Océanie le leader mondial.

Les exportations communautaires de matières grasses (beurre et butteroil) se sont développées, en progression de 20 %. Le marché russe en particulier a été porteur, sans retrouver toutefois le niveau des années 1980 et du début des années 1990. Enfin, les ventes de fromages sur le marché mondial sont restées assez stables.

Les grandes tendances du marché mondial en 2002

Ces informations sont issues des données provisoires des exportations des principaux intervenants sur les marchés mondiaux des produits laitiers, Union européenne, Nouvelle-Zélande, Australie et États-Unis. Les données partielles de l'année 2002 ne reflètent pas encore le manque de disponibilités en Australie qui devait de plus disposer de stocks importants issus de la bonne campagne laitière précédente. Globalement, la demande mon-

FROMAGES	**1998**	**1999**	**2000**	**2001**	**2002** (e)	**2003** (p)
Production mondiale	**11 378**	**11 750**	**12 230**	**12 246**	**12 470**	**12 564**
dont U.E.	5 151	5 920	5 437	5 420	5 450	5 450
États-Unis	3 398	3 581	3 746	3687	3 790	3 925
Brésil	421	434	445	460	470	480
Argentine	407	446	445	435	420	-
Australie	305	320	373	374	424	405
Canada	330	329	335	322	315	315
Russie	170	185	220	260	300	320
Nouvelle-Zélande	266	245	297	281	312	270
Pologne	164	155	148	161	172	177
Mexique	127	126	134	140	145	145
Échanges mondiaux	**907**	**892**	**1 029**	**1 080**	**1 089**	**1 118**
Exportateurs						
U.E.	419	376	436	447	463	465
Nouvelle-Zélande	232	240	253	267	268	260
Australie	151	172	223	215	201	220
Importateurs						
Japon	184	187	205	202	212	216
États-Unis	156	195	186	198	225	225
Fédération de Russie	130	60	60	140	140	150
U.E.	124	142	144	169	133	139
Stocks de clôture	**658**	**643**	**691**	**658**	**716**	**666**
dont U.E.	130	126	117	116	106	100
États-Unis	235	282	322	301	320	310

(en milliers de tonnes métriques) *(Source : USDA)*

diale de produits laitiers a progressé en 2002, en particulier pour la poudre de lait écrémé et les matières grasses.

La demande mondiale de poudre de lait écrémé aurait augmenté de 15 % en 2002 par rapport à 2001. Les exportations de l'Australie et de la Nouvelle-Zélande ont progressé de 35 %, essentiellement à destination de l'Asie, du Mexique ou de l'Algérie, tandis que celles des États-Unis ont baissé de 25 % avec un repli marqué sur le Mexique. L'Union européenne était en retrait sur l'Asie ou le Mexique mais un rattrapage important a été effectué en fin d'année.

Globalement, la demande mondiale de poudres grasses a un peu progressé en 2002, de l'ordre de 5 %. C'est surtout l'Australie qui a développé ses ventes, notamment en Asie ou au Proche et Moyen-Orient, alors que les exportations néo-zélandaises sont stables après une très bonne année 2001.

La demande mondiale de matières grasses butyriques a augmenté de 20 %, peut-être stimulée par des prix très bas. La demande s'est accrue dans la plupart des zones, Pays de l'Est, Asie, Proche et Moyen-Orient ou Maghreb. Tous les principaux exportateurs, Union européenne, Nouvelle-Zélande et Australie, ont vu leurs ventes progresser d'environ 20 %. L'Ukraine serait en revanche en retrait.

Pour les fromages, la demande globale a été stable. Les exportations vers les États-Unis et la Russie ont augmenté. En revanche, les ventes dans l'Union européenne ont fortement baissé ; celles à destination de l'Asie, Japon en particulier, sont stables. La Nouvelle-Zélande et l'Union européenne ont maintenu leurs exportations tandis que l'Australie reculait.

Perspectives sur les marchés

La reprise de la demande en fin d'année, la sécheresse en Australie, la baisse du dollar ou les contraintes GATT qui limitent les exportations subventionnées européennes et américaines, autant de facteurs qui tendent à l'optimisme sur les cours mondiaux pour 2003.

Pour l'Union européenne toutefois, les perspectives à moyen terme sont plus incertaines.

Même si les États-Unis ne sont pas un intervenant majeur sur les marchés mondiaux des produits laitiers, les décisions prises en 2002 risquent de peser sur la conjoncture mondiale. L'aide alimentaire annoncée représente environ 20 % du marché mondial de la poudre de lait écrémé, ce qui est considérable. D'autre part, les aides directes risquent de favoriser la hausse de la production et de peser sur les prix intérieurs américains. Avec la baisse des prix de soutien de la poudre de lait écrémé, les exportations hors DEIP, non limitées, pourraient se développer. Enfin, le développement d'une production locale de caséine concurrence directement des importations d'Europe et de Nouvelle-Zélande.

Le manque de disponibilités en Océanie devrait s'estomper assez rapidement et on devrait retrouver pour les prochaines campagnes plus de lait dans ces pays.

La Commission européenne vient de proposer une réforme profonde du secteur laitier comprenant en particulier une baisse des prix du lait de 28 % en cinq étapes sur la période 2004-2008. Cette réforme conduirait à une baisse asymétrique des soutiens, de 35 % pour le beurre et de 17,5 % pour la poudre de lait écrémé. En rapprochant les prix européens des prix mondiaux, dans le contexte des négociations actuelles dans le cadre du programme de développement de Doha, une telle réforme améliorerait sensiblement la protection aux frontières de l'Union. En revanche, elle ne serait pas si bénéfique sur le volet exportation. En effet, la baisse de 35 % sur le beurre serait insuffisante pour exporter sans aide sur le marché mondial, marché peu porteur par ailleurs. Du côté de la matière protéique, la baisse des prix serait plus limitée et les possibilités pour les opérateurs communautaires d'être compétitifs sans aide à l'exportation sur les marchés mondiaux risquent d'être limitées.

Pommes de terre

Tous usages confondus, la production mondiale de pommes de terre serait de 307 millions de tonnes (millions de tonnes), ce qui en fait l'une des plus importantes productions agricoles au monde. Les performances obtenues par les principaux pays producteurs sont équivalentes à celles de 2001. Notons cependant la progression de plus de 2 millions de tonnes de la production chinoise qui atteindrait 66,6 millions de tonnes et en Russie, la baisse de près de 3 millions de tonnes. En Europe centrale, la Pologne a produit 20,4 millions de tonnes et l'Ukraine 16,1 millions de tonnes.

Les cinq principaux pays nord européens (Allemagne, France, Belgique, Pays-Bas, Grande Bretagne) ont récolté ensemble 34,2 millions de tonnes (source FAO) de pommes de terre en 2002 contre 33,8 millions de tonnes l'année antérieure. Les hausses en France (+ 500000 tonnes) et aux Pays Bas (+ 200000 tonnes) compensent les baisses en Allemagne (500000 tonnes). Même tendance pour la production de pommes de terre de conservation consommées en frais. La production de 21,3 millions de tonnes des cinq pays nord européens est à peine plus élevée que celle de la campagne précédente (+ 300000 tonnes) et reste inférieure de 1 million de tonnes par rapport à l'année 2000. Avec 4,67 millions de tonnes, la France affiche la plus belle progression (source CNIPT). Le marché européen est donc équilibré mais les prix payés aux producteurs demeuraient, à la fin de 2002, inférieurs aux coûts de production. Ils ont certes commencé à se redresser durant l'hiver sur le marché de Londres, mais ils restent encore en dessous de leurs niveaux de 2001.

Le contexte européen du marché de la pomme de terre de conservation paraît plus favorable à la France, surtout pour la seconde partie de la campagne. Les quantités disponibles et surtout la bonne qualité de la récolte, résultat d'un long travail mené par l'ensemble de la filière, faciliterait ses exportations vers l'Espagne et l'Italie qui restent largement déficitaires malgré une progression de leur production de pommes de terre de conservation (respectivement +6,0 % et +2,1 % par rapport à 2001-2002). Enfin, le marché allemand reste encore un débouché et on s'attend à ce que la Grèce accroisse ses importations de pommes de terre. Au total, la France renforcerait sa place de premier exportateur européen de pommes de terre, même si les 900000 tonnes qui seraient vendues sont inférieures à leur niveau record de la campagne 2000. Mais les échanges restent très concentrés géographiquement. Sur les 862800 tonnes de pommes de terre françaises exportées sur 2001-2002, seules 123000 tonnes ont été livrées à des pays non frontaliers.

Les représentants des cinq principaux pays producteurs de pommes de terre du Nord Ouest de l'Europe (Belgique, Pays-Bas, France, Allemagne, Grande Bretagne) s'attendent pour les prochaines campagnes à une diminution des surfaces emblavées. La Grande Bretagne a déjà entamé cette baisse. Moins de 140000 hectares ont été cultivés en 2002 contre 150000 hectares quelques années auparavant. Les producteurs sont en effet confrontés à une hausse des coûts de production qui n'est pas compensée dans les nouveaux contrats passés avec les industriels. Le risque encouru par les entreprises de transformation est de ne pas disposer les mauvaises années des volumes de marchandises de bonne qualité suffisants pour leurs activités. Ce qui rendrait inéluctables alors les hausses qu'elles se refusent actuellement à accorder aux agriculteurs.

La consommation de pommes de terre continue de diminuer d'année en année dans la plupart des pays européens. Mais la part des produits transformés (frites, purée déshydratée) est de plus en plus importante. En Grande Bretagne, seuls 50 % des pommes de terre consommées (110 kg au total) sont achetées en frais contre 80 % dix ans auparavant. L'avenir est donc aux petits et moyens calibres car ils sont bien valorisés. En France, la pomme de terre conserve une bonne image auprès des consommateurs, mais les variétés traditionnelles telles que la Binjte sont de plus en plus délaissées au profit des nouvelles variétés à chair ferme. L'apparence l'emporte parfois même sur le goût. C'est pourquoi la pomme de terre néerlandaise Agata remporte un vif succès auprès des clients de supermarchés.

Le marché américain

La campagne s'annonce très bonne aux États-Unis. Selon le département américain de l'agriculture (USDA), ils se partageraient avec le Canada (4,1 millions de tonnes pour 2002) l'essentiel des nouveaux contrats d'exportations de frites et de pommes de terre transformées puisque la production européenne a à peine progressé.

La moyenne des prix, tous usages confondus, serait comprise entre $ 141/tonne et $ 163/t sur l'ensemble de la saison 2002/2003. Les cours plus élevés que ceux de 2001 dès le

POMMES DE TERRE		1997	1998	1999	2000	2001	2002
Production mondiale		**302,39**	**299,77**	**299,56**	**328,36**	**309,31**	**307,89**
dont	Chine	57,26	64,62	56,14	66,33	64,03	66,60
	Union Européenne (15)	48,63	43,69	49,26	49,98	45,20	45,76
	Fédération de Russie	37,04	31,42	31,34	34,00	35,00	31,90
	États-Unis	21,12	21,58	21,69	23,30	19,86	20,85
	Pologne	20,78	25,95	19,93	24,23	19,38	20,40
	Ukraine	16,70	15,41	12,72	19,84	17,34	16,10
	Allemagne	12,07	11,71	12,03	13,69	11,50	10,98
	Biélorussie	6,94	7,57	7,49	8,72	7,77	8,00
	Pays-Bas	7,97	5,25	8,22	8,13	7,02	7,23
	France	6,69	6,05	6,65	6,65	6,26	6,70
	Royaume-Uni	7,13	6,42	7,13	6,65	6,53	6,65
Importations mondiales			**7,14**	**8,20**	**7,67**	**7,91**	**8,24**
dont	Pays-Bas	1,19	1,34	1,39	1,27	1,49	-
	Royaume-Uni	0,24	0,44	0,35	0,32	0,56	-
	Allemagne	0,65	0,69	0,54	0,50	0,52	-
Exportations mondiales			**6,95**	**7,91**	**7,98**	**7,64**	**8,10**
dont	Pays-Bas	1,44	1,42	1,20	1,35	1,55	-
	Allemagne	0,94	0,93	1,10	1,35	1,49	-
	France	0,87	1,25	1,14	1,11	1,11	-

(en millions de tonnes) *(Source : FAO)*

début de la saison réjouissent d'autant plus les Américains que la production de 20,8 millions de tonnes (source FAO) est supérieure de 5 % à celle de l'année précédente. La récolte 2002 reste toutefois inférieure de 15 % aux records battus en 2000.

À l'automne 2002, les prix des pommes de terre destinées à la transformation étaient aussi en moyenne plus élevés que ceux des deux dernières années (+ 3 % et + 7 % par rapport à 2001-2002 et 2000/2001). Les experts américains ont constaté que l'activité industrielle a fait un bon en novembre de 18 % par rapport à la même époque un an plus tôt et qu'elle a atteint, à 1 % près, celle d'il y a deux ans lorsque la récolte de pommes de terre avait battu tous les records (23,3 millions de tonnes). Résultat, les stocks de pommes de terre surgelées et de frites étaient largement inférieurs à ceux de l'an dernier.

Si la demande des industriels américains reste aussi vive tout au long de l'année, les prix se maintiendront à des niveaux élevés. Le marché américain pourra cependant compter sur les importations de pommes de terre canadiennes pour pallier aux déficits de marchandises. En attendant, la répercussion au niveau des prix à la consommation est déjà très sensible. Les prix étaient en septembre-octobre 2002 9 % plus élevés qu'en 2001 et près de deux fois plus élevés que deux ans plus tôt.

Après deux années de hausse des prix, les experts s'attendent à un fort accroissement en volume de la production américaine de pommes de terre pour la prochaine campagne 2003. Comme le marché est porteur, les « farmers » sont incités à augmenter les surfaces emblavées.

Élargissement

À partir de 2004, la France peut espérer trouver de nouveaux débouchés pour ses exportations vers les nouveaux membres de l'Union européenne mais elle sera en concurrence avec ses voisins allemands et néerlandais.

Il faudra aussi compter avec la Pologne qui est un très grand producteur de pommes de terre. Avec un taux d'autosuffisance de près de 115 %, elle pourvoit largement à ses besoins. Elle dispose par conséquent d'un potentiel d'exportations important. Les productions des autres Peco sont beaucoup plus limitées. La Hongrie ne dépasse pas 900000 tonnes et la Slovaquie 450000 t en 2002.

La Chine sur le marché sud-asiatique

Dans le cercle très étroit des pays exportateurs de pommes de terre, « la Chine devient redoutable », fait remarquer Tony Moleta de Chairman Potato Sector en Nouvelle-Zélande. Excédentaire (de 16 millions de tonnes selon l'USDA), l'Empire du Milieu écoule sa production à des prix qui défient toute concurrence sur les marchés sud-asiatiques. Selon les experts, l'Europe pourrait être dans les prochaines années sa prochaine cible.

Pour la Nouvelle-Zélande, se lancer dans une guerre des prix serait suicidaire. La qualité des produits frais ou transformés et sa capacité à disposer d'une industrie de transformation qui soit en mesure de s'adapter aux changements des modes alimentaires lui permettront de défendre ses parts de marché en Asie du Sud face à ce nouveau concurrent.

Fruits et légumes

L'année 2002-2003 devrait s'inscrire dans la continuité de la campagne précédente : une diminution des superficies consacrées aux pommes et une augmentation des récoltes de poires.

Dans l'hémisphère Nord, on s'attend à une baisse de la production de **pommes** pour la seconde année consécutive. Avec 40,9 millions de tonnes, la production chute de 4 % par rapport à 2001/02, diminution due en grande partie à une réduction des superficies en Chine, de loin le premier producteur mondial qui s'efforce de limiter la surproduction qui conduit à des prix intérieurs extrêmement bas. La récolte chinoise devrait être de l'ordre de 20,5 millions de tonnes, en diminution de 500 000 tonnes par rapport à 2001-2002.

Aux États-Unis, la récolte pourrait atteindre 3,9 millions de tonnes, le niveau le plus faible depuis 1988-1989. Ces dernières années, les États-Unis ont été confrontés à une réduction de la demande intérieure qui fait face à une production qui devient fortement excédentaire et à la présence de jus importés de Chine à de très faibles prix.

Dans l'Union européenne, les prévisions de production de pommes font état d'un recul de près de 3 % par rapport à la campagne précédente. Presque tous les pays de l'Union européenne enregistrent une diminution de leur production, à l'exception de la France dont la récolte 2002 devrait dépasser de 4 % celle de l'année précédente ; en Espagne la récolte ne devrait pas dépasser 694 000 tonnes (en baisse de 16 %).

Part de la Chine dans les exportations mondiales de poires

Source : USDA

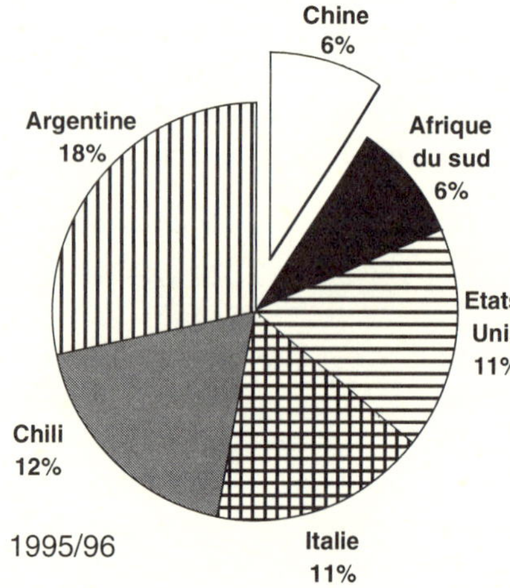

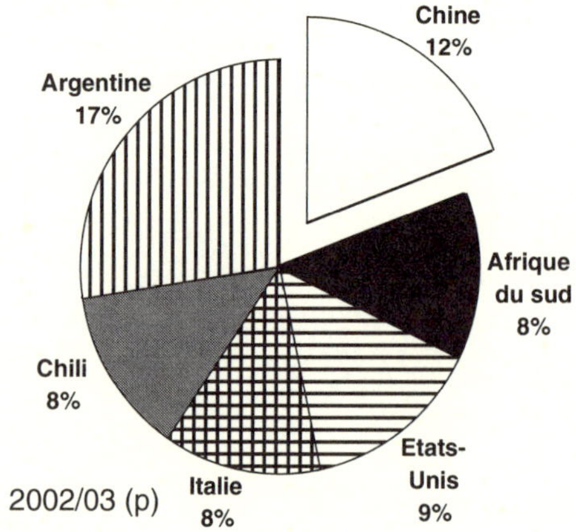

FRUITS TEMPERES	1997/98	1998/99	1999/00	2000/01	2001/02	2002/03 (p)
• Pommes						
Production mondiale	**42 636**	**45 322**	**46 186**	**47888**	**46 492**	**-**
Production totale H.N.	**38 389**	**40 755**	**42 155**	**43 569**	**42 428**	**40 940**
dont Chine	17 219	19 481	20 801	20 431	21 000	20 500
U.E. (15)	**7 711**	**8 258**	**8 907**	**9 453**	**7 992**	**7 932**
• Italie	*2 014*	*2 243*	*2 196*	*2 267*	*2 220*	*2 370*
• France	*2 027*	*17 934*	*2 166*	*2 300*	*2 055*	*2 140*
• Allemagne	*1 465*	*1 980*	*1 936*	*2 630*	*1 552*	*1 612*
• Espagne	*880*	*722*	*887*	*698*	*884*	*723*
Etats-Unis	4 683	5 282	4 822	4 837	4 367	4 050
Turquie	2 550	2 450	2 500	2 400	2 450	2 500
Pologne	2 098	1 687	1 704	2 401	2 806	2 107
Russie Fed.	1 414	1 249	965	1 589	1 228	1 400
Japon	993	879	928	800	931	912
Production totale H.S.	**4 247**	**4 566**	**4 031**	**4 319**	**1 064**	**-**
dont Argentine	1 108	1 316	847	1 331	900	-
Brésil	709	704	969	631	757	-
Chili	970	1 010	760	1 000	960	-
Afrique du Sud	671	675	581	668	690	-
Nouvelle-Zélande	480	527	554	405	462	-
Australie	309	334	320	285	295	-
• Poires						
Production mondiale	**11 592**	**12 852**	**12 992**	**13 950**	**14 043**	**-**
Production totale H.N.	**13 380**	**11 529**	**11 811**	**12 661**	**12 822**	**12 972**
dont Chine	6 415	7 275	7 742	8 400	8 820	8 800
U.E. (15)	**1 925**	**2 380**	**2 184**	**2 344**	**2 056**	**2 234**
• Italie	*659*	*1 115*	*784*	*940*	*840*	*910*
• Espagne	*600*	*557*	*682*	*595*	*661*	*626*
• France	*259*	*246*	*267*	*258*	*247*	*257*
Etats-Unis	948	880	921	877	912	860
Japon	428	410	416	424	397	426
Production totale H.S.	**1 213**	**1 323**	**1 181**	**1 289**	**1 221**	**-**
dont Argentine	516	583	478	610	550	-
Afrique du Sud	265	281	277	246	250	-
Australie	153	179	156	160	165	-
Chili	257	258	237	249	232	-

(en milliers de tonnes) *(Source : USDA)*

Dans les autres pays européens, la chute est générale : la Pologne et la Russie enregistrent l'une et l'autre un déclin de près de 19 %. Quant à la Hongrie, important producteur de pommes d'Europe de l'Est, elle voit sa production chuter de 11 % (les pommes représentent 66 % du total des fruits produits en Europe de l'Est).

Pour les **poires**, l'augmentation de la production dans l'hémisphère Nord est due essentiellement à la Chine qui a converti des terres consacrées aux céréales en plantations de poiriers. Les producteurs chinois ont introduit de nouvelles variétés qui ont permis d'améliorer les rendements et la qualité des fruits afin de mieux satisfaire la demande des industriels.

On observe aussi une légère augmentation dans l'Union européenne, où la production devrait atteindre 2,3 millions de tonnes en 2002-2003 : elle était de l'ordre de 2,1 en

FRUITS TEMPERES	1997	1998	1999	2000	2001	2002 (p)
• Pêches et nectarines						
Production mondiale	**11 453**	**11 502**	**13 224**	**13 255**	**13 400**	**13 413**
dont Chine	3 177	3 237	3 983	3 975	4 174	4 224
U.E.	**3 288**	**3 295**	**4 231**	**4 176**	**4 255**	**4 170**
Italie	*1 158*	*1 426*	*1 767*	*1 655*	*1 708*	*1 700*
Espagne	*961*	*907*	*982*	*1 028*	*1 030*	*1 215*
Grèce	*589*	*527*	*884*	*920*	*927*	*667*
France	*464*	*341*	*477*	*476*	*460*	*483*
Etats-Unis	1 429	1 292	1 394	1 420	1 355	1 355
Turquie	355	410	400	400	460	450
Chili	305	269	310	249	250	249
Argentine	225	257	240	204	252	252
Afrique du Sud	253	207	213	218	160	209
• Abricots						
Production mondiale	**2 371**	**2 494**	**2 505**	**2 792**	**2 590**	**2 739**
dont **U.E.**	**471**	**423**	**657**	**580**	**553**	**606**
Italie	*103*	*135*	*212*	*201*	*193*	*200*
Espagne	*142*	*164*	*148*	*128*	*126*	*126*
France	*158*	*80*	*181*	*146*	*107*	*186*
Turquie	306	540	500	500	500	500
Iran	225	243	241	262	283	283
Pakistan	189	191	192	192	192	126
• Cerises						
Production mondiale	**1 689**	**1 674**	**1 852**	**1 942**	**1 987**	**1 948**
dont **U.E.**	**393**	**417**	**554**	**597**	**510**	**482**
Italie	*114*	*117*	*121*	*147*	*117*	*116*
Espagne	*64*	*60*	*108*	*115*	*97*	*106*
Allemagne	*64*	*122*	*156*	*170*	*139*	*100*
Turquie	215	195	194	230	250	250
Iran	228	221	228	220	218	218
Etats-Unis	205	178	196	188	209	208

(en milliers de tonnes) *(Source : USDA)*

2001-2002. Avec plus de 900000 tonnes prévues en 2002, la récolte italienne croît de 8 %. En 2001, des chutes de grêle avaient causé d'importants dégâts dans les vergers réduisant les niveaux de production. La Belgique avait connu une chute de 60 % mais en 2002, sa récolte est seulement de 10 % inférieure aux volumes normaux. Les Pays-Bas retrouvent également des niveaux de production supérieurs à 2001, mais nettement moins élevés que ceux des dernières campagnes.

Aux États-Unis, la récolte de poires serait la plus faible des six dernières années avec un recul de 6 % en 2002-2003, résultat de conditions météorologiques défavorables dans les états de Californie et de Washington qui produisent plus des trois quarts des poires américaines.

Alors que les échanges mondiaux de pommes devraient régresser de 4 % en 2002-2003 (les États-Unis enregistrent la plus forte baisse depuis trois ans), les échanges de poires devraient atteindre un niveau record. Les exportations chinoises devraient continuer de croître. En 2001-2002, la Chine a amélioré ses exportations de pommes de 28 % et a expédié près de 195000 tonnes de poires, deux fois plus qu'il y a cinq ans. L'Asie du Sud-Est et la

Tomates en conserves	2000/01	2001/02	2002/03 (p)
Principaux exportateurs			
• Concentrés de tomates			
Italie	340	330	328
Grèce	180	145	134
Portugal	155	158	156
Turquie	265	170	220
Brésil	110	130	130
Chili	110	111	102
Espagne	170	226	205
• Autres conserves			
Italie	1 880	1 780	1 750
Espagne	195	197	196
Grèce	37	31	28

(en milliers de tonnes) *(Source : USDA)*

Russie sont les plus importantes destinations des pommes chinoises. Les faibles coûts de la production chinoise sont un facteur de compétitivité indéniable ; les prix chinois sont inférieurs de 40 % à la moyenne des prix mondiaux, ce qui permet de prévoir un élargissement des marchés d'exportations actuels. La part de la Chine dans les exportations totales de pommes est passée de 1 % à 8 % en dix ans ; pour les poires elle était de 6 % en 1995/96 et devrait doubler en 2002-2003.

Les exportations de poires américaines en 2002-2003 devraient se stabiliser au niveau de celles de 2001-2002 qui avaient atteint un volume record de plus de 170 000 tonnes. Le Mexique et le Canada importent 75 % des poires américaines en volume et 80 % en valeur.

Dans l'hémisphère Sud, la production sud-africaine de pommes et de poires devrait être relativement stable en volume, les producteurs remplaçant les anciens vergers par de nouvelles variétés plus rentables. Les débouchés traditionnels des fruits sud-africains sont l'Union européenne mais de nouveaux débouchés se développent comme les États-Unis, le Proche-Orient, l'Indonésie.

Les faibles coûts de production ont encouragé les producteurs argentins et chiliens à développer leurs superficies. L'Argentine et le Chili représentent plus de 60 % des poires pro-

Tomates destinées à la transformation	1998/99	1999/00	2000/01	2001/02	2002/03 (p)
Principaux producteurs					
Etats-Unis	**8 523**	**11 416**	**9 851**	**8 316**	**10 083**
Brésil	**1 225**	**1 000**	**1 200**	**1 240**	**1 265**
U.E.	**8 348**	**9 297**	**8 520**	**8 338**	**8 299**
Italie	4 372	4 900	4 810	4 690	4 700
Espagne	1 336	1 687	1 381	1 463	1 450
Grèce	1 325	1 350	1 150	970	880
Portugal	988	997	855	917	972
Turquie	**2 050**	**2 050**	**1 700**	**1 300**	**1 450**

(en milliers de tonnes) *(Source : USDA)*

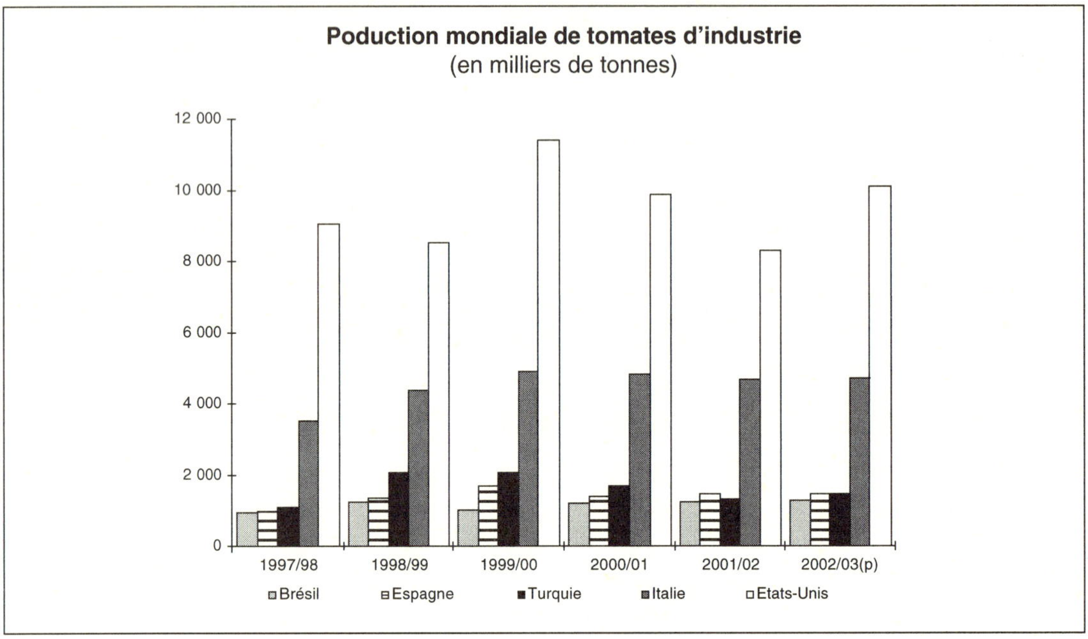

duites dans l'hémisphère Sud et 70 % des exportations. Au premier semestre 2002, les exportations argentines ont augmenté de 13 % par rapport à la même période de 2001.

La production mondiale de **pêches et de nectarine**s devrait se maintenir au niveau des 13,4 millions de tonnes. Dans l'Union européenne, elle recule de 2 %. La Grèce, qui domine la production de conserves de pêches dans l'Union européenne, a enregistré une chute de 35 % de sa production de fruits mais sa part destinée à l'industrie agro-alimentaire est en très forte augmentation : en 2001, 328 000 tonnes de pêches sur un total de 520 000 sont allées à l'industrie de la conserve.

En France, les volumes produits se sont situés à des niveaux nettement supérieurs à la moyenne (+ 8 %). Toutefois, en raison d'une récolte plus précoce que l'année précédente, les fruits français sont arrivés sur les marchés en même temps que les fruits espagnols entraînant une chute des prix. Les fruits et légumes espagnols sont majoritairement exportés à l'intérieur de l'Union européenne et particulièrement en France, en Allemagne au Royaume-Uni et aux Pays-Bas.

Le principal de la production mondiale **de tomates** d'industrie se localise aux États-Unis et dans l'Union européenne.

En 2002 les rendements se sont fortement améliorés aux États-Unis, la production devrait croître de 22 % par rapport à 2001. La baisse de la production enregistrée chez les deux principaux producteurs-exportateurs européens (l'Italie et la Grèce) devrait profiter aux industriels américains (notamment californiens, puisque la Californie représente 95 % du total de la production).

Grâce à une augmentation de plus de 12 % enregistrée en Turquie, la production totale dans l'Union européenne est prévue à 8,3 millions de tonnes en 2002, pratiquement au même niveau que l'année précédente. La production de concentré de tomate turc enregistre une hausse de 30 % avec un volume de 220 000 tonnes. La hausse des prix a favorisé les exportations turques qui ont augmenté de 10 % en 2002. L'industrie du concentré de tomates en Turquie est très dépendante des exportations. Récemment les exportations sur ses marchés traditionnels (Libye et Algérie) ayant fortement décliné, la Turquie s'est tournée vers d'autres marchés comme le Japon.

Jus de fruits tempérés

Un véritable marché des concentrés de jus de pomme est en train d'émerger, notamment sous l'effet du boom de la production de la Chine, devenue en moins de dix ans gros exportateur vers l'Europe et les États-Unis. La production mondiale représente 800 000 tonnes, niveau encore faible pour l'instant au regard d'autres secteurs, mais son expansion ne fait que commencer: elle accompagne celle du verger mondial. Ce marché mondial est en crise et connaît déjà un contentieux commercial.

Émergence d'un marché international

Contrairement au secteur du jus d'orange, où la production est réalisée dans quelques pays, l'offre, dans le secteur des concentrés de jus de pomme, est dispersée. On compte plusieurs grands pays producteurs-exportateurs: Chine, Argentine, Pologne, Allemagne. La Turquie et l'Iran commencent à exporter. Les États-Unis figurent parmi les pays producteurs et importateurs. Ce marché est trop récent pour que des cotations internationales soient établies.

Les concentrés de jus de pomme sont utilisés par les industries agro-alimentaires, principalement pour la fabrication des jus de pomme, et accessoirement pour la fabrication des cidres premier prix. Enfin, dernière donnée générale sur cette commodity encore peu connue, il faut sept kilos de pommes pour générer un kilo de concentré. Les concentrés ont toutes les caractéristiques d'une matière première: des produits standardisés, stockables et transportables d'un coin à l'autre du globe.

Un large potentiel d'expansion

Le fait majeur de la décennie écoulée est l'émergence de la Chine comme principal compétiteur sur ce marché. Après être devenue le premier producteur mondial de pommes, la Chine est devenue l'un des principaux fabricants de concentrés de jus de pomme et, à la fin des années 1990, le premier producteur et le premier exportateur, détrônant la Pologne au début des années 2000.

La transformation de la pomme augmente partout dans le monde. Tout pays qui cherche à développer sa production de pomme, ou d'autres fruits comme la poire, pour son marché du frais, se dote généralement d'un outil industriel capable d'absorber les excédents. Raisonnablement, un outil devrait pouvoir absorber 15 à 20 % des pommes produites. La Chine ne transforme que 11 % de sa production de pommes, contre 5 % encore ces dernières années.

La progression devrait aller très vite, au vu de l'évolution des pays industrialisés. La France des années 1960 transformait 2 à 3 % des pommes. Actuellement, le taux est d'environ 25 %. Dans moins de dix ans, elle transformera au moins 30 % de ses pommes, selon l'Afidem (Interprofession des fruits transformés). Aux États-Unis le taux est de 40 %. On mesure donc l'importance du chemin que devrait parcourir, à grands pas sans doute, le numéro 1 mondial qu'est la Chine, en terme de production.

Le fruit des réformes de Deng Xiaoping

Le développement des vergers dans l'Empire du Milieu date des réformes de Deng Xiaoping au début des années 80, en rupture avec la doctrine communiste traditionnelle selon laquelle l'approvisionnement stratégique dans le domaine alimentaire reposait principalement sur les céréales. L'option a été prise à partir des grandes réformes en 1978 de développer des productions plus rémunératrices pour le secteur privé, comme les cultures maraîchères et arboricoles. D'après une étude de l'Afidem, la production chinoise augmentera fortement, au rythme de la production de pommes, qui, de 20 millions de tonnes en 2000, devrait passer à 25 millions en 2005 et à plus de 30 en 2010, principalement en raison de la hausse des rendements.

Déjà un contentieux

Ce marché international naissant a déjà son contentieux commercial. De 1995 à 1998, les prix des jus concentrés américains ont plongé de 50 %. L'US Apple Association a enclenché une procédure anti-dumping en juin 2000. La procédure a été attaquée par la représentation chinoise aux États-Unis, qui a contesté le mode de calcul des droits. Le dumping, s'il existe, n'est pas facile à établir. Il faudrait pouvoir prouver que la Chine pratique une véritable stratégie de bradage, que les salariés sont payés à des taux dérisoires. Or on ne peut constater qu'une chose : la Chine vend à des prix très bas. Mais rien de discriminatoire. Devant la difficulté à bâtir un dossier solide, les Américains ont envisagé la clause de sauvegarde. Mais c'eût été un degré de plus dans l'escalade. En attendant, le dossier de la procédure anti-dumping bat de l'aile, les professionnels américains tentant, pour l'instant en vain, de prouver que les Chinois vendent en dessous de leurs coûts de production. Les Européens souhaiteraient leur emboîter le pas, mais les déboires de leurs collègues américains les laissent attentistes.

La production 2002 de pommes, et donc aussi celle de concentrés, est en baisse par rapport à celle de 2001 aux États-Unis et en Europe. La baisse des prix semblait momentanément stabilisée, mais les fabricants français font état d'une forte concurrence polonaise.

En France les principaux fabricants sont Diana Végétal, Lactalis près de Rennes, Fruival dans la Drôme, appartenant au groupe Andros. Aux États-Unis, les grands noms sont Knouse Foods Corporative, Peach-Glen et Colonna Frozen Foods. En Allemagne, berceau du jus de pommes, plusieurs dizaines de sociétés, de toutes tailles, assurent la production. Citons Stute, Emig, Jahncke, Wesergold.

Vin

La campagne 2001-2002 s'est caractérisée par une nette diminution de l'écart entre la production et la consommation du fait principalement de la baisse sensible de la production mondiale de vin en 2001 et grâce à une très légère reprise des marchés. Cette situation a contribué à réduire les excédents, notamment en Europe où la production a poursuivi sa baisse. Les échanges ont connu une forte progression, atteignant un record historique pour 2001-2002 contrastant avec une année 2000 difficile pour les exportateurs européens.

Après deux campagnes exceptionnelles, la production mondiale en 2001 était en diminution de près de 15 millions d'hectolitres (– 5 %). Cette baisse permet d'assainir le marché mondial en revenant au niveau de production de 1997. Elle est surtout marquée en Espagne (– 24 %, soit 70 % de la baisse mondiale en 2001) et aux États-Unis (– 15 %). La France, premier producteur mondial depuis 1999, voit sa production diminuer de 4 %, surtout dans la catégorie des vins de table et de pays (– 10 %). Hors de l'Union européenne à 15, la production reste globalement stable mais présente des situations très contrastées. L'hémisphère Sud poursuit sa progression à un rythme élevé. A la baisse relative du Chili (– 15 %) qui avait atteint un record historique en 2000 et de l'Afrique du Sud (– 7 %) correspondent des augmentations conséquentes en Australie (+ 28 %) et en Argentine (+ 26 %), pays qui revient à son niveau de 1999. La baisse de la production mondiale en 2001 s'explique en définitive par une diminution de la production européenne (– 17 millions d'hectolitres) alors que l'augmentation des surfaces qui entrent maintenant en production dans les pays du Nouveau Monde, principalement en Australie, s'est traduite, tout naturellement, par une nouvelle progression de leur production.

Les données provisoires concernant la récolte 2002 font apparaître une nouvelle baisse de 3 % dans l'Union européenne suite aux aléas climatiques lors des vendanges (soit une récolte inférieure à 160 millions d'hectolitres). L'Italie est le pays le plus touché avec une baisse de 17 % qui ramène sa production à celle de 1957, c'est-à-dire avant la forte croissance des plantations associée à son entrée dans le Marché commun. Ces 43,2 millions d'hectolitres ne représentent que 80 % de la production moyenne des cinq dernières années. Les conditions climatiques défavorables lors des vendanges, excès de pluie au Nord, sécheresse en Sicile, sont à l'origine de cette dégradation. À l'opposé de cette tendance, les pays du Nouveau Monde poursuivent inexorablement leur croissance (en particulier le Chili avec un exceptionnel + 40 %).

La superficie mondiale de vigne se stabilise à 7,9 millions d'hectares après trois années de progression. Cette stabilité masque en réalité une croissance soutenue des surfaces récoltées en Australie (+ 20 000 ha), pays qui accroît de manière constante son potentiel de récolte, et sur le continent américain (+ 7 000 ha). En Europe, les surfaces sont en légère diminution, ce qui traduit un phénomène passager suite à une restructuration du vignoble et à des difficultés conjoncturelles qui amènent une partie des viticulteurs communautaires à différer leurs replantations après avoir procédé à l'arrachage de leurs vignes. La situation est en légère régression dans la zone PECO-CEI où l'on observe des restructurations du vignoble et des surfaces en baisse en Moldavie, Roumanie, Bulgarie et Hongrie. Dans les prochaines années, la progression des surfaces devrait se poursuivre dans l'hémisphère Sud avec une légère reprise en Europe.

Les évolutions des prix des vins de table sont très liées aux situations irrégulières concernant les volumes disponibles dans l'Union européenne. En effet, les cours tant des rouges-rosés que des blancs ont poursuivi leur baisse ou l'ont amplifiée en 2001-2002, après l'érosion des cours des deux campagnes précédentes. Pourtant, n'oublions pas que l'Union européenne a distillé 12 millions d'hectolitres de vin à destination d'alcool de bouche sur la campagne 2001-2002. En trois campagnes (août 1999-août 2002), le prix des vins rouges de table aura perdu un tiers de sa valeur et celui des blancs baissé de 20 % en Italie, bien que le marché se soit assaini en France. Les vins de cépage blancs, en France, en 2001-2002, ont vu la reprise de leur prix, après avoir connu le niveau le plus bas en septembre 2001, la hausse étant de 14 % en un an pour cette catégorie. Les cépages rouges restent en retrait modéré (– 3 %) sur l'année. Les prix moyens des VQPRD français sont restés stables entre 1999 et 2001 après une progression de 10 % en 1998. Ce niveau élevé contraste avec une stabilité des prix des VQPRD en Italie depuis la même date. Cette divergence d'évolution à permis à l'Italie, depuis 1999, de ravir à la France la première place mondiale des exportations en volume.

	VIN	1997	1998	1999	2000	2001	2002 (p)
Production mondiale		**261,3**	**256,4**	**277,2**	**275,9**	**261,3**	**260,5**
dont	Italie	50,9	54,2	56,5	51,6	50,9	43,2
	France	53,6	52,7	60,4	57,5	55,3	51,9
	Espagne	33,2	31,2	33,7	41,7	31,5	38,0
	États-Unis	22,0	20,5	19,1	23,3	19,8	20,8
	Argentine	13,5	12,7	15,9	12,5	15,8	12,5
	Allemagne	8,5	10,8	12,1	9,9	9,0	10,5
Exportations mondiales		**63,0**	**65,6**	**65,5**	**62,9**	**68,0**	**-**
dont	Italie	14,3	15,6	18,3	17,0	16,9	-
	France	15,7	16,4	16,1	15,1	15,5	-
	Espagne	8,7	10,2	9,3	8,7	10,6	-
	Allemagne	2,6	2,1	2,3	2,4	2,4	-
	Portugal	2,5	2,3	2,0	1,6	2,0	-
	Moldavie	2,0	1,4	1,5	1,5	1,3	-
	États-Unis	2,1	2,7	2,9	2,9	3,0	3,0
	Chili	2,2	2,3	2,3	2,6	3,1	3,5
	Australie	1,7	2,0	2,2	2,8	3,4	4,7
Importations mondiales		**58,2**	**63,1**	**60,0**	**58,1**	**-**	**-**
dont	Allemagne	12,1	13,0	12,9	12,0	11,3	-
	Royaume-Uni	8,0	8,9	8,8	9,4	9,8	-
	France	5,7	5,6	5,7	5,6	4,7	-
	Russie	4,0	2,9	0,8	1,6	2,7	-
	États-Unis	4,2	4,0	4,1	4,5	4,7	-
	Belgique	2,3	2,4	2,2	2,6	2,5	-
	Pays-Bas	2,8	2,9	3,4	2,0	2,0	-
	Japon	1,5	3,2	1,5	1,7	1,7	-

(en millions d'hectolitres) *(Sources : OIV ; CFCE, UE)*

Mais la faible récolte 2002 à fait remonter les cours, à quinze semaines de campagne, de 15 % pour les rouges, à 3,70 €/°hl, et 20 % pour les blancs, à 3,85 €/°hl, en France. L'ajustement espagnol a été plus limité compte tenu de la récolte avec une reprise de 6 % pour les rouges, à 2,9 €/°hl, et de 5 % pour les blancs, à 2,0 €/°hl. Mais c'est l'envolée italienne qui est la plus significative avec 26 % pour les rouges à 3,95 €/°hl et 28 % pour les blancs à 2,50 €/°hl.

Une demande stable mais contrastée

La demande globale reste marquée par sa forte inertie (219,9 millions d'hectolitres en 2001 contre 219,8 millions d'hectolitres en 2000). L'Europe des 15, premier marché mondial avec 58 % de la demande, augmente sa consommation (+ 0,6 %) après deux années de baisse alors que les pays du reste du monde marquent une pause (– 0,7 %). La baisse de la production combinée à la stabilité de la demande a permis d'améliorer l'équilibre du marché en 2001 : l'écart entre la production et la consommation passe de 56,1 millions d'hectolitres en 2000 à 41,5 millions d'hectolitres en 2001. Bien que le niveau de 40 millions d'hectolitres soit souvent considéré comme le point d'équilibre, les stocks pèsent encore sur le marché. Le niveau actuel est encore supérieur d'au moins 5 millions d'hectolitres à la moyenne de la période 1991-1998. En 2001, les pays où la consommation de vin baisse sont toujours les pays viticoles traditionnels alors qu'une augmentation notable de la consommation est observée au Royaume-Uni et dans le Nord de l'Europe. La dernière étude prospective, réalisée par l'INRA et l'ONIVINS, montre qu'en 2010, la demande de vin en France chuterait encore de 6 à 24 %, selon les hypothèses retenues. Cette baisse s'explique principalement par une diminution constante des consommateurs réguliers observée depuis 1980 et une désaffection des jeunes qui consomment plus de boissons sucrées. Cette modification des fréquences, associée aux tendances démographiques, se traduit par la baisse de la consommation moyenne par tête. Après une forte croissance entre 1995 et 1999, le vin rouge freine sa progression au profit du vin blanc sur l'ensemble des marchés. Ce regain des blancs, très net depuis 2001, concerne les principaux marchés à l'exportation et en particulier la Scandinavie et les pays anglo-saxons. En Asie, il existe encore un potentiel de consommation intéressant dans les petits pays, dans les grandes villes chinoises et au Japon. L'étude Vinexpo Asia-Pacific, sur la consommation des vins en Asie,

Importations de vin du Royaume-Uni en 1992 et 2001

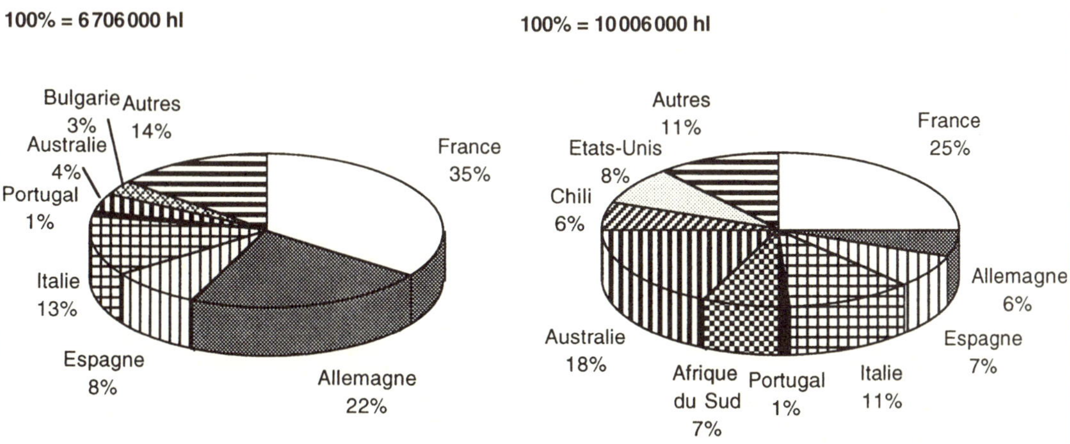

Source : CFCE, Onivins, stats. 2002

La résistance de la France sur les marchés mondiaux

Depuis 1999, les exportations françaises de vins connaissent de sérieuses difficultés face à une concurrence toujours plus forte des pays du Nouveau Monde et dans un contexte où la demande reste bien inférieure à la production. La situation paraît temporairement meilleure en 2001-2002 grâce une amélioration des marchés en valeur qui s'explique par des déstockages et par une baisse légère et momentanée de la production mondiale. La crise des marchés, apparue conjoncturellement fin 1999, n'est donc que provisoirement en voie d'apaisement.

Avec une baisse régulière de sa consommation intérieure qui est passée en vingt ans (1981 à 2001) de 70 % à 62 % de sa production, la France dépend aujourd'hui, à hauteur de 31 % en volume, de ses exportations. C'est désormais la seule alternative pour éviter une crise aiguë de sa viticulture. Sa dépendance à l'égard des exportations reste toutefois inférieure, en volume, à celles de l'Italie (33 %), de l'Espagne (34 %) et surtout de l'Australie (38 %).

Il est à craindre que la faible réactivité de la filière viti-vinicole française fragilise progressivement ses positions à l'exportation. En effet, le rapport Berthomeau en 2001 et son prolongement, le rapport CAP 2010, publié en 2002, soulignent avec force la nécessité de mieux positionner les vins français sur les marchés d'exportation. CAP 2010 oriente la réflexion vers l'expression d'une nouvelle approche des relations entre les producteurs et les entreprises afin d'encourager le pilotage du vignoble par une vision d'aval. La valeur ajoutée du vin en France se concentre fortement vers l'amont alors que c'est l'inverse en Australie où l'on considère que pour le cœur de gamme, le prix du raisin ne devrait pas dépasser 10 % du prix de vente TTC de la bouteille. Ces marges permettent d'investir fortement dans le marketing. L'intégration verticale des groupes viticoles des pays du Nouveau Monde leur permet, en plus des économies d'échelle, de contrôler étroitement les coûts de production et de mettre sur le marché des vins répondant aux attentes des nouveaux consommateurs. Ainsi, l'Australie a renouvelé un tiers de son encépagement en moins de dix ans.

Le développement des marques rencontre de nombreuses limites en France : absence de vrais leaders sur les marchés, dispersion des opérateurs, faible investissement en communication et faible lisibilité de l'offre avec la multiplicité des catégories de vins (450 AOC, 127 VDP, marques et fournisseurs innombrables). Les marques représentent, toutefois, une véritable alternative pour quelques vignobles (en particulier la Champagne et le Bordelais). Les vignobles misant sur la diversité de l'offre trouvent également des avantages quand les marchés se réorientent. C'est le cas de la Bourgogne dont les exportations restent équilibrées grâce à l'augmentation des blancs à l'opposé des rouges qui connaissent au contraire une baisse.

Les solutions proposées par CAP 2010 et âprement discutées par les intervenants de la filière suivent quatre axes :

- Le premier axe est la simplification de l'offre en créant à côté des vins de terroir, une viticulture mieux à même de concurrencer les autres vins. Il y aurait donc deux grandes familles de vins : d'un côté AOC et vins de pays de régions déterminées et, de l'autre, des vins de cépage des pays de France et les vins de table. Cette proposition est loin de faire l'unanimité avec notamment l'opposition du syndicat des vins de pays d'Oc qui peut craindre à juste titre de voir non seulement ses efforts de développement de sa notoriété internationale « phagocytés » par la nouvelle catégorie, mais surtout que cette dernière ne devienne le déversoir-régulateur des excédents des vins d'appellation, Cabernet-sauvignon et Merlot bordelais en particulier.

- Le deuxième axe consiste à gérer le vignoble par bassin de production afin de responsabiliser davantage les opérateurs pour une meilleure réactivité au marché.
- Le pilotage par l'aval représente le troisième axe en faisant repartir les relations négoce/production sur des bases de confiance durables. Cela passerait par un fond d'investissement et de développement des entreprises.
- Cap 2010 suggère une approche réellement collective de la communication au détriment des politiques de « boutiques », mais là encore les prérogatives régionales sont âprement défendues.

Sur un marché mondial stable et un marché national en retrait, l'offre française de vins ne gagne plus de nouveaux consommateurs et perd ses anciens. La concurrence, quant à elle, s'exacerbe, d'un côté avec l'Italie et l'Espagne, pays très bien positionnés en termes de rapport qualité-prix et de diversité de l'offre et, de l'autre côté, les pays du Nouveau Monde qui développent une politique commerciale axée sur le consommateur grâce à leurs puissants moyens de communication. L'ajustement de l'encadrement réglementaire et de l'organisation économique de la filière viticole française devient urgent, au risque de voir le modèle français ébranlé par les coups de boutoirs du Nouveau Monde.

donne un potentiel de progression de 35-40 % au Japon (3,5 millions d'hectolitres en 2006), en Corée et à Taïwan d'ici 2006.

Dans le reste du monde, les potentiels de consommation sont également importants dans les pays de l'Est (un engouement récent pour des alcools plus légers apparaît en Russie et en Pologne où l'implantation des grands distributeurs européens se renforce), en Amérique du Sud (notamment au Brésil), en Asie (Inde et Chine) et dans les pays anglo-saxons. Une étude Impact databank prévoit une croissance significative de la consommation aux États-Unis, d'ici à 2010. Toutefois, à terme, la baisse de la consommation observée en Europe risque de ne plus être compensée par une hausse au moins équivalente, dans tous ces pays consommateurs. La baisse de la demande en France est devenue préoccupante en 2001-2002 car elle touche désormais aussi les vins d'appellation (VQPRD). Plusieurs hypothèses ont été avancées : la baisse des volumes associée à l'achat de vins plus chers (enquête Onivins-Sécodip), la faiblesse des budgets de communication, le manque de concertation de la profession, l'offre de vin beaucoup trop complexe, la désaffection des jeunes générations ou encore le comportement instable des consommateurs.

Nette reprise des échanges

Les exportations mondiales ont connu une nette reprise en 2001, avec une estimation à 68 millions d'hectolitres, ce qui constituerait un nouveau record historique après celui de 1998. L'Italie confirme sa place de premier exportateur mondial en volume (mais le deuxième en valeur, derrière la France). Toutefois, ce pays reste en dessous de son niveau historique de 1999. L'Espagne, troisième exportateur mondial, connaît une forte progression de ses exportations en 2001 (+ 22 %). La France, quant à elle, reste en deçà de son record de 1998 en volume mais le dépasse cependant en valeur. Par rapport à l'année 2000, la France progresse en volume (+ 4,9 %) mais baisse en valeur (– 3 %) ce qui traduit un retour à des prix moins spéculatifs. La situation de la France en 2001 s'oppose à celle de 1999, avec une baisse des ventes des champagnes (– 5 % en volume et – 13 % en valeur) et généralement des vins tranquilles de qualité (VQPRD) comme les vins de Bordeaux ou du Beaujolais. Parmi les hausses en volume, on compte celles des vins de Bourgogne (+ 4 %), des mousseux (+ 6 %) et des vins de table et de pays (+ 12,7 %). Les débouchés français sont en diminution au Danemark (– 7,3 %), aux

États-Unis (– 7,8 %) et en Allemagne (– 4,5 %). Les échanges sont en nette progression au Royaume-Uni (+ 7,7 % en volume) et au Japon (+ 12 %). Les attentats du 11 septembre 2001 ont ralenti les échanges en fin d'année. Toutefois les achats des États-Unis étaient déprimés bien avant les attentats. Les exportations françaises sont de plus en plus concentrées sur trois pays qui absorbent 53 % des ventes en volume (Royaume-Uni, Allemagne et Belgique). Les exportations françaises de vin en 2002 devraient être en hausse par rapport à 2001 marquant un record historique en valeur, les onze premiers mois de 2002 étant favorables pour l'ensemble des vins et tout particulièrement les champagnes et les mousseux. Les spiritueux devraient également atteindre des niveaux records d'exportation en valeur.

L'Australie présente toujours un taux de croissance record en 2002 (+ 26,5 %) et progresse de plus de 115 % sur la période 1998-2002. Le principal moteur de cette croissance est le marché des États-Unis avec + 53 % en volume, grâce aux alliances stratégiques récemment conclues entre des firmes américaines et australiennes. Ce pays est ainsi, depuis 2001, le quatrième exportateur mondial et dépasse désormais les États-Unis et le Chili.

Les pays du Nouveau Monde et de l'hémisphère Sud (principalement les États-Unis, l'Argentine, le Chili, l'Australie, l'Afrique du Sud) représentent 18 % des échanges mondiaux en 2001, contre 14 % en 1998, 8 % sur la période 1991-1995 et 3 % en moyenne les cinq années précédentes (1986-1990). Selon une étude prospective réalisée par Vinexpo, ces pays devraient représenter 25 % du marché mondial en 2006. Enfin, les PECO (Bulgarie, Hongrie, Roumanie) et le Maghreb (Algérie, Maroc, Tunisie) se situent désormais à 3 % des échanges contre 14 % sur la période 1981-1985. L'Europe représente toujours le premier acteur mondial des exportations de vin. Toutefois, sa part dans les échanges mondiaux tend à s'effriter, passant de 78 % sur la période 1986-1990, à 71 % en 1998 et 70 % en 2001. Cette évolution en faveur des pays du Nouveau Monde devrait se poursuivre dans les prochaines années et accentuer toujours plus la concurrence internationale.

L'Allemagne, qui reste le premier importateur mondial, voit toutefois ses achats baisser de 900 000 hectolitres pour atteindre 12 millions d'hectolitres en 2000 et 11,3 millions d'hectolitres en 2001. La poursuite de l'intégration de l'Allemagne de l'Est et ses conséquences budgétaires s'est traduite par une réduction des dépenses alimentaires avec, dans le cas du vin, un accroissement des importations de vins italiens en vrac, rouges en particulier, par les chaînes de hard-discount. La part des blancs est passée de 49 % en 1998 à 42 % en 2002. Le Royaume-Uni confirme également sa place de deuxième importateur avec 9,4 millions d'hectolitres en 2000 et 10 millions d'hectolitres en 2001. La France, premier fournisseur de ce pays avec 25 % de part de marché en 2001, continue de perdre du terrain au profit des pays du Nouveau Monde qui passent de 4 % en 1992 à 26,5 % en 1998 et 41 % en 2001. Contrairement aux pays du Nouveau Monde, la France dispose, sur ce marché, de trop peu de marques propres, alors que ses vins sont majoritairement vendus sous la marque de distributeurs.

La France pourrait perdre sa place de troisième importateur mondial en 2001 avec une baisse de ses importations à 4,7 millions d'hectolitres, ce qui la situerait à égalité avec les États-Unis. Elle importe essentiellement des vins de tables italiens et espagnols ; cette évolution est donc à rattacher à l'effet combiné des stocks disponibles issus des fortes récoltes précédentes et à la régression continue de ce segment de marché.

Le marché mondial des vins en 2001 a connu une situation contrastée, avec une contraction en Europe et une progression dans le reste du monde. Cette situation se traduit globalement par une augmentation des échanges qui passent de 23 % à 26 % de la production mondiale. Ce phénomène s'explique par une production en repli en 2001 accompagnée de forts déstockages et une baisse des prix. Au niveau de la consommation, les échanges de vins représentent en 2001 environ 31 % des volumes, soit une augmentation par rapport aux trois années précédentes (29 % en 2000).

Dans le cas de la France, la croissance des exportations est de plus en plus confrontée à une vive concurrence de la part des pays du Nouveau Monde, ce qui laisse présager des difficultés futures et surtout un tassement sur les volumes. Les nouveaux pays exportateurs de vins comme l'Australie ou les États-Unis poursuivent leur inexorable ascension en mettant en place de gros investissements en marketing. Face aux pays du Nouveau Monde (États-Unis, Afrique du Sud, Chili, Argentine, Australie et Nouvelle-Zélande) et dans un contexte d'échanges accrus, les pays européens sont confrontés à une importante remise en cause dans leurs stratégies d'exportation.

L'Europe et la France en particulier, sont appelées à revoir l'organisation de leur offre avec un meilleur pilotage des orientations de la production par les marchés et de nouveaux systèmes de fonctionnement de sa filière. La lisibilité de l'offre française semble, en effet, particulièrement difficile pour les importateurs. Des stratégies de marque sont ainsi appelées à se développer pour mieux se mettre à la portée des consommateurs. De plus, les entreprises françaises ont tout intérêt à resserrer le partenariat amont/aval entre le négoce et la production afin de minimiser les coûts par la contractualisation, face à une concurrence mondiale en pleine croissance dans un marché où les vins de marque représentent 60 % de la demande mondiale et les vins du terroir les 40 % restants. De tels partenariats existent déjà, notamment dans le cadre des accords entre la grande distribution et les producteurs pour fournir des MDD (marques de distributeurs). Ces accords permettent de garantir des prix d'achat sur plusieurs millésimes. Les contraintes d'assurance qualité imposées par les grands groupes de distribution ont permis de tirer la qualité vers le haut. Face aux vins industriels du Nouveau Monde, un des enjeux importants pour la filière viticole française est donc de s'appuyer sur les AOC régionales en y associant des marques qui utiliseraient leur notoriété. Ce type de stratégie permettrait ainsi à ces marques basées sur le terroir d'être compétitives face aux marques industrielles sans ancrage géographique précis.

Coton

Les cours du coton sortent de l'enfer

Le XXIe siècle avait fort mal commencé pour le coton brut. En effet, les cours internationaux, tels que reflétés par l'Indice A de Cotlook, n'ont cessé de chuter, de 66 cents américains la livre en début d'année 2001 à 35 cents en octobre, au plus bas depuis novembre 1972, en raison d'une forte augmentation de la production mondiale lors de la campagne 2001-2002, largement excédentaire par rapport à la consommation mondiale. Les bas prix ont joué leur rôle de régulateur de l'offre et de la demande, réduisant la production et stimulant la consommation pendant la campagne 2002-2003. En conséquence, les cours se sont redressés tout au long de l'année 2002, atteignant 57 cents la livre à la mi-janvier 2003. Malgré ce redressement substantiel (+ 63 % en quatorze mois), les cours demeurent au-dessous de la moyenne à long terme depuis 1972/73, soit 70 cents la livre.

Prix du coton
indice A (M1-3/32") Liverpool
(en US cents/lb)

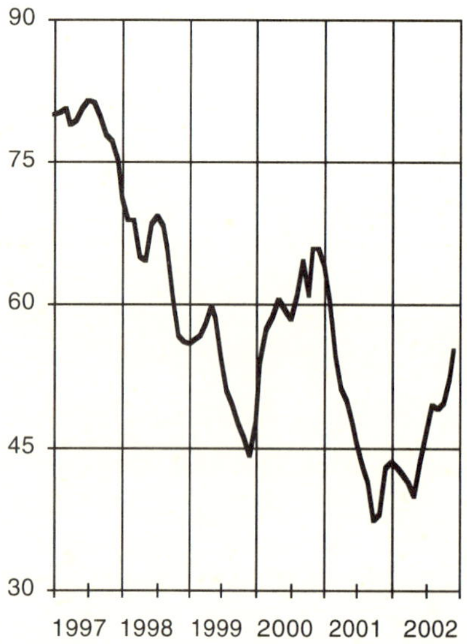

2001-2002 : une campagne historique

La campagne 2001-2002 a été exceptionnelle dans l'histoire cotonnière à plusieurs titres : grâce à un rendement sans précédent, la production mondiale a atteint un niveau record, tout comme les exportations mondiales. Cependant, bien que la consommation mondiale ait également établi un nouveau record, les cours internationaux du coton se sont effondrés à leur niveau le plus bas, en termes réels (monnaie constante), depuis l'invention de l'égreneuse en 1793.

La production mondiale s'est élevée à 21,5 millions de tonnes en 2001-2002, dépassant la consommation de 1,4 million de tonnes. En conséquence, la moyenne de l'Indice A de Cotlook sur l'ensemble de la campagne (par convention entre le 1er août 2001 et le 31 juillet 2002) est tombée à 41,80 cents la livre, 15 cents (27 %) de moins qu'en 2000-2001. C'est la moyenne la plus basse, en monnaie courante, des trente dernières années. Malgré une récolte record, la valeur estimée de la production cotonnière mondiale a chuté de près de $ 5 milliards par rapport à la campagne précédente, tombant sous les $ 20 milliards en 2001-2002, son niveau le plus bas depuis 1985-1986, et affectant gravement les producteurs et les exportateurs dans de très nombreux pays. Le montant des soutiens directs et des aides d'urgence aux producteurs de quatorze pays qui fournissent les trois-quarts de la production mondiale, a dépassé les $ 4 milliards.

Bien que les prix se soient situés considérablement au-dessous de la moyenne à long terme au moment des semis, la surface de coton récolté dans le monde s'est accrue de 1,6 million d'hectares (5 %) pour s'élever à 33,5 millions d'hectares. Grâce à des conditions climatiques favorables dans la plupart des zones cotonnières, le rendement mondial a progressé de 5 % pour atteindre un record de 642 kilogrammes de fibre par hectare, alors qu'il avait stagné sous la barre des 600 kg/ha au cours des années 90. L'amélioration des

COTON	1997	1998	1999	2000	2001	2002 (p)
Production mondiale	**20,06**	**18,71**	**19,08**	**19,45**	**21,52**	**19,16**
dont Chine (continentale)	4,60	4,50	3,83	4,42	5,32	4,85
États-Unis	4,09	3,03	3,69	3,74	4,42	3,73
Inde	2,69	2,81	2,65	2,38	2,69	2,45
Pakistan	1,56	1,49	1,91	1,82	1,80	1,72
Ouzbekistan	1,14	1,00	1,13	0,98	1,06	1,03
Turquie	0,84	0,88	0,79	0,88	0,92	0,90
Autres	5,15	5,00	5,08	5,24	5,31	4,47
Consommation mondiale	**19,13**	**18,67**	**19,76**	**19,75**	**20,14**	**20,87**
dont Chine (continentale)	4,50	4,40	4,80	5,05	5,50	5,90
Inde	2,76	2,78	2,94	2,92	2,90	2,97
UE, Eur. centr. & Turquie	2,56	2,26	2,43	2,36	2,46	2,50
Asie de l'Est & Australie	1,92	2,00	2,09	2,08	2,06	2,08
Pakistan	1,54	1,63	1,70	1,76	1,90	2,00
États-Unis	2,47	2,27	2,23	1,93	1,68	1,68
Brésil	0,79	0,80	0,85	0,87	0,86	0,88
CEI	0,44	0,43	0,56	0,66	0,68	0,73
Autres	2,15	2,11	2,15	2,12	2,10	2,14
Exportations mondiales	**5,97**	**5,50**	**6,17**	**5,81**	**6,46**	**6,41**
dont États-Unis	1,63	0,95	1,47	1,47	2,39	2,31
Ouzbekistan	1,05	0,90	0,89	0,80	0,81	0,81
Afrique francophone	0,82	0,82	0,84	0,72	0,72	0,88
Australie	0,58	0,66	0,70	0,85	0,66	0,49
Grèce	0,19	0,29	0,31	0,24	0,29	0,25
Syrie	0,22	0,20	0,25	0,21	0,20	0,16
Chine (continentale)	0,01	0,15	0,37	0,10	0,07	0,20
Importations mondiales	**5,74**	**5,41**	**6,06**	**5,77**	**6,24**	**6,41**
dont Asie de l'Est & Australie	1,79	1,99	2,05	2,02	2,13	1,88
UE, Eur. centr. & Turquie	1,68	1,37	1,65	1,45	1,61	1,44
Amérique du sud	0,26	0,24	0,32	0,41	0,41	0,41
CEI	0,58	0,47	0,53	0,32	0,28	0,46
Chine (continentale)	0,40	0,08	0,03	0,05	0,10	0,50
Stocks de clôture	**10,18**	**10,29**	**9,52**	**9,25**	**10,36**	**8,65**
Chine (continentale)	4,69	4,72	3,41	2,74	2,58	1,83
États-Unis	0,85	0,86	0,85	11,31	1,62	1,37

(en millions de tonnes métriques) *(Source : CCIC)*

rendements tend à réduire les coûts de production du coton. La production mondiale a augmenté de 2,1 millions de tonnes (11 %) en 2001-2002. La production chinoise a bondi de 900 000 tonnes (20 %) se hissant à 5,3 millions de tonnes en 2001-2002, niveau le plus élevé depuis dix ans. La production américaine a augmenté de près de 700 000 tonnes (18 %) établissant un nouveau record avec 4,4 millions de tonnes. L'Inde et la zone franc ont enregistré une progression de 300 000 tonnes chacune. Par contre, dans l'hémisphère Sud, la production a chuté de près d'un demi-million de tonnes (20 %) car les cours étaient au plus bas au moment des semis.

Les prix historiquement bas ont stimulé la demande de coton. Les études du Secrétariat du CCIC montrent qu'une baisse de 20 % des prix du coton entraîne un accroissement de 1 % de la consommation au cours de l'année suivante. Les prix internationaux moyens ont chuté de 42 % entre 1997/1998 et 2001-2002. De fait, après avoir stagné en 1999/2000 et 2000-2001, la consommation industrielle mondiale de coton a augmenté de 2 %, soit environ 400 000 tonnes en 2001-2002, dépassant pour la première fois la barre des 20 millions de tonnes. L'industrie textile chinoise en plein boom a servi de moteur pour la consommation mondiale de coton brut. En 2001-2002, la consommation chinoise a fait un bond en avant estimé à 450 000 tonnes, soit 9 % de plus que lors de la campagne précédente, atteignant 5,5 millions de tonnes, 27 % du total mondial. La consommation dans le

OFFRE ET DEMANDE DE COTON BRUT
(Millions de tonnes métriques)

(Campagnes commençant au 1er août)	**1997**	**1998**	**1999**	**2000**	**2001** (e)	**2002** (p)
Stocks mondiaux	**9,51**	**10,18**	**10,29**	**9,52**	**9,25**	**10,36**
Exportateurs nets 1/	2,63	2,87	2,75	2,69	3,04	3,78
Importateurs nets 1/	6,88	7,31	7,54	6,83	6,21	6,58
Production mondiale	20,06	18,71	19,08	19,45	21,52	19,16
Consommation mondiale	19,13	18,67	19,76	19,75	20,14	20,87
Exportations mondiales	5,97	5,50	6,17	5,81	6,46	6,41
Importations mondiales	5,74	5,41	6,06	5,77	6,24	6,41
Déséquilibre du commerce 2/	-0,22	-0,09	-0,11	-0,04	-0,22	0,00
Ajustement des stocks 3/	-0,04	0,16	0,01	0,08	-0,04	0,00
Stocks mondiaux de clôture	**10,18**	**10,29**	**9,52**	**9,25**	**10,36**	**8,65**
Exportateurs nets	2,87	2,75	2,69	3,04	3,78	3,30
Importateurs nets 1/	7,31	7,54	6,83	6,21	6,58	5,35
Stocks de clôture/utilisation	0,40	0,39	0,39	0,44	0,53	0,48
Indice Cotlook A 5/	72,20	58,90	52,80	57,20	41,80	57*

1/ Comprend le Brésil, la Chine (continentale), la Colombie, l'Inde, le Mexique, le Pakistan, la Turquie et les importateurs traditionnels.

2/ nclusion de bourres et de déchets, changements du poids lors du transit, différences dans les périodes sur lesquelles porte la communication des données, et marges d'erreur expliquent les différences entre exportations et importations mondiales.

3/ Différence entre stocks calculés et stocks réels.

4/ Stocks de report mondiaux en dehors de la Chine (Continentale) moins exportations nettes de la Chine, quantité divisée par la consommation mondiale hors Chine.

5/ Cents U.S. la livre. Les projections pour 2002/03 sont basées sur le commerce net de la Chine (continentale) et sur le ratio stocks-à-utilisation hors Chine.

*/ L'intervalle de confiance à 95 % s'étend 12 cents la livre au-dessus et au-dessous de chaque point estimé.

reste du monde a très légèrement fléchi en 2001-2002, essentiellement à cause de la poursuite de la chute de la consommation industrielle aux États-Unis. Malgré les subventions dont elle bénéficie pour l'utilisation de coton américain, la filature américaine n'est en effet pas concurrentielle face aux importations de produits semis finis et finis qui ont été dopées par la fermeté du billet vert. En 2001-2002, la consommation américaine a baissé de 250 000 tonnes, soit 13 %, tombant sous les 1,7 million de tonnes, au plus bas depuis 1987/1988, après avoir culminé à près de 2,5 millions de tonnes en 1997/98. Le Pakistan a dépassé les États-Unis au rang de troisième consommateur mondial, derrière l'Inde.

Entre 1990 et 2000, la demande mondiale de coton au stade du consommateur final n'a augmenté que de 8 %, passant de 18,5 à 20 millions de tonnes. Au cours de la même période, la consommation mondiale de polyester a plus que doublé et a dépassé celle de coton en 2001. Toutefois, la part du coton dans la consommation totale de fibres textiles a augmenté pour la première fois depuis 1990, remontant à 40,7 % en 2001 après être tombée de 50 % en 1986 à 40 % en 2000.

Les prix déprimés ont également stimulé les exportations mondiales de coton qui ont augmenté de 600 000 tonnes (+ 10 %) pour établir un nouveau record de 6,4 millions de tonnes en 2001-2002. Cette augmentation a uniquement profité aux États-Unis qui ont for-

Généreux Farm Bill

Au titre de la campagne 2001-2002, l'aide directe gouvernementale aux producteurs de coton américains s'était élevée à environ $ 2,3 milliards. Lors de la cérémonie de signature du *Farm Security and Rural Investment Act* de 2002, le Président Bush a déclaré : « Il s'agit d'une loi généreuse qui servira de filet de sécurité aux agriculteurs,...» Certes.

Dans le secteur du coton, les producteurs reçoivent trois types de subventions :

– des paiements découplés fixes de 6,67 cents la livre ;
– des paiements compensatoires de prêt (*Loan Deficiency Payment*) égaux à la différence entre le taux du prêt gouvernemental (*loan rate*, 52 cents la livre) et un prix de « marché » local calculé par l'administration américaine en fonction des cotations sur le marché international ;
– des paiements anticycliques payés lorsque le revenu global des producteurs (prix du marché + paiement découplé fixe + LDP) se trouve au-dessous du prix-cible de 72,4 cents la livre.

Par ailleurs, les dispositions en faveur de la compétitivité sont maintenues et les exportations seront dopées par la suppression du seuil de 1,25 cent la livre pour les taux de paiement de la subvention à la commercialisation dite « *Step 2* ».

À l'évidence, la loi agricole va permettre aux États-Unis de demeurer un producteur et un exportateur majeurs jusqu'en 2007/08 bien que ses coûts de production soient loin d'être les plus compétitifs. Les producteurs américains dépendent donc de la distorsion continue du marché par le gouvernement pour maintenir leur part de marché. La politique de soutien n'a pas empêché les petites exploitations de se faire absorber par les grosses. En 1930, près de 2 millions de fermes produisaient du coton et représentaient le tiers de la population agricole des États-Unis. Il n'y avait plus que 43 000 exploitations cotonnières en 1987 et leur nombre était tombé à 31 500 en 1997. En dix ans, le pourcentage des exploitations de plus de 400 hectares a triplé et elles contribuent à plus de la moitié de la production nationale.

tement accru leur part de marché à l'exportation, propulsée de 25 % à 37 % du total mondial. En effet, les dispositions du programme cotonnier gouvernemental ont permis au coton américain d'être vendu sur les marchés internationaux et à l'intérieur des États-Unis à des prix très inférieurs aux prix moyens payés aux agriculteurs, sans égard aux coûts réels de production et sans limites de volume ou de prix. Avec la chute du marché à terme de New York, les prix du coton américain étaient les plus compétitifs au monde. Les exportations américaines se sont donc envolées, faisant un bond de plus de 900 000 tonnes (63 %) et dépassant le vieux record qui datait de 1926/27 avec 2,4 millions de tonnes. Dans le cadre de son accord d'adhésion à l'OMC, effective au 1er janvier 2002, la Chine (continentale) a accepté d'instaurer un quota d'importation pour 819 000 tonnes de coton au taux de 1 % pour 2002. Toutefois, avec une récolte abondante et des prix intérieurs en baisse, la Chine n'a pas importé plus de 100 000 tonnes lors de la campagne 2001-2002, c'est-à-dire le double des importations de 2000/01. Pour autant, avec le recul des exportations de 100 000 tonnes à 75 000 tonnes, la Chine (continentale) est redevenue une importatrice nette après avoir été exportatrice nette pendant les trois campagnes précédentes. Au cours des vingt dernières années, aucun facteur n'a eu autant d'impact sur les prix moyens du coton facteur que les variations des échanges nets de la Chine. En moyenne, un accroissement de 100 000 tonnes des importations nettes (importations moins exportations) de la Chine entraîne une augmentation de la moyenne de l'Indice A de Cotlook sur la campagne de l'ordre de deux cents par livre.

Les stocks de clôture mondiaux ont augmenté de 1,2 million de tonnes, grimpant à leur niveau le plus élevé depuis seize ans, soit 10,4 millions de tonnes au 31 juillet 2002. Plus précisément, les stocks ont accusé un recul de 100 000 tonnes en Chine alors qu'ils ont gonflé dans le reste du monde pour la septième campagne consécutive. Le rapport stocks à utilisation en dehors de la Chine est passé de 39 % en 1999-2000 à 44 % en 2000-2001 puis à 53 % en 2001-2002, niveau le plus élevé depuis 1985-1986.

2002-2003 : résorption de l'excédent

Alors que les récoltes sont terminées et l'égrenage bien avancé dans l'hémisphère Nord et que les semis sont achevés dans l'hémisphère Sud, la production mondiale de coton est estimée à 19,3 millions de tonnes en 2002/03, en baisse d'environ 2,2 millions de tonnes (10 %) par rapport au record de la précédente saison. La récolte devrait ainsi revenir à un niveau proche de celle des trois campagnes 1998/1999 à 2000-2001. La consommation mondiale est prévue en augmentation de plus de 700 000 tonnes en 2002/03, parvenant au niveau jamais atteint de 20,9 millions de tonnes. On prévoit ainsi une réduction de 1,6 million de tonnes des stocks de clôture mondiaux qui tomberaient à 8,8 millions de tonnes cette saison.

La surface cotonnière mondiale a diminué d'environ 3 millions d'hectares (9 %) en 2002-2003 tombant à 30,5 millions d'hectares, superficie la plus faible depuis 1993/1994, en raison de prix inférieurs aux coûts de production dans la plupart des pays, au moment des semis. L'essentiel de la baisse a été localisé dans l'hémisphère Nord qui contribue pour plus de 90 % à la récolte mondiale. Toutefois, plusieurs facteurs structurels ont empêché les semis de diminuer autant que ce que l'on aurait pu attendre des prix calamiteux de 2001-2002. L'utilisation du coton génétiquement modifié continue à s'étendre, réduisant les risques et les coûts de production. Le dollar américain reste relativement ferme par rapport à de nombreuses devises, réduisant l'impact des cours déprimés sur leur contre-valeur en monnaie locale dans les pays producteurs autres que les États-Unis. Enfin et surtout, l'offre mondiale de coton est profondément affectée par les mesures gouvernementales qui protègent les producteurs de nombreux pays de la baisse des cours.

Au cours de cette campagne, les conditions climatiques ont généralement été moins clémentes qu'en 2001 pour la culture cotonnière. La présence d'El Niño, dont les effets devraient continuer à se faire sentir jusqu'au printemps 2003, est de nature à affecter les rendements cotonniers dans l'hémisphère austral. En conséquence, on prévoit un rendement moyen de 633 kilogrammes de fibre par hectare, en baisse de 9 kg (1,5 %) par rapport au record de 2001-2002, tout en restant supérieur au rendement des campagnes antérieures.

Des baisses de production sont attendues dans quatorze des quinze plus gros pays producteurs, la seule exception étant le Brésil. Les réductions les plus importantes sont prévues dans les deux principaux pays producteurs. La production de coton en Chine continentale est estimée en diminution à 4,85 millions de tonnes, soit 470 000 tonnes (9 %) de moins que la saison précédente. La production américaine est estimée à 3,7 millions de tonnes, en baisse de 12 %, soit près de 700 000 tonnes (16 %) de moins qu'en 2001-2002. Les pluies ont retardé les récoltes et sérieusement affecté la qualité de la récolte américaine. Bien que les prix aient été supérieurs d'environ 35 % à ceux de l'année dernière à la même époque, la sécheresse et les prix attrayants du soja ont limité les semis dans l'hémisphère Sud où ils ont baissé de 4 %. On attend un effondrement de 400 000 tonnes (56 %) de la production australienne, victime de la plus sévère sécheresse en un siècle.

La consommation mondiale de coton brut est prévue en augmentation de quelque 750 000 tonnes (3,6 %) en 2002-2003. La croissance des exportations de textiles et de vêtements induit une augmentation de l'utilisation industrielle de coton en Chine, en Inde, au Pakistan et en Turquie. On prévoit que ces quatre pays représenteront 70 % de l'accroissement de la consommation de coton en 2002-2003. La consommation chinoise devrait augmenter de 400 000 tonnes pour s'élever à 5,9 millions de tonnes. En trois campagnes, la consommation de coton aura bondi de 1,1 million de tonnes en Chine alors qu'elle n'aura progressé que de 100 000 tonnes dans le reste du monde. La Chine est devenue en 2002 le principal four-

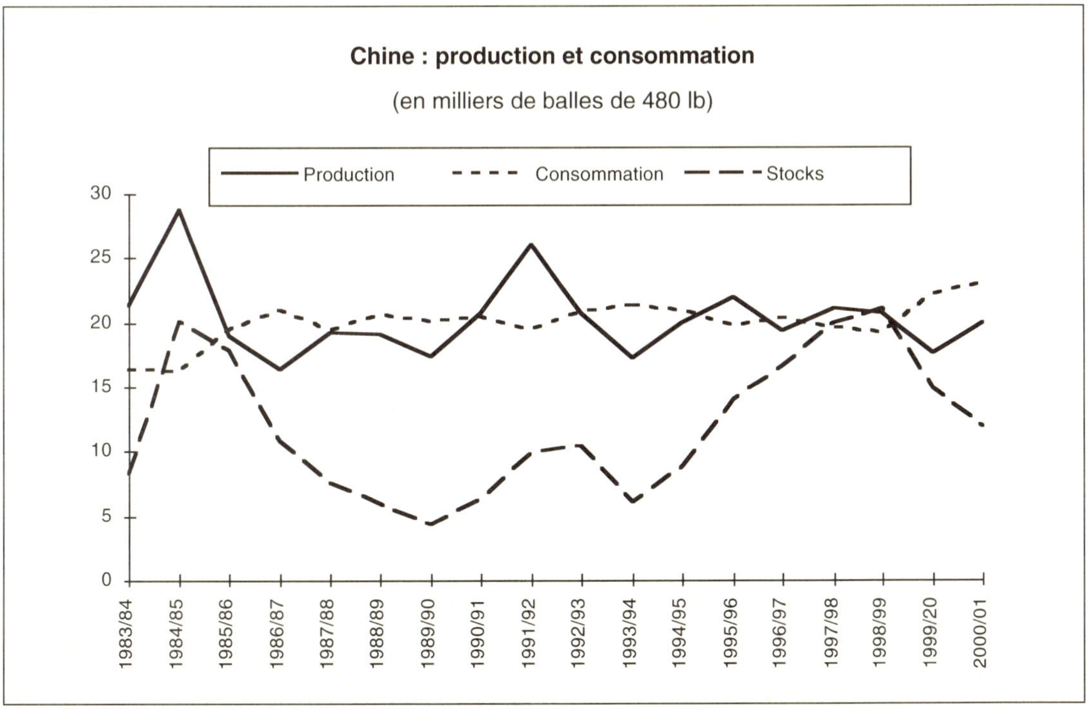

nisseur de produits textiles importés sur le marché américain. Le dollar américain a fléchi depuis février 2002, après avoir augmenté d'environ 40 % par rapport à son creux de 1995 face à la plupart des devises importantes. Toutefois, la valeur du dollar américain n'a guère diminué face aux devises des principales sources d'importations de textiles aux États-Unis et s'est même appréciée dans certains cas. Le yuan chinois conserve une parité quasiment fixe avec le billet vert.

On s'attend à ce que les exportations mondiales se maintiennent à 6,4 millions de tonnes en 2002-2003, soit 30 % de la production prévue, grâce à l'accroissement des importations chinoises. Les exportations demeurent vitales pour la filière cotonnière américaine. Fort généreuse pour les producteurs, les exportateurs et les filateurs américains, la nouvelle loi agricole promulguée en mai 2002 va permettre aux États-Unis de rester un producteur et un exportateur majeurs jusqu'en 2007/2008. Les exportations américaines sont prévues en léger recul en 2002-2003, à 2,3 millions de tonnes. À la seule exception des États-Unis, les treize plus gros consommateurs de coton devraient être importateurs nets en 2002-2003, y compris le Brésil qui fut exportateur net en 2001-2002 (août à juillet) pour la première fois depuis 1990/1991. La Chine est en passe de redevenir un importateur majeur en 2002-2003 pour combler un déficit de l'ordre du million de tonnes entre la production et la consommation nationales. On prévoit que les importations chinoises vont quintupler, passant de 100 000 à 500 000 tonnes, tandis que les exportations passeront de 75 000 à 200 000 tonnes en 2002-2003. En conséquence, les importations nettes devraient faire un bond de 25 000 à 300 000 tonnes.

La consommation étant prévue supérieure à la production en 2002-2003, les stocks de clôture mondiaux devraient se résorber de 1,6 million de tonnes, tombant à 8,8 millions de tonnes au 31 juillet 2003, au plus bas depuis huit ans et l'équivalent de cinq mois de consommation mondiale. Depuis 1998-1999 le fardeau des stocks s'est déplacé de la Chine vers le reste du monde, en particulier vers les États-Unis. On prévoit que les stocks de report en Chine vont chuter de 4,7 millions de tonnes en 1998/1999 à 1,8 million de tonnes à la fin de la présente campagne, au plus bas depuis 1990/1991. Les stocks de report en dehors de la Chine devraient diminuer pour la première fois en huit campagnes, d'environ 800 000 tonnes, retombant à 7 millions de tonnes. Néanmoins, le ratio stocks à utilisation en dehors de la Chine, en dépit d'une baisse de 4 points de pourcentage par rapport à 2001-2002, restera à un niveau historiquement élevé, 49 % contre 40 % en moyenne au cours des années 90. Toutefois, l'offre va se restreindre dans les créneaux des cotons de qualité égale ou supérieure au type Middling car la chute de la production australienne, la raréfaction des offres de coton ouzbek et les troubles politiques en Côte d'Ivoire entravent les exportations. Il y a là un facteur évident de soutien des prix de cette catégorie que reflète l'Indice A de Cotlook. À l'inverse, l'offre est surabondante dans le créneau des cotons à soie extra-longue, poussant leurs prix à la baisse.

Perspectives

La perspective d'une contraction des stocks combinée à celle d'un accroissement des importations nettes de la Chine entraîne une augmentation des cours de cette campagne. Sur la base des prévisions actuelles, les projections par le Secrétariat du CCIC suggèrent que la moyenne de l'Indice A de Cotlook s'élèvera à 55 cents la livre en 2002-2003, soit 13 cents (32 %) de plus que lors de la précédente campagne. À fin janvier 2003, la moyenne sur les six premiers mois de la campagne était de 52 cents la livre. Nonobstant, la moyenne devrait se situer au-dessous de la moyenne à long terme pour la cinquième campagne d'affilée.

À ce stade, la production mondiale est prévue en hausse de 1,5 million de tonnes lors de la campagne 2003/04, remontant à 20,8 millions de tonnes. L'avenir des prix du coton dépendra largement de la situation économique dans les pays développés, et avant tout aux États-Unis qui sont le principal consommateur de coton au stade de l'utilisation finale. Dans l'actuel climat d'incertitude politico-économique qui ébranle la confiance des consommateurs, on peut se demander dans quelle mesure l'accroissement de la production de filés ne va pas se retrouver dans une accumulation de stocks au lieu de se traduire en aval par une augmentation des ventes au détail de produits textiles finis. Par ailleurs, l'augmentation des prix du coton a réduit la rentabilité des filatures car les prix des filés sont loin d'avoir progressé dans la même proportion. Le coton reste toutefois compétitif par rapport au polyester dont les prix augmentent en raison de la hausse de ceux du pétrole brut. La croissance de la consommation industrielle de coton devrait ralentir en 2003/04, soit 1,5 %, atteignant 21,2 millions de tonnes, soit 400 000 tonnes de plus que la production attendue. Les exportations nettes de la Chine devraient grimper à 600 000 tonnes.

Sur ces bases, le modèle de projection des cours du CCIC suggère une moyenne de 57 cents la livre pour la campagne 2003/04.

Laine

Un parcours sans failles avec deux fortes accélérations, voilà comment on peut décrire l'évolution des prix de toutes les laines dans les principales enchères mondiales. Le marché australien est toujours le leader indiscutable par la quantité et par la qualité de la laine offerte. L'indicateur de l'Est AWC affichait, au début de l'année 2002, 755 cents de A$/kg, mais dès les premières enchères, les prix s'envolent et, à la mi-février, ils atteignent les 985 cents. Oscillant toujours autour des 900/950 cents, le marché semble avoir trouvé un certain équilibre, mais fin septembre-début octobre, une deuxième envolée conduit les prix à un maximum de 1 240 cents. Après ce moment critique, le marché a semblé trouver un nouvel équilibre autour des 1 150 cents pour terminer l'année au niveau 1 165 cents.

Un remarquable parallélisme apparaît dans la cotation en dollars des États-Unis sur le marché australien, et cela malgré les fluctuations entre les deux monnaies au cours de l'année. L'année 2002 avait débuté avec $ 440 cents/kg pour afficher en décembre 680 cents, niveau jamais atteint depuis le premier semestre 1989. Le comportement des

Prix de la laine 64's Londres
(en pences/kg)

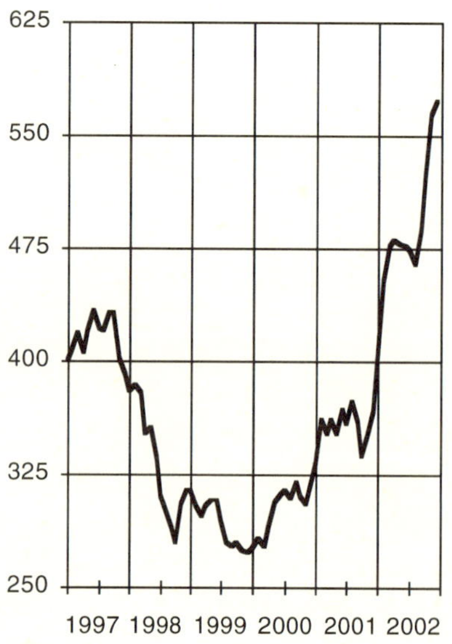

Prix de l'indicateur AWC
(en cents australiens/kg)

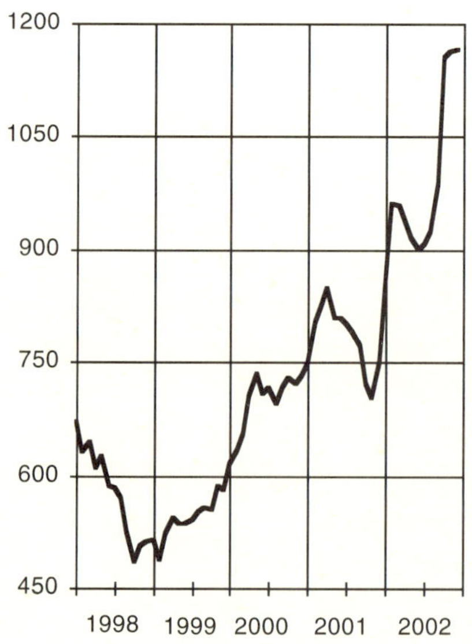

prix sur ce marché suit la même évolution pour les différentes variétés de laines (21,25 et 28 microns) ainsi que pour les laines superfines (19 microns et moins), où l'indicateur affichait la valeur 1 050 en janvier 2002 et terminait en décembre au niveau de 1 375 après avoir atteint un maximum de 1 445 début octobre. Les laines fines et superfines représentent actuellement presque 26 % de la laine offerte dans les enchères australiennes. Exceptionnellement, certains lots de laines superfines de très haute qualité ont atteint des niveaux records.

Le deuxième marché en importance, celui de la Nouvelle-Zélande, se caractérise par une offre constituée principalement par des laines de 32/41 microns ; l'offre de laines fines est discontinue et les volumes beaucoup moins importants. L'indicateur officiel de la Nouvelle-Zélande a enregistré aussi des valeurs qui dès la mi-février, dépassaient très largement le maximum qui avait été atteint en 2001. Partant du niveau de $NZ 635 cents/kg au début de l'année 2002, les prix qui atteignaient les 800 cents en février, s'approchent des 850 cents en mars et dépassent les 880 cents en avril. À partir de cette date, les prix ont fluctué entre les 750/850 cents pour de nouveau monter début octobre au-dessus des 900 cents. Fin décembre, l'indicateur officiel affichait 800 cents/kg.

L'Afrique du Sud, l'Argentine et l'Uruguay ont suivi avec un léger décalage ,l'évolution du marché australien témoignant ainsi de la forte interdépendance qui est apparue en 2002 entre les différents marchés. En Afrique du Sud, l'indicateur du marché montre une augmentation de presque 800 cents de Rand/kg au cours de l'an 2002.

En Argentine, les prix « Prolana, » affichés en dollars des États-Unis, révèlent aussi une augmentation régulière et permanente depuis le début de l'année avec une forte hausse en septembre pour les deux types de laine les plus représentatifs : la laine de 20,5 microns et la laine de 27 microns, qui gagnent respective-

LES MARCHÉS

LAINE EN SUINT		**1997**	**1998**	**1999**	**2000**	**2001** (p)	**2002**
Production mondiale		**2444,2**	**2388,9**	**2344,3**	**2310,9**	**2272,0**	**2181,0**
dont	Australie	724,8	700,1	686,9	666,0	652,0	604,0
	Chine	255,1	277,5	283,2	292,5	298,3	295,1
	Nouvelle-Zélande	274,8	265,8	252,0	257,4	236,7	228,8
	Ex-URSS	167,3	140,5	130,1	128,2	131,3	130,7
	Argentine	77,5	68,0	70,1	62,7	61,3	61,3
	Pakistan	55,8	57,2	57,2	57,2	57,2	57,2
	Turquie	67,0	65,0	62,0	60,0	58,0	56,0
	Iran	52,0	53,0	53,9	53,9	53,9	53,9
	Uruguay	84,9	78,3	62,9	57,2	56,8	49,7
	Royaume Uni	64,6	65,4	68,5	63,0	62,0	48,0
	Inde	46,7	48,3	46,5	47,6	47,6	47,6
	Afrique du Sud	53,2	48,9	52,4	47,7	46,6	45,1
	Soudan	42,0	44,0	45,0	45,0	45,0	45,0
Exportations mondiales		**707,2**	**550,2**	**556,5**	**647,7**	**607,2**	**389,6**
	Australie	492,3	388,8	405,0	485,3	458,3	357,2
	Nouvelle-Zélande	57,7	58,8	44,7	48,5	54,1	-
	Afrique du Sud	21,0	17,0	21,0	14,4	10,5	-
	Argentine	21,1	13,0	19,1	17,8	14,3	-
	Uruguay	9,8	2,8	6,9	6,6	6,4	-

(en milliers de tonnes) *(Source : SUL, TWC)*

ment $1,10 et $ 0,60 sur l'année ; les prix en décembre étaient de $ 3,09 kg et $ 2,12 kg.

En Uruguay, les variétés Mérinos et Idéal ont gagné un dollar sur l'année - la laine mérinos se vendait fin décembre à$ 4,06 kg et la laine Idéal à $ 3,85 $/kg.

À Londres, le « London Wool Top 64's » qui enregistrait 366 pences/kg à la fin 2001 s'approche des 480 pences début mars 2002 et se maintient autour de cette valeur pour remonter fin septembre et continuer de croître et atteindre début décembre le maximum de l'année avec 581 pences/kg ; en fin d'année le prix était de 570 pences.

Paradoxalement, les prix des fibres les plus luxueuses comme le cashmere ont baissé fortement au cours de 2002. La moyenne des prix du premier semestre du cashmere était de $ 79 kg, fin décembre il était de $ 64 kg, moins de la moitié du prix de 2001. L'alpaga enregistrait les prix les plus bas des deux dernières années : au cours de l'année les prix ont chuté de 10 %. Seul le mohair a retrouvé en décembre les prix de l'année précédente.

Tension dans l'offre

De toute évidence, l'offre disponible continue de décroître.

En dix ans, les 4 millions de balles du Wool Stock australien ont disparu. Et l'Australian Wool Exchange vient d'annoncer en février 2003 que le stock parallèle au 31 décembre 2002 était de 381 192 balles, quelque 90 000 balles de moins qu'un an auparavant. Ce stock est constitué principalement des laines de fort calibre et des laines fines, la part des laines de 20/21 microns étant très réduite.

À cette faiblesse déjà structurelle des stocks s'ajoute la réduction de la production.

L'Australie demeure le premier producteur mondial, mais sa production a fortement baissé en 2002. À plusieurs reprises l'Australie a dû corriger à la baisse ses prévisions pour la campagne 2002/03. Annoncée en septembre au niveau de 495 millions de kg, cela avait entraîné une rapide réaction sur tous les marchés... En mars 2003, le chiffre a été légèrement corrigé à la hausse, 505 millions de kg pour la campagne 2002-2003 et 505 millions de kg pour la campagne 2003-2004. Ce volume est néanmoins le plus bas constaté depuis le début des années 50, ce qui montre qu'en dépit de l'amélioration des rendements, la réduction du cheptel ovin en est la cause principale. En dix ans, le cheptel australien a perdu 50 millions de têtes : les estimations d'ABARE pour 2002 font état d'un nombre d'ovins d'environ 116,8 millions de têtes. En 2002, la forte sécheresse qui a sévi dans ses principales régions de production a obligé à l'abattage de quelque 180 000 ovins. Le cheptel néozélandais aussi se réduit d'année en année au profit de l'élevage bovin et de l'industrie laitière et selon les prévisions officielles, il devrait continuer de se réduire jusqu'à 2006. Le cheptel au début de 2002 ne comptait que 44 millions de têtes atteignant ainsi les niveaux du milieu des années 50. Les politiques d'encouragement mises en œuvre en Argentine, en Uruguay et dans d'autres petits pays producteurs suite à la bonne performance des prix, ainsi que la reconstitution du cheptel australien, ne vont pouvoir se faire sentir qu'à partir de la fin 2004.

...mais diminution dans la demande

Toutes choses égales par ailleurs, les prix ne pouvaient qu'augmenter. Mais il s'avère que la demande aussi a fléchi au cours de ces dernières années et que le déséquilibre du marché n'est qu'apparent.

En 2002 le volume des exportations devrait être inférieur à celui de 2001. En novembre, l'Uruguay publiait les chiffres des exportations de la campagne 2001/02 qui révèlent une réduction de 19 % par rapport à la campagne précédente. Selon Woolmark Co, les exportations australiennes ont baissé de 22 % par rapport à 2001.

La Chine demeure toujours le principal importateur mondial de laine. Premier importateur de laine d'Australie, elle l'est aussi des quatre autres marchés d'exportation, la Nouvelle-Zélande, l'Afrique du Sud, l'Argentine et l'Uruguay. Sa demande est toujours soutenue et cela en dépit des prix enregistrés au cours de 2002. Cette année, elle a aussi augmenté sa demande de laine fine (19 microns et moins) pour être mélangée avec du cashmere, dont la Chine produit un tiers du total mondial. La participation de la Chine sur le marché des laines fines et superfines constitue un fait nouveau qui explique les besoins de ce pays de rentabiliser les importants investissements réalisés dans l'industrie du cashmere lorsqu'en 2000 cette fibre avait atteint des prix élevés.

Jusqu'en 2004 et en fonction de son adhésion à l'OMC, la Chine va continuer le système de quotas à l'importation imposés à ses entreprises. Les quotas de 2002 ont été établis au niveau de 337 millions de kg et ceux de 2003, déjà annoncés en octobre dernier, ont été fixés au niveau de 352 millions de kg, dont 275 millions de laine brute. Les importations chinoises sont destinées à la demande interne et à la réexportation sous forme de produits finis ou semi-finis. Il faut signaler que le rapide développement de l'industrie textile chinoise préoccupe ses principaux partenaires et l'industrie textile de ces pays réclame une urgente régulation des marchés. Des demandes dans ce sens proviennent de l'Union européenne ainsi que de l'American Textile Manufacturers Institute

L'Europe est toujours un grand acheteur de laine. L'Italie est le deuxième importateur en importance sur presque tous les marchés. La présence européenne en 2002 s'expliquait en grande partie par l'impératif de la reconstitution des stocks de son industrie textile, mais les derniers mois les fluctuations monétaires et la force de l'euro ont joué aussi un rôle non négligeable. Toutefois, l'industrie textile européenne a du mal à transférer les augmentations des prix de la matière première aux produits finis.

Dans une récente analyse réalisée par le *Secretariado Uruguayo de la Lana,* il a été signalé l'importance potentielle de la demande de laine en Russie, étant donné le déséquilibre qui existe entre la production et la demande.

L'Inde est devenu le cinquième importateur de laine de l'Australie grâce au développement de son industrie textile vouée notamment à l'exportation. Ce pays vient justement de réduire les taux d'importation de laine brute de 15 à 5 %, ce qui permet d'anticiper une participation plus active sur les marchés mondiaux.

Risques de substitution et recherche de nouveaux facteurs de compétitivité

Le rapport laine-coton était de 6 à 1 en juin, à la fin de la campagne 2001/02, et il est du même niveau en janvier 2003. Le rapport laine-fibres synthétiques qui était en juin de 4 à 1, était de 5 à la fin décembre, ce qui permet d'en conclure que les augmentations du prix du pétrole n'ont pas encore été répercutées sur le prix des fibres ; d'ailleurs l'industrie mondiale des fibres synthétiques fonctionne avec un large excédent de capacité. Hors des considérations conjoncturelles, on admet que la substitution entre la laine et les fibres synthétiques a atteint une situation d'équilibre. En revanche, la concurrence entre la laine et le coton, suite aux innovations technologiques récentes, fait penser que le processus concurrentiel est loin d'être figé. Les goûts actuels et la mode semblent favoriser le coton par rapport à la laine. La hausse des prix n'arrange rien.

Tabac

La situation sur le marché mondial du tabac en feuilles reste très influencée par les politiques menées contre le tabagisme dans les pays du monde occidental. Une politique fiscale sur les produits du tabac de plus en plus restrictive dans les principaux pays industrialisés provoque une réduction continue de la demande qui entraîne une baisse de la production de feuilles et un volume décroissant des échanges mondiaux. Les principaux pays exportateurs que sont le Brésil, les États-Unis, le Zimbabwe, la Chine et l'Inde, s'efforcent d'améliorer la qualité des feuilles et de réduire leurs stocks. Ainsi en Chine, après deux années consécutives de baisse de production, le volume des stocks aurait chuté de plus de 30 % en 2002.

Aux États-Unis, on assiste à une diminution régulière du niveau des stocks depuis trois ans. Pour 2002, ils auraient baissé encore de 3 % par rapport à 2001. La production des États-Unis ne devrait pas dépasser 400 000 tonnes en 2002, elle était de plus de 600 000 tonnes en 1998. Le quota de production de flue-cured pour la récolte 2003 devrait être de 540 millions de livres, en diminution de 6 % par rapport à 2002.

Au Zimbabwe, les exportations de feuilles devraient chuter d'au moins 60 % en 2002 et peut-être de 75 % en 2003. Ce déclin est dû à

Les principaux pays producteurs/exportateurs de tabacs en feuilles en 2002
(en milliers de tonnes)

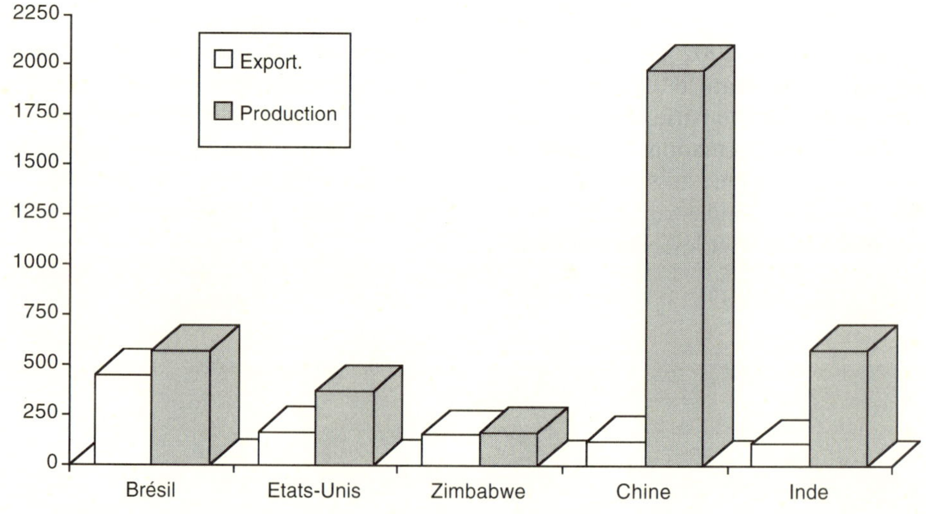

TABAC BRUT	1998	1999	2000	2001	2002 (e)
Production mondiale	**5974,2**	**5987,4**	**5883,3**	**5583,0**	**5688,4**
dont Chine	2010,2	2098,9	2169,2	1997,1	1979,6
Inde	572,2	587,6	599,4	530,0	575,0
Brésil	373,1	498,4	493,1	475,3	570,1
Etats-Unis	604,1	527,7	408,2	400,0	372,4
Zimbabwe	192,3	170,9	210,6	172,1	172,1
Indonésie	123,6	133,3	157,0	146,1	144,7
Exportations mondiales	1929,1	2070,6	1968,3	2107,4	2096,3
dont Brésil	300,5	343,0	341,5	435,5	447,7
Etats-Unis	211,9	191,9	179,8	185,8	163,0
Zimbabwe	168,8	215,7	182,0	185,0	148,0
Chine	92,1	113,2	113,5	139,9	118,9
Inde	87,7	119,6	123,1	85,5	105,0
Malawi	135,5	107,6	101,2	109,0	105,0
Importations mondiales	1913,0	2025,8	1978,2	2082,7	2073,2
dont Russie Fed	200,9	264,6	285,0	307,5	307,5
Allemagne	222,0	266,9	263,0	247,0	257,0
Etats-Unis	246,7	241,0	196,6	254,3	300,0
Royaume-Uni	157,7	149,7	137,1	108,4	104,0
Japon	90,5	101,4	98,9	93,9	91,0
Pays-Bas	105,3	84,8	88,5	91,9	65,0
Stocks de clôture	**7686,9**	**7179,7**	**6737,2**	**5851,1**	**5042,9**

(en milliers de tonnes) *(Source : USDA)*

LES MARCHÉS

une chute importante de la production qui fait suite au programme gouvernemental de redistribution des terres. Selon le ZAT, le nombre de producteurs zimbabwéens devrait chuter à 400 en 2003 contre 1 750 il y a deux ans. Sur le marché aux enchères, la chute des ventes de tabac flue cured a atteint 11 % en volume et 30 % en valeur. L'industrie tabacole génère pourtant 30 % des recettes en devises du pays. La diminution de la production, en ligne avec une qualité médiocre des feuilles, devrait détourner les acheteurs traditionnels vers d'autres marchés comme le Brésil, pays où l'on prévoit que la prochaine récolte devrait atteindre les 600 000 tonnes, environ 80 000 tonnes de plus qu'en 2001.

L'Inde, qui est le deuxième producteur de feuilles au monde, devrait aussi enregistrer une augmentation de la production de 8 % en 2002, due en grande partie à l'abolition de la restriction qui était en vigueur dans la province d'Anhra Pradesh, région la plus importante pour la culture du tabac flue-cured. La production de flue-cured, qui représente 25 % du total de feuilles récoltées en Inde, devrait tripler par rapport à l'année précédente.

Les exportations de tabac représentent 70 % des recettes d'exportation du Malawi ; en 2002, la période de ventes qui se clôture normalement au mois d'août a enregistré une valeur de $ 170 millions. La crise économique et la famine qui sévissent au Malawi ont touché sévèrement la culture de tabac : afin de survivre, nombre de petits producteurs vendent leur production de façon illégale au Mozambique ou en Zambie

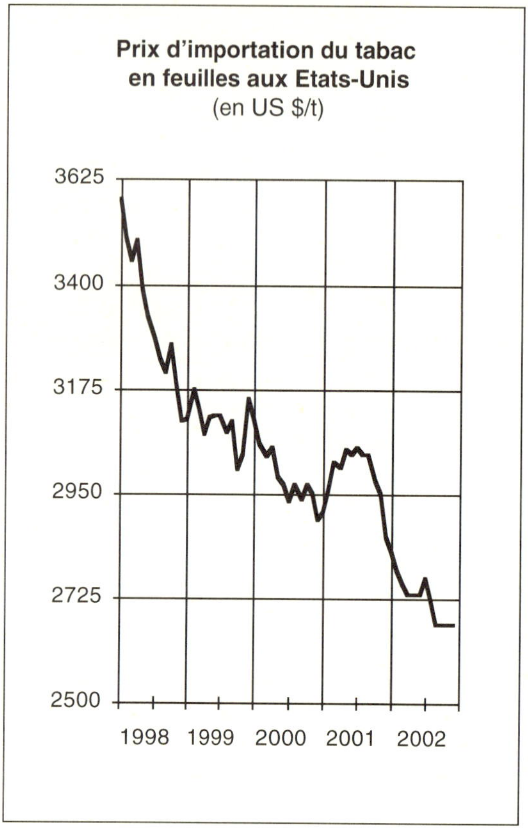

Les problèmes signalés au niveau de la production expliquent une augmentation des importations de feuilles en 2002. Aux États-Unis les importations devraient croître de 29 %. En Europe, l'Allemagne qui est le deuxième importateur après la Russie, augmenterait ses importations de près de 10 000 tonnes pour atteindre les 257 000 tonnes. Ces trois pays, avec l'Inde, le Japon et la Chine, sont les principaux consommateurs de feuilles de tabac.

Contrairement à ce qui se passe en Occident, la consommation chinoise devrait augmenter de plus de 30 000 tonnes et atteindre les 2,63 millions de tonnes. L'amélioration de la qualité du produit final oblige aussi les Chinois à accroître leurs importations de feuilles. L'industrie du tabac en Chine est en pleine restructuration, et l'augmentation de la part des feuilles importées dans la confection des produits du tabac répond à une exigence de la demande, ce qui d'ailleurs a amené le State Tobacco Monopoly à encourager les producteurs afin d'améliorer la qualité de leurs feuilles. Le rôle des firmes étrangères dans le pays est très faible : elles ne représen-

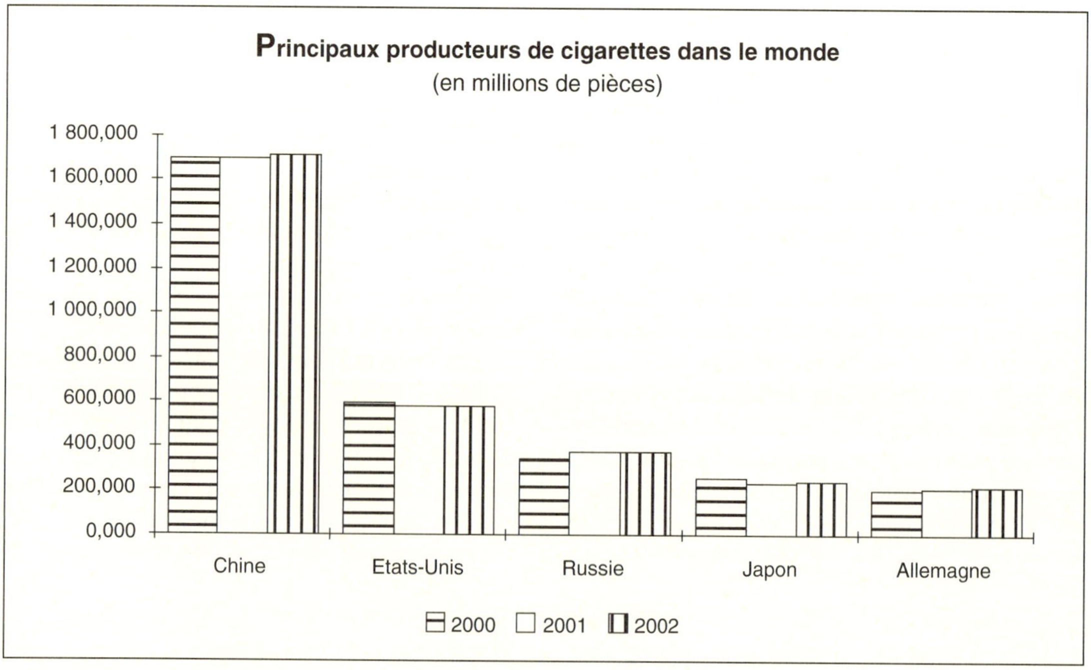

CIGARETTES	1997	1998	1999	2000	2001	2002 (p)
Production mondiale	**5 565,7**	**5 412,7**	**5 371,8**	**5 407,4**	**5 470,9**	**5 463,9**
dont Chine	1 683,5	1 642,5	1 670,0	1 698,5	1701,0	1 709,5
Etats-Unis	719,6	680,0	635,0	594,7	580,0	580,0
Russie	175,0	180,5	266,0	341,0	374,0	375,0
Japon	254,5	267,0	263,1	257,9	237,2	241,0
Indonésie	225,4	216,2	219,1	228,6	228,6	230,0
Allemagne	182,0	181,9	204,8	206,7	213,7	218,4
Turquie	112,0	118,0	125,0	127,8	128,3	128,7
Royaume-Uni	170,2	163,5	155,0	126,1	126,1	126,0
Brésil	182,8	170,0	111,4	104,9	109,4	107,9
Principaux exportateurs						
Etats-Unis	217,0	201,3	151,2	148,2	133,8	135,8
Royaume-Uni	108,0	125,4	100,3	111,6	126,1	126,0
Pays-Bas	118,0	103,7	105,1	101,5	104,8	110,0
Allemagne	69,7	653	85,1	90,6	105,8	110,0
Singapour	70,1	53,2	58,7	58,7	58,7	58,7
Principaux importateurs						
Japon	77,5	80,5	82,5	83,4	84,3	83,0
France	53,1	60,6	61,9	67,5	64,0	64,0
Singapour	57,6	45,2	49,3	49,3	49,3	49,3
Italie	41,5	43,1	50,4	56,4	57,0	45,8

(en millions de pièces) *(Source : USDA)*

LES MARCHÉS

tent que 1 % d'un marché qui représente un tiers de la production mondiale de cigarettes. Avec l'amélioration de la qualité des feuilles, de nouvelles normes ont limité récemment le niveau de goudron à 17 mg maximum.

Pour contrecarrer les vicissitudes que rencontrent les marchés autrefois traditionnels, les grandes firmes multinationales du tabac déploient leurs activités dans les régions où la consommation continue d'être importante. Certains pays de l'Europe de l'Est constituent des objectifs précis, comme le marché roumain (environ six millions de fumeurs sur 22 millions d'habitants) ou la Russie où la production ne cesse de croître : elle devrait atteindre 385 milliards de cigarettes en fin d'année 2003.

Le chiffre d'environ 580 milliards de cigarettes produites en 2001 aux États-Unis devrait se maintenir en 2002. Dans l'Union européenne, les politiques nationales antitabac ont produit d'importantes transformations dans la structure de l'industrie. Dans certains pays, l'importance des entreprises publiques était fortement consolidée depuis longtemps. En juin 2002, le « Ente Tabacchi Italiani – ETI » monopole national du tabac, a été mis en vente et en janvier 2003, on apprenait que Philips Morris raflait la mise.

Cuirs et peaux

Une grande stabilité a caractérisé le marché mondial des peaux au cours de 2002. On observe néanmoins des variations de faible signification dans les volumes de production mondiale de **peaux de bovins**, avec une augmentation de plus de 3 % en Argentine et de 1,6 % en Chine et une réduction de 1,3 % dans l'Union européenne. Ces évolutions permettent aux chiffres de 2002 de revenir à peu près aux niveaux de 2000, après la réduction constatée en 2001. Mesurés à partir de l'indice Sauer (indice créé à partir d'un panier de 54 types de cuirs et peaux les plus commercialisés dans le monde, base = 100 en avril 1991) on constate que les prix des peaux de bovins décrivent une ligne ascendante jusqu'au mois de septembre. Au début de l'année, l'indice Sauer affichait le niveau 120, mais à la mi-septembre, il dépassait la valeur de 150; à partir de ce moment les prix ont commencé à baisser et ils affichaient le niveau 140 en fin d'année.

Cette relative stabilité au niveau mondial contraste avec les brusques oscillations de l'année précédente. De plus, elle demande à être relativisée pour certains marchés. Aux États-Unis, les prix de toutes les qualités de peaux augmentent au cours du second semestre et dépassent les valeurs de 2001, après un premier semestre marqué par des niveaux bien inférieurs valeurs de 2001. En Inde, les prix fluctuent fortement, mais en général affichent aussi des niveaux soutenus tout au long de l'année suite à une offre réduite. En Argentine, la montée des prix au cours de l'année est surprenante. À partir de $ 1,09 kg début janvier 2002, un processus d'augmentation s'amorcera à la mi-janvier et cinq mois plus tard, les prix dépasseront les $ 4 kg. En fin d'année, ils cotent $ 3,40 kg.

Ce comportement des prix reflète dans une certaine mesure le comportement des fondamentaux sur les différents marchés. Ainsi, l'offre dans le sous-continent indien a été tendue une grande partie de l'année. En juillet les exportateurs trouvaient avec difficulté de la marchandise pour honorer leurs engagements. De plus, la qualité des peaux s'était dégradée suite à de fortes pluies et présentaient des défauts qui empêchaient leur commercialisation. Les prix domestiques ont été élevés pendant toute l'année et les producteurs-exportateurs signalaient à plusieurs reprises que leurs marges étaient trop basses. Néanmoins, le Council for Leather Exports a dressé très récemment un plan très optimiste pour l'avenir des exportations indiennes de cuir. Ce plan est la suite d'une intense campagne de promotion réalisée au cours de l'année dans les trois principaux marchés d'exportation, les États-Unis, le Canada et le Japon. Cet optimisme est notamment basé sur le fait que des investisseurs étrangers s'intéressent de plus en plus à l'industrie du cuir en Inde, que ce soit des Américains, des Canadiens, des Australiens, des Belges ou des Italiens tout comme des Russes et des Japonais. La Chine envisage aussi d'établir des joint-ventures avec des entreprises indiennes.

La Chine est elle-même un important producteur de cuirs et sur les dix dernières années, elle est devenue un grand exportateur de produits de cuir, la valeur de ses exportations ayant dépassé les $ 10 milliards en 2002. Pour les observateurs du monde entier, la Chine est devenue le centre de gravité du monde du cuir. À l'importante demande interne et à la croissance de ses exportations, il faut ajouter les efforts que la Chine est en train

CUIRS ET PEAUX		1997	1998	1999	2000	2001	2002
• Peaux de bovins							
Production mondiale		**7 327,2**	**7 358,7**	**7 455,0**	**7 559,7**	**7 547,5**	**7 579,4**
dont	Chine	1 009,6	1 108,4	1 159,5	1 229,2	1 275,2	1 295,5
	États-Unis	1 063,3	1 069,6	1 099,1	1 116,4	1 116,4	1 116,4
	U.E.15	845,5	805,0	807,4	783,5	774,9	765,4
	Brésil	622,0	637,0	667,0	670,0	670,0	670,0
	Inde	446,0	450,0	456,0	464,0	466,0	466,0
	ex-URSS	496,3	445,6	397,3	398,5	384,8	387,9
	Argentine	383,8	338,0	364,4	369,2	369,0	381,0
• Peaux d'ovins							
Production mondiale		**1 634,3**	**1 610,1**	**1 619,4**	**1 623,0**	**1 605,4**	**1 622,4**
dont	Chine	239,6	243,4	256,8	280,9	297,4	308,8
	U.E.15	185,5	189,7	189,8	185,9	162,0	162,0
	Australie	130,1	139,4	140,4	149,1	158,7	145,3
	ex-URSS	163,5	135,9	124,9	115,8	115,2	115,6
	Nouvelle-Zélande	102,0	106,0	100,0	100,0	100,0	100,0
	Iran	56,4	57,9	54,9	61,2	62,4	64,8
• Peaux de caprins							
Production mondiale		**766,9**	**802,5**	**833,6**	**849,8**	**875,2**	**878,6**
dont	Chine	200,7	232,8	261,6	282,9	297,9	305,2
	Inde	126,0	126,7	127,8	128,3	128,9	128,9
	Pakistan	90,3	93,7	96,3	99,8	103,2	107,1

(en milliers de tonnes) *(Source : FAO)*

de réaliser afin d'améliorer la qualité de ses produits pour atteindre le niveau d'excellence des produits occidentaux.

La production de cuir devient aussi de plus en plus une affaire des pays en voie de développement. Un autre grand pays producteur, le Brésil, se trouve toujours parmi les principaux producteurs mondiaux quoique les volumes n'aient guère varié ces trois dernières années et que l'on constate même une légère réduction dans l'exportation de ses produits. Les producteurs brésiliens ont demandé aux autorités des aides financières afin de pouvoir améliorer la qualité de leurs produits. De plus, quoique déjà grands exportateurs de chaussures, les producteurs restent intéressés à pouvoir intégrer une plus grande valeur ajoutée aux produits destinés à l'exportation. Dans cette perspective, le Brésil tout comme l'Argentine, a établi un droit à l'exportation des peaux non traitées et de wet blue. En Argentine, l'augmentation des prix opérée au cours de l'année est en train de faire renaître une activité presque délaissée ces dernières années où l'on chiffre à plus de 70 % le nombre d'entreprises qui ont disparu. D'autre part, le plan de promotion de l'élevage de bovins devrait aussi contribuer au développement de la filière cuir.

Aux États-Unis, on constate en fin d'année une augmentation dans les exportations de peaux (hors wet blues) de l'ordre des 900000 pièces (+ 3,6 %). En revanche, les exportations de peaux wet blues ont diminué de plus de 4 %. En début d'année, sur le marché américain, on signalait que les prix étaient de 20 % inférieurs à ceux de l'année précédente. Mais en mars les prix montaient et la demande chinoise se faisait plus active. Contrairement aux prévisions, le marché a été dynamique pendant l'été. En fin d'année, l'offre dépassait largement la demande du marché. La faiblesse de la demande finale de produits de cuir constatée en octobre explique à son tour la faible demande des peaux.

Les relations économiques Chine-États-Unis se sont développées à un rythme accéléré ces dernières années. Le Wall Street Journal signalait que la Chine avait augmenté de 71 % ses exportations de meubles vers les États-Unis depuis 1999 et qu'en 2002 sa part sur le marché américain devrait dépasser 40 % ; la situation sur le marché américain des produits finis et semi-finis de cuir est exactement la même. Récemment le gouvernement des États-Unis annonçait que plus de 80 % des chaussures vendues aux États-Unis pendant les neuf premiers mois de 2002 avaient été fabriquées en Chine. Mais en fin d'année, la Chine, qui constitue le plus important centre mondial de l'industrie du tannage, avait réduit sensiblement son activité. Cela a produit une forte baisse des prix des cuirs de toutes les catégories aux États-Unis, mais début 2003 les prix ont commencé à augmenter.

Il est important de signaler que l'industrie de la chaussure absorbe la moitié de la production mondiale de cuir. Deux pays de l'Union européenne (l'Allemagne et la France) se trouvent parmi les dix principaux consommateurs de chaussures mais un seul pays européen, l'Italie, occupe la cinquième place parmi les principaux producteurs. La Chine est sans conteste et premier producteur et le premier consommateur. Parmi les principaux producteurs, l'Inde occupe la seconde place suivie du Brésil et de l'Indonésie. Les États-Unis sont le deuxième consommateur au monde.

La production de **peaux d'ovins** a connu la même évolution que celle des bovins, en 2002. Elle rétablit les paramètres de production de 2000 avec une légère croissance de la production chinoise et une diminution de la production australienne. La forte sécheresse qui a sévi en Australie dans les principales zones de production ovine a réduit l'offre en quantité ; on signalait en revanche une amélioration dans la qualité des peaux commercialisées. Les prix ont enregistré une croissance ininterrompue jusqu'à la fin septembre où ils affichaient la valeur 150 selon l'indice Sauer ; en fin d'année la valeur était d'environ 133.

Les prix des **peaux de chèvres** ont été très stables tout au long de l'année (l'indice Sauer affichait des valeurs entre 90 et 100), après l'augmentation apparue début avril lorsque l'indice était au-dessous du niveau 90.

COURS DES MATIERES PREMIERES

PEAUX DE BOVINS

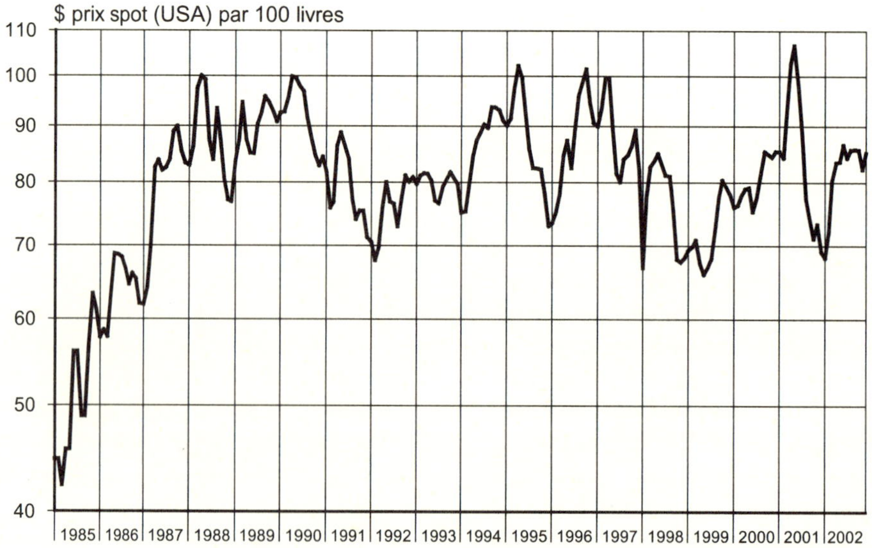

© REXECODE

Fruits secs

La production de fruits secs à coque devrait globalement augmenter pour la campagne 2002-2003 à l'exception de celle de noisettes qui a enregistré une chute de près de 16 %.

La production de noisettes des quatre principaux pays producteurs (Turquie, Italie, Espagne, États-Unis) devrait être de l'ordre de 779 000 tonnes en 2002/03, environ 150 000 tonnes de moins que la campagne précédente.

La Turquie représente 80 % du commerce mondial de noisettes. Bien que la récolte 2002 de la Turquie, premier producteur et exportateur de noisettes dans le monde, paraisse être inférieure de 14 % à celle de 2001, il semblerait qu'avec les 25 000 tonnes de stocks de 2001, l'offre de la Turquie se situe aux alentours de 675 000 tonnes. Le FBK a annoncé qu'il achèterait environ 80 000 tonnes pour maintenir les prix aux alentours de $ 200/250 par kilo. Au mois d'août, les prix à l'exportation étaient de $ 240 par kilo comparé à $ 350 un an plus tôt. L'Union européenne est la principale destination de ses exportations.

La production de l'Italie a régressé de 15 % en 2002. En Espagne, on s'attend à une amélioration de la production qui devrait atteindre 28 000 tonnes contre 26 000 la campagne précédente.

Aux États-Unis, la production afficherait un recul de 64 % après la récolte record de 2001.

Pour les amandes, en revanche, la hausse de la production (+ 11 % par rapport à 2001/02) des principaux pays producteurs (États-Unis, Espagne, Turquie, Italie, Grèce), semblerait correspondre à une récolte record californienne. La variété Non pareil qui représente 38 % de la production californienne est en hausse de 18 %, suite aux excellentes conditions météorologiques au moment de la floraison. On s'attend à une baisse des prix qui devrait entraîner une augmentation des exportations américaines d'environ 3 %. En décembre, les prix des amandes Non pareil étaient de $ 2 850 la tonne, après avoir atteint en juin $ 3 300. Le principal importateur d'amandes décortiquées est l'Union européenne.

La récolte totale de noix en 2002/03 devrait croître de plus de 3 %, et cela en grande partie grâce à l'augmentation de la production chinoise. La Chine est devenue le premier producteur mondial. En 2002, on signale

Prix des noisettes de Turquie
(en US $/100 kg)

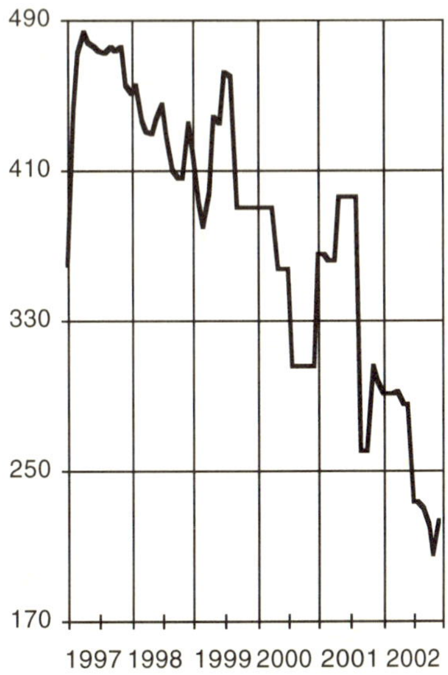

FRUITS SECS		1997/98	1998/99	1999/00	2000/01	2001/02	2002/03 (p)
	• Noix de cajou						
Production mondiale		**1 131**	**1 139**	**1 278**	**1 350**	**1 419**	-
dont	Inde	430	440	450	450	450	450
	Nigeria	125	152	176	184	184	184
	Brésil	125	54	131	114	117	184
	Tanzanie	63	93	106	121	122	122
	Indonésie	67	69	75	78	80	80
	Guinée-Bissau	58	64	73	80	80	80
	• Amandes						
Production mondiale		**1 555**	**1 296**	**1 390**	**1 281**	**1 330**	**1 420**
dont	Etats-Unis	344	236	361	304	376	426
	Iran	74	112	96	90	97	100
	Espagne	75	30	66	53	57	69
	Turquie	11	12	14	15	14	15
	Grèce	14	13	17	15	13	11
	Italie	11	9	17	10	18	9
	• Noix						
Production mondiale		**1 111**	**1 133**	**1 195**	**1 182**	**1 243**	**1 270**
dont	Chine	249	251	274	310	279	320
	Etats-Unis	244	206	256	217	277	249
	Iran	125	146	143	140	168	160
	Turquie	66	70	70	69	68	68
	Inde	24	30	28	31	29	32
	France	23	25	29	28	28	30
	Italie	21	12	18	16	13	15
	• Noisettes						
Production mondiale		**615**	**773**	**811**	**789**	**870**	**857**
dont	Turquie	475	625	610	490	725	625
	Italie	77	118	110	83	130	110
	Etats-Unis	43	14	35	20	45	16
	Espagne	16	10	30	16	26	28
	• Pistaches						
Production mondiale		**335**	**516**	**292**	**567**	**328**	**549**
dont	Iran	112	314	131	304	112	300
	Etats-Unis	82	85	56	110	73	127
	Turquie	60	35	30	70	30	40
	Syrie	29	36	30	40	37	39

(en milliers de tonnes base décortiquée pour les noix de cajou et pour les amandes et non décortiquée pour les avelines, les noix et pistaches)

(Sources : USDA, FAO)

une augmentation de 15 % par rapport à l'année précédente. La production de 2002 affiche un volume jamais atteint auparavant, résultat d'une amélioration des cultures et notamment de la gestion du secteur. Actuellement la production chinoise représente 44 % du total mondial, l'importante demande interne fait que les exportations chinoises ne représentent que 14 % des exportations totales.

Les États-Unis sont le second producteur et le plus important exportateur. La baisse de la récolte aux États-Unis en 2002/03 (-10 %) devrait légèrement améliorer les prix à la production. Après avoir chuté de 10 % en 2001/02, les prix des noix américaines devraient se tenir à une moyenne de $ 1 200 la tonne.

Les prévisions de production 2002 en Inde font état d'une hausse de 10 %.

La faiblesse des prix sur les marchés mondiaux devrait jouer en faveur d'un accroissement de la demande de noix. Le marché, fortement élastique aux prix, avait remplacé dans les années récentes les noix par les amandes, beaucoup moins chères. Le phénomène inverse devrait se produire ce qui permet de prévoir une forte augmentation de la consommation de noix. D'autre part, la production indienne de noix, très compétitive, devrait s'ajouter à l'offre mondiale d'exportation. Les principales destinations des noix indiennes sont l'Espagne, l'Allemagne, la France et le Royaume-Uni.

Dans l'Union européenne, la France est le principal producteur, représentant 25 % de la production européenne. En 2002 la production de noix devrait atteindre 30 000 tonnes, environ 2 000 tonnes de plus qu'en 2001/02. La France exporte principalement vers les autres états membres de l'Union. En 2002, les exportations françaises ont diminué, principalement en raison des prix plus compétitifs des noix américaines et indiennes sur les marchés européens.

Dans l'hémisphère Sud, au Chili, la production devrait atteindre 12 500 tonnes, une expansion due à la plantation de nouvelles variétés plus rentables devrait porter la production chilienne à 15 000 tonnes d'ici six ans.

La production mondiale de pistaches devrait doubler en 2002. La production américaine devrait atteindre un record de 127 000 tonnes ; les producteurs signalent que la récolte présente des fruits d'une qualité exceptionnelle, jamais atteinte auparavant. Les prévisions de commercialisation sont bonnes en raison d'une demande mondiale soutenue et d'un manque de stock. En 2001, les États-Unis avaient exporté 33 211 tonnes de pistaches. La Chine, la Belgique et l'Allemagne sont les principales destinations des pistaches américaines. Après une production en 2001 de l'ordre de 110 000 tonnes, l'Iran voit un accroissement du potentiel de sa production principalement dans les deux zones de production de l'Est et du centre du pays.

Les estimations de production de noix de cajou pour 2002 ont été révisées à la hausse pour certains des producteurs de l'hémisphère Nord qui, comme le Vietnam avec une récolte prévue de 180 000 tonnes, pourrait dépasser pour la première fois la production brésilienne. Des estimations plus récentes chiffrent cependant la production brésilienne au niveau de 200 000 tonnes. L'Inde est un grand producteur et l'on estime que sa récolte devrait atteindre les 325 000 tonnes. Amélioration aussi de la production de l'Afrique de l'Ouest qui devrait totaliser les 250 000 tonnes. La production de l'Afrique de l'Est devrait retrouver ses volumes normaux après une faible récolte en 2001. L'offre excédentaire a affecté les prix qui étaient en juin à $ 2 la livre et sont descendus à $ 1,75. Les exportations du Vietnam ont continué de croître en 2002 : ce pays, qui est en train de moderniser son industrie de transformation dans le but de fournir une très bonne qualité, pourrait devenir un concurrent important pour l'Inde sur le marché mondial des noix de cajou.

On constate une très forte réduction de la production d'arachides de bouche au Sénégal, consécutive à la faible récolte de 2002. Les bas prix officiels sur le marché sénégalais ont eu pour effet l'écoulement de la production par des voies parallèles permettant d'obtenir des prix plus rémunérateurs.

Sucre
Union
Daddy
Sucre
en Poudr
les CULTIVATEURS DE SUCRE
"ensemble, cultivons l'avenir"
Daddy

– III –

Produits tropicaux

- Sucre
- Café
- Cacao
- Thé
- Huile de palme
- Poivre et épices
- Bananes
- Ananas
- Agrumes et jus d'orange
- Caoutchouc
- Jute
- Sisal et fibres dures
- Bois tempérés
- Bois tropicaux

INDICES REXECODE DES COURS DES MATIERES PREMIERES en $
PRODUITS AGRICOLES TROPICAUX
janvier 1988 = 100
150
140
130
120
110
100
90
80
70
60
50
MATIERES PREMIERES AGRICOLES
CAFE CACAO SUCRE
1985
1986
1987
1988
1989
1990
1991
1992
1993
1994
1995
1996
1997
1998
1999
2000
2001
2002
© REXECODE

Produits tropicaux

L'année 2002 a été marquée par le retentissement qu'a connu l'initiative conduite par l'Ong britannique Oxfam avec le soutien de quelques autres associations pour sauver les petits producteurs de café à travers le monde : rapport détaillé sur les conséquences sociales de la chute des cours de ce produit qui assure directement ou indirectement la subsistance de quelque 100 millions de personnes sur la planète ; mesures de stabilisation et code de conduite réclamés aux multinationales afin de transférer une part accrue du prix du paquet de café en magasin vers les producteurs ; vote du Congrès américain d'une résolution demandant au président Bush de travailler avec les autres pays et avec les producteurs et acheteurs de café afin « *d'adopter une stratégie globale pour répondre à l'actuelle crise* ».

Dans le même temps, la vieille Europe recevait les foudres convergentes des États-Unis, des pays du groupe de Cairns et des pays en développement en général qui tous, à l'unisson, remettent en cause la PAC, ses restitutions, sa protection douanière, ses soutiens. Partenaires commerciaux et politiques attendus, les pays ACP se détournent même de l'Europe, quand cette dernière conserve le mérite de développer les propositions les plus avancées destinées aux pays à la marge du commerce mondial. La PAC est en train de perdre l'Europe. Les pays tropicaux ont-ils pour autant intérêt à rejeter en bloc les propositions de l'Union sans les mettre en balance avec d'autres propositions de pays riches, lorsqu'elles existent, et exiger une surenchère ? Même si les Américains ne sont pas épargnés, l'Union européenne constitue la cible sur laquelle se fait l'unanimité. La tentation est forte pour les ACP de miser davantage sur une libéralisation globale du marché communautaire que sur la défense d'accords préférentiels menacés par ailleurs.

L'accès préférentiel au marché, bataille inutile de l'Europe ?

L'Union européenne fait valoir la large palette d'instruments spécifiques et volontaires de discrimination positive favorisant les débouchés des pays ACP sur son marché intérieur : Système de Préférences Généralisées (SPG), Accord de Cotonou et ses protocoles produits, initiative « Tout sauf les armes » offrant un droit de douane nul sur tous les produits, exceptés armes, munition, et à court terme riz et sucre en provenance des pays les moins avancés. Ces instruments sont cependant progressivement remis en cause par les règles issues des accords OMC. En effet, les avantages spécifiques accordés à certains pays sont en contradiction avec la règle de base de la « nation la plus favorisée ». Ils reposent juridiquement sur la Clause d'habilitation de 1979, qui autorise une discrimination positive au bénéfice des pays en développement et des pays les moins avancés (PMA) mais ne prévoit pas d'autres catégories.

Or la dérogation obtenue en 2001 pour la mise en œuvre de l'Accord de Cotonou a été soumise à une longue et difficile négociation à l'OMC, en raison du refus courroucé des pays en développement les plus compétitifs (Mercosur et Thaïlande notamment). Le régime préférentiel sur la banane a été remis en cause suite à un contentieux à l'origine duquel on rencontre l'Équateur et les États-Unis. Celui sur le sucre l'est actuellement par le Brésil et l'Australie, de même que celui sur le thon l'est par la Thaïlande et les Philippines. Indépendamment de ces attaques sur les avantages accordés par l'Union européenne aux pays les plus pauvres, l'objet même de la négociation OMC, qui est d'abaisser l'ensemble des tarifs douaniers, aboutit mécaniquement à réduire, voire à éliminer la marge préférentielle dont bénéficient les ACP sur le marché de l'Union européenne.

Le groupe de Cairns, porte parole des pauvres

On sait que libéraliser le commerce agricole est une idée séduisante, parée de deux vertus. La première est celle de l'efficacité. La libéralisation des prix agricoles en effet, c'est-à-dire la suppression des taxes et subventions qui en modifient le niveau d'équilibre, conduit théoriquement, dans une économie marchande, à l'allocation optimale des ressources – c'est-à-dire à la production d'un bien-être maximum à partir d'un ensemble limité de ressources. Il existe un « effet richesse » à la libéralisation dont toutes les nations devraient profiter. La seconde vertu est celle de l'équité. On sait que l'agriculture, dans les pays riches, accumule les subventions. Le soutien aux producteurs est passé entre 1986-1988 et 1999-2001 de 9 000 à 17 000 euros par équivalent agriculteur à temps plein dans l'Union Européenne, de 15 000 à 22 000 euros aux États-Unis, de 12 000 à 26 000 euros au Japon d'après l'OCDE. Sans ces subventions et les protections tarifaires qui les accompagnent, les États-Unis ne produiraient pas de coton, pas de riz, pas de maïs, le Japon ne produirait pas de riz, l'Union européenne ne produirait pas de sucre, pas de riz, pas de maïs, moins de bœuf, moins de fruits, moins de blé. Supprimer protection et soutiens revient alors à redistribuer géographiquement les zones de production, au profit des régions où les facteurs indispensables à l'activité agricole que sont la terre, et dans une moindre mesure, la main-d'œuvre, sont relativement abondants. Or les pays pauvres répondent à cette définition. Libéraliser le commerce agricole devrait donc déboucher sur une distribution plus juste des revenus agricoles dans le monde. Il existe un effet « redistributif » dont les nations les plus pauvres, brimées par les subventions des pays riches, devraient tirer profit. C'est dans l'annonce de cet effet redistributif que s'élèvent les plus vives protestations contre la PAC. Le groupe de Cairns et les États-Unis sont des alliés objectifs dans ce concert. L'argument jusque-là était connu et parfaitement exact : ouvrez votre marché, Messieurs les Européens, nous vous fournirons pour moins cher. La nouveauté est que l'argument change. Il est désormais : ouvrez votre marché, Messieurs les Européens, les pays les plus pauvres vous fourniront pour moins cher. Cet argument, rapporté ici en substance, a été tenu par exemple dans une contribution au *Monde* du 29 novembre 2002 par Mark Vaile, le ministre de l'Agriculture australien (« L'Europe étrangle les pays pauvres »). Cet argument, à la différence du précédent, est inexact.

L'impasse des pays importateurs nets

Réexaminons la question soulevée par le groupe de Cairns : dans quelle mesure les pays pauvres tireront-ils profit d'une baisse, voire d'une suppression, des subventions agricoles de l'UE ?

Le bon sens veut que la réduction de l'offre européenne consécutive à la réforme de la PAC soit compensée par l'offre des différents pays du monde.

Si l'on considère tout d'abord les secteurs bénéficiant du plus grand soutien européen, en recourant pour cela à ce que l'on appelle le coefficient nominal de soutien qui compare les recettes agricoles avec subvention à celles qui auraient prévalu si les ventes avaient été effectuées au cours mondial, arrivent en tête la viande bovine (les recettes européennes, avec subvention, sont huit fois ce qu'elles seraient au prix du marché), le mouton (près de quatre fois) et le sucre (un peu plus de trois fois). Ces trois produits représentent dans les pays à bas revenu un peu plus de 3 % de la moyenne des exportations agricoles nationales. Dans les neuf pays les plus riches du groupe des pays agro-exportateurs ou « groupe de Cairns » (qui en compte dix-huit), ce rapport est multiplié par quatre. Qui du Burkina Faso ou du Brésil viendra combler le déficit européen de sucre ? Qui du Mali ou de la Nouvelle Zélande viendra satisfaire la demande européenne de mouton ? Le Brésil et la Nouvelle Zélande, au moins à court terme. Rien à dire à cela. Hormis que cela ne répond pas à la question dans le sens attendu : ce ne sont pas les pays les plus pauvres qui tireront profit d'une réforme de la PAC à très court terme.

Si l'on examine ensuite par quel mécanisme l'offre réagira à la demande européenne, on nous répondra que le prix signalera ce vide et qu'il incitera, par une hausse, les producteurs du monde entier à accroître leurs volumes afin de répondre à la demande, pour le plus grand bien-être de chacun. Un examen de la balance commerciale des pays à bas revenu montre qu'ils sont importateurs nets des produits du bétail et de sucre, avec un déficit commercial qui, limité à ces trois produits, s'établit à 1 milliard d'euros. Ce déficit double si on inclut les céréales. À l'inverse, les pays les plus riches du groupe de Cairns sont exportateurs nets de ces denrées avec un excédent de 17 milliards d'euros. Qui des pauvres ou des moins pauvres tirera profit de la hausse des prix libéralisés ? Les exportateurs nets, en l'occurrence les pays les plus riches du groupe de Cairns, ce qui, une nouvelle fois, ne répond pas à la question dans le sens attendu.

Si l'on se penche enfin sur une variable omise dans l'argumentation de M. Vaile, à savoir l'instabilité des cours des produits agricoles qu'une réforme des politiques européennes est susceptible de modifier, l'effet bénéfique attendu sur les pays pauvres continue d'être douteux. Il faut se souvenir que la plupart des politiques agricoles d'après-guerre des pays de l'OCDE se sont inspirées du projet de stabilisation keynésien de l'économie. Keynes qui affirmait en 1938 : « À l'évidence, rien ne peut être plus inefficace que le système actuel dans lequel le prix est toujours trop haut ou trop bas et dans lequel des fluctuations dans l'utilisation de la main-d'œuvre se succèdent sans raison ». C'est pour éviter aux économies agricoles de devenir « un grand casino », selon cette autre expression de Keynes que des politiques contre-aléatoires comprenant barrières douanières et prix garantis ont été instaurées – jusqu'à l'excès. Faire table rase des protections et réclamer de chaque pays qu'il se penche sur ce « grand casino » pour la rétribution de ses populations rurales les plus pauvres est illusoire, à moins d'ignorer l'effet discriminant que jouent, contre les pauvres, le risque et l'incertitude. Les ménages riches, bien davantage que les ménages pauvres, ont les capacités de prendre des risques, en retirer des profits et d'affronter le hasard. La réponse une dernière fois ne va pas dans le sens attendu.

Faut-il pour autant laisser l'Union économique continuer à subventionner ses bêtes, ses hommes, ses céréales, son lait, son sucre, ses viandes en faisant fi des effets extérieurs de sa politique ? Faut-il laisser les gouvernements soustraire au débat public l'avenir de la PAC, se mentir en prétendant encore à cette farce qu'est la vocation exportatrice de l'Europe quand cette vocation a été créée de toutes pièces par les politiques publiques d'après-guerre ? Non, pour des raisons que ces questions formulent d'elles-mêmes.

Les principes d'une taxation internationale des soutiens agricoles

En dernier lieu, en continuant de nous limiter à des arguments de pure justice sociale, et donc au sort des plus pauvres de la planète qui ignorent sans doute qu'un ministre australien (concédons qu'il n'est pas le seul) se fait leur porte-parole, la réforme de la PAC n'aura des effets positifs sur les plus pauvres que si ces derniers parviennent à terme à « devenir les producteurs les plus efficaces » du monde pour reprendre la chaleureuse expression de Mark Vaile. Il est un moyen de les rendre plus efficaces : c'est d'augmenter leur productivité. Il est un moyen d'augmenter leur productivité : c'est de leur faciliter l'accès au capital. À cette condition, un risque représente une opportunité de profit, et non plus une menaçante probabilité de ruine. Alors seulement l'ouverture du marché européen profitera à terme aux plus pauvres, parce qu'aux plus « efficaces ». Il est un moyen enfin de leur faciliter l'accès au capital : c'est, puisqu'on le trouve à un taux décourageant dans leur pays, d'aller chercher le capital là où il est abondant. C'est-à-dire au Nord. En Europe et aux États-Unis. Comment ? En taxant les subventions agricoles européennes et américaines. Prenons l'exemple de l'Europe.

Le soutien total annuel à l'agriculture européenne est estimé à 117 milliards d'euros par l'OCDE, soit environ $ 112 milliards. Ce soutien total comporte des mesures fortement perturbatrices du marché mondial comme les subventions aux exportations et les prix garantis sans quota, et d'autres mesures aux effets plus modérés, quoique non nuls comme les aides à l'hectare ou au revenu. Une taxe appliquée aux soutiens agricoles européens, différenciée par instrument et croissant avec l'ampleur de la perturbation des cours mondiaux que cet instrument génère – forte taxe sur les subventions à l'export, taxe moindre sur les aides au revenu par exemple – aurait deux effets cumulés. Reversée aux ménages ruraux des pays à bas revenu, elle aurait un effet de redistribution efficace, par l'augmentation du revenu des plus pauvres qu'elle génère, et donc l'augmentation des probabilités de survie sur les différents casinos. Elle aurait un effet incitatif en Europe d'autre part, puisque la taxe surenchérit le coût budgétaire des subventions et incite les gouvernements à allouer leurs fonds vers les productions générant le plus de biens publics, conformément aux vœux du commissaire européen à l'agriculture, et avec les instruments « les moins mauvais », contrairement à la situation actuelle. L'assiette de la taxe à terme peut bien se résorber, les subventions se réduire jusqu'à s'annuler : les sommes collectées jusque-là, à défaut d'augmenter de manière certaine la productivité des paysans les plus pauvres, auront au moins contribué substantiellement à leur bien-être – ce qu'il est douteux que le libre-commerce parvienne à faire sans filet.

Il faut aujourd'hui beaucoup d'utopie pour tenir un discours d'espoir à l'attention des pays producteurs du Sud. Café et sucre ont un goût bien amer que la taxation des politiques agricoles du Nord permettrait d'adoucir, du moins si l'on savait comment répartir cette manne au Sud.

Sucre

En début d'année, le monde sucrier nourrissait quelque espoir, celui enfin d'un déficit mondial que l'Organisation Internationale du Sucre (ISO) avait évalué pour 2001-2002 à 1,5 million de tonnes, bien peu de chose (à peine plus de 1 % de la production mondiale), mais cela aurait été un indice positif pour un marché qui reste déprimé entre 7 et 8 cents la livre. Las, c'est d'un excédent de 3,4 millions de tonnes qu'il s'est agi et la campagne 2002-2003 ne s'annonce guère mieux avec une forte progression de la production brésilienne en particulier. C'est pourtant le Brésil qui s'attaque maintenant à l'OMC au règlement sucre européen. Au même moment, le groupe Beghin Say, producteur en Europe mais aussi au Brésil, a fait l'objet d'une reprise originale par les planteurs de betteraves eux-mêmes.

Toujours la surproduction mondiale

En 2002-2003, pour la première fois, la production mondiale de sucre pourrait dépasser le seuil des 140 millions de tonnes (équivalent brut). En dehors de l'Inde où la production devrait diminuer du fait de problèmes climatiques, la production progresserait à peu près partout et notamment chez le premier producteur mondial, le Brésil, qui pourrait dépasser le seuil des 23 millions de tonnes.

Le cas du Brésil est en fait un peu particulier. Les 320 millions de tonnes de canne à sucre servent à la fois à faire du sucre et de l'alcool. En équivalent sucre, la production brésilienne est de l'ordre de 45 millions de tonnes qui se répartit à peu près moitié moitié entre sucre et alcool. La production brésilienne d'alcool (12,5 milliards de litres) est destinée pour l'essentiel à la consommation locale : l'essence doit en effet contenir un pourcentage minimum d'alcool : 25 % en 2002 et 20 % à compter de mars 2003.

Cette baisse du taux minimum d'incorporation pourrait se traduire par une augmentation de 2 millions de tonnes de la production de sucre, tant celui-ci – même avec des prix mondiaux déprimés – est plus rentable pour les producteurs que l'alcool. Le Brésil a donc un potentiel sucrier considérable et représente une menace permanente pour les marchés mondiaux. Le nouveau ministre de l'agricul-

Prix indicatif du sucre moyenne mobile ISO
(en US cents/lb)

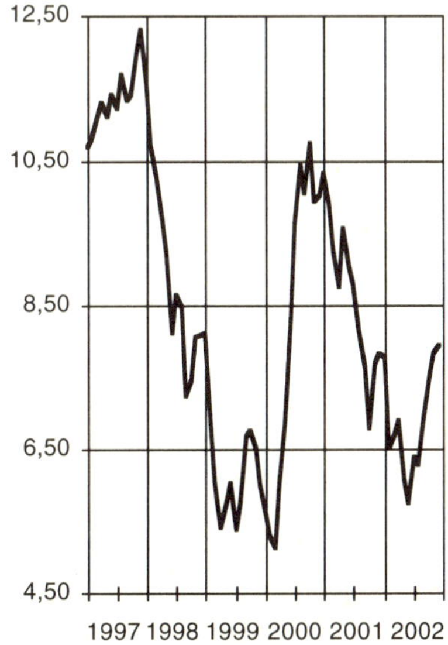

Les prix du sucre et de l'alcool au Brésil

(en cents par livre d'équivalent sucre en août 2002)

Sucre domestique	6,46
Sucre export	5,98
Alcool anhydre	5,17
Alcool hydraté	4,59

Source : Datagro.

ture de « Lula » est l'ancien directeur d'une coopérative de canne à sucre et il y a peu de chances que la politique sucrière du Brésil change de manière radicale. Il est vrai que les producteurs brésiliens sont probablement les seuls à équilibrer leurs coûts avec les prix de marché actuels.

Il est un peu cruel de comparer le Brésil à l'île qui fut longtemps le premier producteur mondial, Cuba : avec 3,6 millions de tonnes, on est loin des « grandes zafras » que Fidel Castro avait annoncée à dix millions de tonnes et plus. Après deux décennies de déclin, le gouvernement cubain s'est lancé dans un exercice de rationalisation en fermant 71 usines sur 156 et en licenciant 100000 personnes. Le monopole d'exportation, Cubazucar, serait même remplacé par CAISA, une société mixte faisant appel à des capitaux étrangers, notamment britanniques.

Dans le Pacifique, les principaux producteurs restent l'Inde et la Chine qui équilibrent à peu près leur consommation quoique le déficit chinois ait nettement eu tendance à augmenter ces dernières années du fait d'une médiocre compétitivité : pour un prix de gros moyen de 13,5 cents la livre, les coûts de production étaient en 2002 de 15 cents pour le sucre de canne et de 16,5 cents pour le sucre de betterave. Les principaux exportateurs de la région restent la Thaïlande et l'Australie.

Dans le concert mondial, l'Europe à la fois exportatrice et importatrice occupe une place particulière et critiquée.

Haro sur l'Europe !

Pendant longtemps, le sucre a été un produit agricole très particulier passant au travers des « gouttes » des réformes des politiques agricoles et des conflits commerciaux. C'est que États-Unis et Europe avaient des approches à peu près comparables, protégeaient leurs marchés à des niveaux à peu près identiques (le prix américain est de l'ordre de 22 cents la livre pour le sucre brut, de 26 cents pour le sucre raffiné) et géraient même leurs importations avec le même système de quotas. Là s'arrête la comparaison, car autant le secteur sucrier américain est peu compétitif, autant l'industrie européenne est dynamique et projetée vers les marchés internationaux. Mais comment ne pas remarquer que le sucre a échappé à tous les efforts des libéraux américains du temps du Fair Act (1996), qu'il en a été de même en Europe, même si on commence à évoquer la date de 2006 pour une éventuelle réforme ? Pour l'instant, il y a bien eu une diminution de 5,7 % des quotas A et B pour la campagne 2002-2003, mais en même temps une augmentation de 21 % du fait de l'élargissement de l'Europe (un pays comme la Pologne a obtenu un quota de 1,6 million de tonnes). Dans la proposition de réforme de la PAC présentée par Franz Fischler en janvier 2003, le sucre est à peine mentionné, à se demander au fond si la betterave est une grande culture !

Tout ceci pourrait changer avec le dépôt d'une plainte par le Brésil et l'Australie contre l'Union européenne. Le système sucrier européen est en effet remarquablement efficace. Les producteurs bénéficient de quotas A et B (14,4 millions de tonnes susceptibles d'être modifiés chaque année comme cela a été le cas en 2002-2003) mais peuvent au-delà produire du hors quota (ou C) destiné au marché mondial. Il y a bien là un système de double prix menant à du dumping (le Canada a été condamné pour un mécanisme à peu près identique dans le domaine laitier) pour les 2 à 3 millions de tonnes exportées chaque année. Là où cela se complique, c'est que l'Europe importe chaque année 2 autres millions de

SUCRE		1997/98	1998/99	1999/00	2000/01	2001/02	2002/03 (p. USDA)
Production mondiale		**124,9**	**130,9**	**136,4**	**130,3**	**133,9**	**138,8**
dont	Brésil	15,7	18,3	20,1	17,1	20,4	22,8
	Inde	14,5	17,4	20,2	20,5	20,3	18,9
	Union Européenne	19,3	17,8	19,5	18,5	16,2	17,8
	Chine	8,6	9,0	7,5	6,8	7,9	8,4
	États-Unis	7,2	7,6	8,2	8,0	7,2	7,5
	Thaïlande	4,2	5,4	5,7	5,1	6,4	6,6
	Australie	5,5	5,0	5,4	4,2	4,6	5,0
	Mexique	4,8	5,0	5,0	5,2	5,2	5,0
	Cuba	3,2	3,8	4,1	3,5	3,6	3,2
	Ukraine	2,0	2,0	1,7	1,7	1,8	2,0
	Fédération de Russie	1,3	1,3	1,5	1,6	1,6	1,7
Consommation mondiale		**122,8**	**124,2**	**127,1**	**129,7**	**132,1**	**133,5**
dont	Inde	16,7	17,0	17,3	17,8	18,5	19,0
	Union Européenne	14,3	14,3	14,5	14,1	14,2	14,3
	Brésil	8,8	9,1	9,1	9,3	9,5	9,7
	États-Unis	8,9	9,1	9,0	9,3	9,3	8,9
	Chine	9,0	8,9	8,5	8,7	8,7	8,8
	Russie	4,9	5,0	6,1	6,8	6,9	7,0
	Mexique	4,2	4,5	4,6	4,6	5,1	5,3
	Ukraine	1,9	2,0	1,9	2,1	2,0	2,0
Exportations mondiales		**35,4**	**37,4**	**41,5**	**37,7**	**40,4**	**43,8**
dont	Brésil	7,2	8,8	11,3	7,7	11,6	13,1
	Union Européenne	6,3	5,3	6,1	6,6	4,2	5,8
	Thaïlande	2,5	3,4	4,1	3,4	4,3	4,6
	Australie	4,5	4,1	4,1	3,1	3,4	3,9
	Cuba	2,5	3,1	3,4	3,0	3,0	2,5
Importations mondiales		**32,6**	**36,0**	**35,8**	**37,8**	**36,2**	**36,5**
dont	Japon	1,5	6,1	6,1	6,8	7,0	7,2
	Fédération de Russie	4,2	5,4	5,2	5,7	4,8	4,5
	Chine	0,4	0,5	0,7	1,1	1,4	1,5
	États-Unis	1,9	1,7	1,5	1,4	1,4	1,4

(en millions de tonnes) *(Source : USDA)*

tonnes des pays ACP et autres PMA, qu'elle les paye au prix communautaire et qu'elle en réexporte l'équivalent. Les bénéficiaires de ces importations, au premier rang desquels Maurice, les Fidji, la Jamaïque ou la Guyana, se retrouvent donc du côté européen. Le classique affrontement Nord-Sud se trouve là modifié. Une condamnation (possible sinon probable) de l'Union européenne à l'OMC remettrait en cause tout l'édifice. Le protocole sucre de la convention de Lomé/Cotonou ne survivrait pas. Quant aux quotas sucriers européens, dont l'avenir est de toute façon problématique au-delà de 2006, on voit mal comment les faire évoluer en douceur sans totalement remettre en cause la logique du système.

Au-delà des débats sur la réforme de la PAC, la « question des sucres » (l'expression remonte en fait aux débats parlementaires français et britanniques de la fin du XIXe siècle) risque d'être au cœur des discussions internationales, au carrefour entre les guerres agricoles, les débats sur le libéralisme commercial et les problèmes de relation Nord-Sud.

Concentrations sucrières

C'est en novembre 2002 que le dernier morceau du rêve de Raul Gardini, le flamboyant condottière italien qui avait fait de Ferruzzi un géant agro-industriel, a disparu. Après son éclatement en quatre branches (sucre, huile, amidon, alimentation animale), Eridania-Beghin Say a donc vendu ses activités sucrières : Eridania a été vendu à un consortium italien auquel participent les betteraviers italiens. En France, Beghin Say a finalement été racheté (pour une valorisation totale de 1,7 milliard d'euros) par un consortium composé de l'Union BS, représentant les betteraviers livrant aux usines Beghin Say et qui ont souscrit en capital, et l'Union SDA, une union de coopératives du Nord de la France qui est aussi présente en République tchèque et au Brésil. En fait Beghin Say va être éclaté entre plusieurs acteurs : quatre usines seront reprises par d'autres coopératives françaises (Cristal Union et SDHF) ; les filiales hongroises ont été rachetées par Nordzucker tandis que Saint Louis Sucre, filiale de Südzucker, rachète 65 000 tonnes de quota.

Union SDA est désormais le numéro 1 du marché français avec 35 % de la production (1,4 million de tonnes). Avec les deux autres unions coopératives, le monde coopératif représente 62 % de la production française. Union SDA est aussi fortement implanté au Brésil où il est à la fois sucrier et producteur d'alcool. Le groupe coopératif est le numéro 2 européen et mondial du sucre derrière un autre groupe coopératif, l'allemand Südzucker. Il est intéressant de remarquer que l'industrie sucrière, qui fut longtemps l'un des symboles du monde capitaliste (dans le célèbre roman de Maurice Druon, « Les grandes familles », la fortune du clan est assise sur l'industrie sucrière), est désormais pour l'essentiel sous le contrôle de groupes coopératifs.

La restructuration du marché français fait suite à d'intenses mouvements d'acquisitions qui ont marqué les pays d'Europe de l'Est dans la perspective de l'élargissement : à l'exception de la Pologne, où des capitaux locaux

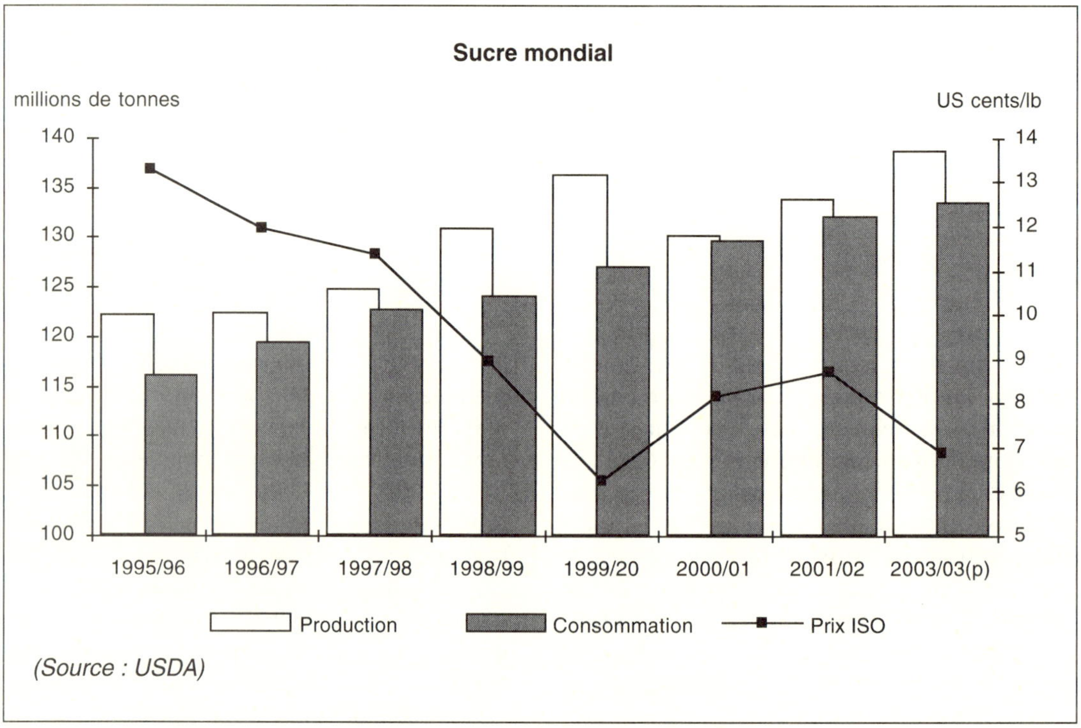

Estimations de la production et de la consommation mondiales de sucre
Récolte 2002/2003

	Production	Consommation	Surplus/déficit
FAO	140,70	136,00	+ 4,70
USDA	138,77	135,50	+ 3,27
F.O. Licht	143,14	136,57	+ 4,54
ISO	141,75	137,39	+ 4,36
C.Czarnikow	143,17	139,53	+ 2,64
ED&Fman	142,28	136,86	+ 5,42

(en millions de tonnes)

sont encore présents, les principaux groupes sucriers européens ont pris le contrôle des industries sucrières des pays candidats : les groupes allemands (Südzucker, Nordzucker, Pfeifer und Laugen) sont présents en Roumanie et en Pologne ; les groupes français en République tchèque et en Roumanie, les groupes anglais en Pologne via Tate and Lyle, qui est aussi présente aux États-Unis et qui reste encore la plus mondialisée des sociétés sucrières.

En 2003, il y aura peu de surprises à attendre du côté du marché mondial du sucre qui devrait rester déprimé sous le poids de stocks qui pèseront en fin de campagne 45 % de la consommation mondiale. Comme à la fin du XIXe siècle, au temps des grands débats internationaux qui devaient mener à la Convention de Bruxelles de 1902, le premier accord international portant sur les matières premières, l'actualité sucrière sera beaucoup plus celles des prétoires et des commissions et autres panels à Genève ou Bruxelles et la « question des sucres » promet d'être aussi passionnée qu'il y a cent cinquante ans lorsqu'un premier ministre de la reine Victoria, Disraeli, disait qu'« il était étrange de constater qu'un produit qui charmait l'enfance et adoucissait la vieillesse ait pu être à l'origine de tant de catastrophes politiques ! ».

Café

Trois ans déjà que l'indice ICO des prix du café dérape et se morfond sous la barre du dollar la livre. À 47,68 cents par livre en 2002, le prix composite est à un niveau deux fois inférieur à celui de 1998, et près de trois fois inférieur à celui de 1997. Corrigé de l'inflation, le prix réel du café est aujourd'hui à peine égal au quart de ce qu'il valait en 1960. Les problèmes de pauvreté induits par la chute des cours du café, qui assure directement ou indirectement la subsistance de quelque 100 millions de personnes dans le monde, doublés de l'inégalité manifeste dans la répartition de la valeur ajoutée depuis les sacs vendus bord-champs jusqu'au petit noir sur le comptoir, ont placé le café sous les feux de la rampe. Ong, gouvernements des pays consommateurs et producteurs, chercheurs, se sont saisis du café pour souligner les risques d'une pareille situation, sans parvenir toutefois à se mettre d'accord sur les mesures indispensables de prévention et de précaution des crises récurrentes sur ce marché intrinsèquement instable.

Une crise d'excédents

Les coups de froid de fin juillet 2002 au Brésil n'y peuvent rien : les cours restent déprimés en raison d'un excès débordant d'offres. Le FMI non plus, et ses $ 250 millions accordés en juillet 2002 au premier exportateur : le real ne s'est pas apprécié au point de dissuader les exportateurs de café d'ensevelir le marché sous les cerises. En juillet 2002, le Brésil exportait 25 % de plus qu'en juillet 2001.

La production en 2001-02 est estimée par FO Licht's à 111 millions de sacs (de 60 kg) contre 115 en 2000-01. La baisse des productions de robusta ivoirienne et vietnamienne, d'arabica guatémaltèque, a été compensée par les hausses des productions brésilienne et colombienne. Le Brésil a produit environ 35 millions de sacs (dont un nombre accru de Robustas par rapport à l'année précédente, ce qui ne devrait pas se reproduire cette saison), la Colombie 11 millions. La saison 2002/03 s'annonce sous de plus sombres auspices encore : la production dégorge : elle est en hausse à 120 millions de sacs, avec une récolte brésilienne fracassante annoncée, à plus de 50 millions de sacs. Et les prix dans cette perspective demeurent inférieurs aux coûts de pro-

Prix indicatif de l'accord international sur le café
(en US cents/lb)

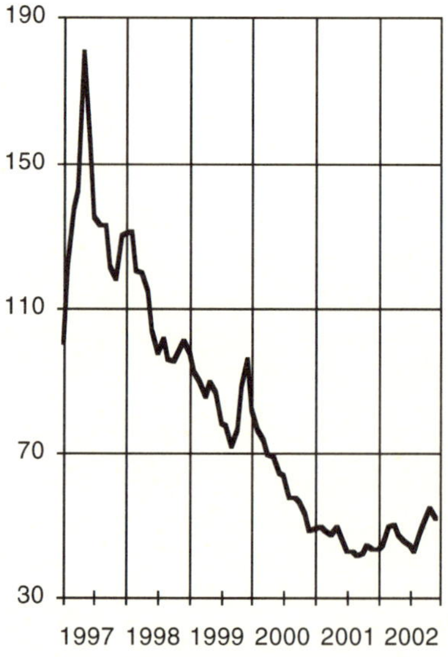

duction, l'Ong britannique Oxfam citant l'exemple de ces producteurs ultra-compétitifs du Vietnam qui peinaient au pire de la crise (hiver 2001-2002) à couvrir plus de 60 % de leur coût par les recettes de leur vente de café. Depuis la fin de l'Accord International sur le Café (ICA) en 1989, et si l'on excepte les deux pics de prix liés aux gelées brésiliennes en 1995 et 1997, les prix du café ont été la majeure partie du temps inférieurs à la barre psychologique des 100 cents par livre, et a fortiori sous celle des 120 cents par livre, prix plancher de l'ICA à l'époque de son existence.

Dans le même temps, la consommation ne témoigne pas de l'exubérance caractéristique de l'offre: en hausse d'un sage 1,5 % annuel, elle passe lentement le cap des 110 millions de sacs. La consommation déçoit, hormis celle des cafés de spécialité, en hausse de 15 % sur la saison précédente. Le secteur des spécialités représenterait aujourd'hui 40 % de la valeur des ventes de café aux États-Unis. Une des grandes marques de café de spécialité aux États-Unis, le Californien Peet's Coffee & Tea, annonçait en octobre que ses revenus pourraient croître de 45 % à 55 % en 2003, avec des progressions de vente de l'ordre de 13 % à 15 %. Signalons que le Brésil, en plus d'être le premier producteur au monde, est également le second pays consommateur derrière les États-Unis, avec 13 millions de sacs, soit 40 % d'une récolte moyenne. À 5 kg de café consommé par tête et par an, les Brésiliens devancent les Américains (4 kg) mais restent derrière les Scandinaves et leurs 12 kg de café par habitant et par an.

Les mesures anti-crise

Quelles sont les mesures anti-crises disponibles aujourd'hui, qui soient à la fois efficaces et coopératives? Il y a tout d'abord les mesures nationales. Ainsi le Brésil offre-t-il à ses organisations de producteur des options de vente (*put*) sur les contrats à terme de la Bourse de New York. La Banque Mondiale a mis en place un mécanisme comparable en Amérique centrale et en Ouganda. L'Indonésie accroît les stocks publics. La Colombie et l'Amérique centrale détruisent les grains de médiocre qualité.

À un niveau multilatéral, la tentative de l'Indonésie de se joindre l'Inde et le Vietnam dans une politique de restriction de l'offre à hauteur de 7,5 millions de sacs retirés du marché a tourné court, faute de soutien de ces deux derniers pays.

L'ICO quant à elle a lancé en 2002 son Plan Qualité Café (*Coffee Quality Program – CQP*), opérationnel le 1er octobre. Le Plan définit des standards minimums d'exportation et vise à supprimer « tout le café sur le marché qui ne devrait pas s'appeler café ni faire l'objet d'une consommation humaine » selon les mots du directeur de l'ICO, le Colombien Nestor Osorio. Il est attendu du Plan un retrait de 5 millions de sacs par an, avec un impact sur les prix estimés à 2 cents par livre de hausse pour chaque million de sacs retirés. Un premier bilan sera dressé en octobre 2003 après un an de fonctionnement du Plan. Hormis la qualité, les préoccupations de l'ICO comme la diversification et la promotion de la consommation restent formelles, faute de fonds. La désignation de Ernesto Illy, des Cafés Illy, à la tête du Comité de Promotion de l'ICO en septembre 2002, vise à accélérer la recherche de contributions financières pour la promotion, ainsi que le retour des États-Unis au sein de l'ICO.

Complémentaires des initiatives gouvernementales, les initiatives privées suivent deux voies: l'exploration de nouvelles niches par une différenciation accrue des produits d'une part, la traçabilité depuis l'origine d'autre part. La première direction, on le sait par définition, n'est pas une solution généralisable à une large part des volumes échangés sur le marché: il n'y a pas et il n'y aura pas de niches pour tout le monde. À titre d'exemple, le torréfacteur danois, Kaffekompagni, spécialisé dans le bio et l'équitable, doute aujourd'hui de l'opportunité même d'occuper des marchés de niche. Le Danemark est avec la Suède, la Finlande et la Norvège, un des pays les plus gros consommateurs de café par habitant. Les ventes de café équitable représentent au Danemark 2 à 3 % des 40000 tonnes de café consommés annuel-

CAFÉ	1997	1998	1999	2000	2001	2002
Production mondiale	**96,2**	**106,0**	**114,7**	**111,5**	**110,2**	**118,8**
dont Brésil (A/R)	22,8	34,7	32,3	32,2	34,3	47,3
Colombie(A)	12,2	11,0	9,4	10,5	12,0	11,3
Vietnam (R)	6,9	7,0	11,6	14,8	12,3	8,7
Indonésie (R/A)	7,8	8,5	5,4	6,7	7,7	5,8
Inde (A/R)	4,7	4,4	5,5	4,5	4,9	4,7
Cote d'Ivoire (R)	4,2	2,0	6,3	4,3	3,4	4,0
Mexique (A)	4,8	4,8	6,2	4,8	4,3	4,0
Guatemala (A/R)	4,2	4,9	5,2	4,7	3,6	3,8
Éthiopie (A)	2,9	2,7	3,5	2,8	3,8	3,8
Ouganda (R/A)	2,6	3,3	3,1	3,2	3,3	3,2
Pérou (A)	1,9	2,0	2,7	2,6	2,7	2,8
Honduras (A)	2,6	2,2	3,0	2,7	3,0	2,5
Costa Rica (A)	2,5	2,4	2,4	2,2	2,2	2,2
Exportations mondiales	**77,9**	**84,7**	**92,3**	**89,6**	**90,3**	**88,6**
dont Brésil	14,8	22,9	18,8	18,0	23,2	27,9
Vietnam	6,5	6,6	10,9	10,0	13,9	11,8
Colombie	10,8	10,3	9,0	10,2	9,9	10,3
Indonésie	5,4	5,4	5,0	4,5	5,4	6,2
Guatemala	3,9	4,6	4,9	4,3	4,1	3,5
Ouganda	3,0	3,6	3,8	3,0	3,1	3,4
Inde	3,7	3,4	4,5	3,9	3,7	3,4
Honduras	2,4	2,1	2,8	2,4	2,4	2,7
Mexique	4,0	4,1	5,1	3,6	3,3	2,6
Côte d'Ivoire	5,0	2,3	5,4	3,7	4,2	2,6
Pérou	1,7	1,9	2,5	2,5	2,7	2,6
Éthiopie	1,3	1,1	1,9	1,1	1,4	2,1
Costa Rica	2,2	2,1	2,1	2,0	2,0	1,8
El Salvador	2,0	1,9	2,7	1,6	1,5	1,5
Importations mondiales	**74,8**	**76,2**	**79,4**	**81,4**	**80,7**	-
dont États-Unis	20,3	21,0	22,8	23,8	21,4	21,7
Allemagne	14,0	13,8	14,4	14,4	15,1	13,2*
France	6,8	6,7	6,8	6,6	6,9	7,0
Japon	6,0	6,1	6,6	7,0	7,1	6,9**
Italie	5,7	5,9	6,0	6,3	6,6	5,6*

A : arabica B : robusta - * 10 mois ** 11 mois

(en millions de sacs de 60 kg) *(Source : OIC)*

lement; à un prix sur le marché mondial près du double du café standard.

La traçabilité est une requête insistante des fournisseurs du marché nord américain et des consommateurs. Après trois années de baisse des cours, le secteur privé commence à s'inquiéter du sort des producteurs, à cause de la forte baisse de la qualité moyenne de la production mondiale du café, conséquence directe de la chute des prix. L'industrie par ailleurs semble plus consciente de sa vulnérabilité surtout auprès des jeunes consommateurs, qui n'hésitent pas à boycotter des produits pour des raisons éthiques. Or il n'existe toujours pas aux États-Unis aujourd'hui de quelconque obligation d'étiquetage sur la qualité des cafés vendus. C'est la raison pour laquelle un représentant des huit pays producteurs d'Amérique centrale en appelle aux États-Unis (premier marché mondial et princi-

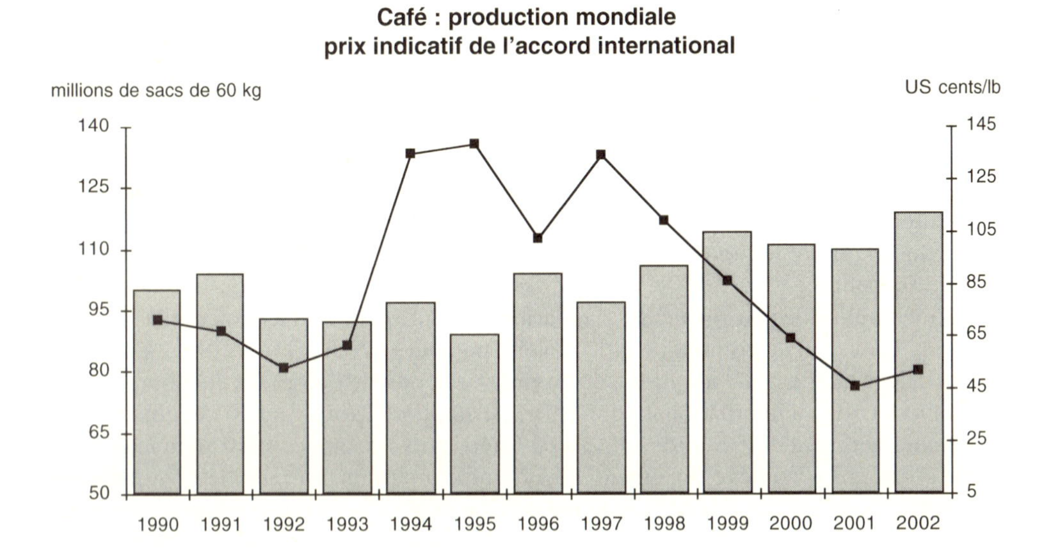

Source : USDA

pal débouché) pour prendre des mesures réglementaires afin d'améliorer l'étiquetage du café vendu au détail. Sont dénoncés les grossistes américains qui ont substitué à leur café d'Amérique centrale celui moins cher et de moindre qualité du Vietnam, et ce, point crucial, sans en informer les consommateurs.

L'initiative d'Oxfam

Interpellé par une campagne mondiale menée par Oxfam et appuyé par près de 70 ONG ou organisations de producteurs, le Congrès américain a récemment voté une résolution demandant au président Bush de travailler avec les autres pays et avec les producteurs et les acheteurs de café afin « *d'adopter une stratégie globale pour répondre à l'actuelle crise du café* ». Cette résolution a été favorablement accueillie par l'Organisation Internationale du Café (ICO), dont certains membres plaident pour la création d'une « OPEC » du café. L'administration américaine a de son côté répondu favorablement à l'appel.

Les ONG signataires de la « Déclaration sur la crise affectant les matières premières et le café », quant à elles, en appellent à une initiative internationale de stabilisation des prix. Un plan d'urgence doit être mis en œuvre afin que les torréfacteurs rémunèrent plus décemment les producteurs de café. Fer de lance de cette initiative, Oxfam soumet ainsi dans son document *Mugged. Poverty in your coffee cup* une série de recommandations – un « plan de sauvetage » – impliquant tous les acteurs de la filière, dont une synthèse peut être formulée comme suit :

1 – Les torréfacteurs devront tout d'abord payer un prix décent aux exploitants, supérieur au coût de production.

2 – Les torréfacteurs devront se plier aux standards du Plan Qualité Café de l'ICO, ce qui n'est toujours pas le cas. Et pour cause : en payant le café de mauvaise qualité à très bas prix, grâce au mélange de types différents, les multinationales augmentent leurs marges.

3 – La hausse du tarif payé aux caféiculteurs interviendra en réduisant l'offre de café. Pour ce faire, la destruction d'au moins cinq millions de sacs doit être effectuée (l'excédent mondial se chiffre à 15 millions de sacs) grâce au financement des gouvernements des pays riches et des torréfacteurs.

4 – Un Fonds de Diversification devra être créé, destiné à aider les caféiculteurs peu

Le Commerce Équitable : petit historique

Le commerce équitable (CE) trouve ses racines dans de multiples initiatives humanitaires et solidaires de l'après-guerre. Dans les années 1950, on pouvait en Europe acheter des produits de l'artisanat issus de populations défavorisées, de pays en crise ou en guerre, de zones de famine etc. Les lieux de vente et les organisateurs de ces filières d'importation étaient exclusivement de types caritatif et humanitaire. En termes institutionnels, on peut ainsi tracer l'origine du CE dans les mouvements d'après-guerre de l'église protestante anglicane et catholique flamande.

En termes politiques en revanche, l'apparition du CE peut être associée à la Conférence des Nations Unies sur le commerce et le développement (CNUCED) de 1968. Lors de cette conférence, le principe *trade not aid* (« du commerce et non de l'aide ») a été pour la première fois reconnu au niveau international pour traiter des rapports Nord-Sud. Si cet objectif de substituer le commerce à l'aide n'a pas été suivi d'effets dans les années 1970 au niveau des politiques de coopération au développement, il a clairement permis d'armer idéologiquement une grande partie de ces réseaux de solidarité internationale. D'une certaine manière, avant CNUCED 68, on achetait des produits du « Tiers-monde » par compassion ; après CNUCED 68 on achète par volonté de dénonciation du caractère fondamentalement inéquitable du commerce international vis-à-vis des populations du Sud.

CNUCED 68 et les débats entourant sa préparation ont influencé la stratégie de deux associations caritatives : SOS Wereldhandel aux Pays-Bas et Oxford Committee for Famine Relief (OXFAM) en Grande Bretagne. Pour SOS Wereldhandel, le lien entre démarche caritative et dénonciation des règles du commerce international s'est concrétisé par une campagne contre les politiques protectionnistes européennes de la betterave à sucre et leurs conséquences néfastes pour les producteurs de canne à sucre des pays en développement. « En achetant du sucre de canne, vous faites pression sur les gouvernements des pays riches [...] pour qu'ils laissent aux pays pauvres une place au soleil de la croissance », tel était à l'époque le mot d'ordre de SOS Wereldhandel. Pour OXFAM, la filière d'importation de produits d'artisanat du Sud déjà existante a été renforcée à la même époque avec la création du Bridge Programme (par la suite Oxfam Trading UK puis Oxfam Fair Trade Company en 1996). Outre le lien entre commerce et développement, OXFAM a très tôt développé un discours sur la préservation de l'identité culturelle des populations et sur la nécessité d'une relation « d'égal à égal » entre producteurs au Sud et acheteurs au Nord.

Source : Solagral (2002), *État des lieux et changement d'échelle du Commerce Équitable*.

productifs à élargir et augmenter leurs moyens de subsistance.

5 – L'accroissement des achats de Café Équitable par les torréfacteurs, à concurrence de 2 % de leurs achats totaux en 2003.

6 – Développement des labels de qualité.

L'originalité de l'initiative d'Oxfam, initiative privée puisqu'émanant d'une ONG, est de s'appuyer sur les structures existantes comme l'ICO, son Plan Qualité Café et le Commerce Équitable, pour réclamer « plus » que ne peut le faire l'ICO avec ses moyens actuels. Sa faiblesse réside dans le peu de pouvoir de coercition dont elle dispose pour inciter les grands torréfacteurs à accorder aux caféiculteurs « un prix décent supérieur au coût de production ». La crise du café est en tout cas telle qu'elle peut justifier le recours à des solutions extrêmes, au-delà de l'économie de marché !

Cacao

Un déficit annoncé. Le marché du cacao entre dans une troisième année consécutive de déficit, marquée par une hausse soutenue des cours. Les prix à terme au dernier trimestre 2002 se trouvaient plus de 50 % au-dessus des cours de l'année précédente, atteignant leur plus haut niveau depuis quinze ans, à £ 1400 la tonne à Londres et $ 2000 la tonne à New York. La crise ivoirienne affecte certes l'offre nationale du premier producteur de cacao dans le monde, mais l'impact, d'après les opérateurs, continue d'être limité : les exportations ivoiriennes sont en effet inférieures de 5 à 10 % seulement par rapport au niveau qu'elles devraient avoir en situation normale. Des courtiers estiment ainsi la prime liée à la crise ivoirienne durant le premier trimestre 2003 à l'intérieur d'une fourchette de £ 50 ou £ 100. La guerre civile ne fait que soutenir une hausse inscrite dans les déficits successifs du marché.

Un marché en déficit modéré

Les fondamentaux en attestent : sur les dix dernières campagnes cacaoyères, sept ont été déficitaires, avec un déficit record de 266000 tonnes de fèves en 2000/01, que l'on n'avait pas atteint depuis plus de trente ans. Il faut dire que la faiblesse des cours dans les années 1990 a découragé les planteurs, n'incitant guère au remplacement des arbres, au soin lors de la récolte, ni à l'allocation de main-d'œuvre suffisante pour l'obtention d'une qualité trop peu valorisée par le marché. L'abdication lente face au déclin des cours s'est néanmoins accompagnée d'une hausse régulière de la consommation d'environ 1 % par an. Le déficit, dans ces conditions, n'était pas étonnant : c'est seulement son ampleur qui a surpris, et dopé le marché tandis que se prolongeait le marasme des autres produits tropicaux. Le ratio stock/consommation est ainsi tombé à 0,34 % (soit quatre mois de consommation) en 2002 ; il devrait être de 31 % en 2002/03, soit son plus faible niveau depuis vingt ans.

Avec l'inertie qui caractérise tous les marchés de culture pérenne où l'offre est peu élastique à court terme, un nouveau déficit est annoncé en 2002-03, à 133000 tonnes d'après ED & F Man. La croissance ivoirienne peine en effet à satisfaire le surcroît annuel de demande réclamé par le marché. Alors que la Côte d'Ivoire, représentant 42 % de la production mondiale, assurait une augmentation de

Balance mondiale du cacao
(en milliers de tonnes)

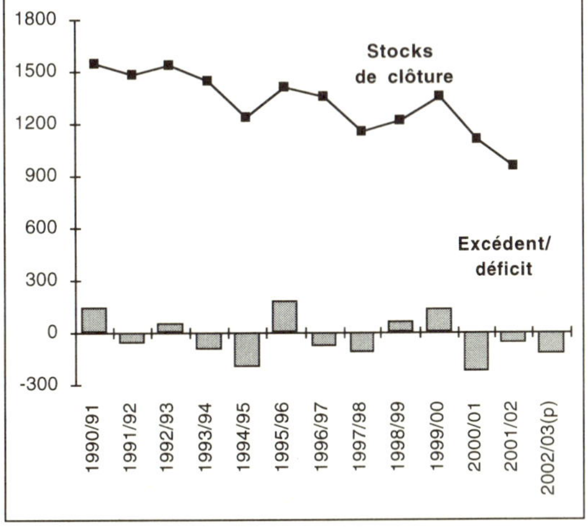

Moyennes mensuelles des prix quotidiens OIC pour le cacao en fèves
(en DTS/tonne)

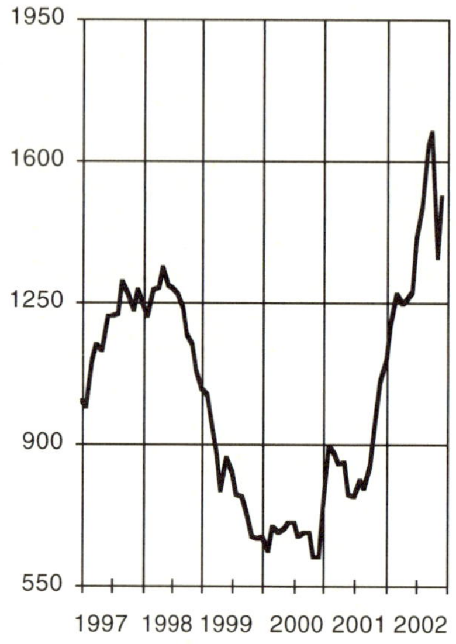

40 000 à 50 000 tonnes de l'offre annuelle de fèves dans le monde depuis vingt-cinq ans, l'incertitude politique obscurcit les perspectives de croissance à moyen terme. Les autres pays, dans le même temps, sont encore d'un poids trop modeste pour résorber le déficit. L'Indonésie a certes l'ambition d'être numéro 1 sur le marché dans un horizon de dix ans, avec une production anticipée de 1,5 million de tonnes en 2012. Grâce à de fortes précipitations à Sulawesi en novembre 2002, à la qualité des soins apportés avant récolte (engrais, traitement contre les foreurs de cabosse), les rendements indonésiens ont permis à ce pays de se hisser pour la première fois au second rang des pays producteurs, reléguant le Ghana, dont les exportations se sont affaissées, à la troisième place. Reste que la croissance de près de 20 % de la production indonésienne en 2001-02 à 461 000 tonnes (contre 1,2 million de tonnes en Côte d'Ivoire) suffit à peine à compenser les pertes de production – pour cause de maladie – observées dans les vergers brésiliens (production en baisse de 24 %) et malaisiens (– 45 %). Au total, on attend un accroissement de la production mondial de cacao de 1 % en 2002/03, après une baisse d'un volume à peu près similaire la saison précédente.

Prix courants en Europe des fèves, beurre et poudre de cacao

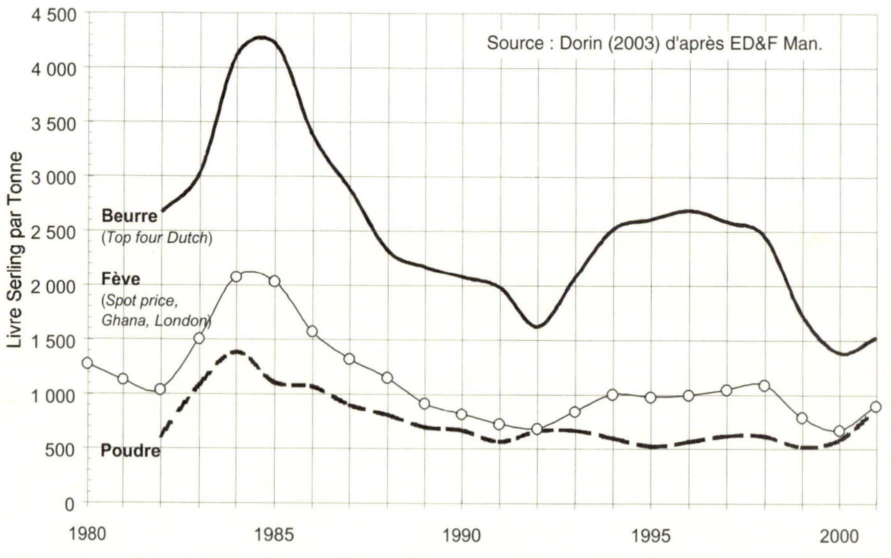

Écroulement historique des broyages

Le déficit est modeste, mais les broyages s'écroulent. On a assisté à une chute historique des broyages en 2001/02 (– 7,3 %). Les raisons ? L'érosion des marges des broyeurs, écrasées sous les stocks accumulés depuis trois ans lorsque les cours étaient en pleine glissade. Les stocks de beurre de cacao se sont, en particulier, accumulés. Les pays d'Europe de l'Est, nouveaux consommateurs de cacao depuis la chute du mur de Berlin, privilégient d'ordinaire l'achat de poudre à celui de beurre, en raison d'un différentiel de prix favorable à la poudre de cacao. Or les industriels occidentaux, pour satisfaire la demande en produits bon marché des pays de l'Est, ont produit en grosses quantités de cette poudre, et son co-produit, le beurre de cacao : un beurre de cacao produit dans des quantités telles qu'il devenait impossible de l'écouler vers ses marchés d'élection que sont le Royaume-Uni, l'Allemagne et la France. Aussi début 2002 les stocks de beurre atteignaient-ils 120 000 tonnes, entraînant son prix à la baisse. Le « coefficient de beurre » (rapport entre le cours du beurre et le cours des fèves) chutait au printemps selon l'ICCO à 1,41, contre 2,37 en moyenne les trois années précédentes. Dans cette situation d'excès de stocks, l'activité de broyage s'est brutalement réduite. Cette réduction a permis en cascade d'amoindrir le déficit mondial de chocolat à 60 000 tonnes en 2002/01.

L'inégalité des acteurs face aux fluctuations des cours

Depuis la libéralisation des filières africaines de cacao, et particulièrement de la filière ivoirienne, la mesure de la part du prix d'exportation perçue par les planteurs était attendue. On se souvient qu'un des arguments pour la libéralisation et le démantèlement des caisses de stabilisation était la taxation que ces dernières imposaient aux producteurs, en fixant un barème de prix très inférieur au cours mondial. Une fois les filières libéralisées, la part des prix au producteur en pourcentage du prix fob devait s'accroître, puisque débarrassée de la ponction administrative qui les plaçait sous le niveau du marché. On

Évolution de la structure du prix du chocolat vendu en France (tablette de 100 g de chocolat noir à 43 % de cacao) de 1980 à 2002

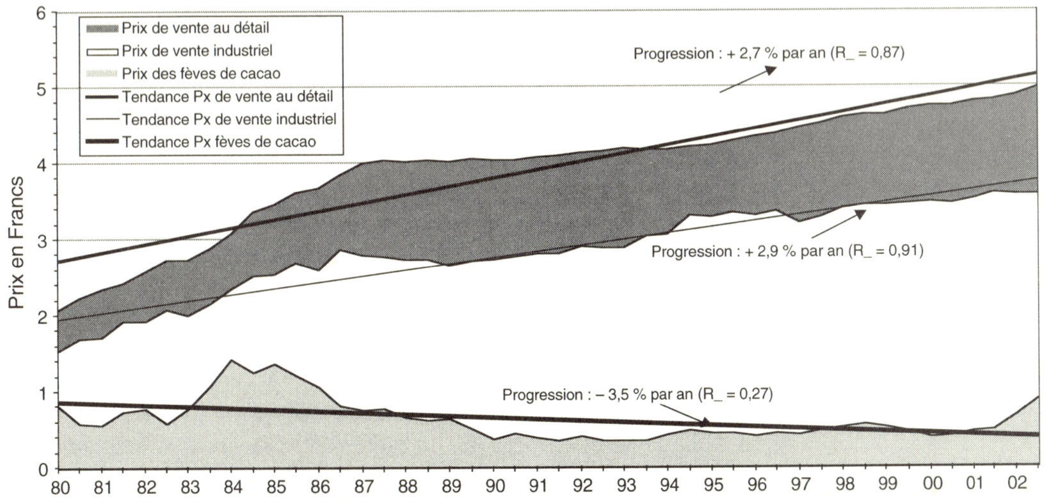

Source : Ministère français des affaires étrangères (2002).

observe en Côte d'Ivoire, à l'encontre de ce pronostic, une forte stabilité du prix moyen bord champ dans la valeur caf-Europe. Le prix bord champ, à 46-47 % du prix caf, est en moyenne strictement égal durant les trois années qui ont suivi la libéralisation et les trois années qui l'ont précédée.

Phénomène plus inquiétant, car échappant aux politiques économiques nationales, l'évolution du prix au détail de la plaquette de chocolat suit un mouvement exactement inverse de celui du prix reçu par le producteur. Les prix de la fève de cacao et de la liqueur du beurre fluctuent à la baisse. Dans le même temps, ceux de la plaquette vendue au détail s'apprécient régulièrement.

C'est ainsi que d'après diverses estimations convergentes, la part du cacaoculteur ivoirien dans le prix courant TTC d'une tablette de chocolat noir a été divisée par deux durant la décennie 1990 par rapport à la décennie 80. Il reste vrai toutefois que cette part, reflétant en partie le pouvoir de négociation du planteur, épouse les fluctuations du marché international: elle est d'autant plus faible que les cours sont déprimés, et tend à se redresser en même temps que les prix retrouvent de la vigueur et que les opérateurs s'inquiètent d'une possible pénurie.

Côte d'Ivoire : un partenariat privé-public encore fragile

Ceci nous conduit à examiner la situation du premier producteur, la Côte d'Ivoire, et des divers dispositifs censés rassurer le marché et sécuriser les petits producteurs. En Côte d'Ivoire, la Bourse du Café et du Cacao (BCC-privé) est aujourd'hui chargée du mécanisme de commercialisation. L'Autorité du Café et du Cacao (ARCC) délivre les agréments d'exportation et veille au respect des règles. Enfin, le Fonds de Régulation et de Contrôle (FRC-privé) constitue une réserve de prudence. Cette réserve, constituée grâce à un prélèvement de 41 francs par kilo de cacao durant la première période de la saison, et 60 francs durant les deuxième et troisième périodes, s'élève début 2003 à plus de 40 milliards de francs CFA. À la réserve de prudence pour le

CACAO EN FÈVES		1997/98	1998/99	1999/00	2000/01	2001/02	2002/03 (p)
Production mondiale		**2 675**	**2 864**	**3 007**	**2 842**	**2 797**	**2 827**
dont	Côte d'Ivoire	1 113	1 163	1 325	1 185	1 240	1 175
	Ghana	409	398	440	395	340	450
	Indonésie	331	390	410	388	461	420
	Nigeria	145	198	165	190	165	140
	Brésil	170	137	125	163	124	150
	Cameroun	114	125	120	127	125	125
Broyages mondiaux		**2 796**	**2 792**	**2 868**	**3 041**	**2 835**	**2 935**
dont	États-Unis	399	406	439	443	-	-
	Pays Bas	425	415	436	440	-	-
	Côte d'Ivoire	181	225	240	255	-	-
	Allemagne	226	197	215	222	-	-
	Brésil	185	192	201	205	-	-
	Royaume Uni	174	167	168	170	-	-
Excédent/déficit mondial		– 121	67	138	– 227	-63	– 133
Stocks de clôture		**1 156**	**1 224**	**1 354**	**1 115**	**955**	**-**

(en milliers de tonnes) *(Source : ED&F Man, FAO)*

CACAO EN FÈVES		1996	1997	1998	1999	2000	2001
Exportations mondiales		**2 515**	**2 153**	**2 092**	**2 441**	**2 503**	**2 257**
dont	Côte d'Ivoire	1 054	993	895	1 113	1 113	1 009
	Indonésie	274	220	278	334	334	303
	Ghana	430	236	293	281	360	219
	Nigeria	170	140	128	196	139	175
Importations mondiales		**2 142**	**1 973**	**2 122**	**2 356**	**2 457**	**2 462**
	Pays Bas	413	285	338	539	495	568
	États-Unis	453	342	424	467	471	434
	Allemagne	304	320	289	212	251	212
	Royaume Uni	220	165	198	236	135	148

(en milliers de tonnes) *(Source : ED&F Man, FAO)*

FRC s'ajoutent la taxe de la BCC (6,2 FCFA/kg), de l'ARCC (2,92 FCFA/kg) et du Fonds de Développement des Producteurs de Cacao (35 FCFA/kg), le droit unique de sortie (DUS) qui est passé en août 2002 de 180 à 220 FCFA le kilo pour les fèves et de 125 à 210 FCFA/kg pour le beurre ; enfin figurent la taxe d'enregistrement et la taxe pour la sacherie. D'après *Marchés Tropicaux,* 2 % du revenu de la filière sera taxé en sus pour alimenter la caisse agricole de l'Assurance Maladie Universelle (AMU). Tous ces prélèvements s'effectuent sur le prix à l'exportation, ce qui en l'absence de pouvoir réel de négociation, comprime la marge des producteurs. De surcroît, les soupçons de détournement s'amplifient. En juin 2002, un rapport alarmant d'un inspecteur général d'État faisait état de la disparition de plusieurs milliards de FCFA et dénonçait l'implication de certains ministres ivoiriens, dont celui des finances. On a parlé aussi de détournement de fonds par les associations de producteurs, l'une d'entre elles ayant pu acheter la SIFCA, un des principaux chargeurs ivoiriens.

Tout ce dispositif souffre de ne pas être encore pleinement efficace. En début de campagne 2002/03, le mécanisme de commercialisation définitif n'était pas encore arrêté. Le système de la campagne précédente dans les grandes lignes devrait être reconduit. Ainsi des plafonds imposés aux exportateurs. Ces derniers y restent fermement opposés, arguant du fait que le risque d'abus de position dominante justifiant les plafonds est loin d'être prouvé. Les opérateurs au contraire excipent d'une saine concurrence à l'achat, ce qui conduit à tirer vers le haut les prix aux producteurs. Les opérateurs qui transforment les fèves sur place réclament quant à eux le droit de s'alimenter sans limite. Enfin, la grande majorité souhaite des plafonds établis pour toute la campagne plutôt que par trimestre.

Qu'en est-il donc des forces privées en présence dans le pays premier producteur et premier exportateur mondial ? Malgré la guerre civile qui divise la Côte d'Ivoire, les rapports de force entre exportateurs semblent figés. Trois entreprises dominent la cinquantaine de sociétés autorisées à travailler dans le pays : les Américaines Archer Daniel Middlands et Cargill, le Suisse Barry Callebaut. Toutes possèdent un double agrément de la part des autorités ivoirienne, en vertu duquel elles peuvent exporter des fèves de cacao à l'état brut vers les usines des pays du Nord, ou bien les transformer sur place. Au total, à elles trois plus quelques autres de moindre importance, ces compagnies transforment sur place environ 350 000 tonnes de fèves, soit 35 % de la récolte. Parmi les grands exportateurs figure une entreprise française, Proci, filiale du groupe parisien Gepro. On compte également une entreprise singapourienne et une britannique. Très présent en Côte d'Ivoire, le groupe français Bolloré s'est lui offert il y a quelques années un exportateur de cacao, la société Dafci classée parmi les entreprises de moyenne importance.

Les plafonds d'exportation que se sont vues fixer ces compagnies pour la récolte 2002/2003 sont de 110000 tonnes de fèves à l'état brut. Durant la saison passée, ces grosses structures ont eu tendance malgré tout, dans une configuration de marché à la hausse, à dépasser les plafonds et ont été obligées de payer des amendes. Cet incident, rapporte un opérateur, aura été l'une des nombreuses pommes de discorde entre un gouvernement Ggagbo à la recherche d'une méthode d'encadrement administratif assoupli des filières, et les exportateurs attachés au respect des règles du libre marché.

Second volet du mécanisme d'encadrement étatique des filières cacao ivoiriennes, le principe d'un revenu minimum garanti au producteur, basé sur la fixation d'un prix minimum bord-champ, est également retenu. Durant la saison 2001/02, le prix minimum a été fixé en deçà du prix généralement fixé par les acheteurs. Il n'a joué le rôle, en l'absence de mécanisme de compensation, que de prix indicatif. On voit là une notable différence avec les prix minimums des nations à haut revenu : le prix minimum est un prix de soutien effectif chez celles-ci, lorsqu'il n'est qu'indicatif pour les pays sans ressources financières, faute de ne pouvoir être maintenu indépendamment de l'évolution des cours. Une possibilité existe pourtant de rendre ce prix effectif, et non plus seulement indicatif : le FRC pourrait utiliser les réserves de prudence pour le garantir. La formule reste à établir. Les informations dont nous disposons montrent que le prix minimum devrait prendre en compte les coûts de production. La question difficile reste alors, comme dans le cas de nombreux produits où de semblables barèmes de prix ont été à l'étude, celle de la rémunération de la main-d'œuvre familiale. Celle-ci, de manière comptable, est « bénévole ». Mais pour peu qu'un coût lui soit attribué, équivalent par exemple au taux de salaire à qualification égale sur le marché le plus proche, alors le coût de production obtenu peut être multiplié par deux ou trois. Au risque de faire basculer toute la filière sous un label équitable, ce qui n'est pas l'hypothèse la plus sérieuse vu l'étroitesse du marché.

Tout ceci reste bien sûr un peu théorique au début de 2003 alors que l'incertitude la plus totale pèse sur la Côte d'Ivoire et sur l'avenir du processus initié au moment des accords de Marcoussis. Pour tous les acteurs, l'attentisme est de règle.

Thé

Sur le marché mondial du thé, les années se suivent et se ressemblent. Une nouvelle fois la production totale a légèrement augmenté alors que la consommation reculait. La baisse de la demande est particulièrement marquée en Europe et en Inde où la multiplication du choix des boissons avive la concurrence et fait souffrir les producteurs de thé. Le fossé entre offre et demande a donc continué à se creuser, provoquant une nouvelle contraction des cours aux origines, le marché des changes brouillant encore plus les cartes.

Le cas le plus saillant est le Sri Lanka, où la production a battu tous les records. La production a dépassé les 300 millions de kilos, à 310 millions de kilos. Exprimé en dollars, le prix de vente a reculé de 5 % par rapport à 2001 où il avait déjà été en recul de 10 %. Seule la dévaluation de la roupie par rapport au dollar aura permis aux producteurs de stabiliser leurs revenus. Les derniers mois de l'année 2002 et les premières semaines de 2003 auront encore accru le malaise pour les producteurs sri lankais qui exportent 90 % de leur production. La demande pour les thés de basse qualité s'est en effet nettement contractée. Les acheteurs proche et moyen-orientaux se sont faits rares, résultat de l'incertitude politique qui prévaut dans la région en raison des menaces d'offensive américaine contre l'Irak. Un mouvement qui devrait se poursuivre en 2003 en fonction de l'évolution de la situation internationale. Le volume produit dans les jardins sri-lankais étant énorme et les prix réels faibles, la qualité s'en est ressentie.

Nombre d'acheteurs ont en conséquence déserté les salles de ventes aux enchères de Colombo pour celles de Djakarta en Indonésie, où le rapport qualité-prix était bien meilleur. Conséquence, une hausse du prix d'achat du thé indonésien d'environ 4 %, très bienvenue après deux années désastreuses en raison de récoltes très largement excédentaires. Pour les producteurs indonésiens, l'année aurait donc pu être excellente si leurs plantations n'avaient souffert de la sécheresse à partir du mois de septembre. On estime que leur récolte devrait chuter de 10 à 12 % à 93 millions de kilos.

En Inde, aux enchères de Cochin, sur les sept premiers mois de l'année, le kilo de thé

Prix du thé
enchères de Mombassa
(en US cents/kg)

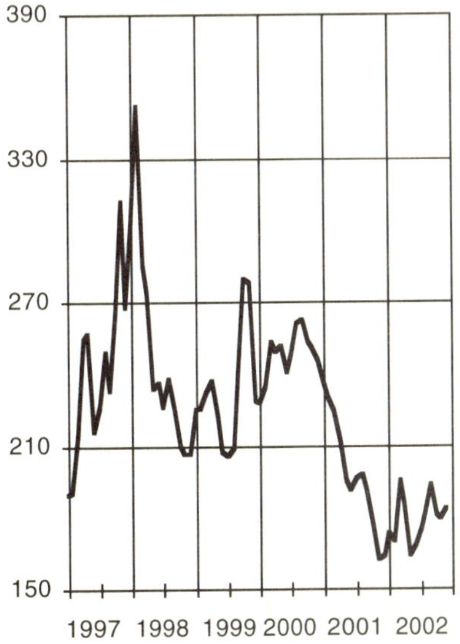

THE	1997	1998	1999	2000	2001	2002 (e)
Production mondiale	**2 764,9**	**2 991,2**	**3 100,2**	**2 939,5**	**3 043,7**	**3 058,0**
dont Inde	779,4	810,6	870,4	805,0	855,0	855,0
Chine	616,5	613,4	520,0	675,9	683,3	698,6
Sri Lanka	276,8	280,1	283,7	305,8	295,1	295,0
Kenya	200,7	294,1	248,7	236,2	240,0	240,0
Indonésie	153,8	166,8	161,0	159,4	172,0	172,0
Bangladesh	53,3	50,5	56,0	46,0	52,0	52,0
Argentine	54,1	57,1	55,8	51,8	50,0	50,0
Malawi	44,0	40,3	48,1	44,6	36,8	38,0
Exportations mondiales	**1 312,6**	**1 414,9**	**1 373,2**	**1 491,8**	**1 473,3**	**-**
dont Sri Lanka	258,0	264,0	268,0	287,9	294,0	-
Kenya	199,2	263,7	245,7	217,2	211,6	-
Inde	191,4	201,7	177,5	200,8	177,6	-
Indonésie	66,8	67,2	97,9	105,6	99,7	-
Argentine	56,8	59,0	52,1	50,0	58,0	
Malawi	26,0	39,8	40,5	30,0	30,0	-
Importations mondiales	**1 241,0**	**1 275,2**	**1 292,7**	**1 317,6**	**1391,9**	**-**
dont UE-15	295,7	289,6	274,6	268,9	282,0	-
dont *Royaume-Uni*	*181,8*	*175,8*	*162,4*	*155,8*	*164,0*	-
CEI	215,3	208,6	226,8	230,3	241,3	-
dont *Russie Fed.*	*158,2*	*150,2*	*161,0*	*158,3*	*154,4*	-
Pakistan	85,4	111,5	119,6	111,4	106,8	-
États-Unis	81,2	96,6	92,9	88,3	96,7	-
Japon	52,4	45,4	49,4	58,0	60,4	-
Egypte	77,9	65,4	73,2	71,7	56,0	-
Maroc	35,0	40,6	35,4	42,1	37,7	-

(en milliers de tonnes) *(Source : FAO)*

valait en moyenne $ 1 au lieu de $ 1,60 en 1998. La chute est rude. Principaux producteurs mondiaux, les Indiens continuent à être les grandes victimes des évolutions du marché. Les mesures adoptées fin 2001, réduction de la production en Assam, moins 20 millions de kilos, n'ont pas donné les résultats escomptés. Certes, après cinq années de croissance continuelle, la récolte indienne de thé devait plafonner pour l'année 2002 à 822 millions de kilos contre 854 millions en 2001. Mais cette baisse n'aura été que cautère sur jambe de bois. Les prix ont continué à chuter. Un recul de 16 % pour les producteurs du nord du pays, de 8 % pour ceux du sud. Les recettes à l'exportation ont donc continué à régresser : $ 240 millions de dollars de janvier à septembre 2002 au lieu de $ 260 un an auparavant

,L'industrie indienne du thé semble en réalité s'être piégée toute seule. Habituée pendant des décennies à un débouché « captif » celui de l'Union Soviétique dont elle était le principal fournisseur, l'industrie indienne du thé avait vu ses ventes dans les pays de la CEI s'effondrer après la chute du mur de Berlin et surtout après les déboires de l'économie russe. Elle n'a pas su redresser le cap. En 2001, les achats russes étaient inférieurs de 25 % aux niveaux officiellement prévus et la décélération se poursuivait en 2002. Cette situation très difficile provoquait début 2003 un grave conflit entre les planteurs et le gouvernement d'un côté, les acheteurs de l'autre. Pomme de discorde, la volonté du gouvernement d'encadrer l'activité des traders pour éviter les spéculations à la baisse.

L'année 2002 aura été cahoteuse pour l'ensemble des producteurs de thé en Asie, les Chinois comme les autres. Gros exportateurs de thé vert, les Chinois ont vu leurs ventes régresser, sans qu'il soit possible de disposer de statistiques très précises. Plusieurs raisons l'expliquent. D'abord la faiblesse de la demande moyenne-orientale et nord-africaine, conséquence des troubles régionaux et des problèmes économiques. Mais le coup le plus dur est venu des républiques d'Asie centrale, traditionnellement grosses consommatrices. Les importations de ces pays se sont orientées vers des thés de qualité inférieure. Tout cela a bien sûr réduit les gains des exportateurs chinois, avec des répercussions sur l'ensemble de la filière. Le gouvernement chinois considère en effet que les bénéfices à l'exportation doivent permettre de subventionner la production pour la consommation intérieure. Les recettes externes se réduisant, l'aide aux paysans a chuté. Cela a contribué à amplifier les migrations vers les villes, déjà naturellement très fortes dans une Chine en plein boom économique. Conséquence, la production chinoise aura continué à baisser en 2002. Sur les deux dernières années, la baisse se situerait dans une fourchette comprise entre 15 et 20 %.

Pour le principal producteur africain et second exportateur mondial, le Kenya, l'année 2002 n'aura pas non plus été des plus brillantes. L'année avait commencé avec un niveau de récolte record. Les prix étaient à leur plus bas niveau depuis quatre ans. Malgré de meilleures offres sur les qualités supérieures, malgré une réduction de la récolte d'environ 12 millions de kilos due au renouvellement des plantations les plus âgées, les cours à Mombasa sont restés modestes, terminant l'année à $ 1, 65, les plus faibles depuis quatre ans. 2003 ne s'annonce pas sous de meilleurs auspices, les volumes récoltés s'annonçant également importants. Cela fait l'affaire des producteurs du Malawi, finalement les seuls à tirer leur épingle du jeu cette année, avec une récolte moyenne de 30 millions de kilos. Déçus par la qualité kenyane, les industriels britanniques et pakistanais ont intégré les feuilles du Malawi à leurs mélanges, poussant les prix à Malabo à la hausse. Bien que restant raisonnables, $ 1,36 fob, ces prix étaient les meilleurs depuis quatre ans.

Huile de palme

Enfin l'embellie. À $ 390 la tonne en moyenne en 2002, les cours de l'huile de palme brute à Rotterdam sont en progression de 36 % par rapport à l'année précédente, enrayant ainsi une baisse historique qui les avait fait passer sous la barre des $ 280 dollars la tonne en 2001. Dans un secteur qui reste singulier dans la grande famille des *commodities* en raison du furieux dynamisme de sa demande – singularité qui se paye par la diffusion de l'obésité parmi la population urbaine de certains pays en développement – le redressement des cours a toutes les chances de se prolonger en 2003. À $ 462 dollars la tonne en janvier, les cours sont promis à un yo-yo haussier à l'agitation duquel le comportement imprévisible des importateurs nets comme l'Inde ou la Chine ne manquera pas de contribuer. Si les flux vers ces pays sont connus, les statistiques de production domestique sont en revanche beaucoup moins fiables. En partie à dessein : l'information est l'ultime arme de guerre commerciale de ces deux pays convertis récemment aux règles de la coopération multilatérale.

Prix de l'huile de palme et de l'huile de palmiste, Malaisie, caf Rotterdam
(en US $/tonne)

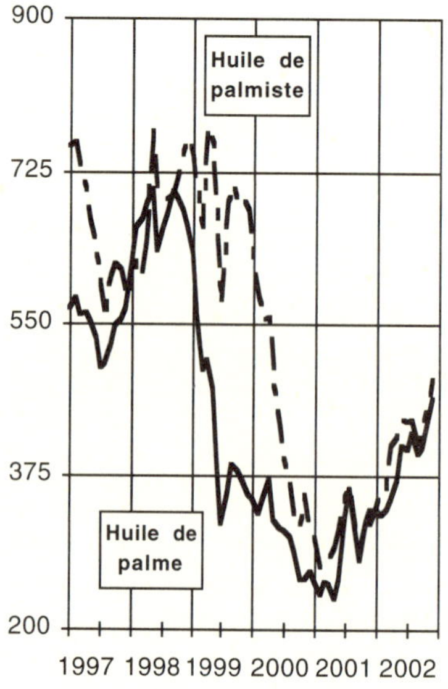

L'Asie continue de tirer la consommation à la hausse

Les faibles niveaux de prix des huiles végétales durant les trois dernières années ont induit une croissance rapide de la consommation, particulièrement dans les pays à faible revenu où la consommation annuelle d'huile et graisse oscille entre 10 et 15 kg par tête et par an. Les pays d'Asie en particulier sont responsables de plus de la moitié de la croissance de la consommation mondiale d'huiles et graisses durant ces cinq dernières années. La baisse des prix et la croissance consécutive de la consommation de corps gras se sont accompagnées dans les pays poids lourds comme l'Inde, le Pakistan et la Chine, de mesures de protection (droits de douane, quotas d'importation) visant à favoriser l'approvisionnement domestique à un coût inévitablement supérieur au cours mondial.

La perspective d'un affaiblissement de la croissance de l'offre en 2003 et d'un redressement affirmé des prix ne peut, dans ces conditions, que conduire à un ajustement des poli-

PALME, PALMISTE	1997/98	1998/99	1999/00	2000/01	2001/02	2002/03 (p)
• Huile de palme						
Production mondiale	**16,98**	**19,31**	**21,22**	**23,83**	**24,78**	**25,59**
dont Malaisie	8,51	9,76	10,49	11,94	11,85	12,20
Indonésie	5,09	5,92	6,80	7,66	8,70	9,08
Nigeria	0,69	0,71	0,73	0,76	0,77	0,78
Exportations mondiales	11,65	13,11	14,74	17,32	18,79	19,37
dont Malaisie	7,85	8,48	9,10	10,76	10,86	11,17
Indonésie	2,36	3,11	3,90	4,58	5,85	6,06
Importations mondiales	11,83	12,90	14,81	17,41	18,49	19,63
dont U.E. (15)	2,03	2,18	2,46	2,85	3,24	3,50
Inde	1,68	2,75	3,48	3,86	3,18	3,94
Chine	1,49	1,43	1,47	2,15	2,60	2,72
Pakistan	-	1,05	1,09	1,19	1,33	1,35
• Huile de palmiste						
Production mondiale	**2,19**	**2,42**	**2,64**	**2,91**	**2,94**	**3,09**
dont Malaisie	1,13	1,25	1,36	1,54	1,47	1,54
Indonésie	0,54	0,63	0,70	0,77	0,87	0,94
Nigeria	0,12	0,15	0,19	0,20	0,20	0,20
Exportations mondiales	1,07	1,23	1,18	1,38	1,48	1,57
Importations mondiales	1,06	1,18	1,22	1,43	1,45	1,60
• Tourteau de palmiste						
Production mondiale	**2,68**	**2,96**	**3,20**	**3,48**	**3,52**	**3,73**
dont Malaisie	1,37	1,50	1,61	1,64	1,62	1,77
Exportations mondiales	2,32	2,45	2,58	2,79	2,72	2,92
Importations mondiales	2,37	2,44	2,55	2,80	2,75	2,88

(en millions de tonnes) *(Source : Oil World)*

tiques commerciales protectionnistes de ces trois grands pays – à moins de faire supporter aux consommateurs nationaux le surcoût que les barrières à l'importation leur imposent. La Chine, en vertu de son admission au sein de l'Organisation Mondiale du Commerce (OMC), s'est ainsi engagée à augmenter en 2003 ses quotas d'importation d'huiles végétales. Il y a, dans la mise en place et les retraits successifs de mesures protectionnistes au gré des fluctuations des cours mondiaux, la preuve manifeste que n'importe quel pays disposant d'une offre potentielle de produits agricoles a besoin d'outils d'intervention flexible lui permettant de réduire l'incertitude véhiculée par les fluctuations des cours. Ironie : la flexibilité est particulièrement mal vue à l'OMC où l'on réforme les politiques comme l'on envoie des wagons sur des rails : en s'engageant sur des droits de douane à taux fixes, on préjuge d'un voyage en terrain plat, ce qui à la première bosse venue fait dérailler le convoi.

Les fluctuations des importations d'huiles végétales en Inde illustrent la succession d'arbitrages prononcés par les autorités publiques au gré des cours mondiaux et des disponibilités domestiques. En Inde, l'huile de palme reste la première huile végétale importée avec 3,2 millions de tonnes en 2001-2002, et plus de 3,8 millions de tonnes attendues cette saison : mais les oscillations sont fortes et s'observent dans les deux sens, à la hausse (+ 18 % cette saison), comme à la baisse (– 16 % en 2001-2002 par rapport à la saison précédente). Ces fluctuations se remarquent sur toutes les huiles d'importation. La Chine, au contraire, confirme son engagement vers l'importation structurelle : l'augmentation des importations d'huiles végétales dépasse les 70 % depuis 1999/2000, avec une hausse atteignant 86 % dans le cas des importations d'huile de palme et 115 % pour l'huile de soja, dans une configuration des marchés internationaux favorisant il est vrai les importateurs. Les conséquences de la croissance des importations de corps gras sur la consommation par tête sont mécaniques. Les mêmes oscillations s'y impriment en Inde où en 2002-2003 la consommation par tête devrait stagner, et peut-être même baisser, à 11,8 kg par an (contre 12 kg en 2001-2002). En Chine la croissance est marquée, vigoureuse, stable : les Chinois devraient cette saison absorber plus de 16 kg d'huiles et graisses par tête, contre un peu plus de 12 kg en 1998-1999. Tout cela est certes loin des 50 kg vers lesquels nous approchons dans les pays riches, mais la Chine n'en connaît pas moins des cas d'obésité adulte et infantile dont la cause réside dans tout cet afflux d'huiles végétales bon marché.

La baisse des rendements se confirme

La baisse des rendements se confirme : à 3,37 tonnes par hectare en moyenne entre 1999 et 2001, les rendements en huile de palme brute sont estimés à 3,26 t/ha en 2002 et prévus à 3,23 t/ha en 2003 d'après Oil World. Il faut bien voir que la croissance de la production mondiale d'huile de palme de 1975 à 2000 s'est produite grâce à une augmentation des surfaces, et non des rendements. Ces derniers, sur la même période, n'augmentaient que d'un tout petit 0,5 % l'an.

La croissance des surfaces de palmeraie dans le monde s'est ainsi située aux alentours de 300 000 hectares par an de 1988 à 1992, avant de culminer en 1997 et 1999 à plus de 500 000 hectares, du jamais vu. La situation, depuis la crise asiatique de 1998 et la dépression des cours qui s'en est suivie a toutefois changé. La croissance des mises en culture retrouve sensiblement ses niveaux du début des années 1990. Ce tassement s'amplifie dès lors que l'on observe l'évolution des surfaces productives (à distinguer des surfaces mises en culture qui ne sont pas immédiatement productives). Ainsi en Indonésie, la première récolte survenait, jusqu'en 1985, environ trois ans après la mise en culture. Or, dans la seconde moitié des années 1980 et de manière plus marquée encore durant la décennie 1990, il est devenu impossible de construire les routes, usines et autres infrastructures indispensables à la production d'huile de palme au rythme effréné des nouvelles plantations. Résultat : fin 2001, les surfaces productives étaient estimées en Indonésie à seulement 82 % des surfaces plantées trois années auparavant, et à seulement 91 % des surfaces plantées quatre ans auparavant. Le calcul est simple : le délai entre la mise en culture et la première récolte s'est allongé de trois à quatre ans et demi en un peu plus de dix ans. Les efforts d'investissement en infrastructure consentis ces deux dernières années par le secteur public et le secteur privé devraient sans doute permettre de rehausser en 2002 le taux de surface productive à 88 % des surfaces plantées trois ans auparavant et à 90 % fin 2003.

Pendant ce temps les rendements moyens baissent, en dépit des prouesses que l'on sait produire aujourd'hui en laboratoire. Les rendements ont chuté de 3,3 % en moyenne dans le monde en 2002 et devraient baisser d'encore 1 % en 2003. Les causes ne varient pas : une sous-utilisation d'intrants lorsque les cours sont bas, comme ce fut le cas entre 1999 et 2001 ; le contre-coup du stress de 1999 qui correspondait à un pic de rendement ; enfin les humeurs d'El Niño qui souffle le sec et le moins sec alternativement sur la péninsule du Sud-Est asiatique, première région de production et d'exportation du monde. Position incontestée : avec une production de 8,15 millions de tonnes en 2002, plus de 8,5 millions de tonnes en 2003 en Indonésie, 11,5 et tout près de 12 millions de tonnes en Malaisie, ces deux pays assurent 82 % de la production mondiale aujourd'hui.

Poivre et épices

En 2002, le marché du **poivre** a connu une secousse très rude. Abonné en 2000 et 2001 à des cours relativement faibles, le poivre noir a connu un très brutal réveil au début du second trimestre 2002. Au mois d'avril, en une dizaine de jours seulement, la tonne est passée de $ 950 à plus de $ 1 600 pour une livraison mai / juin, voire $ 1900 et s'est maintenue à ce niveau jusqu'au mois d'octobre. À l'origine de ce réveil brutal, les estimations de l'International Pepper Community de Djakarta. Pour l'IPC, en raison de la sécheresse, la récolte vietnamienne devait être inférieure de 20 % aux 75 000 tonnes attendues par les acheteurs et par le marché en général. Cela aurait marqué un retournement de tendance, le Vietnam ayant ces dernières années bousculé l'ordre établi sur le marché du poivre avec en particulier une récolte 2001 très importante, 56 000 tonnes. Cette annonce provoquai immédiatement une flambée des cours. Flambée d'autant plus vive que les exportateurs vietnamiens exploitaient la situation au mieux de leurs intérêts, ralentissant le rythme des sorties pour amplifier la hausse. Violemment contesté par certains des principaux traders hollandais implantés au Vietnam, objet d'une très virulente polémique durant plusieurs mois, ce chiffre devait finalement s'avérer largement sous-estimé. Fin 2002, l'IPC était obligé de constater que la production vietnamienne atteignait les 77 000 tonnes : ce qui représente une hausse de 33 % d'une année sur l'autre, une part de marché de 35 % et conforte le Vietnam dans sa position de premier producteur mondial. Globalement, en particulier en raison de la hausse des exportations vietnamiennes, les disponibilités mondiales ont augmenté de 9 %. Le Vietnam fait un peu sur le marché du poivre ce qu'il a fait il y a quelques années pour le café.

L'Indonésie se maintient au second rang bien qu'en recul d'une année sur l'autre. Les Indonésiens auront exporté 45 000 tonnes de poivre dont 29 316 tonnes de poivre blanc. Cela dit, début 2003, la situation sur ces deux marchés est très différente. La récolte de poivre blanc sur l'île indonésienne de Bengka, 80 % de la production mondiale, semble menacée par des problèmes climatiques. La récolte intermédiaire de janvier/mars 2003 serait quasi inexistante. Conséquence : début

Prix du poivre blanc et du poivre noir Sarawak (en US $/t)

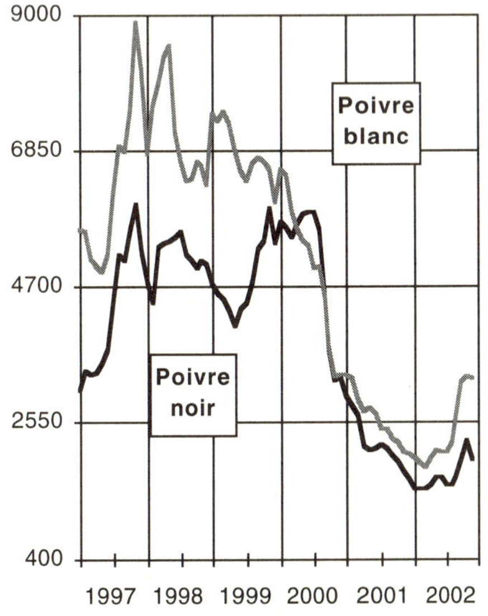

2003, la tonne de poivre blanc « spot » se négociait à $ 3000. La récolte de juin 2003 devrait est aussi menacée, ce qui compromettrait les disponibilités en 2004. Les producteurs brésiliens ont quant à eux réduit leurs investissements dans ce secteur. Victime de sa situation économique, l'Argentine, débouché traditionnel, a revu ses achats à la baisse. Le Brésil a produit 4500 tonnes de poivre blanc, 10 % de sa récolte globale de poivre. Mais, à la tête d'un stock de report de 10000 tonnes, les exportateurs brésiliens se plaignaient début 2003 de l'attentisme des acheteurs américains avant l'arrivée de la récolte vietnamienne et de l'effritement des cours.

En Inde, la récolte continue de reculer. Les chiffres divulgués pendant l'année 2002 ont parfois fait état d'une récolte inférieure aux cinquante mille tonnes. La mousson n'a pas apporté les pluies escomptées, les arbustes ont dépéri, la floraison ne s'est pas faite. Finalement, la baisse de la production n'a pas été aussi dramatique que prévu. La récolte 2002 devrait dépasser les 60000 tonnes. Mais les volumes disponibles pour l'export sont de plus en plus réduits. En 2002, les Indiens ont exporté à peine plus de 20000 tonnes de poivre. C'est que la consommation intérieure indienne est en train d'exploser. Certaines sources la situent aux environs des 60000 tonnes. Dans les prochaines années, la production nationale suffira à peine à satisfaire la consommation locale. L'Inde pourrait devenir importateur net contribuant ainsi de manière significative au basculement du marché mondial. La Chine semble suivre le même mouvement. Selon les professionnels, avec le développement économique et la modification des habitudes alimentaires, la consommation de poivre est en train de progresser de manière vertigineuse.

De son côté, le marché de la **vanille** aura réussi, performance assez exceptionnelle, à cumuler une fois encore baisse de la consommation dans les pays industriels du nord et prix très élevés chez les producteurs, à Madagascar en particulier. Bon an, mal an, le kilo de vanille a évolué entre les $ 150 et $ 200 : trois

POIVRE		1998	1999	2000	2001	2002 (e)	2003 (p)
Production mondiale		**236 495**	**280 036**	**282 152**	**288 990**	**300 395**	**-**
dont	Vietnam	n/d	n/d	36 000	62 000	80 000*	90 000*
	Inde	65 000	75 000	58 000	79 000	80 000	65 000
	Indonésie	56 250	44 500	77 500	59 000	42 000	48 000
	Brésil	17 000	22 000	30 000	43 000	45 000	47 000
	Malaisie	19 000	21 500	27 000	24 000	24 000	27 000
	Thaïlande	5 313	7 000	6 534	8 819	9 962	9 500
	Sri Lanka	6 771	4 740	10 676	7 800	12 600	9 000
Exportations mondiales		**140 223**	**161 072**	**172 970**	**200 496**	**219 895**	**195 950**
dont	Vietnam	22 000	28 000	36 465	56 506	78 155	60 000
	Brésil	17 250	19 535	20 385	36 585	37 531	41 800
	Indonésie	39 557	35 529	63 938	53 291	46 509	37 000
	Inde	33 249	47 319	22 000	22 741	22 750	26 000
	Malaisie	17 833	21 594	22 731	25 406	22 500	22 000
	Sri Lanka	5 493	3 738	4 855	3 161	8 000	4 900
	Thaïlande	502	857	620	700	700	500

(en tonnes) *(Source : International Pepper Community IPC)*
* source négoce

à quatre fois le prix des années 90. Pour les sept premiers mois de l'année, les douanes américaines établissaient à 572 tonnes les importations de vanille. Courant 2002, les leaders mondiaux du marché, les Américains de Zink and Triest, estimaient à 35 % le recul de la consommation sur le marché nord américain. En 2001, la demande avait atteint les 800 tonnes. Très loin des 2 200 tonnes de 1997. Sur le marché européen, le recul est le même. Les industriels donnent la préférence au substitut chimique, la vaniline, même si ses qualités et sa composition chimique ne sont pas exactement les mêmes.

Pourtant, le haut niveau des cours sur le marché de la vanille ne doit pas grand-chose à l'irruption d'un nouvel et important acheteur, Coca-Cola qui a annoncé le lancement d'une nouvelle boisson à la vanille. La flambée désormais quasi permanente du prix de la vanille s'explique en effet par les multiples fléaux, climatiques et politiques, qui ont assailli Madagascar depuis trois ans. Fin 2002, les professionnels continuaient à broyer du noir, tablant sur une production toujours faible en 2003 et en tout cas insuffisante malgré la baisse de la demande mondiale pour ramener les prix à des niveaux plus raisonnables.

Sur le marché du **clou de girofle**, l'année 2002 aura été celle de l'effondrement des cours. Entre le mois de juillet et la fin de l'année, la tonne de clous est passée de sept mille dollars à mille cinq cents dollars en raison de l'abondance de la récolte malgache, quinze à dix huit mille tonnes, et surtout de la fermeture du principal marché à la consommation, le marché indonésien. Les Indonésiens sont les plus gros utilisateurs de clous de girofle. L'industrie locale les transforme en tabac pour les célèbres « kretek ». Or les taxes sur le tabac ont beaucoup augmenté, ce qui a fait reculer les achats de cigarettes, entraînant la demande de girofles dans le même sens. Pour 2002, les besoins en clous de girofle auront plafonné à 80 000 tonnes, ce qui ne permet pas d'absorber la production locale. Dans un réflexe protectionniste classique, les Indonésiens ont donc limité les importations. Ce qui ne fait l'affaire ni des Malgaches, ni surtout des Brésiliens dont les coûts de production sont élevés.

Bananes

Les exportations mondiales de bananes sont de l'ordre de 12 millions de tonnes pour une production, tous types de banane confondus, d'environ 95 millions de tonnes. D'abord et avant tout consommées dans les zones de production, les bananes qui se retrouvent sur le marché international ne sont issues que d'un seul et même groupe variétal, le groupe Cavendish (44 % de la production mondiale et près de 100 % du commerce mondial des bananes desserts). Les bananes de type à cuire (les bananes plantains et autres bananiers à cuire) sont quantités négligeables sur le marché international.

L'offre mondiale de bananes de type dessert est concentrée, pour les deux tiers, entre les mains des origines latino-américaines : Équateur (plus de 4,5 millions de tonnes), Costa Rica (1,7 million), Colombie (1,4 million), Guatemala (0,9 million) et Panama (0,4 million). Les Philippines sont le seul grand producteur qui n'appartienne pas à cette zone dite dollar, mais elles approvisionnent surtout le marché asiatique (2,1 millions de tonnes exportées). Le solde de l'offre mondiale est assuré par les deux origines africaines, le Cameroun et la Côte d'Ivoire, qui exportent plus de 240 000 tonnes de fruits chacun, en très grande majorité vers l'Union européenne. L'offre de ces deux États ACP africains est complétée par celle des États ACP de la Caraïbe (Jamaïque, Sainte-Lucie, Saint-Vincent, etc.) pour un montant d'environ 300 000 tonnes. Les États membres de l'Union européenne contribuent pour une part non négligeable à l'approvisionnement du marché mondial avec près de 750 000 tonnes expédiées exclusivement vers l'Union européenne. Les Canaries (420 000 tonnes), la Guadeloupe et la Martinique (323 000 tonnes) ainsi que Madère (21 000 tonnes) et, à titre symbolique, la Grèce, assurent près de 20 % de la consommation européenne.

Cette relative concentration à l'exportation est accentuée à l'importation. Trois marchés (Union européenne, États-Unis et Japon) s'adjugent 70 % de la demande mondiale avec respectivement une consommation de 4 millions (y compris la production communautaire), 3,8 millions et 1 million de tonnes de bananes. Ces trois principaux marchés ont des dyna-

Prix des bananes
Amérique centrale et Équateur,
fob ports américains
(en US cents/lb)

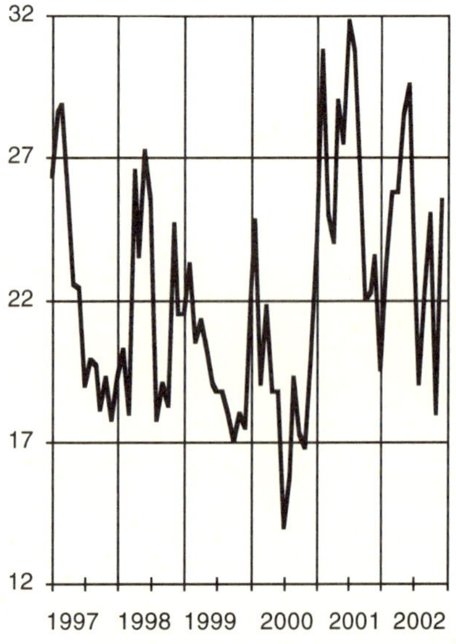

l'Union européenne en bananes se fera sans doute aux seuls bénéfices des producteurs dollar. Ce fut d'ailleurs le cas en 1995 lors du dernier élargissement. Au-delà du choix des origines bénéficiaires, la fixation du volume maximal autorisé à l'importation liée à l'adhésion des dix nouveaux membres sera fondamentale. Une augmentation trop forte et l'équilibre très précaire du marché sera rompu. Nous nous retrouverions de fait dans un système de tarification simple, sans qu'il soit nécessaire de négocier les droits de douanes, le niveau de 75 euros par tonne s'appliquant d'ores et déjà aux importateurs en provenance des pays-tiers (hors ACP).

Ces deux perspectives (élargissement et ouverture du marché) doivent se replacer dans un contexte de baisse structurelle des prix à l'importation et d'une relative stagnation de la consommation. Le marché ne réagit à la hausse qu'en cas d'intempéries dans les zones de production. Annoncé par tous les professionnels comme catastrophique pour la fin de l'année 2002, il s'est redressé au-delà de tout espoir en décembre. Une réduction soudaine du potentiel de production au Costa Rica accompagnée maintenant des effets attendus du phénomène climatique El Niño ont fait flamber les cours. Il ne faut pourtant pas s'y tromper. L'Équateur continue de développer son potentiel de production et le Costa Rica reviendra sur le marché en cours d'année. Les cours sont déjà annoncés en baisse à partir du second trimestre 2003.

Bilan de l'approvisionnement en bananes de l'Union européenne

En tonnes	Communautaires	ACP	Pays tiers ($)	Sous-total	Exportations	**Approvisionnement net**
1988	719270	514061	1644100	2877431	17265	**2860166**
1989	698925	544441	1716175	2959541	13415	**2946126**
1990	710635	621875	2024248	3356758	36219	**3320539**
1991	695402	596416	2286019	3577837	53468	**3524369**
1992	711191	680191	2365883	3757265	39689	**3717576**
1993	646242	748120	2219721	3614083	36138	**3577945**
1994	584622	726927	2102303	3413852	58044	**3355808**
1995	658206	763966	2405180	3827352	43082	**3784270**
1996	684605	800074	2471263	3955942	30598	**3925344**
1997	810537	693054	2464412	3968003	16571	**3951432**
1998	786232	615596	2426419	3828247	26448	**3801799**
1999	729303	675993	2522455	3927751	27359	**3900392**
2000	782176	756808	2528170	4067154	35327	**4031827**
2001	767268	730545	2468462	3966275	27145	3939130

Source : 1988 à 1993 : Eurostat + données Communauté européenne pour Madère et Grèce. À partir de 1994 : données Aide compensatoire

*Notes :*Avant 1994, bananes desserts + plantains ; à partir de 1994, bananes desserts seulement. Avant 1995, Union européenne-12 ; à partir de 1995, Union européenne-15.

Traitement et présentation : Observatoire des marchés du Cirad-flhor / Revue *FruiTrop*

Ananas

La principale caractéristique du secteur de l'ananas est son lien très fort avec le marché international. Près de deux ananas sur cinq font l'objet d'un commerce international sous forme de jus, de conserve ou de fruit frais. Sur les 14 millions de tonnes produits, 2,3 s'exportent en jus, 1,7 en conserve (équivalent fruits frais) et près d'un million en frais. Les 9 millions restants sont consommés par les pays producteurs. L'Asie est la principale région de production de l'ananas. Elle a développé depuis des décennies une industrie de la transformation très compétitive prenant peu à peu le pas sur le Kenya, l'Afrique du Sud ou encore la Côte d'Ivoire. La Thaïlande est le leader incontesté de cette industrie. Elle produit 2,3 millions de tonnes d'ananas par an. Les Philippines la suivent de près avec 1,6 million de tonnes. Vient ensuite le Brésil (1,4 million de tonnes) qui développe sa production pour répondre à sa très forte demande nationale.

Le marché de l'ananas frais est un des plus actifs et prometteur du secteur des fruits. Son dynamisme sur les marchés d'importation est une véritable aubaine pour les opérateurs habitués à une stagnation, sinon une chute de leur chiffre d'affaires. Les États-Unis ont importé près de 400 000 tonnes d'ananas frais en 2002 contre à peine 200 000 tonnes en 1997. Les importations européennes (Union européenne à quinze) montrent une même vitalité. Elles ont approché les 400 000 tonnes en 2002 contre 212 000 tonnes en 1993. La principale raison de cet engouement pour l'ananas frais tient au renouvellement de l'offre variétale sur le marché. Construit autour d'une seule variété, Cayenne lisse, et d'une seule origine, la Côte d'Ivoire, ce marché monolithique s'est récemment segmenté. Le consommateur s'est vu offrir de l'ananas dit *Extrasweet*. Le MD-2 ou *Del Monte Extrasweet pineapple* produit à très grande échelle au Costa Rica a été le premier d'entre-eux. À partir des années 90, cette origine est venue concurrencer la Côte d'Ivoire sur son seul et unique marché, l'Union européenne. Le résultat a été une augmentation très sensible de la demande profitant aux deux origines. Le succès est tel que d'autres grands importateurs

Échanges mondiaux d'ananas - 2000

	Imports *(tonnes)*	**Imports** *($ milliers)*	**Exports** *(tonnes)*	**Exports** *($ milliers)*
• Conserves	986 819	674 456	1 055 810	516 975
• Jus concentré	266 070	70 670	27 204	17 189
• Jus simple non concen.	285 553	204 717	366 442	209 994
• Ananas frais	1 035 433	621 511	1 045 725	418 524

(Source :FAO)

ANANAS	1997	1998	1999	2000	2001	2002
Production mondiale	**12 447,7**	**12 182,4**	**13 695,9**	**13 734,5**	**13 744,4**	**14 076,1**
dont Thaïlande	2 083,4	1 786,2	2 371,8	2 287,4	1 978,9	1 978,9
Philippines	1 638,0	1 488,7	1 530,0	1 559,6	1 619,9	1700,1
Brésil	1 073,3	1 113,3	1 477,0	1 292,9	1 350,2	1468,9
Inde	1 250,1	1 280,1	1 006,1	1 100,1	1 100,1	1 100,1
Indonésie	385,8	326,9	316,8	360,0	300,0	300,0
États-Unis	292,9	301,2	319,3	321,5	293,0	293,0
Côte d'Ivoire	260,5	214,0	257,0	225,7	225,7	225,7
Exportations mondiales						
***produits frais**	**901,6**	**859,7**	**1 053,4**	**1 019,4**	**1 187,8**	
dont U.E.	169,0	148,5	223,7	184,4	247,9	-
Côte d'Ivoire	175,1	149,4	201,8	187,8	183,0	-
Philippines	144,8	117,4	127,7	135,5	154,4	-
***produits en conserves**	**799,9**	**771,7**	**1 060,5**	**1 074,1**	**1 054,1**	-
dont Thaïlande	286,1	232,7	486,3	446,4	418,7	-
Philippines	185,3	208,1	183,4	251,4	254,2	-
U.E.	66,4	59,8	60,5	64,1	68,8	-
Importations mondiales						
***produits frais**	**868,3**	**860,5**	**1 031,9**	**1 045,1**	**1 154,2**	**-**
dont U.E.	415,5	380,5	507,4	465,9	535,8	-
États-Unis	203,9	252,8	281,3	318,8	321,3	-
Japon	96,0	84,7	89,9	100,1	118,3	-
***produits en conserves**	**898,1**	**808,8**	**961,5**	**986,9**	**953,2**	**-**
dont U.E.	360,0	359,0	372,5	420,6	390,5	-
États-Unis	297,8	245,9	341,8	316,9	293,7	-
Japon	55,3	47,4	57,2	57,2	59,6	-

(en milliers de tonnes) *(Source : FAO)*

tentent maintenant leur chance. Chacun développe son propre concept d'ananas *sweet*. Dole, Fyffes, Bonita et quelques autres montrent de fortes ambitions. À moyen terme, rien n'indique un renversement de tendance. L'effet de cette augmentation de l'offre sur les prix au stade importation n'est pas encore sensible. L'organisation commerciale des grands groupes permet de maîtriser de manière très efficace leur mise en marché, ce qui pourrait retarder la chute des prix, mais en aucun cas la stopper. La question actuellement est de savoir encore combien de temps la Côte d'Ivoire va pouvoir résister à la déferlante de ces nouveaux produits. L'enjeu est de taille : une place de leader sur le marché européen. À l'instabilité politique et à la très forte concurrence des autres origines viennent aussi s'ajouter de nouvelles directives européennes qui restreignent l'utilisation de produits phytosanitaires.

Très loin de la logique de diversification, le marché de l'ananas transformé semble enfin sortir début 2003 de la crise. Une crise qui est somme toute très classique et quasi traditionnelle, notamment pour la filière thaïlandaise, leader mondial. Les prix très bas connus en 2000 et 2001 ont poussé les producteurs à abandonner le secteur, laissant au chômage technique les usines de transformation. En 2002, les capacités de production de jus en

Thaïlande n'auront été utilisées qu'à 50 % de leur potentiel. Résultats, les prix à la production en 2002 se sont envolés à 5 baht thaïlandais (THB)/kg contre 1,5 THB en 2000. Les cours du jus d'ananas concentré se sont aussi fortement appréciés pour atteindre en 2002, $ 1 350 $ la tonne (caf Europe). Le cours de la conserve a suivi la même tendance haussière. Le prix du carton de tranches d'ananas en conserve (24/20 oz) est passé de $ 6,15 fob Bangkok à $ 8 entre janvier et août 2002. La récolte d'hiver a permis de revenir à des niveaux de cours plus raisonnables aux alentours de $ 6 le carton pour les livraisons prévues au premier trimestre 2003. En attendant sans doute la nouvelle crise…

Agrumes et jus d'orange

Avec près de 93 millions de tonnes sur la saison 2001-2002, les agrumes représentent la première production fruitière mondiale. Les estimations fournies par la FAO montrent une forte augmentation (+ 6 %) de la production par rapport à la campagne 2000-2001. Le Brésil, premier producteur avec 21 % des capacités de production, a augmenté ses disponibilités de 20 %. Même tendance en Chine (troisième producteur mondial) où l'offre augmente de 11 %. La progression est beaucoup plus modeste (+ 2 %), dans les pays du bassin méditerranéen. La production aux États-Unis (16 % de l'offre mondiale) reste, quant à elle, stable.

Les projections pour la campagne 2002-2003 de l'USDA sont pessimistes. L'offre des trois premiers producteurs mondiaux baisserait de 9 % pour le Brésil et les États-Unis et de 13 % pour la Chine. Les raisons de cette réduction drastique de l'offre mondiale sont multiples. Les problèmes phytosanitaires (chancre citrique, tristeza, etc.) en Floride et au Brésil, un temps très sec et chaud en octobre (chute des fleurs) au Brésil, un vieillissement du verger brésilien et plus globalement un phénomène très marqué d'alternance de la production (à une année de bonne production succède une année de production moyenne) expliquent cette baisse attendue de la production. Les prévisions sont plus optimistes pour l'Espagne qui devrait atteindre un niveau historique de production avec 5,8 millions de tonnes. Dans le reste du bassin méditerranéen, les situations sont très variables. Le Maroc devrait revenir en 2002-2003 à une situation normale après deux campagnes faibles. Certes en retrait par rapport à la très bonne saison 2001-2002 due à une climatologie excellente, la Turquie resterait sur sa très bonne lancée pour 2002-2003 et confirmerait ainsi sa place de second fournisseur du marché européen (Union européenne et hors Union européenne). À l'inverse, la production italienne continuerait sa descente aux enfers. L'offre serait en réduction de 15 % (déficit hydrique en Sicile, vieillissement du verger, etc.). Pour Israël, la situation semble s'améliorer. La réduction des superficies permet de concentrer le principal facteur limitant, l'eau, sur de plus petites surfaces et les problèmes de main-d'œuvre semblent trouver des

Prix du jus d'orange
New-York
(en US cents/lb)

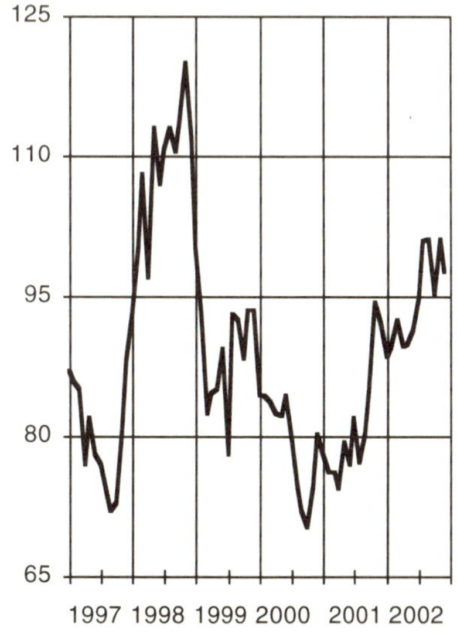

AGRUMES		1997/98	1998/99	1999/00	2000/01	2001/02	2002/03 (p)
• Oranges et tangerines							
Production mondiale		**61 389**	**55 242**	**62 604**	**56 151**	**63 388**	**58 525**
Hémisphère Nord		42 066	34 721	42 506	38 452	42 174	39 166
dont	Etats-Unis	12 938	9 390	12 381	11 564	11 912	10 675
	Chine	9 010	7 645	9 708	9 708	9 866	8 585
	Espagne	4 714	4 202	4 898	4 467	4 685	4 874
	Mexique	3 626	3 210	3 385	3 885	4 000	3 600
	Italie	2 600	1 865	2 344	2 392	2 440	2 070
	Egypte	1 810	1 865	2 115	2 091	2 189	2 225
	Turquie	1 105	1 450	1 600	1 630	1 830	1 700
	Japon	1 798	1 492	1 725	1 417	1 546	1 393
	Maroc	1 561	1 299	1 356	953	1 125	1 272
	Israël	503	350	447	311	243	298
Hémisphère Sud		19 323	20 521	20 098	17 699	21 214	19 359
dont	Brésil	16 630	18 352	17 136	14 729	18 197	16 524
• Citrons							
Production mondiale		**3 898**	**3 832**	**4 158**	**4 473**	**4 459**	**4 288**
Hémisphère Nord		2 676	2 664	2 881	3 137	3 029	2 948
dont	Etats-Unis	814	678	762	904	751	889
	Italie	714	506	543	610	571	572
	Espagne	647	878	520	960	1 018	904
Hémisphère Sud		1 058	1 168	1 277	1 336	1 430	1 340
dont	Argentine	871	1 025	1 165	1 180	1 300	1 200
• Pamplemousses							
Production totale		**3 635**	**3 583**	**3 953**	**3 847**	**3 545**	**3 264**
Hémisphère Nord		3 261	3 241	3 578	3 382	3 111	2 854
dont	Etats-Unis	2 352	2 286	2 506	2 233	2 202	1 919
	Israël	304	281	324	316	251	255
Hémisphère Sud		374	342	375	465	434	410
dont	Argentine	188	178	189	191	170	170

(en milliers de tonnes) *(Source : USDA)*

solutions par un recours massif à l'immigration. L'Égypte continue de développer son offre d'oranges sur le marché international. Le potentiel de production s'accroît et les structures commerciales se modernisent. La Grèce table sur une production en hausse. La Tunisie reste sur son traditionnel et modeste marché d'exportation de l'orange Maltaise. La Corse fait de même sur le marché de la clémentine.

Les exportations mondiales d'agrumes frais seraient de l'ordre de 9,5 millions de tonnes pour la campagne 2001-2002. Le Bassin méditerranéen est la première région d'exportation. Six agrumes frais sur dix qui font l'objet d'un commerce international proviennent de cette zone de production. L'Espagne est historiquement, et de très loin, le premier fournisseur du marché international avec 3 millions de tonnes exportées. Les États-Unis sont les deuxièmes exportateurs mondiaux avec un million de tonnes. L'Espagne est absente du commerce international du pomelo et les États-Unis sont absents du commerce des petits agrumes. L'Espagne développe

JUS D'ORANGE	1996/97	1997/98	1998/99	1999/00	2000/01	2001/02 (p)
Production mondiale	**2 482,2**	**2 504,9**	**2 416,9**	**2 489,3**	**2 134,0**	**2 472,5**
dont Brésil	1 360,0	1 184,0	1 360,0	1 197,0	978,0	1 269,0
Etats-Unis	1 029,0	1 106,1	879,1	1 071,9	963,0	1 002,9
Italie	33,8	32,2	25,0	40,0	38,0	43,0
Espagne	39,0	47,6	45,3	52,0	46,0	43,0
Mexique	40,0	70,0	45,3	41,0	33,0	37,0
Australie	16,0	14,0	17,2	22,4	12,7	20,5
Principaux exportateurs						
dont Brésil	1 138,0	1 295,0	1 1 295,0	1 265,0	1 135,0	1 216,0
Etats-Unis	104,4	105,2	106,8	103,5	87,2	120,0
Espagne	56,5	56,6	56,6	73,7	70,0	65,0
Italie	21,5	7,5	28,0	38,0	41,0	42,0
Mexique	37,9	64,0	45,0	37,8	30,5	33,5

(en milliers de tonnes métriques à 65° brix) *(Source : USDA)*

d'ailleurs depuis la campagne 1999-2000 un flux export vers les États-Unis, mais rencontre d'importantes difficultés pour la mise en marché de ses fruits. Ces derniers sont accusés d'être vecteurs de maladies ou de ravageurs comme la mouche méditerranéenne des fruits. En dehors des pays du bassin méditerranéen, seuls les États-Unis, l'Afrique du Sud et l'Argentine comptent sur le marché international.

Le marché de l'Union européenne capte une très grande part de l'offre mondiale (40 % environ des 9 millions de tonnes). Le Japon apparaît comme le premier importateur hors État membre de l'Union européenne avec des volumes importés modestes de l'ordre du demi-million de tonnes. Les États-Unis sont absents de cette liste des principaux importateurs mondiaux, leur production nationale suffisant à leur consommation. Sur la longue période, on constate que les échanges d'agrumes se développent (+ 2 % par an depuis 1970) mais moins vite que pour des fruits comme la banane (+ 3 %) ou les fruits à pépins (+ 3 %). Cette évolution cache des différences très importantes dans le groupe des agrumes. Les échanges d'oranges sont relativement stables ou en très faible croissance. La tendance est légèrement meilleure pour le citron et le pomelo. Pour les petits agrumes les indicateurs sont tous au vert. Les échanges ont

Brésil : jus d'orange congelé

	1998/99	1999/00	2000/01	2001/02
• Stocks d'ouverture	297	346	263	91
• Production	1 360	1 197	978	1 269
• Exportations	1 295	1 265	1 135	1 216
• Consommation	16	15	15	15
• Stocks de clôture	346	263	91	129

(en milliers de tonnes) *(Source : USDA)*

été multipliés par 5 depuis trente ans pour atteindre désormais 2,5 millions de tonnes. Les raisons de ce succès sont multiples. On peut citer : l'élargissement de la gamme variétale, des calendriers de production toujours plus longs et une concurrence très faible des jus d'agrumes, contrairement à ce qui se passe pour l'orange.

Sur une production totale de 93 millions de tonnes d'agrumes, le tiers est dirigé vers l'industrie des jus et plus modestement de la conserve (conserve de satsuma). Le Brésil et les États-Unis ont la haute main sur le commerce international des jus d'orange. Le Brésil transforme près de 90 %, soit environ 12 millions de tonnes, de sa production d'orange (État de Sao Paulo). La production de jus d'orange concentré congelé à 65° brix devrait atteindre pour la campagne 2003-2004 environ 1,1 million de tonnes, en baisse de 17 % par rapport à 2001-2002. Les États-Unis, plus particulièrement la Floride, devraient voir de même leur offre réduite d'environ 14 %, à 885 000 tonnes. La demande de jus est dynamique, notamment en Russie et en Chine. Les importations devraient fortement augmenter en Chine après la forte baisse des droits de douane. Côté prix, la tonne de concentré s'échangeait à environ $ 1 200 fob aux Pays-Bas début 2003. Les cours devraient monter un peu pour se retrouver légèrement en deçà de la moyenne des vingt dernières années à environ $ 1 250 à $ 1 350 la tonne. Une des principales tendances sur ce marché est le développement du marché des jus d'orange non concentré (jus simple).

Caoutchouc

La fin de la déprime ? La hausse de la consommation et le recul de la production de caoutchouc naturel se sont conjugués pour réduire en 2002 les stocks à leur plus bas niveau depuis 1996, et pour conduire les prix à la hausse à partir de décembre 2001, après les chutes à des niveaux inconnus depuis trente ans que le marché avait enregistrées cette même année. L'USS3 termine l'année à 35 baths le kilo, doublant sa valeur entre décembre 2001 et décembre 2002. Les causes, sur lesquelles nous reviendrons, sont à rechercher dans trois directions : l'appréciation du taux de change des principaux pays exportateurs, la croissance économique très correcte parmi les pays consommateurs et enfin la création de l'Organisation Internationale Tripartite du Caoutchouc (en anglais ITRO).

En plus de la reprise des cours, l'année 2002 a également été marquée par la liquidation des stocks publics : les temps changent, l'ère des grands accords, quoi qu'on en dise et quoi qu'on lise, est bien révolue. Les stocks thaïlandais qui s'élevaient à 72 200 tonnes ont été vendus à cinq firmes de Singapour à 82,5 cents US par kilo ; les stocks américains (133 000 tonnes) ont quant à eux été vendus en deux tranches en septembre et décembre 2002. La vente des stocks publics détenus par la Rubber Estate Organization (REO) thaïlandaise s'est accompagnée de la suppression du mécanisme d'intervention sur les prix dont elle avait la charge. Les nouvelles acquisitions de la REO ne devraient plus dorénavant se produire à l'extérieur du cadre de l'ITRO.

Enfin, avec un prix du caoutchouc synthétique presque indexé dans les faits sur le cours du pétrole, l'année 2002 a également été marquée par une hausse du caoutchouc synthétique, dont le dessin épouse, après deux ans de divergence, celui des cours du naturel. Les prix des contrats européens et américains se sont accrus en moyenne, respectivement, de 20 % et 30 % entre le premier et le dernier trimestre de l'année 2002. Les prix spot du BR et du SBR (SBR 1 502) quant à eux ont augmenté en moyenne de 55 % sur l'année.

Le rôle déterminant des taux de change

Une première explication conjoncturelle à l'appréciation prolongée des cours du caout-

Prix du caoutchouc moyenne mensuelle INRO
(en cents Malaisie/Singapour par kg)

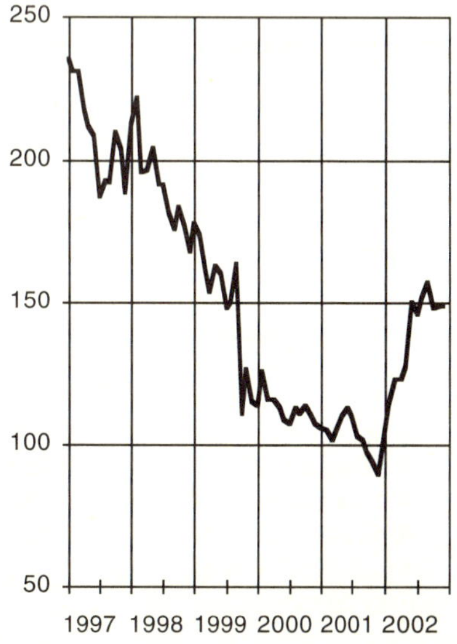

chouc naturel réside dans l'évolution de la valeur des monnaies des pays exportateurs. De janvier à mai 2002, la Rupiah indonésienne s'est ainsi appréciée de 18 % face au dollar et le Baht thaïlandais de 9,2 %. Cette hausse a entraîné dans son sillage les cours du caoutchouc naturel, et ce d'autant que quelques positions hasardeuses avaient été prises en décembre 2001 sur le marché par les exportateurs thaïlandais. Ces derniers en effet avaient, à cette date, souscrit à des contrats à terme de gré à gré (*forward contracts*) à des prix deux fois inférieurs à ce que le marché a enregistré en réalité quelques mois plus tard. Et lorsque six mois plus tard les cours ont doublé, culminant à 36 Bath le kilo, le risque de défaut généralisé sur le marché a semé l'alarme. Les contrats de gré à gré ne reposant sur rien d'autre que sur la confiance entre les contractants, le défaut reste possible, quand il est exclu des marchés à terme organisés où une chambre de compensation veille chaque jour au bon dénouement des contrats. De fait, la Pro Rubber Company thaïlandaise annonça avec fracas en fin de premier semestre sa mise en défaut effective, propulsant en une séance les cours à leur sommet de l'année.

L'ITRO, un coup d'épée dans l'eau ?

La déclaration de Bali du 11 décembre 2001 annonça la naissance de l'ITRO et de son exécutif, le Conseil International Tripartite du Caoutchouc (ITRC). Une réduction de 4 % et 10 % de la production et de l'exportation, respectivement, fut également approuvée à cette occasion, engageant la responsabilité des trois membres fondateurs : l'Indonésie, la Malaisie et la Thaïlande. Un Consortium fut créé dans la foulée, chargé de conduire les opérations de stockages indispensables à la stabilisation des cours, l'obtention d'un prix « stable et rémunérateur » pour les quelque 10 millions de petits planteurs que comptent les trois pays restant l'objectif principal de l'opération. C'est le Consortium qui achète et vend aux trois États membres. Les prix d'intervention sont bas, calculés sur la base du prix plancher de 30 Baht/kg pour le USS3 (environ $ 0,71) et de 6 000 Rupiah/kg ($ 0,67) pour le caoutchouc brut. L'intervention un an après la naissance de l'ITRO est virtuelle. Car l'ITRO est sans fonds.

Un différent oppose les pays membres entre eux sur la clef d'allocation des fonds et la composition du conseil d'administration de

CAOUTCHOUC NATUREL		2000	2001	2002			2002
				1er.T	2è T.	3è T.	30/09/02
Production mondiale		**6 760**	**7 130**	**1 720**	**1 560**	**1 850**	**5 130**
dont	Asie du S.E.	4 892	4 867	1 194	1 123	1 392	3 709
	Autres Asie	1 168	1 179	286	266	293	845
	Afrique	373	378	92	91	94	277
	Amérique Latine	149	153	38	38	38	114
Consommation mondiale		**7 340**	**7 070**	**1 680**	**1 810**	**1 860**	**5 350**
dont	Asie/Océanie	3 902	3 978	946	1 022	1 036	3 004
	Amerique du Nord	1 343	1 105	282	331	331	944
	Union Européenne	1 151	1 104	256	251	243	750
	Amérique Latine	453	412	92	106	119	317
	Autres Europe	332	317	70	72	76	218
	Afrique	132	120	34	34	29	97

(en milliers de tonnes) *Source: Inernational Rubber Study Group*

l'ITRO parmi les trois nationalités qui la composent. Il avait été convenu que les trois pays ne verseraient que $ 56,2 millions dans un premier temps, une somme répartie au *prorata* de la part de marché de chacun. Rappelons que la Thaïlande, l'Indonésie et la Malaisie assurent 62 % de la production de caoutchouc naturel mondiale. Aussi, la Thaïlande devait-elle verser $ 25 millions, l'Indonésie $ 18,75 millions et la Malaisie $ 12,5 millions. Tout cela était sans compter avec la situation économique des trois pays, qui peinent à se remettre de la crise asiatique de 1997-1998. Et le résultat est là : alors que la capitalisation totale attendue de l'ITRO était de $ 225 millions, seuls $ 2 millions ont pour l'instant été versés. Il n'est pas étonnant dans ces conditions que le marché ait à peine réagi à la naissance de l'Organisation. L'ITRO, pour les opérateurs, reste un projet.

L'organisation internationale tripartite du caoutchouc (ITRO)

- 10-11 décembre 2001, naissance de l'ITRO à la suite de la Déclaration de Bali
- 29-30 janvier 2002, réunion inaugurale du Conseil International Tripartite du caoutchouc (ITRC). Création du Consortium du Caoutchouc.
- 9 août 2002, entrée en vigueur de la Rubber Tripartite Cooperation. L'engagement de l'ITRO est de réduire la production chez ses trois pays membres (Thaïlande, Indonésie, Malaisie) de 4 %, les exportations de 12 %.
- Le prix d'intervention est de 30 Bath par kilo pour le USS3 et de 6000 Rupiah pour le caoutchouc brut indonésien.
- Le capital attendu est de $ 225 millions, mais seuls $ 2 millions ont pu être levés au 1er janvier 2003.

Les autres pays producteurs se sont montrés peu motivés à rejoindre l'ITRO. Au Vietnam, la General Rubber Copr (Geruco), qui assure 70 % des 320000 tonnes produites par le pays, a certes recueilli très officiellement des informations sur les modalités d'adhésion. Mais on ignore d'une part si une société, et non un État, est admissible à l'Organisation ; et l'on ignore ensuite les probabilités d'approbation du gouvernement indonésien. L'Inde quant à elle, troisième producteur mondial avec 650000 tonnes récoltées par 970000 petits planteurs, et modeste exportateur avec seulement 33000 tonnes exportées cette saison, n'est guère intéressée pour l'instant.

L'Inde stabilise en solo

En septembre 2002, le gouvernement indien a mis sur pied un fonds de stabilisation des prix du thé, du café et du caoutchouc, pour tenter d'enrayer la chute du prix de ces produits, chute telle que les cours ont été inférieurs aux coûts de production durant les cinq dernières années. L'opération peut sembler classique, puisqu'il s'agit de maintenir les prix à l'intérieur d'une bande, c'est-à-dire d'un niveau minimum et d'un niveau maximum. L'originalité du mécanisme néanmoins est qu'il rompt avec l'usage privilégié du stockage public dans les ajustements du prix à l'intérieur de la bande. Lorsque les prix passent sous le prix plancher, une compensation financière, pourvue par le budget national, est proposée aux producteurs, en remplacement des opérations traditionnelles de stockage/déstockage. À l'inverse, lorsque le prix dépasse le prix plafond et menace de sortir de la bande, ce sont les producteurs qui cette fois sont chargés de mettre au pot, afin d'apporter un complément à la dotation publique initiale du fonds. La stabilisation est financière, et non plus explicitement physique par le jeu des stocks. Son coût budgétaire et individuel risque d'être élevé en cas de cycles longs à la hausse et à la baisse, ces derniers obligeant tour à tour l'État et les producteurs à financer pendant plusieurs années d'affilée le fonds.

On retrouve là une problématique bien connue aux États-Unis et en Europe en matière de politique agricole. Mais l'Inde n'a pas les mêmes moyens !

Des arbitrages provisoirement favorables au synthétique

La conjoncture haussière, au total, devrait se poursuivre en 2003. La consommation mondiale de caoutchouc est en hausse de 1,2 % en 2002 à 17,6 millions de tonnes, enrayant la chute de 4,2 % que le marché avait connue en 2001. En 2002, c'est la croissance de la consommation de caoutchouc synthétique qui a été la plus vigoureuse, à 1,6 % contre 0,7 % au caoutchouc naturel, en raison de l'évolution des prix relatifs de ces deux produits. La part du synthétique dans la consommation totale reste au niveau de la moyenne que l'on observe depuis 10 ans, à 60 %.

L'évolution de la production est elle aussi contrastée : le synthétique est en hausse (1,5 %), le naturel en forte baisse (– 4,2 %). C'est, bon an mal an, la quatrième année de baisse de la production de caoutchouc naturel depuis 3-4 ans, qui s'établit en 2002 juste sous les 7 millions de tonnes, en dépit de signes de reprise en Malaisie et en Indonésie. À l'inverse, la production de synthétique est en hausse de 20 % depuis 1995, à 10,6 millions de tonnes en 2002.

Avec une croissance plus faible que prévue en 2002 à 1,2 %, la consommation globale de caoutchouc devrait s'accroître très vigoureusement en 2003 d'après l'International Rubber Study Group (IRSG), avant de fléchir de 5,5 % en 2004. La croissance la plus forte est attendue en Amérique du Nord (9 % en 2003 et 6,2 % en 2004) et en Europe (6,2 % et 5,9 %). La croissance de la consommation de caoutchouc naturel devrait être supérieure à celle du synthétique. L'attraction combinée d'un cycle de production sortant d'une phase dépressive marquée, d'un prix soutenu et de l'existence d'un mécanisme d'intervention comme l'ITRO devrait concourir à accroître la production (+ 1 % en 2003, +5 % en 2004) et à enrayer la chute observée en 2002. Le synthétique pour sa part devrait voir sa production s'accroître de 6 % en 2003 et 5,4 % en 2004, dans un environnement de prix inscrits dans une hausse instable en raison de l'inconnue complète qui entoure les disponibilités en pétrole à moyen terme.

CAOUTCHOUC SYNTHETIQUE		**2000**	**2001**	**2002**			**2002**
				1er T.	2è T.	3è T.	30/09/02
Production mondiale		**10 870**	**10 480**	**2 620**	**2 740**	**2 740**	**8 100**
dont	Asie/Océanie	3 861	3 959	991	1 029	1 060	3 080
	Union Européenne	2 566	2 509	614	663	610	1 887
	Amérique du Nord	2 583	2 208	579	599	567	1 745
	Autres Europe	1 130	1 206	297	293	291	881
	Amérique Latine	614	556	134	147	141	422
	Afrique	66	63	15	18	19	52
Consommation mondiale		**10 830**	**10 340**	**2 530**	**2 740**	**2 650**	**7 920**
dont	Asie/Océanie	4 029	4 014	996	1 069	1 094	3 159
	Union Européenne	2 353	2 248	560	648	533	1 741
	Amerique du Nord	2 423	2 067	510	558	544	1 612
	Autres Europe	1 152	1 186	268	258	286	812
	Amerique Latine	699	651	150	163	153	466
	Afrique	118	106	27	28	27	82

(en milliers de tonnes) *Source: Inernational Rubber Study Group*

Jute

En 2002, les prix du jute de toutes les catégories ont baissé fortement, notamment à la mi-mai et dans la première quinzaine de juillet, atteignant des niveaux largement inférieurs aux prix indicatifs fixés en 2000 par le Groupe Intergouvernemental du Jute, Kenaf et fibres apparentées. La plus forte chute a été constatée pour le prix à l'exportation de la variété BWD, qui a perdu 34 % de sa valeur au cours de l'année. Les autres variétés ont perdu entre 20 et 28 %.

Avec une demande qui ne varie guère, seule la régulation pourrait introduire un nouvel équilibre dans le marché.

En Inde, premier producteur mondial, la récolte associée du jute et du kénaf de la campagne 2002/03 enregistre un volume record de près de 2 millions de tonnes, le niveau le plus important des trente dernières années, soit 5 % de plus que la campagne précédente. Au début de l'année, la Jute Balers Associations a demandé aux autorités indiennes de restreindre les importations de fibres du Bangladesh aux fibres de moindre degré et seulement à celles qui sont destinées à la production de produits d'exportation. Ajoutés à la faible demande locale, les prix ont commencé à baisser en Inde. Il faut signaler que la production du Bangladesh est bien inférieure à celle de l'Inde mais de meilleure qualité.

Elle est estimée en baisse de 16 % par rapport à la campagne 2001/02 pour atteindre un volume d'environ 777 000 tonnes. On prévoit aussi des réductions chez les autres producteurs mondiaux de jute ou de kénaf et fibres apparentées (– 17 % au Myanmar, – 4,5 % en Chine) ; la production mondiale devrait décroître d'environ 1,5-2,5 %.

En revanche, l'offre disponible est en nette croissance. Selon les estimations de la FAO, les stocks de l'Inde, du Bangladesh et de la Thaïlande (les plus importants) devraient croître de plus de 25 %. De 740 000 tonnes au début de la campagne en juillet 2002, le stock à la fin de la campagne 2002/03 devrait atteindre 935 000 tonnes : plus de 30 % de la production prévue pour cette même campagne. En Inde par exemple, la réduction de la demande interne n'a fait que renforcer les stocks déjà abondants du début de campagne (autour de 290 000 tonnes). La FAO estimait en décembre 2002 le niveau du stock de l'Inde en fin de campagne 2002/03 à presque 550 000 tonnes.

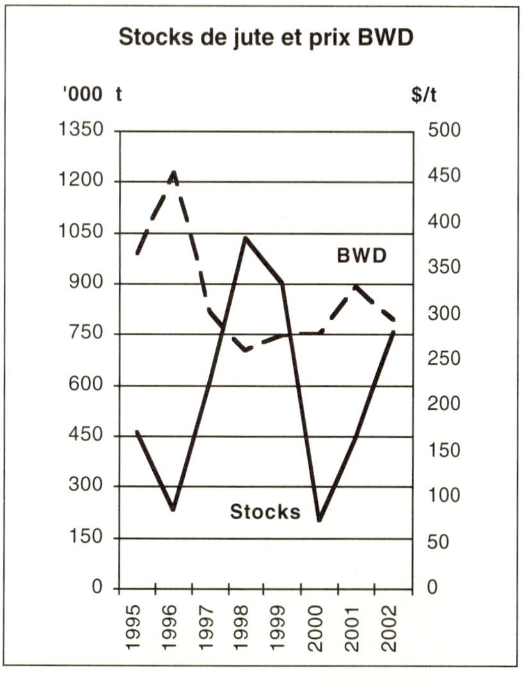

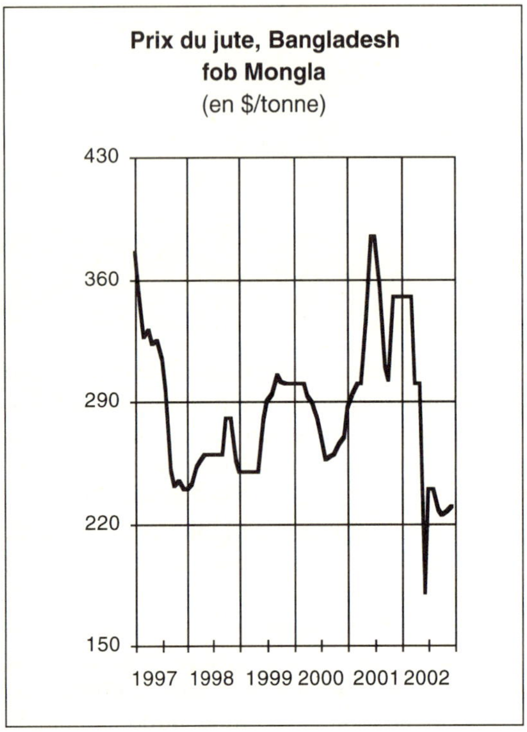

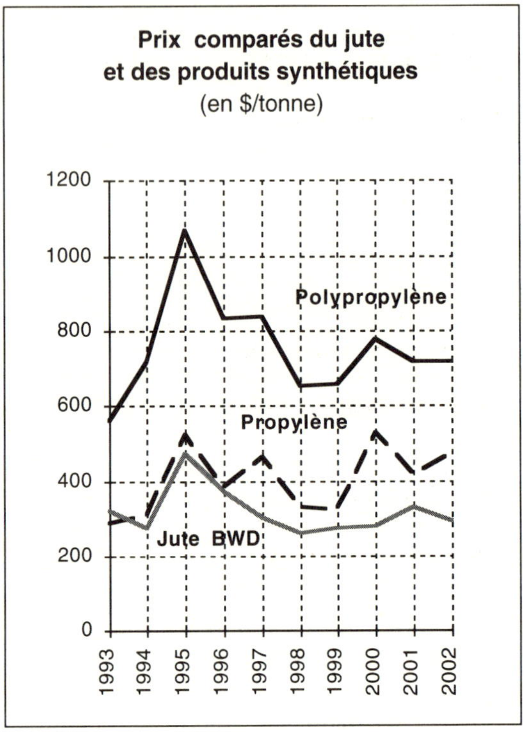

Les exportations mondiales ont augmenté de presque 15 % : le Bangladesh est toujours le premier exportateur mondial de fibres et l'on prévoit une croissance de plus de 20 % dans le volume exporté en 2002/03 par rapport à 2001/02. La chute du prix du jute à l'exportation le rend très compétitif par rapport aux fibres synthétiques, surtout après l'augmentation enregistrée dans le prix du polypropylène. Toutefois, les recettes d'exportations diminuent : l'augmentation des volumes exportés ne compense pas la réduction des prix. Les exportations mondiales de produits de jute augmentent aussi de 3,2 %, en grande partie grâce à la forte augmentation des exportations des produits indiens de presque 14 %. Les exportations des produits de jute du Bangladesh représentent toujours plus de 60 % du total mondial exporté. La Chine, principal importateur de fibres de jute du Bangladesh, aimerait encore accroître ses importations.

Au cours de 2002, le gouvernement indien a levé partiellement la norme qui rendait obligatoire l'utilisation du jute dans le conditionnement des produits alimentaires. Pour la campagne 2002/03, la libéralisation est de 20 % pour les céréales et autres produits destinés à l'alimentation et de 25 % pour le sucre. Ces pourcentages devraient passer à 40 % et 50 % respectivement pour la campagne 2003/04. Cette mesure est la conséquence de la forte pression exercée par le lobby de l'industrie du plastique et a provoqué une sévère dépression chez les producteurs de jute, activité fortement établie en Inde et qui concerne plus de 4 millions d'agriculteurs et quelque 250 000 personnes qui travaillent dans les usines de transformation.

En septembre 2002, la Indian Jute Mills Association faisait état de la réduction des commandes gouvernementales et privées de sacs de jute, suite aux nouvelles réglementations officielles.

En fin d'année, les responsables de différentes organisations indiennes du secteur signalaient que la crise apparue en 2002 était la plus grave de ces dernières années. Faute de commandes de sacs (produit qui utilise 70 %

JUTE, KENAF ET FIBRES APPARENTÉES	96/97-98/99 moyenne	1999/00	2000/01	2001/02	2002/03 (e)
Production mondiale	**3 380,0**	**2 439,0**	**2 699,0**	**3 176,0**	**3 127,0**
dont Inde	1 764,0	1 404,0	1 620,0	1 950,0	1 980,0
Bangladesh	1 052,0	732,0	815,0	925,0	777,0
Chine	347,0	164,0	126,0	136,0	130,0
Myanmar	35,0	27,0	28,0	51,0	42,0
Thaïlande	88,0	30,0	30,0	30,0	30,0
Népal	15,0	16,0	15,0	16,0	16,0
Vietnam	17,0	9,0	11,0	15,0	15,0
Exportations mondiales					
*de fibres	394,0	327,3	311,7	304,7	348,1
dont Bangladesh	369,0	297,2	279,8	254,0	306,0
*d'articles manufacturés	745,0	693,2	649,8	645,2	665,8
dont Bangladesh	397,0	433,7	378,0	409,2	410,0
Inde	215,0	161,0	177,8	151,0	172,0
Importations mondiales*					
Fibres	348,0	332,7	289,0	268,7	-
Produits	758,0	646,2	650,7	585,0	-

*année civile

(en milliers de tonnes) *(Source : FAO)*

de toute la fibre produite), les usines de transformation étaient dans une situation critique et prêtes à fermer leurs portes. D'autre part, le gouvernement avait signalé son intention de privatiser la totalité du secteur. Au Bangladesh, la baisse des droits d'importations de produits synthétiques a substitué le jute dans la production des tapis

Un renversement de situation est apparu en février 2003. En effet, on signalait que les usines du Bengale Occidentale avaient du mal à répondre aux commandes de sacs qui se succédaient. Les stocks de jute et de produits de jute vont donc nécessairement se réduire. Un léger optimisme renaît.

Au Bangladesh et sous les auspices du Groupe Intergouvernemental du Jute, ont été examinés une série de projets de diversification de produits à partir de la fibre de jute. Certains concernent la fabrication de produits de substitution aux importations actuelles de pâte à papier et d'autres produits dérivés du bois. Le développement de ces projets ne sera possible sans le concours de l'aide internationale.

En Inde, la Jute Technological Mission qui dispose depuis peu de fonds accordés par l'état indien, vient d'expliciter ses objectifs prioritaires : accroître la productivité, réduire la durée des cycles de production, améliorer la qualité de la fibre ainsi que les pratiques commerciales avec la création de véritables filières productives, créer une infrastructure qui facilite le développement de l'activité dans les centres de production.

Sisal et fibres dures

L'extraordinaire stabilité qui caractérise le marché africain du **sisal** depuis 2000 s'est poursuivie en 2002, malgré des signes de pénurie et une hausse des prix apparus en fin d'année. Toutefois, les analystes du marché ne prévoient pas de brusques mouvements, en opposition à la forte instabilité qui existe sur le marché brésilien.

On n'a pas enregistré en Afrique de l'Est depuis trente ans une aussi longue période de stabilité sur le marché du sisal. Les changements dans le système de commercialisation et la croissante substitution des ventes spot par des contrats à long terme sont à l'origine de cette stabilité et continuent de la renforcer. Le risque d'instabilité des prix qui empêchait les producteurs d'assumer des engagements à long terme a pratiquement disparu. Le climat de confiance qui s'est instauré a permis aux acheteurs comme aux vendeurs d'accroître leurs gains, de réaliser des investissements de rentabilité et d'améliorer la qualité de la production. La prise de conscience réciproque a facilité la conquête de nouveaux marchés.

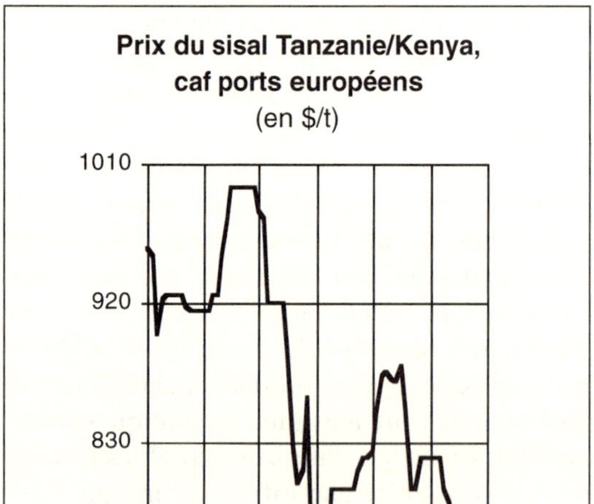

En 2002 le marché a été très actif des janvier à mai, puis il est rentré dans l'habituel calme estival pour redémarrer au cours du troisième trimestre conduisant les stocks à des niveaux trop faibles équivalents à moins d'un mois de production. Fin 2002 se dessinait une crainte de pénurie pour le premier trimestre 2003, ce qui permettait de prévoir une augmentation des prix.

Selon le négoce, la production africaine en 2002 a baissé par rapport à celle de 2001 (année relativement exceptionnelle) pour revenir aux volumes réguliers des cinq dernières années. La production malgache en particulier ne devrait pas dépasser les 8 400 tonnes. La région de production de sisal a été très affectée par les problèmes de transport dus au manque de combustible, les mauvaises conditions climatiques ainsi que les problèmes d'ordre politique au cours du premier semestre 2002 semblent en être les principales causes.

La régularité retrouvée dans les volumes produits, cette stabilité se reflète dans le comportement des prix. Les prix du sisal de la qualité UG ont oscillé entre $ 650 et $ 685 la tonne au cours des cinq premiers mois de l'année pour baisser pendant l'été d'un peu moins de $ 20. La qualité 3 L, dont la production afri-

FIBRES DURES	1997	1998	1999	2000	2001 (e)	2002
• Sisal et henequen						
Production mondiale	**313,8**	**282,0**	**261,9**	**269,2**	**277,6**	**276,0**
dont Brésil (sisal)	137,9	115,9	110,0	124,6	127,3	125,0
Chine (sisal)	48,0	42,0	36,0	36,9	37,0	38,0
Mexique (henequen)	36,9	35,0	32,8	31,7	31,0	31,0
Tanzanie (sisal)	21,4	23,2	20,6	21,5	23,5	23,7
Kenya (sisal)	21,1	20,3	21,9	21,4	23,2	23,2
Madagascar (sisal)	12,4	11,2	11,5	10,5	12,0	12,0
Exportations mondiales de fibres	**61,3**	**71,4**	**69,5**	**71,4**	**73,8**	**79,8**
dont Brésil	29,0	33,7	28,2	29,8	31,3	35,1
Kenya	19,4	17,9	16,2	15,6	15,6	16,8
Tanzanie	3,5	13,3	12,5	11,2	12,6	14,3
Madagascar	3,8	2,6	7,9	9,3	9,3	9,3

(en milliers de tonnes) *(Source: FAO)*

caine ne représente que 20 % du total mondial, va continuer de profiter d'un différentiel de prix en sa faveur ; pendant toute l'année 2002, les prix ont fluctué autour des $ 790 la tonne. On constate dans les premiers mois de 2003 un raffermissement des prix de toutes les variétés.

Cette stabilité sur les marchés africains contraste avec la conjoncture mouvementée de l'économie brésilienne qui a touché le marché du sisal. Les grèves dans le port de Salvador qui ont duré plus de deux mois, en ont accru l'instabilité et l'incertitude. Dans les faits, les prix n'ont pratiquement pas bougé, le sisal n° 3 FOB Salvador qui affichait $ 320 la tonne en janvier 2002 cotait $ 300 la tonne en décembre. La production brésilienne demeure importante et le volume des exportations a sensiblement augmenté en 2002. Fait remarquable, les importations chinoises sont passées de moins de 100 tonnes à plus de 16 000 tonnes. Cela rend encore plus actuel le problème de la moisissure qui détériore la qualité de la fibre brésilienne au cours des longues traversées océaniques.

Fin 2002-début 2003, le négoce signalait des problèmes de disponibilité de fibres au Brésil pour honorer les engagements auprès des importateurs, notamment chinois. Les prix semblaient avoir atteint les $ 420/$ 450 la tonne. Toutefois, le différentiel des prix avec la fibre africaine reste très important du fait de la différence de qualité entre ces deux origines. Le Brésil essaie d'évoluer très lentement vers une production de sisal de qualité comparable aux qualités africaines, mais les volumes sont encore insignifiants.

En ce qui concerne le marché de la **ficelle de sisal**, sa consommation continue de décroître dans l'Union européenne pour n'être que de 13 000 tonnes, alors que la consommation de la ficelle synthétique en 2002 reste stable par rapport à l'année précédente. Les prix de la ficelle de sisal restent fermes et les prévisions pour 2003 vont dans le même sens : une légère augmentation en termes de dollars mais aucun changement en termes d'euros. En Amérique du Nord, la consommation est estimée entre 2,2 et 2,4 millions de balles, dont 1,8 million de balles en provenance du Brésil. Les importants stocks sur le marché américain du début 2002 se sont encore accrus pendant l'année et les prix sont restés très faibles ; on signale en décembre 2002 une augmentation de prix de la ficelle de sisal suite à l'augmentation du prix de la ficelle synthétique.

Après une année 2001 caractérisée par la faiblesse de la production d'**abaca** et des exportations aux Philippines, le négoce signale une bonne amélioration en 2002 sans pour autant retrouver les volumes de 2000. Sans revenir sur les habituels cyclones qui ont marqué cette région pendant les trois dernières années, la faible production est la réponse au comportement de la demande des États-Unis et du Japon, dont cette production est très dépendante. Les États-Unis sont toujours les premiers importateurs de cordages avec 70 % du total exporté par les Philippines.

Les prix ont continué de baisser aux Philippines pour la quatrième année consécutive, puis ils ont augmenté au cours du dernier trimestre.

La situation était autrement plus grave en Équateur, où les prix n'ont cessé de baisser et les stocks ont continué de s'accumuler pendant les cinq dernières années jusqu'à 2001. Cette situation a radicalement changé en 2002, d'abord parce que les bas prix et l'augmentation des coûts de production due à la dollarisation de l'économie ont découragé la production d'abaca, de sorte qu'en 2002 elle ne devrait dépasser les 9 500 tonnes tandis que les exportations sont estimées au niveau de 13 000 tonnes. En décembre 2002, le stock avait baissé et ne comptait que 1 500 tonnes. Les exportateurs se sont bousculés pour trouver de l'abaca et les prix locaux ont augmenté.

Les prix des fibres et des filés de **coco** se sont redressés en 2002 : au cours du dernier trimestre ils ont augmenté de 7 %. La croissance des exportations des fibres de coco de Sri Lanka est de plus de 25 % de même que la production. L'Inde demeure le principal producteur et consommateur de fibres avec une production stabilisée au niveau de 250 000 tonnes.

AUTRES FIBRES DURES		**1997**	**1998**	**1999**	**2000**	**2001**	**2002 (e)**
• Abaca							
Production totale		**82,5**	**85,1**	**86,5**	**88,3**	**75,4**	**-**
dont	Philippines	66,3	70,4	71,2	73,5	61,2	-
	Equateur	14,0	12,4	13,1	12,5	12,0	-
	Autres pays	2,2	2,2	2,2	2,2	2,2	-
• Fibre de coco							
Production totale		**237,8**	**283,8**	**305,9**	**315,3**	**320,8**	**334,8**
dont	Inde	169,0	210,0	236,0	246,0	251,0	250,0
	Sri Lanka	58,3	62,4	55,2	55,1	55,4	69,8
• Filés de coco							
Production totale		**206,3**	**215,8**	**228,0**	**241,2**	**252,8**	**251,8**
dont	Inde	201,0	211,0	222,3	233,4	245,0	245,0
	Sri Lanka	4,3	3,8	4,7	6,8	6,8	5,8

(en milliers de tonnes) *(Source: FAO)*

Bois tempérés

La situation économique mondiale a continué de se dégrader en 2002 et les prévisions pessimistes annoncées au cours de 2001 se sont confirmées. Selon l'OCDE, la faiblesse de la demande et le manque de confiance démontrent que les fondamentaux ne se sont pas encore complètement « normalisés » ou restaurés.

Ces performances économiques ont une incidence directe sur le secteur de la construction. Ainsi aux États-Unis, le Census Bureau estime que le secteur a eu une croissance de 6,4 % par rapport à 2001 et l'on chiffre au niveau de 1 704 900 les nouvelles unités. Le nombre des permis de construire a atteint 1,89 million de maisons en 2002, ce qui permet à la « National Association of Home Builders » de prévoir les nouvelles unités à 1,69 million en 2003. Au Canada, la croissance en 2002 devrait dépasser les 25 % avec un total de 204 857 unités qui ont été mises en chantier en 2002. Rappelons qu'en Amérique du Nord, 90 % des maisons sont en bois. En Europe, fin 2002, Euroconstruct a révisé à la baisse les prévisions établies au cours du printemps et estime le taux de croissance sectoriel de l'ordre de 0,3 %. Il prévoit aussi que la situation dans le secteur de la construction en Europe occidentale demeurera morose tout au long de 2003 avec un taux de croissance de 0,4 %. Un redressement de situation ne devrait pas apparaître avant 2004, voire 2005.

Au Japon tous les indicateurs concernant le secteur de la construction sont au rouge. Le taux de croissance demeure négatif pour les investissements privés et publics aussi bien résidentiels que non résidentiels. Le nombre de nouvelles maisons ne cesse de décroître depuis 2000 ; en 2002 on prévoit 1,1411 million de nouvelles unités et 1,1118 pour 2003.

Conséquence directe de cette situation, les marchés des sciages sont restés peu soutenus, notamment en Europe occidentale. Dans cette région, la consommation des **sciages de conifères** a diminué en 2002 suite à la faible consommation en Allemagne. En revanche, la production est en augmentation et devrait progresser encore en 2003. L'Allemagne, l'Autriche, la Finlande et la Suède comptaient 58 % de la production et 70 % des exportations européennes en 2001 : ces quatre pays ont augmenté leur production de 3 % en 2002.

En Europe orientale et dans les pays baltes, la croissance est plus significative. En Russie, la production a dû dépasser les 18 millions de m^3 en 2002 et les 22 millions de m^3 en 2003. La consommation est aussi prévue à la hausse, une légère augmentation en 2002 par rapport à 2001, mais une forte croissance en 2003 (11,45 millions de m^3). Les plus forts taux se trouvent au niveau des exportations (plus de 7 % en 2002 et plus de 12 % en 2003). La production devrait aussi augmenter en Estonie de 3 % en 2002 et 2003 et en Lituanie de 11 % et de 5 %.

En Amérique du Nord, pour 2002 et 2003, la production devrait baisser d'un peu plus de 1 %, les importations de plus de 3 % et les exportations (notamment celles du Canada) devraient chuter de presque 7 %. Le différend qui oppose les États-Unis et le Canada est loin d'être résolu. Les barrières douanières et celles de protection (anti-dumping) établies par les États-Unis sur les importations de sciages de résineux en provenance du Canada s'approchent de 30 %, ce qui a provoqué des

AMÉRIQUE DU NORD : PRÉVISIONS DU MARCHÉ POUR 2002 et 2003

Produit	**Consommation apparente**			**Production**			**Importations**			**Exportations**		
	2001 *(réels)*	2002 *(prévisions)*	2003	2001 *(réels)*	2002 *(prévisions)*	2003	2001 *(réels)*	2002 *(prévisions)*	2003	2001 *(réels)*	2002 *(prévisions)*	2003
• Sciages de conifères	108,38	108,29	106,20	110,65	109,11	108,86	34,52	33,43	31,49	36,79	34,25	34,14
• Grumes de conifères	299,209	294,68	297,41	301,20	297,04	299,90	9,61	9,63	9,70	11,61	11,98	12,19
• Sciages non-conifères	26,90	26,79	27,48	28,33	28,40	29,10	2,46	2,95	2,79	3,89	4,56	4,41
• Grumes de non-conifères	78,80	79,43	79,98	79,73	80,21	80,82	2,07	2,18	2,19	3,00	2,96	3,03
• Contreplaqués	18,73	18,27	18,11	17,45	19,03	17,02	2,49	2,41	2,32	1,21	1,17	1,23
• Panneaux de particules	29,32	29,44	29,11	29,38	29,36	29,20	10,22	9,76	9,56	10,28	9,68	9,65
• Panneaux de fibres	9,47	8,85	8,92	7,68	7,68	7,61	3,06	2,61	2,69	1,27	1,44	1,39
• Bois de trituration	295,45	293,06	292,26	299,03	297,37	296,55	4,85	4,12	4,10	8,43	8,43	8,39
• Pâte de bois	67,83	71,44	71,52	77,71	81,87	82,50	6,93	6,90	6,80	16,81	17,32	17,79
• Papiers et cartons	92,53	91,59	90,00	100,37	99,70	99,00	19,19	18,90	18,60	27,04	27,01	27,61

(en milions de m^3) *(Source UNECE-FAO)*

GRUMES	1996	1997	1998	1999	2000	2001 (p)
• Grumes de résineux (sciages+placages)						
Production mondiale	**614,5**	**628,7**	**600,8**	**613,5**	**659,9**	**654,0**
dont Etats-Unis	171,3	176,4	169,3	170,4	172,4	164,2
Canada	137,9	139,3	127,6	135,8	136,6	137,0
Russie Fed.	32,4	29,7	32,6	37,3	39,7	53,2
Chine	38,3	38,3	35,5	35,7	34,6	34,7
Suède	30,2	33,7	31,5	30,3	30,2	33,1
• Grumes de feuillus (sciages+placages)						
Production mondiale	**316,3**	**309,1**	**286,5**	**295,2**	**299,5**	**375,9**
dont Etats-Unis	70,1	70,7	69,9	75,8	75,8	65,9
Brésil	26,0	26,0	25,0	25,4	25,8	25,8
Indonésie	32,2	30,5	21,8	24,8	24,8	24,9
Malaisie	33,9	29,7	20,0	20,0	21,2	22,8
Chine	22,1	21,1	21,3	19,8	18,9	19,0
Canada	26,0	26,0	25,0	25,4	25,8	13,8
Russie Fed.	11,5	10,8	9,8	9,2	10,0	10,1

(en millions de m³) *(Source : FAO)*

plaintes du Canada auprès de l'OMC et auprès de l'Accord de libre-échange nord-américain. Le ministre du Commerce extérieur canadien a qualifié de « protectionniste » la mesure prise par le gouvernement des États-Unis en mai 2003 (à des fins manifestement électoralistes). Néanmoins, le commerce entre les États-Unis et le Canada reste le plus important pour ce type de produits, quoique l'on constate une certaine diminution. En 1999 la part du Canada dans les importations des États-Unis était de 95 %. Elle est passée à 91 % en 2002 ; l'Allemagne, le Brésil et le Chili ont ensemble une part de marché inférieure à 5 %.

En 2002, les marchés de **sciages de feuillus** ont enregistré aussi un affaiblissement de l'activité, mais ils devraient s'améliorer en 2003. La Turquie est le principal producteur européen de sciages de feuillus suivie de la Roumanie, tandis que l'Italie est toujours le principal importateur de sciages de nonconifères, en provenance de zones tempérées notamment. Suite à une réduction de la consommation européenne de l'ordre de 2,5 %, les importations ont baissé de 3,8 % tandis que les exportations augmentaient de 1,7 %.

En Amérique du Nord, la consommation n'a pratiquement pas bougé en 2002 (26,789 millions de m^3), et l'on prévoit une augmentation de presque 3 % en 2003. En revanche, les échanges sont en forte croissance ; les exportations des États-Unis en 2002 sont de l'ordre de 3,211 millions de m^3 en augmentation de 22 % par rapport à l'année précédente et les importations devraient atteindre 1,9 million de m^3, une croissance de plus de 33 %. Cela s'explique par l'importance croissante des échanges de produits à valeur ajoutée : moulures, ouvrages de menuiserie et meubles en provenance des pays en développement. Le commerce États-Unis-Chine est toujours très important (exportations de bois de feuillus vers la Chine et réimportation des meubles de la Chine vers les États-Unis). La recherche permanente d'avantages compétitifs fondés sur le différentiel de coûts est à la base du phénomène de la délocalisation productive de l'industrie de la transformation du bois vers les pays en développement.

EUROPE : PRÉVISIONS DU MARCHÉ POUR 2002 et 2003

Produit	Consommation apparente			Production			Importations			Exportations		
	2001 (*réels*)	2002 (*prévisions*)	2003 (*prévisions*)	2001 (*réels*)	2002 (*prévisions*)	2003 (*prévisions*)	2001 (*réels*)	2002 (*prévisions*)	2003 (*prévisions*)	2001 (*réels*)	2002 (*prévisions*)	2003 (*prévisions*)
• Sciages de conifères	89,29	88,14	89,21	92,69	93,10	94,88	36,09	36,16	36,29	39,49	41,13	41,96
• Grumes de conifères	161,45	159,98	161,38	159,28	155,32	156,34	9,83	10,85	11,11	7,66	6,19	6,08
• Sciages non-conifères	18,43	17,99	18,12	15,06	15,01	15,10	8,52	8,21	8,28	5,14	5,23	5,26
• Grumes de non-conifères	35,73	36,65	37,47	35,32	35,01	34,88	4,08	4,39	25,34	3,67	2,75	2,75
• Contreplaqués	6,58	6,57	6,63	4,10	4,20	4,29	5,61	5,41	5,45	3,13	3,04	3,11
• Panneaux de particules	36,38	35,65	35,53	38,72	38,93	39,11	9,64	9,04	8,73	11,99	12,32	12,31
• Panneaux de fibres	11,54	11,40	11,50	12,44	12,78	13,06	6,92	6,95	7,07	7,82	8,33	8,63
• Bois de trituration	223,41	222,00	225,41	209,10	208,10	210,88	33,72	32,33	33,21	19,41	18,34	18,69
• Pâte de bois	46,63	46,38	47,03	39,32	40,16	41,01	17,45	17,08	17,19	10,15	10,86	11,16
• Papiers et cartons	58,04	86,85	87,87	93,55	95,15	96,99	47,53	48,42	48,97	56,03	56,72	58,08

(en millions de m^3)

(Source : UNECE-FAO)

En Russie, la production de sciages de feuillus devrait augmenter de 8 % en 2002 pour atteindre 2,7 millions de m^3 et +11 % en 2003 ; les exportations sont aussi en croissance de 10 % en 2002 et elles devraient encore croître de plus de 7 % en 2003.

La consommation en Europe occidentale de **panneaux dérivés du bois** devrait diminuer en 2002 au niveau de 53,6 millions de m^3 pour se stabiliser en 2003. Le marché est en perte de vitesse et les prix continuent de s'affaiblir, ce qui a conduit à une restructuration du secteur avec la fermeture des usines à faible rentabilité et une croissance de la concentration d'entreprises. En revanche, la consommation de panneaux structuraux orientés (OSB) augmente de plus de 21 % en Europe occidentale (l'Allemagne est le principal consommateur et enregistre une croissance de presque 15 % en 2002). La production dans cette région augmente aussi fortement (33 %) et devrait encore progresser de 8 % en 2003. Les exportations européennes devraient aussi accroître de 12 % en 2002 et de plus de 5 % en 2003 ; celles du Canada atteindraient 7,7 millions de m^3. Pour sa part, la consommation européenne de panneaux de fibres de densité moyenne (MDF) se stabilise au niveau de 7,4 millions de m^3 avec une production qui croît de 4 % en 2002 et de 3 % en 2003. On prévoit aussi pour 2002 une croissance des exportations de presque 9 %.

On envisage également une diminution de la consommation de panneaux dérivés du bois en Amérique du Nord qui se stabiliserait autour des 56 millions de m^3, avec une légère baisse dans la production qui resterait à partir de 2002 au niveau de 54 millions de m^3. Au cours de 2002, la cotation sur le CME a été suspendue par insuffisance d'activité sur ce marché.

Les panneaux OSB devraient enregistrer une augmentation de 4 % de la consommation et dépasser les 20 millions de m^3 en 2003. La production en 2002 continue de croître et gagne 7,5 % pour atteindre les 20,5 millions de m^3. La consommation de MDF baisse de presque 9 % et la production demeure sans grands changements autour des 3,3 millions de m^3.

La production et la consommation de **contreplaqués** devraient enregistrer de très

CONTREPLAQUÉS		**1996**	**1997**	**1998**	**1999**	**2000**	**2001** (p)
Production mondiale		**52,5**	**55,5**	**50,1**	**54,1**	**58,1**	**55,5**
dont	Etats-Unis	17,0	17,5	17,5	17,6	17,3	16,4
	Chine	5,4	8,0	5,3	8,1	10,4	9,9
	Indonésie	9,5	9,6	7,8	7,5	8,2	7,3
	Malaisie	4,1	4,4	3,9	4,1	4,4	4,3
	U.E.	2,9	2,9	3,2	3,2	3,2	3,1
	Japon	4,3	4,2	3,2	3,3	3,2	2,8
	Canada	1,8	1,8	1,8	1,9	2,2	2,3
	Russie Fed.	1,0	0,9	1,1	1,3	1,5	1,6
Exportations mondiales		20,3	20,5	18,4	18,1	18,0	19,6
dont	Indonésie	8,5	8,5	7,4	6,2	5,1	6,3
	Malaisie	3,9	3,6	3,7	3,3	3,4	3,5
Importations mondiales		19,1	19,5	18,3	18,2	18,9	19,1
dont	Japon	5,4	5,4	4,0	4,9	5,0	5,0
	Etats-Unis	1,9	1,9	1,9	2,5	2,4	2,7
	Chine	3,6	3,4	2,4	2,0	2,1	1,6
	Royaume-Uni	1,0	0,9	0,7	0,9	1,0	1,1

(en millions de m3) *(Source : FAO)*

SCIAGES	1996	1997	1998	1999	2000	2001 (p)
• Sciages de résineux						
Production mondiale	**309,1**	**313,9**	**311,2**	**323,7**	**323,0**	**315,8**
dont États-Unis	80,0	81,4	81,8	86,6	84,2	84,2
Canada	61,8	63,9	64,1	68,5	68,6	64,8
Russie Fed.	17,5	16,7	15,6	16,6	17,6	17,5
Japon	22,8	20,8	17,8	17,2	16,4	16,5
Suède	14,1	15,4	14,9	14,6	14,8	15,6
Allemagne	13,1	13,8	13,8	14,5	15,0	14,9
Chine	16,6	12,3	10,9	9,8	4,0	4,1
Exportations mondiales	95,0	97,0	96,5	102,3	107,0	104,9
dont Canada	49,6	47,7	47,2	48,4	48,6	48,7
Suède	11,6	10,9	11,0	11,0	11,1	10,8
Finlande	7,0	7,5	8,3	8,3	8,4	8,1
Russie Fed.	4,4	4,8	4,6	6,1	7,4	7,1
États-Unis	3,9	3,9	2,9	3,3	2,3	1,7
Importations mondiales	90,8	96,6	98,9	100,4	104,6	104,0
dont États-Unis	43,0	42,5	43,6	44,8	45,4	46,9
Japon	10,3	10,8	6,7	8,3	8,8	8,8
Royaume-Uni	5,4	6,5	6,5	6,6	7,3	7,2
Italie	4,7	5,1	5,3	5,5	6,3	5,9
• Sciages de feuillus						
Production mondiale	**114,4**	**116,3**	**104,5**	**103,9**	**101,5**	**99,3**
dont États-Unis	29,7	30,0	30,0	30,3	29,9	28,0
Inde	9,0	15,5	12,3	12,3	12,3	12,3
Brésil	10,5	10,5	10,0	10,5	10,6	10,6
Malaisie	8,2	7,2	5,1	5,2	5,5	5,6
Chine	10,4	8,2	7,3	6,9	3,1	3,1
Russie Fed.	4,4	3,9	3,9	2,4	2,5	2,5
Indonésie	7,2	7,1	2,5	2,4	2,4	2,4
Exportations mondiales	16,3	16,7	15,8	17,9	19,6	19,2
dont Malaisie	3,7	3,0	2,7	2,8	2,3	2,3
Indonésie	0,4	0,4	0,6	0,5	2,0	2,0
Brésil	0,9	0,9	0,7	0,9	1,1	1,1
Importations mondiales	19,0	21,2	19,4	21,2	24,3	23,5
dont Italie	0,9	1,8	2,0	2,0	2,1	1,8

(en millions de m³)

(Source: FAO)

légères variations en Europe pour rester au niveau de 6,6 millions de m^3 avec une production qui continue de croître au rythme de 3 % en 2002 et de 2 % en 2003. En Amérique du Nord, la consommation chute de 2,5 % en 2002 (– 3 % aux États-Unis) et la production se stabilise à partir de 2002 dans les 15 millions de m^3 aux États-Unis.

En partant de bases comparativement très modestes, la consommation de panneaux dérivés du bois continue de croître en Russie, elle devrait être de 5 millions de m^3 en 2003. La production devrait aussi augmenter suite aux nouvelles hausses de capacités installées et suite à l'essor de l'industrie du meuble.

Le Comité du Bois des Nations Unies, dans sa récente « Déclaration sur les marchés des produits forestiers en 2002 et 2003 », insiste sur la nécessité de stabiliser les marchés afin de rendre efficace la pratique d'une gestion durable des forêts. D'autre part, la déclaration signale aussi l'existence d'un important marché de biocombustible-bois en Europe. Son développement, selon le Comité, permettrait de conjuguer des politiques énergétiques et environnementales avec la promotion du secteur forestier, conformément aux objectifs du Protocole de Kyoto (sortie du nucléaire, réduction des émissions de carbone provenant des combustibles fossiles, utilisation écologique du potentiel des bois ronds, transition éventuelle vers d'autres modes d'affectation des terres et conservation des ressources naturelles). Un autre aspect d'intérêt constitue la production de produits forestiers certifiés ; dans le cadre de la région CEE-ONU, la superficie de forêts certifiée était de 124 millions d'hectares en 2002, dont 90 % en Europe et en Amérique du Nord. Reste à résoudre l'identification de ces produits dans la chaîne de commercialisation ; la traçabilité des produits ainsi que la compatibilité des critères de qualification étant aussi d'autres problèmes dans l'attente d'une réponse.

Bois de construction - prix à terme CME

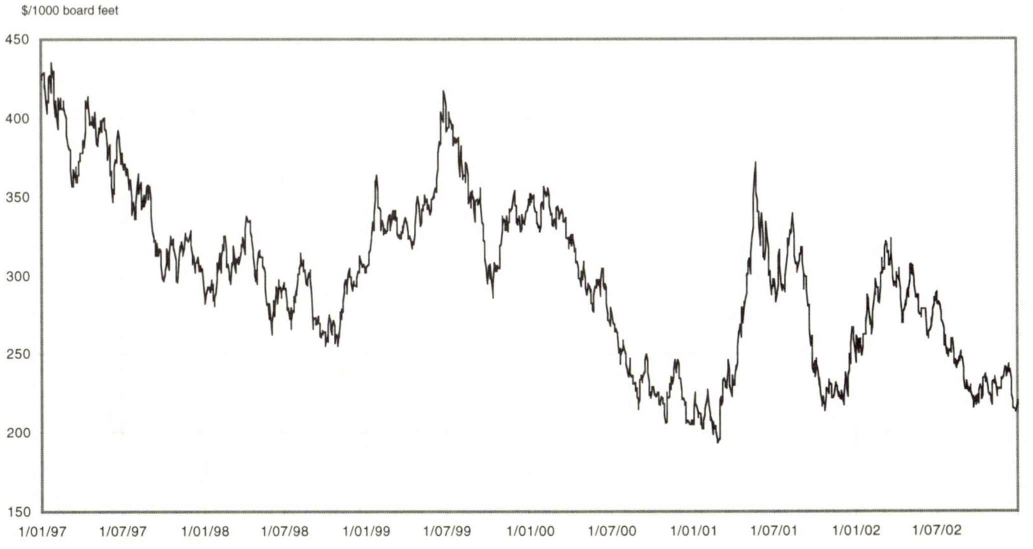

Bois tropicaux

Une légère amélioration, mais de sombres perspectives pour l'avenir. Le prix des bois tropicaux s'est redressé de 20 à 25 % en moyenne pour les exportateurs de grumes et de contreplaqués du Sud-Est asiatique, malgré une nouvelle érosion en fin d'année avec la baisse du dollar. Les exportateurs asiatiques et africains de bois scié ont vu les cours s'affermir de 10 à 15 %, tandis que les prix des grumes d'Afrique stagnaient, malgré la hausse des prix des concurrents asiatiques comme le Meranti qui a atteint \$ 155 le m^3, encore loin toutefois des \$ 200 de début 1997. La faiblesse du *real* a pesé sur les cours des principaux sciages et du contreplaqué brésilien, avec une baisse moyenne des prix de 10 %, sauf pour le Mahogany, dont la coupe est maintenant sévèrement réglementée au Brésil, et qui a bénéficié d'un effet de rareté.

Le relatif affermissement des prix pour certains produits en bois est moins le fait d'un accroissement de la demande, peu sensible, sauf pour la Chine qui a accru tant ses importations de grumes que de sciages, que d'une contraction de l'offre dans de nombreux pays tropicaux. Trois facteurs se conjuguent : la baisse de la disponibilité de la ressource naturelle en Asie du Sud-Est et dans une partie de

Bois tropicaux (sciages)
prix du dark red meranti,
caf ports français
(en US \$/m3)

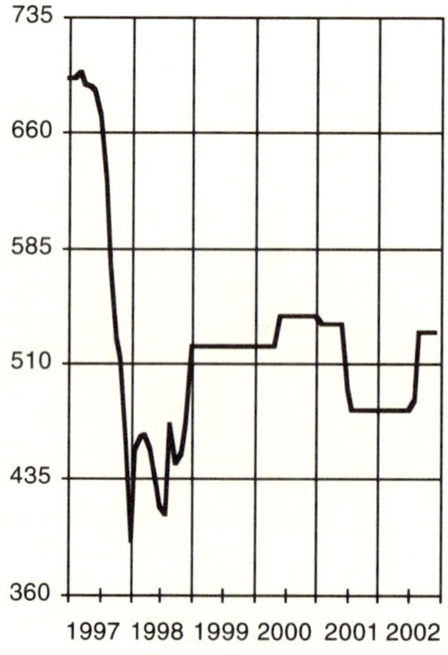

Bois tropicaux (grumes)
prix du sapelli qualité,
fob Cameroun
(en US \$/m3)

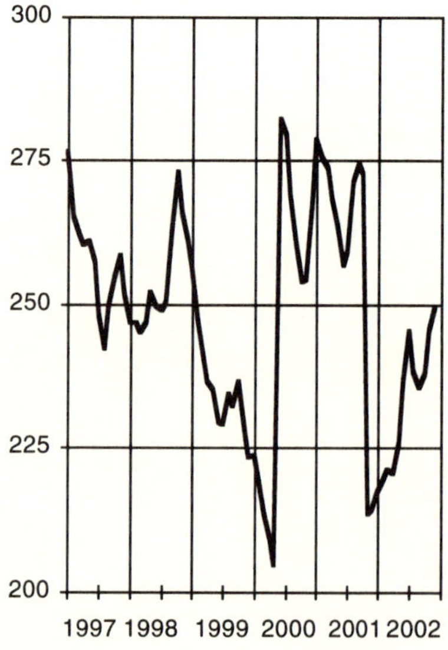

l'Afrique, la mise en œuvre de règles d'exploitation plus contraignantes dans l'objectif d'une gestion durable des forêts, et la lutte contre l'exploitation illégale dans les principaux pays producteurs.

La Chine, moteur du marché et fabrique du monde

La Chine s'est maintenant imposée comme le premier acheteur de grumes tropicales, devançant le Japon depuis 1999, avec 6,5 millions de m^3 de grumes tropicales importée en 2001, sur un total de 16,8 millions de grumes de toutes origines – la Russie restant son premier fournisseur avec près de 8,8 millions de m^3. Mais la Chine ne se contente pas d'acheter, de transformer et de consommer. Elle suscite le transfert d'usines auparavant basées à Taïwan ou en Corée, et réexporte des produits finis fabriqués avec des grumes importées. Les exportations de contreplaqués chinois qui ont atteint 1 million de m^3 ont, en 2000 et pour la première fois, dépassé les importations, grâce à un changement radical de la politique tarifaire rendue favorable aux importations de bois brut. Les producteurs traditionnels de contreplaqués tropicaux que sont le Japon et l'Indonésie ont vu d'importantes parts de leur marché intérieur leur échapper au profit du contreplaqué chinois – jusqu'à 60 % du marché pour l'Indonésie. Alors qu'en 1998-1999, les achats massifs de contreplaqués tropicaux effectués par la Chine avaient sauvé l'industrie indonésienne des effets de la crise asiatique, la nouvelle orientation de la Chine la menace sérieusement. Du fait des différents problèmes qui affectent le secteur forestier en Indonésie, près d'un tiers des fabriques de contreplaqués auraient suspendu leurs activités. Les exportations n'ont pas dépassé 6 millions de m^3 en 2001, soit 2 millions de moins qu'en 1997, et devraient tomber à 5 millions de m^3 en 2002.

Mauvaise surprise également pour les transformateurs français : le marché européen reçoit maintenant d'importantes quantités de contreplaqués chinois d'okoumé, bois du Gabon et d'Afrique centrale, exportées à l'état brut vers la Chine et qui reviennent transformées en Europe, notamment en France et aux Pays-Bas, à des prix environ 10 à 15 % moins chers que ses concurrents indonésiens, brésiliens ou français. Les industriels européens ont déposé une plainte pour dumping auprès de la Commission européenne. Ce circuit inédit témoigne, en tout état de cause, de la nouvelle division du travail qui se profile sur le marché des bois tropicaux. La montée des échanges Sud-Sud est la conséquence de la croissance des pays émergents, mais elle est favorisée également par la demande de bois tropicaux « écologiquement corrects » qui s'affirme sur les marchés occidentaux. Un autre facteur est l'éloignement progressif du Japon du marché des bois tropicaux, lequel se traduit par une baisse prévisionnelle de 25 % des importations japonaises de grumes tropicales en 2002, après une baisse de 32 % déjà en 2001, à 2,2 millions de m^3. Le Japon achève de céder à la Chine le rôle pivot qu'il a longtemps joué sur le marché des bois tropicaux.

Déclin de l'industrie indonésienne et limites du modèle malaisien

L'Indonésie tente tout à la fois de préserver les capacités productives bien entamées de sa ressource, de lutter contre l'exploitation illégale (plusieurs dizaines de millions de m^3 coupés illégalement) et de préserver ses emplois manufacturiers. Les exportations de contreplaqués continuent de décliner, avec 6 millions de m^3 en 2001 et sans doute pas plus de 5 millions en 2002, alors que l'Archipel avait exporté jusqu'à 8 millions de m^3 en 1997. Le gouvernement veut réduire drastiquement la production de bois, issue essentiellement des forêts naturelles. Il a fixé un objectif de récolte à long terme de seulement 6,5 millions m^3, pour une production officielle et légale de 25 millions de m^3 en 2001. L'interdiction d'exporter des grumes, réintroduite en 2001 après trois ans d'ouverture, est prolongée *sine die*. Ce sont près de 3 millions de m^3 de grumes qui étaient exportées plus ou moins légalement en 2001, et le gouvernement

Prix des contreplaqués, Asie du Sud- Est, spot Tokyo
(en US cents/la feuille)

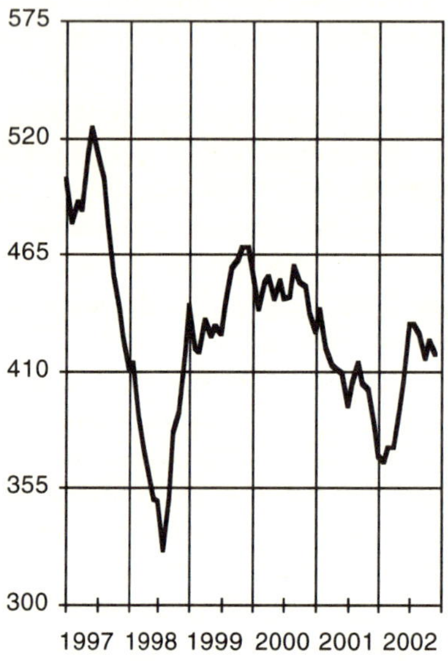

veut protéger son industrie en grande difficulté. Cette mesure, appliquée partiellement, a contribué à la hausse des cours des grumes asiatiques. En voulant limiter la production de bois par la lutte contre l'exploitation illégale, qui représenterait plus de 50 millions de m^3 par an, le gouvernement espère une remontée des cours qui sauverait l'industrie du contreplaqué en perte de vitesse, avec trente-cinq des cent-quinze usines qui ont dû fermer temporairement ou définitivement en 2002. Mais l'industrie indonésienne du contreplaqué semble avoir perdu sa compétitivité-prix par rapport aux productions chinoises; ces dernières atteignent maintenant, de surcroît, les standards japonais de qualité ce qui menace encore plus les débouchés des fabricants indonésiens qui écoulaient 2,66 millions de m^3 en 2001 sur le marché japonais.

La Malaisie veut, elle aussi, limiter sa production de bois à 16 millions de m^3, contre environ 20 millions aujourd'hui – et 30 millions en 1996. Pionnier du volontarisme industriel, la Malaisie péninsulaire constate que son industrie du bois s'est développée, tout comme en Indonésie, par un accroissement continu du capital installé, mais qu'elle reste très en retard en matière de productivité et d'efficacité. La concurrence de la Chine et du Vietnam, qui se traduit par une baisse des revenus annuels d'exportation des produits bois de près de 15 % en 2002 en Malaisie, oblige cette industrie à revoir son chemin de croissance, en tentant d'accroître la valeur ajoutée des productions par une meilleure qualité et fonctionnalité, et en changeant l'image du bois malaisien. Les exportations de sciages ont baissé de 19 % en 2001, et les exportations de contreplaqués à 3,4 millions de m^3, ont légèrement progressé mais restent en deçà des 4 millions de m^3 atteints avant la crise financière asiatique. Le pays s'est doté d'un schéma national d'éco-certification du bois, afin d'améliorer sa réputation sur le marché, et il a décidé d'arrêter d'importer des grumes indonésiennes (près d'1 million de m^3 en 2001) afin d'aider l'Indonésie à stopper ses exportations illégales.

L'Afrique entre accroissement de la production et risques de conflits

Alors que l'objectif des grands pays asiatiques est de réduire leur production de bois issus des forêts naturelles, plusieurs pays africains veulent accroître la leur. Le Congo-Brazzaville devrait dépasser le million de m^3 produit en 2002, et cette production devrait continuer à croître dans les deux prochaines années compte tenu des investissements récents dans le secteur. La Centrafrique a également nettement accru ses exportations de grumes, avec 342 000 m^3 en 2002. Le Gabon, devenu de très loin le premier exportateur africain de grumes – 70 % allant à la Chine – a vu ses exportations de grumes baisser de 10 % en 2001 à 2,31 millions de m^3, mais son potentiel d'expansion demeure significatif. Les sérieuses difficultés financières de la SNBG, société nationale qui détient le monopole de l'exportation des grumes d'okoumé, essence phare du Gabon, pourraient toutefois rendre l'année 2003 difficile, mais profiter à la Guinée Équatoriale et au Congo qui sont les deux autres fournisseurs d'okoumé.

Les exportations du Ghana ont légèrement baissé en 2001 tant en volume qu'en valeur (– 4 %), alors que ce pays où la production légale ne représente que le quart des besoins de l'industrie, s'apprête à introduire des réformes importantes, comme l'attribution concurrentielle des concessions, emboîtant ainsi le pas au Cameroun. Une certaine confusion règne autour des exportations du Liberia, pays en guerre et cible de plusieurs campagnes écologistes en Europe. Les sorties de bois ont triplé en trois ans, et pourraient avoir atteint 800 000 m^3 en 2001.

Le Cameroun n'exporte plus qu'un flux résiduel de grumes (222 000 m^3 en 2002) et l'exploitation connaît des difficultés persistantes du fait d'une application sévère de certains règlements sylvicoles. Plusieurs dizaines d'unités de transformation du bois ont fermé en 2002 ou sont en vente, notamment lorsque celles-ci ne sont pas adossées à une concession d'exploitation. La situation de crise politique en Côte d'Ivoire, deuxième exportateur africain de sciages, pourrait néanmoins favoriser une redistribution des cartes en Afrique. Le Cameroun, premier exportateur avec 1 million de m^3 exporté en 2001, devrait être le premier bénéficiaire d'un report de la demande européenne de sciages, mais le Congo et le Ghana devraient également tirer leur épingle du jeu en 2003. Si la crise ivoirienne perdure, un transfert d'une partie des scieries de Côte d'Ivoire vers le Congo et le Gabon est envisageable.

Un avenir en demi-teinte

Les bois tropicaux voient leur place s'éroder d'année en année sur le marché mondial des bois, et la tendance pourrait s'accentuer. Les bois tropicaux représentent une production de 125 millions de m^3 en 2002, soit guère plus de 15 % du total mondial, même si ce chiffre est probablement très sous-estimé. Les pays développés connaissent un excédent global structurel de bois, avec des récoltes nettement inférieures à la croissance annuelle des stocks sur pied, et une offre généralement excédentaire par rapport à la demande, contrairement aux pays du Sud où la situation est souvent inversée. Cette caractéristique rend peu probables des cours élevés du bois dans les prochaines années, et met les bois tropicaux sous la menace d'une concurrence accrue des bois des pays tempérés et boréaux.

Le « moteur » chinois va continuer de tirer le marché des bois tropicaux, pour quelques années encore. Mais la Chine a lancé de vastes programmes de plantation, de plus en plus productifs puisqu'ils représentent 62 % de la production domestique. Elle accroît son approvisionnement à partir des forêts de Russie, en absorbant 52 % des exportations de ce pays. L'accès aux marchés les plus rémunérateurs de l'Europe et de l'Amérique du Nord devient de plus en plus difficile pour les bois tropicaux en l'absence d'écocertification, et parfois de simple garantie de légalité de l'exploitation. Le recul significatif de la production légale dans les grands pays du sud-est asiatique est un signe de glissement des zones d'approvisionnement en bois d'œuvre vers les pays tempérés, avec le déclin parallèle de la production issue des forêts naturelles dans les zones tropicales. Les industries forestières des pays tropicaux se sont développées en jouant essentiellement sur les coûts de fabrication et les quantités, sans investir dans le renouvellement de la ressource par des plantations de bois d'œuvre ou l'aménagement des forêts naturelles, mais cette voie semble atteindre ses limites avec l'accroissement du coût de la ressource et l'essor de nouveaux concurrents. L'avantage conféré par le matériau bois tropical dans la fabrication de panneaux s'effrite d'année en année avec le progrès technique continu qui autorise désormais la production d'une large gamme de contreplaqués à partir de bois tendre produit dans les zones tempérées. L'avenir à moyen et long terme du bois d'œuvre tropical sur les marchés mondiaux passera par une forte différenciation des produits proposés sur un certain nombre de segments, en exploitant les qualités intrinsèques des bois tropicaux et en investissant sans plus tarder dans le renouvellement de la ressource.

– IV –

Produits de la mer

COMMERCE INTERNATIONAL DES PRODUITS DE LA PÊCHE PAR PRINCIPAUX IMPORTATEURS ET EXPORTATEURS

	Importations				*Exportations*		
Pays	**1998**	**1999**	**2000**	**Pays**	**1998**	**1999**	**2000**
Monde	**55 255,713**	**57 610,062**	**60 008,337**	**Monde**	**51 163,352**	**52 829,179**	**55 197,323**
50 pays	53 423,165	56 045,216	58 524,292	50 pays	48 067,832	50109,103	52 303,268
% du total mondial	*96,7*	*97,3*	*97,5*	*% du total mondial*	*93,9*	*94,9*	*94,8*
10 principaux pays				**10 principaux pays**			
Japon	12 826,543	14 748,712	15 513,059	Thaïlande	4 031,279	4 109,860	4 367,332
États Unis	8 578,766	9 407,307	10 453,251	Chine	2 656,117	2 959,530	3 605,838
Chine (+ H K)	2 603,210	2 721,073	3 744,777	Norvège	3 661,174	3 764,790	3 532,841
Espagne	3 545,751	3 286,831	3 351,670	États-Unis	2 400,338	2 945,014	3 055,261
France	3 505,333	3 280,940	2 983,618	Canada	2 265,236	2 617,759	2 818,433
Italie	2 808,587	2 728,568	2 535,269	Danemark	2 897,707	2 884,334	2 755,676
Allemagne	2 623,741	2 288,523	2 262,018	Chili	1 596,800	1 699,516	1 784,560
Royaume Uni	2 384,028	2 276,998	2 183,811	Taïwan	1 579,836	1 702,363	1 756,133
Danemark	1 704,234	1 771,500	1 806,365	Espagne	1 529,315	1 604,237	1 599,631
Canada	1 194,583	1 338,973	1 388,621	Indonésie	1 628,494	1 527,092	1 584,454

(millions de $)

(Source : FAO)

Le secteur halieutique se trouve actuellement affecté par des séries de problèmes, que ce soit dans le domaine de l'environnement, de la surpêche caractérisée de certaines espèces à la pollution du Prestige, dans le domaine des sciences nouvelles et de ses controverses sur les manipulations génétiques des espèces d'élevage, ou dans le domaine de l'emploi, avec la reconversion forcée de milliers de pêcheurs partout dans le monde, victimes de leur trop grande efficacité de pêche par rapport à des ressources déjà pleinement exploitées. Mais jamais l'humanité n'a consommé autant de poissons, de mollusques et de crustacés, et la croissance de la demande mondiale se poursuivra vraisemblablement encore pendant plusieurs années. Une aubaine que mettent à profit les aquiculteurs de plus en plus nombreux, particulièrement dans les pays du Tiers-Monde. La croissance des volumes de production est accompagnée par un souci d'amélioration de la qualité des produits, que ce soit par des mesures de contrôle et de traçabilité déjà implantées dans plusieurs législations nationales et destinées à se rendre universelles ou par l'apparition de nouveaux créneaux de marchés, comme par exemple celui des produits bios. Le secteur halieutique a ses problèmes, mais il est loin d'être en crise. Poussé par les marchés, il montre son dynamisme en s'adaptant aux contraintes et en développant de nouvelles opportunités.

La demande mondiale des produits de la mer continue sa croissance régulière

Pendant l'année 1999, l'*Homo sapiens* médian a mangé 16 kg d'animaux aquatiques divers, poissons, mollusques et crustacés, aussi bien de mer que d'eau douce. Un record appelé cependant à être battu année après année si l'intendance, c'est-à-dire la production, suit.

En effet, la production halieutique mondiale s'est élevée à 130,5 millions de tonnes en 2000, dont 74 %, soit 96,6 millions de tonnes destinées à la consommation humaine. Les captures traditionnelles ont produit 95 millions de tonnes et l'aquaculture 35,5 millions de tonnes. C'est peu, si l'on compare cette production aux 236 millions de tonnes de viandes (bovine, porcine, ovine et de volaille) produites et consommées dans le monde à la même époque. Et pourtant, la diversité des produits aquatiques, variant du thon aux sardines en passant par les saumons, des crevettes aux crabes en passant par les langoustes, ou des moules aux poulpes en passant par les huîtres, devrait faire en sorte que les produits aquatiques soient au moins autant consommés que les produits « terrestres ». En fait, les « produits de la mer » englobent quelques centaines d'espèces commerciales, de mer et d'eau douce, présentées de différentes façons. Grâce aux échanges internatio-

Évolution de la consommation *per capita* mondiale

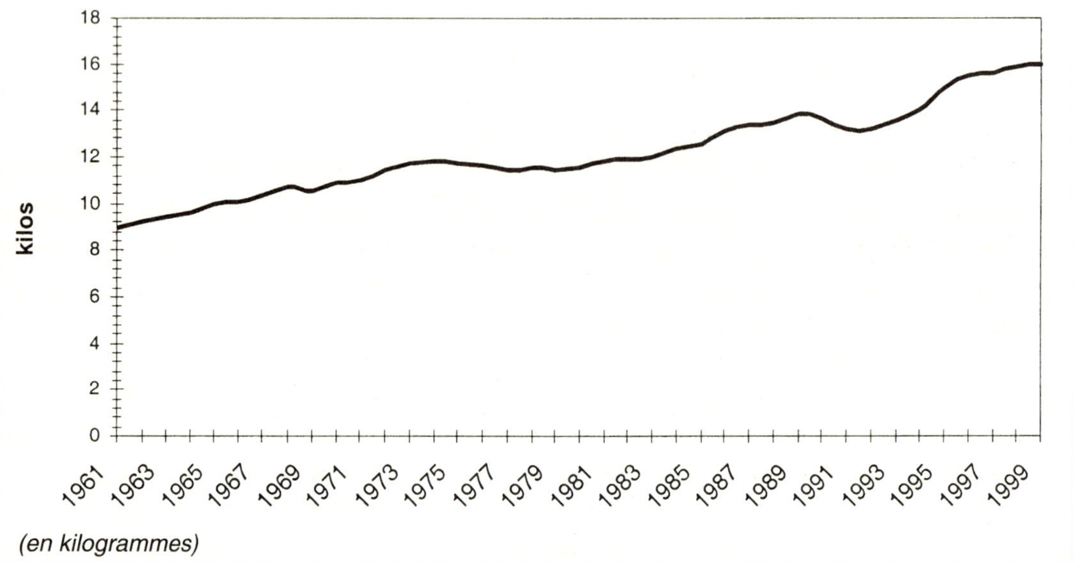

L'Asie concentre les deux tiers de la consommation mondiale des produits halieutiques

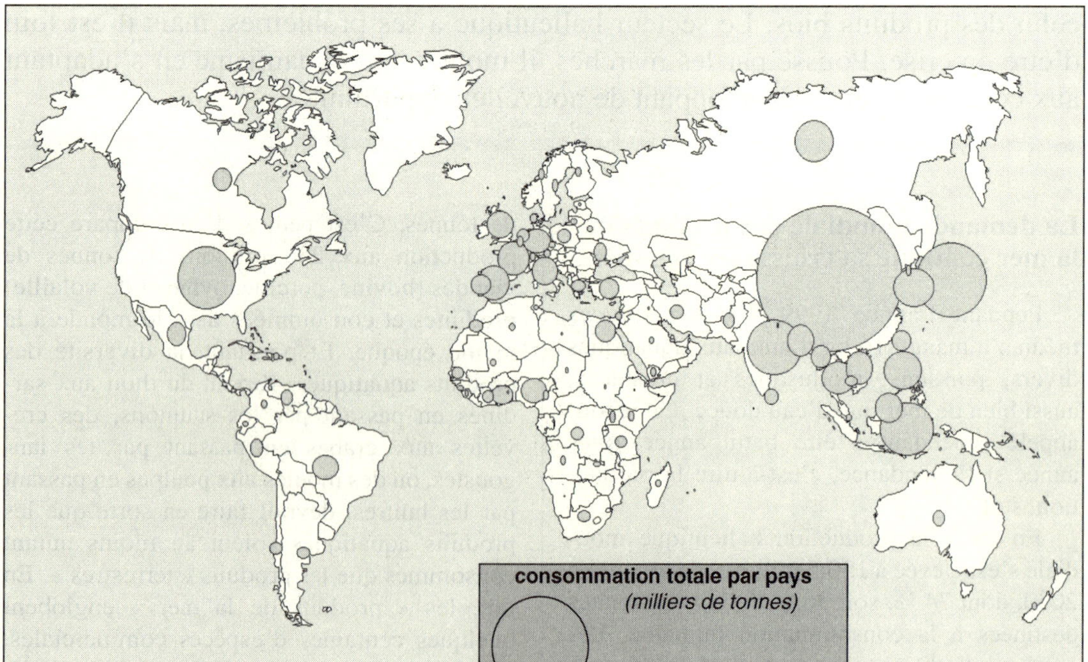

Production mondiale des produits halieutiques
(en milliers de tonnes)

	CAPTURES		
Pays	**1998**	**1999**	**2000**
Monde	**87 289,9**	**93 204,9**	**94 848,7**
57 pays	82 661,2	88 594,4	90 125,5
% du total mondial	*94,7*	*95,1*	*95,0*
10 principaux pays			
Chine	17 229,9	17 240,0	16 987,3
Pérou	1 338,4	8 428,6	10 658,6
Japon	5 263,3	5 201,8	4 989,3
Etats-Unis	4 708,9	4 749,6	4 745,3
Chili	3 265,3	5 050,5	4 300,1
Indonésie	3 964,8	3 986,9	4 140,0
Russie	4 454,7	4 141,1	3 973,5
Inde	3 373,4	3 472,1	3 594,3
Thaïlande	2 927,5	2 928,8	2 923,5
Norvège	2 861,2	2 620,0	2 703,4

	ACQUACULTURE		
Pays	**1998**	**1999**	**2000**
Monde	**30 507,1**	**33 446,8**	**35 585,1**
57 pays	29 776,5	32 640,5	34 762,4
% du total mondial	*97,6*	*97,6*	*97,7*
10 principaux pays			
Chine	20 795,3	22 789,8	24 580,6
Inde	1 902,1	2 120,3	2 095,0
Indonésie	629,7	749,2	788,5
Japon	766,8	759,2	762,8
Thaïlande	594,5	691,7	706,9
Bangladesh	514,8	620,1	657,1
Vietnam	413,0	467,2	510,5
Norvège	410,7	475,8	487,9
Etats-Unis	445,1	478,6	428,2
Chili	293,0	274,2	391,5

(Source : FAO)

LES MARCHÉS

Production mondiale des produits halieutiques par principales régions productrices
(en milliers de tonnes)

	CAPTURES		
Région	**1998**	**1999**	**2000**
Eaux continentales	8 040,9	8 495,7	8 801,0
Océan Pacifique	47 494,8	52 898,4	53 834,6
Océan Atlantique	23 506,6	23 208,7	23 479,3
Océan Indien	8 148,2	8 480,5	8 610,1
Océan Austral	92,2	121,4	123,5

	ACQUACULTURE		
Région	**1998**	**1999**	**2000**
Asie	27 010,6	29 636,3	31 650,8
Europe	1 915,5	2 075,5	2 022,8
Amérique du Nord	664,5	733,6	697,9
Amérique du Sud	608,8	616,9	691,8
Afrique	183,4	272,9	392,2
Océanie	124,1	129,3	129,4

Source : FAO.

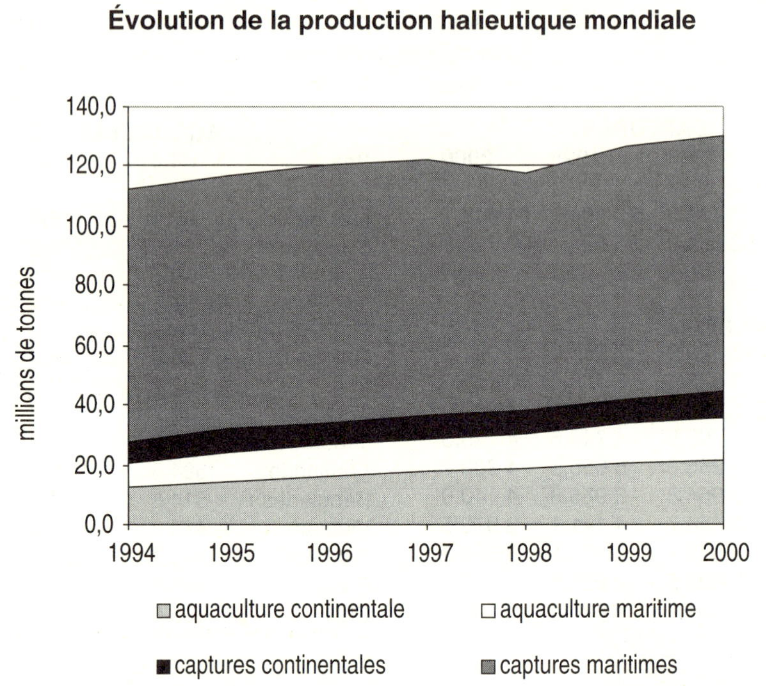

Source : Statistiques des Pêches FAO, 2000

naux ($ 55 milliards d'exportations mondiales de produits halieutiques en 2000), l'offre présente une variété croissante de produits aux consommateurs de toutes les régions du monde. Il est donc logique que cette variété encourage la consommation, surtout que tous les diététiciens du monde s'accordent pour reconnaître aux produits halieutiques des vertus allant de l'apport de protéines et d'Oméga 3 au combat contre le cholestérol.

La carte mondiale de la consommation des produits halieutiques reflète d'une manière générale la réalité démographique mondiale. Les deux tiers de la consommation sont asiatiques, comme sont d'ailleurs également asiatiques 89 % de la production mondiale aquacole et 48 % des captures.

Les captures maritimes s'essoufflent ; l'aquaculture continue sa croissance en mer et en eau douce

Partout dans le monde les crises se succèdent par rapport à quelques espèces déterminées, atteintes par des phénomènes océanographiques, climatiques ou par une surpêche mal contrôlée. Les effets de El Niño dans le Pacifique Sud-Est peuvent cycliquement, d'une année à l'autre, priver les pêcheurs péruviens et chiliens de plusieurs millions de tonnes de petits pélagiques, comme ce fut le cas en 1998. Les dernières années du XXe siècle ont vu la crise du merlu argentin. Fin 2002, c'est le cabillaud européen qui est déclaré en crise, alors que le merlu argentin amorce sa récupération. Des crises par-ci aux reprises par-là, les captures maritimes mondiales sont restées stables au cours des sept dernières années. En eau douce, par contre, les grands fleuves et les lacs du monde ont montré qu'il est possible d'y augmenter les captures. Il est également possible que ces captures existent depuis longtemps et que ce soient les statistiques qui aient amélioré leurs performances dans des zones mal couvertes auparavant (particulièrement en Amazonie, dans le bassin du Paraná ou au long des grands fleuves africains et asiatiques).

Production aquacole mondiale en 2000 : $ 35,6 millions de tonne

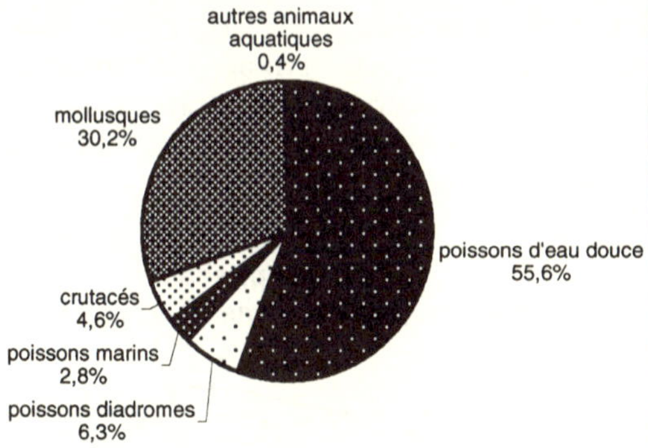

Source : Statistiques des Pêches, FAO, 2000

Production aquacole mondiale en 2000 : $ 50,9 milliards

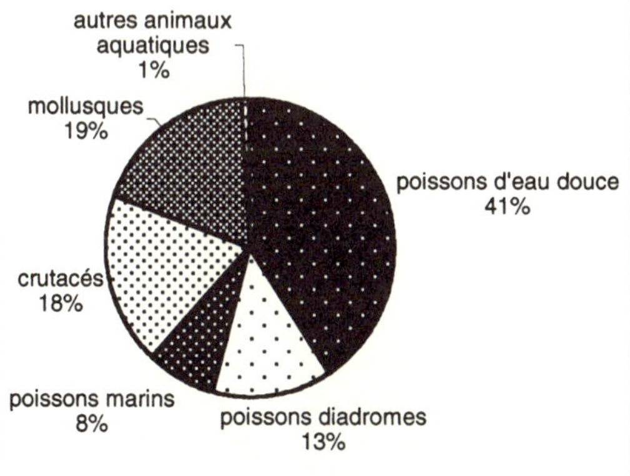

Source : Statistiques des Pêches, FAO, 2000

Augmentation de la production mondiale en sept ans (en %) (1994 -2000)

captures maritimes :	1
captures continentales :	31
aquaculture maritime :	63
aquaculture continentale :	76

Si la production mondiale totale continue d'augmenter au fil des années, c'est bien grâce à l'aquaculture, responsable aujourd'hui de 27,3 % de la production et dont l'importance ne peut que s'accroître encore au cours des prochaines années. La valeur de cette production aquacole atteint $ 50,9 milliards en 2000 ($ 48,2 milliards en 1999 et $ 25,6 milliards en 1991).

L'incontournable aquaculture

Les expériences des dernières années ont été concluantes. De l'élevage plusieurs fois centenaire de carpes, de moules ou d'huîtres aux récents développements de l'élevage de crevettes et de saumons, viennent s'ajouter de nouvelles espèces dont les productions augmentent régulièrement. En 1992, seules sept espèces dépassaient le seuil de production de 500 000 tonnes annuelles en élevage. Elles étaient 15 en 2000. De même, seules trois espèces dépassaient le seuil du 1 million de tonnes en 1992. Elles étaient 9 en 2000.

Bien que les sept premiers pays producteurs aquacoles au monde, ceux qui ont produit plus de 500 000 tonnes en 2000, soient tous asiatiques (Chine, Inde, Indonésie, Japon, Thaïlande, Bangladesh, Vietnam), pratiquement tous les pays du monde se sont mis plus ou moins intensément à l'aquaculture. En Amérique latine, le développement est particulièrement rapide, dans le sillage des « pionniers » que furent l'Équateur (pour la crevette et maintenant aussi pour le tilapia) et le Chili (pour le saumon et actuellement aussi pour les bivalves et le turbot).

L'aquaculture de l'Union européenne se trouve également en plein développement,

Les pêches européennes en crise ?

Les discussions préliminaires au Conseil Pêche qui ont eu lieu à Bruxelles du 16 au 20 décembre 2002 ont été fortement médiatisées autour du thème des réductions des captures, drastiques pour quelques espèces particulièrement menacées d'épuisement, comme le cabillaud. Laissant de côté l'aspect purement scientifique des biologistes, dont les longues séries historiques de données sont, il est vrai, peu parlantes pour le grand public, les médias ont développé l'image de la dispute entre les « amis des poissons » et les « amis des pêcheurs ». Les premiers étant représentés par les pays du Nord européen (en particulier le Royaume-Uni et le Danemark) et les seconds par ceux du Sud européen (en particulier l'Espagne et la France).

En fait, la solution préconisée par le commissaire européen, Franz Fischler, de limiter sévèrement les captures, est l'unique solution applicable pour récupérer des stocks décimés. Il est d'ailleurs intéressant de comparer l'évolution des prises de cabillaud (ou morue) européen avec celles de merlu argentin, parfaitement parallèles. La crise qui s'est déclarée en 2002 en Europe avait déjà été diagnostiquée en 1998 dans le Sud-Ouest Atlantique et les mesures prises alors par les autorités binationales du Front Maritime Argentino-Uruguayen, sous forme de limitation stricte des captures, ont mené à des signes de récupération de la ressource déjà en 2002. Par ailleurs, ces crises, très visibles lorsque l'on observe les comportements des prises d'une espèce, le sont beaucoup moins lorsque l'on considère les prises totales de la région, toutes espèces confondues.

Évolution des captures régionales

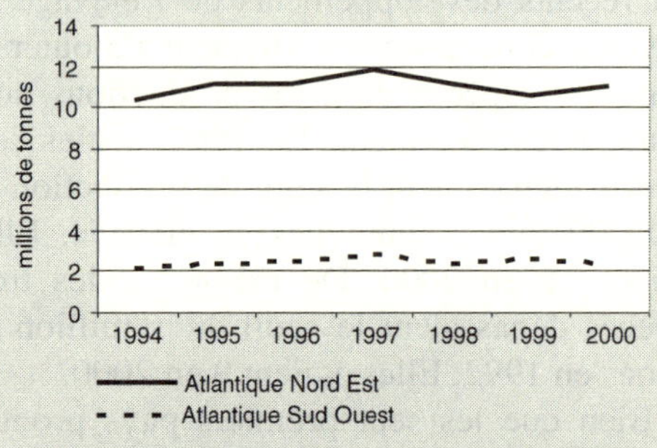

Évolution des prises : morue européenne et merlu argentin

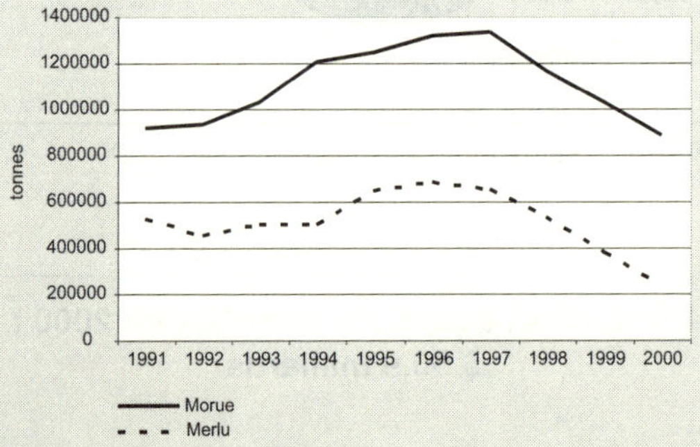

Source : Statistiques des Pêches FAO, 2000

Par ailleurs, les travailleurs de la filière du merlu du Sud-Ouest Atlantique ayant perdu leur emploi n'ont pas reçu d'indemnités de la part de leurs gouvernements qui avaient, déjà à l'époque il est vrai, d'autres préoccupations, d'ordre macroéconomique.

La Commission européenne estime à 8 592 le nombre de bateaux (soit un total de 351 791 TJB) devant être retirés des activités de pêche en Europe. En fait, ce ne sont que 80 % du tonnage, soit 281 433 TJB, qui seront effectivement retirés de la circulation, à un coût de 1 376 millions d'euros, dont 712 millions d'euros sont pris en charge par la Commission.

57 % du tonnage de bateaux retirés proviennent des « pays du Nord » (Le Royaume-Uni en tête, suivi par le Danemark) et 43 % des « pays du Sud » (l'Espagne en tête, suivie par la France). Curieusement, ce sont ceux qui réclament le plus qui sont finalement les moins affectés.

Évolution de la production halieutique mondiale pour consommation humaine

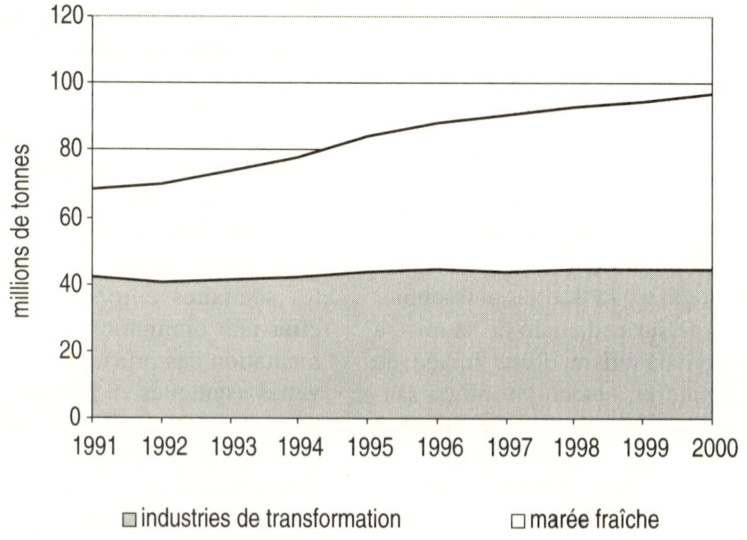

Source : Statistiques des Pêches, FAO, 2000.

avec une production atteignant 1,1 million de tonnes pour une valeur de 1,9 milliard d'euros. La filière aquacole européenne fournit l'équivalent de 60 000 emplois à plein temps. L'activité est fortement encouragée par la Commission européenne et pendant la période de 1994 à 1999, quelque 300 millions d'euros des Fonds structurels ont été alloués comme aide à la construction ou à la modernisation des fermes aquacoles.

La marée fraîche : une préférence mondiale

Les progrès atteints par la logistique de distribution des produits frais au cours des dernières années sont visibles dans la plupart des pays du monde, très souvent dans le sillage de la généralisation des supermarchés comme principaux centres de distribution de produits alimentaires et possédant également leurs étals poissonniers.

La tendance des consommateurs à préférer des produits naturels, alliée aux présentations toujours plus attirantes des produits de la mer sur leurs lits de glace, a fait que la marée fraîche a conquis en quelques années des parts de marché substantielles. En effet, 53,7 % des produits halieutiques destinés à l'alimentation humaine ont été consommés en frais en 2000 (cette proportion n'était que de 38,7 % en 1991).

Cette tendance contredit les espoirs placés il y a quinze ou vingt ans dans le développement rapide des produits industrialisés. Les produits salés, fumés ou séchés accusent une nette régression, les conserves marquent le pas malgré des innovations (salades de thons, sardines et maquereaux avec diverses sauces…) et les congelés maintiennent une croissance lente.

En fait, le panorama de l'industrie de transformation des produits de la pêche a beaucoup changé au cours des dernières années avec la fermeture pure et simple des petites industries familiales traditionnelles, principalement dans les activités de séchage, salage et fumage, ainsi que les petites conserveries. Les industries de congélation, plus modernes et nécessairement de plus grosses taille en fonction de la nature de leurs équipements, ont mieux résisté. C'est une tendance mondiale valable non seulement pour les produits de la pêche mais pour beaucoup d'autres denrées alimentaires. L'industrie de transformation des produits de la mer, tout comme l'industrie alimentaire mondiale, a subi plusieurs vagues de fusions d'entreprises et tend à former des oligopoles qui ont parfois du mal à démontrer aux consommateurs que leurs produits, passant par de coûteux procédés de transformation, sont meilleurs que le poisson bien présenté, enrobé de glace, à l'étal du poissonnier le lendemain ou le surlendemain de sa mise à terre. Le poisson bénéficie d'une image de produit sain et naturel, obtenu en milieu sauvage. La marée fraîche est donc le mieux à même de lui garder toutes ces propriétés.

Il est également clair que l'aquaculture, toujours plus présente sur les marchés, permet de garder vivants des poissons jusqu'à leur vente et leur transport pratiquement direct des bassins de production aux étals de poissonniers ou aux cuisines des restaurants.

Évolution des prix des crevettes en 2002

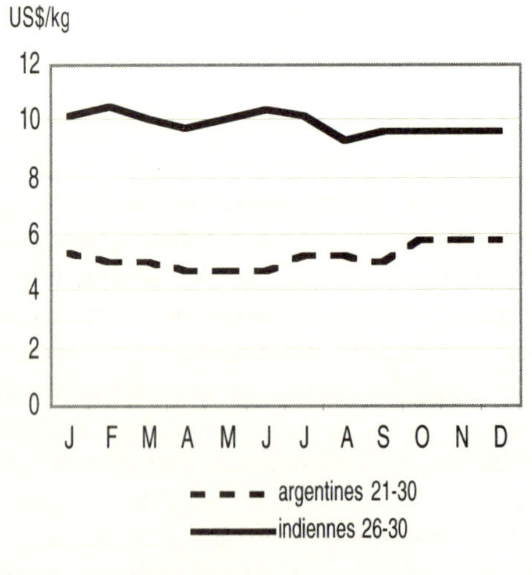

Source : INFOPESCA Noticias Comerciales
Crevettes argentines - P.muelleri, avec tête, FOB pour marché européen
Crevettes indiennes - Black Tiger - P.monodon, étêtées, C & F sur marché américain

Les prix des crevettes continuent à déprimer en 2002

Le niveau de prix des crevettes, déjà assez bas en 2001, s'est globalement maintenu en 2002. Des variations régionales sont apparues au cours du premier semestre, principalement en fonction de la « tolérance zéro » à l'antibiotique chloramphénicol décrétée par les autorités sanitaires européennes qui ont eu pour effet une diminution de l'offre (et une augmentation des prix), particulièrement des crevettes asiatiques en Europe, et une augmentation de cette offre asiatique (avec une diminution des prix) sur les marchés japonais et américain. Le Japon a d'ailleurs bénéficié d'une appréciation de 6 % du yen par rapport au dollar au cours du premier semestre. L'Indonésie continue d'être son principal fournisseur avec 40 000 tonnes au cours des neuf premiers mois de l'année, suivie par le Vietnam (29 000 tonnes au cours de la même période) et la Chine (13 000 tonnes).

Les importations américaines ont progressé de 12 % en volume pour atteindre un total de 294 000 tonnes pendant les neuf premiers mois de l'année. La Thaïlande est le principal fournisseur des États-Unis ayant exporté 77 000 tonnes pendant cette période. On peut s'attendre à ce que le record de consommation de crevettes aux États-Unis de 1,54 kg *per capita* en 2001 soit encore battu en 2002. En 1980, la consommation moyenne de crevettes aux États Unis n'était que de 630 grammes par personne.

En Europe, la suspension des importations de crevettes chinoises début 2002 en fonction de leur teneur en chloramphénicol a été accompagnée par un strict contrôle des importations de Thaïlande, d'Indonésie et du Myanmar, avec des analyses chimiques systématiques. La France a légèrement augmenté son niveau d'importations par rapport à 2001 (74 000 tonnes) en ayant Madagascar comme principal fournisseur, suivi du Brésil. Les Brésiliens ont augmenté leurs ventes de 50 % par rapport à 2001 sur le marché français, largement en fonction d'une baisse de prix, à 5 euros le kilo alors qu'il était de 6,50 euros en 2001. L'approvisionnement de crevettes en Espagne provient en grande partie de l'Argentine qui a exporté 22 400 tonnes pendant les neuf premiers mois de l'année, soit 31 % des importations espagnoles. Les crevettes argentines sont également les plus importées par l'Italie : sur les 27 500 tonnes mises sur le marché italien de janvier à août 2002, 9 000 tonnes provenaient d'Argentine. Au Royaume-Uni, l'Inde, suivie par le Bangladesh, sont les principaux fournisseurs, avec près de 14 000 tonnes de janvier à septembre 2002. Les pays européens, d'une manière générale, maintiennent leurs liens historiques avec les pays fournisseurs. Il est également intéressant de noter que les Pays-Bas ont fourni d'importantes quantités de crevettes tropicales sur les marchés français et espagnol, montrant ainsi qu'ils continuent toujours à être présents dans le négoce international.

Comme nouveauté sur le marché, du moins avec une certaine ampleur, citons la production de crevettes organiques, ou *bios*, vendues par l'entreprise britannique Lyons Seafood qui s'approvisionne auprès de quelques aquiculteurs spécialisés, particulièrement au Brésil et au Vietnam. Les prix des crevettes *bios* atteignent le double de leurs congénères « normales ». Ce créneau de marché semble en croissance.

Aucune tendance à la hausse ou à la baisse des prix n'est prévue sur les marchés de la crevette pour les premiers mois de 2003.

LES MARCHÉS

Retour à la stabilité du marché du thon

Les faibles prises dans le Pacifique Ouest pendant le premier semestre ont été compensées par des captures particulièrement bonnes dans l'Océan Indien. Cependant, les stocks congelés de matière première des conserveries thaïlandaises se trouvant à un niveau élevé ont forcé la baisse des prix du listao de $ 800 à $ 700 la tonne. Ce niveau de prix est cependant toujours acceptable par les armateurs qui se rappellent des niveaux anormalement bas, à $ 400 la tonne en 2000. Les conserveries thaïlandaises ont continué à importer du listao

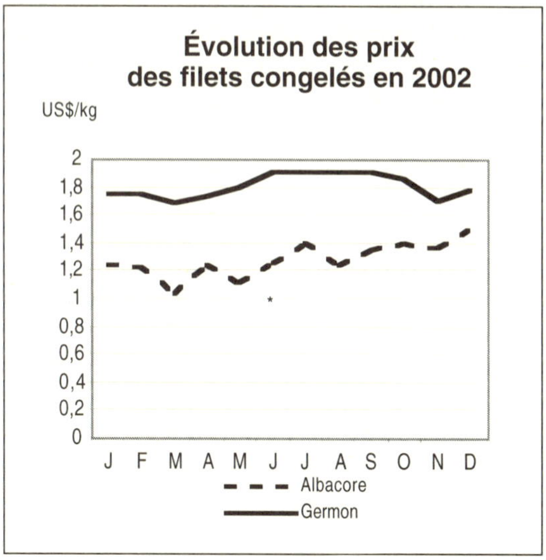

Source : INFOPESCA - Noticias Comerciales
Albacore - congelé entier, pièces de plus de 10 kg, CIF Espagne
Germon - congelé entier, C & F Bangkok, origine Océan Pacifique

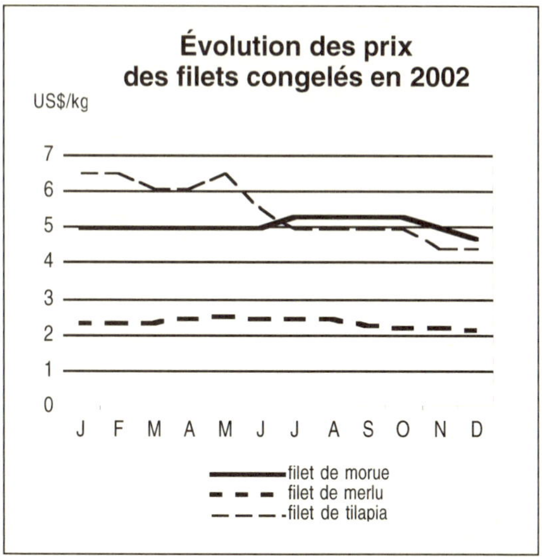

congelé en 2002 pour un volume de 277 000 tonnes pendant les neuf premiers mois de l'année, soit 50 000 tonnes de plus que pendant la même période de 2001.

L'albacore, plus abondant dans l'Océan Indien et vendu principalement aux conserveries européennes, a vu son prix augmenter de 40 % pendant l'année, du niveau particulièrement bas de $ 1 000 en début d'année à $ 1 400 la tonne. Il s'agit d'un prix équilibré, entre le bas niveau de 2001 et celui très élevé de $ 2 000 la tonne, observé en 1998.

La flotte thonière japonaise a débarqué dans l'archipel nippon 286 400 tonnes de thon (principalement du listao) pendant les neuf premiers mois de 2002, dont 72 100 tonnes en frais et le reste en congelé. Cette production est 16 % supérieure à celle de 2001. Par ailleurs, le Japon a importé pendant cette période 292 500 tonnes de thon, principalement de Taïwan et de Corée du Sud, un niveau également 16 % supérieur à celui de 2001.

En Méditerrannée, le mauvais temps en été a limité les captures de thons rouges destinés aux cages flottantes aquacoles où le thon est maintenu pendant six mois pour être vendu en pleine saison de fin d'année sur le marché du sashimi au Japon. Alimentés de petits pélagiques, les thons rouges prennent 15 % de poids pendant cette période. Les cages méditerranéennes ont fourni 11 500 tonnes en 2002 (dont 5 000 tonnes en Espagne, 3 000 tonnes en Croatie, 1 500 tonnes en Italie et 1 000 tonnes pour la Turquie et pour Malte). En Australie, l'élevage de thons rouges a atteint les 5 500 tonnes en 2002.

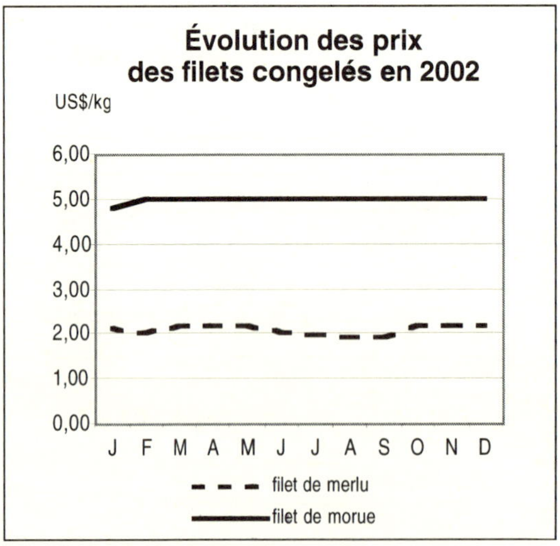

Source : INFOPESCA Noticias Comerciales
Morue : filets de taille 1-3, blocs de 5 livres, prix de gros sur le marché de Boston
Merlu : filets de 4 à 6 oz pièce, origine Argentine, prix C & F New York

La consommation de conserves traditionnelles de thon aux États Unis est en baisse, étant déjà passée de 1,59 kg *per capita* en 2000 à 1,32 kg *per capita* en 2001. La consommation américaine a été de 53,5 millions de boîtes de thon en 2001, dont 53 % importées, principalement de Thaïlande et des Philippines. Par contre, le thon en sachets, introduit sur le marché américain il y a deux ans, augmente sa part de marché, déjà de 3,6 %. On s'attend à ce que les sachets de thon atteignent 8 % du marché en 2005 et 12 % en 2007. Les prix du thon en sachet, au départ plus élevés que ceux du thon en boîte, se trouvent actuellement en baisse sur le marché américain. Les récents accords douaniers avec les pays du Pacte Andin permettent en effet l'importation de thon sur le marché américain libre de droits. La géante thonière Star Kist, qui a récemment investi dans une usine de sachets de thon en Équateur, se trouve par conséquent déjà bien placée par rapport au marché.

Les sachets de thon font également leur apparition sur le marché européen (Saupiquet en France et Rio Mare en Italie, par exemple) et leurs prix (environ 1,50 euro pour un sachet de 100 grammes) sont plus élevés que celui des boîtes de même volume. Cependant, particulièrement en France, la consommation de boîtes de thon traditionnelles diminue et celles de salades de thon et de hors d'œuvre préparés augmentent. Les salades représentent déjà 68 % de la production française de conserves de thon.

Le marché du thon ne devrait pas connaître de grands changements au cours des premiers mois de 2003. L'Organisation mondiale des thoniers senneurs réunie à Manille en novembre 2002 a décidé de maintenir son niveau de pleine production de listao au cours des prochains mois. Par ailleurs, les mois d'hiver dans l'hémisphère Nord sont des mois de faible consommation de conserves de thon et leurs prix ne devraient pas augmenter.

Résultats mitigés pour les captures de démersaux

Les pêches de morue (cabillaud) d'Atlantique se trouvent en net déclin. Avec une production estimée à 800 000 tonnes en 2002, nous sommes loin des quelque 2,8 millions de tonnes de 1998. Cette situation encourage fortement l'aquaculture de cette espèce, déjà commencée en Norvège. Les Norvégiens prévoient une production de 40 à 60 millions d'alevins en 2005 qui permettront une production de 120 000 à 150 000 tonnes de cabillaud en 2007. Les Danois et les Écossais leur suivent le pas. À Hanstholm au Danemark, une usine pilote produit déjà 100 tonnes par an mais on y anticipe déjà une production de 20 000 tonnes en 2010. Malgré la baisse des captures, les prix des blocs de filets congelés sur les marchés de gros sont restés particulièrement stables en 2002.

Le colin d'Alaska capturé dans la mer de Bering, de son côté, maintient sa vigueur. En témoigne son important quota de 1,485 million de tonnes de 2002 qui a été encore augmenté à 1,492 million de tonnes pour 2003. Les biologistes pensent même que la ressource pourrait supporter des prises allant jusqu'à 2,33 millions de tonnes annuelles, mais le principe de précaution est appliqué par les autorités chargées de son administration. La moitié des captures de colin d'Alaska est destinée aux usines de fabrication de surimi et l'autre moitié va sur les marchés sous forme de blocs de filets congelés, souvent pour être retraités dans des usines européennes (portions panées, bâtonnets, etc.).

Les Islandais, quant à eux, se développent sur le marché de démersaux frais en envoyant tous les jours des avions vers les marchés américain et européen. Ils arrivent de cette manière à placer leurs poissons dans les étals de supermarchés européens moins de quarante-huit heures après leur capture, ce qui laisse aux détaillants cinq jours pour les vendre dans de bonnes conditions. Le coût du fret aérien, quatre fois plus cher que celui du fret maritime, est compensé par la haute qualité du produit qui justifie des prix plus élevés à la consommation.

En Argentine, les captures de merlu sont strictement limitées à 250 000 tonnes par an au sud du parallèle 41°S. On est loin des prises records de 700 000 tonnes observées en 1996, avant le début de la crise du merlu argentin. Cependant, les biologistes argentins signalent une reprise de la ressource qui pourrait permettre de relever cette limite à 350 000 tonnes en 2005. Pendant les neuf premiers mois de 2002, l'Argentine avait déjà exporté 211 000 tonnes de produits halieutiques, dont 117 000 tonnes de merlus.

Au Pérou également, le merlu a été surpêché au cours des dernières années. En temps normal, selon les biologistes, les ressources devraient permettre des prises de 200 000 tonnes annuelles. Elles ont déjà été limitées à 100 000 tonnes en 2001 et, pendant les neuf premiers mois de 2002, elles n'ont pas dépassé 60 000 tonnes. Fin 2002, le gouvernement péruvien envisageait d'interdire complètement la pêche au merlu pendant deux ou trois ans, le temps nécessaire au rétablissement de la ressource.

D'un point de vue global, en ce qui concerne les démersaux, les bonnes captures de certaines espèces finissent par compenser les mauvaises captures d'autres espèces et, pour 2003, on s'attend à ce que le marché reste stable, sans grandes variations de prix.

Céphalopodes : production en baisse, prix en hausse

Les prises d'encornets, de l'espèce *Illex* aussi bien que de l'espèce *Loligo,* ont été décevantes un peu partout dans le monde en 2002, élevant les prix qui sont arrivés à $ 2,00 le kg (blocs congelés ayant 21 à 25 pièces par kg) au Japon et même à $ 2,20 le kg (blocs congelés ayant 11 à 20 pièces par kg) en Italie. Les stocks d'encornets congelés au Japon se situaient à 38 000 tonnes à la fin du premier semestre, un niveau 50 % inférieur à celui de la même époque en 2001, et qui ne s'est pas récupéré sensiblement depuis. La prévision pour 2003 est pessimiste pour les captures d'encornets *Illex* d'Argentine, ce qui aura très probablement pour effet d'augmenter encore son prix.

La politique marocaine, adoptée en 2001, d'établissement d'un prix minimum pour le poulpe à $ 5,00/Kg complétée par une baisse des prises, s'est révélée payante. Les prix ont en effet grimpé et, pour les plus grandes tailles, atteignaient $ 10,00/kg au cours du second semestre 2002.

En ce qui concerne les seiches, malgré un déclin généralisé des prises mondiales en 2002, après une hausse à $ 2,40 le kg, les prix sont redescendus sur le marché européen à $ 2,20 le kg (seiches congelées, 41 à 60 pièces par kg, en provenance de la Thaïlande).

Équilibre entre la demande et l'offre de petits pélagiques

Le nouvel engouement des consommateurs pour les petits pélagiques observé en 2001 est en passe de trouver ses limites en fonction de l'état des ressources. En effet, celles-ci sont exploitées à un niveau proche du maximum, ce qui renforce l'attention des biologistes sur le comportement des espèces.

En ce qui concerne le hareng de l'ensemble du Nord-Est Atlantique, la limite des prises serait fixée à 1,4 million de tonnes pour 2003, soit 7 % de moins qu'en 2002. Dans la Baltique (comprise dans le grand ensemble du « Nord-Est Atlantique »), par exemple, la limite décidée pour 2003 est de 226 000 tonnes, soit 13 % de moins qu'en 2002. Dans les eaux norvégiennes, elle devrait être ramenée de 852 000 tonnes en 2002 à 710 000 tonnes en 2003. Ce n'est que dans la Mer du Nord que la bonne administration des ressources au cours des dernières années devrait permettre une augmentation des prises de hareng de 265 000 à 350 000 tonnes, partagées à 71 % pour l'Union européenne et 29 % pour la Norvège.

En 2002, les prix du hareng norvégien (entier, entre 250 et 300 grammes pièce, FOB Norvège) ont augmenté régulièrement de janvier ($ 0,65 le kilo) à juin ($ 0,73 le kilo) pour redescendre ensuite à $ 0,65 le kilo en novembre et même à $ 0,44 en décembre.

Les prix du maquereau norvégien (entier, 300-500 grammes pièce, FOB Norvège) ont suivi la tendance opposée à celle du hareng, en baissant régulièrement de janvier ($ 0,90 le kilo) à juin ($ 0,63 le kilo) pour reprendre ensuite et terminer l'année à $ 0,96 le kilo.

Quant à la sardine à Nouadhibou (Mauritanie), les prix ont augmenté entre janvier et décembre de $ 0,37/kg à $ 0,55/kg (sardine entière, congelée en mer). Les conserves de sardines, de leur côté, ont également vu leurs prix augmenter de $ 23,74 en janvier à $ 25,25 en décembre (carton de 100 boîtes en aluminium, ring-pull, 125 grammes, C & F Hambourg en provenance du Maroc, libre de droits de douanes).

L'Union européenne est nettement exportatrice de petits pélagiques, surtout de harengs et de maquereaux, et son principal marché se trouve en Afrique (en particulier le Nigeria), suivie par le Japon et la Chine.

Production de farine en légère baisse en 2002, mais « El Niño » préoccupe moins

Les productions de farine dans les grands pays producteurs (Pérou, Chili, Danemark, Islande et Norvège) ont baissé pendant les dix premiers mois de 2002, atteignant la marque de 2,91 millions de tonnes (3,07 millions de tonnes avaient été produites au cours des dix premiers mois de 2001).

Les prix de la farine ont augmenté durant le premier trimestre de 2002 légèrement au-dessus des $ 600 la tonne (pour la farine avec 64 %-65 % de protéines, CIF Hambourg) pour redescendre à quelque $ 580 la tonne au troisième trimestre. Il s'agit d'un niveau de prix relativement élevé quand on le compare aux $ 350 la tonne, plancher absolu des dernières années observé début 1999. Il est d'autant plus élevé que son concurrent direct, la farine de

FARINE DE POISSON	1997	1998	1999	2000	2001	2002 (p)
Production mondiale	**4,70**	**5,32**	**6,65**	**7,10**	**6,38**	**6,56**
dont Pérou	1,74	0,81	1,90	2,31	1,84	1,85
Chine	-	0,70	0,71	0,78	0,75	0,79
Chili	1,19	0,64	0,96	0,84	0,70	0,80
U.E. (15)	0,56	0,55	0,53	0,54	0,52	0,54
Importations mondiales	2,61	2,56	3,29	4,15	3,93	3,59
dont U.E. (15)	0,71	0,71	0,76	0,88	0,74	0,70
Chine	0,45	0,42	0,66	1,23	1,04	1,03
Exportations mondiales	2,30	2,43	3,39	4,18	3,75	3,52
dont Pérou	1,95	0,66	1,55	2,37	1,97	1,58
Chili	0,93	0,49	0,59	0,57	0,48	0,50

(en millions de tonnes) *(Source : Oil World)*

soja, maintient son prix stable aux alentours de $ 200 la tonne (farine avec 44 % de protéines, CIF Rotterdam).

Les volumes de production relativement faibles de 2001 et de 2002 ont été dans une certaine mesure contrebalancés par une augmentation de la qualité de la farine produite.

Prix de la farine de poisson caf Rotterdam

(en US $/tonne)

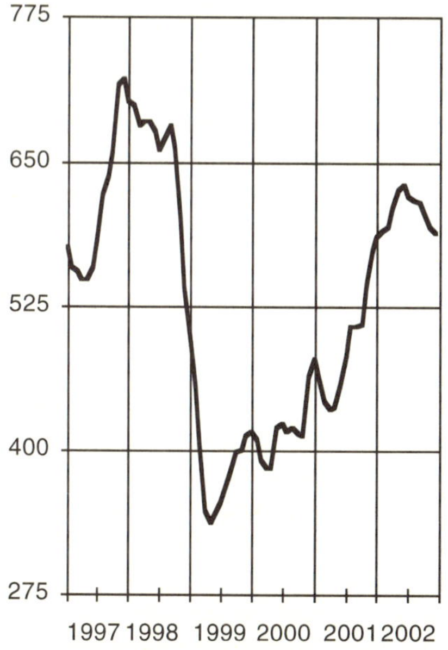

Ainsi, au Chili, 70 % de la production est déjà de qualité « prime ».

Pour le premier trimestre 2003, on s'attend à une production mondiale de l'ordre de 1,2 million de tonnes. En effet, les récentes observations de la progression d'« El Niño » suggèrent que ce phénomène attendu pour début 2003 sera relativement faible et ne devra donc pas trop diminuer les pêches de « poissons à farine » du Pacifique Sud-Est. Par ailleurs, les stocks de farine détenus par la Chine, principal importateur, sont estimés à 200 000 tonnes fin 2002, ce qui lui donne une certaine assurance et devrait maintenir les prix à leurs niveaux actuels.

Faible production d'huile de poisson face à une demande accrue

La faible production de farine a été accompagnée par une faible production d'huile de poisson : 950 000 tonnes en 2002 comparées au chiffre de 1,1 million de tonnes de 2001.

Les prix élevés de l'huile de poisson (de l'ordre de $ 600 la tonne en début d'année) ont découragé la demande, même celle des fabriques de rations destinées à l'aquaculture, qui ont préféré utiliser de l'huile végétale pour la préparation des rations. Les prix de l'huile de poisson ont commencé à diminuer au second semestre. Par contre, le prix de l'huile

HUILE DE POISSON	1997	1998	1999	2000	2001	2002 (p)
Principaux producteurs						
Pérou	290	150	278	300	287	142
Chili	175	84	118	99	114	120
Etats-Unis	110	77	117	90	97	89
Norvège	60	61	59	57	63	74
Danemark	80	78	75	72	74	73
Japon	50	45	44	43	53	54
Afrique du Sud	10	8	6	4	2	2

(en milliers de tonnes)

Source : IFOMA ; données 2000 : estimation FAO/GLOBEFISH.

de soja a grimpé en flèche pendant l'année 2002, de $ 350 la tonne à $ 550 la tonne, dépassant même légèrement le prix de l'huile de poisson, comme cela avait déjà été le cas en 1999 et en 2000, rendant ce dernier produit plus compétitif.

Pour 2003, on s'attend à une production totale d'huile de poisson entre 900 000 tonnes et 1 million de tonnes. Son niveau de demande et l'évolution de ses prix dépendront en grande partie de l'évolution de ceux de l'huile de soja.

Prix de l'huile de poisson toutes origines, caf ports européens
(en US $/tonne)

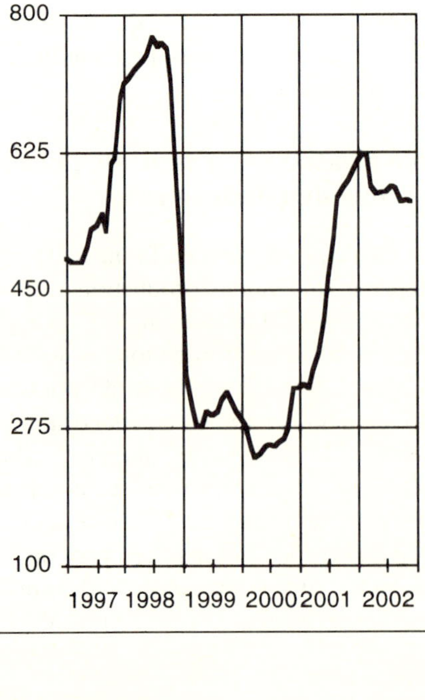

Des perspectives toujours bonnes pour le secteur halieutique en 2003

Un secteur économique a toujours de bonnes perspectives d'avenir quand il bénéficie d'un marché en croissance. C'est le cas, nous l'avons vu, du secteur halieutique dont le niveau de consommation ne se trouve encore qu'à 41 % de celui des viandes « terrestres » en général (bovine, porcine, ovine et de volaille). La production des produits aquatiques, grâce à l'élevage de grandes variétés d'espèces de poissons, de crustacés et de mollusques, présente un potentiel de croissance très important, tant en eau de mer qu'en eau douce. La croyance que l'aquaculture était limitée par la production de farine et d'huile de poisson parce que ces derniers seraient indispensables à la confection de rations est moins généralisée. La recherche de solutions alternatives, utilisant des *ersatz*, par exemple des farines et des huiles végétales, a déjà démontré de bons résultats dans quelques cas. Subventionnée par des instances nationales ou supra-nationales (Union européenne par exemple) ou encouragée par de nombreux environnements propices encore disponibles, l'aquaculture continuera son développement rapide en 2003.

L'augmentation de la consommation des produits halieutiques est également fonction

Principaux pays producteurs d'huile de poisson (1 000 tonnes)

	1997	1998	1999	2000	2001	2002
Chili	175	84	118	90	114	120
Pérou	290	150	278	300	287	142
Norvège	60	61	59	57	63	74
Islande	89	80	82	79	69	64
Danemark	80	78	75	72	74	73
Afrique du Sud	10	8	6	4	2	2
États Unis	110	77	117	90	97	89
Japon	50	45	44	43	53	54

Source : IFOMA ; données 2000 : estimation FAO/GLOBEFISH.

de l'augmentation des échanges internationaux. En effet, certaines régions sont plus propices que d'autres au développement des différentes espèces, en fonction des facteurs climatiques ou océanographiques, entre autres. Par ailleurs, la diversité de l'offre sur les différents marchés induit la croissance de la consommation globale de produits halieutiques et ce sont les échanges entre les régions productrices qui rendent cette diversité possible sur les marchés.

Arrivées aux limites de production naturelle des océans, les espèces capturées par la pêche traditionnelle auront à l'avenir tendance à se transformer en raretés et, en conséquence, à voir leurs prix plus élevés que ceux de la même espèce provenant de l'aquaculture. C'est déjà particulièrement le cas du saumon sauvage par rapport au saumon d'élevage. Le cabillaud est en passe de prendre le même chemin en une ou deux décennies.

Les perspectives de guerre en Irak, sur le devant de la scène médiatique fin 2002 et début 2003, si elles se confirment, ne devront troubler temporairement le commerce international des produits halieutiques que dans la mesure où les conséquences du conflit affecteront le transport international en général et les taux de change. Le secteur halieutique, tout comme le secteur alimentaire en général, est traditionnellement moins touché par les conflits que d'autres secteurs économiques.

– V –

Minerais et métaux

Fer et ferrailles

Les grands métaux non ferreux

- Acier
- Aluminium
- Cuivre
- Étain
- Nickel
- Plomb
- Zinc

Les petits métaux

- Antimoine
- Bismuth
- Cadmium
- Chrome
- Cobalt
- Germanium
- Lithium
- Magnésium
- Manganèse
- Mercure
- Molybdène
- Sélénium
- Silicium
- Tantale
- Terres rares
- Titane
- Tungstène
- Vanadium
- Zirconium

Les métaux et produits précieux

- Argent
- Or
- Platinoïdes
- Diamants

INDICES REXECODE DES COURS DES MATIERES PREMIERES en $
ENSEMBLE DES METAUX
janvier 1988 = 100
140
130
120
110
100
95
90
85
80
75
70
65
60
55
METAUX COMMUNS
METAUX PRECIEUX
ENSEMBLE DES METAUX
1985
1986
1987
1988
1989
1990
1991
1992
1993
1994
1995
1996
1997
1998
1999
2000
2001
2002
© REXECODE

Minerais et métaux

Alors que 2002 ne restera pas dans les annales économiques comme un très grand cru, les marchés des métaux, qu'il s'agisse de l'acier, des métaux non ferreux ou des métaux précieux, ont presque tous été marqués d'un rebond assez net et abordent en tout cas 2003 dans une bien meilleure forme qu'à la fin de 2001, au lendemain des attentats du 11 septembre. Tout n'est pas rose bien sûr et la « fortune » de l'or, du cuivre, du nickel, de l'acier et de quelques petits métaux comme l'antimoine ou le molybdène n'a rien de comparable à la stagnation du plomb, du zinc et de l'aluminium ou à l'effondrement du palladium. Les comparaisons sont de toute manière toujours difficiles à établir entre de véritables marchés pour les grands non ferreux cotés au LME, des « niches » souvent fort spéculatives pour les petits métaux, des marchés plus financiers pour les métaux précieux et des systèmes encore au fond assez cartellisés pour l'acier et les alliages. Mais cette « reprise », après quelques années de vache maigre et des minima historiques atteints à l'automne 2001, a apporté une bouffée d'air à une activité – la mine et la métallurgie – qui avait plutôt fait la une des journaux en ce qui concerne les défaillances d'entreprises.

Demande chinoise et discipline des producteurs

Dans le champ des « fondamentaux », le facteur majeur a été la demande chinoise destinée à nourrir la croissance économique de 8 % de l'Empire du Milieu. Minerai de fer, bauxite, cuivre, nickel, mais aussi or, ont profité de la montée en puissance des besoins chinois alors que des problèmes de production, liés souvent à l'absence de toute mesure de protection de l'environnement, expliquaient les flambées des prix de l'antimoine et du molybdène dont la Chine est le premier exportateur mondial. Pour la plupart des métaux, la Chine a compensé la mollesse de la demande occidentale. La principale exception en est l'aluminium, dont la Chine pourrait à courte échéance devenir exportatrice, et qui a souffert de « délocalisations » privilégiant des producteurs ayant accès à une énergie peu onéreuse, de la Russie à l'Islande.

Les grands mineurs et raffineurs mondiaux ont aussi consenti des efforts importants de rationalisation et de fermetures de capacités : Codelco et BHP. Billiton dans le cuivre, Glencore dans le zinc (ce qui explique l'affaire Metaleurop), Norilsk pour le nickel et le platine, Arcelor pour l'acier, nombre de producteurs ont effectivement réduit leurs productions et contribué à diminuer les excédents mondiaux.

À cela il faut ajouter, comme toujours dans la vie des marchés, quelques étincelles déterminantes : ce fut la décision de George Bush de mettre en place des taxes à l'importation d'acier qui, par effet de contagion, auront permis aux produits sidérurgiques presque partout dans le monde de gagner $50 à $100 la tonne, soit une hausse de 20 à 30 %. Ce furent aussi les bruits de bottes en Irak qui expliquent en grande partie la hausse de l'or et, dans une certaine mesure, du platine. La réaction du marché de l'or à la montée des tensions est tout à fait symptomatique d'un produit au fond hybride, à la fois matière première largement excédentaire quand on pense aux stocks accumulés (et inutiles !) et placement refuge goûté tant par les fonds d'investissement classiques que par les fortunes nouvelles de pays émergents comme la Chine. À l'inverse, l'abandon

Les trois « vieilles » du monde de la mine et des métaux (en millions de dollars de chiffre d'affaires en 2001)

	Anglo-american	BHP-Billiton	Rio Tinto
Aluminium	-	1 851	1 714
Cuivre	1 064	1 264	1 277
Nickel	162	447	51
Chrome	46	421	-
Petits métaux et alliages	1 543	1 559	499
Fer -	1 359	1 704	
Charbon	1 572	3 022	2 102
Or 2028	79	988	
Platine	2 218	-	-
Diamants	2 055	393	278
Chiffre d'affaires 2001 total (y compris autres activités)	**19 282**	**15 228**	**10 438**

La redistribution minière en marche en Afrique du sud

L'année 2002 aura été marquée par un tournant historique dans le monde minier sud-africain avec l'adoption d'une nouvelle loi sur les ressources pétrolières et minières qui prévoit des modifications des pratiques actuelles. Le point fort en est le transfert partiel de propriété à la communauté noire et indienne. Le texte stipule en effet que d'ici cinq ans, les compagnies minières devront avoir vendu au moins 15 % de leurs actifs à des sociétés représentant les « populations historiquement défavorisées », autrement dit les Africains de souche et les autres non Blancs. En proposant cette législation, le gouvernement sud-africain a, dans un premier temps, ébranlé le monde minier sud-africain et étranger dont les capitaux sont détenus presque exclusivement par les Blancs. Les valeurs minières se sont fortement affaiblies, fin juin, lorsque des informations, parues dans la presse, ont donné les principaux points du texte. Mais depuis l'adoption définitive d'une loi amendée par rapport à la première mouture, les acteurs ont pris la mesure de l'importance, pour l'avenir du pays, d'un rééquilibrage des forces dans un secteur clé pour l'économie sud-africaine.

Outre le transfert à des capitaux détenus par des Noirs à hauteur de 15 % d'ici 2007 et 26 % en 2013, le texte prévoit un effort accru des compagnies minières en faveur de l'éducation de leur personnel et un accès équitable aux postes d'encadrement pour les personnes de couleur. Le personnel minier devra avoir eu la possibilité d'apprendre à lire et à compter d'ici 2005. Quelque 40 % des postes à responsabilité devront être attribués à des employés de couleur et 10 % du personnel devra être féminin en 2007. De même, les compagnies qui assurent le logement des mineurs doivent s'engager à améliorer les conditions d'hébergement. Enfin, le texte stipule un traitement non discriminatoire à l'endroit des travailleurs migrants. Les mines d'Afrique du Sud ont une part importante de leur personnel venant du Lesotho ou du Mozambique.

Déjà plusieurs grands groupes miniers ont commencé à vendre certains de leurs actifs à des sociétés détenues par des Noirs. Mais la redistribution ira-t-elle au-delà de quelques « nouveaux riches » ?

Les dix plus grandes entreprises mondiales de la mine et de l'affinage de métaux

Anglo-American	Afrique du Sud	Métaux précieux	5 155
Alcoa	Etats-Unis	Aluminium	5 085
Norilsk	Russie	Nickel - Platinoïdes	4 267
Rusal	Russie	Aluminium	3 274
BHP-Billiton	Royaume-Uni	Non ferreux, Charbon, Fer	2 953
Alcan	Canada	Aluminium	2 887
Rio Tinto	Royaume-Uni	Non ferreux, Charbon, Fer	2 762
Codelco	Chili	Cuivre	2 399
Noranda	Canada	Non ferreux	2 201
Glencore	Suisse	Non ferreux, Charbon	1 955

- valeur de la production en millions de dollars
- calculs du Metall Bulletin pour 2001

Suivant les méthodes de calcul, ces classements peuvent légèrement différer. Le Raw materials Group se fondant sur la production minière (hors énergie) donne le classement suivant (en pourcentage de la production minière mondiale) : Anglo-American (6,1), Rio Tinto (4,3), BHP Billiton (3,4), CVRD (fer au Brésil, 2,9), Norilsk (2,1), Codelco (1,9)...

par les producteurs d'automobiles de l'utilisation de palladium dans la fabrication des pots catalytiques explique l'effondrement du prix de ce métal dont a profité en partie le platine.

En 2003, en tenant compte bien sûr de l'hypothèque irakienne, les tendances à l'œuvre en 2002 devraient être confortées avec des maintiens de prix élevés (nickel), des hausses (cuivre) ou la persistance de prix plus déprimés (aluminium, plomb, zinc). Les prix de l'acier dépendront avant tout de l'évolution du protectionnisme sidérurgique mondial (mais on surveillera aussi les projets désormais assez avancés de création d'un contrat d'acier au LME, ce qui contribuerait un peu plus à la banalisation de ce produit). Quant à l'or, il évoluera au gré de l'encéphalogramme de Saddam Hussein !

La poursuite des concentrations

Deux phénomènes ont marqué les dernières années dans le monde minier et métallurgique : d'une part, la reconstitution de pôles multinationaux, d'autre part la restructuration « capitaliste » des industries russes et maintenant chinoises.

Les vieilles multinationales minières n'avaient pas survécu aux vagues de nationalisation des années soixante et soixante-dix. Un mouvement inverse est en cours depuis maintenant une dizaine d'années. En fait, les seuls pays ayant conservé des entreprises publiques importantes sont le Chili (avec Codelco, premier producteur mondial de cuivre), l'Inde, la Suède (avec LKAB pour le fer) et quelques autres pays de moindre importance.

Au fil des privatisations et du développement de nouveaux complexes en Australie, au Brésil, au Canada ou au Chili, de nouveaux groupes sont apparus, même si la scène reste dominée par les trois « vieilles » anglo-saxonnes, à cheval sur le Royaume-Uni, l'Australie, l'Afrique du Sud et... le reste du monde : Anglo-Américain, BHP-Billiton et Rio Tinto qui dominent certains secteurs comme le minerai de fer (avec le brésilien CVRD), le charbon, le cuivre (avec Codelco) et de nombreux petits métaux. À leur côté, il faut surtout noter la montée du négociant

Les principaux événements de l'année 2002
dans le monde des métaux ferreux

Al.	Norsk Hydro achète VAW (aluminium) pour $ 3,1 milliards Kaiser Aluminium en faillite (chapitre 11) Pechiney achète les actifs aluminium de Corus pour euro € 750 millions
Cu.	Anglo-American quitte la Zambie (cuivre) Anglo-American achète la Disputada (cuivre) pour $ 1,3 milliard
Ni.	Emprunt de Norilsk basé sur un stock de 60 000 tonnes de nickel Inco lance enfin le projet de Voisey Bay Glencore «monte» au capital d'Anaconda nickel
Pb.	Doe Run en faillite
Zn.	Xstra achète Nordenham à Metaleurop Xstra en négociation avec Mim
Neg.	Sempra achète Enron Metals ($ 145 millions)

suisse Glencore qui, au fil des ans, s'est constitué un véritable empire dans l'aluminium, le zinc et le plomb, le nickel et le charbon, soit directement, soit au travers de participations comme Metaleurop et surtout une autre société suisse, Xsastra. Glencore était fin 2002 en négociation (via Xsastra) pour le rachat de l'Australien MIM Holdings (zinc) et celui du combinat d'aluminium du Montenegro et était monté dans le capital du producteur australien de nickel, Anaconda. Soulignons toutefois que le monde du nickel (avec Inco et Falconbridge en particulier) et surtout celui de l'aluminium gardent leurs particularités avec une assez grande spécialisation des producteurs: Alcoa, Alcan, Pechiney (qui a racheté les actifs de l'Anglo-Néerlandais Corus), Norsk Hydro (qui a racheté l'allemand VAW). Il en est de même pour le monde de l'acier qui s'ouvre enfin à l'internationalisation avec la constitution d'Arcelor, le développement de l'anglo-indien LNM, celui de l'espagnol Acerinox dans le domaine de l'acier inoxydable et, enfin, aux États-Unis avec la constitution de l'International Steel Group sur les cendres de quelques sociétés défaillantes, dont notamment Bethlehem Steel. Il n'existe toutefois pas encore d'entreprise vraiment mondiale dans le domaine de l'acier à l'image de l'aluminium et des autres non ferreux.

Pendant longtemps l'URSS et la Chine ont vécu à part dans le monde des métaux. Tel n'est plus le cas. En Russie, après plusieurs années de lutte entre les oligarques plus ou moins arbitrées par le Kremlin, quelques groupes ont émergé qui commencent même à se doter d'une stature internationale. C'est d'abord Norilsk, le conglomérat du Nord de la Sibérie producteur de nickel, de cuivre, de cobalt et de platinoïdes, actif dans le négoce occidental et qui a obtenu un prêt de $ 200 millions gagé sur un stock de 60000 tonnes de nickel entreposées aux Pays-Bas. C'est aussi Rusal, résultat de la fusion des plus importantes usines d'aluminium soviétiques dans un contexte relativement opaque où certains n'hésitent pas à voir la main de l'une ou l'autre des grandes mafias qui dominent dans l'ombre l'économie russe. Rusal a pris récemment le contrôle de la production d'alumine et d'aluminium en Guinée. Chez les sidérurgistes (Magnitogorsk, Severstal, Novolipetsk), le mouvement de concentration est moins achevé.

Il en est de même en Chine où restructurations et concentrations d'entreprises commencent à peine dans un contexte mixte d'entreprises publiques et privées. Parmi les « combinats » émergents, on peut citer Chalco (aluminium) et Baoshiung (sidérurgie). Mais le paysage minier chinois reste surtout marqué par de petites structures souvent contrôlées par les gouvernements provinciaux et la pénétration de capitaux étrangers reste encore très limitée.

Le monde de la mine et des métaux reste ainsi profondément marqué par la disparité entre des acteurs qui peuvent être aussi bien des multinationales globales que des entreprises provinciales ou des « chercheurs d'or » comme il en existe tant à la Bourse de Vancouver. Il est en effet peu de métier aussi gourmand en capital mais aussi dépendant des caprices de la géologie et de marchés par nature instables. 2003 s'annonce un peu meilleur. Peut-être !

Fer et ferrailles

Jamais une négociation sur les prix du minerai de fer n'avait été aussi longue. D'habitude, la « mating season », qui voit mineurs et sidérurgistes se rencontrer pour fixer la variation du prix pour l'année à venir et qui commence vers le mois de décembre, se termine avant le début de l'année fiscale japonaise, le 1er avril. En 2002, il a fallu attendre le 29 mai pour avoir un premier accord – celui sur lequel l'ensemble du marché va se caler – entre la CVRD brésilienne et l'allemand Thyssen-Krupp : baisse de 2,4 % pour les « fines », de 5,47 % pour les « pellets ». Deux jours plus tard, le 31 mai, BHP-Billiton et Rio Tinto, les deux Australiens, signaient avec le Japon la baisse de 2,4 % des « fines » et de 5 % pour les « lumps ».

Les mineurs ont donc dû lâcher sur les prix et ce, quelque peu à contre-courant. En 2001, la situation de l'industrie sidérurgique mondiale n'était pas fameuse et une baisse des prix du minerai de fer pouvait se justifier. Mais en 2002, « grâce » en partie aux mesures prises par l'administration américaine, les prix de l'acier se sont presque envolés et début 2003, ils étaient à des niveaux tels que pratiquement tous les sidérurgistes gagnaient de l'argent. De quoi donner de l'appétit aux mineurs pour les négociations 2003, dans un contexte géopolitique quand même bien différent.

Les chemins de la concentration

Il se produit chaque année un peu moins de 950 millions de tonnes de minerai de fer (c'est le deuxième minerai le plus extrait au monde après le charbon) dont la moitié fait l'objet d'un échange international. Sur les 476 millions de tonnes exportées en 2001, les deux tiers venaient du Brésil et d'Australie, et en fait de trois producteurs : au Brésil, la CVRD (ou Rio Doce) qui a pris le contrôle des autres producteurs brésiliens (Caemi, Ferteco notamment en 2001) et qui pèse 160 millions de tonnes ; en Australie, ce sont Rio Tinto et BHP-Billiton qui contrôlent des sociétés bien connues comme Hamersley, Mt. Newman ou Robe River. Ces trois sociétés dominent le marché mondial, les autres producteurs, comme le Sud-Africain Kumba (l'ancien Iscor qui a produit 28 millions de tonnes en 2002) ou le Mauritanien SNIM, pesant bien peu.

En face, il y a les sidérurgistes. Ceux-ci sont aussi plus concentrés : en 2002, le pre-

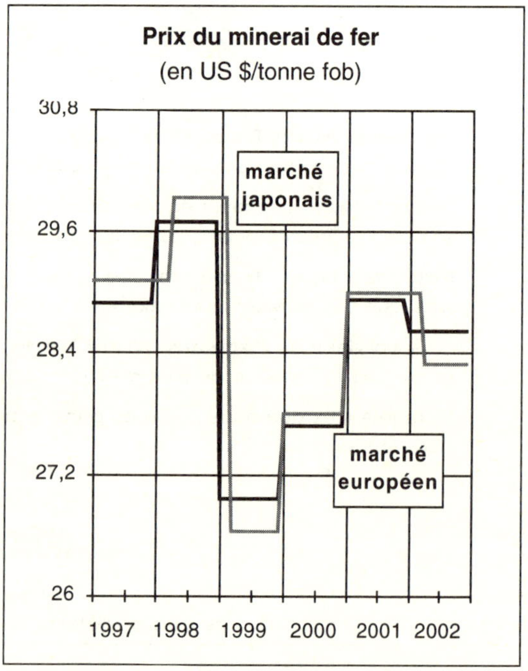

MINERAI DE FER	1996	1997	1998	1999	2000	2001
Production mondiale	**1 018**	**1 063**	**1 005**	**1 016**	**1 074**	**890**
dont Chine (Fe 35%)	249	268	210	209	224	217
Brésil (Fe 66 %)	174	185	195	190	195	209
Australie (Fe 65 %)	147	158	154	150	168	185
Russie	70	71	72	81	87	83
Inde (Fe 61 %)	67	69	75	68	75	79
Ukraine	48	53	51	47	56	55
Etats-Unis (Fe 60 %)	62	63	63	58	63	46
Exportations mondiales	**438**	**469**	**462**	**443**	**501**	**493**
dont Brésil	129	134	150	140	157	156
Australie	137	156	144	146	157	154
Inde	33	33	22	31	35	37
Ukraine	21	20	18	13	18	24
Importations mondiales	**448**	**479**	**474**	**448**	**509**	**495**
dont U.E.	131	135	146	127	137	123
Japon	119	127	121	120	132	126
Chine	44	55	51	55	70	92
Corée du Sud	35	38	34	35	39	40

(en millions de tonnes, poids réel) *(Source : IISI)*

mier importateur mondial est resté d'une courte tête le Japon (129 millions de tonnes mais en fait un seul acheteur). En Europe (120 millions de tonnes), Arcelor joue bien sûr un rôle majeur. La grande surprise est venue en 2002 de Chine: les importations chinoises ont bondi de 20 millions de tonnes, de 107 à 127 millions de tonnes. C'est la Chine qui à elle seule a tiré la demande mondiale provoquant même de véritables goulots d'étranglement chez certains mineurs. Or, pour l'instant, la Chine n'a jamais joué de rôle dans la fixation des prix. Ceux-ci sont déterminés par les Japonais et les Européens sans que les sidérurgistes chinois cherchent à participer aux négociations.

Les principaux producteurs mondiaux de minerai de fer

(millions de tonnes)

CVRD	Brésil	159,71
Rio Tinto	Royaume-Uni	33,84
BHP-Billiton	Royaume-Uni	81,14
Inde (état)	Inde	40,83
Mitsui	Japon	30,65
Iscor/Kumba	Afrique du Sud	24

(Raw Material Group)

Qu'en sera-t-il en 2003 ? Le ballet des négociations a repris entre les trois grands producteurs, les Européens et les Japonais. Au carnaval de Rio, où CVRD subventionne une école de samba, on a remarqué la présence des acheteurs chinois qui négocient des contrats à long terme (CVRD devrait vendre 20 millions de tonnes de minerai à la Chine en 2003). Mais ils ne sont pas pour l'instant partie prenante à la fixation des prix.

Pour 2003, CVRD a annoncé comme base de négociation une hausse de 10 %. Les mineurs travaillent à pleine capacité et l'augmentation de la demande chinoise implique la mise en œuvre de nouvelles mines qu'il faut financer. Les mineurs peuvent aussi se fonder sur la hausse des prix de l'acier et la relativement bonne santé des sidérurgistes. Comme chaque année, il y aura marchandage mais on devrait pouvoir tabler sur une hausse minimale de l'ordre de 5 % (base « fines »), celle-ci se justifiant d'autant que parallèlement, le marché des ferrailles est en pleine surchauffe.

La flambée des ferrailles

Aux États-Unis, du début 2002 à la mi-février 2003, les prix des ferrailles sont passés de $ 70 la tonne (heavy melting) à plus de $ 115. En Europe, sur la même période, on est passé de 85 à 123 euros la tonne. Plusieurs facteurs expliquent cette hausse. Il y a bien sûr la demande asiatique et la Chine et la Corée du Sud qui sont maintenant les deux plus gros importateurs mondiaux. La Chine importe actuellement 10 millions de tonnes par an et on parle d'un doublement de ses importations d'ici 2005. Plus proche de l'Europe, il y a aussi la Turquie dont les besoins augmentent aussi.

Or, deux des fournisseurs traditionnels de la Turquie et plus largement de l'Europe, la Russie et l'Ukraine, sont en passe de réduire de manière significative leurs exportations. L'Ukraine a mis en place une surtaxe de $ 30 la tonne et la Russie s'apprêtait début 2003 à faire de même en faisant passer sa taxe à l'exportation de $ 15 (depuis 1999) à $ 30 la tonne. Dans les deux cas, il s'agit de protéger l'industrie sidérurgique locale, mais au risque de mesures de rétorsion européennes.

Le marché des ferrailles est au fond un bon reflet de l'histoire économique contemporaine. Les pays « gisements » sont les vieux pays industriels capitalistes mais aussi communistes. Les consommateurs sont les pays émergents qui n'ont pas encore assez de passé mais qui ont déjà un avenir… « Old irons never die… ! »

Acier

À la mi-décembre 2002, pour la cinquième fois depuis le mois de septembre 2001, à une époque où le prix moyen de l'acier venait de toucher son plus bas niveau depuis vingt ans, les membres de l'OCDE se sont réunis à Paris pour débattre des surcapacités du marché mondial de l'acier. Officiellement, ces surcapacités sont évaluées à 140 millions de tonnes qui, selon les experts de l'OCDE, pourraient être fermées d'ici à 2005. La délégation américaine avait dans ses bagages des propositions tendant à éliminer les subventions et les barrières commerciales dans ce secteur stratégique pour de nombreuses économies développées ou non. Seule exception admise dans la proposition américaine, la possibilité de prévoir une assistance financière pour procéder à la fermeture des installations condamnées et pour financer les plans de licenciement, une aide nécessaire en particulier dans les pays de l'ancienne Union Soviétique. Ainsi, en Ukraine, la sidérurgie emploie toujours 500000 ouvriers. Les dirigeants ukrainiens évaluent la réduction des capacités dans la sidérurgie et donc dans les mines de fer et de charbon à 2 milliards de dollars. Les délégués présents aux discussions du Château de la Muette se sont séparés en décidant de commencer immédiatement à définir les éléments d'un accord visant à réduire les subventions et les barrières commerciales. Ce qui aurait pu prêter à sourire, tant la proposition des autorités américaines était en contra-

Fusions sur fond de faillites

Vingt ans après les Européens, les sidérurgistes américains se lancent, contraints et forcés, dans une vague d'opérations de fusions-acquisition destinées à réduire leurs coûts de production pour faire face à la baisse de la demande intérieure et à l'agressivité constante des concurrents étrangers. À l'abri des barrières douanières dressées en mars, mais sans aide financière directe du gouvernement fédéral, les sidérurgistes ont commencé l'année 2003 par deux coups de tonnerre. En l'espace de quelques jours, début janvier 2003, deux opérations étaient annoncées. Le numéro 1 américain United States Steel Corp. offrait $ 750 millions pour reprendre National Steel Corp., entreprise protégée par le chapitre 11 de la loi sur les banqueroutes. Quelques jours plus tard, International Steel Group offrait $ 1,5 milliard pour reprendre Bethlehem Steel, entreprise elle aussi en faillite. Ces deux annonces ont été rendues possibles par les concessions des syndicats. En décembre 2002, leurs dirigeants ont accepté une réduction substantielle des avantages sociaux des retraités de la sidérurgie allégeant par là même le poids de ces dépenses pour les entreprises. Le processus de rationalisation devrait pouvoir se poursuivre après la fermeture de Geneva, Gulf States et du haut fourneau de Wheeling à Pittsburgh. D'ores et déjà, le secteur des produits longs est dominé par trois entreprises : Nucor, Gerdau (capitaux brésiliens) et Commercial metals.

diction avec la politique interventionniste de la Maison Blanche.

Début mars 2002, en effet, à quelques mois des élections de « mid-term » que Georges Bush ne pouvait se permettre de perdre, en particulier dans les États de Pennsylvanie et de l'Ohio, le gouvernement américain, cédant aux pressions répétées du lobby des producteurs d'acier, a décidé une nouvelle fois de dresser de solides barrières douanières pour limiter les importations et protéger une industrie sidérurgique américaine surdimensionnée et aux moyens techniques souvent totalement obsolètes. La fin des années quatre-vingt-dix avait été pour la sidérurgie nord-américaine une période noire. Entre 1997 et 2002, pas moins de trente-sept entreprises ont été obligées de se réfugier sous la protection du « chapter 11 » de la loi sur les banqueroutes qui réduit les charges des compagnies en leur évitant par exemple d'avoir à rembourser leurs créanciers. Cinq autres sociétés ont disparu purement et simplement. Sur 170000 emplois dans le secteur, 20000 ont été supprimés. Entre mars 2000 et mars 2001, la production américaine d'acier a chuté de 11 % ! Mais la purge n'a pas été suffisante pour permettre la survie d'un secteur dont les entreprises voyaient de plus leurs finances grevées par le poids du paiement des retraites de leurs anciens ouvriers.

Le 5 mars 2002, prétextant « les dégâts commis par cinquante ans d'intervention des gouvernements étrangers sur le marché mondial de l'acier », Georges W. Bush a décrété des augmentations de taxe douanière de 8 à 30 % selon les produits sur une période de trois ans. Le président américain s'appuyait sur une enquête de son administration selon laquelle l'industrie américaine souffrait en particulier de l'importation de seize produits. Étaient particulièrement visés les brames et les « coils », les bobines à chaud venant de la plupart des grands producteurs : Brésil, Corée du Sud, Japon, Taïwan, Russie, Turquie, Union européenne, Chine, Australie. Les « slabs », énormes plaques d'acier de trois mètres de long, de dix à vingt centimètres d'épaisseur essentiellement fournies par les Russes et les Brésiliens à hauteur de cinq à six millions de tonnes par an, n'étaient pas concernés par les décisions américaines. N'ont échappé à cette mesure que les voisins mexicains et canadiens grâce à leur appartenance à l'Alena et grâce à leurs accords bilatéraux avec Washington, les Israéliens et les Jordaniens qui, on en conviendra, ne représentaient pas la plus grave des menaces pour la sidérurgie nord-américaine. Également épargnés des pays émergents comme la Thaïlande et des pays à la dérive comme l'Argentine.

ACIER BRUT		1997	1998	1999	2000	2001	2002
Production mondiale		**798,8**	**775,9**	**784,2**	**830,0**	**833,7**	**886,7**
dont	Chine	108,9	114,6	123,3	127,2	151,8	181,5
	Japon	104,5	93,5	94,2	106,4	102,8	107,7
	Etats-Unis	98,5	97,7	96,1	101,0	90,1	92,3
	Russie	48,5	43,8	49,8	57,8	57,4	58,5
	Allemagne	45,0	44,0	42,1	46,3	44,8	45,0
	Corée du Sud	42,6	39,9	41,0	43,1	43,8	45,4
	Ukraine	26,2	25,5	26,7	31,2	33,1	34,0
	Inde	24,6	24,3	24,2	26,9	27,2	28,8
	Brésil	26,2	25,8	25,0	27,8	26,7	29,6
	Italie	25,8	25,7	24,8	26,5	26,4	25,9
	France	19,7	20,1	20,2	20,9	19,3	20,5

(en millions de tonnes) *(Source : IISI)*

À peine connue, la décision du président Bush provoqua une levée de bouclier quasi généralisée. Seuls les Ukrainiens restèrent stoïques affirmant avoir réduit drastiquement leurs exportations vers les États-Unis au profit des marchés asiatiques et européens. Mais partout ailleurs, les grands producteurs dressèrent des barricades. L'Union européenne chiffra à plus de 2 milliards d'euros par an la perte que pourrait lui occasionner la politique américaine. Bruxelles voulut éviter que les produits habituellement vendus aux États-Unis par des producteurs tiers ne se retrouvent sur le marché européen où les droits de douane furent revus à la hausse et assortis de quotas. Les tarifs européens évoluent dorénavant entre 14,9 % pour les ronds à béton et 26 % pour les laminés. L'objectif est de maintenir le volume global des importations à son niveau de 2001. À Moscou, en guise de rétorsion, on menaça de s'en prendre aux exportations américaines de poulet vers la Russie, l'un des principaux débouchés pour cette industrie (les fameuses « cuisses de Bush », le père). C'est que selon les responsables locaux, la décision américaine pourrait amputer les recettes russes d'un milliard de dollars sur trois ans. En 2001, les Russes avaient vendu pour $ 320 millions d'acier aux Américains. À Pékin, on chercha à protéger le marché intérieur de tout afflux incontrôlé de marchandises. Au mois de mai, neuf catégories de produits représentant 59 % des importations chinoises virent leurs taxes douanières à l'importation augmenter de 10 à 23 %. Au Brésil, on estima que la mesure annoncée par le président Bush « coûtera » au pays 10 % de ses exportations d'acier vers les États-Unis.

Début 2003 pourtant, force est de constater que le marché mondial de l'acier n'a pas connu l'apocalypse annoncée par les adversaires de la politique américaine. Bien au contraire. Malgré les difficultés économiques internationales, la production mondiale a battu tous les records, dépassant de peu les 900 millions de tonnes, 50 millions de tonnes de plus qu'en 2001. À vrai dire, ébranlée par les critiques internationales comme par celles des industriels locaux furieux de voir le prix de leur matière première atteindre des prix astronomiques, l'Administration américaine n'a cessé de multiplier les concessions. Début juin, les sidérurgistes européens ont obtenu des exemptions douanières sur une liste de soixante et un produits. Au total, plus de la moitié des produits sidérurgiques venus d'Europe échappent à la surtaxation. En août, après de nouvelles concessions américaines, les

ACIER BRUT : PRODUCTION OCCIDENTALE

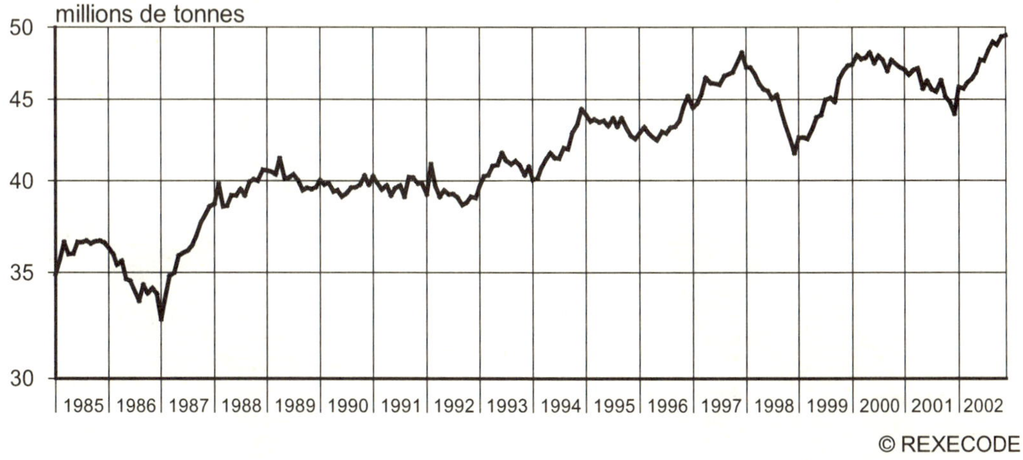

Australiens ont dit leur satisfaction de voir 85 % de leurs exportations d'acier vers les États-Unis échapper aux nouvelles mesures.

En novembre 2002, les Américains et les Russes s'accordent sur l'entrée de 200000 tonnes de barres d'acier supplémentaires par an sur le marché américain. Signées dans le cadre de la renégociation de l'accord général bilatéral sur l'acier de 1999, ces dispositions permettent dorénavant aux producteurs russes d'utiliser entièrement les quotas qui leur avait été octroyés. En 2003 et 2004, les sidérurgistes russes pourront livrer 1,3 million de tonnes d'acier et 1,4 million de tonnes de produits semi-finis.

Par un effet pervers des décisions protectionnistes américaines, les importations sur le marché américain auront même au total augmenté. Au mois d'octobre, les statistiques américaines enregistraient pour les neuf premiers mois de l'année une augmentation de 8 % des achats à l'étranger par rapport à l'année précédente. L'année 2002 sera finalement l'une des années où les Américains ont le plus importé d'acier. Ce curieux phénomène s'explique simplement par le succès rencontré dans un premier temps par les mesures de restriction de l'accès au marché américain. Les volumes disponibles se raréfiant, les prix ont augmenté de manière très sensible. Au mois de mars, avant l'annonce du président Bush, la tonne d'acier valait deux cent cinquante dollars. En juillet, elle en valait 400 avant de retomber à la fin de l'année vers les 370 dollars. Ces chiffres donnent une idée du mouvement. Pour être plus précis, les coils à chaud ont vu leurs prix passer de 210 à 350 dollars. En Europe, les « coils » ont augmenté aussi, quoique plus modestement, d'environ 20 %. Cette hausse des prix a permis aux sidérurgistes étrangers de « digérer » les droits de douane, c'est-à-dire de rester compétitifs sur le marché américain tout en faisant payer ces taxes aux consommateurs finaux. En ont profité surtout les sidérurgistes indiens avec des ventes en hausse de 118 % et les sidérurgistes mexicains avec des ventes en hausse de 41 %. Quant aux Brésiliens, leurs ventes ont augmenté de 40 %. De leurs côtés, les producteurs américains ont profité de la hausse des prix pour relancer leurs hauts fourneaux et accroître les volumes. Selon les chiffres de l'International Iron and Steel Institute, à Bruxelles, la production américaine a crû de 2,5 % en 2002. Au deuxième trimestre 2002, les comptes du principal sidérurgiste américain, US Steel Corp, sont repassés dans le vert. Mais pour la Maison Blanche, l'objectif annoncé était de permettre aux entreprises de dégager des marges de manœuvre suffisantes

Production mondiale d'acier en 2001

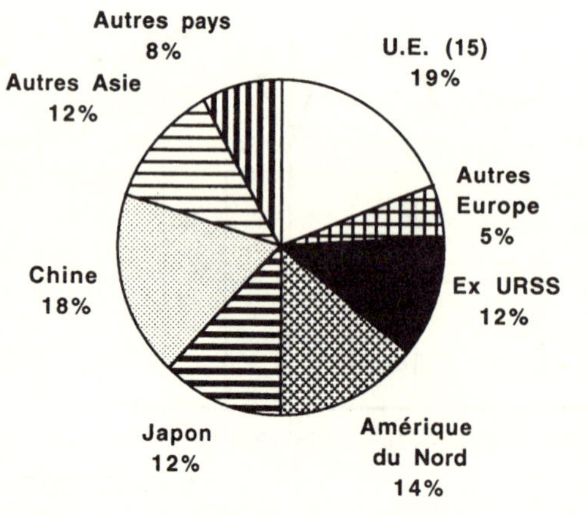

Consommation mondiale d'acier en 2001

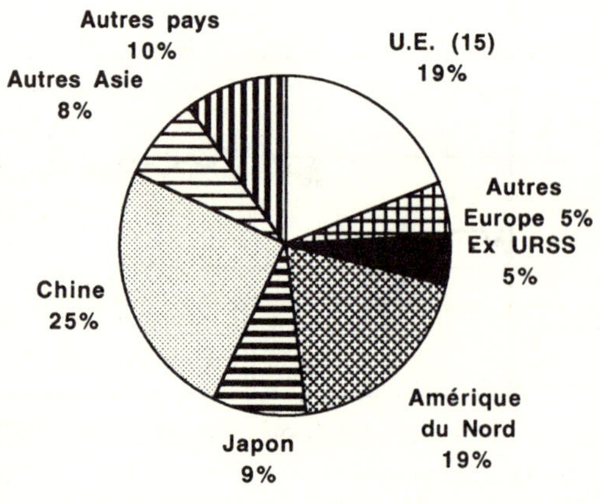

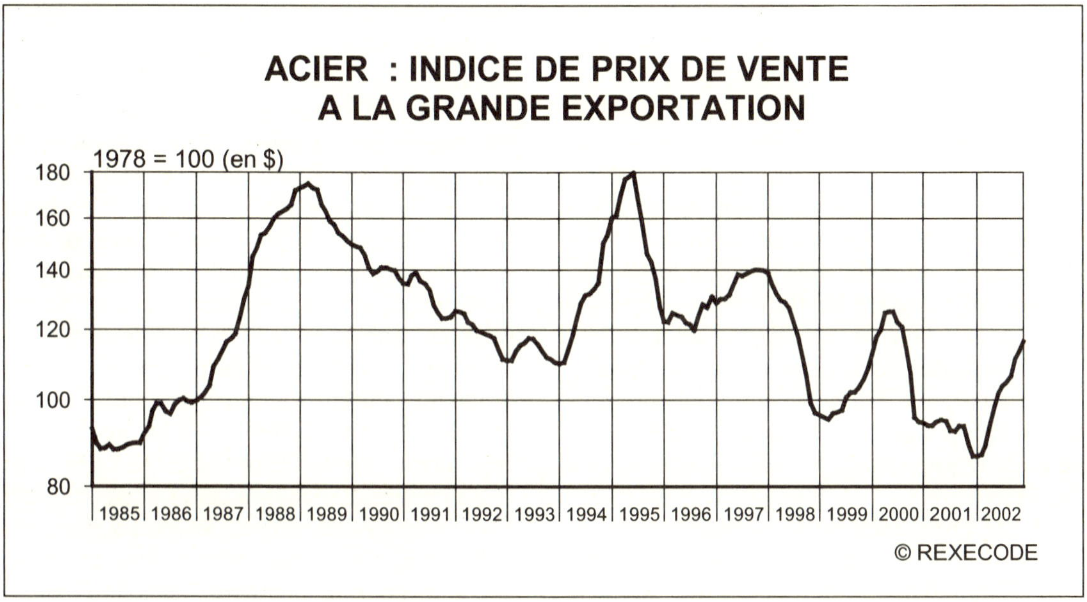

pour entreprendre la rationalisation de l'appareil sidérurgique américain, c'est-à-dire la réduction du nombre d'entreprises. Début janvier 2003, le mouvement était lancé. Au prix actuel, presque tous les sidérurgistes du monde gagnent de l'argent.

Il faut ajouter qu'avant même l'annonce officielle des décisions américaines, les producteurs du monde industriel avaient dans l'ensemble réduit leur production, l'adaptant à la demande, provoquant par là même un premier rebond des prix. En Europe, fin 2001-début 2002, les sidérurgistes avaient amputé leur production de 5,5 millions de tonnes, une baisse de 3 %. Aux États-Unis comme en Europe, les stocks avaient fondu. Au Japon par contre, selon l'IISI, la consommation d'acier a continué à régresser. De 2001 à 2002, la baisse est de 6,9 % à 72 millions de tonnes. Malgré cela, la production japonaise a augmenté en 2002 de près de 5 %, une partie de la production excédentaire étant destinée au marché chinois où la qualité japonaise est souvent préférée à ce qui est fabriqué dans les aciéries locales.

Si le marché mondial de l'acier a retrouvé des couleurs, il le doit en effet à la Chine. Le syndrome chinois est la raison fondamentale de l'amélioration de la situation du marché mondial de l'acier face à une situation économique internationale difficile et à une politique américaine protectionniste. La Chine confirme en effet, là comme pour beaucoup d'autres matières premières minérales, son rôle de locomotive. Tirés par la croissance phénoménale du pays, les besoins en acier, en particulier dans le secteur de la construction et dans celui des infrastructures, n'ont cessé de croître depuis cinq ans. En 2002, la production chinoise d'acier a atteint les 178 millions de tonnes, en hausse de 20,3 % par rapport à 2001. Les importations ont progressé sensiblement au même rythme et atteint les 21 millions de tonnes. Au total, l'industrie chinoise a absorbé 200 millions de tonnes d'acier pour une production mondiale évaluée à environ 850 millions de tonnes. En moins de dix ans, l'industrie chinoise a vu doubler ses besoins en acier. Ce n'est pas un mouvement uniforme mais il tend à s'accélérer d'autant plus que, prix de son adhésion à l'Organisation Mondiale du Commerce, Pékin a été obligé d'assouplir les procédures administratives préalables à l'importation et de réduire ses tarifs douaniers pour la moitié des produits sidérurgiques répertoriés. Sur les huit premiers mois de l'année 2002, les importations chinoises ont augmenté de 48 %. Malgré les restrictions douanières imposées en mai par Pékin en réaction aux mesures américaines, les importations ont continué de progresser. Elles ont concerné la plupart des catégories de métal. Ainsi, selon des sources chinoises, les importations d'acier inoxydable ont atteint les 2,3 millions de tonnes en hausse de 37 % par rapport à 2001. La consommation d'acier inoxydable a atteint les trois millions de tonnes, en hausse d'un tiers d'une année sur l'autre. Les besoins chinois en acier inoxydable dépassent désormais ceux du Japon et des États-Unis. Globalement, tous produits confondus, cette accélération a fait de la Chine le premier importateur mondial d'acier devant les États-Unis.

Cette croissance de la production est un fait sans précédent dans l'histoire de la sidérurgie mondiale. À tel point que pour la deuxième année consécutive, les exportations chinoises d'acier ont régressé. Et ce n'est pas terminé ! Pour 2003, certains experts tablent sur une poursuite de l'augmentation des besoins chinois d'environ 10 % et pour la même période, selon les estimations de l'IISI, la Chine comptera pour le quart de la production mondiale d'acier avec les effets que cela entraînera sur les marchés du charbon et du minerai de fer. Selon les informations des experts de Macquarie à Londres, la capacité de production des sidérurgistes chinois devrait s'enrichir de nouveaux hauts fourneaux d'un potentiel de 25 millions de tonnes de fer de première coulée par an. La question est donc de savoir si ce rythme se poursuivra encore longtemps où s'il s'agit d'une « bulle » temporaire. Les analystes de Macquarie sont convaincus que la Chine est embarquée dans une aventure semblable à celles que connurent les sidérurgies japonaises, taïwanaises et sud-coréennes dans les années cinquante et soixante pour la première, dans les années quatre-vingt pour les deux autres. C'est-à-dire un essor durable et qui, compte tenu de l'importance du pays en question, aura un impact considérable sur le marché mondial de l'acier.

L'année 2002 dans le monde de l'acier

- Constitution d'Arcelor
- Constitution aux Etats-Unis de l'International Steel Group à partir de la liquidation de LTV. Rachat possible de Bethlehem Steel.
- Echec de Corus dans sa fusion avec le brésilien CSN.
- Faillites de Danish Steel, d'ASW (Royaume-Uni)
- Acerinox (Espagne) achète Columbus Steel (Afrique du Sud) et devient le troisième producteur mondial d'acier inoxydable.
- LNM achète Nova Hut en République tchèque
- Fusion Kawasaki Steel et NKK.

Aluminium

Après les restructurations fusions et acquisitions entreprises en 2000 et 2001 dans le monde de l'aluminium, l'année 2002 a été plus calme. Les entreprises se sont recentrées sur leurs propres développements, dans un souci de soutien aux prix mondiaux et de rentabilité des investissements réalisés précédemment.

L'appréciation des prix n'a pu se faire, sous l'effet conjugué d'une demande trop molle par rapport à une offre excédentaire. Cette situation s'est traduite par une forte progression des stocks mondiaux d'aluminium.

Consolidation industrielle

Après les grandes manœuvres entreprises en 2000 – acquisition de Reynolds par Alcoa, fusion d'Alcan avec Alusuisse –, une seconde vague de restructurations s'est produite en 2002 : chez le norvégien Norsk Hydro, le français Péchiney, dans les industries russes et chinoises.

L'opération la plus importante de l'année a été l'acquisition en mars, pour € 3,1 milliards, de la compagnie allemande VAW aluminium AG par Norsk Hydro. Cet achat a propulsé le groupe norvégien dans le peloton de tête des producteurs intégrés avec Alcoa et Alcan, lui

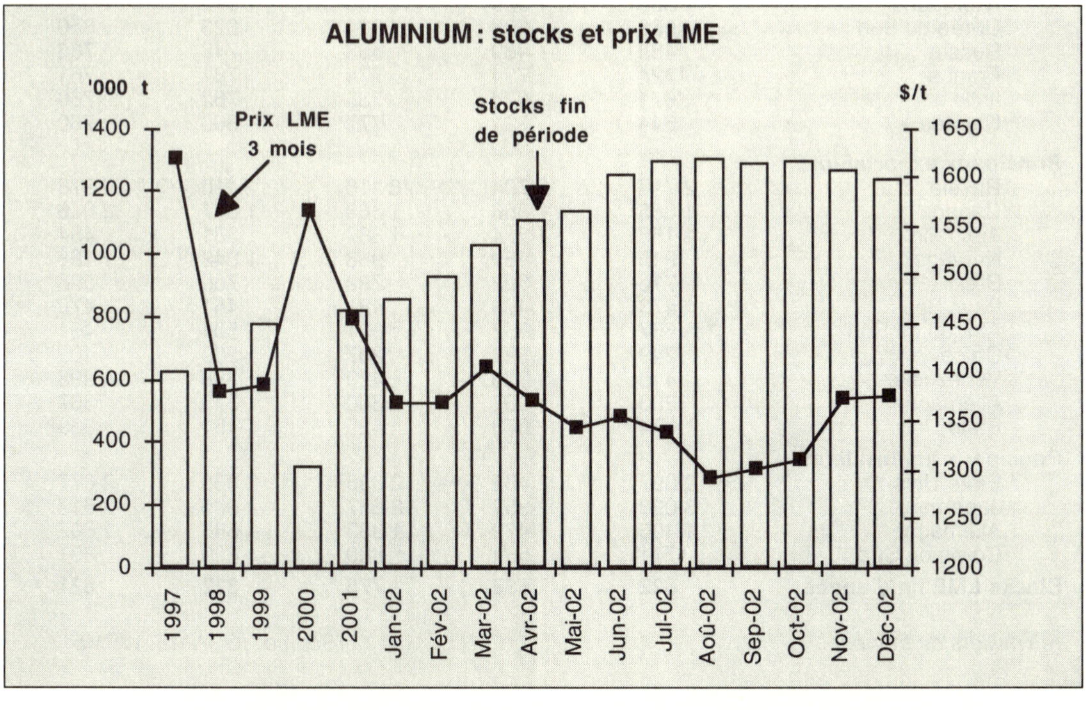

ALUMINIUM	1997	1998	1999	2000	2001
• BAUXITE					
Production mondiale	**126 420**	**123 310**	**130 177**	**140 791**	**145 672**
dont Australie	44 465	44 553	48 416	53 802	53 285
Guinée	19 250	17 000	17 419	17 992	17 312
Brésil	11 163	11 961	14 372	14 290	13 178
Jamaïque	11 987	12 646	11 689	11 127	12 370
Chine	9 000	6 400	7 100	7 900	7 900
Inde	5 985	5 980	6 712	7 562	7 864
Bosnie Herzégovine	-	-	-	2 066	7 700
• ALUMINE					
Production mondiale	**46 769**	**48 225**	**49 850**	**52 207**	**53 349**
dont Australie	13 384	13 853	14 532	15 037	16 271
Chine	2 923	3 340	3 822	4 327	4 729
États-Unis	5 093	5 654	5 144	4 786	4 340
Jamaïque	3 394	3 440	3 570	3 600	3 542
Brésil	3 088	3 322	3 515	3 751	3 520
Russie	2 380	2 465	2 657	2 856	3 048
• ALUMINIUM					
Production mondiale	**21 794**	**22 646**	**23 677**	**24 455**	**24 512**
dont Chine	2 035	2 336	2 599	2 794	3 425
Russie	2 906	3 010	3 149	3 247	3 302
États-Unis	3 603	3 713	3 779	3 668	2 637
Canada	2 327	2 374	2 390	2 374	2 583
Australie	1 490	1 626	1 719	1 762	1 784
Brésil	1 189	1 208	1 250	1 271	1 132
Norvège	919	994	1 009	1 031	1 034
Consommation mondiale	**22 204**	**22 066**	**23 566**	**24 857**	**23 761**
dont États-Unis	5 800	6 100	6 372	6 275	5 420
Chine	2 289	2 421	2 914	3 320	3 450
Japon	2 434	2 082	2 112	2 225	2 014
Allemagne	1 558	1 520	1 446	1 542	1 550
Corée du Sud	666	506	814	823	850
Russie	469	489	563	748	786
France	724	734	774	781	761
Italie	671	674	735	762	760
Canada	644	721	777	800	760
Principaux exportateurs					
Russie	2 712	2 794	3 116	3 110	2 978
Canada	1 885	1 856	1 863	1 837	2 046
Australie	1 155	1 314	1 387	1 381	1 484
Norvège	915	989	988	1 042	1 188
Brésil	716	692	789	760	588
Pays Bas	473	469	481	451	470
Afrique du Sud	567	557	631	504	461
Chine	249	327	207	209	409
Venezuela	415	379	429	388	398
Allemagne	230	237	300	375	367
États-Unis	374	373	425	451	339
Principaux importateurs					
États-Unis	2 097	2 485	2 836	2 688	2 677
Japon	3 028	2 552	2 657	2 905	2 612
Allemagne	1 400	1 472	1 333	1 586	1 602
Corée du Sud	771	584	880	890	881
Stocks LME fin d'année	**622**	**636**	**775**	**322**	**821**

(en milliers de tonnes) *(Source : ICGNMS, WBMS)*

assurant une part du marché global de l'aluminium primaire de 5,5 %.

Norsk Hydro, dont l'activité principale concerne les profilés pour les industries automobile et du bâtiment, complète ainsi son intégration avec les produits laminés produits par VAW. Les ventes annuelles de l'industriel norvégien s'élèvent en moyenne à € 3,6 milliards, avec un turnover (rotation des stocks) d'aluminium de 2,3 millions de tonnes par an, dont 700 000 tonnes d'aluminium primaire qui sont destinées à ses propres fonderies. L'élargissement du groupe lui permettra d'augmenter ses ventes à € 10 milliards, avec un turnover annuel d'aluminium de 2,8 millions de tonnes provenant d'usines en Europe, en Amérique du Nord, en Australie et en Amérique du Sud.

Autre notable activité de consolidation : la vente de son patrimoine aluminium par l'aciériste anglo-néerlandais Corus. Une participation de 20 % a été cédée en septembre à la fonderie canadienne Alouette, l'essentiel ayant été vendu à Pechiney un mois plus tard.

Le groupe français, avec l'acquisition des activités de transformation de l'aluminium de Corus, pour un montant d'environ € 750 millions, vise à mettre en œuvre une stratégie de croissance rentable sur ses marchés privilégiés que sont l'aéronautique (Pechiney est fournisseur de Boeing et Airbus) et l'automobile. Les mauvais résultats enregistrés par Pechiney en 2002 l'ont poussé à accélérer ses restructurations et le PDG du groupe, Jean-Pierre Rodier, a annoncé fin janvier 2003 la fermeture de plusieurs sites en France.

C'est dans ce cadre qu'il envisagerait de s'associer à l'un des premiers producteurs indépendants d'aluminium en Chine, Lanzhou Aluminium, pour construire une ligne d'électrolyse d'une capacité de 260 000 tonnes par an. L'usine, comprenant sa propre centrale électrique intégrée, verrait le jour à Gansu dans les provinces occidentales. Le français aurait le contrôle de l'entreprise conjointe dont les études préalables de rentabilité étaient en phase de bouclage fin 2002. Enfin, Pechiney indiquait en février qu'il recherchait des partenaires afin de financer sa future usine de production d'aluminium en Afrique du Sud. Pour ce projet, Pechiney compte utiliser la technologie « AP 50 » pour une production annuelle de 450 000 tonnes d'aluminium.

Le géant américain Alcoa a lui aussi entamé sa restructuration en 2002. Elle devrait se traduire en 2003 par des fermetures de fon-

ALUMINIUM PRIMAIRE - BILAN MONDIAL

(en milliers de tonnes)

MONDE OCCIDENTAL	**2001**	**2002 (p)**	**2003 (p)**
• Production	16 691	17 132	17 730
• Importations Est	2 585	3 032	3 041
• Consommation	18 659	19 183	20 113
• Excédent/Déficit	617	981	658
• Stock	547	n/d	n/d
• Capacité milieu année	18 854	19 272	19 571
• Capacité utilisée (%)	88,5	88,9	90,6
MONDE			
• Production	24 492	25 899	27 040
• Consommation	23 875	24 918	26 382
• Excédent/Déficit	617	981	658
• Capacité milieu année	26 686	27 934	29 010
• Capacité utilisée (%)	92	93	93

(Source : IPAI)

RusAl a bouclé sa restructuration

RusAl est né en 2000 de l'intégration de producteurs d'alumine et de fonderies de la CEI. Ce groupe intégré, privatisé, représente désormais 75 % de la production l'aluminium primaire de la Russie et 10 % des capacités mondiales, derrière Alcoa. Il a été officiellement constitué en société privée fin 2001. En 2003, la consolidation de ses actifs devrait être terminée et le groupe pourrait se constituer en holding.

La Russie bénéficie des coûts peu élevés de l'électricité produite en Sibérie. Le jour où ce secteur énergétique sera lui aussi restructuré, l'aluminium russe deviendra très compétitif.

RusAl a enregistré en 2002 une hausse de son volume de production, en dépit d'une demande globalement moins bonne que prévu. Les revenus du groupe sont estimés à $ 3,96 milliards.

Sa production en 2002 s'est élevée à 2,482 millions de tonnes (aluminium primaire et alliages) contre 2,459 millions de tonnes en 2001. RusAl espère atteindre les 3,6 millions de tonnes en 2012.

deries, 8 000 suppressions d'emplois et la réduction de fournitures concernant l'aéronautique (on enregistre une moindre activité dans ce secteur à la suite des attaques du 11 septembre), les turbines à gaz et l'industrie automobile. De plus, Alcoa doit faire face à une concurrence très forte de la part de la Chine et, comme l'a fait le français Pechiney, revoit à la baisse ses coûts de production en la délocalisant en partie. Ainsi début 2003 était annoncé un investissement de $ 1 milliard en Islande pour la construction d'une usine d'une capacité de 322 000 tonnes qui sera opérationnelle en 2007.

À la fin de l'année 2002, Alcoa est aussi devenu actionnaire du producteur chinois Chalco, à hauteur de 8 %, ce qui lui a permis d'obtenir un siège au conseil de cette firme, ainsi que la promesse d'une participation de 50 % dans une entreprise conjointe de raffinage et de fonderie dans le sud de la Chine.

Signalons aussi aux États-Unis la faillite (chapitre 11) de Kaiser qui était autrefois l'un des cinq grands mondiaux.

Quant à RusAl (Russki Aluminyi), numéro 1 russe de l'aluminium et deuxième mondial, il compte bien rester compétitif sur le marché mondial et, à cette fin, a mis au point une stratégie de « conquête » pour l'avenir. Il a révélé qu'il souhaitait conclure des accords avec des partenaires occidentaux, visant particulièrement à prendre des actifs dans BHP Billiton, Rio Tinto, Kaiser Aluminium Corp et dans National Aluminium Company of India (Nalco), le producteur indien en cours de privatisation.

En février 2003, l'industriel russe annonçait qu'il était désormais actionnaire majoritaire, avec plus de 85 % dans la Compagnie d'alumine de Guinée (ACG), l'État guinéen détenant le reste. Le sous-sol guinéen recèle 30 % des réserves mondiales de bauxite. Il fait du pays le second producteur mondial de bauxite, après l'Australie. RusAl avait déjà obtenu en 2002 en Guinée le contrôle de la Société de Bauxite de la mine de Kindia.

La consolidation du secteur de l'aluminium devrait se poursuivre dans les prochaines années, bien qu'à un niveau moins élevé. Fusions et acquisitions devraient être effectuées dans un souci d'économies d'échelle sur un marché terriblement concurrentiel.

Une demande peu soutenue en 2002, mais qui devrait repartir

Pour l'année 2002, la consommation mondiale d'aluminium devrait s'établir à 24,918 millions de tonnes. La croissance de la demande occidentale ne s'est élevée que de 2,8 % par rapport à 2001, soit un total de 19,183 millions de tonnes.

Pour 2003, on anticipe un rebond de 5,9 %, soit un total mondial de 26,382 millions de tonnes. Dans le monde occidental, la hausse en 2003 est attendue à 3,3 %.

La consommation devrait repartir aux États-Unis, avec une progression d'environ 3 % en 2003, soit un peu plus de 10 millions de tonnes.

Quant à la production globale, elle a augmenté de 5,4 % en 2002, contre 0,3 % en 2001. L'offre d'aluminium mondiale primaire devrait se situer à 25,899 millions de tonnes en 2002 et passer à 27,040 millions en 2003.

En 2002, une offre trop abondante et une demande globale qui manquait de tonus ont pesé sur les cours du métal gris. En outre, l'année avait démarré avec des niveaux de stocks industriels élevés. Ils le sont restés toute l'année. Au mois de mai, ils atteignaient leur plus haut niveau depuis quinze ans, à environ 2,8 millions de tonnes. En décembre, ils étaient estimés à 2,856 millions de tonnes.

Au cours du premier trimestre, les prix ont évolué dans une fourchette allant de $ 1 381 en février à $ 1437 en mars. À partir du mois d'avril, la baisse ne s'est pas démentie, alimentée en particulier par la réouverture de capacités de production au Brésil et même aux États-Unis. En mai, les prix sont tombés à $ 1 350, avant un véritable plongeon en août à $ 1 270. Ils sont remontés progressivement jusqu'à la fin de l'année, pour s'établir à $ 1 376 fin décembre. Toute l'année, ils ont été influencés par les fonds d'investissement. En janvier 2003, ils reprenaient un peu de vigueur et finissaient le mois à $ 1 407.

Prix de l'aluminium, high grade, comptant, Londres
(en US $/t)

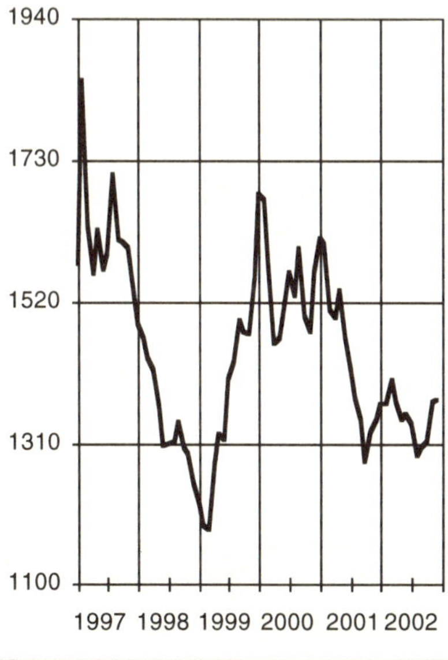

Le ralentissement observé dans les pays occidentaux en 2002 a été en partie compensé par une meilleure activité économique en Russie et en Europe de l'Est, de même qu'en Chine. Ces trois grandes régions sont considérées comme étant des acteurs importants, voire majeurs, tant en ce qui concerne la consommation que l'offre. La Chine à elle seule a utilisé en 2002 près de 10 % du total mondial. Si l'on ajoute ses exportations à celles de l'ex-URSS, on obtient le chiffre de 2,75 millions de tonnes, un volume qui devrait passer à 2,8 millions en 2003.

La Chine, un acteur majeur

Les industriels occidentaux s'intéressent de près à la Chine. Ce pays disposerait en effet de capacités de production plus fortes que les États-Unis. Mais sa production doit être rationalisée : les autorités de Pékin ont l'intention de mettre hors service nombre de petites unités qui ne sont plus rentables désormais.

La production d'aluminium primaire de la Chine en 2002 s'est élevée de 1,25 million de tonnes pour s'établir à 6,3 millions de tonnes et ses exportations ont bondi de 110,5 % entre 2001 et 2002 à 620 998 tonnes.

L'industrie y est très dynamique. Ainsi, le principal exportateur d'aluminium primaire, Henan Yugang Longquan Aluminium Co Ltd, souhaite exporter 100 000 tonnes de barres d'aluminium en 2003, principalement vers le marché sud-coréen et le Japon. Ce volume représente la moitié de sa production estimée pour 2003.

Ses exportations en 2002 se sont élevées à 12 000 tonnes. Cette compagnie vient par ailleurs de signer un contrat d'exportation portant sur 48 000 tonnes de barres d'aluminium avec le japonais Mitsui.

Mais les Chinois pourraient bien voir leurs bénéfices légèrement rognés en 2003, en raison d'une élévation à la fin de l'année 2002, des coûts des produits de base. Ils augmentent en effet sans cesse leurs capacités de fonderie, mais cela requiert plus d'alumine qu'ils ne peuvent en produire localement. C'est ce qui explique le fort redressement des cours de ce produit qui, en juillet 2002, s'affichaient à $ 140-145 la tonne CIF et qui sont attendus désormais à $ 240 à la fin de 2003.

Aluminum Corp of China (Chalco), le monopole chinois de l'alumine, a augmenté sa production. De 5,1-5,2 millions de tonnes d'alumine en 2002, il en a programmé 5,7 millions en 2003. Son offre n'est toutefois pas assez importante pour répondre aux besoins du marché intérieur. En 2002, on estime à 4,57 millions de tonnes le volume de ses importations, soit une hausse de 36,6 % par rapport à 2001. L'alumine est importé à la fois par les fonderies nationales et par des négociants internationaux qui ont passé des accords (les « accords de tolling ») avec les fonderies pour la transformation de l'alumine en métal à un prix fixé d'avance.

Au vu de la place de plus en plus grande que prend la Chine dans le monde de l'aluminium, on « s'interroge » sur son influence grandissante.

Plusieurs paramètres sont à considérer : d'abord, l'état de son parc industriel. Beaucoup d'unités sont trop petites, peu rentables, obsolètes. L'entrée du pays dans l'Organisation Mondiale du Commerce (OMC) va obliger le gouvernement à fermer, d'ici la fin de l'année, les fonderies qui ne répondent pas aux normes mondiales de production et de respect de l'environnement. Sur cent trente-cinq fonderies, quatre-vingt-cinq seraient concernées par ces mesures de fermeture, soit une production annuelle de 1,4 million de tonnes.

Le PNB comme la production industrielle de la Chine ont un taux de croissance de l'ordre de 8 % par an, avec une consommation d'aluminium qui croît au rythme de 14 %.

En outre, la marge de progression de la consommation de métal gris en Chine est considérable : un Chinois consomme environ 2 kg d'aluminium par an ; un Américain en consomme 35 kg.

Enfin, les disponibilités en électricité restent limitées (ce qui n'est pas le cas de la Russie), et cela freine la marge de progression de la fabrication de métal.

Dans un contexte difficile, le monde de l'aluminium est au cœur d'une évolution majeure tant géographique qu'industrielle.

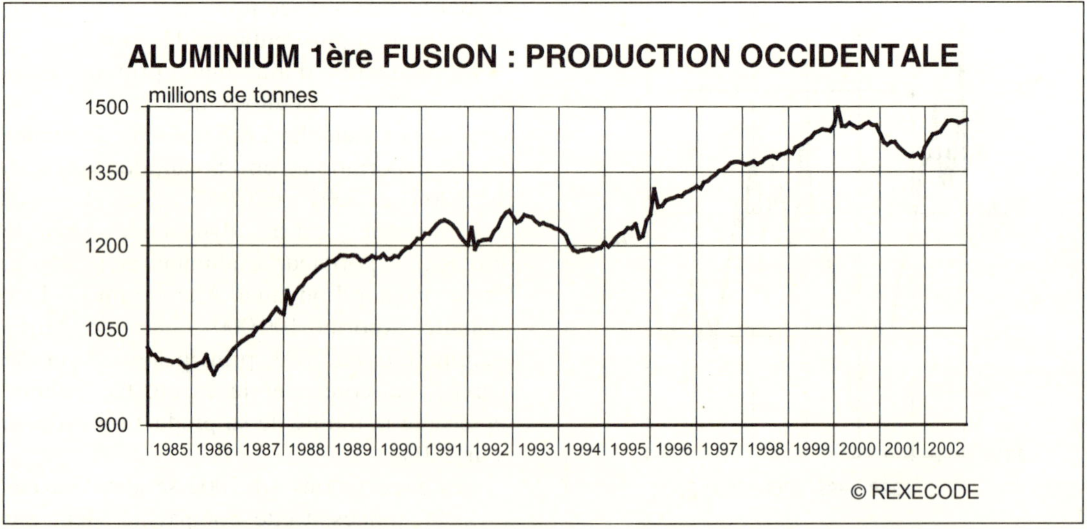

Cuivre

L'année 2001 n'avait pas laissé le souvenir d'une année favorable au marché du cuivre. Son bilan s'était clos avec des stocks mondiaux élevés – 750 000 tonnes – une demande mondiale de cuivre en baisse de 3,5 %, une production en hausse de 2,9 % et des prix en chute de 13 %.

Pour tenter de contrôler ce dérapage des fondamentaux, de grands groupes miniers avaient annoncé dès la fin de l'année leur intention de réduire leur production en 2002, pour tenter ainsi de ramener le marché mondial du cuivre à un meilleur équilibre. Malgré ces mesures, qui ont commencé à produire leurs effets en 2002, la demande industrielle n'a pas vraiment pris le chemin de la croissance, tandis que les producteurs adoptaient en ordre dispersé une stratégie un peu confuse de réduction de leurs capacités.

L'année s'est donc conclue avec des réserves mondiales de métal rouge dans les hangars du London Metal Exchange (LME), du Comex de New York (Commodities Exchange) ou du Shanghai Future Exchange (SHFE) deux fois plus élevées qu'en décembre 2001.

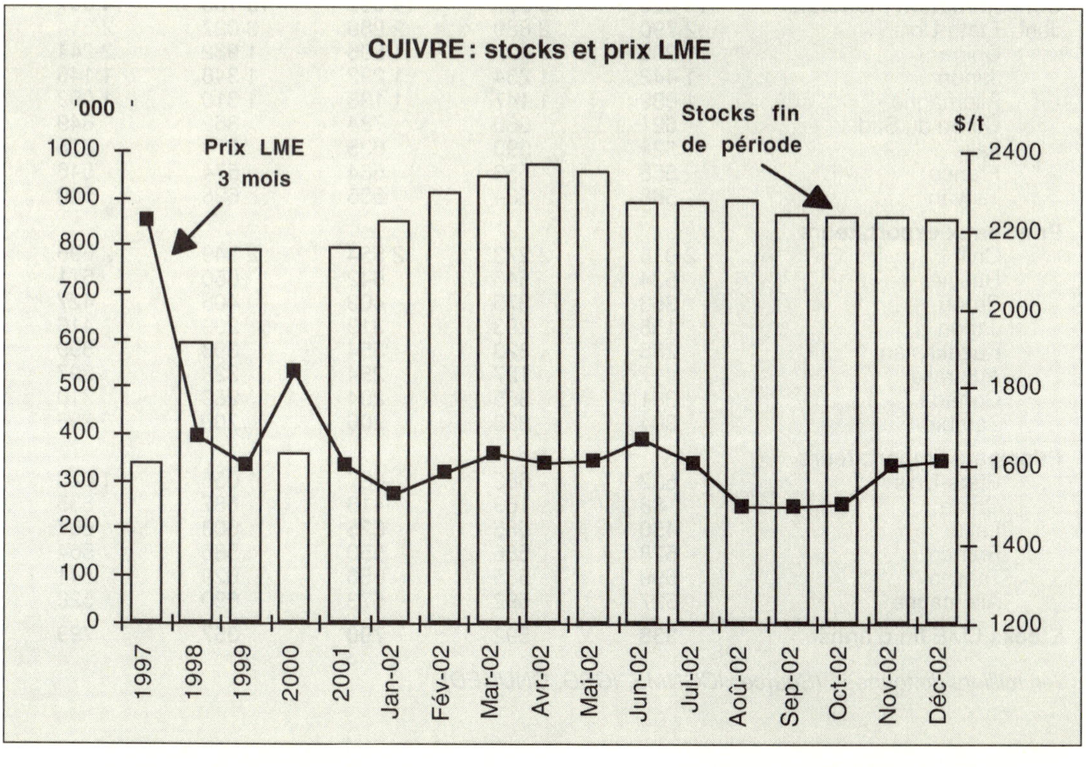

CUIVRE	1997	1998	1999	2000	2001
• MINERAI (en métal contenu)					
Production mondiale	**11 485**	**12 270**	**12 739**	**13 232**	**13 632**
dont Chili	3 392	3 687	4 391	4 602	4 739
États-Unis	1 940	1 859	1 601	1 447	1 339
Indonésie	548	809	790	1 005	1 047
Australie	558	607	739	829	869
Pérou	507	483	536	554	722
Canada	660	706	620	634	633
Russie	505	500	510	580	600
Chine	496	487	520	593	565
• CUIVRE BLISTER					
Production mondiale	**11 491**	**11 753**	**11 972**	**12 029**	**12 499**
dont Chili	1 390	1 403	1 474	1 460	1 503
Japon	1 350	1 304	1 390	1 481	1 468
Chine	1 009	1 009	1 007	1 121	1 192
États-Unis	1 721	1 718	1 293	1 002	919
Russie	570	620	730	755	760
Allemagne	595	602	627	624	654
Canada	627	625	617	604	640
Pologne	445	452	494	483	514
• CUIVRE RAFFINÉ					
Production mondiale	**13 599**	**14 149**	**14 456**	**14 785**	**15 516**
dont Chili	2 117	2 335	2 666	2 668	2 882
États-Unis	2 465	2 489	2 119	1 802	1 801
Japon	1 279	1 277	1 342	1 437	1 426
Chine	1 179	1 211	1 174	1 371	1 427
Russie	640	656	737	824	871
Allemagne	674	696	696	709	694
Consommation mondiale	**13 026**	**13 386**	**14 052**	**15 165**	**14 607**
dont États-Unis	2 790	2 889	2 980	3 027	2 614
Chine	1 269	1 422	1 506	1 932	2 244
Japon	1 442	1 254	1 293	1 348	1 146
Allemagne	1 039	1 147	1 138	1 310	1 092
Corée du Sud	621	560	784	862	849
Italie	521	590	635	674	676
France	558	553	564	574	546
Taiwan	588	584	655	628	540
Principaux exportateurs					
Chili	2 018	2 273	2 554	2 549	2 696
Russie	534	543	642	650	571
Pérou	363	375	403	408	427
Japon	158	293	319	299	416
Kazakhstan	288	323	354	393	399
Australie	117	127	254	323	397
Canada	381	355	294	289	310
Zambie	304	228	206	200	296
Principaux importateurs					
États-Unis	632	683	837	1 056	1 023
Chine	88	163	418	687	835
Italie	450	565	625	603	667
France	528	586	550	586	564
Taiwan	590	585	656	629	541
Allemagne	527	592	573	690	528
Stocks LME fin d'année	**338**	**592**	**790**	**357**	**799**

(en milliers de tonnes) (Source : ICGNMS, ICSG, CNUCED)

Prix du cuivre, grade A, comptant, Londres
(en $/tonne)

Le marché est resté vulnérable en l'absence de facteurs fondamentaux de soutien, tels que des achats de consommateurs ou une réduction des stocks. D'une moyenne de $ 1 545 en janvier, les cours n'ont réussi à passer la barre des $ 1 600 que le 1er février, pour la première fois depuis juillet 2001, sous la pression des fonds spéculatifs. Ils ont évolué inégalement, de $ 1 605 en mai à $ 1 737 en juillet, en fonction des annonces de réductions de production de la part des groupes miniers.

La faiblesse persistante de la demande a fait plonger les cours à $ 1 473 fin septembre. Mais un relatif redressement a été constaté en fin d'année, à $ 1 610 mi-décembre 2002, malgré un bilan de production de cuivre globalement en augmentation.

La hausse se poursuivait encore en février 2003 à $ 1 709 sur le LME, et cette tendance devrait se confirmer si les stocks pouvaient être davantage réduits. Ceux du LME sont passés de 858 400 tonnes fin décembre à 848 800 tonnes début février.

Stratégies de réduction de production…

En dépit de la réduction des extractions entreprises par de grands groupes miniers (Phelps Dodge, BHP-Billiton, notamment), le bilan de la production mondiale en 2002 s'est soldé par une augmentation. La production de cuivre raffiné est estimée à 15,19 millions de tonnes (dont près de la moitié est utilisée par le secteur du bâtiment), un volume supérieur aux 14,73 millions de tonnes enregistrées pour la consommation.

En l'état actuel des prévisions pour 2003, offre et demande enregistreront une progression, pour s'établir à 17,75 millions de tonnes et 15,225 millions de tonnes respectivement.

Au Chili, premier producteur mondial, qui détient en outre 38 % des réserves de métal rouge, les sociétés minières ont produit 4,629 millions de tonnes en 2002, soit une baisse de 2,9 % par rapport à l'année précédente, où 4,766 millions avaient été obtenus. Il faut dire que les annonces d'arrêts d'exploitation de certains gisements se sont multipliées entre la fin de 2001 et les premiers mois de 2002.

Le Chilien Codelco avait fait savoir en mars 2002 qu'il allait procéder à une réduction de ses livraisons de 200 000 tonnes, ce qui représentait 12 % de sa production annuelle. À la fin de l'année, le géant minier a annoncé avoir produit un total de 1,52 million de tonnes.

Pour sa part, le groupe australo-britannique BHP Billiton avait prévenu dès novembre 2001 qu'il entendait réduire ses livraisons en 2002 de 170 000 tonnes. Sa mine d'Escondida, une des plus importantes mines à ciel ouvert du monde, dont la production annuelle avoisine le million de tonnes, avait enregistré en décembre une chute de 4,6 % de ses extractions, qui se sont établies à 757 959 tonnes. La mise en veilleuse jusqu'en janvier 2003 des opérations de sulfure de sa mine de Tintaya, au Pérou, a également été décidée. Cette mine a une capacité annuelle de 90 000 tonnes de concentré. En revanche, l'usine de cathodes devait continuer à produire 34 000 tonnes par an. Au total, en

CUIVRE RAFFINÉ - BILAN MONDIAL

(en milliers de tonnes)

	2000	2001 (p)	2001 Jan-Sept	2002 Jan-Sept
• Production minière	13 186	13 653	10 199	9 986
• Production raffinée	12 626	13 672	10 152	10 007
• Production raffinée 2ème fusion	2 140	1 901	1 438	1 448
• Production totale raffinée	14 766	15 573	11 590	11 456
• Consommation raffinée	15 115	14 830	11 203	11 378
• Excédent/déficit	– 349	743	387	77

(Source : ICSG)

2002, BHP Billiton aura retiré du marché un total de 250 000 tonnes de métal rouge.

Pour le groupe australo-britannique Rio Tinto, on a enregistré la même tendance à la coupe dans la production : ses livraisons de cuivre raffiné se sont établies en fin d'année à 416 9000 tonnes, soit une baisse de 55 700 tonnes par rapport à l'année précédente.

Aux États-Unis, Phelps Dodge, second producteur mondial et numéro 1 américain, avait également programmé des baisses de production pour 2002. Résultat : il a annoncé fin 2002 avoir produit 1,029 million de tonnes de cuivre entre janvier et décembre, contre 1,160 million de tonnes obtenues un an auparavant.

La Chine s'est mise de la partie et a déclaré en septembre qu'elle comptait elle aussi réduire sa production en 2003. Deux raisons l'y conduisaient : il s'agissait d'abord de donner un coup de pouce aux prix ; ensuite, l'industrie chinoise du cuivre faisait face à une pénurie de matières premières. Effet d'annonce de la part des Chinois ? À première vue, cette réduction de 120 000 tonnes planifiée par dix producteurs chinois ne pouvait pas influencer les cours mondiaux. Une précédente promesse du même type étant restée à l'état d'intention, les experts étaient devenus sceptiques quant à la matérialisation de celle-ci. Sans compter que le réel intérêt des Chinois n'est pas très perceptible, dans la mesure où plus ils développent leur production, plus leurs coûts diminuent.

… mais une offre globale en hausse

Dans ce concert de réductions de production, le groupe sud-africain Anglo American, numéro 2 mondial du monde minier, a fait bande à part. Il a en effet annoncé en mai 2002 qu'il venait d'acquérir la mine chilienne de Disputada de Las Condes. En 2001, cette mine a produit 252 000 tonnes de cuivre, production qu'Anglo American entendait faire passer rapidement à 295 000 tonnes.

La compagnie a également annoncé en octobre la construction d'une nouvelle unité d'exploitation de la mine de cuivre de Collahuasi, au Chili (dont les actionnaires sont Anglo American 44 %, Falconbridge 44 % et un consortium japonais mené par Mitsui 12 %). Cette unité ne devrait toutefois pas devenir opérationnelle avant 2004.

Par ailleurs, l'entreprise s'est retirée de la Zambia Consolidated Copper Mines (ZCCM), les mines de cuivre de Zambie.

Malgré ce fléchissement du chiffre global pour l'année, la production minière a été relancée en décembre. Elle a bondi de 10,8 % par rapport à celle de décembre 2001. Était-ce un effet du redressement des cours qui s'est opéré en fin d'année ? Les uns après les autres, les producteurs ont annoncé un relèvement de leur production en 2003.

Le Chili prévoit désormais de produire 5,032 millions de tonnes de cuivre en 2003, soit une hausse de 10 % par rapport à 2002.

Le groupe Antofagasta a procédé à un relèvement de 21,8 % de sa production au quatrième trimestre, soit 137 100 tonnes, ce qui a porté son niveau annuel à 460 700 tonnes.

Codelco a d'ores et déjà prévu de faire passer ses extractions à 1,645 million de tonnes. Ce surplus proviendra essentiellement de sa mine d'El Teniente.

Phelps Dodge n'a pas découvert de nouveaux gisements de cuivre, mais il a des projets d'exploitation qu'il compte mener à bien. L'un des plus importants concerne le développement des dépôts cuprifères de Dos Pobres et San Juan, à Safford, en Arizona. La nouveauté consiste en l'utilisation d'une technologie d'extraction ultra-moderne, qui permet de produire à un moindre coût un métal de haut grade. Ce nouveau procédé permettrait en outre d'extraire le minerai tout en ménageant l'environnement.

Le groupe chilien Codelco a entamé au début du mois de février 2003 des entretiens préliminaires avec d'éventuels partenaires pour lancer un projet d'extension d'un montant de $ 1,2 milliard. Sont envisagées la construction d'une fonderie et d'une raffinerie, ainsi que celle d'un port géant pour faciliter l'embarquement du minerai, dans le nord du Chili, à Mejillones. Ces premières négociations devraient être conclues dans la première partie de 2003.

La stratégie de Grupo Mexico, troisième producteur mondial de cuivre, s'inscrit dans ce programme général de hausse de la production. Le groupe a dû faire face dans le courant 2002 à plusieurs mouvements de grève dans sa mine de Cananea, qui assure 17 % de la production totale du producteur. La dernière en date vient de se conclure le 5 février 2003 par un compromis satisfaisant, mais qui laisse peu de doute sur l'évolution de la production. Les mineurs de Cananea recevront désormais un bonus de 26 % de leurs salaires s'ils parviennent à extraire 130 000 tonnes de minerai par jour, un taux qui passera à 32,58 % pour 150 000 tonnes extraites.

De son côté, le producteur russe Norilsk Nickel poursuit sa stratégie de recentrage sur son marché intérieur. À la fin de l'année, il avait produit 454 000 tonnes de cuivre. Ses ventes sur son marché géographique ont augmenté de 60 %, à 83 000 tonnes. En revanche, ses exportations, bien que toujours importantes en volume, ont décru de 16 %, avec un total de 354 000 tonnes.

Forte hausse de la demande chinoise

Comme pour les autres non ferreux, la demande cuprifère de la Chine a enregistré en 2002 un redressement spectaculaire. Sa production intérieure n'étant pas suffisante pour couvrir des besoins exponentiels, elle a dû importer 1,18 million de tonnes de métal rouge en 2002, avec pour principal fournisseur le Chili. Les livraisons à la Chine de Codelco et d'autres producteurs chiliens ont représenté presque 45 % de son volume total d'importation de cuivre raffiné, avec 517 945 tonnes, soit une hausse de 61,4 % de sa demande par rapport à 2001. La Chine se fournit également auprès du Kazakhstan, auprès duquel sa demande a crû de 200,9 % par rapport à 2001, et du Pérou qui lui a livré 155,7 % de cuivre en plus. Et elle a exporté 76 588 tonnes de cuivre, essentiellement en Corée du Sud, à Taïwan et Hong Kong.

L'industriel chinois Anhui Tongdu Copper Stock, entreprise cotée en Bourse appartenant au producteur de cuivre Tongling Non-ferrous, a annoncé son intention de faire passer sa production de métal à 190 000 tonnes en 2003, contre 150 000 tonnes en 2002, soit une progression de seulement 23 % de la production, contre 33 % en 2002. Tongdu Copper, basé dans la province orientale de Anhui, a représenté 9,87 % de la production de la Chine en 2002, ce qui place ses fonderies au troisième rang national. Cependant, comme pour l'ensemble de la production chinoise en 2003, l'industriel devra s'assurer de l'offre régulière de concentrés, seule en mesure de favoriser le développement du secteur. En fait, Tongdu Copper aura besoin de plus de 100 000 tonnes de concentrés s'il veut respecter sa projection de production de cuivre raffiné en 2003. Au début de cette nouvelle année, il ne disposait que d'une capacité de 17 000 tonnes. Sa capacité annuelle de production de concentrés est de 37 500 tonnes, mais ceci ne sera opérationnel qu'à partir de fin 2003.

Cette pénurie de concentrés qui touche l'ensemble de l'industrie cuprifère chinoise incite les autorités chinoises à multiplier les investissements, tant localement qu'à l'étranger, car en 2003, le pays doit envisager une production de métal raffiné moindre qu'en 2002, où elle a progressé de 12,2 %, pour s'établir à 1,56 million de tonnes. Pour l'instant, les industriels investissent davantage dans la technologie de pointe que dans la multiplication des mines.

ÉTAIN	1997	1998	1999	2000	2001
• MINERAI (métal contenu)					
Production mondiale	**221,5**	**213,4**	**219,0**	**247,7**	**230,6**
dont Chine	67,5	70,1	80,1	97,1	78,8
Indonesie	55,2	55,9	47,8	51,6	56,3
Perou	28,0	25,7	30,6	37,4	38,2
Bresil	19,1	14,2	13,2	13,8	13,0
Bolivie	12,9	11,3	12,4	12,5	12,0
Australie	10,2	10,2	10,0	9,1	9,8
Russie	7,5	7,0	5,2	6,6	5,5
Malaisie	5,1	5,8	7,3	6,3	5,0
Vietnam	4,8	4,5	4,5	4,5	4,5
• MÉTAL					
Production mondiale	**246,6**	**253,5**	**264,6**	**281,0**	**275,8**
dont Chine	67,7	79,3	90,8	112,4	91,6
Indonesie	52,6	54,0	48,3	46,4	44,6
Malaisie	34,8	27,2	28,9	26,2	32,6
Perou	8,8	13,9	17,3	17,4	25,1
Thailande	12,2	15,6	17,6	17,2	21,4
États-Unis	12,4	16,3	16,4	15,7	13,9
Bresil	17,5	14,3	12,8	13,8	12,1
Bolivie	13,4	11,1	11,2	9,4	11,3
Belgique	8,0	8,0	8,1	8,5	8,5
Consommation mondiale	**242,8**	**240,9**	**247,8**	**275,1**	**279,2**
dont Chine	39,4	36,1	40,9	53,0	63,4
États-Unis	47,3	52,7	55,6	50,7	49,7
Allemagne	20,0	20,7	18,4	20,9	21,7
Japon	28,2	24,4	23,2	25,2	21,5
Corée du Sud	11,8	8,4	11,9	15,2	13,3
Royaume Uni	10,4	10,6	9,6	10,0	10,3
Taiwan	9,7	8,8	10,9	11,1	9,3
France	7,9	8,3	7,3	7,4	8,3
Inde	1,0	1,2	1,2	6,4	7,3
Stocks LME fin d'année	**13,0**	**8,2**	**9,2**	**12,9**	**30,6**

(en milliers de tonnes) (Source : ICGNMS)

Étain

C'est la morosité qui a prévalu sur le marché de l'étain tout au long de 2002 et particulièrement au cours du premier semestre. Des fondamentaux en berne ont pesé sur les prix, qui sont restés scotchés jusqu'en août à une moyenne de moins de $ 4000 la tonne, pour le contrat à trois mois sur le marché londonien des métaux. Des prévisions négatives concernant la demande les ont faits plonger en février à $ 3620 la tonne, un niveau inconnu depuis 1989. Ils n'ont rebondi qu'en septembre, au-dessus de $ 4200, après l'annonce, par l'industrie chinoise notamment, de réductions de production présageant un déficit de l'offre en 2003. Ainsi, Yunnan Tin Corp (YTC), leader chinois de l'étain, a fermé en automne sa fonderie pour deux mois, soit une perte de capacités de 30000 tonnes. Depuis, les cours n'ont cessé de s'apprécier. Ils s'affichaient sur le LME $ 4510 en janvier 2003.

Les stocks mondiaux détenus dans les hangars du LME ont affiché également de médiocres performances. D'un total de 30000 tonnes en janvier, ils ont grimpé à 36000 tonnes en février et sont restés dans une fourchette allant de 36000 à 39475 tonnes, niveau maximum enregistré en août. Après les prévisions de baisse de la production, ils ont entamé une cure d'amaigrissement qui les a ramenés dès octobre à 28125 tonnes. En février 2003, ils étaient passés sous la barre des 18000 tonnes.

Bien qu'elle ait progressé marginalement – 268900 tonnes estimées en 2002, contre

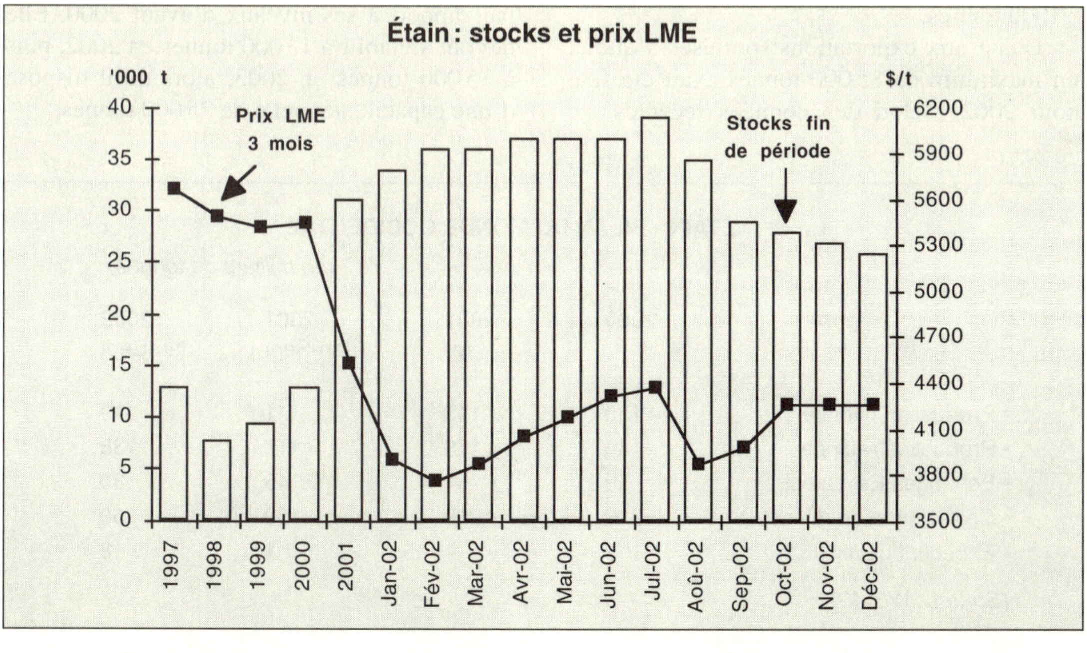

266 200 tonnes pour l'année précédente –, l'offre globale s'est trouvée en décalage excédentaire face à une demande qui ne réagissait pas. L'Indonésie, second producteur mondial, a fortement relevé sa production minière à près de 80 000 tonnes, contre 56 300 tonnes en 2001. Les pays occidentaux (Amérique latine comprise) ont suivi cette tendance, faisant passer leur production de 142 500 tonnes en 2001 à 163 000 tonnes.

Chez le troisième producteur mondial, le Pérou, c'est la stabilité qui a dominé, avec un total de 40 000 tonnes, contre 38 200 tonnes en 2001.

La Chine réduit sa production et ses ventes à l'étranger

La Chine, premier producteur mondial, premier exportateur, deuxième consommateur après les États-Unis, a mis en œuvre une stratégie de réduction de sa production et de ses exportations pour réagir à la chute des cours. Entre 1993 et 2000, sa production avait augmenté au rythme annuel de 13 %, pour se situer à 112 000 tonnes en 2000. Depuis lors, elle n'a cessé de décroître : à 90 000 tonnes en 2001 et une estimation de 80 000 tonnes pour 2002. En 2003, elle devrait tomber à 60 000 tonnes.

Quant aux exportations soumises à quota, un maximum de 85 000 tonnes avait été fixé pour 2002. Selon des données récentes, ce volume, loin d'avoir été atteint, a été ramené de plus de moitié, entre 32 000 et 40 000 tonnes seulement. Pour 2003, le quota d'exportation a été établi à 65 000 tonnes.

Par ailleurs, un remodelage du paysage industriel a été entrepris. Le grand nombre de petites mines et de fonderies non rentables implantées dans le pays, les mines illégales fleurissant un peu partout et la situation peu brillante du marché mondial ont obligé les entreprises à concentrer les capacités. YTC a racheté mines et fonderies, ce qui lui a permis de limiter les excédents de production. Mais le groupe est également devenu actionnaire majoritaire avec des intérêts privés, dans Chenzhou Mineral Resource Investment Co, unité basée dans la province de Hunan, qui dispose d'une fonderie d'une capacité annuelle de 30 000 tonnes. Celle-ci devrait être remise sur pieds après travaux de réhabilitation. Du même coup, YTC a pu acquérir six autres grandes mines dans le Hunan. Le numéro 1 Chinois prévoit de produire en 2003 le même volume d'étain raffiné qu'en 2002, soit 25 000 tonnes. Prévision peut-être optimiste, compte tenu de l'actuelle pénurie de concentré sur le marché chinois.

Le numéro 2 industriel, Liuzhou China Tin Group, a fait fondre sa production de moitié par rapport à ses niveaux d'avant 2000. Elle devrait s'établir à 13 000 tonnes en 2002, puis à 15 000 tonnes en 2003, alors qu'il dispose d'une capacité annuelle de 25 000 tonnes.

ÉTAIN - BILAN DU MONDE OCCIDENTAL

(en milliers de tonnes)

	2000	2001 (p)	2001 Jan-Sept	2002 Jan-Sept
• Production minière	138	142	111	119
• Production raffinée	144	158	117	138
• Échanges Est/Ouest	59	51	45	30
• Consommation raffinée	212	208	160	160
• Excédent/déficit	-9	1	1	8

(Source : WBMS)

Ce phénomène de concentration minière et industrielle, ajouté au fait que les entreprises chinoises estiment qu'à moins de $ 5000 la tonne, elles ne font pas de bénéfices, pourrait se traduire à court terme par un recentrage sur le marché local. Il faut dire que les prix s'y établissent à environ $ 5 195 la tonne, et sont bien plus élevés que sur le marché extérieur. En outre, la demande intérieure est dynamique. Il ne serait pas étonnant dans ces conditions que les Chinois attendent une reprise des cours mondiaux réelle et durable pour revoir leur production et leurs exportations à la hausse.

Malgré une production en fort redressement en 2002, le secteur de l'étain en Indonésie connaît des difficultés. PT Timah, premier producteur du pays et plus grand producteur intégré du monde, souffre de la mauvaise situation économique qui prévaut particulièrement en Indonésie et ses investissements s'en ressen-

Prix de l'étain, comptant, Londres
(en US $/tonne)

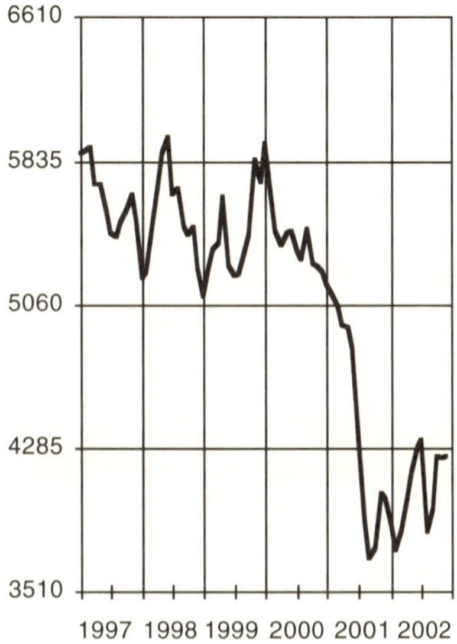

Les dix premières compagnies en 2002

Compagnie	Pays	concentré	raffiné
PT Timah	Indonésie	54 639	42 725
Minsur	Pérou	38 815	35 862
MSC	Malaisie	……	30 887
Yunnan Tin	Chine	nc	29 375
Thaisarco	Thaïlande	……	18 390
PT Koba	Indonésie	23 927	16 095
Liuzhou China Tin	Chine	nc	13 760
CM Colquiri	Bolivie	2 600	10 100
Paranapanema	Brésil	8 840	9 153
Murchison Ltd	Australie	5 609	……

Sur ces dix compagnies, seules deux – Liuzhou China Tin et Murchison – ont connu une forte chute de leur production en 2002. Liuzhou China Tin est touchée par des problèmes au Guangxi qui ont beaucoup réduit ses extractions depuis 2001. La production de la société australienne va probablement chuter en dessous de 7 000 tonnes en 2003, en raison de problèmes dus à sa mine Renison. Cette dernière est le premier fournisseur de Thaisarco, qui en subira donc le contre-coup. Si les concentrés indonésiens restent encore bloqués en 2003, la production des deux fonderies MSC et Thaisarco chutera de 50 %. La production de l'Amérique latine devrait rester stable. Minsur est très rentable et dispose d'amples réserves. Paranapanema projetait d'augmenter sa production légèrement en 2002, mais il n'a pas trouvé d'appui pour l'investissement nécessaire à l'extraction dans la roche dure.

tent. Il doit de plus affronter un gros problème : celui de l'exploitation minière illégale et de la contrebande. Jakarta a dû bloquer en juin 2002 ses exportations de concentré et plusieurs bateaux remplis d'étain de contrebande ont été saisis. Le minerai exploité dans les principales îles de production, Bangka et Belitung, transite illégalement par Singapour avant d'atteindre les fonderies de Thaïlande et de Malaisie. Autant dire que les restrictions imposées par les autorités indonésiennes atteignent par ricochet les productions de ces deux pays.

En Malaisie, la production de concentré, déjà en forte baisse en 2001, à 5 100 tonnes, devrait s'établir à 3 500 tonnes en 2002. Celle de métal raffiné était prévue à 25 000 tonnes et devrait être ramenée à 15 000 tonnes en 2003.

Quant à la Thaïlande, seules trente mines sur cent quarante-cinq sont encore en activité. La seule fonderie du pays, Thaisarco, devrait produire 20 000 tonnes de métal raffiné en 2002 (le pays ne produit pas de concentré).

En 2003, le marché mondial devrait connaître un déficit de l'offre estimé entre 9 000 et 15 000 tonnes. La confirmation de cette donnée essentielle pourrait conduire à une baisse drastique des inventaires du LME au deuxième semestre 2003, déjà perceptible en début d'année. Le marché n'exclut pas, dans ces conditions, un rebond des prix à $ 5 000 la tonne dès le troisième trimestre. Ils devraient rester fermement à ce niveau si la Chine continue à pratiquer des prix plus élevés chez elle et à limiter ses ventes à l'étranger. Le prix moyen de l'étain au comptant pourrait s'établir entre $ 4 740 - $ 4 800 en 2003.

Nickel

Au total, sauf quelques exceptions notables (PT Timah, Yunnan Tin, Minsur), les producteurs d'étain mènent partout une lutte âpre pour survivre, n'ont pas les moyens d'investir et ont, au mieux, une production stable, au pire, et c'est le plus fréquent, en chute. C'est une donnée qui ne devrait pas changer en 2003.

Le marché du nickel, au contraire de certains non-ferreux comme l'aluminium et le cuivre, a entamé en 2002 un redressement qui devrait se poursuivre en 2003 et dans les prochaines années. Soutenus par une forte demande, les prix n'ont cessé de s'apprécier, en dépit d'une production donnée comme excédentaire et de la reconstitution des réserves mondiales.

Prix du nickel, comptant, Londres
(en $/tonne)

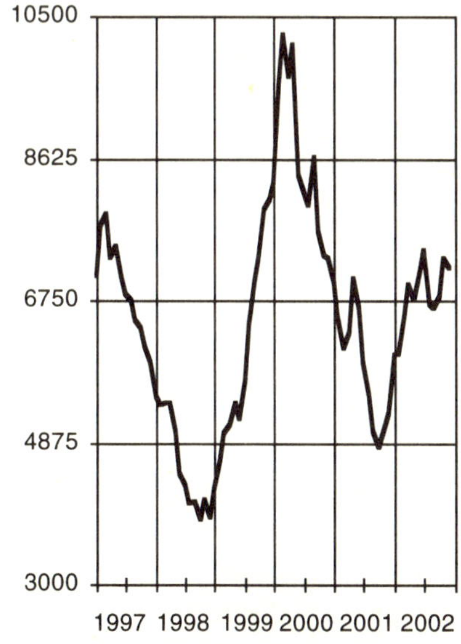

Pour 2003, l'offre devrait rester tendue. Les producteurs n'envisagent pas le démarrage de nouveaux projets d'importance, si l'on met à part l'exploitation à venir – pas avant 2006 – de la mine d'Inco de Voisey's Bay. En revanche, le premier producteur mondial a dû suspendre le développement de la mine de nickel latéritique Goro Nickel, en Nouvelle-Calédonie. Quant au numéro 2 mondial, le russe Norilsk Nickel, il n'envisage pas de hausse de sa production.

Du coup, les cours devraient s'installer dans la zone des $ 8 000 la tonne en 2003. Ils seront soutenus par une demande croissante, provenant notamment de l'Asie. Pour Inco, cette région représente désormais près de 60 % de ses ventes.

Une production encore freinée

En 2002, la production mondiale de nickel primaire aura progressé de 3,6 % par rapport à 2001, s'établissant à 1 191 700 tonnes (dont 850 000 tonnes produites dans le monde occidental, en hausse de 3,6 % par rapport à 2001). Pour 2003, les estimations portent sur une offre de 1 236 900 tonnes (+ 3,5 %), avec une progression de 4,7 % pour le monde occidental, soit 889 900 tonnes de nickel, les plus larges hausses provenant d'Australie, de Colombie et de Norvège.

Sur ce marché qui se distingue par un nombre d'acteurs très réduit - plus de la moitié de la production mondiale est entre les mains de cinq groupes multinationaux (Inco, Western Mining, Eramet, Falconbridge et le russe

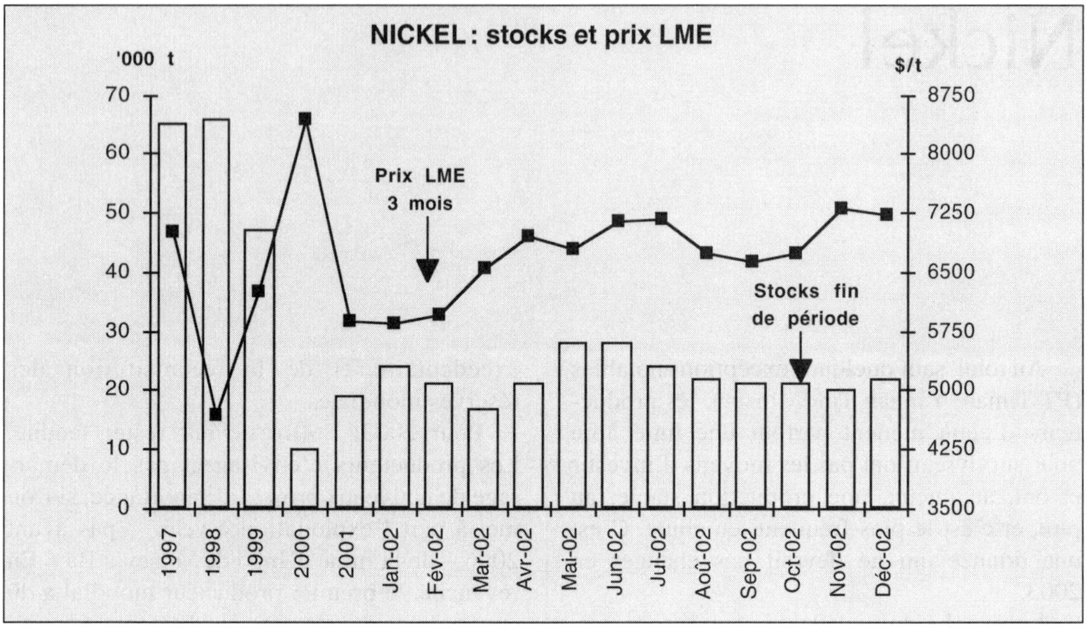

Norilsk Nickel), le moindre mouvement a des répercussions importantes sur l'ensemble du secteur.

Ainsi, lorsque le Canadien Inco a annoncé en décembre qu'il remettait à plus tard son projet de construction d'usine hydrométallurgique de Goro Nickel, dans le Sud de la Nouvelle Calédonie, les prix ont réagi positivement. En fait, des dépassements de coûts importants (ils sont passés d'une estimation de $1,45 milliard à $1,67 milliard) ont obligé le groupe à suspendre le chantier pour au moins une année. Complexité des terrains, difficultés hydrologiques, de terrassement et d'écoulement, coût des équipements de contrôle et d'instrumentation… le seuil à partir duquel la rentabilité n'est pas assurée était largement enfoncé. Un réexamen « approfondi » du projet a été entrepris, dont les résultats sont attendus à la mi-2003.

Avec des réserves (prouvées et probables) de 54 millions de tonnes, ce site de latérite est l'un des plus importants encore non développés dans le monde. Sa production annuelle pourrait atteindre 55 000 tonnes. Ce projet a été initialement développé en entreprise conjointe par Inco (85 %) et le Bureau français de Recherches Géologiques et Minières (BRGM), mais celui-ci lui a finalement cédé ses 15 % de parts. Un consortium japonais conduit par Sumitomo Metal Mining négocie actuellement une part de 25 % à Goro. La Nouvelle-Calédonie devrait s'en voir attribuer 5 %.

À la mine canadienne de Voisey's Bay, l'accord finalement trouvé en juin 2002 entre Inco et les populations locales pour la transformation sur place du minerai, a signé le déblocage d'un projet grippé depuis 1996. L'investissement estimé à $ 3,7 milliards pourra donc être enfin mis en œuvre avec une première production de concentré en 2006, puis l'installation d'une unité hydrométallurgique opérationnelle en 2010. Avec une capacité annuelle de 120 000 tonnes, Voisey's Bay pourrait fournir à l'horizon 2010 le quart de la production mondiale de minerai. Ses réserves prouvées se montent à 142 millions de tonnes, soit l'équivalent de trois années de consommation dans le monde.

Sur l'ensemble de l'année 2002, le groupe canadien a produit un total de 209 728 tonnes de nickel, contre 207 077 tonnes en 2001. Inco, qui fournit presque 25 % du nickel mondial, table, pour 2003, sur une production estimée à 213 000 tonnes.

Cubaniquel, monopole cubain du nickel, souhaite entreprendre la modernisation des unités de transformation qu'elle opère dans le pays. Deux d'entre elles, qui appartiennent à l'État cubain, sont situées dans la province de Holguin, à l'Est de La Havane, une troisième est exploitée à 50 % avec le Canadien Sheritt International Corp.

Voilà plus de deux ans que La Havane tente de convaincre les bailleurs de fonds du bien-fondé de ses plans de développement, notamment la Grande-Bretagne, l'Allemagne et le Brésil. En vain jusqu'à présent.

L'île Caraïbe se tourne désormais vers la Chine. Elle vient de conclure un accord avec le groupe China Minmetals pour lui fournir du nickel. Le chinois aurait répondu favorablement à son projet qui pourrait alors voir le jour en 2005.

En 2002, la production cubaine de nickel s'est élevée à 75 200 tonnes (76 500 tonnes en 2001). Elle devrait passer à 78 000 tonnes cette année. La réalisation de son projet la ferait grimper à 100000 tonnes en 2007.

La province de Holguin recèlerait 34 % des réserves mondiales connues de nickel, soit 800 millions de tonnes de minerai de nickel prouvé et 2,2 milliards de réserves probables. Il y a d'autres réserves dans le pays.

C'est à une baisse de la production qu'on a assisté par contre chez le numéro 2 mondial, Norilsk Nickel. Alors que le groupe avait produit 223000 tonnes de métal en 2001, il a annoncé en avoir obtenu l'année suivante seulement 218000 tonnes, chiffre qui devrait rester stable pour l'année en cours. Pour l'heure, il semble que Norilsk Nickel cherche surtout à améliorer la compétitivité de ses métaux en réduisant coûts et dépenses, et à développer les ventes à long terme.

Cette moindre production n'a pas empêché ses exportations de croître de 14 % d'une année sur l'autre, totalisant 208000 tonnes. Ces données ne prennent pas en considération les 60000 tonnes de nickel entreposées aux Pays-Bas et qui servent de garantie pour un prêt triennal de $ 200 millions accordé par un pool de banques occidentales. Quant à ses ventes sur son marché intérieur, elles se sont élevées à 11000 tonnes.

En Indonésie, la société PT Aneka Tambang devrait reprendre son projet de développement de ses capacités de production, reporté début 2002 faute de capitaux. Elle compte faire passer sa production annuelle (10300 tonnes en 2001) à 26000 tonnes, mais pas avant 2005.

NICKEL - BILAN MONDIAL

(en milliers de tonnes)

	2001	2002 (p)	2003 (p)
• Production mondiale	**1 152,7**	**1 191,7**	**1 236,9**
dont monde occidental	812,5	850,2	889,9
• Ventes stocks	0,0	2,9	0,0
• Offre totale	1 152,7	1 194,6	1 236,9
• Consommation mondiale	**1 101,7**	**1 161,5**	**1 237,7**
dont monde occidental	970,4	1 020,5	1 082,7
• Excédent/Déficit	51,0	33,1	– 0,8

(Source : I NSG)

NICKEL	1996	1997	1998	1999	2000	2001
• MINERAI (métal contenu)						
Production mondiale	**1065,3**	**1093,0**	**1126,7**	**1076,9**	**1196,2**	**1234,4**
dont Russie	232,0	235,0	235,0	235,0	235,0	235,0
Australie	113,0	123,4	143,5	119,2	166,4	198,6
Canada	192,6	190,5	208,3	186,2	190,8	193,9
Nouvelle Calédonie	124,8	136,6	125,3	110,1	127,5	117,6
Indonésie	87,9	71,1	74,1	89,1	98,2	102,1
Cuba	51,2	58,9	64,8	63,6	68,2	72,6
Colombie	27,7	31,2	29,4	39,3	58,9	53,0
Chine	43,8	46,6	48,7	49,5	50,3	51,5
Brésil	25,2	31,9	36,8	43,8	45,3	45,4
Afrique du Sud	33,9	34,8	36,7	36,2	36,6	36,4
Rep Dominicaine	43,6	47,7	40,3	40,0	39,9	33,4
• MÉTAL						
Production mondiale	**960,7**	**1023,7**	**1048,5**	**1014,8**	**1102,8**	**1128,9**
dont Russie	195,9	240,9	233,9	226,0	236,6	230,3
Japon	130,5	128,4	126,5	134,7	160,7	154,1
Canada	130,1	131,6	146,8	124,3	134,2	140,6
Australie	74,0	73,6	79,6	79,4	110,5	126,0
Norvège	61,6	62,7	70,2	74,1	58,7	68,2
Finlande	33,3	39,2	46,0	52,8	54,3	54,6
Chine	44,6	39,9	48,1	44,4	50,9	49,3
Nouvelle Calédonie	42,2	44,3	44,5	45,3	43,9	45,9
Cuba	27,0	33,1	36,0	37,2	39,5	40,7
Consommation mondiale	**934,0**	**1011,4**	**987,1**	**1063,9**	**1141,6**	**1106,9**
dont Japon	190,2	202,4	169,2	182,7	200,1	161,5
États-Unis	153,1	155,6	150,0	152,0	150,0	129,6
Allemagne	80,3	89,7	87,3	84,5	115,0	105,2
Chine	42,0	44,8	43,8	48,3	63,3	87,5
Taiwan	50,0	68,0	70,0	89,0	90,0	84,9
Corée du Sud	50,0	66,0	67,8	80,7	78,0	75,4
Italie	44,0	49,5	53,3	55,0	52,6	55,3
France	45,9	49,8	55,0	52,3	50,2	51,4
Espagne	20,4	30,1	27,2	29,9	32,2	48,3
Finlande	30,1	36,0	37,1	40,8	43,3	38,6
Royaume-Uni	38,7	33,0	31,5	29,2	32,4	37,4
Suède	24,5	29,8	33,9	34,6	36,8	36,6
Belgique	23,9	21,6	24,5	35,1	31,0	35,4
Stocks LME fin d'année	**49,0**	**66,5**	**66,0**	**47,0**	**9,7**	**19,2**

(en milliers de tonnes) *(Source: ICGNMS, WBMS)*

L'environnement contre le besoin d'investissement ? Djakarta a levé en janvier 2003 une interdiction décidée en 1999, concernant l'exploration et l'exploitation minières dans les forêts protégées du pays. BHP Billiton, entre autres, pourra reprendre ses activités de production dans la mine de Gag Island. En 1999, au moins cent cinquante projets couvrant l'ensemble du pays avaient dû être stoppés.

Une demande ferme, qui devrait se renforcer

En ce qui concerne la demande mondiale de nickel, c'est la fermeté qui a prédominé. Avec une croissance de 5,4 % par rapport à l'année précédente, elle s'est installée à 1 161 500 tonnes. L'utilisation des pays occidentaux a progressé de 5,2 % à 1 020 500 tonnes.

Ce dynamisme ne devrait pas se démentir en 2003, car la progression attendue (6,6 %), porterait l'utilisation globale à 1 237 700 tonnes. La consommation occidentale devrait croître de 6,1 %, à 1 082 700 de tonnes, et de 9 % dans le reste du monde. Ce renforcement de la demande a été impulsé par le marché de l'acier inox en Asie et par l'industrie des alliages au Japon (ce pays représente 17 % de la consommation mondiale de nickel). La demande chinoise de nickel pour 2002 est évaluée à 92 000 tonnes. Elle devrait connaître une forte augmentation en 2003, avec un total prévu de 116 000 tonnes.

Le marché du nickel a quand même terminé l'année 2002 avec un excédent de 30 000 tonnes. Ce surplus devrait s'effacer en 2003, pour laisser place à un marché pratiquement en équilibre, sauf ruptures éventuelles d'approvisionnement ou développement surprise du marché de l'acier inoxydable.

Car le marché de l'acier inox est non seulement le principal débouché du nickel (70 % du métal est utilisé à cette fin), mais aussi son baromètre. Dès janvier 2002, les perspectives étaient dégagées et elles le sont restées tout au long de l'année. La production mondiale d'acier inox a été relativement soutenue et a entraîné l'utilisation de nickel, malgré le net ralentissement de la demande de superalliages dans l'industrie aéronautique et de l'énergie.

Les producteurs américains ont estimé la croissance de leur production en 2002 à environ 8 %. La hausse devait se situer autour de 5 % dans le Vieux continent. Les disponibilités de déchets d'inox n'ont pas suivi la même courbe : les usines ont continué à réduire leur utilisation de déchets d'inox et à les remplacer, notamment par du nickel. Du coup, la faiblesse de l'offre de déchets d'inox a fait progresser l'utilisation de nickel d'environ 50 000 tonnes.

Des prix en hausse malgré des stocks plus élevés

L'anticipation optimiste par le marché de la demande de métal a été un des éléments de relèvement des stocks mondiaux. 2001 avait été l'année du déstockage, 2002 a été celle de la reconstitution des réserves. Alors que les inventaires s'établissaient à un peu plus de 9 000 tonnes à la mi-février 2001, ils étaient passés à 21 966 tonnes un an plus tard. Sur l'ensemble de l'année, ils n'ont pas enregistré de baisses spectaculaires ou de hausses notables, hormis en avril-mai, et surtout en juin, où ils ont grimpé à 28 014 tonnes. Ce mouvement a été alors attribué à l'annonce d'une pénurie sur les sources secondaires de métal, notamment pour l'inox, et à des achats de précaution des producteurs d'acier.

L'évolution des stocks n'a pas eu de répercussions sur celle des prix. Les prévisionnistes qui tablaient sur leur redressement, notamment au cours du deuxième semestre, n'ont pas été déçus. Les cours se sont appréciés de 47 % au cours de 2002. Ils ont commencé l'année à $ 5 370 la tonne, pour l'échéance à trois mois sur le marché londonien des métaux et n'ont cessé d'augmenter ensuite, dans la foulée de la demande mondiale. La progression de cette dernière (10 % au premier semestre en Asie – hors Japon – et 26 % en Europe pendant la même période), a hissé les cours à plus de $ 6 500 en mars, puis $ 7 000 en avril, jusqu'à $ 7 300 en juin. La chute des marchés boursiers, durant l'été, les a ramenés sous la barre des $ 6 500 en août et septembre. Mais ils n'ont plus cessé de grimper depuis lors, crevant le plafond des $ 8 000 début 2003, pour s'établir le 12 janvier à $ 8 605 la tonne, un niveau inconnu depuis octobre 2000.

Une menace de grève chez le géant russe Norilsk Nickel provoquait en effet une certaine tension sur le marché, mais néanmoins ce prix s'inscrivait dans une perspective générale haussière pour 2003.

LES MARCHÉS

PLOMB		1997	1998	1999	2000	2001
• MINERAI (métal contenu)						
Production mondiale		**3 072,3**	**3 034,1**	**3 024,6**	**3 062,3**	**3 004,7**
dont	Australie	531,0	618,0	681,0	651,0	714,0
	Chine	711,9	580,5	548,9	659,5	599,2
	États-Unis	458,5	493,1	520,2	464,7	466,4
	Pérou	262,5	257,7	271,8	270,6	289,5
	Canada	186,2	189,8	162,2	148,8	153,9
	Mexique	174,7	166,1	125,7	138,0	136,4
	Suède	108,6	114,4	116,4	106,6	86,0
• PLOMB RAFFINÉ						
Production mondiale		**6 031,6**	**6 059,4**	**6 293,1**	**6 659,9**	**6 587,7**
dont	États-Unis	1 431,2	1 436,4	1 447,0	1 456,8	1 376,1
	Chine	707,5	756,9	918,4	1 099,9	1 179,5
	Royaume Uni	363,8	395,0	366,0	381,0	399,0
	Allemagne	329,2	352,9	352,8	386,7	373,4
	Japon	296,8	302,1	293,5	311,6	302,4
	Australie	235,0	206,0	272,8	251,8	271,0
	France	282,8	290,2	278,6	268,1	244,0
	Canada	271,4	265,5	266,4	284,3	230,9
• dont PLOMB RAFFINÉ SECONDAIRE						
Production mondiale		**3 175,6**	**3 162,4**	**3 232,7**	**3 343,7**	**3 313,5**
dont	États-Unis	1 088,5	1 099,8	1 097,4	1 115,4	1 085,8
	Allemagne	198,3	191,6	192,2	216,7	217,5
	Royaume-Uni	154,2	190,0	200,0	201,0	189,0
	Japon	154,4	157,6	168,0	182,1	175,0
	France	159,3	171,5	154,4	158,2	165,0
	Italie	92,9	128,0	126,0	144,0	145,9
	Canada	131,7	135,7	117,9	125,1	103,9
Consommation mondiale		**6 021,3**	**6 077,8**	**6 278,3**	**6 505,2**	**6 427,2**
dont	États-Unis	1 664,0	1 742,0	1 793,0	1 805,0	1 687,0
	Chine	485,0	505,0	524,0	590,0	650,0
	Allemagne	336,8	358,3	377,5	389,8	382,7
	Royaume-Uni	344,9	310,2	329,0	328,0	323,0
	Corée du Sud	292,0	236,2	272,0	303,0	314,0
	Japon	329,9	308,0	289,0	301,0	284,0
	Italie	259,3	261,6	279,0	278,9	283,0
	France	256,0	251,0	260,0	268,0	265,0
	Espagne	170,3	188,0	192,0	231,0	246,0
Principaux exportateurs						
	Chine	184,6	235,4	449,7	448,0	447,9
	Australie	169,0	172,6	254,9	218,5	206,9
	Canada	158,6	156,8	166,0	166,9	143,6
Principaux importateurs						
	États-Unis	245,3	254,1	294,2	339,2	253,7
	Taiwan	114,2	101,2	120,6	126,3	121,2
	Corée du Sud	95,6	70,8	102,4	112,9	131,4
	Allemagne	81,5	89,5	83,1	103,1	127,3
Stocks LME fin d'année		**111,0**	**108,0**	**176,0**	**131,0**	**98,0**

(en milliers de tonnes) *(Source : ICGNMS, WBMS)*

Plomb

Le redressement des cours dans la veine de 2001, attendu par les analystes pour 2002, ne s'est pas produit. De $ 483, le cours moyen annuel à trois mois du plomb est descendu à $ 462, soit une baisse de 4,1 %. Le point le plus haut de l'année 2002 a été atteint à $ 529 le 8 janvier. Depuis cette date, le plomb s'est inscrit sur une tendance baissière, pour atteindre le niveau le plus bas de l'année à $ 415, le 24 septembre. Un petit sursaut enregistré fin novembre ne l'a pas empêché de terminer l'année à $ 433.

Comme dans le cas du zinc, sur le plan mondial, la production minière et celle de plomb raffiné ont enregistré des évolutions divergentes. La production minière, affectée par les arrêts et les fermetures de capacités décidés antérieurement en raison de la faiblesse des cours, s'est contractée de 8,9 %. Ce recul, le plus important depuis 1993, a engendré une tension sur le marché des concentrés qui pourrait se prolonger pendant plusieurs années, car le nombre des projets miniers en voie de réalisation est très réduit. En dépit de la pénurie de concentrés, la Chine a réduit le nombre des petites exploitations minières fonctionnant en marge de la légalité et réputées pour leur caractère polluant et leur insécurité. Un communiqué officiel faisait état, en janvier 2003, de la réduction du nombre des mines dans le pays à 150 000 contre plus de 200 000 antérieurement. Parmi celles-ci figurent aussi des mines de plomb.

La production mondiale de plomb raffiné s'est par contre accrue de 0,73 % à 6,544 millions de tonnes, grâce à la progression de la production asiatique. En Europe, la production a régressé de 6,2 %. Au plan mondial, la production issue du recyclage des matériaux secondaires (provenant essentiellement des batteries usagées) a atteint en 2002 le taux sans précédent de 62,2 % de la production totale, le plomb étant le métal qui connaît le taux de recyclage le plus élevé parmi tous les métaux de base.

Contrairement aux attentes initiales des analystes, la consommation mondiale de plomb raffiné a diminué de 1,7 % à 6,36 millions de tonnes, en dépit de la hausse de 2,9 % de la demande asiatique. Comme les batteries automobiles constituent le principal débouché du plomb, la progression du parc automobile en Chine, vraisemblablement la plus rapide au

Prix du plomb, comptant, Londres
(en $/tonne)

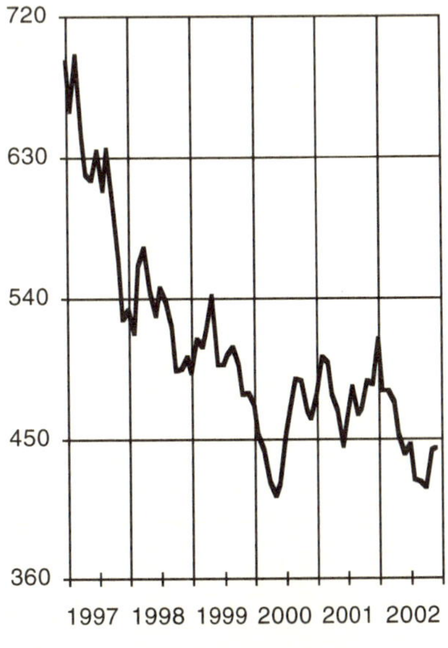

monde, est pleine de promesses. Pour la première fois en 2002, le nombre des voitures vendues a dépassé en Chine le seuil du million. Au cours des onze premiers mois de 2002, il avait déjà atteint 1,02 million, soit 55,4 % de plus que durant le même intervalle de 2001. En matière de parc automobile, la marge de progrès de la Chine reste considérable : le pays le plus peuplé de la planète ne compte que 1,5 voiture pour 1 000 habitants, contre une moyenne mondiale de 90 voitures. La France en compte 520, l'Union européenne 473 et les États-Unis 785. En Europe, où le nombre des nouvelles immatriculations a diminué de 2,9 % en 2002, la consommation de plomb a reculé de 3,1 %. En 2002, suite à toutes ces évolutions, l'excédent d'offre sur le marché mondial a enregistré une hausse par rapport à 2001.

Les stocks du LME, qui avaient commencé l'année 2002 à 97 770 tonnes, ont franchi la barre des 100 000 tonnes dès la première moitié du mois de janvier, pour atteindre leur niveau le plus élevé de l'année le 7 août, à 197 400 tonnes. Ils ont terminé l'année à 184 025 tonnes, en hausse de 89,6 %, alors que le volume total des stocks de métaux de base du LME s'est accru de 30 %.

Deuxième producteur mondial de plomb, la Chine est demeurée un acteur essentiel du marché de ce métal. La production chinoise de métal raffiné a augmenté en 2002 à 1,26 million de tonnes, alors que les importations chinoises de concentrés de plomb ont diminué de 2 % à 389 021 tonnes. Sous l'impact aussi bien de la croissance de la demande intérieure que de la raréfaction de l'offre de concentré, le volume des exportations chinoises de plomb raffiné a diminué de 10 % par rapport à 2001 à 393 716 tonnes. Le recul des exportations nettes est encore plus important (de 14,8 % à 362 968 tonnes).

La faiblesse durable des cours a pour le moins favorisé la fermeture d'un certain nombre de capacités de production. En France, l'une des fermetures les plus retentissantes qui se préparait, dans les premiers mois de l'année 2003, était celle de l'usine de Noyelles-Godault, le seul producteur de plomb primaire en France. D'une capacité de 130 000 tonnes par an, elle appartient à Metaleurop Nord, une filiale du groupe Metaleurop

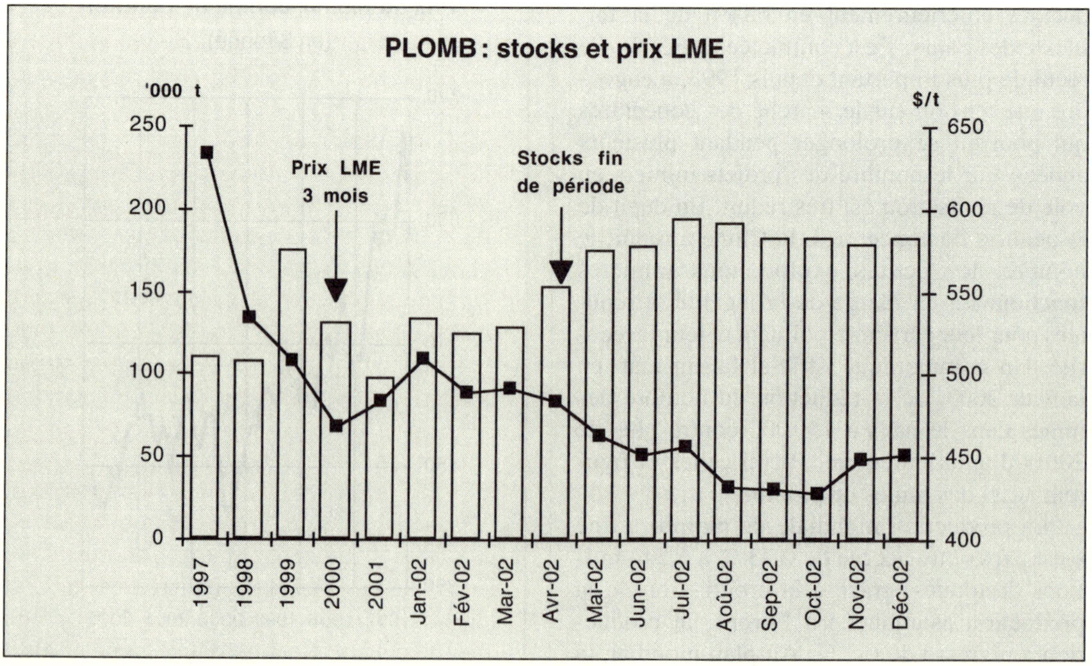

PLOMB RAFFINÉ - BILAN DU MONDE OCCIDENTAL

(en milliers de tonnes)

	1999	2000	2001	2002 (p)
• Production	4 937	5 094	4 905	4 869
• Importations nettes bloc de l'Est	508	542	522	501
• Ventes États-Unis stock stratégique	61	32	40	33
• Offre totale	**5 506**	**5 668**	**5 467**	**5 403**
• Consommation	**5 422**	**5 597**	**5 448**	**5 307**
• Excédent/déficit	84	71	20	94

(Source : WBMS)

dont le principal actionnaire est la maison de négoce suisse Glencore. Mise en redressement judiciaire fin janvier 2003, cette filiale n'a trouvé aucun repreneur et, au moment de la rédaction de ce texte, se dirige vers une liquidation judiciaire. Cet épisode a mis en évidence la question de la responsabilité environnementale et sociale des industriels et des moyens juridiques pour la renforcer. Le risque d'un dépôt de bilan de l'ensemble du groupe n'était pas à exclure.

En février 2003, la société australienne MIM, qui au second semestre 2002 a enregistré des pertes de $ 205 millions, a annoncé la fermeture, à partir du 1er mars, de sa fonderie britannique d'Avonmouth, d'une capacité de 50 000 tonnes de plomb par an. Le retrait de l'offre du seul candidat au rachat de cette usine, la maison de négoce américaine Marco International, s'explique entre autres par le coût de la réhabilitation du site, estimé à $ 43 millions. Les pertes de cette fonderie obsolète étaient de £ 2 millions par mois. Marco avait l'intention de convertir entièrement l'usine au recyclage des déchets. Le 1er mars a également été la date choisie par le Mexicain Peñoles pour la fermeture de sa mine de zinc d'El Monte, dans l'État d'Hidalgo, qui produisait aussi 6 000 tonnes de plomb par an. La société a promis de s'acquitter de ses obligations sociales et environnementales. En janvier 2003, la même société avait fermé définitivement sa mine de plomb et de zinc de l'État de Guerrero, qui était à l'arrêt depuis décembre 2001, en raison de la faiblesse des prix des deux métaux ainsi que de l'appréciation du peso.

L'année 2002 a également été marquée par une série de réductions de production. La pénurie de concentrés, encore plus aiguë sur le marché du plomb que sur celui du zinc, a contraint la société chinoise Yubei à limiter sa production à 70 000 tonnes. La faiblesse des prix a déterminé la seconde fonderie bulgare, OTZK, à arrêter sa production de plomb primaire à partir d'avril 2002. Pendant ce temps, KTZM, le principal producteur bulgare, a pu augmenter sa production de quelques milliers de tonnes. Vers la fin de l'année 2002, le complexe industriel de Portovesme, en Sardaigne, d'une capacité de 125 000 tonnes de plomb par an et appartenant à Glencore, a fonctionné à environ 80 % de sa capacité en raison du prix très élevé de l'électricité. Début novembre 2002, Noranda a décidé de réduire de 22 % à 78 000 tonnes la production de sa fonderie canadienne de Brunswick, en raison de la faiblesse de la demande et du bas niveau des charges de traitement. Dorénavant, la fonderie sera mise à l'arrêt quatre mois par an. Fermée « définitivement » en novembre 2001, la mine irlandaise de Tara appartenant à Outokumpu a repris son activité en septembre 2002. Sa capacité de production de plomb devrait atteindre 40 000 tonnes en 2005.

Vers des batteries plus puissantes

Les batteries au plomb n'ont pas de substitut valable pour le moment. De plus, la présence accrue d'électronique embarquée oblige les voitures à consommer plus d'électricité et donc à disposer de batteries plus puissantes et donc plus lourdes. La batterie de 42 V, qui comporte deux fois plus de plomb que la batterie classique de 12 V, devrait être largement utilisée aux États-Unis aux alentours de 2005 et pourrait complètement remplacer la batterie standard actuelle vers 2020. Le constructeur automobile Toyota a équipé son modèle Crown, lancé au Japon à l'automne 2001, d'une batterie au plomb de 42 V. À la différence des batteries, les autres utilisations du plomb dans la construction automobile sont de plus en plus menacées par les législations environnementales américaine et européenne.

Parmi les faits marquants de l'année 2002, figure aussi la démarche d'Exide Technologies, affineur de plomb et premier fabricant mondial de batteries automobiles, qui étant très endetté (sa dette était devenue supérieure à la valeur de ses actifs), a mis en avril 2002 ses activités américaines sous la protection du fameux « chapitre 11 » de la loi sur les faillites. À noter également les déboires du premier producteur mondial de plomb primaire, la société américaine Doe Run, qui a finalement réussi, en octobre 2002, à conclure un accord avec ses créditeurs lui permettant d'écarter le spectre de la faillite. Enfin, en décembre 2002, MIM a vendu à Sudamin Investment, fonds d'investissement basé en Belgique, la fonderie allemande de Duisburg d'une capacité annuelle de 40000 tonnes de plomb et de 90000 tonnes de zinc. Sudamin envisage de convertir intégralement cette usine au recyclage.

Au début de l'année 2003, le plomb figurait parmi les métaux les plus susceptibles d'enregistrer une amélioration des cours, pour se rapprocher de la barre des $ 500. La production chinoise pourrait connaître un nouveau ralentissement en raison de la pénurie de concentré. La densité du parc automobile devrait continuer à s'accroître non seulement en Chine, mais aussi dans le reste de l'Extrême-Orient, en l'Europe de l'Est et en Amérique latine. Le marché devrait revenir à peu près à l'équilibre en 2004.

Zinc

Si l'année 2001 avait été douloureuse, 2002 mérite encore plus cette épithète. Infirmant les prévisions des analystes qui tablaient sur un déficit marginal, l'excédent mondial de l'offre par rapport à la demande s'est encore accentué, passant de 437 000 tonnes en 2001 à 565 000 tonnes en 2002, selon le Groupe international d'étude sur le zinc et le plomb (ILZSG). Cette évolution est intervenue en dépit de la hausse de 1,6 % de la consommation mondiale de zinc raffiné à 8,93 millions de tonnes, ainsi que de la fermeture ou de l'arrêt temporaire de certaines capacités de production. L'excédent du marché « occidental » s'est encore accru en 2002 (de 29 000 tonnes) pour atteindre 385 000 tonnes. Les stocks du LME, qui avaient entamé l'année 2002 à 433 350 tonnes, se sont accrus au total de 50 % pour terminer l'année à 651 150 tonnes, niveau le plus élevé depuis plus de sept ans. À la mi-février 2003, ils affichaient 674 300 tonnes. En raison du déséquilibre entre l'offre et la demande, le cours moyen à trois mois du zinc a encore reculé de près de 12 %, passant de $ 904 en 2001 à $ 796 en 2002.

Selon les chiffres de l'ILZSG, suite notamment aux décisions prises vers la fin de l'année 2001, la production minière mondiale s'est contractée en 2002 de 2 % à 8,728 millions de tonnes. Il s'agit de la première diminution depuis 1993. Celle-ci s'est traduite par

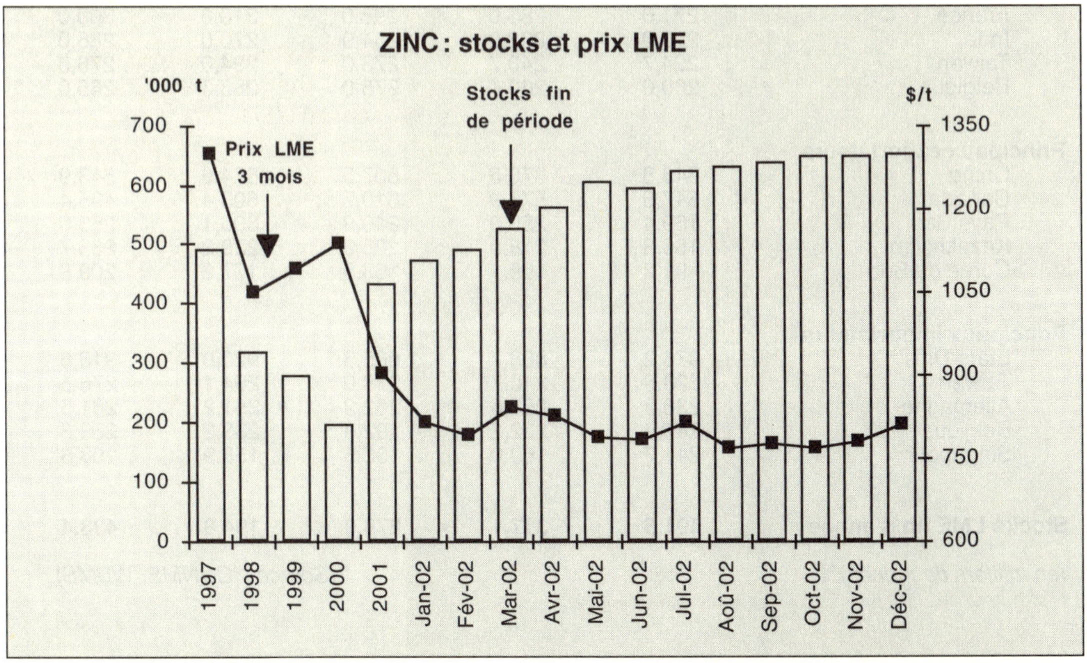

ZINC	1997	1998	1999	2000	2001
• *MINERAI (métal contenu)*					
Production mondiale	**7 433,2**	**7 637,2**	**8 111,3**	**8 867,2**	**8 957,0**
dont Chine	1 209,9	1 273,2	1 476,0	1 780,3	1 572,1
Australie	1 035,0	1 066,0	1 163,0	1 419,0	1 518,0
Pérou	867,7	868,8	899,5	910,3	1 056,6
Canada	1 076,4	1 061,6	1 021,0	1 002,2	1 052,2
États-Unis	631,9	755,0	852,2	851,9	842,1
Mexique	379,3	395,4	362,8	392,8	428,8
Kazakhstan	222,6	225,6	270,3	322,1	344,7
Irlande	193,1	180,4	200,2	262,9	298,1
• *MÉTAL*					
Production mondiale	**7 814,1**	**8 045,1**	**8 442,8**	**8 981,9**	**9 234,1**
dont Chine	1 434,0	1 486,3	1 703,2	1 957,0	2 048,2
Canada	703,8	745,1	776,9	779,9	657,6
Japon	603,1	607,9	633,4	654,4	644,4
Corée du Sud	335,5	390,3	430,1	476,8	508,0
Espagne	377,8	385,0	383,0	391,0	443,0
Allemagne	348,3	361,1	360,8	327,5	358,3
France	317,2	320,2	318,4	318,1	328,9
Etats-Unis	367,1	367,6	371,3	370,7	310,7
Australie	316,8	322,5	322,3	327,2	307,0
Mexique	231,4	230,3	218,9	235,1	303,8
Consommation mondiale	**7 780,5**	**7 891,3**	**8 402,0**	**8 853,5**	**8 650,0**
dont Chine	836,0	926,0	1 206,0	1 356,0	1 456,0
États-Unis	1 258,7	1 290,4	1 341,4	1 314,6	1 106,7
Japon	742,3	659,2	634,1	676,0	633,0
Allemagne	530,3	576,4	579,9	531,7	532,5
Corée du Sud	343,0	318,2	389,3	438,0	401,0
Italie	353,5	373,4	335,5	384,5	355,0
France	271,0	285,0	298,0	310,0	300,0
Inde	220,0	232,0	254,0	270,0	286,0
Taiwan	224,7	240,7	273,0	294,0	276,0
Belgique	260,0	260,0	275,0	285,0	265,0
Principaux exportateurs					
Chine	543,8	370,6	507,5	574,6	543,9
Canada	547,6	576,9	610,7	603,4	495,4
Pays Bas	169,4	255,0	240,9	306,1	253,0
Kazakhstan	186,3	218,0	205,9	229,2	235,7
Corée du Sud	91,2	159,1	153,5	177,2	209,8
Principaux importateurs					
États-Unis	876,2	868,7	1 065,5	920,0	916,6
Taiwan	228,9	240,7	273,0	294,1	276,5
Allemagne	236,2	258,6	252,2	251,2	261,5
Belgique	247,9	232,2	192,8	233,2	233,3
Singapour	241,7	169,0	132,5	158,9	203,8
Stocks LME fin d'année	**491,6**	**317,1**	**278,9**	**194,8**	**433,4**

(en milliers de tonnes) *(Source : ICGNMS, WBMS)*

une pénurie croissante de concentré de zinc, qui devrait entraîner une forte réduction des charges de traitement. Celles-ci affichaient déjà, en 2002, leur niveau le plus bas depuis plus de dix ans.

Mais, à la différence de la production minière, celle de métal raffiné s'est accrue de 1,03 % à 9,502 millions de tonnes, le volume des capacités mises ou remises en route étant supérieur à celui des capacités fermées ou mises temporairement à l'arrêt. La progression de la consommation de zinc raffiné est largement due à la croissance de la demande asiatique et notamment chinoise. La hausse de 5,3 % de la demande domestique chinoise s'explique par un important programme d'investissements dans les infrastructures et par l'utilisation croissante de la tôle galvanisée, notamment dans l'industrie automobile. En Corée du Sud, la demande a fait un bond de 15 %. En revanche, pour la troisième année consécutive, la demande européenne de zinc est restée stable à 2,7 millions de tonnes.

La Chine est non seulement l'un des plus importants consommateurs mondiaux de zinc, mais aussi le premier producteur mondial de minerai et de zinc raffiné. La production chinoise de métal raffiné a augmenté en 2002 de 1,1 % à 2,08 millions de tonnes, alors que les analystes tablaient plutôt sur une régression, en raison de l'insuffisance de l'offre domestique de concentré, du niveau élevé des coûts de production et de la faiblesse des prix. Pour pallier l'insuffisance de l'offre domestique, les importations nettes de concentré de zinc de la Chine se sont accrues, en 2002 de 20,2 % à 784 673 tonnes. Elles avaient déjà fait un bond en 2001, lorsque pour la première fois elles ont été supérieures aux exportations, marquant une modification radicale du rôle traditionnel de la Chine sur le marché mondial du zinc. La robustesse de la demande domestique chinoise s'est également traduite, en 2002, par une progression de 269,7 % des importations de métal raffiné à 68 443 tonnes, parallèlement à une réduction de 12,7 % des exportations de zinc raffiné à 472 769 tonnes.

Prix du zinc, special high grade, comptant, Londres (en $/tonne)

ZINC RAFFINÉ - BILAN DU MONDE OCCIDENTAL

(en milliers de tonnes)

	1999	2000	2001	2002 (p)
• Production	5 832	6 138	6 253	6 548
• Importations nettes bloc de l'Est	810	851	863	784
• Ventes États-Unis stock stratégique	22	39	24	9
• Offre totale	**6 664**	**7 028**	**7 140**	**7 341**
• Consommation	**6 735**	**7 036**	**6 785**	**6 867**
• Excédent/déficit	– 72	– 8	356	474

(Source : WBMS)

L'éthique de la responsabilité en question

Suite à la décision du conseil d'administration de Metaleurop de couper les vivres à sa filiale Metaleurop Nord déficitaire (pertes cumulées de – 97 millions en 2001 et 2002), cette dernière a déposé le bilan le 27 janvier 2003 et a été placée en redressement judiciaire pour trois mois. L'usine de Noyelles-Godault employait 830 personnes et produisait 90 000 tonnes de zinc et 140 000 tonnes de plomb par an. La décision de Metaleurop n'a été accompagnée d'aucun plan social. De plus, il existe le risque de voir le groupe se soustraire à ses responsabilités en matière de dépollution de ce site industriel plus que centenaire. La fermeture de Noyelles-Godault intervient après qu'en décembre 2002, Metaleurop (contrôlée à 32,99 % par Glencore) a cédé pour un prix jugé « déraisonnablement bas » de $ 100 millions, l'usine allemande d'électrolyse du zinc de Nordenham à un de ses concurrents, Xstrata, contrôlé à 40 % par la même maison de négoce suisse, ce qui n'a pas tardé à susciter des interrogations. Contrairement à d'autres négociants, Glencore s'est fortement diversifié vers l'amont, au point de devenir, par le biais de participations directes ou de minorités de contrôle, un acteur de premier ordre de l'industrie minière et des métaux. Ce n'est pas la décision de Glencore de rationaliser son outil de production de zinc qui a semé le trouble, mais son manque d'éthique de la responsabilité sociale et environnementale soupçonné derrière le paravent des arguments juridiques.

La hausse de l'excédent global de zinc s'explique aussi par le refus de certains grands producteurs de procéder à des réductions durables et plus que symboliques de capacités. Sur la liste des fermetures les plus récentes figurent celle de l'usine française de Noyelles-Godault et celle de la mine mexicaine de Rey de Plata, à l'arrêt depuis décembre 2001. Il faut également rappeler la fermeture, après six mois d'arrêt, de la fonderie québécoise de Gaspe appartenant à Noranda, ainsi que la fermeture de deux des mines américaines de Pasminco (Gordonsville et Clinch Valley), après l'échec de la tentative de les vendre. Pasminco a pris également la décision de principe de fermer, dans un délai de quatre à six ans, la fonderie australienne de zinc et de plomb de Cockle Creek, en raison de ses coûts élevés de production. Certaines réductions de production ont eu un caractère forcé. C'est le cas, par exemple, de la fonderie sarde de Portovesme appartenant à Glencore, qui fonctionne à 80 % de sa capacité en raison du prix élevé de l'électricité. Parmi les capacités remises en route en 2002 figure la mine irlandaise de Tara, la plus importante d'Europe et appartenant à Outokumpu. Parmi les plus importantes restructurations apparaissent, en dehors de la cession de Nordenham à Xstrata, la vente par MIM de la fonderie allemande de Duisburg (90 000 t/an) à Sudamin Investment, ainsi que la vente par Pasminco de la mine de Broken Hill à Perilya. Xstrata a lancé une offre d'achat sur MIM, qui détient la mine géante de Mt Isa. Marco International a exprimé son intérêt pour le rachat de la fonderie britannique d'Avonmouth, que MIM envisageait de fermer. D'autre part, la capacité de la fonderie espagnole de San Juan de Nieve, qui enregistre les coûts de production les plus bas d'Europe, sera portée cette année par Xstrata à 485 000 tonnes.

En 2003, l'offre mondiale de zinc s'annonce de nouveau excédentaire par rapport à la demande, mais dans une moindre mesure qu'en 2002. La restructuration de l'industrie du zinc demeure une priorité pour pouvoir espérer une hausse des prix. Le volume des exportations chinoises et en général des pays de l'ex-bloc de l'Est devrait continuer à se réduire. La contribution du recyclage à la production totale de zinc est censée s'accroître, notamment en Europe.

Petits métaux

Les petits métaux ont connu des fortunes diverses en 2002. Si les prix sont restés globalement bas, des perspectives de reprise se dégagent. La timidité de l'industrie occidentale a provoqué une baisse de la demande, à l'exception notable de celle de l'acier inoxydable, qui a entraîné derrière elle quelques petits métaux. Le contexte est aussi celui d'une Chine qui se révèle de plus en plus un acteur incontournable du marché, tant pour sa production et ses exportations que pour sa demande intérieure, qui ne cesse de croître.

Les mesures de plus en plus sévères concernant la protection de l'environnement amènent aussi l'industrie à abandonner peu à peu des métaux comme le bismuth, le mercure, ou à multiplier les alliages pour obtenir des produits moins nocifs.

Les fondamentaux de l'**antimoine** ont été dans l'ensemble positifs. Le faible niveau des prix avait fait chuter la production de ce métal d'environ 25 % depuis 1993. Les cours sont restés dans une fourchette de $ 0,63 à $ 0,67 la livre au premier semestre. En septembre, ils grimpaient à $1,13 la livre, en raison d'une pénurie due au système de contrôle de ses exportations imposé par la Chine, premier producteur et premier importateur mondial. Des mines ont également été fermées. Selon les dernières données disponibles, la production de métal contenu de la Chine pour les huit premiers mois de 2002 était en baisse de 42 %, à 35000 tonnes, sur les 60000 tonnes obtenues pendant la même période de 2001.

Les prix sont par contre toujours aussi peu rémunérateurs pour le **bismuth**, avec une moyenne annuelle de $ 2,75-$ 3,30 la livre. La Chine est devenue le premier producteur mondial, avec une production de 1 500 tonnes en 2002, soit presque la moitié du total mondial.

ANTIMOINE		1997	1998	1999	2000	2001
Production mondiale (en métal contenu)		**156 120**	**117 395**	**108 420**	**119 826**	**109 493**
dont	Chine	131 100	97 400	89 600	99 300	92 440
	Afrique du Sud	3 415	4 243	5 278	4 104	4 827
	Russie	6 000	4 000	4 356	8 000	4 152
	Tadjikistan	1 200	1 500	1 800	2 000	2 500
	Bolivie	5 999	4 735	2 790	1 907	2 072
	Kirghizstan	3 062	1 298	1 320	1 505	1 500
	Australie	1 900	1 800	1 679	1 511	1 380

(en tonnes) *(Source : Minerals Yearbook)*

Prix de l'antimoine marché libre européen
(en US $/tonne)

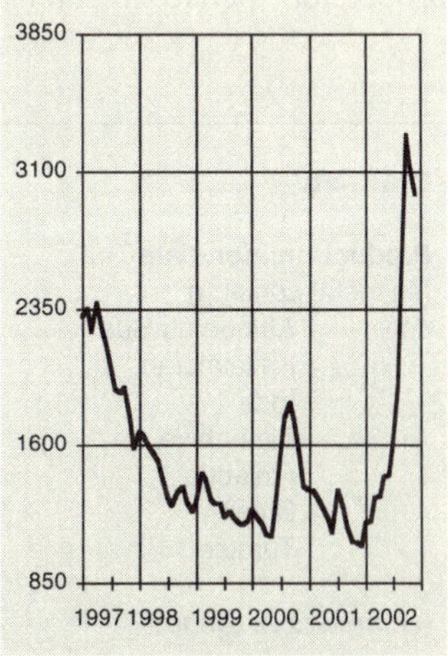

Prix du bismuth marché libre européen
(en US $/lb)

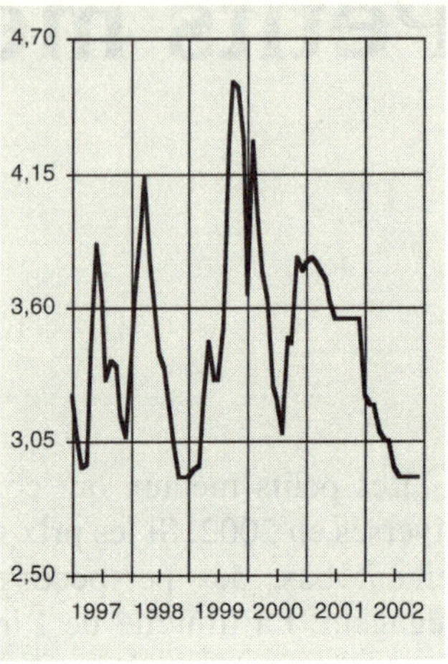

BISMUTH	1997	1998	1999	2000	2001
Production mondiale	**4 210**	**3 880**	**3 620**	**5 880**	**4 000**
(en métal contenu)					
dont Chine	600	600	400	2 500	1 500
Mexique	1 640	1 200	1 250	1 000	1 000
Pérou	1 000	832	1 000	1 000	1 000
Canada	183	180	311	202	200
Kazakhstan	115	115	130	130	130
Japon	168	150	135	155	28
Bolivie	350	650	255	740	-

(en tonnes) *(Source : Mineral Commodity Summaries)*

Les réserves mondiales de bismuth sont généralement associées aux dépôts de plomb, métal délaissé pour sa toxicité, sauf en Chine, en Corée du Nord et au Vietnam où il en a été trouvé dans des minerais de tungstène et de cuivre, et en Australie où il est associé au cuivre et à l'or. Signe des temps, l'Institut du bismuth, installé à Bruxelles, a fermé ses portes en 2002, après trente ans d'existence.

Le **cadmium**, sous-produit des mines de zinc, n'a pas la cote lui non plus. Au cours des dix dernières années, les pressions pour en réduire les applications, voire l'éliminer, ont gagné du terrain. Il est désormais sur la liste de onze métaux polluants établie par l'Agence américaine de l'environnement. L'Union européenne pense à interdire, à partir du 1er janvier 2008, les batteries au nickel/cadmium contenant plus de 0,002 % de ce métal.

L'avenir est plus prometteur pour le **chrome**. La période récente de prix historiquement bas est reléguée dans les mauvais souvenirs. En 2002, ce métal a été particulièrement soutenu par le resserrement de l'offre de ferrailles et par la demande dynamique d'acier inoxydable, dont il dépend à 90 %. Du coup, les prix ont été poussés à la hausse. L'utilisation totale de ferro-chrome devrait passer de 3,9 millions de tonnes en 1998 à 5,1 millions de tonnes en 2005.

Le marché du **cobalt** a ressenti fortement le ralentissement de la demande de superalliages pour l'industrie aéronautique et de turbines énergétiques à gaz. La baisse des prix

CHROME	1997	1998	1999	2000	2001
Production mondiale	**13 600**	**13 600**	**14 100**	**14 500**	**12 100**
(en métal contenu)					
dont Afrique du Sud	6 162	6 480	6 817	6 621	5 502
Kazakhstan	1 796	1 603	2 406	2 606	2 046
Inde	1 363	1 311	1 473	1 947	1 678
Zimbabwe	640	636	643	652	780
Finlande	589	498	597	628	575
Brésil	301	555	458	600	420
Turquie	1 703	1 404	770	546	390

(en milliers de tonnes) *(Source : Minerals Yearbook)*

Prix du cadmium marché libre européen
(en US $/lb)

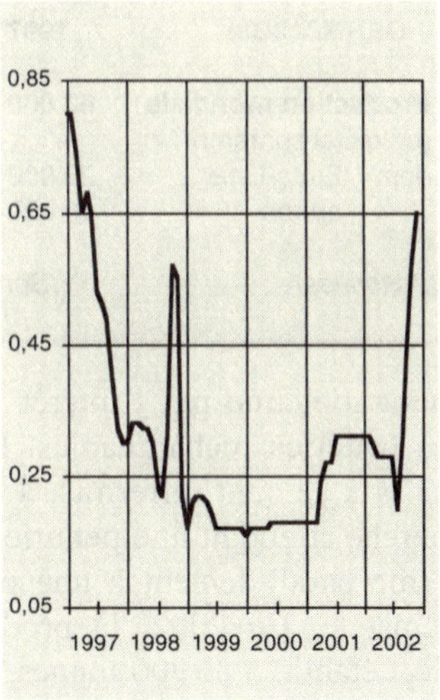

CADMIUM		1997	1998	1999	2000	2001
Production mondiale de métal		**19 937**	**19 172**	**19 485**	**19 175**	**17 847**
dont	Japon	2 473	2 337	2 567	2 472	2 460
	Chine	1 982	2 125	2 154	2 368	2 400
	Corée du Sud	1 000	1 178	1 791	1 911	1 879
	Canada	2 260	2 090	1 911	1 941	1 429
	Mexique	1 223	1 275	1 275	1 268	1 421
	Belgique	1 420	1 318	1 235	1 148	1 236
	Russie	790	800	900	925	925
	États-Unis	2 059	1 240	1 185	1 890	680
	Finlande	494	520	696	683	604
	Allemagne	729	617	703	458	539
Consommation mondiale		**18 390**	**19 893**	**21 944**	**23 256**	**20 275**
dont	Chine	600	2 409	2 866	4 854	5 268
	Japon	7 247	5 795	6 550	6 950	4 650
	Belgique	2 020	3 217	4 065	3 559	4 426
	France	1 809	1 800	1 800	1 800	1 800
	Allemagne	750	750	750	750	750
	États-Unis	2 506	2 030	1 850	2 010	679
	Royaume Uni	631	626	631	585	584
	Inde	446	446	446	446	446
	Russie	800	1 136	1 260	857	345

(en tonnes) (*Source : Mineral Commodity Summaries)*

enregistrée depuis 1995 s'est donc poursuivie en 2002. En octobre, ils touchaient leur plus bas niveau depuis avril 1987, à $ 6,10 la livre, et ceci provoquait de graves problèmes à un métallurgiste finlandais dont les stocks étaient particulièrement importants. Pourtant, sur le long terme, c'est l'optimisme qui domine. On s'attend actuellement à un taux élevé de renouvellement des flottes aériennes, ce qui fait repartir la demande de métal bleu, égale-

Prix du cobalt marché libre européen
(en US $/lb)

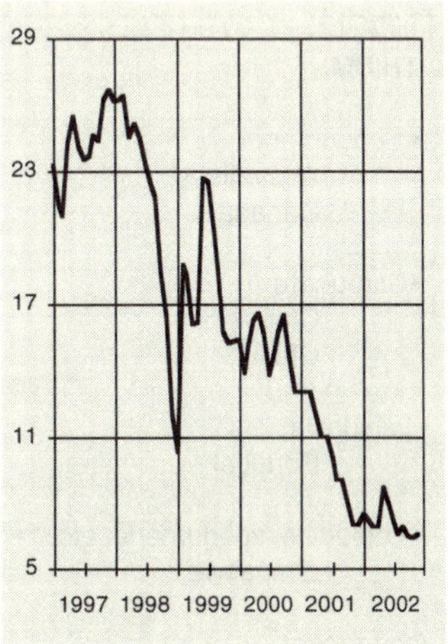

COBALT		1997	1998	1999	2000	2001
Poduction mondiale (en métal contenu)		**30 800**	**33 353**	**32 417**	**34 091**	**36 198**
dont	Zambie	6 037	7 000	7 000	7 000	7 000
	Canada	5 709	5 861	5 323	5 298	5 334
	Russie	4 000	3 700	3 800	4 500	5 000
	Bresil	1 500	2 500	2 900	4 100	4 000
	Cuba	2 769	3 132	2 996	3 427	3 910
	Nouvelle Cal.	2 964	3 036	2 803	2 620	3 473
	Congo D.R.	3 153	3 871	3 200	3 000	3 000
	Maroc	780	827	882	1 001	1 337
	Australie	1 996	2 138	1 802	1 300	1 300

(en tonnes) *(Source : Mineral Commodity Summaries)*

Prix du germanium marché libre européen
(en US $/kg)

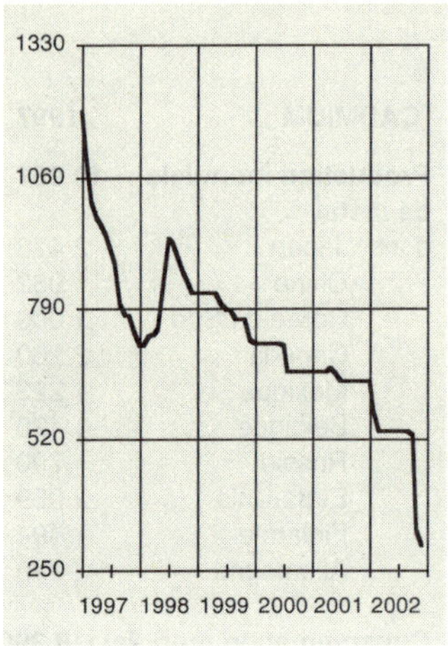

GERMANIUM	1997	1998	1999	2000	2001
Production mondiale	**63 000**	**56 000**	**58 000**	**71 000**	**68 000**
(en métal contenu)					
dont États-Unis	20 000	22 000	20 000	23 000	20 000
autres	43 000	34 000	38 000	48 000	48 000

(en tonnes) *(Source : Mineral Commodity Summaries)*

ment soutenue par l'intérêt grandissant pour les batteries rechargeables. En janvier 2003, les prix se sont raffermis, à $ 7,50-$8, car le marché attendait une pénurie de métal à court terme parallèlement à une progression de la demande. En 2002, la production mondiale s'est établie à 36 900 tonnes. La Zambie, premier producteur, a exporté 4 300 tonnes de cobalt, presque autant que le russe Norilsk Nickel, qui en a délivré 4 100 tonnes.

Mêmes perspectives dégagées pour l'**indium** et le **lithium** qui sont utilisés dans des secteurs économiques en plein essor. Ces deux métaux devraient voir leur demande en hausse dans les années à venir. Pour l'indium, employé pour les appareils d'affichage, les alliages de bas point de fusion et soudures, et les semi-conducteurs, la demande a augmenté de 15 % aux États-Unis, à 75 tonnes. Les raffineries ont produit un total de 335 tonnes, contre 345 tonnes en 2001, dont 85 tonnes en Chine, 65 tonnes en France et 60 tonnes au Japon. Les bas prix pratiqués en Chine – couplés à des augmentations de production et à une plus grande pureté du métal – ont maintenu une pression baissière sur les cours mondiaux, qui étaient néanmoins en légère hausse par rapport à 2000 et 2001.

Scénario optimiste pour le **magnésium**, dont l'industrie est en effervescence. La Chine

LITHIUM	1997	1998	1999	2000	2001
• Spodumène					
Australie	88 399	63 190	75 824	81 891	63 443
Canada	22 500	22 500	22 500	22 500	22 500
• Carbonate					
Chili	24 246	28 377	30 231	35 869	36 000
Chine	15 500	13 000	12 500	13 000	13 000
• Lépidolite					
Portugal	6 883	7 000	14 862	9 352	10 000
• Lépidolite, spodumene, etc.					
Zimbabwe	49 833	28 055	36 671	41 957	35 000

(en tonnes) *(Source : Minerals Yearbook)*

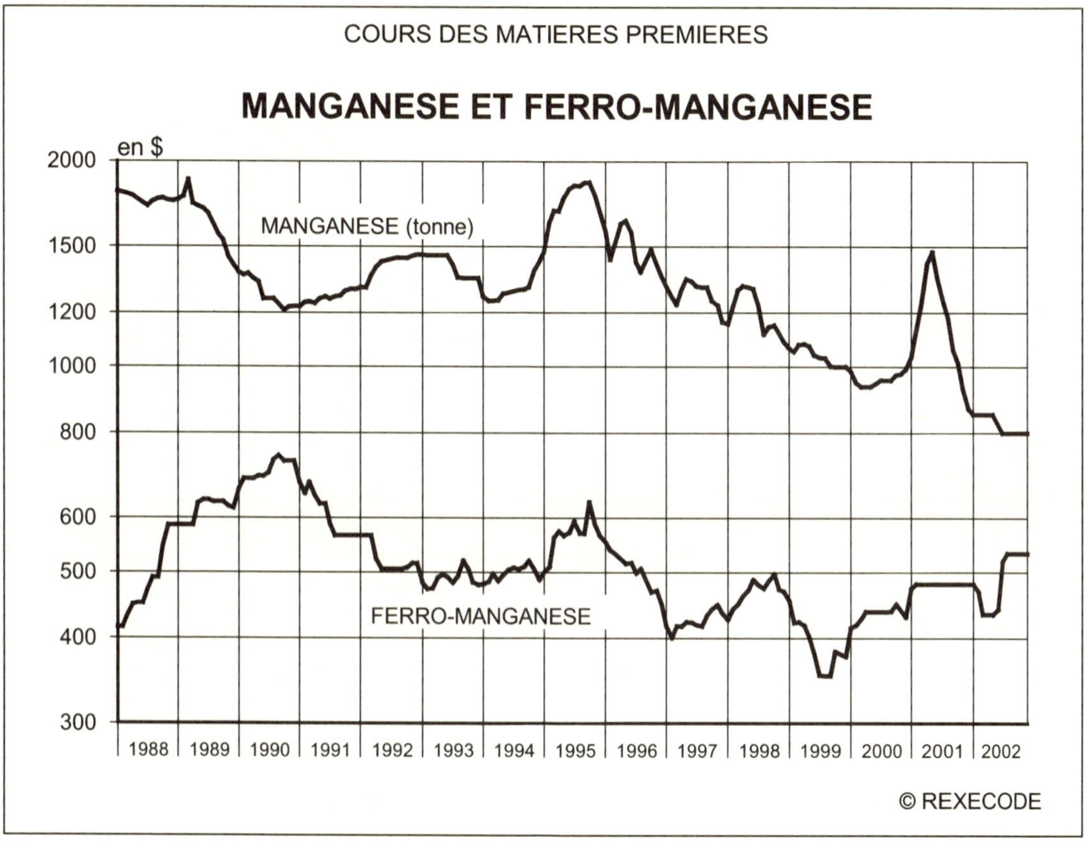

étend ses capacités à partir d'unités déjà en production et en crée de nouvelles. Cela se traduira bientôt par une addition de 60 000 tonnes à sa production annuelle. L'américain Mt Grace Resouce Ldt, devenenu New World Alloys Ltd, va entamer la construction d'une unité de magnésium en Malaisie, d'une capacité de 90 000 tonnes. Le projet devrait com-

Prix du manganèse, marché libre européen ($/tonne)

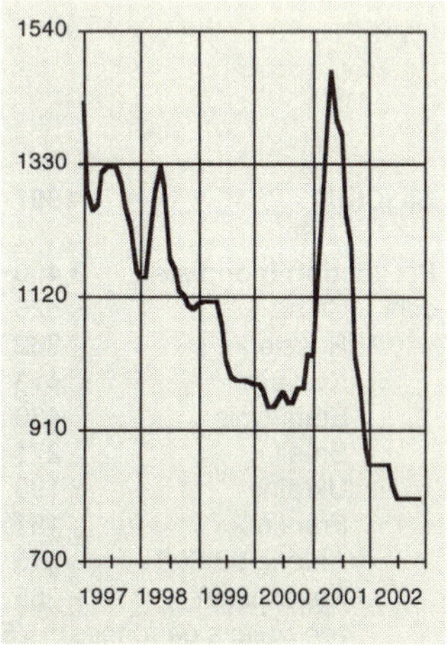

MANGANÈSE		**1997**	**1998**	**1999**	**2000**	**2001**
Production mondiale de minérai		**21 900**	**19 900**	**17 800**	**19 100**	**19 100**
dont	Afrique du Sud	3 121	3 044	3 122	3 635	3 266
	Ukraine	3 040	2 226	1 985	2 741	2 700
	Chine	6 000	5 300	3 190	2 640	2 500
	Brésil	2 124	1 940	1 656	2 192	2 200
	Australie	2 136	1 500	1 892	1 614	2 069
	Gabon	1 904	2 092	1 908	1 743	1 791
	Inde	1 596	1 557	1 500	1 550	1 600

(en milliers de tonnes) *(Source : Minerals Yearbook)*

Prix du mercure marché libre européen
(en US $/ flasque de 76 lb)

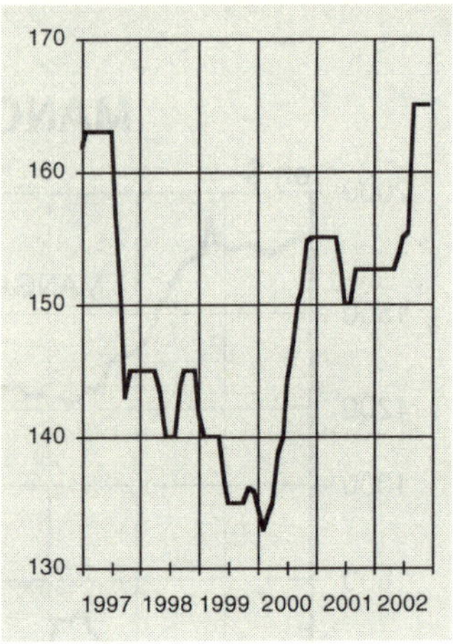

MERCURE	1997	1998	1999	2000	2001
Production mondiale de métal	**2 941**	**1 907**	**1 649**	**1 095**	**1 480**
dont Espagne	863	675	433	238	527
Algerie	490	224	240	216	320
Kirghizstan	611	629	629	260	260
Chine	835	225	196	203	200

(en tonnes) *(Source : Mineral Commodity Summaries)*

Prix du sélénium marché libre européen
(en US $/lb)

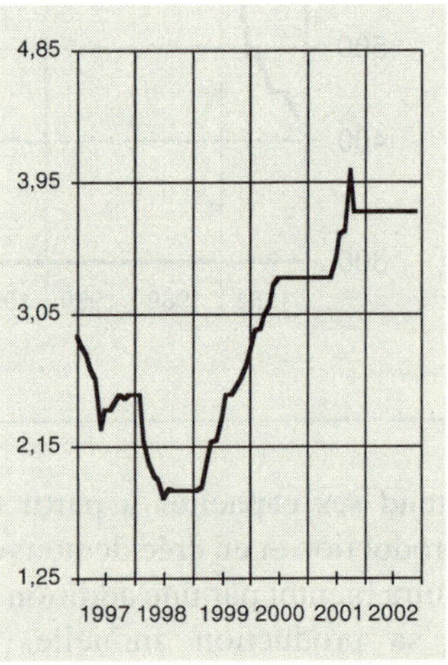

SELENIUM	1997	1998	1999	2000	2001
Production mondiale de métal	**1 460**	**1 480**	**1 410**	**1 580**	**1 460**
dont Japon	551	548	612	739	650
Canada	398	438	350	350	360
Belgique	200	200	150	200	200
Allemagne	100	100	100	100	100

(en tonnes) *(Source : Mineral Commodity Summaries)*

Prix du silicium marché libre US
(en US cents/lb)

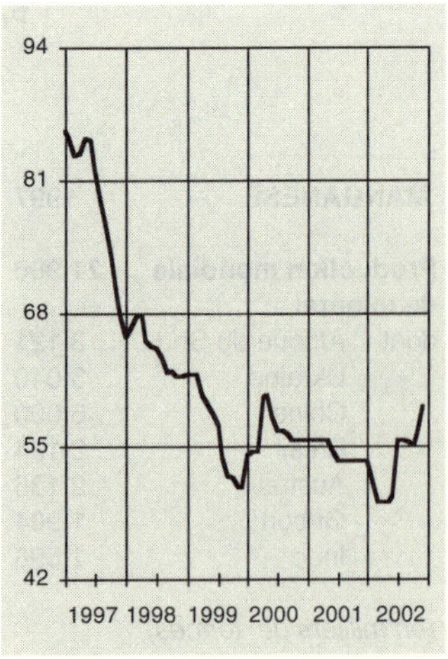

SILICIUM	1997	1998	1999	2000	2001
Production mondiale	**3 400**	**3 200**	**3 200**	**3 500**	-
dont Chine	826	715	780	910	1073
Russie	362	362	372	463	499
Norvège	413	420	395	397	391
Etats-Unis	430	429	425	367	282
Brésil	271	254	236	292	213
Ukraine	190	195	195	210	211
France	157	145	145	145	139
Afrique du Sud	115	98	99	98	110
Kazakhstan	65	81	65	78	95

(en milliers de tonnes) *(Source : Mineral Commodity Summaries)*

Prix du magnésium marché libre européen
(en US $/t)

MAGNÉSIUM	1997	1998	1999	2000	2001
Production mondiale de métal	**384 000**	**396 000**	**341 000**	**428 000**	**426 000**
dont Chine	75 990	70 500	120 000	190 000	200 000
Etats-Unis	124 800	106 100	75 000	94 000	-
Canada	57 700	77 100	73 700	85 700	83 400
Norvège	34 200	35 400	40 800	41 400	36 000
Russie	39 500	41 500	45 000	45 000	48 000
Israël	7 400	24 500	24 800	31 700	31 700
Kazakhstan	8 972	9 000	11 031	10 380	16 000
Brésil	9 000	9 000	8 000	5 700	5 500

(en tonnes) *(Source : Mineral Commodity Summaries)*

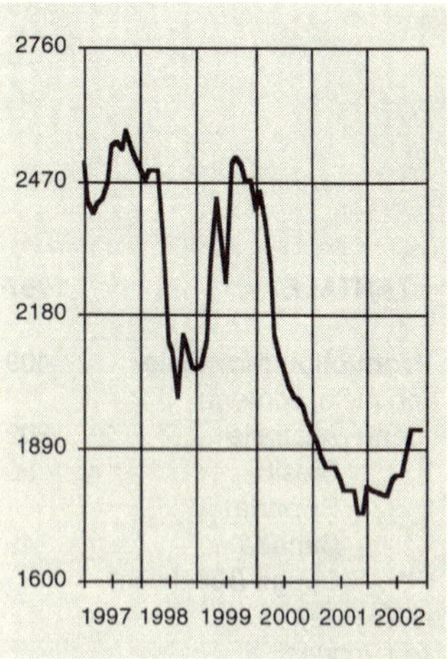

mencer prochainement et être opérationnel courant 2004. La production de magnésium de l'usine de Kalush, en Ukraine, fermée depuis 1999, a repris à la fin de l'année. Elle devrait passer de 500 tonnes en décembre 2002 à 1 000 tonnes un an plus tard. En revanche, deux usines de magnésium ont été fermées. Une en Norvège, d'une capacité de 40000 tonnes, mais qui poursuit ses activités de fonderie. L'autre en France, d'une capacité de 17000 tonnes, et qui appartenait à Pechiney. Du coup, le droit anti-dumping de 31,7 % imposé par l'Union européenne au magnésium chinois est tombé, n'ayant plus de raison d'être. Des usines de recyclage (10000 tonnes chacune) ont été ouvertes en Tchéquie et en Chine. Une troisième est en construction aux Pays-Bas et devrait être opérationnelle en octobre 2003.

Les prix du magnésium se sont redressés au deuxième semestre, à $1880-$1980 la tonne.

Le **sélénium** a traversé l'année sans trop de dommages. La consommation a globalement baissé, mais la production également, en raison d'une moindre teneur en sélénium dans les

Prix du molybdènemarché libre européen
(en US $/lb)

MOLYBDENE	1997	1998	1999	2000	2001
Production mondiale (en métal contenu)	**138 631**	**135 928**	**127 896**	**129 872**	**133 910**
dont États-Unis	60 100	53 300	42 400	41 100	38 300
Chili	21 339	25 298	27 270	29 100	35 000
Chine	33 300	30 000	29 700	28 900	28 900
Canada	8 223	8 469	5 932	7 457	8 210
Pérou	3 835	4 344	5 470	7 193	7 200
Mexique	4 842	5 949	7 961	6 886	6 900
Arménie	1 800	2 500	2 500	2 700	2 700
Russie	2 000	2 000	2 400	2 400	2 400
Iran	1 600	1 400	1 600	1 600	1 600
Mongolie	1 992	1 993	1 953	1 336	1 400

(en tonnes) *(Source : Mineral Commodity Summaries)*

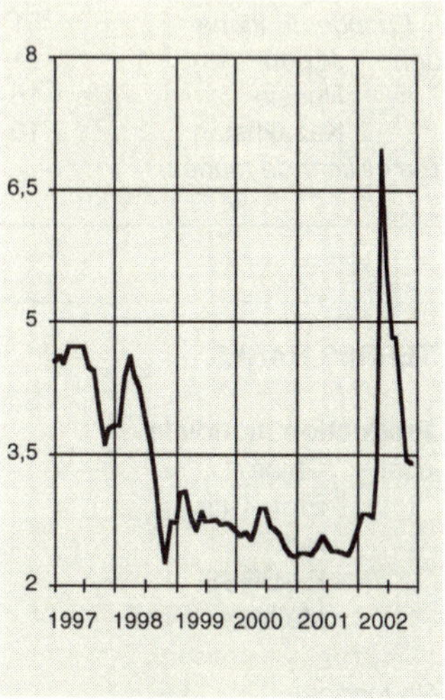

Prix du tantale marché libre européen
(en US $/lb TA2 O5)

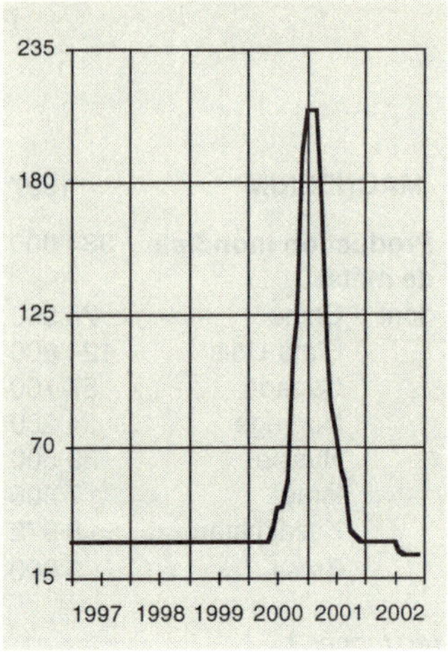

TANTALE	1997	1998	1999	2000	2001
Production mondiale (en métal contenu)	**409**	**454**	**495**	**836**	**1 300**
dont Australie	302	330	350	485	660
Bresil	50	60	90	90	-
Rwanda	-	-	-	-	95
Canada	49	61	52	57	77
Congo (Kinshasa)	-	-	-	130	60

(en tonnes) *(Source : Mineral Commodity Summaries)*

Prix de l'éponge de titane US
(en US $/lb)

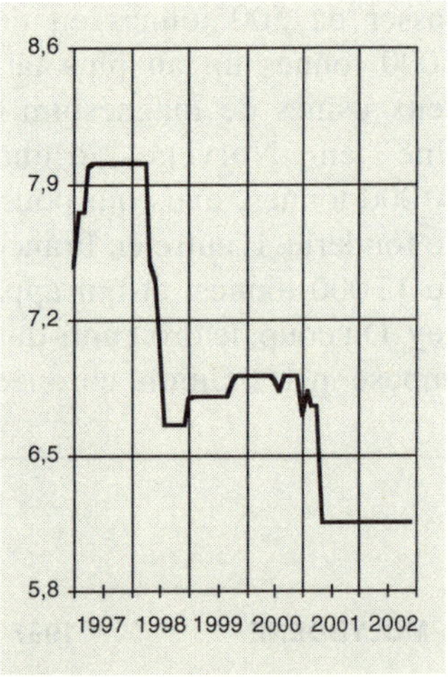

TITANE	1997	1998	1999	2000	2001
Production mondiale					
• *Ilménite*	4 070	3 860	4100	4300	4 600
Australie	2 233	1 355	1 140	1 230	1150
Afrique du Sud	842	935	932	935	960
Canada	850	768	770	760	950
• *Rutile*	427	426	370	380	410
dont Australie	235	225	180	225	220
Afrique du Sud	123	112	112	94	110
Ukraine	50	48	48	56	56
• *Eponge de titane*	51	52	50	54	71
dont Japon	21	24	19	19	25
Russie	18	22	16	28	25
Kazakhstan	10	10	9	8	14

(en milliers de tonnes) *(Source : Mineral Commodity Summaries)*

TERRES RARES	1997	1998	1999	2000	2001
Production mondiale	**68 200**	**70 200**	**80 400**	**83 300**	**83 500**
dont Chine	53 300	60 000	70 000	73 000	73 000
États-Unis	20 000	5 000	5 000	5 000	5 000
Inde	2 700	2 700	2 700	2 700	2 700
Ex-URSS	2 000	2 000	2 000	2 000	2 000
Malaisie	418	350	625	450	450

(en tonnes) *(Source : Mineral Commodity Summaries)*

Prix du tungstènemarché libre européen
(en US$tWO3)

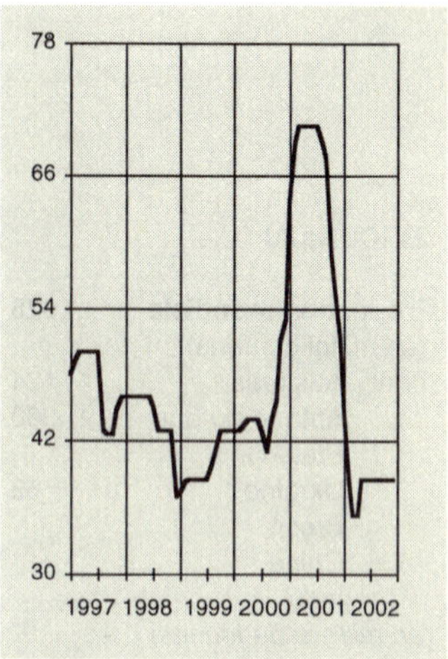

TUNGSTENE		1997	1998	1999	2000	2001
Production mondiale de minerai		**34 669**	**30 162**	**25 653**	**30 361**	**32 729**
dont	Chine	25 100	23 900	20 200	24 600	26 900
	Russie	4 500	3 000	3 000	3 000	3 000
	Ouzbekistan	1 000	1 000	1 000	1 000	1 000
	Autriche	1 348	171	169	179	180
	Portugal	1 029	821	435	735	735
	Bolivie	647	627	421	467	550

(en milliers de tonnes) *(Source : Mineral Commodity Summaries)*

minerais de cuivre, de l'utilisation de solvants pour l'extraction des minerais et de la fermeture d'opérations cuprifères. Les scientifiques voient d'un bon œil son utilisation dans la lutte contre le cancer et même dans les engrais.

La production mondiale de **silicium**, matériau de base pour les semi-conducteurs, s'est élevée à 4 100 tonnes en 2002 (3 500 tonnes en 2001), dont 1 500 tonnes ont été produites en Chine (1 073 tonnes en 2001). Aux États-Unis, on a enregistré une légère croissance de la demande, mais elle est cependant restée en deçà de la moyenne de 17 % enregistrée entre 1988 et 2001. Une pénurie d'électricité a obligé la Foreign Trade Import & Export Corp., dans la province chinoise du Guizhou, à suspendre ses exportations en janvier 2003. Elles ne devraient pas reprendre avant le mois de mai. En Chine, la demande est très forte, portée par celle de l'acier.

Chute des prix des **terres rares**, déprimés par une augmentation de capacités et une demande peu soutenue ; baisse de la consommation de **tantale**, de celle de **titane**. Des prix médiocres aussi pour le **tungstène**, dus au rétrécissement de la consommation, aux exportations frauduleuses provenant de Chine et à la hausse des inventaires des consommateurs et des négociants. Les prix sont restés

Prix du vanadium marché libre européen
(en US $/lb V2 O5)

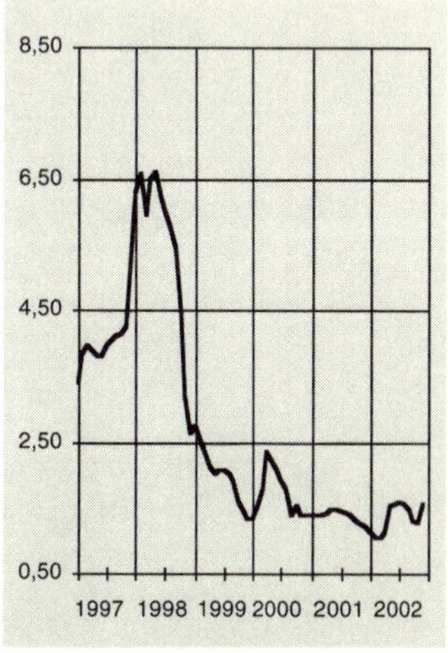

VANADIUM		1997	1998	1999	2000	2001
Production mondiale *(en métal contenu)*		**37 100**	**41 800**	**40 000**	**43 000**	**58 000**
dont	Chine	8 000	9 000	9 000	9 000	30 000
	Afrique du Sud	17 000	17 000	16 000	17 000	18 000
	Russie	11 000	14 700	14 000	16 000	9 000

(en tonnes) *(Source : Mineral Commodity Summaries)*

ZIRCONIUM		1997	1998	1999	2000
Production mondiale	**926**	**814**	**940**	**1 040**	**900**
(en métal contenu)					
dont Australie	424	404	400	400	400
Afrique du Sud	360	270	400	400	250
États-Unis	-	-	100	100	100
Ukraine	65	65	65	65	75
Brésil		17	16	19	19
Chine		15	15	15	15
Inde		19	19	19	19

(en milliers de tonnes) *(Source : Mineral Commodity Summaries)*

Prix du zirconium fob
(en A$/tonne)

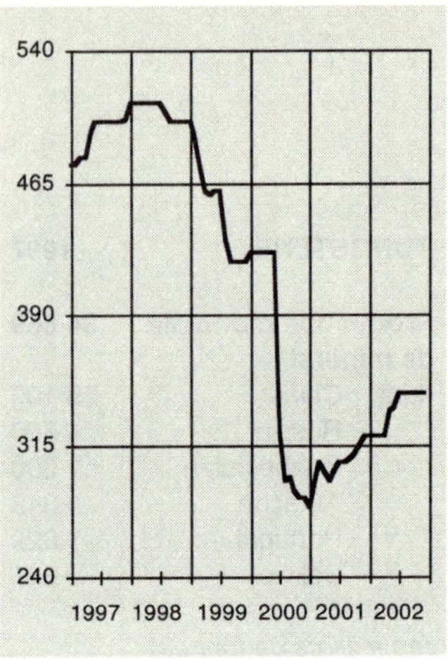

compris dans une fourchette allant de $ 23 par tonne WO3 en janvier à $ 45 en décembre. Une tendance haussière par rapport à des niveaux bas, qui devrait se poursuivre en 2003.

Quant au **zirconium**, l'offre et la demande de métal contenu ont été équilibrées tout au long de l'année et devraient le rester. À long terme, des pénuries de l'offre se feront sentir, à moins que ne soient développées de nouvelles sources de production. Les prix devraient se stabiliser autour de $ 340-$ 350 la tonne.

Métaux précieux
Argent

Année après année, le marché de l'argent évolue dans une molle léthargie et 2002 n'a pas failli à la règle, malgré un démarrage en fanfare dès les premières séances de janvier qui lui avait permis de s'inscrire à $ 4,88 l'once, soit une progression de 20 % par rapport à un point bas de $ 4,04 l'once en novembre. Mais ce plus haut de douze mois n'aurait été qu'éphémère et rapidement, le cours de l'argent a rétrocédé le terrain gagné sous la pression des investisseurs. En 2002, le cours moyen du métal blanc s'est néanmoins situé autour de $ 4,60 l'once, en légère progression de 5 % sur le cours moyen de 2001. Cette tendance ne devrait guère trouver d'éléments dans le marché qui lui permettent de s'infléchir positivement cette année. Le marché de l'argent n'a en effet que très marginalement profité de la bonne tenue du marché de l'or et de celle du platine, l'argent n'étant plus assorti des attraits d'un métal précieux et les temps anciens du « bimetallisme » étant bien oubliés.

La demande est en priorité à usage industriel et représente près de 45 % des débouchés contre 33 % pour la bijouterie et pour l'argenterie de table et 25 % pour le marché de la photographie argentique. Le ralentissement de la conjoncture s'est traduit par une baisse, en 2002, de la demande dans la fabrication de connecteurs électriques et en électronique, baisse qui s'était déjà matérialisée en 2001. De même, la consommation d'argenterie et de bijoux dans le monde a chuté de 10 %. L'Inde, qui reste un marché leader pour ce métal, a enregistré une chute de 31 % de ses importations de lingots d'argent, du fait notamment d'une demande atone, freinée par une hausse des prix en monnaie locale ainsi que par la chute des revenus des paysans due à la sécheresse. Pour la seule période de janvier à août, la chute a même atteint 57 %, soit 63 millions d'onces. La demande s'est reprise à l'automne, aidée par la chute des cours de l'argent, pour avoisiner sur les quatre derniers mois les 50 millions d'onces.

La consommation du secteur de la photographie est restée stable avec une progression de l'ordre de 1 % par rapport aux 210 millions d'onces de 2001. Néanmoins, le marché de la photographie a été affecté par le ralentissement de l'économie et par la baisse du tourisme dans le monde. En revanche, l'impact négatif du développement de la photographie

Prix de l'argent
New-York
(en US cents/once troy)

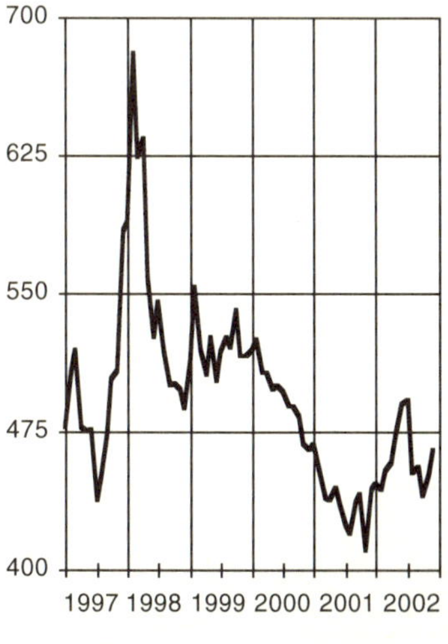

ARGENT		1997	1998	1999	2000	2001
Production minière mondiale		**15 871**	**16 507**	**16 939**	**18 090**	**18 322**
dont	Mexique	2 679	2 686	2 467	2 621	2 760
	Pérou	2 090	2 025	2 231	2 145	2 353
	Australie	1 106	1 474	1 720	2 059	1 970
	Chine	1 300	1 299	1 320	1 600	1 800
	Etats-Unis	2 182	2 065	1 951	2 260	1 740
	Chili	1 091	1 340	1 381	1 242	1 349
	Canada	1 224	1 197	1 246	1 212	1 276
	Pologne	1 084	1 144	1 160	1 164	1 231

(en tonnes métriques) *(Sources : WNMS, CNUCED)*

numérique sur la demande argentique reste encore limité.

En ce qui concerne l'offre, la production minière s'est contractée de 2 % en 2002, par rapport aux 590 millions d'onces produites en 2001, du fait de la baisse de la production provenant de mines pour lesquelles l'argent est un métal secondaire. Les ventes gouvernementales, et notamment chinoises, sont aussi en baisse de 3,3 %, selon les premiers chiffres. Elles s'étaient élevées à 85,7 millions d'onces en 2001, la Banque de Chine s'étant délestée d'environ 35 millions d'onces contre 65 millions d'onces l'année précédente.

En revanche, le recyclage a progressé de 3 % selon les premières indications, par rapport aux 184,2 millions d'onces récupérées l'année précédente. Malgré cela, l'offre totale de métal en provenance des mines et de la récupération aura été déficitaire, de l'ordre de 100 millions d'onces par rapport à la demande, sans pour autant permettre au marché de se redresser.

Or

L'or aura connu en 2002 sa plus belle année depuis 1979. Son cours a affiché une progression de 27 % et a terminé fin décembre à $ 344, alors que l'once s'échangeait à $ 279 au début janvier pour afficher un cours moyen, sur l'ensemble de l'année, de $ 310. Une série de facteurs a contribué à cette performance remarquable dans un contexte financier mondial plus que difficile et qui au demeurant n'est, bien sûr, pas étranger à cette hausse. Sans doute le contexte guerrier généré par le président américain George W. Bush, décidé à déclarer la guerre à l'Irak de Saddam Hussein, aura été le facteur déterminant de ce regain du métal jaune dont le marché languissait depuis les trois dernières années. Mais il est loin d'être le seul, les cours de l'or ayant, au fil des mois, positivement réagi à l'effondrement des marchés boursiers, à la tension et aux violences qui ont paralysé le processus de paix au Proche-Orient, aux actes de terrorisme contre l'Occident comme celui de Bali qui fit cent-vingt morts dans une boîte de nuit fréquentée par des Australiens. On peut donc constater que le métal jaune a retrouvé, en 2002, certaines de ses qualités ancestrales de valeur refuge, même si derrière ce retour de l'investisseur, la part mercantile reste déterminante par rapport à l'atout protecteur.

Mais le marché aurifère a aussi bénéficié d'une chute continue du dollar ainsi que d'un regain d'intérêt pour ce placement, de la part des fonds d'investissement, encouragé non seulement par le contexte international général, mais aussi par une politique déterminée de réduction des ventes d'or anticipées par les sociétés minières. Au regard de l'ensemble de ces facteurs positifs, il n'est pas surprenant que le métal jaune ait connu, en 2002, sa deuxième meilleure année en vingt-cinq ans, malgré une baisse de la demande d'or physique.

En effet, la consommation d'or manufacturé a chuté en 2002 de 10,6 % pour s'élever à 3 164 tonnes, les principaux pays consommateurs, en tête desquels l'Inde, réagissant par la négative à la hausse des cours du métal précieux. Pour le seul premier semestre, la demande d'or en Inde a chuté de 44 % par rapport à la période correspondante de 2001, à 246,3 tonnes. Toutefois, dans la seconde partie de l'année, on a assisté, en Inde, à une reprise de la tendance, le troisième trimestre s'étant soldé par une consommation de 116,4 tonnes

Prix de l'or, New-York
(en US $/once troy)

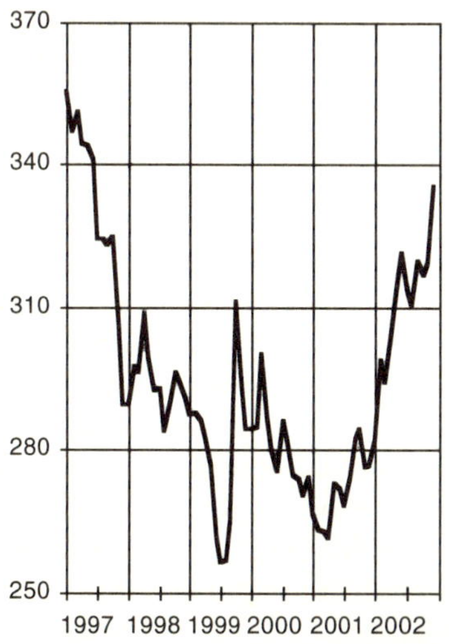

BILAN MONDIAL DE L'OR (en tonnes)

	2001 (e)	2002
Production minière	2 603	2 543
Recyclage	680	778
Ventes officielles	530	549
Offre totale	**3 813**	**3 870**
Fabrication *	3 484	3 101
Investissement mondial **	172	417
Couverture des producteurs	157	352
Demande totale	**3 813**	**3 870**

* hors monnaies
** avec monnaies et autres

(Source : Gold Fields Mineral Services)

(soit – 7 % par rapport à la même période de 2001) et le dernier trimestre enregistrant une nette progression. L'Inde demeure le premier marché mondial du métal jaune, loin devant les États-Unis dont la demande a eu tendance à stagner. Pour les trois premiers trimestres, elle s'est élevée à 248,8 tonnes contre 247 tonnes sur la période correspondante de 2001 tandis que la consommation d'or manufacturé chutait de 2,5 % sur l'ensemble de l'année 2002.

Si la hausse des cours a quelque peu dissuadé les consommateurs des pays d'Asie ou du Moyen-Orient d'acheter des bijoux, c'est le ralentissement économique dans les pays occidentaux qui explique la contraction du marché de la bijouterie qui atteint 12 % à l'échelle mondiale, à 2 704 tonnes. Dans la mesure où la consommation d'or dans les autres secteurs industriels a chuté à son plus bas niveau depuis onze ans, à l'exception de l'électronique qui a enregistré une faible hausse de 1 % sur les niveaux de demande très déprimés de 2001, le marché de l'or n'a pu s'appuyer sur la consommation pour sa dynamique. Toutefois, il devrait bénéficier d'une reprise de l'or manufacturé de l'ordre de 4 % dans la première partie de 2003, surtout si la reprise économique tant attendue se concrétise.

Par ailleurs, la nouvelle stratégie des producteurs d'or à l'égard des ventes de leurs réserves, est venue au secours du marché, notamment dans la première partie de l'année. Ceux-ci ont en effet tiré, en 2002, les conséquences négatives des ventes anticipées à grande échelle qu'ils avaient pris l'habitude de réaliser systématiquement et sur des volumes importants, depuis le milieu des années 1990. En 2002, les sociétés minières ont réduit de 352 tonnes leur couverture, ce qui a eu un effet très bénéfique sur le niveau des cours et qui a largement contribué à aider l'once à s'installer au-dessus du seuil de $ 300.

De même, l'année 2002 aura été caractérisée par un retour de la demande d'investissement or qui sur l'ensemble de l'année, a porté sur 103 tonnes nettes. Les Japonais ont, en 2002, tenté de compenser la crise bancaire qui a frappé le pays en hissant leurs investissements or à près du double de ceux qu'ils avaient été en 2001 et qui avaient porté sur 63,3 tonnes, sous forme en partie de lingots dont les achats dans le monde ont totalisé 252 tonnes. À cela s'ajoute une remontée de l'attrait pour les pièces dont la demande s'est élevée à 63 tonnes, en 2002, soit 12 % de hausse. Au total, les investissements en or physique dans le monde ont plus que doublé en 2002, par rapport à 2001, à 417 tonnes.

Parallèlement, concernant l'offre, la production minière d'or a connu sa première année de baisse depuis 1995, à 2 543 tonnes. Cette perte de 2 % par rapport à 2001 illustre le vieillissement de certains gisements, notamment en Afrique du Sud, mais aussi en Indonésie, dans la mine de Grasberg, la plus grande mine d'or du monde, ainsi qu'au Nevada. Par ailleurs, la baisse de la production de 60 tonnes résulte de la contraction des dépenses d'exploration et d'investissement qui caractérise l'industrie aurifère depuis ces dernières années. De leur côté, les banques centrales ont certes respecté l'accord de Washington qui prévoit une limitation à 2 000 tonnes d'or des ventes qu'elles auront effectuées sur la période 1999-2004. Néanmoins, les ventes nettes totales ont porté sur 549 tonnes sur l'année, soit 4 % de plus qu'un an plus tôt.

OR	1997	1998	1999	2000	2001
Production minière mondiale	**2 441**	**2 464**	**2 528**	**2 569**	**2 567**
dont Afrique du Sud	492	464	451	428	402
États-Unis	362	366	341	345	335
Australie	314	310	300	297	280
Chine	181	178	166	177	217
Canada	171	166	158	156	159
Russie	124	114	126	143	153
Pérou	79	94	128	133	138
Indonésie	90	124	127	125	130

(en tonnes) *(Sources : WNMS, CNUCED)*

Compte tenu de la nette hausse des cours, il est logique de penser que l'on va assister en 2003 à un regain de ces ventes des banques centrales qui pourraient porter sur 300 tonnes au cours du premier semestre.

Enfin, la forte hausse des cours a stimulé le marché du recyclage qui a augmenté de 14 % en 2002. Les apports d'or de deuxième main ont totalisé 778 tonnes l'an dernier, soit quelque 20 % de l'offre aurifère. La hausse a été particulièrement marquée en Arabie Saoudite et en Égypte. C'est le niveau le plus élevé depuis 1998, époque où la crise financière asiatique avait contraint nombre de détenteurs d'or sous diverses formes de le vendre.

C'est donc dans un contexte particulièrement porteur que la baisse du dollar est venue aiguillonner les cours de l'or par son effet mécanique. Lorsque le billet vert baisse, le prix du métal jaune monte du fait du mécanisme de change avec les devises nationales. Cette réalité devrait perdurer en 2003, les fondamentaux du dollar restant baissiers tandis que le métal jaune a retrouvé un cercle vertueux qui pourrait lui permettre d'afficher une progression de 8 à 10 % d'ici la fin de l'année. Déjà, au cours du seul mois de janvier 2003, le cours du métal fin s'est apprécié de 10 %. Cette évolution devrait bien sûr suivre une courbe en dents de scie en fonction de la tournure des événements géopolitiques qui marqueront l'année 2003.

Platinoïdes

Dans la famille du platine, 2002 a permis de confirmer le retour à une hiérarchie des prix logique entre les deux principaux métaux. Le platine a retrouvé son statut de métal précieux, tandis que le palladium a réagi à la crise économique internationale comme un métal industriel qu'il n'a jamais cessé d'être. Le cours du platine s'est apprécié de 26 %, affichant un prix moyen de $ 540 l'once sur les douze mois, avec un plus haut à $ 610 le 17 décembre. Ce métal avait entamé l'année 2002 à $ 481 l'once. De son côté, le palladium a rétrocédé quelque 46 % de son prix moyen à $ 337 l'once en réaction à une chute de 28 % de la demande qui s'est établie à 4,88 millions d'onces. Elle a retrouvé son niveau de 1994, le prix du palladium étant tombé de $ 440 début janvier 2002 à $ 233 à la fin de l'année. Cette chute de plus de $ 200 a pris de court les investisseurs qui n'anticipaient pas une si forte dégringolade, même si les prévisions pour ce métal n'étaient pas optimistes. La chute s'est en outre accélérée en fin d'année.

Ainsi, les équipementiers automobiles, secteur qui représente les deux tiers de la consommation de ce métal utilisé dans les pots catalytiques, se sont lassés de l'irrégularité avec laquelle la Russie, fournisseur de près de 60 % des besoins en palladium des pays occidentaux jusqu'en 2001, a géré ses exportations

Prix du platine
New-York
(en $/once troy)

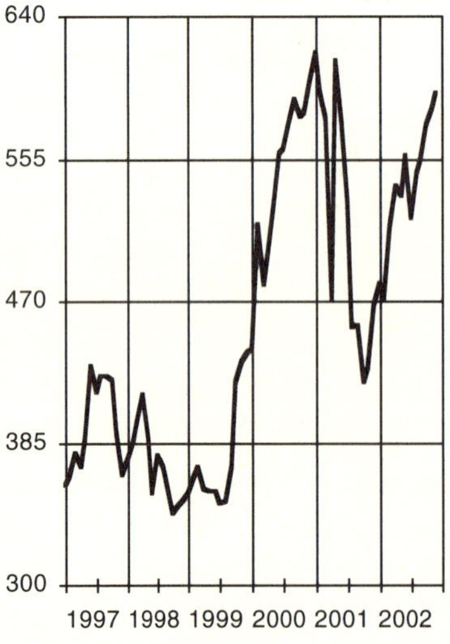

Prix du palladium
New-York
(en $/once troy)

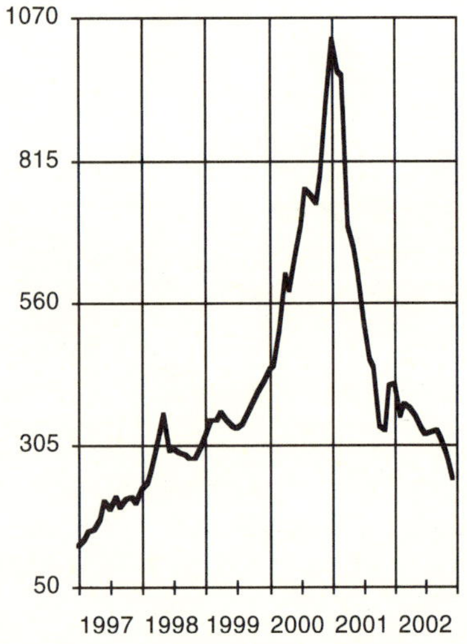

ces dernières années. À force de tenir le marché en haleine, en suspendant régulièrement ses exportations et favorisant par là même une flambée des prix qui atteignit un niveau historique et totalement artificiel à $ 1 090 en janvier 2001, Moscou a tué sa poule aux œufs... de palladium. Les industriels de l'automobile se sont retournés vers le platine et dans une moindre mesure vers le rhodium, qui possèdent en partie les mêmes propriétés de catalyse que leur métal frère. C'est à ce point vrai que selon une étude de Johnson Matthey, leader mondial du négoce de ces métaux, la consommation aux États-Unis de palladium est passée de 52 tonnes en 1997, année où 15,06 millions de voitures ont été vendues, à 109 tonnes en 1999 pour 16,78 millions de voitures vendues avant de retomber à 74 tonnes en 2001 pour 17,04 millions de voitures vendues. Les chiffres en 2002 marquent un effondrement de la consommation à 24 tonnes pour 16,72 millions de voitures vendues. La tendance illustrée par ces chiffres se retrouve à l'échelle mondiale, puisque la demande de palladium pour les pots catalytiques est tombée à 3,16 millions d'onces contre 5,090 millions d'onces en 2001.

À l'inverse, le platine qui depuis trois années, souffre d'un déficit de l'offre du fait notamment d'un engouement des Chinois pour ce métal, a bénéficié aussi d'une demande accrue des fabricants de pots catalytiques portant la croissance totale de la consommation à 2,9 %. À 6,37 millions d'onces en 2002, la demande de platine a donc connu un niveau record que la conjoncture économique mondiale ne laissait pas entrevoir. Il est par ailleurs assez surprenant de constater que la demande chinoise de platine qui se situe en 2002 à 1,5 million d'onces n'a, jusqu'au début de cette année, pas encore été découragée par la forte hausse des cours, comme elle l'est vis-à-vis de l'or dès que les cours montent trop.

Le marché du platine a été d'autant plus tendu que l'Afrique du Sud, premier producteur mondial avec 2,190 millions d'onces, n'a pas rempli ses objectifs d'augmentation de sa production. Anglo Platinum, premier producteur mondial de ce métal, a révisé à la baisse de 300 000 onces ses objectifs de production. Les négociations avec le gouvernement sud-africain autour de la nouvelle législation minière, destinée à permettre aux entreprises détenues par des Noirs de pouvoir récupérer certaines activités minières, ont ralenti le rythme des investissements annoncés en 2001. Et même si une société comme Anglo Platinum confirme sa volonté d'augmenter de 70 % à 3,6 millions d'onces sa production d'ici 2006, la courbe de progression à la fin de cette année aura déjà pris 600 000 onces de retard.

PLATINE		**1997**	**1998**	**1999**	**2000**	**2001**	**2002**
• Offre		**4 960**	**5 400**	**4 870**	**5 290**	**5 860**	**5 880**
dont	Afrique du Sud	3 700	3 680	3 900	3 800	4 100	4 440
	Russie	900	1 300	540	1 100	1 300	950
	Amérique du Nord	240	285	270	285	350	355
• Demande		**5 130**	**5 370**	**5 590**	**5 680**	**6 150**	**6 370**
dont	Europe de l'Ouest	875	910	995	1 150	1 490	1 675
	Japon	1 885	1 795	1 820	1 410	1 250	1 365
	Amérique du Nord	1 250	1 325	1 080	1 225	1 285	995
Mouvement de stocks		**-170**	**+30**	**-720**	**-3900**	**– 290**	**– 490**

(en milliers d'onces) *(Source : Jonhson Matthey)*

Cette réalité plaide en faveur d'un maintien de la hiérarchie retrouvée entre les deux métaux plus ou moins rivaux pour le reste de la décennie, ce qui amène à anticiper une poursuite de la consolidation des cours du palladium et de la hausse de ceux du platine. Il n'est pas exclu de voir l'once de palladium se négocier en 2003 en dessous de $ 200 tandis que le platine devrait se maintenir, notamment dans les premiers mois de 2003, nettement au-dessus du seuil de $ 600. En janvier, le marché a enregistré une hausse de 15 %, de l'once au fixage de Londres, le platine entamant le mois de février à $ 690 l'once. Il est en effet certain qu'outre les fondamentaux porteurs du secteur, la tension internationale qui pèse sur la planète est un facteur favorable à la bonne tenue des cours du platine. Et si les producteurs sud-africains ne peuvent parvenir à leurs objectifs comme on l'a vu plus haut, le marché du platine devrait connaître un nouveau déficit de l'ordre de 300 000 onces alors qu'il s'est établi autour de 400 000 onces en 2002. La demande devrait en effet atteindre un nouveau record à 7,2 millions d'onces pour une offre autour de 6,9 millions d'onces. Ce déséquilibre pourrait se maintenir dans les années à venir. Toutefois, tiraillés entre la hausse des prix et ce déficit du marché du platine, les industriels de l'automobile pourraient se tourner à nouveau vers le palladium au fur et à mesure que le marché de l'automobile va reprendre de la hauteur. Et ce, d'autant que les législations limitant les émissions de CO2 vont se renforcer. Mais l'autre possibilité à laquelle de nombreux ingénieurs travaillent est le remplacement, au moins partiel, des métaux de la famille du platine par d'autres métaux moins onéreux. Parallèlement, les travaux en faveur des piles à combustible constituées à base de platine, dont le développement a été vivement encouragé par le président américain George Bush lors de son discours sur l'état de l'Union fin janvier, soutiennent le marché de ce métal qui pourrait trouver dans cette application de vastes débouchés.

Les trois autres métaux de la même famille que sont le rhodium, l'iridium et le ruthenium ont aussi marqué le pas en 2002. Le rhodium qui avait entamé l'année 2002 à $ 1 075 est parvenu à se maintenir dans la première partie de l'année grâce à un ralentissement des ventes de métal russe. Toutefois, la contraction de la consommation pendant l'été s'est traduite par une baisse régulière des cours qui ont terminé 2002 en dessous de $ 500. De même, le ruthénium s'est effondré à $ 40, soit une baisse de l'ordre de 50 % sur l'année, tandis que l'iridium, qui avait entamé l'année à $ 220, tentait de se maintenir autour de $ 110 l'once sous la pression d'une hausse de la production d'Afrique du Sud dans un contexte de demande léthargique.

PALLADIUM		**1997**	**1998**	**1999**	**2000**	**2001**	**2002**
• Offre		**7 250**	**8 400**	**8 060**	**7 800**	**7 320**	**4 910**
dont	Afrique du Sud	1 810	1 820	1 870	1 860	2 010	2 190
	Russie	4 800	5 800	5 400	5 200	4 340	1 600
	Amérique du Nord	545	660	630	635	850	970
• Demande		**7 580**	**8 600**	**9 370**	**8 960**	**6 730**	**4 880**
dont	Europe de l'Ouest	1 840	1 985	2 095	2 410	2 000	1 640
	Japon	2 350	2 215	2 205	2 105	1 330	1 300
	Amérique du Nord	2 675	3 690	4 255	3 445	2 570	970
Mouvement de stocks		**-330**	**-200**	**– 1310**	**– 1160**	**+ 590**	**30**

(en milliers d'onces) *(Source : Johnson Matthey)*

RHODIUM		1997	1998	1999	2000	2001	2002
• Offre		**636**	**530**	**501**	**767**	**604**	**581**
dont	Afrique du Sud	377	400	410	457	452	483
	Russie	240	110	65	290	125	65
	Amérique du Nord	16	16	18	17	23	26
• Demande		**467**	**507**	**528**	**812**	**574**	**568**
dont	Europe de l'Ouest	165	175	178	199	202	205
	Japon	70	75	84	153	104	142
	Amérique du Nord	137	177	167	332	133	83
Mouvement de stocks		**+ 169**	**+ 23**	**– 27**	**– 45**	**+ 30**	**+ 13**

(en milliers d'onces) *(Source : Johnson Matthey)*

Prix du rhodium marché libre européen
(en $/once troy)

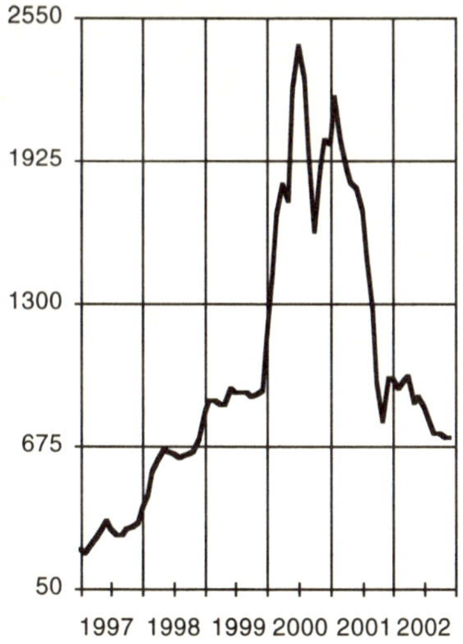

LES MARCHÉS

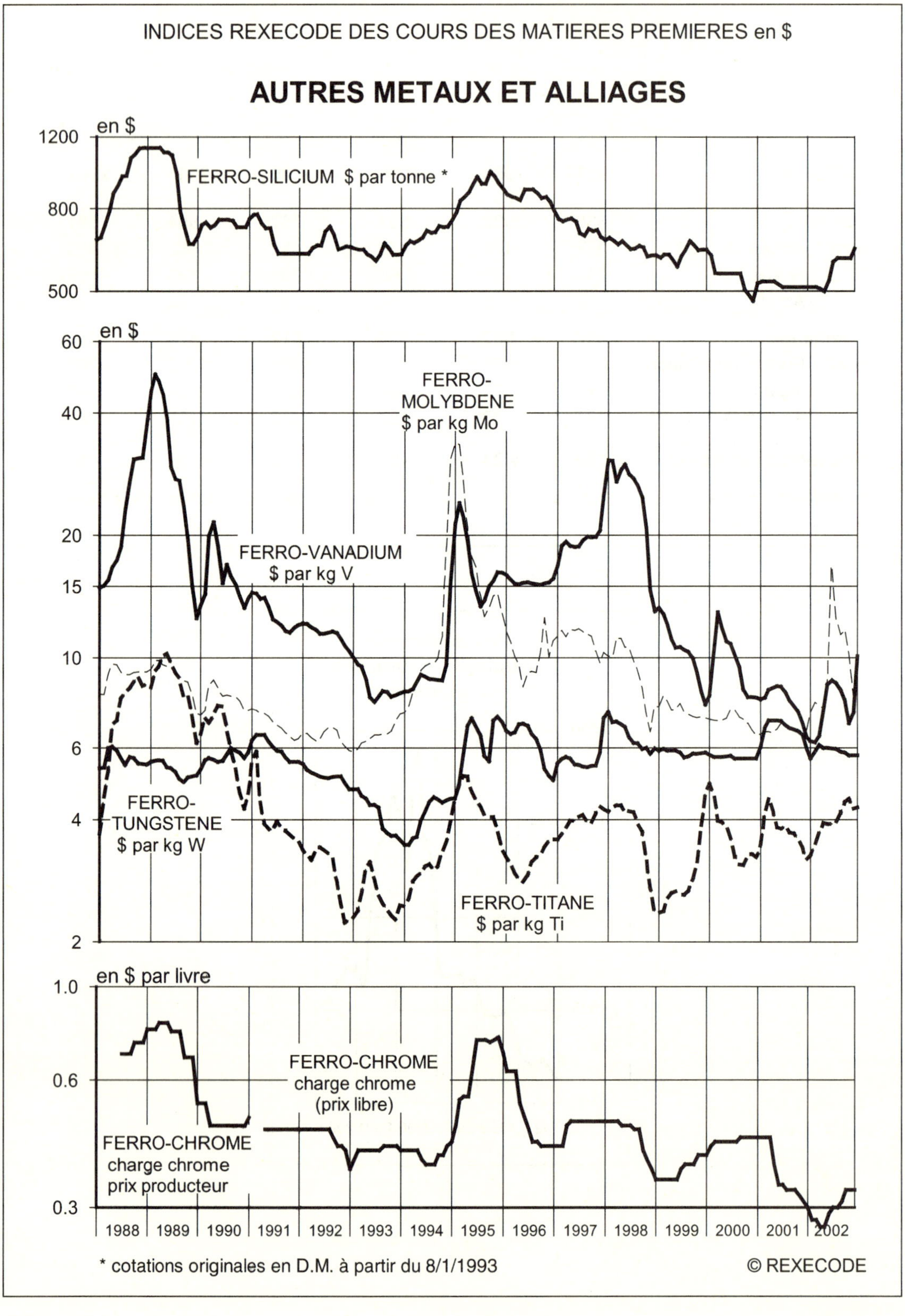
INDICES REXECODE DES COURS DES MATIERES PREMIERES en $
AUTRES METAUX ET ALLIAGES
en $
1200
800
500
FERRO-SILICIUM $ par tonne *
en $
60
40
20
15
10
6
4
2
FERRO-MOLYBDENE $ par kg Mo
FERRO-VANADIUM $ par kg V
FERRO-TUNGSTENE $ par kg W
FERRO-TITANE $ par kg Ti
en $ par livre
1.0
0.6
0.3
FERRO-CHROME charge chrome (prix libre)
FERRO-CHROME charge chrome prix producteur
1988 1989 1990 1991 1992 1993 1994 1995 1996 1997 1998 1999 2000 2001 2002
* cotations originales en D.M. à partir du 8/1/1993
© REXECODE

Diamants

Malgré les incertitudes géopolitiques, l'effondrement des marchés boursiers et la stagnation de l'économie occidentale et notamment américaine, le marché du diamant est parvenu, en 2002, à faire bonne figure, après une année 2001 marquée par un déstockage des pierres chez les détaillants. Cette tendance s'est inversée, en 2002, les orfèvres en bijoux ayant reconstitué leurs inventaires, ce qui a permis de réaliser des ventes de diamants bruts à un bon niveau. Selon la Diamond Trading Company (DTC), les ventes effectuées par le bras marchand du sud africain De Beers, le géant du secteur qui représente environ 60 % du marché mondial, les ventes de diamants bruts se sont élevées à $ 5,15 milliards. Elles étaient en hausse de 15,7 % sur celles de 2001. Cette reprise de la demande a permis à De Beers de réduire de près d'un milliard de dollars, le volume de ses stocks. Toutefois, l'évolution des ventes sur l'année a été inégale, la première partie s'étant révélée plus active et prometteuse que la seconde moitié de 2002. La confiance des consommateurs s'est effritée, notamment aux États-Unis, premier marché mondial du diamant, et la tension croissante au Moyen-Orient a détourné la clientèle de ce type d'achat. Le second semestre s'est donc révélé assez décevant, sans pour autant remettre en cause une hausse de la demande chez les bijoutiers joailliers de 3 % sur l'ensemble de l'année par rapport à 2001. Pendant la période clé de la fête de Thanksgiving et de Noël, les ventes aux États-Unis ont été particulièrement dynamiques, malgré la stagnation de l'économie américaine, grâce, notamment, à une campagne publicitaire d'envergure. En fin d'année, la demande au Moyen-Orient s'est aussi reprise, comme en Inde et en Chine. En revanche, les marchés européens ont été atones, reflet du ralentissement économique qui les a frappés, tandis que celui du Japon poursuivait son déclin.

2003 devrait s'affirmer comme une année charnière. L'industrie du diamant, mais aussi les sociétés minières qui exploitent des mines de diamants et les diamantaires qui les travaillent, vont devoir relever le défi de la modernisation de leur secteur dans laquelle ils se sont engagés.

Progressivement, le monde du diamant, très attaché à la tradition, a non seulement pris

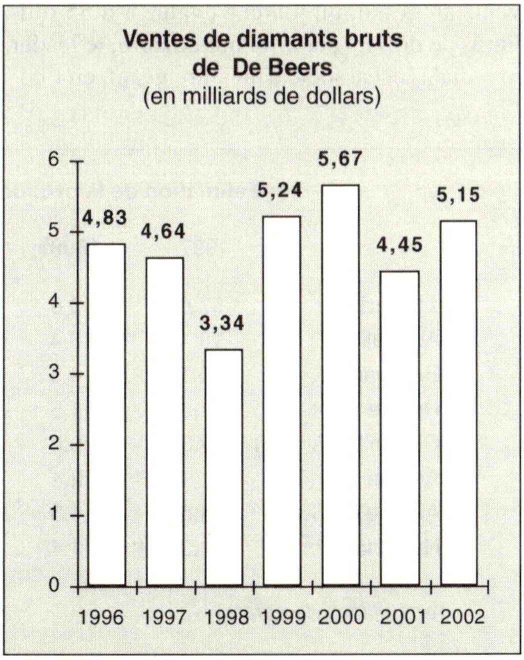

conscience ces dernières années de l'impérieuse nécessité de faire évoluer son secteur, mais il a aussi admis que des changements de fond étaient inéluctables. En 2002, des esquisses d'évolution ont été étudiées, débattues, notamment à l'occasion d'une grande conférence internationale du diamant à Anvers, en novembre. Un travail de modernisation rendu indispensable par l'évolution générale du monde et le changement d'approche des différents pays producteurs de diamant qui veulent avoir un contrôle accru sur la commercialisation de leurs pierres. Cette évolution est facilitée par la modification profonde de la stratégie de De Beers qui est désormais une compagnie privée, contrôlée par la famille fondatrice Oppenheimer et le conglomérat minier Anglo American. De Beers, malgré une contraction de son emprise sur l'ensemble des diamants extraits dans le monde, reste le leader incontesté du secteur d'autant que cet effritement sur le marché du diamant brut s'accompagne d'une présence croissante dans l'industrie en aval. Après s'être satisfait pendant soixante-dix ans de monopoliser les deux tiers du marché mondial du produit brut, estimé à $ 7,8 milliards, le groupe sud-africain a décidé de s'installer sur le marché de la vente au détail, un marché évalué à $ 55 milliards de dollars par an. Pour ce faire, le leader mondial s'est associé à un autre géant, en l'occurrence le groupe français LVMH, numéro un mondial du luxe. Cette association de deux groupes complémentaires a reçu l'aval, en 2002, de la Commission européenne, ce qui leur a permis de mettre sur pied une société indépendante, à 50-50, De Beers LV dont la mission est de commercialiser des pierres travaillées sous ce label.

Ainsi, De Beers a changé son orientation commerciale pour privilégier une stratégie axée sur le marketing et non plus sur l'offre. Un plan qui repose sur trois éléments clés : la création de marques, le renforcement de la position de fournisseur privilégié de l'industrie diamantaire, la promotion de la demande.

De Beers a en effet découvert, à l'aube du XXIe siècle, qu'elle disposait avec son nom, synonyme de richesse, de luxe, d'élitisme, d'un capital de grande valeur. Elle entend donc désormais le monnayer, avec le partenariat de LVMH dont l'expérience du commerce de détail et la gestion des marques de luxe lui fait défaut.

Cette stratégie devrait influencer fondamentalement l'évolution du marché des pierres éternelles dans la mesure où elle pourrait, à terme, inspirer d'autres producteurs. Déjà, le russe Alrosa par exemple, a pris pied en Angola et développe son industrie de taille tout en ouvrant des bureaux de représentation sur les principaux marchés diamantaires. Les

Estimation de la production mondiale de diamants

	1997	1998	1999	2000	2001	2002 (e)
Total Monde	**57,6**	**60,8**	**59,2**	**62,6**	**68,5**	**68,0**
Australie	18,1	18,4	13,4	12,0	10,7	12,0
Botswana	15,1	14,8	15,6	19,7	20,1	20,1
Russie	1,2	11,5	11,5	11,6	11,6	11,9
Congo (Kinshasa)	3,3	5,0	4,1	3,5	9,1	7,0
Angola	1,1	2,4	3,7	5,4	4,6	4,7
Afrique du Sud	4,5	4,3	4,0	4,3	4,4	4,2
Namibie	1,3	1,4	1,5	1,5	1,4	1,6

(en millions de carats) *(Source: Mineral Commodity Summaries)*

grands groupes miniers sont aussi des acteurs de plus en plus actifs dans le secteur du diamant grâce à une production en hausse, notamment au Canada. Le groupe britannique, Rio Tinto, qui a doublé sa production en 2002 en prenant le contrôle de l'Australien Ashton Mining, ou l'Australien BHP dont la mine d'Ekati monte en puissance, se montre de plus en plus désireux de bénéficier d'une partie de la valeur ajoutée en aval. En outre, Rio Tinto a entamé l'exploitation, début 2003, de sa mine de Diavik au Canada, qui est présentée comme le nouvel Eldorado du diamant.

Autre changement, l'évolution des relations entre De Beers et ses acheteurs de diamants bruts dans un souci de répondre mieux que par le passé à leurs besoins et de les encourager à recourir à la publicité et au marketing.

De Beers est confiante dans le fait que cette nouvelle stratégie devrait favoriser le développement du marché du diamant dans le monde. Une enveloppe de $180 millions a d'ailleurs été budgétée par la Diamond Trading Company pour financer une grande campagne de publicité dans dix-huit pays dont la France afin de promouvoir la marque « forevermark » qui est une garantie de l'intégrité des pierres. Ce label est en effet accordé aux diamants dont on connaît l'origine et qui ne sont pas des diamants vendus en contrebande pour financer des conflits. Ces « diamants de guerre » sont désormais bannis du commerce officiel, une cinquantaine de pays ayant ratifié, en 2002, l'accord de Kimberley dont l'objectif est d'éradiquer du commerce les diamants de contrebande.

Le petit monde très fermé du diamant est donc en train de s'ouvrir progressivement, ou en tout cas d'essayer d'injecter un peu plus de transparence dans ses pratiques, tout en préservant une partie de son mystère, garant de son aura.

– VI –

Énergie *

- La consommation mondiale d'énergie en 2002-2003
- Pétrole
- Raffinage
- Gaz naturel
- Charbon
- Énergie nucléaire
- Électricité

Consommation d'énergie primaire dans le monde 2001

	Combustibles solides		Pétrole et prod. prod. pétrol.		Gaz naturel		Elect. & Chaleur primaire		Total	
	Mtep	%	*Mtep*	%	*Mtep*	%	*Mtep*	%	*Mtep*	%
Amérique du Nord	554,7	24	969,9	28	579,2	28	291,0	30	2 394,8	27
Europe	235,2	10	655,8	19	363,9	17	296,6	31	1 551,5	17
Asie-Pacifique	144,8	6	299,0	9	91,6	4	102,6	11	638,0	7
Europe de l'Est et ex.URSS	297,6	13	248,8	7	535,1	25	100,8	10	1 182,3	13
Amérique latine	28,8	1	309,8	9	120,6	6	61,7	6	520,9	6
Asie en développement	981,1	42	666,6	19	180,2	9	97,4	10	1 925,3	22
Afrique	88,7	4	111,1	3	56,1	3	9,6	1	265,5	3
Moyen-Orient	9,1	0	212,3	6	172,8	8	1,9	0	396,1	4
Total	**2 340,0**	**100**	**3 473,3**	**100**	**2 099,5**	**100**	**961,6**	**100**	**8 874,4**	**100**
% par rapport au total mondial		**26**		**39**		**24**		**11**		**100**

Source : Enerdata

La consommation mondiale d'énergie en 2002-2003

Le suivi des consommations pétrolières par l'Agence Internationale de l'Énergie le laissait prévoir dès janvier 2002. Les statistiques de toutes les consommations commerciales d'énergie, désormais disponibles, le confirment : la croissance mondiale est retombée en 2001 au niveau d'étiage de 1998. Du taux déjà peu élevé de 1,4 % en 2000, elle a chuté à 0,4 % et tiré encore un peu plus vers le bas un trend de 1 % par an sur la période 1996-2001 et une consommation mondiale par tête qui a diminué de 1,46 à 1,45 tep (tonne équivalent pétrole). Dans quelles régions du monde et sur quels marchés se sont manifestées les évolutions qui ont bridé la croissance de la consommation des sources commerciales d'énergie ?

La consommation d'énergie a diminué dans les pays de l'OCDE...

Pour la première fois depuis les chocs pétroliers, la consommation de sources primaires des pays membres de l'OCDE a diminué de 0,6 %, moins du fait de l'Europe occidentale que de l'Amérique du Nord et de l'Australasie.

Compensée jusqu'en 2000 par la croissance des consommations en Australie et en Nouvelle Zélande, la stagnation du Japon ne l'a plus été en 2001. Dans l'ensemble de la région, la croissance de la consommation d'électricité n'a pas dépassé 1,1 % (0,9 % en Australie) tandis que celle de produits pétroliers est devenue négative à – 1,7 % (– 2,2 % au Japon). Seuls gagnants, le charbon (3,4 %) qui s'est substitué à du fuel-oil dans l'industrie et le gaz naturel (4,4 %) qui a poursuivi sa pénétration dans la production électrique, au Japon sur GNL importé, et plus encore en Australie (6,4 %) où l'extraction de ce combustible a continué à croître. Derrière cette évolution des consommations, la récession économique du Japon qui s'est accentuée en 2001 (– 0,7 %) et la croissance modérée des autres pays de la région, mais certainement aussi les effets de la bonne compétitivité du charbon vapeur dont les prix se sont effondrés et d'une amélioration de celle du gaz naturel par rapport au pétrole.

La croissance négative (– 2 %) de la consommation d'énergie en Amérique du Nord a eu une influence plus décisive sur les résultats de l'OCDE, compte tenu du poids (47 %) qui est le sien dans cet ensemble. Au Canada, la consommation avait déjà régressé en 1991 et 1998 avant le – 2,5 % de 2001, aux États-Unis jamais durant cette même période, ce qui a rendu encore plus spectaculaire la chute à – 1,9 %. Comme dans tous l'hémisphère Nord, un hiver plus chaud de 6 % que celui de 2000 et de 8 % que la normale a limité les besoins de chauffage, mais c'est évidemment l'effondrement de la croissance du PIB, de 4,2 à 0,3 %, qui a joué le rôle déterminant. Toutes les sources d'énergie en ont pâti : produits pétroliers (– 0,4 %), gaz naturel (– 3,4 %), charbon (– 1,4 %) et électricité (– 0,7 %).

Surprise en Europe occidentale : la croissance des consommations 2001 (1,1 %) a peu différé de celle de 2000 (1,0 %), mais cette moyenne recouvre une extrême diversité de situation, de – 8,8 % en Turquie à 3,4 % en

Grèce, 5,7 % en Suisse, 6,3 % au Luxembourg ou 6,5 % en Irlande. À mi-chemin, les grands pays européens, plutôt vers le haut comme l'Espagne (3,2 %) ou le bas comme l'Allemagne (1,5 %), le Royaume-Uni (1,4 %), la France (1 %) ou l'Italie (0,1 %). Dans chaque cas, facteurs climatique et économique s'entremêlent.

Bien que le climat de toute l'Europe en 2001 ait été en moyenne de 10 % plus chaud que la normale, il a différé d'un pays à l'autre par rapport à celui de l'année 2000. De 10 % plus froid dans tous les pays septentrionaux, il a vraisemblablement contribué aux croissances des consommations de pays comme la Suède (5,5 %), la Finlande (3,8 %), les Pays Bas (2,6 %) ou même l'Allemagne dont la consommation d'énergie a crû de 1,5 %, ce qui n'est pas considérable mais représente un saut par rapport au – 0,7 % de l'année précédente. Le climat a cependant aussi été de 5 % plus chaud dans des pays comme l'Espagne, le Portugal et l'Irlande dont les croissances des consommations ont battu des records, ce qui limite la portée de l'explication ou l'inverse, pour certains d'entre eux, si l'élévation des températures moyennes signifie un développement de la climatisation dans les régions où les besoins de chauffage sont limités. La forte croissance des consommations d'électricité en Espagne (5,4 %) en serait-elle un indice ?

Dès lors qu'elle est plus tirée par la demande du résidentiel-tertiaire ou du transport de personnes que par celle de l'industrie ou du transport de marchandise, la consommation d'énergie perd une partie de sa sensibilité aux variations de l'activité économique. C'est bien, semble-t-il, ce qui s'est passé en Europe occidentale en 2001 avec des taux de croissance des consommations d'énergie plus élevés que ceux de 2000 dans de très nombreux pays alors même que ceux de l'activité économique y était divisés par deux, trois, quatre ou plus encore. Seules exceptions, la Turquie où les deux taux s'effondrent de concert; la Belgique, le Danemark, l'Espagne, la Grèce et l'Italie où l'un et l'autre baissent, mais de façon moins prononcée pour la consommation d'énergie que pour le PIB.

Ces tendances se traduisent sur les marchés des diverses sources d'énergie. Au niveau de la demande finale, la consommation d'électricité croît en moyenne de 2 %, plus rapidement au Sud qu'au Nord de l'Europe, tandis que celle de produits pétroliers ne dépasse pas 1 %. Au niveau des sources primaires, le gaz naturel s'en tire le mieux avec une croissance de 2,2 %, loin devant le pétrole (– 0,1 %) et le charbon (– 0,9 %).

2001	Consommation d'énergie *	PIB *
États-Unis	– 1,9	0,3
Canada	– 2,5	1,5
Japon	0,1	– 0,3
Australie	– 0,3	
Allemagne	1,5	0,6
Espagne	3,2	2,7
France	1,0	1,8
Italie	0,1	1,8
Royaume-Uni	1,4	2,0

* *en %*

...tandis qu'elle a stagné dans les économies en transition...

Peu élevée en 2000 (1,1 %), la croissance de la consommation de sources commerciales a encore légèrement baissé (0,9 %) en 2001 dans les anciennes économies socialistes d'Europe. L'ensemble est cependant très hétérogène. D'un côté, des pays comme la Hongrie, la République tchèque et la Slovaquie où des croissances de consommation de 3,2 % à 5,5 % ont accompagné des croissances du PIB de 3 à 4 %, les premières profitant surtout au gaz naturel en Hongrie (12 %) et au charbon en Slovaquie (7,6 %) ou en Roumanie (13,2 %).

De l'autre des tassements de croissance des consommations comme en Russie (0,6 %), en Pologne (– 0,7 %) ou en Ukraine (– 1,0 %). Hors ce dernier pays où le PIB aurait crû de 9,1 % en 2001, si les données publiées sont correctes, le ralentissement de l'activité économique explique une partie des tassements puisqu'entre 2000 et 2001, les taux de croissance des PIB sont passés de 8,3 à 5,0 % en Russie et de 4,0 à 1,0 % en Pologne. Une autre partie est vraisemblablement due à des progrès de productivité qui élèvent l'efficacité des transformations et des utilisations des sources d'énergie. Issus des réorganisations industrielles entamées dans tous ces pays, ces progrès sont aussi favorisés par la substitution du gaz naturel au charbon, comme on l'observe en Pologne.

2001	Consommation d'énergie *	PIB *
Russie	0,6	5,0
Ukraine	– 1,0	9,1
Hongrie	3,9	3,8
Pologne	– 0,7	1,0
Roumanie	1,5	
Rep. Tchèque	5,5	3,3
Slovaquie	3,2	3,3

* *en %*

...et progressé dans certains pays en développement

Le contraste a rarement été aussi marqué entre diverses régions du monde et parfois même entre pays d'une même région.

En forte croissance, les consommations d'énergie des pays producteurs de pétrole d'Asie et d'Afrique se sont échelonnées de 16,5 % au Nigeria à 3,4 % en Iran et Irak, en passant par 9,8 % au Koweït et 5,7 % en Arabie Saoudite. Paradoxalement, les produits pétroliers ont moins profité de ce dynamisme que le gaz naturel et même le charbon : sur l'ensemble du Moyen-Orient, la consommation des premiers a crû de 3,1 % contre 7,5 % et 10,6 % pour les deux autres qui ont alimenté une croissance de 5,3 % de la production d'électricité. Ces bons scores ont résulté d'une activité économique soutenue par l'élévation des prix du pétrole, mais ils ont largement dépassé les taux de croissance des PIB : ceux du Nigeria et du Koweït, par exemple, dont on a souligné plus haut les taux de croissance de la consommation d'énergie exceptionnellement hauts, n'auraient pas dépassé 2,8 et – 1 % ! Statistiques trompeuses ou gaspillage effréné d'énergie ? Il serait intéressant de pouvoir le vérifier. Ces remarques valent aussi pour certains pays d'Asie, tels la Thaïlande, la Malaisie et Taïwan, dont les taux élevés de croissance des consommations d'énergie, entre 5,6 et 6,8 %, ne renvoient qu'à des taux de croissance économique médiocres ou négatifs, de 1,8 à – 2,2 %.

À l'inverse, les trois plus gros consommateurs d'énergie asiatiques (Chine, Inde et Corée du Sud) n'ont accru leur consommation d'énergie que de 1 % chacun pour des croissances de PIB comprises entre 3 et 7 % en 2001. La Chine est certes engagée depuis plusieurs années dans de très sérieuses rationalisations de son industrie et de ses transports qui ont déjà abaissé l'intensité énergétique de son PIB à des rythmes peu communs. A-t-elle poursuivi sur cette lancée en 2001 et suscité une émulation chez ses voisins ou devons-nous reconsidérer toutes les données énergétiques et économiques de ces pays ?

2001	Consommation d'énergie *	PIB *
Argentine	– 4,5	– 4,4
Mexique	– 2,7	– 0,3
Brésil	0,1	1,5
Venezuela	1,2	2,8
Inde	1,1	
Indonésie	5,3	3,3
Chine	1,0	7,3
Thaïlande	5,6	1,8
Arabie Saoudite	5,7	1,2
Afrique du Sud	0,0	2,2

* *en %*

Reste le sous-continent latino-américain dont la consommation d'énergie a baissé en 2001 dans les mêmes proportions que celles

LES MARCHÉS

de l'OCDE. Principalement en cause l'Argentine (– 4,5 %) dont le PIB s'est effondré (– 4,4 %), mais aussi le Mexique (– 2,7 %) où il a reculé de – 0,3 % après une année 2000 faste (6,9 %). Face à eux, la stagnation des consommations brésiliennes (0,1 %) et la croissance soutenue des consommations colombiennes pour des taux de croissance du PIB identiques dans les deux pays.

Un prolongement des tendances 2001 en 2002 ?

Les seules données disponibles, relatives à la consommation de pétrole brut, vont dans ce sens. Déjà très plate en 2001 avec une croissance de 0,4 %, la demande mondiale de ce combustible a encore faibli en 2002. Après avoir été négative durant les deux premiers trimestres (– 0,8 et – 0,1 %), elle est redevenue positive au cours du troisième (0,6 %), mais il faudra une reprise de 1 à 1,5 % au cours du quatrième pour qu'elle atteigne 0,2 % sur toute l'année. Seuls l'ex-URSS (2,8 %), la Chine (2,2 %) et le Moyen-Orient (2,5 %) ont résisté au marasme du marché pétrolier et compensé le recul de l'Amérique latine (– 2,6 %) et de l'ensemble des pays développés (– 0,3 %). En cause parmi ces derniers, le Japon dont la demande a continué de régresser et frôle les – 2 % en 2002 ; l'Europe occidentale qui a renoué avec une croissance négative (– 0,4 %) comme en 2000 ; l'Amérique du Nord qui a stagné à 0,3 %. La demande des autres sources primaires (charbon, gaz naturel, électricité hydraulique et nucléaire) a-t-elle retrouvé une croissance plus soutenue ? Aucun indice ne permet de l'affirmer.

Globalement, un découplage évident

Qu'apporte l'observation des résultats 2001, et sans doute 2002, à la connaissance des grandes tendances de la consommation mondiale d'énergie ? Une croissance annuelle de 0,4 % qui rejoint celle des années de crise et une trajectoire qui, au cours des cinq dernières années, n'a pas dépassé 1 % par an incitent plus que jamais à reposer la question des relations entre croissances énergétique et économique. Globalement, la seconde ayant atteint 2,7 % en moyenne sur la période, le découplage semble évident. Il se traduit, entre autres, par une diminution de l'intensité énergétique de 0,279 à 0,256 kep/$95, soit une tendance de – 1,7 % par an. Ces intensités moyennes et leur tendance varient évidemment d'une région du monde à l'autre :

	1996	2001	Trend
Europe Ouest	0,159	0,146	– 1,7
Europe Est	1,493	1,224	– 3,9
Amérique du Nord	0,281	0,245	– 2,8
Amérique latine	0,264	0,264	0
Moyen Orient	0,727	0,789	1,6
Afrique	0,461	0,449	– 0,6
Asie en développement	0,723	0,628	– 2,8
dont Chine	1,176	0,834	– 2,9

* *en %*

Sous réserve de la qualité des données, notamment pour des pays comme la Chine dont le poids énergétique et économique ne cesse de grandir, les résultats ci-dessus soulignent et l'ampleur des différences d'intensité entre régions et leur forte décroissance aussi bien dans les économies industrialisées que dans celles en transition et en émergence. Échappent cependant à cette tendance les économies latino-américaines et africaines, surtout lorsqu'elles sont productrices d'hydrocarbures. Autour de ces grandes trajectoires, les variations annuelles sont plus complexes car baisse ou hausse des taux de croissance du PIB ne sont pas symétriques. Dans les pays industrialisés notamment des effets de cliquet sont manifestes : une réduction de croissance de l'activité économique ne s'accompagne pas d'une réduction proportionnelle de la consommation d'énergie car besoins de confort et de mobilité évoluent de façon plus autonome.

Pétrole

Une année en creux, où les aléas politiques l'emportent sur les fondamentaux de l'économie

L'année 2002 se présente rétrospectivement comme une sorte d'année « en creux », entre le séisme du 11 septembre 2001 et les préparatifs de guerre pour 2003 ; entre une demande stabilisée par la conjoncture déprimée et des interrogations ou des spéculations sur l'offre dans le futur proche. La tendance globale à la hausse des prix à partir d'avril, avec une certaine volatilité, traduit les inquiétudes et les incertitudes engendrées par la situation politique internationale, et non par un excédent de demandes sur l'offre. On a une situation en trompe-l'œil, où les tendances et les comportements sont déformés et où les marchés connaissent des distorsions qui ne relèvent pas ou peu de la logique économique. Des variations délibérées de la production de l'Opep, en hausse ou en baisse, pour freiner l'ascension des prix ou pour les faire remonter, paraissent donc peu efficaces et en tout cas, non déterminantes. On craint à la fois une escalade des prix de nature spéculative qui aggraverait la détérioration d'une conjoncture internationale déjà très médiocre, et un effondrement rappelant la situation de 1998, catastrophique pour les exportateurs.

Les perspectives que semblait ouvrir la réunion de Riad en septembre 2001 pour une amélioration des relations entre producteurs (en fait, les pays de l'Opep) et les consommateurs (en fait, les pays industrialisés gros importateurs), n'ont guère fait de progrès lors d'une réunion analogue en septembre 2002 à Osaka. Les États-Unis et l'AIE réaffirment que le marché doit fixer les prix et que le niveau actuel est trop élevé de manière artificielle. Japonais et Européens, du côté consommateurs, membres de l'OPEP, et Russes du côté des exportateurs, se déclarent, avec des nuances, d'accord pour une fourchette entre $ 22 et $ 28, mais aucune procédure crédible n'est mise en œuvre ou même envisagée pour parvenir à la stabilité des prix. Il existe des désaccords entre pays de l'OPEP sur les quotas et entre membres de l'AIE sur le niveau souhaitable des stocks.

PRODUCTION MONDIALE D'ÉNERGIE 2001

Pétrole brut

Pays	**Millions de tonnes**	**% du total**
Arabie Saoud.	425,2	11,9
États-Unis	352,1	9,8
Russie	348,1	9,7
Venezuela	182,9	5,1
Iran	181	5,0
Total 5 pays	**1 489,3**	**41,5**
Mexique	178,5	5,0
Chine	164,8	4,6
Norvège	161,5	4,5
Canada	126,6	3,5
Royaume-Uni	117,9	3,3
Irak	117,2	3,3
Nigeria	114,2	3,2
Koweït	99,4	2,8
Total monde	**3 585,2**	**100,0**
dont OPEP	1 473,9	41,1

(Source : Enerdata)

Les comportements et les politiques des acteurs majeurs du marché ne révèlent pas de rupture notable avec les tendances des périodes précédentes, mais on voit se confirmer certaines évolutions et se dessiner les prémisses de ce qui pourrait aboutir dans un futur proche à des changements significatifs. La Russie impose avec une détermination renforcée sa volonté de devenir une puissance pétrolière majeure, associant une politique de rapprochement avec les Américains dans la lutte contre le terrorisme, à la promotion de ses intérêts spécifiques d'exportateur de pétrole et de gaz naturel. Les États-Unis posent les jalons d'une réduction de leur dépendance pétrolière à l'égard du Moyen-Orient en général, et du Royaume d'Arabie Saoudite en particulier. Les compagnies majors se satisfont des prix élevés et étendent leurs activités dans de nouveaux domaines. Les décisions de réduction ou d'augmentation de production des dix de l'Opep (l'Irak étant en dehors du champ des décisions de l'organisation), traduisent le souci de paraître assurer une certaine régulation des prix, mais en fait, elles ont rarement un rôle effectif face aux influences des évolutions économiques et politiques qui lui échappent.

Les prix élevés ($ 32 à 34 par baril) de fin d'année, qui se maintiennent au début de 2003, alors que les prévisions de croissance mondiale sont sans cesse révisées à la baisse et ne dépassent guère 2,5 %, traduisent bien le désarroi de tous les acteurs qui souhaitent assurer une certaine maîtrise de prix et sont désarmés face à l'influence incontrôlable des troubles politiques du Venezuela et des menaces de guerre en Irak.

Le marché et les prix : la revanche du politique sur les fondamentaux du marché

En 2002, la conjoncture économique et des fondamentaux du marché pousse à la baisse des prix, alors que les évolutions politiques entretiennent les spéculations haussières. La demande de pétrole estimée par l'Agence Internationale de l'Énergie a augmenté de 0,4 % en 2002 (environ 300000 b/j), hausse très faible, mais comparable à celle de 0,3 % enregistrée en 2001. L'augmentation s'est produite au quatrième trimestre 2002 du fait de la conjonction fortuite d'incidents nucléaires au Japon, d'une vague de froid aux États-Unis et d'une hausse du prix du gaz naturel dans ce

Prix du pétrole sur le marché spot

(en US $/baril fob)

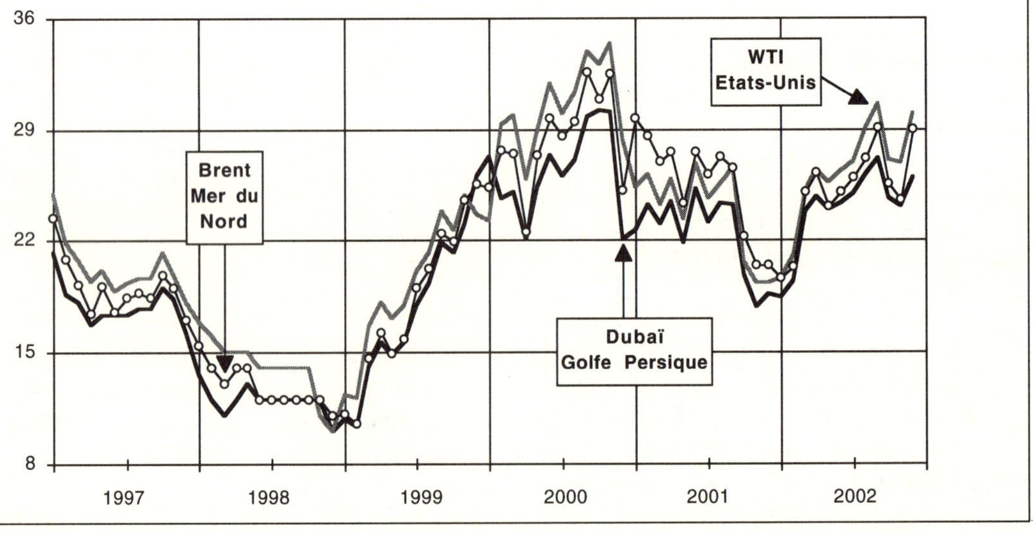

OFFRE ET DEMANDE DE PÉTROLE *(en millions de b/j)*	1999	2000	2001	2002	2003 (p)
DEMANDE MONDIALE	**75,4**	**76,2**	**76,5**	**76,9**	**77,9**
Amérique du Nord	23,8	24,0	23,9	23,9	24,3
Europe	15,2	15,1	15,3	15,2	15,3
Pacifique	8,7	8,6	8,6	8,5	8,6
• Total OCDE	**47,7**	**47,7**	**47,7**	**47,6**	**48,2**
Ex-URSS	3,6	3,6	3,7	3,8	3,8
Europe	0,7	0,7	0,7	0,7	0,7
Chine	4,5	4,8	4,9	5,2	5,2
Reste Asie	7,2	7,3	7,34	7,5	7,6
Amérique Latine	4,9	4,9	4,8	4,7	4,7
Moyen Orient	4,5	4,7	4,8	5,0	5,1
Afrique	2,4	2,4	2,5	2,5	2,5
• Total non OCDE	**27,8**	**28,5**	**28,8**	**29,2**	**29,7**
OFFRE MONDIALE	**74,3**	**76,7**	**76,8**	**76,6**	-
Amérique du Nord	14,0	14,3	14,4	14,6	14,9
Europe	6,8	6,8	6,7	6,6	6,6
Pacifique	0,7	0,9	0,8	0,8	0,8
• Total OCDE	**21,4**	**21,9**	**21,8**	**21,9**	**22,3**
Ex-URSS	7,5	7,9	8,6	9,4	10,1
Europe	0,2	0,2	0,2	0,2	0,2
Chine	3,2	3,2	3,3	3,4	3,4
Reste Asie	2,3	2,3	2,4	2,4	2,4
Amérique Latine	3,8	3,8	3,8	3,9	4,0
Moyen-Orient	2,1	2,1	2,1	2,1	2,0
Afrique	2,8	2,8	2,8	3,0	3,1
• Total non OPEP (y compris OCDE)	**44,9**	**46,0**	**46,7**	**48,0**	**49,4**
• Total OPEP	**29,4**	**30,7**	**30,1**	**28,5**	-
- dont production de brut	26,5	27,8	27,0	25,1	-
• Variations des stocks	**– 1,2**	**0,5**	**0,3**	**– 0,3**	-

(Source : AIE)

pays. Il ne s'agit donc pas d'une tendance de fond. L'essentiel de l'accroissement concerne la Chine, l'Amérique du Nord et le Moyen-Orient, alors qu'il y a baisse en Europe, au Japon et en Amérique latine. Il est intéressant d'observer que de 1998 à 2002, le PIB mondial a cru de 3,3 % par an (fortes augmentations de 1998 à 2000) et la demande de pétrole de 0,8 % par an, soit un ratio marginal demande pétrolière/PIB de 0,25, alors que de 1995 à 1997, à une croissance annuelle du PIB de 3,9 % correspondait une hausse de la demande de pétrole de 2,4 % par an : ratio de 0,60. Si elle est confirmée, cette tendance au découplage entre croissance et demande de pétrole est à prendre en considération dans les perspectives de production et les politiques de prix des exportateurs de l'Opep, au moins à moyen terme.

Les efforts de prospection et les évolutions des techniques permettent un taux satisfaisant de renouvellement des réserves par les compagnies. Pour la première fois, les énormes réserves de « pétrole non conventionnel » du

Canada (sables bitumineux de l'Alberta) ont été intégrées dans les réserves prouvées mondiales par une revue spécialisée : elles accroissent de près de 175 milliards de barils récupérables par des techniques actuellement opérationnelles le volume des réserves, soit une hausse de 17,5 % sur les estimations très généralement retenues jusqu'ici et une baisse de plus de 10 points du pourcentage de la part des réserves mondiales de l'Opep en pétrole brut et en condensat (67,5 % au lieu de 79,4 %). Si la banalisation du « pétrole non-conventionnel », malgré son coût et surtout les effets nocifs sur l'environnement de son exploitation, peut prêter à contestation, cette approche est intéressante et révélatrice d'une volonté des compagnies et de certains pays consommateurs d'accroître leurs ressources propres, de réduire la prépondérance des membres de l'OPEP (en fait du Moyen-Orient) et de renforcer leurs positions dans les discussions sur l'ouverture de l'amont pétrolier saoudien.

L'offre potentielle a tendance à dépasser la demande sur l'ensemble de l'année, les membres de l'Opep possédant une capacité disponible assez importante et contenant difficilement leur désir d'augmenter leurs revenus bridés par des quotas de ce fait de moins en moins respectés, alors que le renouvellement satisfaisant des réserves et les prix élevés encouragent la production hors Opep. Cette dernière a augmenté, en effet, sensiblement de plus de 800 000 b/j, soit deux fois l'accroissement de la demande ; les parts de marché des non-Opep s'accroissent à 63 %, au détriment de celles de l'Opep. Les accroissements de production concernent surtout la Russie, d'autres membres de l'ex URSS, le Canada, le Brésil, le Mexique, l'Angola, le Qatar. On voit se former une sorte de groupe informel, dénommé par certains analystes « les Cinq non Opep », composé de la Russie, du Mexique, de la Norvège, de l'Angola, et du Qatar qui cumulent en 2002 une production de plus de 15 mb/j et sont des interlocuteurs nécessaires de l'Opep pour toute décision de contrôle effectif de la production. Le Canada, étroitement intégré dans le marché américain des hydrocarbures, reste en dehors. Les États-Unis et la Mer du Nord connaissent la stabilité, avec une baisse en début d'année et une hausse à la fin. Au second trimestre 2002, alors que les prix augmentent de près de 30 % entre mars et mai, l'offre mondiale de brut est estimée à 75,7 mb/j et la demande à 75,4 mb/j : le « recours au brut Opep », selon la terminologie de l'Agence Internationale de l'Énergie étant de 23,9 mb/j, en baisse de 1,6 mb/j sur le premier semestre. En novembre, la production mondiale a atteint son niveau historiquement le plus élevé, avec 79,4 mb/j, soit 2 mb/j de plus qu'en novembre 2001. En octobre, l'offre (78,9 mb/j) avait dépassé de presque 3,5 mb/j la demande (75,5 mb/j).

Les prix et leurs variations au cours de 2002 reflètent donc davantage les influences de l'environnement international que les fondamentaux de l'économie. Si le dernier jour de 2002, le baril est 60 % au-dessus de son prix du premier jour (plus de $ 31 contre à peine $ 20), sur la majorité de l'année, on est resté dans la fourchette des $ 22/28 considérée comme acceptable par la plupart des acteurs du marché pétrolier. Pour l'ensemble de l'année, la moyenne hebdomadaire des prix est de $ 24,81 par baril pour le « Brent daté » et $ 24,17 par baril pour le panier Opep. Le prix de ce dernier reste très supérieur aux $ 17,47 de 1999 et légèrement au-dessus des $ 23,12 de 2001, mais sensiblement en dessous des $ 27,60 de l'année record 2000 (qui, il n'est pas inutile de rappeler ce paradoxe apparent, a été aussi une année record pour la croissance mondiale). En moyenne trimestrielle, le prix du baril est inférieur à $ 20 au premier trimestre : en janvier 2002, le Brent est en dessous de $ 20, il n'atteint $ 21 que dans la première semaine de mars, mais entre le 8 mars et le 5 avril, il passe de $ 22 à $ 27,30. Au deuxième trimestre, le prix atteint $ 24 et il dépasse $ 26 au troisième (avec des pointes à $ 29/30 entre la mi-août et la fin octobre) et au quatrième trimestre. En fin d'année, le marché est de manière croissante, pris entre d'un côté les implications « bearish », c'est-à-dire pessimistes, d'un excès de production de l'Opep estimé à 2,7 mb/j en octobre, et de l'autre les inquiétudes concernant la faiblesse de la croissance de la demande due à la mauvaise conjoncture mondiale et la tension due à la probabilité d'une attaque contre l'Irak.

Une flambée des cours (plus de $ 32 le baril) se produit dans les derniers jours de décembre ; elle se prolonge en janvier 2003 et est provoquée par les spéculations engendrées par la situation au Venezuela qui interrompt les livraisons de ce grand exportateur et les perspectives de plus en plus menaçantes de guerre en Irak. Les experts évoquent l'existence d'une prime de guerre de l'ordre de $ 5 comme explication essentielle du maintien de prix élevés malgré la conjoncture économique mondiale médiocre, avec une croissance proche de zéro en fin d'année. Par comparaison avec 2001, la politique (nationale et internationale) devient le paramètre déterminant plutôt que les fondamentaux de l'économie internationale qui justifieraient des prix assez bas.

L'Opep : les bienfaits des crises politiques pour les membres d'une institution sans capacité d'action

La question récurrente pour l'Opep du choix entre le maintien de ses parts de marché et le soutien d'un niveau de prix suffisant pour satisfaire des besoins financiers élevés chez la plupart des membres, s'est toujours posée avec acuité en 2002. Le choix a été rendu plus difficile que dans le passé du fait que la Russie se pose de plus en plus comme un puissant acteur apte à jouer les passagers clandestins, profitant des « sacrifices » de réductions de production de l'Opep pour obtenir des prix élevés, mais augmentant sa production, de connivence dans certains cas avec le « partenaire » américain. Elle rejoint ainsi et même dépasse les grands exportateurs comme la Norvège et le Mexique dont le concours, ou tout au moins la compréhension, est requis pour le succès de toute action régulatrice de l'Opep.

Malgré la faiblesse de la conjoncture mondiale, la stagnation de la demande et le dépassement des quotas, les prix ont augmenté dans la seconde partie de l'année. Cette situation n'est pas imputable à l'application par l'Opep d'une politique sérieuse de maîtrise de la production, mais à la crise irakienne, à laquelle s'ajoute en fin d'année la crise au Venezuela. Les quotas Opep fixés (à la baisse) au début janvier 2002 (qui réduisaient notamment de plus de 8 mb/j à 7 mb/j la production allouée à l'Arabie Saoudite), sont restés inchangés jusqu'au 16 décembre. Ils sont de moins en moins respectés et en décembre, pour réduire la production effective et la rapprocher des quotas officiels (qui sont dépassés de 2,7 mb/j), les quotas sont paradoxalement relevés de 1 mb/j et la production réduite de 1,5 mb/j, avec effet au 1er janvier 2003. Cette logique ambiguë reflète un brouillage de situations interdépendantes. La préparation de la guerre contre l'Irak entraîne une « prime de guerre » sur le prix du pétrole de l'ordre de $ 5, soit 15 à 20 % du prix. Cette prime peut permettre d'expliquer le maintien de prix élevés malgré une « triche » massive et une offre excédentaire. Les livraisons irakiennes ne sont toujours pas comptées dans les quotas et en cas de règlement rapide de la crise, la relance de la production irakienne aurait des effets dépressifs sur le marché. Le paradoxe de

Évolution du prix du panier OPEP
1998-2002 *($/b)*

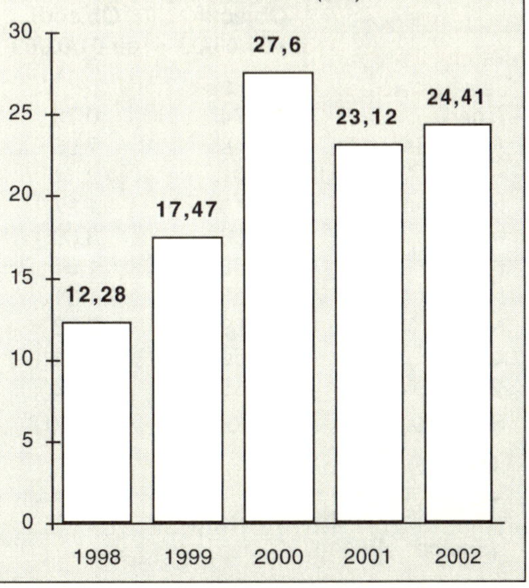

Prix du panier OPEP 2000-2002 - *($/b)*

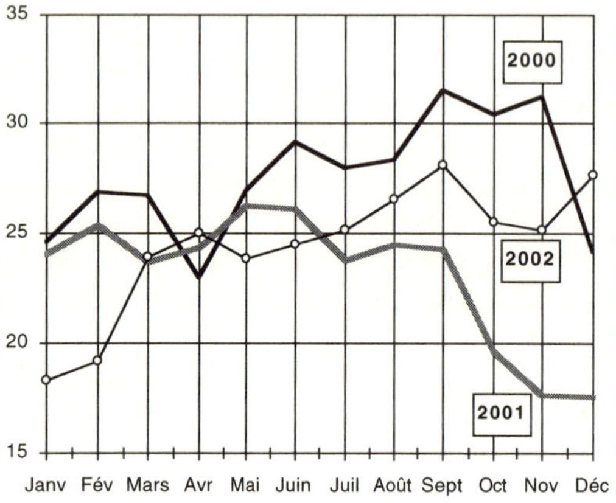

l'augmentation des quotas pour faire baisser l'offre n'est pas un bon indicateur de crédibilité concernant les réactions de l'Organisation. La crise vénézuélienne contribue évidemment à la hausse spéculative des prix en fin d'année, mais renforce encore l'impression de déficit de fiabilité que donnent les pays membres de l'Opep et est un facteur d'incertitude supplémentaire sur les comportements à venir. On dénonce « l'opacité de l'Opep ». En fait, la débâcle vénézuélienne, qui interrompt pratiquement toutes les exportations du pays, soit plus de 2 mb/j, semble avoir sauvé l'Opep d'un surplus massif au quatrième trimestre.

La question de la répartition des quotas de production fait l'objet de débats depuis la mise en place de ce système au début des années 1980. La mise à l'écart de l'Irak a pour un temps réduit l'intensité du problème, mais dès que la demande stagne et que la production hors Opep augmente du fait de niveaux de prix élevés, elle se pose à nouveau. Actuellement, seule l'Arabie Saoudite (qui a été particulièrement avantagée par le retrait irakien) semble respecter son allocation parmi les pays qui disposent de capacités de production excédentaires. Les tensions viennent surtout de l'Algérie, du Nigeria, du Qatar et du Venezuela. Ces pays estiment que leurs quotas ne correspondent plus à leur capacité effective de production et veulent des modifications en leur faveur. Le Venezuela, malgré l'adoption d'une position « dure » du président Chavez qui a été décisive dans le retournement des prix à la hausse en 1999, cherche à augmenter sa production et à valoriser ses gisements de

OPEP : Production de pétrole brute

	Objectif au 01/01/03	Objectif au 01/02/03	Déc. 2002	Capacité de production	Capacité excédentaire par rapport à déc. 2002
Algérie	0,74	0,78	0,98	1,10	0,13
Arabie Saoudite	7,48	7,96	8,02	9,50	1,48
Émirats Arabes Unis	2,01	2,14	2,01	2,50	0,49
Indonésie	1,19	1,27	1,12	1,18	0,06
Iran	3,38	3,60	3,60	3,90	0,30
Koweït	1,85	1,97	1,91	2,15	0,24
Libye	1,23	1,31	1,34	1,45	0,11
Nigeria	1,89	2,02	2,04	2,25	0,21
Qatar	0,60	0,64	0,72	0,75	0,03
Venezuela	2,65	2,82	0,71	2,35	1,64
Sous-total	23,00	24,50	22,44	27,13	4,69
Irak			2,32	2,80	0,48
Total			**24,75**	**29,93**	**5,17**

(Source : AIE) *(en millions de barils/jours)*

OPEP : Capacités, production effective et quotas

	2002 Décembre	2002 Année	Capacité Janv. 03	Quotas 1er fév. 03	Production Janv. 03 (estimations)	Capacité disponible
Algérie	1 000	900	1 200	782	1 100	100
Arabie Saoudite	8 000	7 650	10 500	7 963	8 500	2 000
Émirats Arabes Unis	2 050	1 980	2 400	2 138	2 100	300
Indonésie	1 100	1 100	1 200	1 270	1 100	100
Iran	3 650	3 430	3 800	3 597	3 600	200
Irak	2 300	2 000	2 800	n.a*	2 400	400
Koweït	1 900	1 880	2 200	1 966	2 100	100
Libye	1 350	1 330	1 400	1 312	1 350	50
Nigeria	2 100	1 960	2 300	2 018	2 100	200
Qatar	720	670	780	635	750	30
Venezuela	750	2 290	2 400	2 819	500	1 900
Total	**24 920**	**25 190**	**30 980**	**24 500**	**25 600**	**5 380**

* L'Irak n'a pas de quota de production

Source : Petrostratégies, sauf quotas *(en millions de barils/jours)*

pétrole lourd. La crise de fin 2002 qui oppose notamment Chavez aux responsables de la compagnie nationale PVN, est sans doute pour partie due à des divergences sur cette question. L'Algérie, qui a choisi une politique pétrolière et gazière très pragmatique, a un quota de 741 000 b/j, alors qu'elle pourrait soutenir une production de 1,1 mb/j et ambitionne 1,7 mb/j en 2005.

Il est donc extrêmement difficile pour l'Opep d'appliquer ses décisions et d'éviter le syndrome du passager clandestin qui affecte

OPEP : Revenus d'exportation du pétrole

	milliards de $			milliards de $ constants (2000)			
	2002	2003		1972	1980	1986	2003
	$	$	%	$	$	$	$
Algérie	11,8	13,1	11,0	5,5	27,5	7,2	12,3
Arabie Saoudite	52,6	53,8	2,0	19,3	223,2	31,2	50,4
Émirats Arabes Unis	17,3	17,7	2,0	4,3	40,3	10,5	16,5
Indonésie	2,7	2,4	-13,0	3,7	31,8	7,7	2,2
Iran	18,0	18,7	4,0	17,1	28,0	9,1	17,5
Irak	12,3	15,5	26,0	6,0	57,8	10,6	14,6
Koweït	11,5	11,8	3,0	11,5	40,1	10,0	11,1
Libye	11,0	11,4	4,0	12,2	47,6	7,4	10,7
Nigeria	17,2	18,0	5,0	8,7	51,0	10,2	16,9
Qatar	6,7	7,1	6,0	1,8	11,4	2,3	6,6
Venezuela	18,5	21,9	18,0	12,7	38,9	11,1	20,5
Total	**179,6**	**191,4**	**7,0**	**102,8**	**597,6**	**117,3**	**179,3**

(Source : AIE) *(en millions de barils/jours)*

toute pratique de cartel. Au premier semestre 2003, la reprise de la demande devrait être très limitée : seulement 0,8 % de plus que la demande de la même période en 2002 (600 000 b/j). La production non-Opep qui a augmenté de 1,6 mb/j au dernier trimestre 2002 pourrait encore s'accroître de 600 000 b/j, dans les trois premiers mois de 2003, et même si pour des motifs techniques une réduction équivalente devrait être enregistrée au second trimestre, la demande globale adressée à l'Opep ne dépasserait pas 22,6 mb/j. Si l'Irak est de retour sur le marché, la demande pour les dix autres membres serait de 20,5 b/j, nettement moins que le quota de 23 mb/j décidé le 16 décembre. Au vu cependant de la persistance au début de 2003 de prix entre $ 32 et $ 34, l'Organisation affirme qu'elle est attachée à la stabilité du marché et est prête à prendre les mesures nécessaires pour y parvenir. Elle a décidé d'augmenter la production de 1,5 mb/j (7 %) à compter du 1er février, et de la porter à 24,5 mb/j (hors Irak).

On peut douter des effets de cette mesure, tant le niveau effectif des prix est déterminé par d'autres facteurs que l'offre et la demande instantanée, et on voit mal comment l'Opep pourrait prévenir des mouvements excessifs dans un sens ou dans l'autre en cas de choc politico-militaire. Les pays membres disposent cependant d'une capacité disponible immédiatement de 3,5 à 5 mb/j, et il s'agit certainement de l'instrument le plus efficace en leur possession pour intervenir en faveur d'une stabilisation des prix et pour lutter contre les spéculations déséquilibrantes. Dans les conditions qui prévalent actuellement, cet instrument risque de ne pas être très efficace. On constate qu'en dépit des affirmations réitérées par l'Opep de sa volonté d'intervenir pour contenir les prix dans une fourchette entre $ 22 et $ 28, les prix de début d'année 2002 étaient inférieurs au plancher, alors qu'ils dépassaient largement le plafond en fin d'année et au début de 2003. Les difficultés d'intervention de l'Opep sont bien résumées par ce commentaire d'un expert en novembre : « Ces temps-ci, l'Opep est dénoncée si elle agit, et dénoncée si elle n'agit pas quand il s'agit de politique de production ».

L'évolution des revenus des pays membres de l'Opep apparaît satisfaisante (relativement) pour la plupart d'entre eux en 2002, dans la mesure où ils sont supérieurs aux prévisions élaborées en 2001. Les prix du pétrole étant nettement plus élevés que ceux en fonction desquels ont été construits les budgets, les réductions de production n'ont donc eu dans la plupart des cas que des conséquences limitées sur les revenus. Globalement, les revenus des pays membres se sont élevés à $ 180 milliards, en baisse de 7 % sur ceux de 2001. Bien évidemment, on est loin du niveau (exceptionnel depuis le début des années 1990) atteint en 2000 ($ 260 milliards), mais très au-dessus de ceux de la pire année, 1998 ($ 113 milliards). On peut observer par ailleurs que le revenu pétrolier par tête, en dollar constant, des pays membres a été estimé à $ 1 816 en 1980, mais ne se montait plus qu'à $ 330 en 2002. Le revenu total d'exportation des pays membres, toujours en dollars constants de 2000, atteignait $ 600 milliards en 1980, alors qu'il est inférieur aujourd'hui à $ 200 milliards. Cette relativisation de la « richesse » des pays pétroliers, aggravée par leur inégalité devant les ressources tirées du pétrole, est une déterminante importante de leurs comportements et des oppositions entre eux sur la question des parts de marché et des quantités à produire. Actuellement, l'Arabie Saoudite reçoit 30 % des revenus totaux d'exportation ; le populeux Nigeria, les EAU (presque cent fois moins peuplés), le Venezuela et l'Iran obtiennent chacun environ 10 % des revenus. Ces contrastes ne peuvent manquer de rendre très conflictuels l'adoption et surtout le respect de quotas de production.

L'Arabie Saoudite : la difficile recherche d'une stratégie de survie face à des pressions intenses et contradictoires

L'Arabie Saoudite a toujours joué un rôle déterminant dans l'Opep, dont elle est l'un des cinq membres fondateurs ; elle détient 25 %

des réserves mondiales (plus du tiers de celles de l'Organisation dont elle assure le tiers de la production). Elle a été la grande bénéficiaire de la redistribution des quotas, après la guerre du Golfe en 1991, passant de 5 mb/j à environ 8 mb/j, elle dispose de plus de la moitié des capacités de production immédiatement disponibles dans le monde (environ 2,5 mb/j) et est donc le seul producteur qui peut instantanément accroître ou réduire fortement sa production, ce qui renforce encore son poids déterminant dans les négociations de l'Organisation. En 2002, plusieurs facteurs vont contribuer à ébranler certains fondements de la politique saoudienne et mettre en cause sa place dans la géopolitique mondiale du pétrole. Proche de l'œil du cyclone, le régime saoudien se trouve pris dans de nombreuses contradictions

Les relations privilégiées entre les États-Unis et le royaume Wahhabite, piliers de la politique pétrolière américaine au Moyen-Orient depuis la fin de la Deuxième Guerre mondiale, sont sérieusement mises en cause. L'Arabie Saoudite ne peut pas mécontenter son protecteur américain, dont la présence est censée assurer sa sécurité, mais ne peut non plus paraître céder à la pression d'un pays dont les intentions agressives sont très mal acceptées par la grande majorité des Saoudiens et l'ensemble du monde arabe et musulman. Par ailleurs, sa place dans une coalition antiterroriste est pour le moins ambiguë, du fait de ses liens incontestables avec des groupes islamiques militants qu'elle finance et utilise, y compris des composantes de la nébuleuse Ben Laden. Les rapports américano-saoudiens tendus font l'objet de stratégies complexes où se mêlent inextricablement la lutte contre le terrorisme, dont les Américains ne peuvent plus feindre d'ignorer qu'il trouve de puissants appuis en provenance d'Arabie Saoudite, la volonté des Américains d'abattre Saddam Hussein et de renforcer leur présence militaire dans la région, les intérêts des compagnies pétrolières américaines, les craintes de la dépendance pétrolière envers le Moyen-Orient, inéluctable dès lors que toute politique de maîtrise de la demande de pétrole par les États-Unis est radicalement exclue par l'administration.

Dans leurs préparatifs de guerre, les États-Unis se heurtent à des réticences croissantes des Saoudiens de voir leur pays utilisé comme base arrière majeure comme en 1991, car l'acceptation par la monarchie de Riad de la présence de troupes étrangères sur le sol sacré de l'Islam est le grief dominant des fondamentalistes militants du terrorisme (d'origine souvent saoudienne, il ne faut pas l'oublier, et largement financés par de l'argent saoudien). Les États-Unis ont donc dû baser leur dispositif sur leur installation massive au Koweït (seul vrai soutien officiel aux objectifs de guerre américains dans la région), à Bahrein et sur la construction d'un Quartier Général au Qatar comme solution alternative à un refus de l'Arabie Saoudite d'autoriser l'usage des installations sur son sol. Bahrein et Qatar ne sont pas favorables à la guerre, mais ne sont pas en mesure de résister aux pressions américaines.

La politique **d'ouverture de l'amont pétrolier**, très fortement revendiquée par les compagnies américaines fermement appuyées par la diplomatie de Washington, amorcée très prudemment à partir de 1999 par l'Arabie Saoudite, et qui fait toujours l'objet de controverses violentes parmi les dirigeants, n'a pas plus progressé en 2002 qu'en 2001 (le Koweït, au contraire confirme une orientation plus favorable au retour des compagnies). Il n'y a toujours aucun signe d'une intention de laisser les compagnies revenir dans l'exploration/production de ce qu'elles considèrent comme un eldorado pétrolier. Très en retrait des espoirs des compagnies, mais présentés comme une étape vers l'ouverture de l'amont pétrolier, les grands projets de « l'initiative gazière » de l'Arabie Saoudite proposant à des consortiums de compagnies d'énormes investissements dans des installations liées à l'exploitation du gaz étaient toujours l'objet de négociations difficiles fin 2002. Il y a trois ans, le pays avait appelé les majors à présenter des offres dans ce domaine (production et transport du gaz, usines de dessalement d'eau de mer, pétrochimie etc.), leur engagement étant en quelque sorte présenté comme une

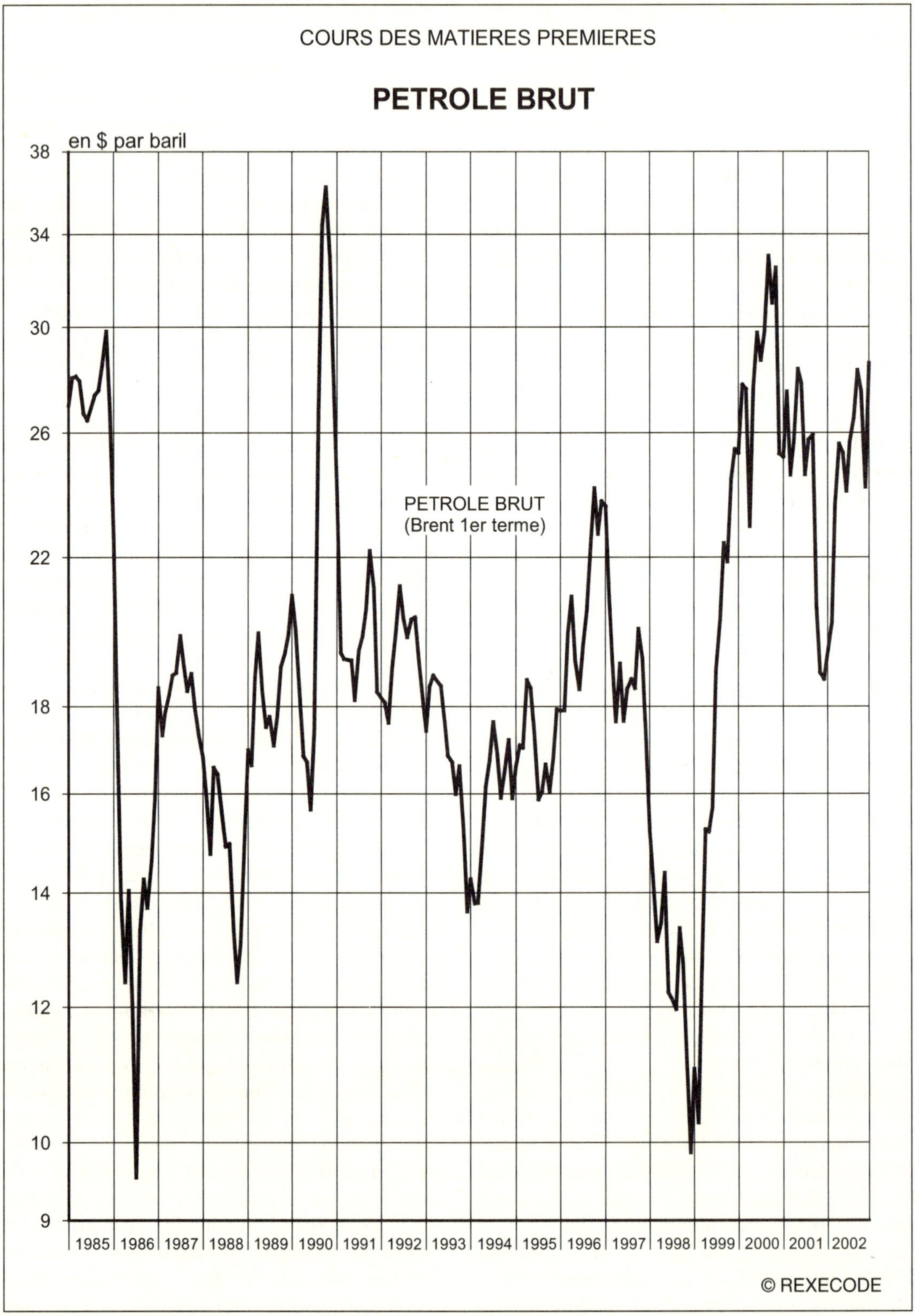
COURS DES MATIERES PREMIERES
PETROLE BRUT
en $ par baril
38
34
30
26
22
18
16
14
12
10
9
PETROLE BRUT
(Brent 1er terme)
1985
1986
1987
1988
1989
1990
1991
1992
1993
1994
1995
1996
1997
1998
1999
2000
2001
2002
© REXECODE

Pétrole : nouveaux quotas des pays membres de l'OPEP applicables au 1er janvier 2003
(en millions de barils/jour)

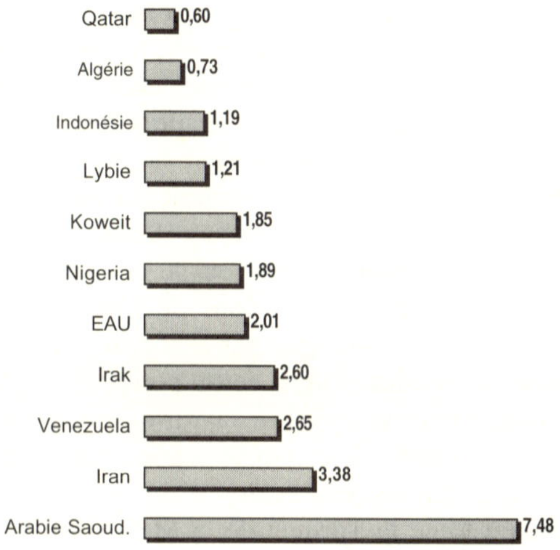

condition pour une participation à une future « ouverture de l'amont pétrolier », objectif majeur de ces compagnies. Les difficultés persistantes pour finaliser les accords sur les propositions sont d'ordres techniques et financières, mais traduisent aussi la profonde dégradation des relations américano-saoudiennes.

Le malaise grave qui affecte les relations entre les États-Unis et ceux qui restent encore officiellement leurs alliés privilégiés et le pivot de leur politique pétrolière extérieure donne naissance à de nombreuses spéculations sur un renversement de la stratégie américaine, dans le contexte d'une guerre victorieuse plaçant sous le contrôle de fait des États-Unis les immenses réserves irakiennes, de loin les secondes du monde après celles de l'Arabie Saoudite. Après avoir tenté sans succès d'utiliser l'argument d'un recours massif au pétrole de la Caspienne comme instrument pour réduire l'importance du pétrole saoudien et faire ainsi pression pour l'ouverture de l'amont, certains milieux américains influents préconiseraient le jeu d'un processus de « dominos vertueux ». L'émergence d'un nouvel Irak démocratique induirait des changements politiques radicaux dans toute la région. Les dictatures archaïques, corrompues, influencées par les islamistes, seraient remplacées par des régimes démocratiques et modernistes, avec lesquels il serait possible de construire un Moyen-Orient stable et étroitement intégré dans l'économie pétrolière internationale, dans lequel la prédominance de l'Arabie Saoudite serait sérieusement bridée et un comportement « responsable » des grands exportateurs de la région garanti par les intérêts convergents des producteurs, des compagnies et des consommateurs. Il est bien difficile au début de 2003 de déterminer ce qui dans une telle perspective relève de l'imagination, de l'intoxication, du chantage, du mythe, du complot, ou d'un véritable projet pris à leur compte par une partie du moins des responsables américains.

La Russie : confirmation du grand retour

On a vu se renforcer en 2002 à l'occasion des affrontements entre l'Irak et les États-Unis l'un des faits marquants de 2001, le retour de la Russie au premier rang des puissances d'influence mondiale. En ralliant avec empressement le camp des adversaires du terrorisme après septembre 2001, elle avait obtenu un blanc-seing pour sa politique d'écrasement de la Tchétchénie et une reconnaissance par les Américains d'une sorte de tutelle sur les républiques indépendantes issues de l'ex-URSS. De nombreux points d'affrontements, voire de conflits potentiels entre les États-Unis et la Russie concernant la politique régionale, sont désormais abordés dans une perspective nouvelle, de compréhension et de reconnaissance des intérêts réciproques, voire de coopération. La Russie s'impose comme le partenaire indispensable, inévitable et exigeant de toute intervention politique et économique dans le grand jeu sans cesse recommencé autour des ressources de la Caspienne.

L'année 2002 confirme parallèlement son retour comme acteur important sur la scène pétrolière mondiale et témoigne d'une présence de plus en plus active dans le système mondial des hydrocarbures : une véritable diplomatie russe des hydrocarbures se met en œuvre. Les réserves prouvées russes, environ 50 milliards de barils, représentent moins de 20 % de celles de l'Arabie Saoudite, moins de la moitié de celles de l'Irak, des Émirats, du Koweït ou de l'Iran, mais sont loin d'être négligeables dans le monde « non-Opep ». La Russie a retrouvé depuis 2000 sa position de deuxième producteur mondial, derrière l'Arabie Saoudite, position perdue en 1990 au profit des États-Unis et en 2002, la production russe a été quasiment équivalente à celle de l'Arabie Saoudite. Les exportations atteignent 4,4 mb/j, deuxième rang mondial. Dans une large mesure, l'économie russe est une économie de rente pétrolière et gazière : le pétrole représente 11 % du PIB, entre 20 et 40 % des recettes budgétaires ($ 15 milliards) et la croissance russe soutenue de 2001 et 2002, contrastant avec le marasme généralisé des principales économies mondiales, est largement due aux prix soutenus du pétrole.

Après une décennie de chute de la production et des exportations (baisse de 45 % entre 1989 et 1999) et une orientation dominante vers l'exportation de ses ressources gazières comme source majeure de devises, la production pétrolière russe et les exportations ont retrouvé depuis 2001 la voie de la croissance. La production a dépassé 8 mb/j en novembre 2002 et les ambitions russes sont affichées de plus en plus clairement : l'objectif de production pour 2010 est fixé à 10 mb/j, dont la moitié serait exportée. Les trois grands marchés mondiaux (Europe, Asie Orientale et États-Unis) sont recherchés. L'obstacle majeur au développement des exportations est l'insuffisance des infrastructures de transport. Un projet d'oléoduc de Sibérie vers Mourmansk est envisagé (1,2 mb/j, mise en service en 2007) pour des exportations destinées particulièrement aux États-Unis. La Russie envisage de fournir 13 % des besoins américains en 2010, alors que sa part actuelle est insignifiante. Un autre projet, plus incertain, est étudié vers la Chine (400 000 b/j de Sibérie Orientale). Les pétroliers américains et le Département d'État considèrent que la création d'un cadre légal adéquat et des accords entre les compagnies étrangères et l'opérateur national russe d'oléoducs Transneft, sont des conditions requises pour la bonne fin de ces projets.

L'évolution positive des relations complexes avec les anciennes républiques de l'Asie et du Caucase semble, elle aussi, se confirmer, passant d'une situation de concurrence parfois ouvertement conflictuelle (compte tenu de l'appui américain aux gouvernements de ces nouveaux États), à une sorte de complémentarité ou de coordination (pour résoudre les questions de transport en particulier), encouragée par le rapprochement russo-américain. Dans cette perspective, la Russie a par exemple fait savoir qu'elle levait son opposition à la construction, fortement soutenue par les Américains, d'un oléoduc traversant toute la Turquie de la Mer Noire à la Méditerranée pour évacuer le pétrole de la Caspienne sans passer par la Russie, et surtout les détroits turcs soumis à une aggravation catastrophique de risques d'accidents déjà extrêmement préoccupants.

Le désir des Russes de devenir des acteurs majeurs du jeu pétrolier dans le futur se manifeste encore de nombreuses manières. Les compagnies russes cherchent à acheter des entreprises d'Europe occidentale en mauvaise situation financière pour contrôler les capacités de raffinage susceptibles de renforcer leur présence sur ces marchés rentables. Par ailleurs, la consolidation du pouvoir central sous la présidence Poutine, induit une perception de stabilité accrue dans le pays qui relance l'intérêt de grandes compagnies occidentales, dont la plupart avaient mis en veilleuse leurs alliances russes depuis quelque temps.

Un accord de partenariat énergétique entre les États-Unis et la Russie a été signé à Houston en octobre 2002 au cours d'une grande réunion d'experts pétroliers. Les compagnies américaines sont à la recherche d'un accès à des ressources supplémentaires d'autant plus désirées que les perspectives d'ouverture en Arabie Saoudite sont au point mort. Les Russes estiment être en mesure d'assurer l'augmentation prévue de production et sont intéressés avant tout par l'accès accru au marché américain pour leur accroissement d'exportations de brut. Les compagnies américaines souhaitent l'adoption par la Douma d'une loi autorisant la généralisation des accords de partage de production, limités jusqu'ici aux deux grands projets des Sakhalines. Le projet Sakhalin 1, piloté par Exxon-Mobil, prévoit des investissements de $ 12 milliards (le plus gros investissement privé en Russie) ; selon les compagnies, les aléas, les difficultés techniques de l'exploration/production dans des zones nouvelles et difficiles en Sibérie rendent indispensables les garanties apportées par des accords de partage de production.

Il y a lieu de penser que c'est en réaction à cette collusion entre les Russes et les Américains que l'Irak a annoncé le 12 décembre 2002, la rupture d'un contrat signé en 1997 par la première compagnie pétrolière russe pour l'exploitation de l'énorme gisement de Qurna 2 Ouest. En consortium avec deux compagnies d'État russes, un investissement de $ 6 milliards était prévu qui, selon certains observateurs, aurait pu rapporter aux Russes $ 70 milliards en vingt-trois ans de durée. Ce contrat était un résultat des anciennes relations étroites entre l'URSS et l'Irak, marquées par un traité d'amitié signé en 1973. La nouvelle Russie avait pris largement ses distances avec son ancien allié, et la guerre de la coalition contre l'Irak en 1991 avait été rendue possible par l'attitude compréhensive des Russes de l'après-guerre froide à la manifestation de puissance des Américains et à leur installation militaire au Moyen-Orient. Le prétexte invoqué par Bagdad est le retard dans l'exploitation du gisement par la firme pétrolière russe Loukoï du fait des sanctions internationales. Plus vraisemblablement, il s'agit d'une pression politique sur la Russie pour qu'elle révise son attitude jugée trop favorable aux États-Unis. Les rapports entre Loukoï et les Irakiens étaient en voie de détérioration depuis 1999, et à l'occasion des discussions de Houston sur le « Partenariat énergétique », les Américains auraient laissé entendre aux Russes qu'ils auraient un traitement favorable dans l'accès aux ressources irakiennes après l'élimination de Saddam Hussein. Le président Poutine semblait manifester au début de 2003 une compréhension croissante des positions bellicistes de l'Administration américaine, mais on annonçait en même temps la réactivation par les Irakiens des accords récemment dénoncés.

La Caspienne : réalisations, déceptions, controverses

La Caspienne, pièce essentielle de la politique russe, mais enjeu dépassant largement les seuls riverains, reste au cœur du « grand jeu », mais se trouve actuellement quelque peu en retrait. Elle suscite une certaine déception dans les milieux pétroliers ; même si le potentiel effectif est loin d'être totalement connu, nul ne se hasarde plus à évoquer une sorte d'alternative au Moyen-Orient, ni même les « trois fois la Mer du Nord » complaisamment évoqués il y a quelques années. La production n'atteint pas 1,5 mb/j pour les quatre pays concernés (Azerbaïdjan, Turkestan, Ouzbékistan et Turkménistan) ; elle pourrait atteindre 3 mb/j dans cinq ans, soit moins que la production actuelle de la Norvège. Ce chiffre n'est pas négligeable, mais ne représenterait que 3 à 4 % de la production mondiale. Les réservoirs les plus prometteurs tardent souvent à confirmer leurs promesses, les premiers résultats sont peu concluants en particulier pour les champs explorés dans le Sud, près de l'Azerbaïdjan. L'intérêt s'est déplacé vers le Nord avec l'offshore Kazakh, où se trouve le gisement géant de Kashagan (réserves récupérables estimées à 13 milliards de barils), considéré comme la plus grosse découverte mondiale depuis trente ans. Les questions d'évacuation sont loin d'être définitivement résolues, les coûts sont souvent plus élevés que prévus.

On note une réduction sensible des objectifs de production de Tengiz, du fait de litiges entre les compagnies Chevron (50 %), Exxon-Mobil (25 %) et les autorités kazakhs. On annonce la suspension d'investissements de $ 3 milliards pour porter la production de

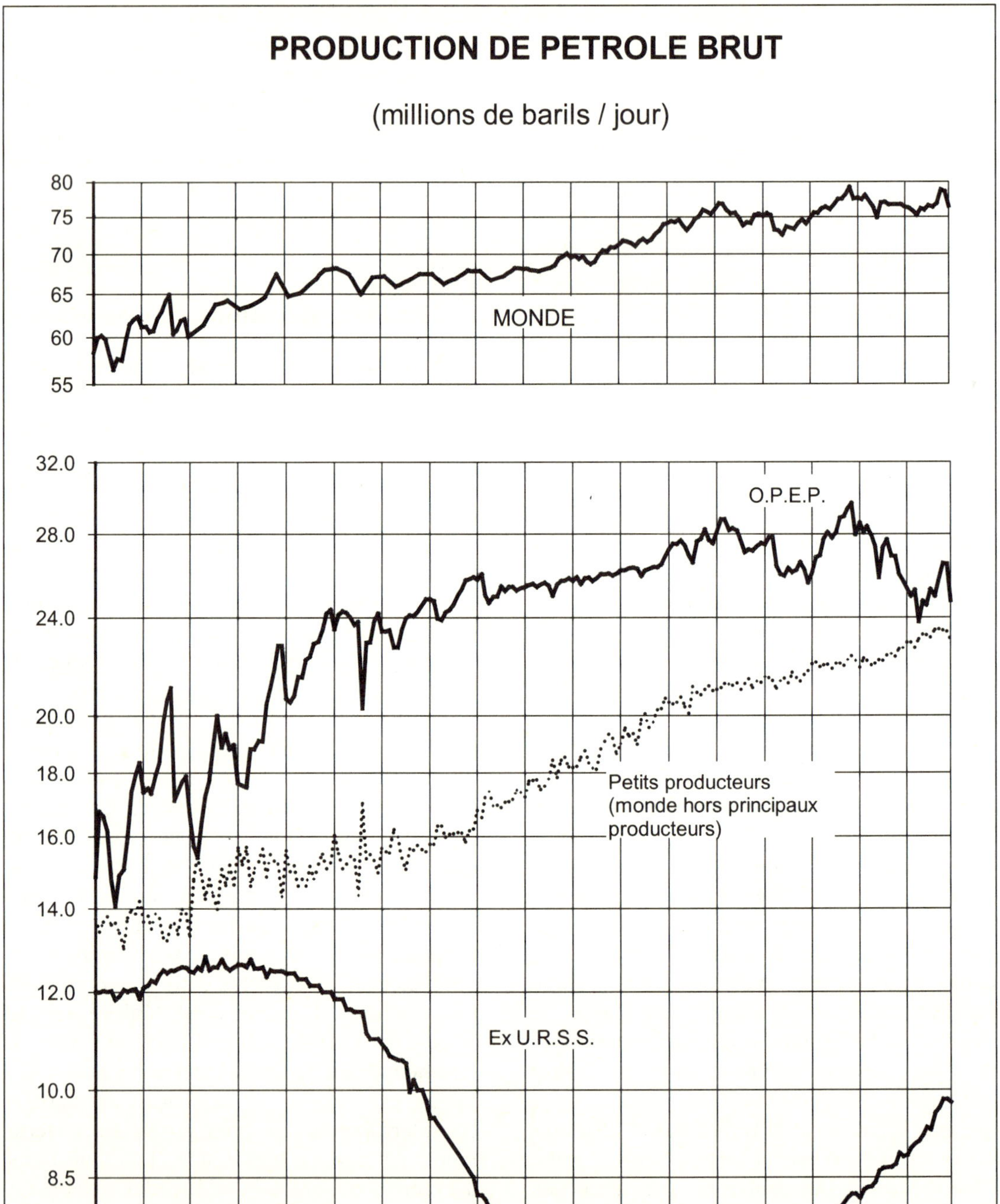
PRODUCTION DE PETROLE BRUT
(millions de barils / jour)
80
75
70
65
60
55
MONDE
32.0
28.0
24.0
20.0
18.0
16.0
14.0
12.0
10.0
8.5
7.5
6.5
O.P.E.P.
Petits producteurs
(monde hors principaux
producteurs)
Ex U.R.S.S.
1985
1986
1987
1988
1989
1990
1991
1992
1993
1994
1995
1996
1997
1998
1999
2000
2001
2002
© REXECODE

250 000 b/j à 480 000 b/j en 2005. Agip et ses partenaires ont aussi des difficultés face aux positions kazakhs concernant le financement et l'environnement pour le développement du champ de Kashagan, encore plus important que Tengiz. Cependant il se manifeste un intérêt renouvelé des compagnies (BP, Shell) pour les ressources kazakhs et des participations dans des sociétés russes présentes dans le pays. La production kazakh de brut devrait prochainement dépasser 1mb/j. Consolidant ses positions dans le secteur de la Caspienne par des accords bilatéraux avec les différents pays de l'ex-URSS pour la répartition des droits d'exploitation, la Russie réussit à isoler l'Iran.

États-Unis : rapports de force ou jeu du marché pour du pétrole abondant et bon marché ?

Les contradictions de la politique énergétique américaine et en l'espèce de leur politique tout court, sont toujours aussi manifestes et lourdes de conséquences pour le reste du monde. La consommation de pétrole représente, avec 20 mb/j, près de 25 % de la demande mondiale, alors que leurs réserves ne dépassent pas 3 % des réserves mondiales. Ils ont importé 56 % de leur consommation en 2002 (15 % des importations mondiales) et ce chiffre devrait s'élever à plus de 70 % dans moins de dix ans. Tout leur mode de vie et de production repose sur de l'énergie bon marché. Il n'est pas envisageable pour autant de mettre en place une politique nationale de maîtrise de l'énergie. La « sécurisation » de l'approvisionnement des États-Unis en brut passe d'abord dans les vues actuelles de l'Administration par l'accroissement des importations en provenance du continent américain : les trois grands exportateurs du continent lui fournissent environ 45 % de ses importations.

Le Canada est leur premier fournisseur : couvrant 15 % des importations, il s'efforce de répondre aux accroissements de la demande américaine. Le Mexique est lui aussi un gros fournisseur, même s'il n'a jamais pris, y compris dans le contexte de l'Alena, des engagements de garanties d'approvisionnement comparables à ceux du Canada. Sa production est de l'ordre de 2,6 mb/ : il en exporte 1,6 mb/j dont 1,4 vers les États-Unis. Les exportations du Venezuela vers les États-Unis représentent environ 1,3 mb/j, soit 12 %. L'interruption des livraisons vénézuéliennes en décembre a révélé que, même dans la sphère d'influence directe des États-Unis, une sécurité absolue d'approvisionnement n'était pas garantie. Il faut certes considérer que ce type de crise est accidentel et devrait être rapidement surmonté, mais elle attire l'attention sur la fragilité de l'ensemble du système de l'offre pétrolière mondiale et sur la nécessité de stocks importants et de capacités excédentaires significatives rapidement disponibles pour pallier des défaillances qui ne sont pas nécessairement dues à une politique systématique de rationnement par les producteurs.

Le pétrole africain constitue 15 % des importations américaines et les États-Unis manifestent un intérêt croissant pour les très importantes réserves (70 milliards de barils ?) récemment découvertes dans le golfe de Guinée. Les principaux producteurs actuels sont le Nigeria (entre 1,5 et 2 mb/j) et l'Angola qui monte en puissance (la production devrait atteindre bientôt 1 mb/j), Chevron et Texaco y sont très présentes. La Guinée équatoriale rejoint la liste des producteurs du Golfe de Guinée. Les compagnies américaines sont aussi majoritaires chez de nouveaux producteurs comme le Soudan et les responsables américains espèrent porter à terme les achats de pétrole africain à 25 % de leurs importations totales.

Les ventes russes sont destinées à s'accroître progressivement et les Russes espèrent exporter 2,5 mb/j vers les États-Unis d'ici 2010, soit la moitié de leurs exportations. Une cargaison symbolique de brut est arrivée aux États-Unis en septembre 2002. Sans être négligeable, le partenariat russe ne peut cependant en aucun cas, à court comme à long terme, constituer une alternative aux ressources du Moyen-Orient.

La contradiction reste donc manifeste entre la volonté de poursuivre l'augmentation des importations de pétrole à bas prix et la mise à l'écart, outre l'Irak, de deux gros exportateurs au potentiel considérable que sont la Libye et surtout l'Iran. Si le pétrole n'est évidemment pas absent des motivations de la « guerre américaine » contre l'Irak, il paraît hasardeux ou purement polémique d'en faire le motif déterminant de la politique belliciste des Américains. L'hypothèse d'une guerre avec l'Irak pour « contrôler » les deuxièmes réserves du monde est par ailleurs très contestable, puisque l'accès aux réserves en vue de développer les exportations n'exige en rien un contrôle politique et militaire et que la fin de l'embargo conduirait certainement à un recours massif de l'Irak, qui a d'énormes besoins financiers, aux compagnies pour restaurer puis accroître sa production pétrolière. Même si ce qui se passe au Moyen-Orient est rarement sans implications pétrolières, le pétrole n'est que l'une de nombreuses composantes d'une politique internationale unilatérale, mais aux dimensions et aux contradictions multiples.

Une année plutôt satisfaisante pour les entreprises pétrolières

Après un premier trimestre médiocre du fait de la faiblesse des prix du brut, leur niveau élevé à partir de mars a permis aux compagnies d'obtenir de bons résultats dans l'amont sur l'ensemble des trois premiers trimestres ; les profits amont des majors américaines par exemple sont en hausse de 9 % pour les neuf premiers mois de 2002 comparés aux chiffres correspondant de 2001. Par contre, les résultats globaux ont été fortement affectés par les mauvais résultats du raffinage et de la distribution. Les résultats de l'aval se sont donc sensiblement détériorés par rapport à la situation très favorable de 2001, tout en restant largement positifs. Par comparaison avec l'endettement et les pertes énormes de certaines entreprises géantes dans d'autres secteurs, on peut estimer que la situation des entreprises pétrolières reste favorable.

Les dépenses en capital des quinze plus grandes entreprises pétrolières mondiales sont restées pratiquement au même niveau qu'en 2001, malgré une hausse sensible des prix par rapport aux prévisions sur lesquelles elles avaient établi leurs projets. Devant les incertitudes concernant l'Irak et l'évolution des marchés, les profits provenant des prix plus élevés du pétrole et du gaz ont été consacrés à l'amélioration des bilans plutôt qu'à des investissements supplémentaires. Les cinq majors ont légèrement réduit leurs investissements aux États-Unis et les ont accrus au-dehors.

Après les très grandes opérations de fusion-concentration des années 1998-2001, la situation est plus calme. La dernière en date des grandes opérations de fusion a été réalisée entre Conoco et Philips plaçant la nouvelle compagnie au treizième rang mondial (elles forment un groupe de près de $ 35 milliards). Le géant Royal-Dutch Shell et, dans la catégorie en dessous l'ENI, figurent toujours parmi les dernières grandes compagnies disponibles pour des alliances majeures. Les super majors apparus ces dernières années rivalisent désormais avec les plus grandes compagnies nationales des grands exportateurs, à l'exception bien évidemment du critère de volume des réserves contrôlées, pour lequel les compagnies nationales disposent d'une supériorité incontestable. Si Aramco, la compagnie publique saoudienne, demeure la première du monde, dans le classement opéré chaque année par une revue spécialisée selon six critères opérationnels, Exxon-Mobil occupe la seconde position et dans les dix premières compagnies mondiales, on compte cinq supermajors (dont Total/Fina/Elf), quatre compagnies nationales et la compagnie chinoise Petrochina en voie de privatisation. Dans les cinquante premières, on remarque la présence de douze compagnies russes, alors qu'elles étaient totalement absentes il y a une dizaine d'années. On constate aussi la présence de deux compagnies chinoises.

Les conséquences directes sur le fonctionnement des marchés énergétiques du scandale Enron ont été limitées et la distribution de l'énergie n'a pas connu de perturbations notables aux États-Unis : les activités productives du négociant en faillite étaient suffisamment réduites pour que sa disparition ne crée pas de dysfonctionnements majeurs. Par contre de nombreuses pratiques comptables et les modalités de gouvernance doivent être révisées, dans le secteur pétrolier comme dans les autres, car on y trouve fréquemment des pratiques frauduleuses, ou douteuses, y compris dans des firmes dont ont été proches des membres actuels du gouvernement américain. C'est le cas du para-pétrolier Haliburton, numéro 2 mondial derrière Schlumberger, mis en cause pour des dissimulations et dont le vice-président Cheyney a été responsable. La Securities Exchange Commission a mis en doute à large échelle les estimations des réserves prouvées annoncées par les compagnies : elle considère que très souvent celles-ci sont surestimées pour améliorer les bilans et les conditions d'emprunt des firmes concernées. La mise en garde de la SEC concerne en particulier l'évaluation des réserves effectives des découvertes en off shore du Golfe du Mexique. Cette prise de position aura certainement des répercussions sur les entreprises.

Perspectives

Il serait hasardeux et même présomptueux de proposer au début de 2003 des prévisions sur l'évolution des prix et des marchés pétroliers pour la suite de l'année. On doit se contenter de conclure la présentation de l'année « en creux » 2002 par de brèves remarques.

Tout dépendra de la situation internationale : guerre contre l'Irak ou incertitude persistante, et s'il y a guerre, durée et ampleur régionale du conflit et importance des dégâts pour les installations pétrolières en Irak, mais aussi au Moyen-Orient.

Les fondamentaux vont incontestablement dans le sens d'une baisse des prix qui pourrait être forte et prolongée : croissance mondiale très réduite, et donc demande en très faible augmentation, accroissement de la production des non-Opep stimulée par les prix élevés actuels, difficultés pour les membres de l'Opep à respecter une discipline. On remarque d'ailleurs que la plupart de pays pétroliers ont construit leurs budgets 2003 sur des hypothèses de prix du brut en baisse sensible.

Une guerre rapide et peu destructrice d'infrastructures pourrait entraîner une flambée des cours de brève durée, puis rétablir le jeu des fondamentaux baissiers : ce serait la répétition de 1991.

Un bouleversement plus profond, mais encore contrôlable, pourrait faciliter une gestion coordonnée entre producteurs et consommateurs de la réintégration de l'Irak et du traitement de la phase de transition. On reviendrait au principe de la fourchette de prix et on s'efforcerait de combiner les intérêts divergents des acteurs du marché et de concilier les contraintes du court terme et les objectifs du long terme.

On ne peut exclure enfin une situation de « chaos », face à laquelle rien ne peut être anticipé ni contrôlé. Il est sans objet d'en proposer des scénarios.

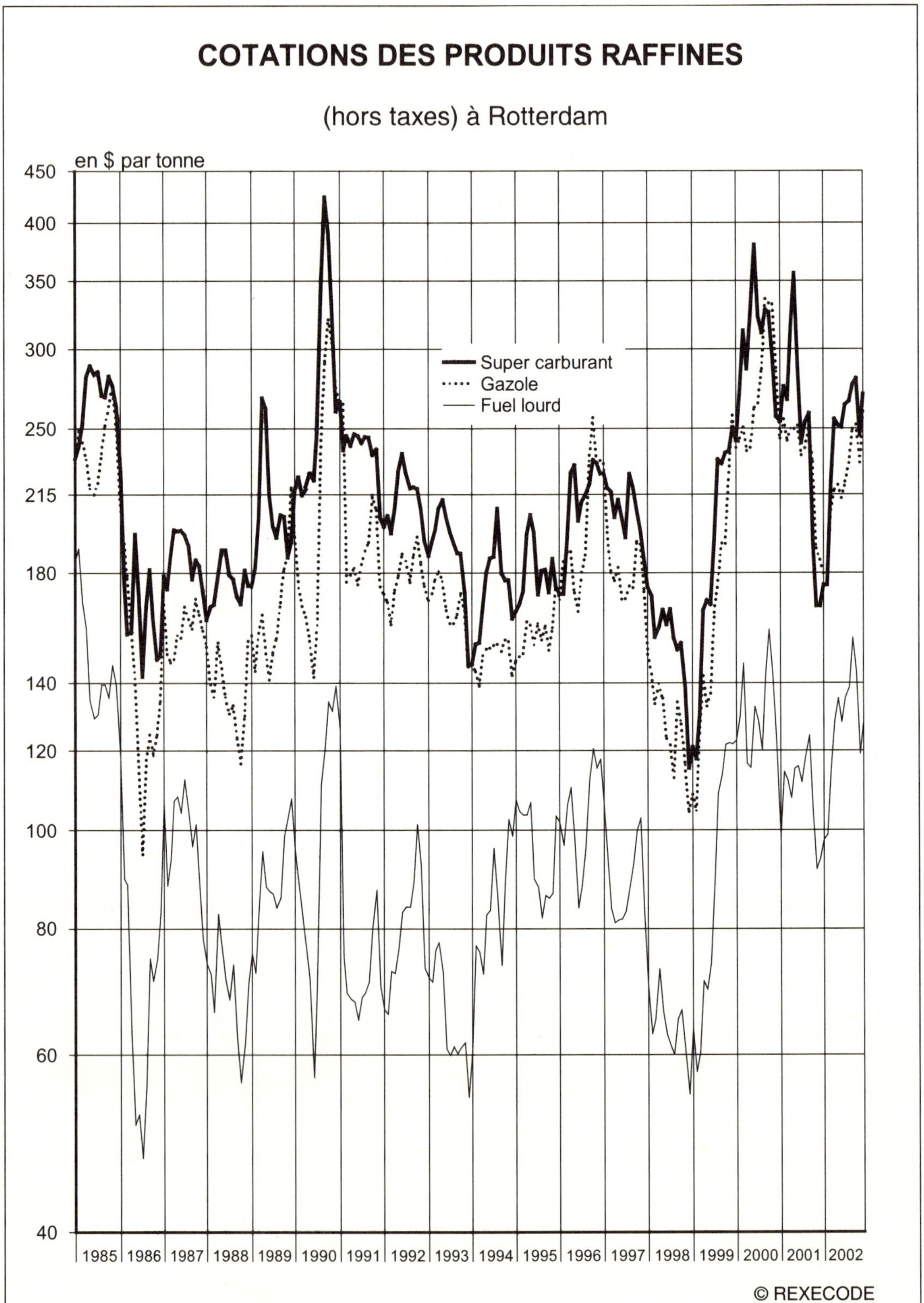
COTATIONS DES PRODUITS RAFFINES
(hors taxes) à Rotterdam
en $ par tonne
450
400
350
300
250
215
180
140
120
100
80
60
40
Super carburant
Gazole
Fuel lourd
1985
1986
1987
1988
1989
1990
1991
1992
1993
1994
1995
1996
1997
1998
1999
2000
2001
2002
© REXECODE

Raffinage

L'année 2002 a été une année médiocre, voire franchement mauvaise pour le raffinage et l'ensemble des activités aval prises entre la hausse du brut et la faiblesse de la demande qui a réduit les possibilités de répercussion sur le prix des produits. On observe un contraste marqué entre les résultats satisfaisants des activités amont des pétroliers qui ont bénéficié de prix très soutenus à partir du milieu du mois de mars, et ces difficultés du raffinage. Le cycle du raffinage semble se confirmer : résultats exceptionnels en 2000 (malgré les prix élevés du brut), bons résultats au premier trimestre 2001, puis dégradation au cours du second semestre et très mauvais résultats en 2002. Les problèmes de fond sont récurrents : ils tiennent au caractère cyclique de l'industrie, à la volatilité du cours du brut et des produits, aux fortes variations de la demande en termes de types de produits et de spécifications ainsi qu'à la gestion en flux tendus mal adaptée aux variations quantitatives brutales. Les profits sont tombés globalement à des niveaux désespérément bas au printemps 2002.

Des capacités mondiales en très faible accroissement

Les capacités de production se sont légèrement accrues en 2002 et approchent 82 mb/j, niveau jamais atteint auparavant. Par contre, les installations de distillation actuellement en construction ou en projet avancé ne dépassent

Capacité mondiale de raffinage
(en millier de b/j)

	1999	2000	2001	Part dans le total de capacité 2001 en %	Part dans l'augmentation de capacité en %
Europe	16 278	16 336	16 374	19,9	0,0
Ex-URSS	8 730	8 712	8 695	10,6	9,4
Africa	2 842	2 957	3 080	3,7	13,2
Moyen-Orient	6 360	6 309	6 634	8,1	12,1
Asie-Pacifique	20 986	20 973	20 859	25,4	47,5
Amérique du Nord	19 822	19 937	20 134	24,5	7,5
Amérique centrale et du sud	6 372	6 384	6 429	7,8	10,3
Total	**81 390**	**81 608**	**82 205**	**100**	**100**

(Source : BP Statistical Review of World Energy, juin 2002)

pas une capacité de 1,8 mb/j, soit un accroissement de 2 % environ sur la capacité actuelle, le volume de projets le plus faible de l'histoire récente. Deux ans de consommation « normale » suffiraient à absorber ce volume supplémentaire. Les raffineries les plus modernes et les plus efficaces, contrôlées par les majors et les mini-majors, se trouvent utilisées à pleine capacité (90-95 % pour Exxon Mobil aux États-Unis, 94 % pour BP). Globalement, les capacités de raffinage américaines sont insuffisantes; elles se sont réduites au cours des dernières années car les marges étaient trop faibles et volatiles; elles sont souvent mal adaptées à la demande de produits qui se modifie. On ne peut que constater la persistance de l'insuffisance de l'investissement dans le raffinage. Le taux d'utilisation des capacités était de 75 % en 1980, et de 94 % au début de 2001. Alors que la demande augmente en moyenne de près de 2 % par an, la capacité totale a été réduite entre 1980 et 1994, et stagne presque depuis. Le renforcement de la législation contre les émissions de souffre pourrait coûter à l'industrie $ 16 milliards, et ne favorise donc pas les projets de nouvelles raffineries. Il est d'ailleurs de plus en plus difficile de pouvoir construire des installations de raffinage jugées dangereuses et polluantes en Amérique du Nord (mais aussi en Europe Occidentale). Il faut donc envisager un accroissement du commerce de produits élaborés en Amérique latine et aux Caraïbes vers les États-Unis et en ex-URSS vers l'Europe Occidentale. Les taux d'utilisation des raffineries sont faibles dans des pays comme la Russie, autour de 52 % seulement.

L'Asie détient 25,4 % de la capacité mondiale de raffinage en 2002, et 47 % des extensions prévues s'y trouvent. Pour l'Amérique du Nord, les chiffres sont respectivement 24,5 % et 7,5 %, et pour l'Europe, où la capacité est de 19,9 % du total mondial, il n'y a aucun projet d'expansion envisagé. Le déséquilibre entre les trois grandes régions du monde reste significatif car l'adaptation des installations aux évolutions de la demande par catégories de produits et aux spécifications environnementales de plus en plus contraignantes n'est pas identique. L'Asie dispose d'excédents importants, surtout pour les fuels lourds, tandis que l'Europe a réduit ses capacités, mais dispose encore de marges de manœuvre pour certains produits. La Russie cherche à acquérir des raffineries en médiocre condition en Europe occidentale pour réduire les disparités entre ses capacités de production (plus de 7 mb/j) et ses possibilités de raffinage (environ 3,5 mb/j). L'Opep raffine 11,2 mb/j soit 38,8 % de sa production, 8,66 sont traités dans les raffineries domestiques et 3,2 dans les installations possédées à l'étranger par ses membres : aux États-Unis (Venezuela et Arabie Saoudite) et en Europe occidentale (Iran, Koweït, EAU, Libye, Venezuela). L'Opep contrôle environ 40 % de la production mondiale, mais 14 % seulement du raffinage, et certains membres cherchent à acquérir de nouvelles capacités.

Une innovation intéressante est observée au Qatar, qui dispose d'énormes réserves de gaz. Il s'agit de projets dits GTL (Gas to Liquids), c'est-à-dire de transformation de gaz en carburant liquide de transport dépourvu de souffre et donc ménageant l'environnement.

Les marges sont écrasées par la hausse du brut et la faiblesse de la demande de produits

Les performances en termes de marge peuvent varier sensiblement d'une région à l'autre, entraînant des mouvements de produits selon des excédents ou des pénuries locales. La combinaison de prix du brut encore élevés, de stocks faibles, de rareté de certains produits, avait permis à l'industrie des États-Unis de prolonger pendant une partie de 2001 la situation exceptionnellement favorable de 2000. L'inversion de tendance a été totale au dernier trimestre 2001 et s'est aggravée en 2002. Les marges se sont effondrées partout avec la très forte baisse des prix de l'essence, puis la hausse considérable des prix du brut. À Rotterdam, les marges ont été négatives au premier trimestre, pour se redressenr-légèrement ensuite. En Asie, les marchés asiatiques ont souffert plus tôt qu'en Europe et

Capacité des raffineries en construction
(en millier de b/j)

	Nouvelles raffineries		Expansions		Total	
	Nombre	Capacité	Nombre	Capacité	Nombre	Capacité
Europe	0	0	0	0	0	0
Ex-URSS	0	0	2	170	2	170
Africa	2	205	1	35	3	240
Moyen-Orient	3	200	1	20	4	220
Asie-Pacifique	5	683	3	180	8	863
Amérique du Nord	0	0	3	136	3	136
Amérique centrale et du sud	1	110	2	78	3	188
Total	**11**	**1 198**	**12**	**619**	**23**	**1 817**

(Source : BP Statistical Review of World Energy, juin 2002)

aux États-Unis du ralentissement conjoncturel de 2001, et d'une certaine inadaptation aux changements de la demande. Réduites en 2001, les marges ont été laminées en 2002 pour se retrouver souvent négatives. Au Japon, la diminution de la consommation des produits pétroliers a été de 8,3 % entre octobre 2001 et octobre 2002, ce qui a entraîné la chute des prix et des marges négatives pour les raffineurs. Il semble que le Japon soit en fait entré dans une ère de baisse à long terme de ses importations pétrolières du fait de la substitution du gaz au pétrole et du déclin de son industrie. À Singapour, en juillet 2002, des raffineurs traitant par cracking du brut de Dubai avaient eu des marges négatives depuis le printemps 2001. Aux États-Unis, des capacités de raffinage de l'ordre de 1 mb/j sont mises en vente par diverses compagnies ; elles ne trouvent pas d'acheteur offrant un prix satisfaisant, car le prix demandé est fondé sur les résultats de 2001, alors que les acheteurs observent la forte détérioration de marges en 2002. Des raffineries, très efficaces et produisant une forte proportion de carburants propres pour les transports qui sont en principe très rentables, ont des marges négatives certains mois.

Poursuite de l'évolution de la structure de la demande et pressions environnementales

L'industrie du raffinage est en permanence confrontée aux défis de son adaptation aux changements de la répartition de la demande de produits et au renforcement progressif des spécifications contraignantes pour protéger l'environnement. Il y a donc persistance, aux États-Unis, mais de plus en plus en Europe aussi, de déséquilibres dans la composition de la production de produits. La tendance générale est à la diminution de la demande de fuel pour les usages domestiques (27 % de la consommation pétrolière aux États-Unis en 1980, et seulement 18,7 % en 1999), et pour la génération d'électricité, le gaz naturel remplaçant les dérivés du pétrole, alors que la part de la demande d'essence et de gasoil pour les transports est passée dans la même période de 27 % à 57 %. Lorsque les capacités des raffineries les plus performantes sont pleinement utilisées, on met en route des installations de moindres résultats et moins adaptées aux nouveaux besoins, ce qui entraîne par exemple une surproduction de fuels lourds quand on augmente la quantité de brut traité pour pro-

Prix du naphta caf Europe Nord-Ouest
(en $/tonne)

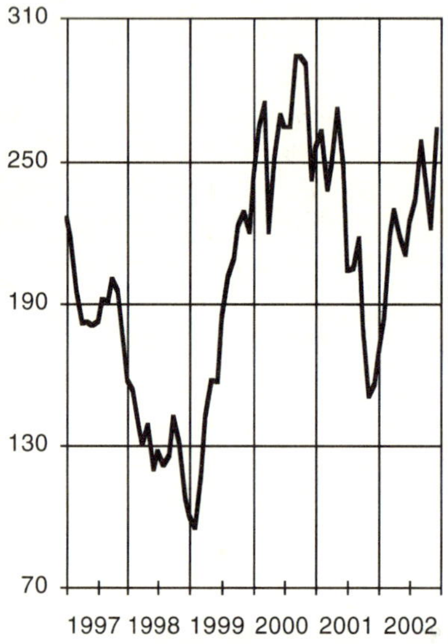

duire du gasoil en forte demande. Les raffineurs doivent donc répondre à une demande en évolution, et sont souvent réticents, au vu de l'état de l'industrie, à procéder aux modifications coûteuses de leurs installations : ils préfèrent exporter sur longue distance les produits excédentaires et importer ceux qu'ils produisent en quantité insuffisante ; les difficultés sont grandes pour vendre les fuels peu sophistiqués. C'est ainsi que pour pallier ces distorsions, l'Europe importe beaucoup de gasoil de Russie et se retrouve encombrée de fuels lourds difficiles à vendre, tandis qu'elle parvient souvent à exporter aux États-Unis ses excédents d'essence. Le renforcement des normes environnementales oblige les opérateurs américains et européens à poursuivre un coûteux effort d'investissement, tandis que l'évolution de la demande peut entraîner des excédents ou des pénuries temporaires de certains produits. Dans l'Union européenne, le contenu maximum en souffre toléré sera réduit des deux tiers en 2005, et l'essence devra être totalement sans souffre en 2008. Déjà les Allemands ont adopté une norme plus exigeante en janvier 2002, ce qui exige des adaptations très coûteuses. Aux États-Unis, comme en Europe, les groupes de pression représentant les industriels de l'énergie et les transporteurs luttent avec acharnement pour retarder l'application de législations protectrices de l'environnement. Les transports sont les plus grands utilisateurs de produits pétroliers, et c'est logiquement sur les exigences de qualité des carburants automobiles que portent en priorité les normes de plus en plus sévères en Europe et aux États-Unis. Les échanges de produits se développent donc en fonction des réponses à ces exigences. Leur montant représente environ un tiers des mouvements de pétrole brut, et leur volume est appelé à s'accroître dans les années à venir. Les exportations de produits de la Russie se montent à près de la moitié de celles de brut, le ratio pour le Moyen-Orient est de 1 pour 8. La concurrence s'accroît entre raffineurs, y compris entre les rives de l'Atlantique et même du Pacifique. En Corée, une guerre économique oppose les raffineurs installés sur place et les importateurs de produits bon marché. Le « Prestige » qui a sombré fin 2002 au large de la Galice transportait du fuel lourd vers le Méditerranée…

Peu de modifications dans la structure de l'industrie

Les grands raffineurs mondiaux restent les « majors » pétroliers : Exxon/Mobil, RD/Shell, BP/Arco occupent les trois premières places mondiales (avec plus de 18 % de la capacité et une forte présence sur les trois marchés majeurs : Asie, Europe et États-Unis), la firme chinoise Sinopec se hisse au quatrième rang en 2002, suivie de PDV (firme nationale vénézuélienne), Total/Fina/Elf est au septième rang. Dans les dix premiers, on ne trouve qu'une seule autre compagnie nationale, l'Aramco saoudienne. Sur les huit installations de capacité supérieure à 500 000 b/j dans le monde, cinq sont en Asie, dont trois trois en Corée, une, la plus grande, au Venezuela, une seule aux États-Unis, et aucune en Europe. La fusion « à égalité » entre Philips et

Conoco a été concrétisée dans l'été 2002 ($ 15 milliards) ; Philips était le onzième raffineur mondial et Conoco le vingtième, leur fusion place le nouvel ensemble au sixième rang mondial. En Europe Occidentale, les quatre premiers raffineurs sont TotalFinaElf, ExxonMobil, Royal : Dutch /Shell, et Agip. La fusion Philips-Conoco a conduit à une redéfinition de frontières, la Federal Trade Commission a obligé Philips à se défaire de certaines installations de raffinage. De même, Texaco a dû vendre à l'Aramco et à Shell ses parts dans deux filiales communes de raffinage. Globalement, le tarissement progressif des méga-fusions réduit le nombre de ces opérations de restructuration de l'appareil de raffinage et de distribution imposées par les autorités de régulation. Les efforts de rationalisation des grands raffineurs sont maintenant surtout dirigés vers la réduction de leurs réseaux de distribution. C'est ainsi que Shell va vendre ou fermer 10 % de ses 21 900 points de distribution de détail aux États-Unis, et ConocoPhillips a programmé la vente de $ 1,5 à 2 milliards d'actifs aval, surtout dans la distribution.

RÉSERVES MONDIALES DE GAZ NATUREL	**01/01/2000**	**01/01/2001**	**01/01/2002**
Amérique du Nord	**6 459**	**6 707**	**6 855**
Canada	1 719	1 683	1 660
États-Unis	4 740	5 024	5 195
Amérique Latine	**7 756**	**8 005**	**8 033**
Argentine	729	778	164
Mexique	861	835	799
Venezuela	4 148	4 163	4 163
Europe	**7 483**	**7 373**	**7 219**
Norvège	3 808	3 641	3 833
Pays-Bas	1 714	1 655	1 616
Royaume-Uni	1 265	1 197	1 111
Europe Centrale	**629**	**618**	**609**
Roumanie	348	335	322
Ex-URSS	**56 072**	**56 015**	**55 880**
Russie	46 900	46 700	46 475
Ouzbékistan	1 750	1 850	1 850
Turkménistan	2 850	2 860	2 900
Afrique	**11 495**	**11 758**	**13 106**
Algérie	4 520	4 523	4 523
Moyen-Orient	**54 386**	**59 045**	**70 742**
Abou-Dhabi	5 550	5 553	5 620
Arabie Saoudite	5 790	6 201	6 340
Iran	25 000	28 000	26 100
Qatar	11 157	14 443	25 768
Asie-Océanie	**14 765**	**14 910**	**15 231**
Australie	3 500	3 530	3 550
Indonésie	3 770	3 790	3 800
Malaisie	2 476	2 314	2 390
Monde	**159 045**	**164 431**	**177 675**

(en milliards de m^3) *(Source : Cedigaz)*

Gaz naturel

Les tendances dominantes en 2001 se sont dans l'ensemble affirmées en 2002, le secteur gazier n'ayant pas connu de changements fondamentaux. La faiblesse de la conjoncture économique a réduit la hausse de la demande, mais des déséquilibres locaux ont pu entraîner de fortes fluctuations de prix sur certains marchés et un développement des échanges internationaux. Globalement, la tendance est à la hausse généralisée des prix à partir du milieu de l'année, suivant avec certains décalages les prix du pétrole. En contraste avec une conjoncture relativement tranquille, les perspectives de développement à moyen terme de la production du transport et de l'utilisation du gaz naturel sont toujours plus prometteuses et de très nombreux projets sont évoqués, initiés ou mis en service.

La volatilité des prix du gaz reste beaucoup plus marquée que celle des prix du pétrole et les différences entre les grands marchés sont sensibles justifiant les tendances au développement (certes encore marginal) du commerce spot du GNL (Gaz Naturel Liquéfié). Globalement, sur l'année, la tendance à la hausse des prix est nette aux États-Unis. Le gaz naturel au Henry Hub (point de cotation de référence) atteignait $ 3,20 m/btu (millions de British thermal unit, unité d'équivalent thermique pour le gaz naturel, 1 mbtu vaut par convention 28 m^3) au troisième trimestre, très au-dessus des $ 2,76 de la même période de 2001. En fin d'année, avec les difficultés d'équilibrage de l'offre et de la demande, les prix américains dépassaient les $ 4/mbtu. Partant au contraire d'une situation de prix exceptionnellement élevés en fin 2001 (plus de $ 5 en décembre 2001 et $ 4 en janvier 2000) les prix européens représentés par la cotation anglaise se sont effondrés au-dessous de $ 1 en juillet, mais sont remontés au-dessus de $ 3 en fin de 2002.

Il n'y a aucun doute sur l'abondance du gaz naturel. À la fin de 2002, les réserves s'élevaient à plus de 135 trillions de m^3. Elles ont doublé en vingt ans et le ratio actuel réserves/production atteint soixante ans. Les ressources existantes, y compris les réserves à découvrir, couvriront les besoins pour cent soixante-dix à deux cents ans. La répartition est très inégale : 37 % dans chacune des deux

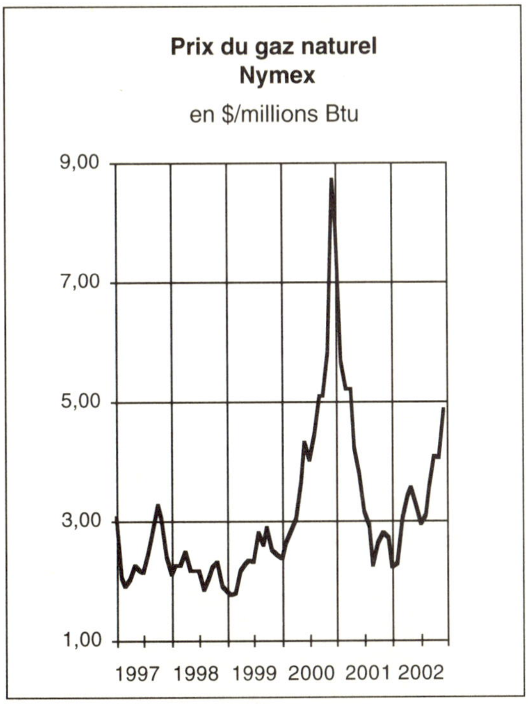

GAZ NATUREL	1999	2000	2001
Production commercialisée			
Amérique du Nord	**704,15**	**723,44**	**737,12**
Canada	175,75	183,29	186,81
États-Unis	528,4	540,15	550,31
Amérique Latine	**128,86**	**131,85**	**137,39**
Argentine	34,56	37,41	37,15
Mexique	34,81	34,84	35,31
Venezuela	30,90	27,20	31,37
Europe	**274,45**	**278,79**	**282,65**
Norvège	49,88	51,14	54,60
Pays-Bas	72,03	67,75	72,26
Royaume-Uni	98-71	108,33	105,90
Europe Centrale	**23,76**	**23,64**	**23,01**
Roumanie	14,20	13,60	13,00
Ex-URSS	**702,86**	**723,24**	**725,09**
Russie	589,70	594,30	580,80
Ouzbékistan	55,58	56,40	57,00
Turkménistan	22,80	47,00	51,30
Afrique	**116,09**	**125,47**	**129,55**
Algérie	82,00	83,24	80,30
Moyen-Orient	**192,79**	**215,82**	**233,80**
Abou-Dhabi	27,20	29,00	34,10
Arabie Saoudite	46,20	49,81	53,69
Iran	52,95	60,24	61,50
Qatar	24,00	29,10	32,40
Asie-Océanie	**254,42**	**267,71**	**280,67**
Australie	31,70	32,80	33,80
Indonésie	66,40	66,80	66,30
Malaisie	41,06	42,42	47,76
Monde	**2 397,38**	**2 489,96**	**2 549,88**

(en milliards de m^3) *(Source : Cedigaz)*

zones : ex-URSS et Moyen-Orient, 7,2 % en Afrique et 3,2 % en Europe, Norvège incluse. Les réserves américaines représentent elles aussi 3,2 % du total mondial, soit neuf ans de consommation seulement.

Tendances de la demande et évolution des grandes zones de consommation et d'importation

La part du gaz naturel dans la consommation d'énergie primaire et la production d'électricité, déjà substantielle, va s'accroître fortement dans les vingt prochaines années : elle devrait alimenter la moitié de l'accroissement de la production d'électricité, réduisant ainsi la part du charbon qui conserverait cependant la première place.

L'Europe a de grandes ambitions gazières et cherche à diversifier ses sources d'approvisionnement. Le rythme de croissance de la demande, globalement soutenu, est inégal et dépend d'une année sur l'autre de l'évolution des prix relatifs des énergies. Cependant, la pénétration du gaz se poursuit dans les usages domestiques et la production d'électricité. À moyen terme, pour l'approvisionnement de l'Europe, la question posée est de savoir si les énormes investissements requis pour réaliser les infrastructures de production et de transport pourront trouver un financement et si les décisions d'investissement seront prises en temps utile. En 2001, la consommation de l'Union européenne s'est élevée à 423 milliards m^3, en augmentation de 2,7 % sur 2000. La production domestique était de 241 milliards m^3 (+ 0,9 %) et les importations de 173 milliards m^3 (– 4 %). La Russie a fourni 70 milliards m^3, suivie de l'Algérie et de la Norvège, chacune pour environ 50 milliards m^3. Les gazoducs russes peuvent transporter 165 milliards m^3. En ce qui concerne les huit gazoducs qui relient la Norvège à l'Allemagne, la Belgique, la France et le Royaume-Uni, leur capacité est de 88 milliards m^3. Quant à ceux qui viennent d'Algérie, ils ont une capacité combinée de 34,7 milliards m^3. Avec 28 milliards m^3, le GNL ne couvre que 6,6 % de la consommation de l'Union européenne, mais son importance doit augmenter rapidement et les importations doivent atteindre 59 milliards m^3 en 2006. La Commission reconnaît que l'ouverture totale des marchés et la concurrence ouverte ne seront pas suffisantes pour répondre aux besoins et surmonter les risques et que certaines formes d'interventions concertées seront indispensables. Les trois compagnies important la plus grande quantité de gaz en Europe (chacune plus de 40 milliards m^3, soit plus de 50 % des importations totales à elle trois) sont l'ENI, Rhurgas et GDF.

La Turquie : un marché convoité

La Turquie est au centre de nombreuses stratégies de fournitures de gaz naturel. Elle deviendra dans les années qui viennent un des premiers importateurs mondiaux de gaz. Les contrats actuellement signés portent sur un volume de 68 milliards m^3 pour 2010-2015. Le premier fournisseur est la Russie, les livraisons directes par le gazoduc Blue stream sous la Mer Noire, dont la décision de doublement vient d'être prise, ont commencé en 2002 (capacité à pleine charge de 16 milliards m^3) ; du gaz russe parvient par ailleurs à la Turquie par voie terrestre via l'Ukraine, la Roumanie et la Bulgarie. Les autres fournisseurs sont l'Iran, l'Algérie (GNL), le Nigeria (GNL) et prochainement le Turkménistan et l'Azerbaïdjan. Les importations de gaz devraient atteindre 40 milliards m^3 dès 2005. On observe une révision à la baisse des prix et des volumes de gaz naturel livrés à la Turquie par l'Iran, sur la base d'un contrat initial de vingt-cinq ans débutant en décembre 2001 et devant porter en régime de croisière (2007) sur 10 milliards m^3 par an. Les livraisons ont commencé en décembre 2001, au niveau de 4 milliards m^3 par an, mais elles dépassent les besoins actuels de la Turquie, qui se plaint par ailleurs de la mauvaise qualité du gaz livré. Très désireuse de maintenir ses relations avec son premier client gazier contractuel, considéré de plus comme une porte vers des ventes ultérieures vers l'Europe, l'Iran aurait accepté de réduire ses prix et ses livraisons actuelles.

Aux États-Unis, la demande est assez stable, mais la production en baisse

Les États-Unis connaissent des problèmes sérieux d'ajustement de l'offre à la demande avec une baisse importante depuis un an de la production, sans indications d'un retournement proche. L'Administration a tendance à surestimer la possibilité de solutions à court terme par recours aux importations canadiennes au GNL et aux ressources gazières non-conventionnelles. La production canadienne est aussi en régression avec des déceptions concernant certains champs prometteurs et des échecs de projets GNL. Les questions de stockage sont de plus en plus pressantes, avec la quasi-totalité des nouvelles centrales électriques fonctionnant au gaz naturel et l'existence désormais de deux pics de consommation : l'hiver à cause du froid et l'été à cause de la climatisation.

En Asie, les contraintes énergétiques pèsent lourdement sur les pays d'Asie de l'Est, en particulier la Corée et le Japon, et sont une des préoccupations majeures des responsables chinois. La prédominance du charbon, abondant et à coûts bas reste incontestable, mais le recours au gaz naturel paraît une solution particulièrement bienvenue pour remplacer ce charbon, extrêmement polluant, et répondre à la demande rapidement croissante d'électricité. La Corée, qui n'a pas de source nationale d'énergie, recourt de façon croissante au gaz naturel, notamment pour la production d'électricité. Elle a doublé ses importations entre 1995 et 2001. Elle recherche des moyens relativement sûrs et des prix acceptables pour accroître l'offre. La Chine s'intéresse de plus en plus au gaz naturel et envisage d'importer du GNL en complément de ses grands projets de gazoducs d'Asie Centrale.

Le Japon est le troisième importateur mondial de gaz naturel, après les États-Unis et l'Allemagne, et le premier importateur de GNL puisque toutes ses importations (environ 75 milliards m^3) se font par cette technique ; la croissance de sa consommation est réduite par la crise économique qui le frappe.

Parmi les exportateurs, les positions acquises se consolident et de nouveaux intervenants apparaissent

Les ambitions russes s'affirment. Gazprom est le géant mondial du gaz et assure la quasi-totalité de la production russe. Le gouvernement Poutine n'entend pas démanteler la compagnie, malgré sa puissance, mais veut favoriser la concurrence de la part d'autres entreprises russes (pétrolières seulement jusqu'ici) et imposer un contrôle renforcé du gouvernement. Les prix internes du gaz ont été relevés en 2002, mais ne représentent qu'à peine 20 % des prix d'exportation. La compagnie a annoncé une hausse de 50 % de ses investissements en 2002 (près de $ 5 milliards). Elle devait notamment s'associer à Shell dans la mise en œuvre du projet Sakhaline 2 qui prévoit outre une production importante de pétrole, la construction d'une installation de GNL (9,6 mt par an) au sud de l'île de Sakhaline pour exportation vers le Japon et la Corée du Sud.

Le problème majeur de Gazprom, dont la production est en baisse depuis quelques années, est le vieillissement des gisements et des installations existantes et les difficultés d'accès à ses énormes réserves (26 000 milliards m^3 en Sibérie lointaine et sous l'Arctique). Les coûts sont très élevés et les investissements requis pour l'exploitation sont colossaux. Le développement des gigantesques champs de Yamal (le potentiel est estimé à 6 000 milliards m^3) pourrait exiger un investissement de $ 70 milliards d'ici 2 030. Gazprom recherche donc des accords avec les compagnies internationales, sa stratégie consistant à autoriser les investissements dans l'amont à condition qu'il y ait des participations dans les projets de gazoducs. À moyen terme, le géant russe du gaz voudrait stabiliser sa production autour de 530 milliards m^3 par an. Ses ventes à l'exportation auraient dépassé $ 14,5 milliards en 2001 et devraient être légèrement inférieures en 2002. Les contrats conclus à long terme atteignent 2 400 milliards m^3 pour un total de l'ordre de $ 250 milliards, ils garantissent le contrôle d'un quart du marché européen pour les dix à quinze prochaines années. La firme entend développer les exportations vers les marchés asiatiques, elles pourraient dépasser les ventes vers l'Europe en 2020).

En novembre 2002, Gazprom a signé un mémorandum avec le Pakistan pour réactiver le projet de gazoduc Iran-Pakistan-Inde (IPI). Ce projet de 1994 entre Iran et Inde était alors irréalisable du fait de la position américaine sur l'Iran et des troubles au Cachemire. Gazprom développe une stratégie en trois temps pour la relance : choix de l'option sous-marine plus sûre (coût $ 3,2 milliards) par accord INOC/Gazprom longeant le Pakistan jusqu'à l'Inde imitant la stratégie Blue Stream) ; tentative de convaincre les Indiens réticents pour un acheminement par le Pakistan (appui de Poutine au projet lors de sa visite en Inde) ; décrédibiliser la voie afghane pour le gaz Turkmène. Cette option de voie transafghane pour acheminer vers le Pakistan sur 160 km du gaz de Turkménistan avait été présentée avec beaucoup d'excès comme une raison majeure de l'intervention américaine en Afghanistan. Le projet n'est que l'une des nombreuses options pour l'évacuation du gaz d'Asie Centrale. Il est relancé aujourd'hui par la Banque Mondiale qui y voit un élément prometteur pour une rénovation de l'économie afghane et est à la recherche de financiers possibles ; la voie devrait logiquement être prolongée vers l'Inde, mais les obstacles politiques sont aujourd'hui insurmontables.

Gazprom veut construire un gazoduc sous la Baltique pour desservir directement l'Europe (Gazoduc Nord européen de 3 000 km, coût de $ 5,7 milliards, 20 à 30 milliards m^3 par an). Il pourrait atteindre Bacton, centre du réseau britannique. La Commission Européenne l'a inscrit sur la liste des quatre projets de réseau transeuropéens (avec Shtockman gas field, the Yamal gas pipeline et Adria oil pipeline) justifiant « une attention ».

Gazprom a aussi conclu un accord avec Petrochina (opérateur) et Sinopec pour la participation à la construction d'un gigantesque gazoduc joignant le bassin du Tarim, au Nord-Ouest de la Chine (Xianjang) vers Shangai (le consortium animé par Shell a son siège à Hong Kong). La distance serait de 4 200 km pour un coût de $ 18 milliards, une extension étant possible vers le Japon et la Corée. Les Chinois détiendront 55 % et le consortium 45 %. La Russie a rétabli ses positions dans les républiques anciennement constitutives de l'URSS et consolide maintenant son retour. Elle accepte le transfert vers l'Europe par son réseau domestique du gaz kazakh dont la production va rapidement augmenter, et éventuellement du gaz turkmène et ouzbek Par cette réorientation de sa politique, elle réussit ainsi à contrôler des concurrents potentiels et les empêche de vendre à bas prix leur gaz, ce qui la contraindrait à les imiter, réduisant ainsi ses recettes des ventes de gaz, ressources extérieures majeures du pays. L'obstacle déterminant est la vétusté du réseau central asiatique, construit il y a plus de trente ans par l'URSS, et qui peut difficilement assurer la fiabilité de cet accroissement d'utilisation.

PRODUCTION MONDIALE D'ÉNERGIE 2001

Gaz naturel

Pays	**Milliards de m³**	**% du total**
Russie	575,4	22,4
États-Unis	549,9	21,4
Canada	186,1	7,3
Royaume-Uni	112,7	4,4
Algérie	80,3	3,1
Total 5 pays	**1 504,5**	**58,6**
Pays Bas	77,8	3,0
Indonésie	64,6	2,5
Iran	61,5	2,4
Norvège	57,5	2,2
Arabie Saoudite	53,7	2,1
Total Monde	**2 566,6**	**100,0**

(Source : Enerdata)

L'Algérie exporte actuellement 65 milliards m^3 de gaz naturel, moitié par gazoducs, moitié sous forme de GNL. Elle entend tirer au maximum profit de sa position géographique pour accroître sa pénétration du marché européen et vise le marché américain, grand demandeur de GNL dans les prochaines années. Elle veut aussi doubler d'ici 2010 sa consommation intérieure de gaz naturel afin de la faire passer à 22 milliards m^3. Une nouvelle législation proposée par le ministre de l'Énergie, Chékib Khélil, fait l'objet de très vifs débats dans le pays. Elle est destinée à rendre encore plus attractive pour les compagnies étrangères l'exploration/production en Algérie. Une participation à 51 % de Sonatrach ne serait plus exigée pour tous les permis, la part de celle-ci serait de 30 % pour les futures découvertes. Une très grande partie du territoire pourrait faire l'objet de permis pour lesquelles la Sonatrach serait en vraie concurrence dans le secteur gazier, les compagnies pourraient construire leurs propres gazoducs et terminaux. L'Algérie envisage de porter de 24 milliards de m^3 par an à 27,5 milliards la capacité du gazoduc Enrico Mattei (Algérie, Tunisie, Italie) et de construire une seconde conduite vers l'Italie de 8/12 milliards m^3 de capacité. On note l'avancement d'un projet de nouveau gazoduc direct vers l'Espagne, Medgaz, joignant Benisaf en Algérie à Alméria d'une capacité initiale de 8 milliards m^3, avec des engagements signés pour 7 milliards m^3 ; la mise en chantier est désormais pratiquement assurée. Les acheminements par le gazoduc Maghreb/Maroc traversant le Maroc et a fortiori l'augmentation de ses capacités, pourraient se trouver perturbés par les querelles entre l'Algérie et le Maroc, maintenant que la libéralisation du gaz en Europe ne permet plus une gestion de tronçons totalement indépendants, mais exige une convention de transit avec le Maroc qui peut la refuser. L'Algérie a commandé au Japon deux navires pour le transport de GPL (Gaz de Pétrole Liquéfié, tel le butane). Elle entend assurer par sa flotte la moitié de ses exportations de GPL, ce qui permet une forte valorisation des hydrocarbures.

La Libye veut développer sa production de gaz naturel, mais se heurte à des difficultés pour trouver des investisseurs intéressés.

Au Moyen-Orient : Qatar, détenteur de l'un des plus grands champs gazier du monde, s'impose de plus en plus comme un des futurs « grands » du gaz dans le monde. Les installations de GNL alimentent depuis 2000 le marché asiatique et leur capacité atteint 14 milliards m^3 par an. Les responsables de l'Émirat envisagent de les porter à 35 milliards m^3 en 2010. Un gazoduc doit permettre de desservir à courte échéance les pays du Golfe voisins peu dotés en gaz et, à plus long terme, on étudie très sérieusement les possibilités d'atteindre directement le marché européen par gazoduc intercontinental. Par ailleurs, Qatar est en pointe dans le domaine prometteur des projets GTL (Gas To Liquid, c'est-à-dire transformation du gaz naturel en carburant liquide sans souffre pour le secteur des transports). Les contrats pour trois usines devraient être signés d'ici à la fin de l'année, en partenariat avec l'entreprise sud-africaine Sasol qui a une grande expérience dans ce domaine. Le Qatar deviendrait ainsi le premier site mondial de « raffinerie verte ».

L'Iran fonde de grands espoirs sur la mise en valeur de ses énormes ressources en gaz naturel (13 % des réserves mondiales) en particulier pour le champ géant de South Pars qui est la continuation dans le Golfe du gisement, lui aussi géant, de Qatar. TotalFinaElf est fortement engagé ; la société norvégienne Statoil va prochainement développer un autre segment du champ.

En Égypte, un projet gazier mené par British Gas et réunissant un consortium d'entreprises auxquelles GDF s'est récemment joint, est très avancé ; un contrat à long terme est signé avec Gaz de France pour une fourniture de 3,5 milliards m^3 par an (EDF, par ailleurs, construit deux centrales électriques avec turbines à gaz dans la zone du canal). Un second train de GNL proche du premier, est sérieusement envisagé ; du fait des économies d'infrastructure, le coût serait la moitié de celui du premier.

Le GNL suscite un intérêt croissant et un foisonnement de projets

Si tous les projets annoncés sont réalisés, la capacité de liquéfaction et transport de GNL devrait augmenter de 79 millions de tonnes équivalent pétrole par an d'ici 2007, passant de 135 millions de tonnes à 214 millions de tonnes par an. La concurrence sera forte entre les nombreux fournisseurs possibles d'ici cinq ans. La dernière conférence Gastech, qui a réuni à Qatar à l'automne 2002 les principaux représentants de la profession, a été dominée par les perspectives du GNL. Le marché évolue rapidement : face aux rigidités contractuelles et techniques qui le caractérisent, on voit émerger des éléments de flexibilité qui confèrent à cette technologie un potentiel commercial bien au-delà de son rôle actuel dans le commerce international. Les commandes de méthaniers se multiplient (cinquante-six navires actuellement en commande, la flotte augmentera de 56 % dans les cinq prochaines années et progresserait de 7,5 % par an d'ici 2015) et leur taille est en forte augmentation. Les innovations se multiplient en matière de montages industriels et financiers, associant selon des formules très diverses les pays producteurs, les compagnies, les transporteurs et les utilisateurs.

La globalisation du marché du GNL se poursuit donc. Avec la multiplication des projets, une concurrence forte existe entre les détenteurs de réserves exportables sous cette forme. L'Australie vient de réduire de 25 % le prix de ses livraisons à la Chine, qui a obtenu une réduction de même montant de l'Indonésie. Les grandes ambitions du Qatar de devenir un fournisseur majeur du marché asiatique (et à plus long terme, celles de l'Iran) se trouvent ainsi compromises. Le surcoût de transport du GNL du Golfe vers l'Asie de l'Est est en effet important par rapport au transport depuis l'Indonésie et l'Australie. Cherchant à se tourner davantage vers la clientèle européenne, les producteurs de GNL du Golfe doivent maintenant faire face à la concurrence du gaz naturel Nigérien et de Trinidad ; le surcoût dû à la distance est moindre mais le péage pour le passage du Canal de Suez entraîne une dépense supplémentaire annulant cet avantage. Seule l'Algérie bénéficie d'une prime de proximité incontestable.

La tendance dominante est cependant à la croissance et on peut relever nombre d'exemples représentatifs du dynamisme du marché du GNL. L'Algérie désire diversifier ses débouchés en vendant du GNL aux États-Unis, tandis que ceux-ci veulent diversifier leurs fournisseurs. La réouverture aux importations des États-Unis reflète le besoin croissant de gaz et les inquiétudes sur la capacité de l'offre continentale (essentiellement le Canada) à les satisfaire. La construction de nouveaux terminaux est indispensable, d'autant que les grands importateurs demandent l'abandon de la pratique de terminaux ouverts à tous les fournisseurs pour les remplacer par des installations qui leur soient propres, mais elle se heurte de plus en plus au syndrome du : « not in my backyard » (pas dans mon voisinage) qui conduit les populations à refuser toute implantation d'installations énergétiques dangereuses et polluantes dans leur environnement.

On confirme la décision de construction du troisième train de GNL à Oman ($ 600 millions d'une capacité de 3,2 millions de tonnes par an, la moitié de la production sera achetée par Union Fenosa et la recherche d'acheteurs pour le reste se poursuit. On fait état de projet de chaîne GNL en Guinée Équatoriale (gisements off shore exploités par Marathon). Au Venezuela un accord est conclu entre PDV, Shell et Mitsubishi pour l'étude d'une première installation GNL (2007). Les opérations commerciales de la Joint venture GDF/Sonatrach (Med LNG) créée en 2001 ont débuté par la vente de trois cargaisons de GNL à la Corée. La Chine se lance dans l'importation de GNL, sa consommation de gaz devrait passer de 40 milliards m^3 par an en 2001 à 66 milliards en 2010, voire bien davantage, et une partie importante de cette consommation serait assurée par du GNL.

Les marchés spot se développent et donnent une souplesse croissante aux approvisionnements gaziers. Ils ont représenté 10,8 milliards m^3 (en hausse de 42 %) en 2001, soit 182 cargaisons. Les principaux exportateurs engagés dans les échanges spot sont Trinidad, l'Algérie, l'Indonésie et le Nigeria, la tendance se renforce en 2002 avec en particulier l'apparition en force de Qatar. Le marché spot représentait 1,3 % des échanges de GNL en 1992 et 7,8 % en 2001. Les swaps se multiplient, donnant de la fluidité au marché en permettant des arbitrages entre zones en fonction des différentiels de prix. Selon une entreprise gazière belge qui enregistre un rapide accroissement des opérations ponctuelles au terminal de Zeebrugge, portant sur du gaz de provenance très diversifiée (Qatar, Nigeria, Oman) « la destination du gaz est de plus en plus déterminée par les transactions à court terme ».

« L'Opep du gaz » reste encore virtuelle. Face aux évolutions rapides de la demande et des conditions de marché, les exportateurs de gaz naturel cherchent à promouvoir leurs intérêts communs et ont tenu en mai 2001 à Téhéran le premier forum des pays exportateurs de gaz (FPEG). Les participants se défendent de vouloir édifier un cartel s'inspirant de l'Opep ou même d'un groupe de pression et affirment qu'ils entendent se limiter à des discussions politiques et à des coopérations techniques En février 2002, cependant, lors de leur seconde réunion à Alger, les positions affichées par

LES MARCHÉS

l'Algérie et la Russie ont pu être interprétées par certains milieux comme un préliminaire à une réaction concertée contre la libéralisation des marchés, en particulier dans l'Union européenne, et une étape vers une organisation pouvant exercer une véritable influence sur ces marchés. L'une des inquiétudes majeures, exprimée en particulier par le ministre algérien du pétrole, est la mise en cause d'un des éléments clefs de l'économie des contrats entre les pays vendeurs : les compagnies acheteuses seraient désormais obligées de libérer du gaz contracté au bénéfice des compagnies concurrentes. Malgré l'absence de la Norvège et du Turkménistan, les quinze pays présents possèdent 71 % des réserves mondiales de gaz, assurent 42 % de la production, 53 % des exportations par gazoduc et 84 % des exportations de GNL. Ils occupent ainsi sur le marché du gaz une place plus importante que les onze membres de l'Opep sur celui du pétrole. On est cependant encore loin d'un Opep du gaz et il n'est pas certain que l'adoption d'une posture défensive par les principaux exportateurs soit la réponse la mieux adaptée aux bouleversements du marché, à la montée de la concurrence, au désir des consommateurs en tête desquels se trouve l'Union européenne, de diversifier et de sécuriser leurs approvisionnements. S'ils veulent influencer de façon favorable la libéralisation du marché du gaz, les producteurs ont sans doute avantage à être parties prenantes de cette libéralisation, plutôt que de s'y opposer.

La déréglementation et l'ouverture du marché du gaz restent au programme de l'Union européenne. La France témoigne toujours d'une grande réticence à ouvrir le capital de Gaz de France, pour lui permettre de devenir une véritable entreprise gazière internationale, et pas simplement un distributeur de gaz importé ; elle reste tout aussi réticente à l'ouverture effective des marchés à la concurrence. En novembre, la ministre française de l'Industrie a annoncé un accord avec la Commission pour l'ouverture totale du marché du gaz et de l'électricité au secteur résidentiel en 2007-2008 (la Commission demandait 2005) après l'achèvement de l'ouverture au secteur professionnel en 2004. À l'automne 2002, la Commission a proposé une directive « sur les mesures susceptibles de sauvegarder la sécurité de l'offre de gaz naturel ». Elle estime que depuis 1995 la production d'électricité à partir du gaz naturel représente 50 à 60 % de tous les nouveaux investissements dans le secteur électrique. Cette situation devrait se poursuivre, les deux tiers de l'accroissement de la demande de gaz devant provenir du secteur électrique. Cette tendance associe donc la sécurité de l'approvisionnement en gaz à celle de la production d'électricité et justifie les préoccupations de la Commission. La directive envisage deux obligations majeures : les États membres doivent définir une politique de sécurité des approvisionnements ; ils doivent adopter des mesures à cette fin. L'accent est particulièrement placé sur le stockage, la situation des pays est très hétérogène dans ce domaine et les comparaisons difficiles. La Commission entend encourager les contrats à long terme (mais ils sont définis de façon contestable comme des contrats de plus d'un an) avec les pays non membres de l'Union européenne et organiser l'allocation des ressources entre membres en cas de crise d'approvisionnement. Elle veut aussi créer un organisme de régulation, le système européen d'observation. Cette directive, qui paradoxalement, introduirait une forme d'intervention de la Commission alors qu'elle encourage le processus de libéralisation, suscite de nombreuses critiques et sera certainement aménagée avant son adoption.

Un dialogue Russie/Union européenne a été établi en 2000, au cours d'un sommet biannuel entre les deux entités. La première réalisation concrète est la création à Moscou en 2002 d'un centre technologique destiné à focaliser la coopération en matière de pétrole, gaz, électricité, charbon, énergies renouvelables et efficacité énergétique. L'un des objectifs majeurs est l'encouragement aux investissements des entreprises de l'Union européenne dans le secteur énergétique. L'obstacle le plus difficile à surmonter est l'absence de loi sur les accords de partage de production (du fait d'une opposition forte de certains milieux pétroliers russes) et une fiscalité inadaptée. L'Union européenne insiste sur l'importance pour les investisseurs potentiels d'un accès non discriminatoire aux moyens de transport. Les Russes attendent le concours de l'Union européenne pour deux grands projets gaziers : le gazoduc transeuropéen du Nord et le développement d'un grand champ sibérien.

Les conséquences de la faillite et du scandale Enron sur les marchés financiers et la gouvernance des entreprises sont considérables, mais elles sont limitées sur le fonctionnement technique du marché gazier. D'autres firmes de négoce et de transit du gaz naturel ont récupéré les activités souvent artificiellement gonflées de la firme sans que des problèmes particuliers soient signalés. Par contre, l'impact sur la situation financière de firmes solides, mais exerçant dans ce domaine devenu objet de défiance, peut être significatif. On en a une illustration dans le cas d'une entreprise saine comme El Paso, atteinte par le « syndrome Enron » – syndrome qui affecte toutes les entreprises de négoce en énergie – qui a vu le cours de ses actions baisser de 88 %. Elle a dû céder à Statoil (Norvège) ses droits à un tiers des capacités de l'usine de regazéification de Cove Point sur la côte Est des États-Unis, destinée à utiliser les 2,5 milliards m^3 annuels qu'elle devait acheter en Norvège. Sa stratégie de pénétration du marché européen au moment où, du fait de la dérégulation il s'ouvre à de nouveaux acteurs, doit ainsi être révisée à la baisse.

Charbon

Comme déjà en 1993 et en 1999, c'est en août que s'est opéré le retournement 2002 des prix à la hausse. Depuis janvier 2001, rien ne semblait pouvoir stopper la dégringolade sur les marchés spot des charbons vapeur, européen et asiatique, jusqu'à ce que $ 26 CIF la tonne pour du 6000 kcal/kg paraisse un plancher increvable et que les prix remontent pour terminer l'année entre $ 30 en Asie et $ 34 en Europe. Ce rebond annonce-t-il le début d'un nouveau cycle ou n'est-il que l'expression momentanée de tensions sur les marchés de l'énergie dans un contexte d'exceptionnelle instabilité politique ? Un retour sur les raisons de la chute des prix éclaire le débat.

Vingt mois de baisse ininterrompue des prix du charbon vapeur

De $ 43,07 en décembre 2000, les prix spot ont baissé sans paliers jusqu'à $ 25,98 en août 2002 sur le marché de Rotterdam, soit le point le plus bas observé depuis 1991. Sur celui de Singapour, la chute a été de moindre ampleur ($ 37,75 – 26,60) et plus irrégulière, mais le sens du mouvement identique. Quels en ont été les déterminants ?

Très influents sur la glissade des prix CIF en 2001, les taux du fret transatlantique n'ont plus joué sur celle de 2002, bien au contraire, puisque leur baisse a fait place à une hausse. Sur l'itinéraire Richards Bay (Afrique du Sud)-Rotterdam, par capesize, les taux qui étaient tombés à $ 4,85 la tonne en janvier 2002 sont remontés à $ 5,00 en mars, $ 6,75 en février, $ 6,85 en avril pour atteindre finalement $ 8,60 en novembre et 10,50 fin décembre, soit des niveaux très supérieurs aux $ 7,00 qu'avaient anticipés les brokers six mois plus tôt. La tendance n'a pas été très différente pour les autres types de vraquiers (panamax, handysize et handimax) et sur les autres itinéraires de l'Atlantique (Hampton Roads ou Bolivar-Rotterdam) et du Pacifique (Queensland ou New South Wales – Corée ou Japon). Plusieurs évolutions ont concouru à la hausse : en dépit des craintes provoquées par les nouveaux tarifs douaniers des États-Unis sur les importations d'acier, la demande de transport maritime est restée soutenue tout au long de l'année ; contrairement à celle de

PRODUCTION MONDIALE D'ÉNERGIE 2001

Charbon et lignite

Pays	**Millions de tonnes**	**% du total**
Chine	1293,7	27,2
États-Unis	1017,3	21,4
Inde	336,9	7,1
Australie	323,7	6,8
Russie	249,2	5,2
Total 5 pays	**3220,9**	**67,6**
Afrique du Sud	225,6	4,7
Allemagne	206	4,3
Pologne	163,8	3,4
Indonésie	92,5	1,9
Ukraine	85,5	1,8
Total Monde	**4761,5**	**100,0**

(Source : Enerdata)

panamax, gonflée par l'entrée en service de nouvelles unités, l'offre de capesize a toujours été tendue et devrait le rester si l'on en croit la perspective d'une forte réduction en 2003 de la croissance des tonnages mis en service.

Baisse des prix CIF et hausse des taux de fret signifient donc une forte chute des prix FOB qui a alimenté dès janvier 2002 un sentiment *bearish* dans tous les pays producteurs. Mauvais signe en Australie, les traditionnelles tables rondes nippo-australiennes, destinées à fixer des prix de référence avant le début de l'année fiscale japonaise (1er avril), se sont déroulées dans une totale confusion. Elles se sont finalement achevées courant mai sur un refus par les sidérurgistes de la hausse de $6 qui leur était demandée pour les charbons hard coking et sur une baisse de prix des charbons vapeur, variable de 7 à 15 % selon le pouvoir de négociation de chaque compagnie électrique. Pire encore, ces prix de référence ont perdu une bonne part de leur crédibilité face à la baisse continue des prix spot, si bien qu'à qualité strictement égale, les charbons vapeur, vendus $ 29,77 la tonne départ Gladstone (Australie) en décembre 2001, ne l'étaient plus qu'à $ 28,51 en mars 2002, $ 26,62 en juin et $ 22,50 en août.

Les Sud-africains n'ont pas fait mieux. Après avoir proclamé tout au long du premier trimestre 2002 qu'ils n'accepteraient pas de vendre à moins de $ 29 la tonne de charbon vapeur, ils ont négocié à $ 24,69 en juin et 20,80 fin août.

Les deux grands exportateurs ont été acculés par une concurrence impitoyable, venue de tous côtés. Sur le marché de l'Atlantique, ce sont les Colombiens (Drummond, Cerrejon Zona Norte, Carbones del Caribe) qui ont attaqué en début d'année pour écouler vers l'Europe occidentale les volumes qu'ils ne pouvaient plus placer aux États-Unis où l'effondrement de la demande, qualifié de « blood bath » par un opérateur, a laissé sans débouchés une production en forte hausse, comme celle du Powder River Basin, et fait passer les prix sous la barre psychologique des $ 20 la tonne. Du coup, les exploitants nord-américains, qui avaient déserté un marché international trop peu rémunérateur, ont tenté, sans grand succès, d'y reprendre pied, en proposant aux électriciens européens des charbons soufrés à $ 33 CIF. Convaincus tout au long du premier semestre 2002 que la baisse des prix allait se poursuivre, ces derniers s'en sont tenus à des transactions minimales pour couvrir leurs besoins immédiats. De fait, les stocks à Rotterdam sont restés élevés et l'offre pléthorique, alimentée, entre autres, par des ventes de charbon russe et polonais à moins de $ 30 la tonne CIF, donc à moins de $ 27 FOB.

Sur le marché du Pacifique, ce sont, comme en 2001, les Chinois qui ont tiré les prix à la baisse, tant par leurs propositions de prix dans les appels d'offre de la Corée ou de Taïwan que par leurs ventes sur un marché spot qui représente désormais 30 % des achats de pays comme le Japon ou la Corée. Derrière cette agressivité commerciale, on remarquera la montée en puissance, aux côtés de la CNCIEC (China National Coal Import & Export Corp.), des nouvelles compagnies que sont Shanxi et surtout Shenhua dont la production vient de passer de 36 millions de tonnes en 2001 à 50 en 2002. En proposant à la Corée des livraisons CIF à $ 26,6 (6000 kcal/kg) et 27,5 (6200 kcal/kg), les Chinois ont entraîné les Australiens et les

Tendance des échanges internationaux de charbon
(janvier-septembre 2002)

Exportations	**%**
Australie	3,5
Afrique du sud	– 18,4
États-Unis	– 22,8
Canada	– 18,7
Pologne	– 2,0
Chine	– 5,8
Importations	**%**
Japon	– 0,4
Allemagne	– 6,6
Royaume Uni	– 21,0

Source : International Coal Report

CHARBON + LIGNITE		2000	2001	2002	01/02
Production mondiale		**4 560**	**4 577**	**4 762**	**4,0 %**
dont	Chine	1 238	1 231	1 294	5,1 %
	États-Unis	998	976	1 017	4,2 %
	Inde	319	329	337	2,4 %
	Australie	291	307	324	5,5 %
	Russie	238	242	249	2,9 %
	Allemagne	205	205	206	0,5 %
	Afrique du Sud	224	224	225	0,4 %
	Pologne	171	163	164	0,6 %
	Indonésie	72	77	96	24,7 %
	Ukraine	80	82	86	4,9 %
	Canada	73	69	71	2,9 %
	Grèce	62	64	68	6,3 %
	Rép. Tchèque	59	65	66	1,5 %
	Royaume-Uni	37	31	32	3,2 %
	Colombie	33	38	43	13,2 %
Exportations mondiales		**575**	**636**	**696**	**9,4 %**
dont	Australie	170	177	193	9,0 %
	Afrique du Sud	66	70	69	– 1,4 %
	États-Unis	54	54	46	– 14,8 %
	Russie	32	40	40	0,0 %
	Colombie	30	36	38	5,6 %
	Canada	34	32	30	-6,3 %
	Pologne	27	27	28	3,7 %
Importations mondiales		**566**	**634**	**660**	**4,1 %**
dont	Japon	133	145	152	4,8 %
	Corée du Sud	55	64	65	1,6 %
	Taïwan	41	46	49	6,5 %
	Allemagne	29	31	36	16,1 %
	Royaume Uni	21	24	36	50,0 %
	Pays Bas	20	23	30	30,4 %
	France	19	21	17	– 19,0 %

(en millions de tonnes) *(Source : Enerdata)*

Indonésiens dans une spirale à la baisse. Les premiers ont pu suivre grâce aux progrès de productivité permis par la modernisation technologique des mines, l'amélioration des infrastructures de transport, un climat social apaisé et la baisse du dollar australien jusqu'à début 2002. Les seconds, en prenant appui sur les amples capacités de production mises en place au cours des dernières années, les bas salaires et la dépréciation de la roupie indonésienne.

Dérégulation des industries électriques, vivacité de la concurrence internationale et réorganisation des marchés ont poursuivi leurs interactions en 2002. En dépit du poids que les sidérurgistes et les électriciens accordent aux spécifications de chaque charbon, les ventes spot ont encore gagné du terrain sur les ventes contractuelles, sans doute parce que le trading électronique, du type de celui mis en place par Global Coal en Afrique du Sud, rend accessibles les informations détaillées indispensables à chaque transaction. Dans ce contexte, les relations traditionnellement fortes entre clients et fournisseurs, surtout en Asie pour des raisons de sécurité d'approvisionnement, ont continué à se déliter et fait une place grandissante à l'action des traders dont les anticipations amplifient les variations de prix. Par ailleurs, les frontières entre marché Atlantique et marché Pacifique ont subi de nouvelles altérations : les ventes de charbon vapeur australien et indonésien en Europe sont devenues de moins en moins marginales tandis que celles effectuées par l'Afrique du Sud aux cimentiers indiens et pakistanais ont renoué avec la présence des producteurs de ce pays sur les marchés asiatiques.

Le redressement des quatre derniers mois de 2002

L'évolution des taux de fret n'explique pas à elle seule les $ 4 (Singapour) à $ 7 (Rotterdam) gagnés par les prix CIF entre septembre et décembre 2002. De fait, tous les prix FOB ont repris plusieurs points au cours de ces quatre derniers mois, en remontant à $ 24-26 en Australie, 26-28 en Afrique du Sud et beaucoup plus en Pologne et en Russie où la fourchette a atteint 31-35, soit un gain de $ 7 à 10 par tonne.

Les signes d'un changement sont apparus, fin mai, sur le marché des charbons à coke, lorsque BHP Billiton et MIM ont vendu du *hard coking* à des sidérurgistes européens, puis à des Brésiliens, à des prix FOB de $ 48 et 49 la tonne. Prudents, les Japonais qui refusaient toujours les offres australiennes supérieures de $ 6 au prix de référence de 2001 ont laissé entendre qu'ils pourraient conclure à plus $ 3. Comme leurs homologues des autres continents, ils ont pris conscience d'un début de tension sur les charbons cokéfiables, tout en sachant que la taille de leur marché et la souplesse de leurs installations capables d'utiliser jusqu'à 65 % de *semi soft* étaient des atouts qu'il ne fallait pas brader en négociant trop vite. Moins patients, les producteurs canadiens ont immédiatement fait savoir qu'ils négocieraient sur la base d'une hausse de $ 3 à 4 la tonne. D'où sont venues les tensions ? De la forte croissance de la sidérurgie mondiale (10 % entre septembre 2001 et 2002, dont 25 % en Chine) et des réductions de production de charbon à coke opérées par plusieurs compagnies, à l'image de la Fording, deuxième plus grosse exportatrice mondiale de cokéfiable, qui a diminué ses exportations 2002 de 5 % (15 millions de tonnes) pour restaurer ses bénéfices érodés par la faiblesse des prix.

Deux mois plus tard, ces signes ont gagné les charbons vapeur sur le marché papier pour des livraisons début 2003, puis début août sur le physique, lorsque les prix spot se sont redressés de quelques cents à la faveur d'une croissance des importations par les États-Unis au moment où les réductions de production commençaient à se faire sentir. En Afrique du Sud, BHP Billiton avait annoncé dès avril une prochaine diminution d'1 million de tonnes tandis que Cerrejon Coal, en Colombie, avait abaissé ses objectifs de production 2002 de 22 à 18,5 millions de tonnes et qu'Anglo American en avait fait autant au Venezuela. Dans ce contexte, la contraction des stocks sur les quais de Richards Bay, suite à des difficultés ferroviaires, a alarmé les électriciens européens qui n'avaient pas encore reconstitué les leurs. Les prix CIF ont repassé à la hausse la barre de $ 30 qui s'est révélée insuffisante pour activer l'offre sud-africaine. Bien que handicapés par un fret de $ 10 la tonne, les charbons vapeur australiens et indonésiens ont trouvé facilement preneurs en Europe. Contagieuse, la hausse des prix s'est ainsi propagée au marché asiatique.

Simple accident ou nouveau cycle ?

Depuis le début des années quatre-vingt-dix, les transactions charbonnières internationales évoluent selon des cycles de durée variable mais compris, pour les charbons vapeur, dans une fourchette de prix de $ 20 à $ 35 FOB. Atteint en août, le plancher a poussé un certain nombre de producteurs à des réductions d'offre qui devraient maintenir les

Charbon : prix des transactions spot sur le marché asiatique
(en $/tonne)

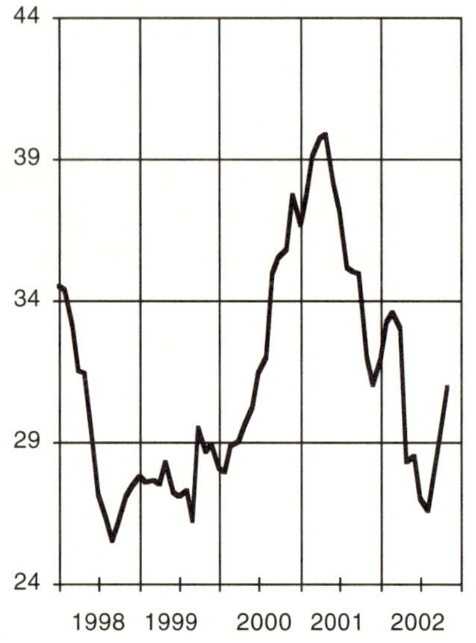

Source : McCloskey Coal Information Ltd

Charbon : prix des transactions spot sur le marché de Rotterdam
(en $/tonne)

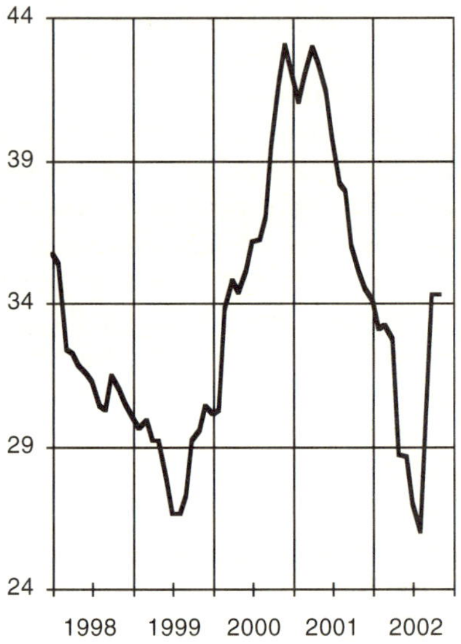

prix à la hausse jusqu'à ce qu'un marché plus rémunérateur les incite à remettre en service des capacités de production. Cette perspective est sous-jacente aux anticipations de prix CIF des charbons vapeur compris entre $ 33 et 36, selon les taux de fret, pour les six premiers mois de 2003.

La grande inconnue reste cependant la croissance de la demande de cette catégorie de charbon. Plus que les capacités de production excédentaires, c'est en effet elle qui a tiré les prix à la baisse pendant vingt mois. Trois évolutions l'ont expliquée en 2001-2002 : le ralentissement de l'activité industrielle dans de nombreux pays, particulièrement au Japon, premier importateur mondial de charbon ; le climat exceptionnellement doux de l'hiver dans l'hémisphère nord qui a fait stagner la consommation d'électricité ; la disponibilité, enfin, de gaz naturel bon marché dans les pays desservis par gazoducs qui a déplacé l'appel au charbon, souvent pour des raisons de qualité de l'environnement. De l'inflexion ou pas de ces trois évolutions dépendra le rythme de croissance de la demande de charbon en 2003, donc aussi le caractère durable de la phase haussière du cycle. S'y ajoute, dans le cas du Japon, l'effet encore difficile à apprécier de la nouvelle taxe imposée sur les importations de charbon, à compter du 1er avril 2003, pour inciter les électriciens à réduire leurs émissions de CO2, conformément au protocole de Kyoto.

Côté offre, l'une des inconnues est la vitesse à laquelle la Chine va poursuivre sa percée sur le marché international du charbon vapeur, notamment au Japon, en pratiquant une féroce concurrence par les prix. En sa faveur, les gros investissements que le pays entreprend pour moderniser son réseau ferroviaire et ses infrastructures portuaires. En sa défaveur, la forte croissance de la demande domestique qui tire les prix à la hausse, au-dessus des prix du marché international.

Énergie nucléaire

En 2002 la situation de la production électronucléaire dans le monde est restée inchangée. Mais le climat autour des politiques gouvernementales évolue dans un sens plus favorable à une reprise possible des commandes dans certains pays importants, en particulier les États-Unis d'ici 2005.

La part de la production électronucléaire stagne au niveau de 16 % de la production d'électricité dans le monde avec 356 GW installés fin 2002, elle se stabilise au niveau de 35 % dans l'Union Européenne et commence à décliner aux États-Unis où elle se situe encore au niveau de 20 %. Les fermetures de centrales sont compensées par la mise en service de réacteurs et l'amélioration du fonctionnement de réacteurs existants de 2 à 3 % dans ces deux régions. L'année 2002 a vu la mise en route de cinq réacteurs nucléaires ailleurs dans le monde ; ils sont tous localisés en Chine et représentent 3 000 MW environ, à comparer à deux mises en service en 2001 : un réacteur de 800 MW au Japon et un réacteur de 950 MW en Russie. L'Asie reste la seule région où la construction de réacteurs nucléaires est active, avec quatre réacteurs en construction en Chine, six en Corée et trois réacteurs au Japon. Les autres commandes en cours de réalisation sont en fait celles de réacteurs encore inachevés des ex-pays socialistes (onze au total) et de deux réacteurs russes en Iran.

L'Europe, et plus particulièrement l'Union Européenne, est la région aux tendances les plus opposées. A la concrétisation progressive mais réelle de la politique de retrait du nucléaire de la Suède (arrêt de Barbesäck I en 1999 et probablement de Barbesäck II en 2003) et de celle de l'Allemagne votée en 2000, fait écho désormais le vote en décembre 2002 d'une loi de retrait du nucléaire en Belgique (qui assure une production de 44 TWh, 58 % de la production du pays) qui devra se concrétiser par la fermeture des sept réacteurs entre 2015 et 2025. En Europe Centrale, la mise en service en 2001 de réacteurs enfin achevés après l'effondrement des régimes communistes en République tchèque (Temelin I et II) et en Slovaquie, s'est heurtée à d'importantes oppositions politiques et à des difficultés techniques, mais ils fonctionnent. Et, surtout, dans le cadre de l'élargissement de l'Union européenne, d'importantes exigences de sûreté sont imposées aux pays en accession qui vont devoir anticiper la fermeture de quatre réacteurs dans les pays (Lituanie, Hongrie). La fermeture de quatre autres réacteurs est visée en Bulgarie.

Par ailleurs, la libéralisation des marchés électriques semble entraîner plus de difficultés que d'avantages pour les propriétaires-exploitants de centrales nucléaires privatisées et pour les éventuels investisseurs. Toujours en Europe, en 2002, après l'effondrement des prix sur le marché de gros britannique, British Energy, le propriétaire des centrales nucléaires les plus récentes (12 GW), qui assurent 20 % de la production électrique, a dû recevoir un appui financier considérable du gouvernement britannique pour ne pas faire faillite, car les prix ne couvraient même plus ses charges d'exploitation, qui incluent le paiement des prix de la gestion des combustibles irradiés par retraitement et les provisions de démantèlement. Toutefois l'observation montre aussi aux États-Unis un regroupement des exploitants de centrales nucléaires derrière notamment Exelon et Entergy, et une amélioration de leurs performances d'exploitation. On observe de même un très bon positionnement concurrentiel et une bonne rentabilité des propriétaires de centrales en partie amorties aux États-Unis et dans certains pays européens (Allemagne, Belgique), malgré le décuplement des charges d'assurance répondant à un accroissement récent de la responsabilité civile des exploitants, comme en Allemagne (qui a suivi la Suède qui avait innové en ce sens en 1999). À ce bilan mitigé pour les réacteurs existants s'ajoutent les problèmes rencontrés au Japon en 2002 par le principal exploitant de centrales nucléaires TEPCO qui a délibérément violé les règlements de sûreté d'exploitation de ses centrales en provoquant une crise de confiance aiguë, ce qui illustre les exigences de la culture de sûreté à acquérir, même dans les pays technologiquement avancés.

Pour le long terme, aux problèmes d'acceptabilité sociale se superposent les difficultés d'investissements dans de nouveaux réacteurs en environnement concurrentiel, notamment en raison du risque réglementaire et du montant financier à investir (2 milliards d'euros par unité) et son immobilisation pendant la longue période de construction de sept ans. Mais, là encore, un exemple, celui de la décision finlandaise de construire un nouveau réacteur de 1 200-1 500 MW entre 2003 et 2009, montre que cela demeure possible, lorsque le candidat-investisseur (en l'occurrence le consortium TVO) trouve deux ou trois contrats de long terme avec de gros fournisseurs régionaux ou de grands consommateurs (papetiers, etc.). Les États pourront aussi décider d'avoir des dispositifs mobilisateurs. C'est le cas de celui instauré par la loi française de libéralisation du marché électrique de 2000 en anticipant le besoin de nouvelles capacités : il donne la possibilité de placer la production de futurs réacteurs hors marché en prévoyant une procédure d'appel d'offres

PRODUCTION MONDIALE D'ÉNERGIE 2001

Énergie hydraulique

Pays	**TWh**	**% du total**
Canada	331,3	12,6
Brésil	268,1	10,2
Chine	238,6	9,1
États-Unis	228,1	8,7
Russie	166	6,3
Total 5 pays	**1 232,1**	**47,0**
Norvège	121	4,6
Japon	97,4	3,7
Inde	80	3,1
France	78,6	3,0
Suède	78,5	3,0
Total Monde	**2 620,1**	**100,0**

Énergie nucléaire

Pays	**TWh**	**% du total**
États-Unis	805,7	30,4
France	422	15,9
Japon	325,3	12,3
Allemagne	171,2	6,5
Russie	134,4	5,1
Total 5 pays	**1 858,5**	**70,0**
Corée du Sud	112,1	4,2
Royaume-Uni	90,1	3,4
Ukraine	77,1	2,9
Canada	76,7	2,9
Suède	69,2	2,6
Total Monde	**2 654,2**	**100,0**

(Source : Enerdata)

pour les candidats-investisseurs pour l'obtention de contrats de long terme de vente d'électricité, avec le fournisseur principal au prix qu'ils proposent.

Ce sont ces cadres institutionnels qui accompagneront la relance possible des commandes nucléaires dans le futur. De fait, on a vu la Commission européenne affirmer, dans son Livre Vert de politique énergétique de l'automne 2001, un appui à l'option nucléaire qui serait seule à même de combiner la réduction des émissions de CO_2 et celle du risque de dépendance à grande échelle. Tout aussi importante paraît être la volonté de relance américaine résultant de l'Initiative Bush et concrétisée par le programme Nuclear Power 2010 de février 2002 du Department of Energy. Il s'agit d'un côté de simplifier et de standardiser les procédures d'autorisation et de certification des nouveaux réacteurs, obstacles traditionnels aux implantations en raison de leurs coûts, durée et risques. D'un autre côté il s'agit d'améliorer les réacteurs à eau légère « avancés » et de préparer la génération suivante (génération IV). Enfin le verrou du stockage des déchets nucléaires devrait en partie sauter avec l'autorisation fédérale votée en 2002 pour l'installation du centre de stockage de Yucca Mountain (Nevada) malgré l'opposition de cet État et ce, après quinze ans de blocages juridiques.

Électricité

Le développement des échanges libéralisés d'électricité a été autorisé par l'ouverture relativement récente de l'accès aux réseaux électriques. Il s'est accompagné de la mise en place de bourses électriques ou de pools pour faciliter le commerce et les coordinations techniques. La fonction de révélation de prix de court terme que jouent ces marchés organisés est importante. Elle facilite la définition des prix des contrats bilatéraux de vente qui constituent la grande majorité des échanges, même lorsque ces marchés sont étroits, comme c'est le cas en France ou en Allemagne. À côté de ces transactions canalisées par les bourses officielles ou les contrats bilatéraux, un commerce électronique adossé à des activités de *trading* commençait à fleurir aux États-Unis avant la chute d'Enron et la crise du marché californien de 2000-2001. Il commençait aussi à émerger dans certains pays européens. Mais les prévisions stupéfiantes de développement de ce commerce particulier ont fait long feu : certains voyaient encore début 2002 le volume de transaction atteindre $ 3 600 milliards en 2005 aux États Unis, pour un volume de $ 500 milliards atteints en 2000.

Le rétrécissement du trading électrique et du commerce en ligne

La chute d'Enron fin 2001 et la crise du marché californien ont mis à mal les activités de commerce électronique direct, notamment celles des traders indépendants qui ne sont pas adossés à des actifs de production aux États-Unis et par contrecoup en Europe. Le commerce électronique en ligne qui avait connu un décollage foudroyant en 2000 avec l'émergence d'un certain nombre de plateformes électroniques a considérablement régressé, faute de confiance dans les contreparties. Beaucoup avaient des bases économiques très fragiles sur lesquelles reposaient les décalages de trésorerie énormes résultant de leurs transactions à terme. De plus, la mise à jour des pratiques de manipulation des règles (*wash trades, round trip trades*) a amplifié la crise de confiance. La faillite d'Enron fin 2001 a été

PRODUCTION MONDIALE D'ÉNERGIE 2001
Électricité

Pays	Milliards de KWh	% du total
États-Unis	3 978,8	25,4
Chine	1 478,0	9,4
Japon	1 104,2	7,0
Russie	880,0	5,6
Canada	584,1	3,7
Total 5 pays	**8 033,1**	**51,2**
Allemagne	579,0	3,7
Inde	559,5	3,6
France	550,1	3,5
Royaume Uni	383,8	2,4
Brésil	323,7	2,1
Corée du Sud	309,7	2,0
Italie	279,6	1,8
Espagne	237,4	1,5
Total Monde	**15 690,2**	**100,0**

(Source : Enerdata)

suivie par celle de Dynegy en 2002. Les quinze autres compagnies de *trading* énergétique importantes (Williams, El Paso, Reliant, etc.) ont vu leur action chuter au quart ou au vingtième de leurs valeurs entre janvier et août 2002. Les quelques entreprises électriques qui avaient développé d'importantes activités de trading abandonnent presque toutes ce métier. Leurs pertes de valeurs boursières, suite à la perte de confiance des investisseurs, les ont conduites aussi à se retirer du marché européen, en particulier le Royaume-Uni et l'Allemagne où elles avaient contribué à la diffusion de la culture du *trading* avec Enron ; tel est le cas de TXU, Mirant et Dynegy.

Aux États-Unis, le commerce d'électricité s'est reporté en grande partie sur le NYMEX dont les garanties avaient été boudées auparavant. Les plateformes d'UBS Wenergy.com (qui a repris EnronOnline) n'avaient récupéré en septembre 2002 que 40 des 800 clients. Dynegy Direct a suspendu ses opérations et AltraEnergy, la plus ancienne (1996) a été fermée. Le *trading* en ligne s'est concentré dans les mains de deux ou trois spécialistes dont Trade Spark et l'Intercontinental Exchange (ICE) qui s'est implanté en 2001 en Europe. Détenues par des consortiums, ces plateformes sont considérées comme plus fiables, et font d'importants investissements de logiciels pour consolider les transactions. Un autre facteur de restauration progressive de la confiance est l'entrée de banques réputées (Bank of America, Goldman Sachs, Louis Dreyfus, Deutsche Bank) dans le *trading* d'énergie. L'année 2003 devrait confirmer cette tendance à la lente reprise du commerce direct d'électricité aux États-Unis, mais elle n'atteindra jamais les niveaux indiqués compte tenu de l'extrême volatilité des prix de l'électricité qui rend ce *trading* très risqué.

En Europe, la faillite d'Enron et d'un certain nombre d'opérateurs américains de trading implantés aussi en Europe (Entergy, Reliant, Dynegy, NRG, Calpine, mais surtout TXU Europe en novembre 2002) a contribué à l'affaiblissement du commerce électronique et des plates formes électroniques naissantes (notamment celle d'ICE pour le commerce sur la plaque continentale).

La situation des marchés électriques européens

Les bourses sont des marchés organisés facultatifs, et les pools des marchés obligatoires sur lesquels, pour chaque heure, toute la production horaire est confrontée, par ordre de mérite des prix offerts, à la demande horaire. En Europe, c'est le premier système qui a été surtout retenu. Les quatre pays nordiques ont une bourse commune NordPool, l'Allemagne avait deux bourses électriques EEX et LPX fusionnées en avril 2002, les Pays-Bas ont la bourse APX d'Amsterdam, la France la bourse PowerNext démarrée en novembre 2001, et l'Italie cette année avec la Borsa Elettrica implantée à Milan. Le Royaume-Uni a abandonné en avril 2001 le système de pool pour un système de bourses privées (UKPX et Automated Exchange Power APX) couplé à un mécanisme d'ajustement horaire. Seule, l'Espagne conserve un marché obligatoire créé en 1998. Depuis dix-huit mois, le fonctionnement de ces marchés est marqué par trois phénomènes : des pics de prix occasionnels, mais habituels sur des marchés au prix intrinsèquement volatil ; l'augmentation progressive de la liquidité des marchés les plus récents ; et enfin une certaine convergence des prix de gros à l'exception du marché espagnol, en raison de la persistance des surcapacités qui tirent les prix des bourses vers le bas.

• *Des pics de prix temporaires*

Les prix spot fixés la veille pour le lendemain sont très volatils et dépendent fortement des conditions instantanées de l'équilibre offre-demande. Les périodes de pics de prix pendant lesquelles le prix monte de 20-30 €/MWh à 150-300 €/MWh en Europe sur quelques jours ou quelques semaines, reflètent soit une tension temporaire sur les réserves en raison d'une faible hydraulicité et de congestion aux frontières, soit les effets de programmes d'entretien et d'incidents sur de grosses centrales ou des lignes de transport et d'interconnexion. Les prix peuvent faire aussi l'objet de collusion entre producteurs pendant ces périodes de tension, collusion facilitée par la très forte inélasticité de la demande d'électricité. Aux États-Unis, les pics de prix sur les marchés régionaux ont atteint des sommets astronomiques de 10 000 €/MWh en 1999 et 2000 qui ont conduit les régulateurs à mettre un plafond de prix à 1 000 $/MWh.

En Europe, les prix de l'APX hollandais sont moins volatils qu'auparavant mais grimpent encore vers le niveau de 150 €/MWh, comme en août 2002 en raison de contraintes sur les interconnexions. Les prix allemands ont grimpé quelques jours à 250-400 €/MWh en décembre 2001, mais, un an plus tard, le pic de décembre 2002 était moins élevé en se situant à 50 €/MWh. Les prix espagnols ont connu un épisode de pic à 67 €/MWh au début de l'hiver 2001 en raison d'une faible hydraulicité. Le prix du NordPool dont le prix courant est de 15 €/MWh a atteint un niveau moyen mensuel de 25 €/MWh depuis octobre 2002 en raison d'une hydraulicité faible. La répétition d'épisodes de prix élevés y révèle un début de sous-équipement dû à la faiblesse des investissements en production depuis 1990 alors qu'un des pays (la Suède) a vu sa capacité baisser de 3 500 MW dans la dernière décennie.

Les autorités de régulation électriques sont vigilantes sur le risque de collusion pendant les pointes : en Espagne les trois principales compagnies ont été condamnées en avril 2002 à une amende importante pour avoir amplifié de concert la hausse des prix de novembre. À l'avenir, avec la diminution des surcapacités de production en Europe continentale et dans les pays nordiques, la fréquence des tensions offre-demande instantanée devrait augmenter ; ces tensions accompagnées de pics de prix devraient amener à réformer les règles de marché en Scandinavie où le débat politique est lancé sur cette question.

• *La croissance de la liquidité des bourses européennes*

Après un démarrage difficile, les bourses de la plaque continentale ont vu les volumes quotidiens échangés en spot augmenter. La faillite d'Enron n'a pas eu de conséquences durables sur les volumes échangés sur les marchés de gros européens. Par contre, comme déjà indiqué, elle retarde l'émergence du commerce électronique et des plateformes électroniques. Les acteurs des marchés de contrats de gros ont accentué leur précaution en matière de gestion du risque et des lignes de crédit. Les acheteurs se méfient des contreparties qui ne s'appuient pas sur des actifs de production,

Comparaison des prix moyens sur les bourses électriques européennes
Période janvier-septembre 2002

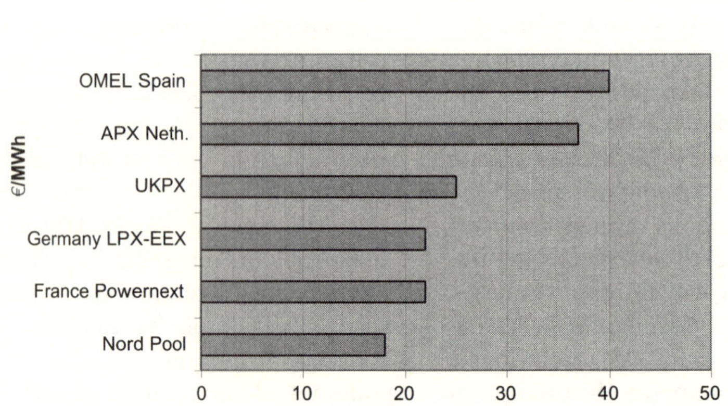

c'est-à-dire les traders purs, et recourent davantage aux dispositifs d'échanges s'appuyant sur des chambres de compensation. Aux Pays-Bas, l'APX a bénéficié de la suppression de certaines entraves aux échanges transfrontaliers et des contraintes d'achat des distributeurs. Le volume moyen échangé sur le physique y atteint 9 % des consommations nationales en ayant crû de 60 % en 2002. En Allemagne, les deux bourses ont été fusionnées pour atteindre un niveau d'échanges d'environ 6 %. La bourse française PowerNext atteint sans doute un faible niveau d'environ 1,5 % de la consommation à la fin de l'année ; mais ce niveau représente 3 % du marché libéralisé. Elle bénéficie de l'impulsion donnée à la concurrence par la vente régulière aux enchères des contrats de Virtual Power Plants (jusqu'à 6000 MW d'ici l'automne 2003), ce qui a renforcé le volume des ajustements recherchés par les vendeurs en bilatéral qu'ils vont acheter sur Powernext. De plus, on notera que les prix de gros restent largement calés sur les prix de gros allemands. Enfin, outre-Manche, le démarrage des bourses britanniques UKPX et APX s'effectue avec un très petit volume d'échanges d'environ 2 % des consommations. NordPool reste la référence avec une liquidité très significative de 17 % de la consommation physique de sa zone. On notera au passage que seules quatre des bourses électriques ont introduit des contrats à terme, compte tenu de la faible épaisseur des marchés physiques. Les volumes tradés ne sont significatifs qu'en Scandinavie (huit fois les volumes physiques échangés sur NordPool) et commencent à décoller en Allemagne.

• *Au-delà de la séparation des marchés nationaux, une relative convergence des prix en 2002*

De manière générale, l'intégration des marchés de court terme par l'arbitrage des opérateurs est gênée par les limitations des capacités d'interconnexion, les règles d'accès à ses capacités, (dont les réservations pour les contrats de long terme), et les différences de marchés d'équilibrage. Il est convenu ainsi de considérer qu'en raison des contraintes sur les interconnexions, il existe cinq zones de prix dans l'Union européenne. Classés par ordre croissant, il y a d'abord les quatre pays nordiques intégrés autour de NordPool, où le prix s'établit vers 15 €/MWh ; puis la plaque continentale avec un prix établi vers 20 €/MWh avec l'Allemagne, la Belgique, la France, la Suisse, l'Autriche auxquels s'adjoindront progressivement les Pays-Bas ; puis les trois péninsules électriques, avec d'abord le Royaume-Uni (25-30 €/MWh jusqu'en 2001), le marché Espagne-Portugal (35-40 €/MWh) et l'Italie (35 €/MWh dans les contrats directs).

En 2002 on observe un certain tassement de cette hiérarchie, à l'exception de l'Espagne et de l'Italie où les prix restent orientés vers un niveau moyen relativement élevé en raison des besoins de nouvelles capacités. Sur le marché nordique en effet, les prix ont été en moyenne supérieurs aux autres années en 2002 (19 €/MWh). Les prix continentaux sont légèrement supérieurs avec une petite remontée du prix allemand (le prix moyen français s'est établi à 23 €/MWh) mais surtout le prix de gros du marché britannique a chuté radicalement en dessous de 20 €/MWh avec le passage à un marché décentralisé, soit une baisse de 40 % entre mars 2001 et septembre 2002.

On s'attardera sur les effets de l'introduction du NETA (New Electricity Trading Arrangement) en remplacement du pool. Elle a amplifié l'impact de la dispersion des capacités des deux producteurs dominants, qui était voulue par le régulateur, entre six ou sept producteurs de taille voisine qui a précédé cette introduction. Le NETA combine contrats bilatéraux entre producteurs et fournisseurs, bourses électriques privées (UKPX, APX) qui opèrent jusqu'à J –1 et un mécanisme marchand d'ajustement, le tout constituant un dispositif décentralisé qui contraste radicalement avec le pool électrique antérieur. Il facilitait, entre autres, la manipulation des règles par les deux producteurs dominants, ce qui a permis le maintien du prix moyen à un niveau relativement élevé (40 €/MWh en 1999, 36 €/MWh en 2000), en dépit de l'existence de surcapacités de 10 à 15 GW. Le modèle décentralisé a eu un effet radical sur le prix de gros qui s'est fixé en moyenne à un plancher de 20 €/MWh pendant 2002. Il se situe en dessous du coût marginal d'un certain nombre de producteurs qui, engagés dans des contrats de fourniture, ont préféré se fournir auprès d'autres producteurs moins chers (TXU avait retiré ainsi de la production 1 250 MW pendant le premier semestre 2002). Les conséquences ont été ravageuses sur les producteurs ayant investi dans des unités de production sans contrat de long terme (les « merchant plants ») et qui se sont retirés du marché, et sur les producteurs non intégrés ne possédant pas d'activités de vente. C'est particulièrement le cas d'AES avec la centrale charbon de 4 000 MW de Drax et surtout de British Energy, le producteur électronucléaire, dont les frais d'exploitation, les dépenses payées à BNFL pour le retraitement et les provisions pour le démantèlement des centrales nécessitent un prix de l'électricité d'au moins 30 €/MWh pour être rentable. Du fait d'une perte de € 800 millions en année fiscale 2001, British Energy qui produit 20 % de l'électricité britannique a dû demander l'appui financier des pouvoirs publics pour éviter la faillite.

Les marchés américains

Après l'ouragan californien qui a balayé le marché régional de l'Ouest américain en 2001, les quatre marchés régionaux libéralisés (New York, Pennsylvanie PJM, New England et Texas) n'ont pas connu les traditionnels pics de prix pendant l'été 2002 (de 20-30 $/MWh à 1 000 $/MWh et plus pendant quelques jours) qui s'étaient produits les années précédentes. La raison de cette relative stabilité résulte de la mise en service d'un certain nombre d'équipements de production dans toutes les régions américaines depuis 2001 (environ 35 000 MW en 2001 et 45 000 MW en 2002).

La prudence est désormais la règle pour les régulateurs d'État. On sait qu'en Californie l'extrême complexité des règles et des emboîtements de sous-marchés (énergie *day-ahead*, réserves primaires et secondaires, ajustement, droits physiques aux congestions) dans une architecture de type décentralisé, avait contribué à l'amplification de la crise provoquée par les tensions sur l'équilibre offre-demande. Le régulateur fédéral cherche désormais à imposer aux régulateurs d'État des règles harmonisées en obligeant au regroupement régional de la propriété et de la gestion des réseaux (concept de Regional Transmission Operators) et à l'adoption d'une conception uniforme des marchés électriques régionaux de gros (proposition de Standard Market Design SMD) dans les États qui doivent libéraliser ou reconstruire leurs marchés électriques. Le concept repose sur le principe centralisé (vente obligatoire sur le pool, tarification marginaliste aux nœuds de transport, etc.). C'est ce modèle qui avait été adopté sur les trois marchés du nord-est américain (New York, PJM, New England). Le démarrage en 2002 du nouveau marché texan, qui avait été repoussé d'un an pour des évaluations supplémentaires, relève du concept de modèle décentralisé. Mais le nouveau marché qui est en cours de redéfinition en Californie reposera sur le concept centralisé.

– VII –

Grands marchés industriels

- Automobiles
- Chimie
- Engrais
- Pâte et papiers
- Semi-conducteurs
- Textiles

INDICE DE LA PRODUCTION INDUSTRIELLE

(sans bâtiment)

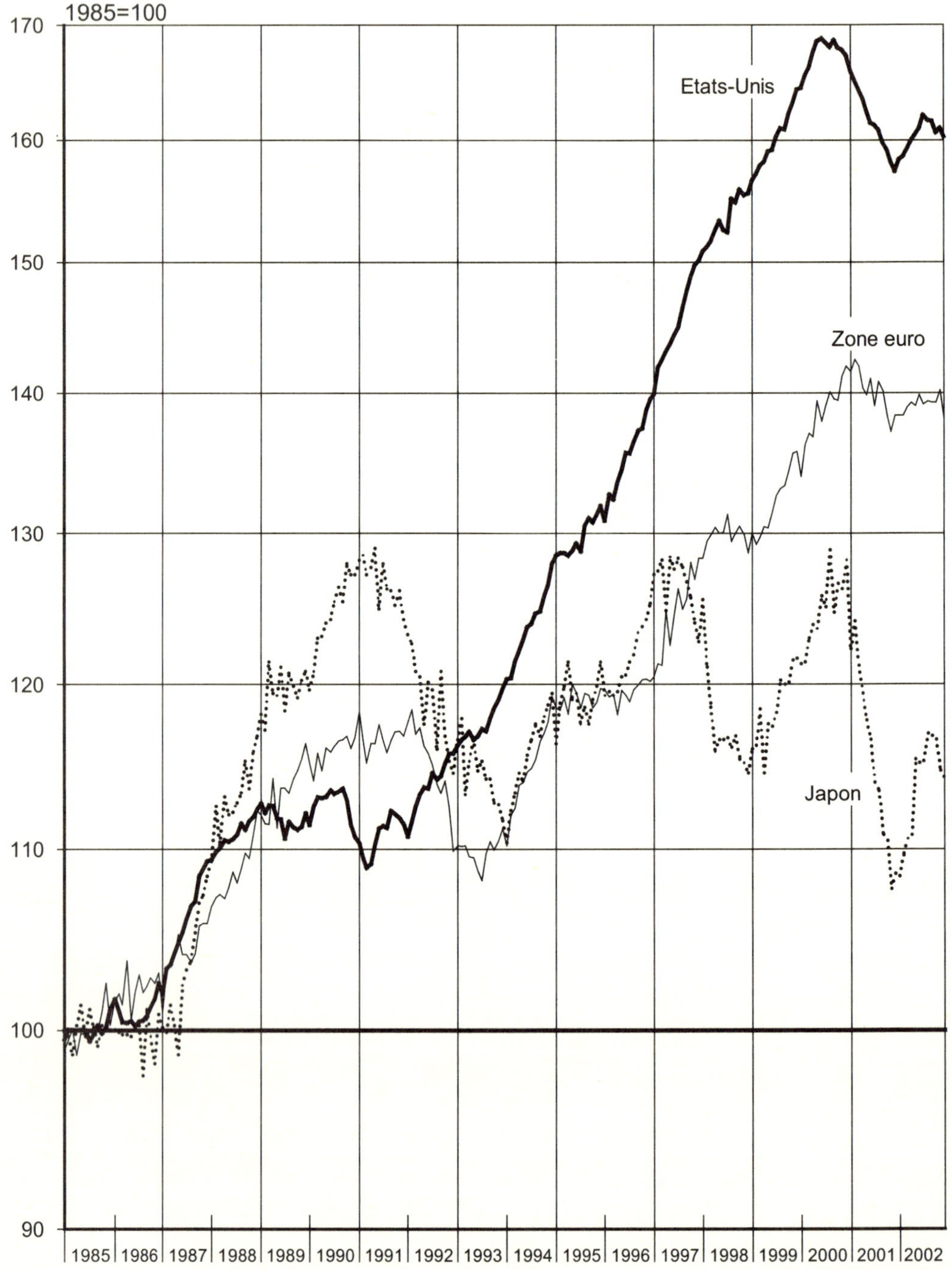

Industrie

Malgré une phase de rebond technique liée à la reconstitution des stocks début 2002, l'industrie mondiale a connu une année morne en ligne avec l'atonie du commerce international. Le Japon est resté proche des niveaux de croissance zéro qu'il connaît depuis dix ans. Contrainte par le respect du pacte de stabilité et encore défiante des risques inflationnistes au point de résister à assouplir sa politique monétaire, l'Union européenne a connu un sort à peine meilleur. Seuls les États-Unis au prix d'un exercice dynamique de politique budgétaire et monétaire ont mieux résisté. Mais c'est dans les pays d'Asie du Sud et de l'Est ainsi qu'en Chine, membre de l'Organisation Mondiale du Commerce depuis 2001, que les zones de croissance ont été les plus soutenues.

L'investissement mondial est resté en berne et, avec lui, les industries de biens d'équipement. Le phénomène est simple à comprendre. Alors que nous vivions une crise de surcapacités de production après les excès d'investissement, notamment aux États-Unis à la fin des années 90, la crise financière a atteint un degré extrême durant l'été aboutissant à des tensions obligataires, un coût élevé du capital sur les marchés actions et à un durcissement des primes de risques et des conditions de crédit. Cette crise a fragilisé la situation financière des entreprises en révélant et accroissant leurs problèmes d'endettement. Enfin, les incertitudes géostratégiques dans le Golfe persique ont suscité de l'attentisme de la part des industriels en même temps qu'elles ont enclenché la flambée des cours pétroliers par ailleurs attisée par les mouvements sociaux au Venezuela, quatrième exportateur mondial de pétrole.

Crise de confiance et reprise bridée aux États-Unis

Au premier semestre 2002, le niveau atteint correspondait exactement à celui du second semestre 2001 et l'on s'attendait alors à un relais de croissance via un regonflement des carnets de commandes. Durant les mois d'été cependant, une nouvelle dégradation des marchés boursiers sur fond de faillites en série a précipité l'effondrement de la confiance des agents. Dès lors, le phénomène de reconstitution des stocks s'est interrompu et les statistiques de production ont à nouveau basculé dans le rouge pour afficher un cumul annuel en baisse de 0,7 % en 2002. Seuls les secteurs des nouvelles technologies, et notamment les composants électroniques et les semi-conducteurs, semblent avoir échappé à cette nouvelle contraction de la production.

Aujourd'hui, les risques de double dip (double plongeon) de l'économie américaine se sont à nouveau estompés. La politique monétaire exercée par la Federal Reserve à travers des taux d'intérêt historiquement bas, offre en effet un contexte favorable à la reprise de l'investissement, tandis que la nomination d'une nouvelle équipe économique autour du Président Bush semble garantir une politique budgétaire expansionniste en vue des prochaines élections de 2004. Pour autant, dans un tel contexte de tensions internationales, on ne peut envisager de retour rapide au potentiel de croissance de l'économie américaine.

Une Europe à plusieurs vitesses

Les grands pays d'Europe n'ont pas évolué en phase en 2002. Longtemps considérée comme la locomotive européenne, l'Allemagne fait aujourd'hui figure d'homme malade en Europe. Son industrie spécialisée dans les biens d'équipement a subi de plein fouet le ralentissement de la demande pour afficher au cumul des trois premiers trimestres 2002 une production industrielle (hors bâtiment) en recul annuel de 2,3 %. Essentiellement pour les mêmes raisons, aggravées par la crise que traverse le constructeur automobile national, l'Italie a subi un sort comparable avec, sur la même période, un recul de 2,7 % de sa production.

Hors zone euro, si le Royaume-Uni a bénéficié d'une demande interne soutenue par les prix de l'immobilier, sa production ne s'en est pas moins effondrée de 4,2 % au cours des trois premiers trimestres de l'année.

La France et l'Espagne ont mieux tiré leur épingle du jeu en conservant, malgré des inflexions sur le front de l'emploi, un léger avantage de croissance par rapport à la moyenne de l'Union européenne. En France la production manufacturière connaîtra en 2002 une légère croissance de 0,4 % (après 2 % en 2001) tandis que celle de l'Espagne ne s'est résorbée que de 0.4 % de janvier à septembre.

Le Japon toujours convalescent

Début 2002, le Japon a profité d'une demande dynamique adressée à son industrie automobile et NTIC depuis les États-Unis ou l'Asie émergente. L'inflexion de la demande mondiale a ensuite mis à mal les exportations nipponnes. Un contexte de taux de chômage record et de demande interne atone a ensuite pénalisé l'évolution de la production industrielle. Celle-ci affichait en cumul annuel au mois de novembre une baisse proche de 2,2 %. Les incertitudes qui continuent de peser sur la santé d'un système bancaire sous capitalisé ont néanmoins fini par stopper l'appréciation du Yen intervenue au printemps dernier.

Cette amélioration de la compétitivité japonaise pourrait s'avérer déterminante lorsque s'inversera la tendance du commerce mondial dans le courant de l'année 2003. D'ici là, à la faveur de la reconstitution des stocks et d'un treizième plan de relance publique, la production industrielle devrait retrouver des niveaux de croissance modérés mais positifs.

Un bilan contrasté dans les zones émergentes

Les pays d'Amérique latine sortent difficilement de la récession. Asphyxiée par un endettement énorme et secouée par une crise politique, l'Argentine reste en proie à une sévère contraction de sa production industrielle. La situation de son principal partenaire, le Brésil, semble à peine meilleure. En effet, si une crise de change majeure semble avoir été évitée grâce au soutien du FMI en début d'année, les attaques régulières contre le Real n'offrent pas un terrain propice à une franche reprise de l'activité qui restera assujettie au rythme d'évolution de la demande nord-américaine.

À l'opposé, le monde chinois (Chine, Taïwan, Hong Kong et Singapour) et les tigres d'Asie du Sud-Est (Corée du Sud, Indonésie, Thaïlande, Malaisie et Philippines) ont représenté dans le monde le principal foyer de croissance en 2002. Appuyée par sa demande interne et soutenue par les investissements directs étrangers – dont elle est devenue la deuxième destination mondiale derrière les États-Unis en accueillant $ 52 milliards en 2002 – la croissance Chinoise s'est maintenue sur un rythme proche de 8 %. Quant aux pays d'Asie du Sud-Est, ils semblent s'être complètement remis de la crise financière qui les avaient frappés à la fin des années 1990 en affichant de bonnes performances en termes de production. Même en l'absence de reprise massive et rapide du commerce mondial, le soutien de la demande interne garantira dans cette partie du monde des performances aux moins similaires en 2003.

Les derniers indicateurs parus offrent des signaux ténus mais tangibles de stabilisation de l'activité aux États-Unis comme en Europe. Les indicateurs avancés représentés par les indicateurs des directeurs d'achat témoignent en effet d'une amélioration dans le secteur manufacturier. Toutefois, cette amélioration intervient à de faibles niveaux de production industrielle. La politique extérieure menée par les États-Unis en Irak et ses répercussions en termes de cours pétroliers et de confiance mondiale des agents décideront de l'orientation de l'activité. Dans le meilleur des cas, l'industrie mondiale ne présentera pas de rythme de croissance soutenu avant le second semestre, voire la fin de l'année 2003.

Automobiles

Les statistiques mondiales de ventes automobiles affichent une stabilisation sur 2002 par rapport à 2001. Dans un contexte économique international tendu, on peut considérer que le pire a été évité. En effet, avec un volume de ventes mondiales de 55,4 millions de véhicules légers (véhicules particuliers et véhicules utilitaires légers), la performance n'est en retrait que de 1 % par rapport au record historique qu'avait connu l'an 2000 et ses 56,1 millions de ventes. Dès 2003, un nouveau record de vente pourrait être battu.

Si toutes les zones de la triade (États-Unis, Japon et Europe de l'Ouest), représentant 72 % du marché mondial ont reculé, dans l'ensemble, les marchés automobiles ont continué de bien résister au ralentissement de l'activité économique.

Soutenues par des promotions sur les prix de ventes et les conditions de crédit, les ventes d'automobiles et de light-trucks (Van, Pick-up, 4x4, ...) aux États-Unis n'ont perdu que 2 % à des niveaux élevés. En Europe, la correction a été plus prononcée ; les ventes y ont reculé de 3 %. Le Japon a lui poursuivi sa longue phase d'atonie avec un recul de 1,5 % par rapport à 2001 et une cinquième année sous le seuil des six millions d'unités vendues ; un seuil pour-

Ventes mondiales de véhicules légers
(Voitures particulières et véhicules utilitaires légers)

en millions	**2000**	**Δ %**	**2001**	**Δ %**	**2002e**	**Δ %**	**2003p**	**Δ %**	**2004p**	**Δ %**
Asie et Océanie	**12,3**	**8,9%**	**12,4**	**0,8%**	**13,7**	**10,6%**	**14,0**	**2,1%**	**14,5**	**3,6%**
dont Japon	5,9	3,1%	5,9	– 0,7%	5,8	– 1,5%	5,9	1,5%	6,3	6,8%
Amérique du Nord	**19,0**	**3,2%**	**18,5**	**– 2,5%**	**17,7**	**– 4,3%**	**17,8**	**0,6%**	**18,1**	**1,7%**
dont Etats-Unis	17,4	2,7%	17,2	– 1,3%	16,8	– 2,2%	16,8	0,0%	17	1,2%
Amérique du Sud*	**2,8**	**7,6%**	**2,9**	**4,6%**	**2,8**	**– 3,4%**	**2,9**	**3,6%**	**3,1**	**6,9%**
Europe	**19,7**	**– 1,1%**	**19,3**	**– 2,1%**	**18,7**	**– 3,0%**	**18,8**	**0,8%**	**19,6**	**4,2%**
dont :										
– E. centrale et orientale	3,0	– 1,0%	2,6	– 15%	2,6	1,0%	2,8	5,8%	3,1	12,7%
– E.de l'Ouest	16,7	– 1,1%	16,7	0,3%	16,1	– 3,6%	16,1	0,0%	16,5	2,7%
Autres zones	**1,8**	**2,1%**	**1,7**	**– 6,1%**	**1,8**	**5,3%**	**1,9**	**6,1%**	**2,0**	**5,3%**
dont Afrique et Moyen Orient	**0,6**	**23,4%**	**0,7**	**20,0%**	**0,8**	**8,7%**	**0,8**	**15,9%**	**0,8**	**6,7%**
MONDE	**56,1**	**3,2%**	**55,5**	**– 1,2%**	**55,4**	**0,0%**	**56,2**	**1,4%**	**58,1**	**3,4%**

* yc Mexique

Sources : Automotive News, Revue de presse spécialisée, Fédérations, estimations et prévisions BIPE.

tant dépassé dès la fin des années 80. C'est dans la zone Asie hors Japon, avec au premier rang la Chine, que s'est trouvé le plus intense foyer de croissance des ventes.

Les effets inflationnistes issus de la flambée des cours pétroliers conjugués au retournement des marchés de l'emploi n'ont donc pas impacté outre mesure les marchés occidentaux. Cette résistance a certes largement été encouragée par les stratégies commerciales des constructeurs avec des lancements en rafale de nouveaux modèles, des remises sur les prix et des prestations périphériques à l'achat. De même, les mesures gouvernementales de primes à la casse des véhicules anciens ont participé à la résistance tout comme leur politique de baisse de taux d'intérêt ont rendu plus attractifs les achats à crédit majoritaires sur le marché des véhicules.

En ce qui concerne les immatriculations totales de poids lourds (supérieurs à 5,1 tonnes), elles ont reculé plus fortement en affichant – 12 % en 2002. Selon un sondage réalisé récemment, un constructeur européen de poids lourds sur deux pense que la consolidation durera encore cinq ans, trois sur quatre envisagent une croissance en Europe de l'Est, et deux sur trois placent de grands espoirs en Asie, notamment en Chine. En 2002, les ventes de poids lourds y ont augmenté de plus de 33 % à 425 000 unités. Au niveau mondial, et principalement en Amérique du Nord et en Europe occidentale, on n'espère guère de taux de croissance significatif pour ce secteur avant 2005.

États-Unis : les promotions assurent une bonne résistance des marchés en 2002

Après un recul de 2 % et 16,8 millions de véhicules vendus, l'année 2002 marque la

États-Unis
Parts de marché 2002 (VP + VUL)*

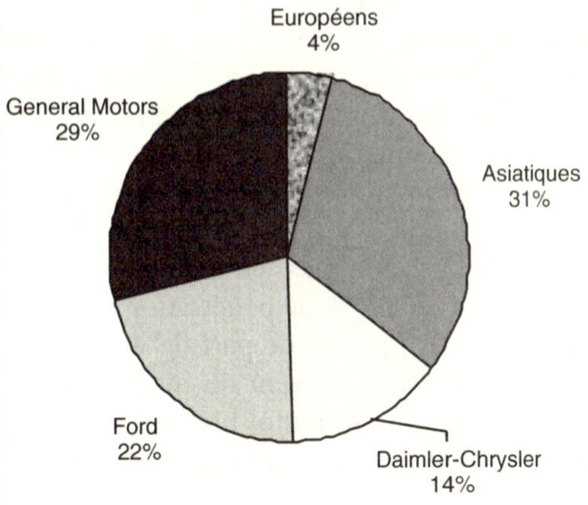

Source : Estimations BIPE d'après presse spécialisée et syndicats.
* VP : vahicules particuliers
VUL : véhicules utilitaires légers

ETATS-UNIS

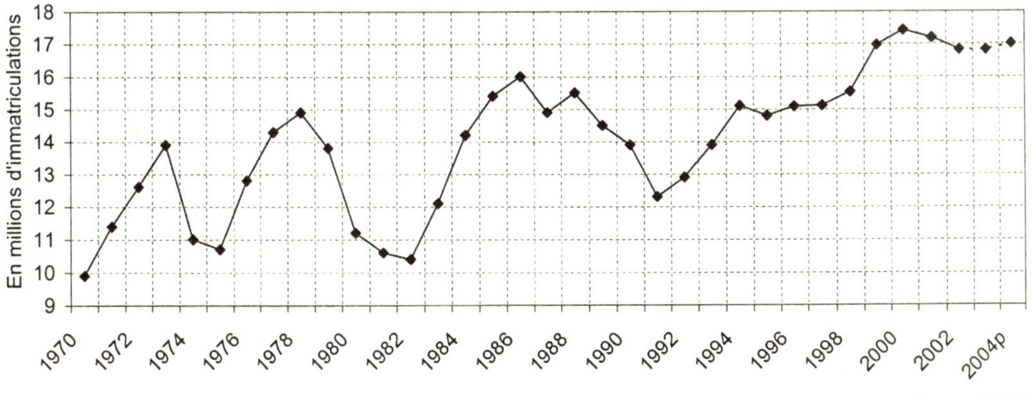

Source : BIPE.

seconde année de baisse consécutive des immatriculations. C'est néanmoins le cinquième meilleur niveau de ventes atteint aux États-Unis et la cinquième année au-dessus de 16 millions d'unités. En tablant sur une reprise progressive de la demande interne globale, le marché américain devrait consolider son niveau en 2003. Ces prévisions reposent toutefois sur l'hypothèse de poursuite des remises sur les prix des véhicules. Les politiques commerciales restent actuellement agressives, mais tôt ou tard se posera la question de reconstitution des marges des branches automobiles.

Le salon de l'auto qui se tient à Détroit en début d'année semble tout ignorer des menaces qui pèsent sur le marché avec notamment la hausse des coûts des carburants. Les constructeurs américains se prémunissent du risque de morosité en relançant le rêve des grosses cylindrées. Il est vrai que face à l'avancée des marques étrangères, les Big Three qui, avec 65 % de pénétration total, ont perdu près de 3 points de part de marché par rapport à 2002, se doivent de réagir. Ford et DaimlerChrysler ont plutôt bien résisté face à General Motors qui a perdu près de 4 points de pénétration en un an.

Quasiment toutes les marques asiatiques ont progressé sur le marché américain, mais la plus belle performance est à mettre au compte de Toyota qui dépasse le seuil des 10 % de pénétration. Honda et Nissan ont eux légèrement progressé à respectivement 7 % et 4 % de pénétration. Les ventes des constructeurs coréens aux États-Unis ont augmenté à 612 000 unités (+ 8 % pour Hyundai ; + 6 % pour Kia). Quant aux marques européennes, et notamment les spécialistes allemands, leur évolution a quelque peu marqué le pas.

Malgré le recul des volumes, General Motors a quadruplé son bénéfice net consolidé après résultat exceptionnel au dernier trimestre 2002, à $ 1,02 milliard, et accru son chiffre d'affaires de 6 %, à $ 48,7. Chrysler prévoit d'augmenter de 0,5 point environ en 2003 sa pénétration sur le marché américain qui est restée stable à 14 % en 2002. En maintenant une part de marché proche de 21 %, Ford a atteint et dépassé les objectifs qu'il s'était fixés pour 2002. Il a engrangé des bénéfices alors qu'il visait l'équilibre financier et a réduit ses coûts par véhicule de 20 % de plus que prévu ($ 200 dollars).

Amérique latine : croissance en Amérique centrale, crise en Amérique du Sud

Les ventes automobiles ont battu un record en 2002 au Mexique, avec 977 503 véhicules vendus, soit une progression de 6 % par rapport à 2001. Les exportations ont cependant chuté lors de l'exercice 2002, enregistrant une baisse de 7 % à 1,3 million d'unités.

En 2001, le Brésil a connu une grave crise d'énergie et subi les retombées de la crise argentine. En 2002, le pays est resté en proie à une forte crise financière avec une dépréciation de 40 % du real face au dollar. Avec 1,6 million de véhicules immatriculés, les ventes automobiles ont enregistré une baisse de 7 % tandis que la production automobile reculait de 2 %, atteignant 1,8 million de véhicules (pour une capacité de 3,2 millions). Le nombre de voitures exportées a cependant augmenté de 5 % et atteint 388 000 unités mais, en valeur monétaire, les exportations ont diminué de 3 %, atteignant $ 3,9 milliards.

Pour 2003, l'industrie automobile brésilienne table sur une augmentation de 6 % de la production, de 1 % seulement des ventes sur le marché interne mais de 20 % des exportations.

Après une année 2001 catastrophique, on peut réellement parler de marché sinistré en Argentine où les ventes de véhicules se sont effondrées de 53 % (à 82 000 unités) et la production de 32 % (à 159 000 unités). Pour 2003, on ne peut espérer mieux qu'une stabilisation des niveaux de ventes tant la situation macroéconomique reste critique.

Asie : au Japon, les ventes ne décollent pas

Si la plupart des constructeurs nippons s'attendent à un bénéfice record pour l'exercice s'achevant en mars prochain, il convient

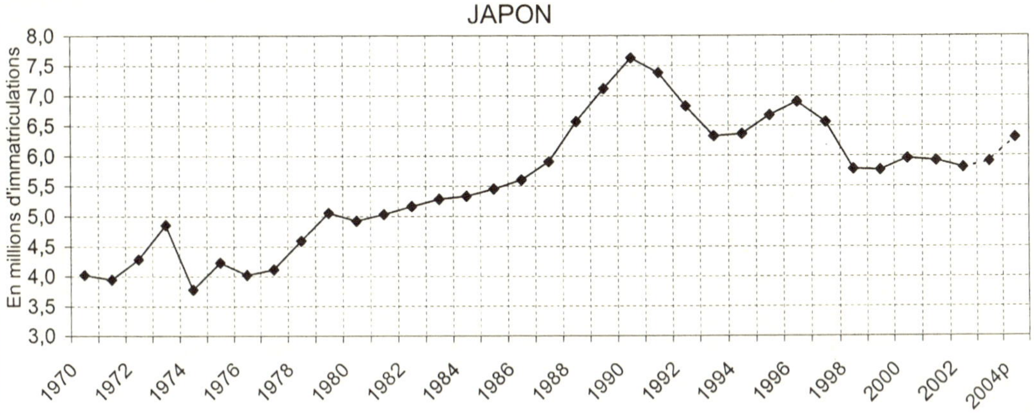

Source : BIPE.

Japon
Parts de marché 2002 (VP + VUL)*

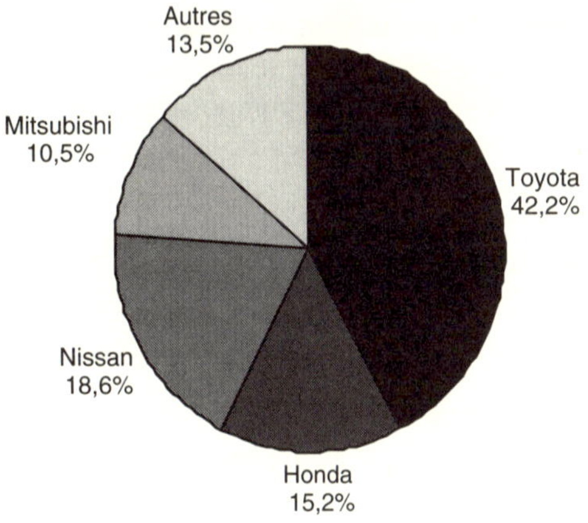

Source : Estimations BIPE d'après presse spécialisée et syndicats.
* VP : vahicules particuliers
VUL : véhicules utilitaires légers

de préciser que l'essentiel des gains aura surtout été réalisé grâce aux exportations, en particulier vers les États-Unis. Car, sur le fond, le marché japonais continue de pâtir de la fragilité désormais chronique de son économie.

En 2002, ce sont les voitures compactes ou mini qui ont permis de compenser le recul des ventes de voitures de luxe et des utilitaires. Sur l'année 2002, les ventes de véhicules neufs au Japon ont reculé de 2 % pour se situer légèrement sous la barre des 4 millions pour la première fois depuis trois ans. En ajoutant à ces statistiques les ventes de mini-voitures (keicar) on parvient à un marché total proche de 5,8 millions en baisse d'environ 1,5 % par rapport à 2001.

Les ventes de véhicules neufs (hors mini véhicules) de Toyota sur cette période ont reculé de 2 % à 1 675 000 unités, celles de Honda ont augmenté de 8 % à 604 000 tandis que celles de Nissan ont légèrement progressé, gagnant 1 % à 737 000 véhicules. Les modèles de voitures les plus populaires en 2002 ont été la Honda Fit, qui a détrôné la Toyota Corolla, la Nissan March, la Toyota Ist et la Mazda Demio.

Au niveau mondial en revanche, les trois plus grands constructeurs automobiles japonais Toyota, Honda et Nissan ont vu leur production augmenter en 2002 grâce à leurs exportations et à leurs usines transplantées. Sur l'année, la production de Toyota a augmenté de 10 % à 5,6 millions de véhicules, celle de Honda a progressé de 9 % à 2,9 millions d'unités et celle de Nissan a gagné 8 % à 2,6 millions.

Chine

Selon les derniers chiffres officiels publiés, les marchés automobiles manifestent une grande dynamique. Les ventes ont crû de

37 %, à 3,2 millions par rapport à 2001. Le marché chinois des voitures personnelles est celui qui connaît la plus forte croissance au monde et en 2002 les ventes de voitures de tourisme ont dépassé pour la première fois la barre du million d'unités. Par ailleurs, les investissements des constructeurs ont largement contribué à faire du pays le second lieu d'investissement direct étranger derrière les États-Unis. En 2002, l'utilisation des capacités installées a permis de faire décoller la production automobile de près de 40 % sur un an (+ 38 % pour 3,2 millions de véhicules produits).

L'industrie automobile chinoise devrait produire 3,6 millions de véhicules en 2003 dont 1,3 million d'automobiles. Cela représenterait une croissance de près de 20 % de la production de voitures par rapport à 2002 et de 11 % de la production de véhicules dans son ensemble, selon la commission d'État de planification du développement. Pour l'heure, l'industrie automobile chinoise est un secteur économique atomisé, avec quelque cent dix constructeurs, dont douze seulement ont une capacité de production annuelle de plus de 50 000 véhicules. Les prochaines étapes de l'industrialisation automobile chinoise pourraient bien être des celles des concentrations.

Les voisins et concurrents de la Chine essaient de contre-attaquer. Ainsi, début 2003, c'est la Thaïlande, pays en train de se constituer une spécialité en matière automobile, que le constructeur japonais Mitsubishi Motors a choisi pour investir $ 490 millions dans la fabrication d'un nouveau camion. Singapour de son côté est en passe de conclure un accord de libre-échange avec les États-Unis dont la ville-État attend une augmentation de ses exportations et une hausse des investissements en provenance de l'étranger.

En Corée du Sud, l'année 2002 a marqué une nette récupération du marché domestique des véhicules légers. Avec 1,6 million de véhicules vendus (dont 1,2 million de voitures), le marché sud-coréen a en effet repris près de 50 % par rapport à un volume 2001 qui avait été marqué par une chute de 24 % de ventes. L'appréciation du won face au dollar et à l'euro pourrait néanmoins assombrir les perspectives d'exportation pour les constructeurs coréens.

Les autres pays d'Asie ont également connu des rattrapages sensibles. Les ventes ont crû de 5 % en Indonésie (315 000 unités), de 14 % en Malaisie (450 000 millions) et de 35 % en Thaïlande (400 000).

En conclusion, c'est bien la zone Asie malgré un Japon en berne qui, avec des ventes en hausse de plus de 11 %, a assuré le maintien et la croissance des ventes de véhicules légers au niveau mondial.

Europe de l'Ouest : un recul limité par les performances du Royaume-Uni

Le marché européen des véhicules légers s'est inscrit en recul de 3 % en 2002 avec 16,1 millions de véhicules immatriculés, tout en restant à un niveau historiquement élevé. Ménages, entreprises et loueurs se sont montrés prudents dans leur comportement d'achat et de renouvellement des flottes. Le redressement économique attendu pour le second semestre 2003 associé à une offre constructeur dynamique (plus de trente nouveaux modèles

Europe
Parts de marché 2002 (VP + VUL)*

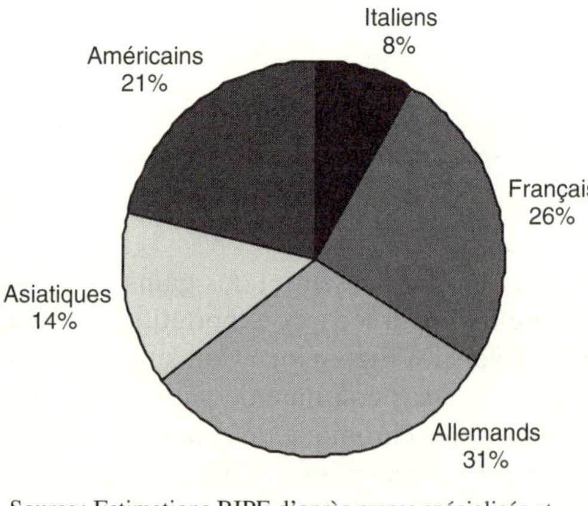

Source : Estimations BIPE d'après presse spécialisée et syndicats.
* VP : vahicules particuliers
VUL : véhicules utilitaires légers

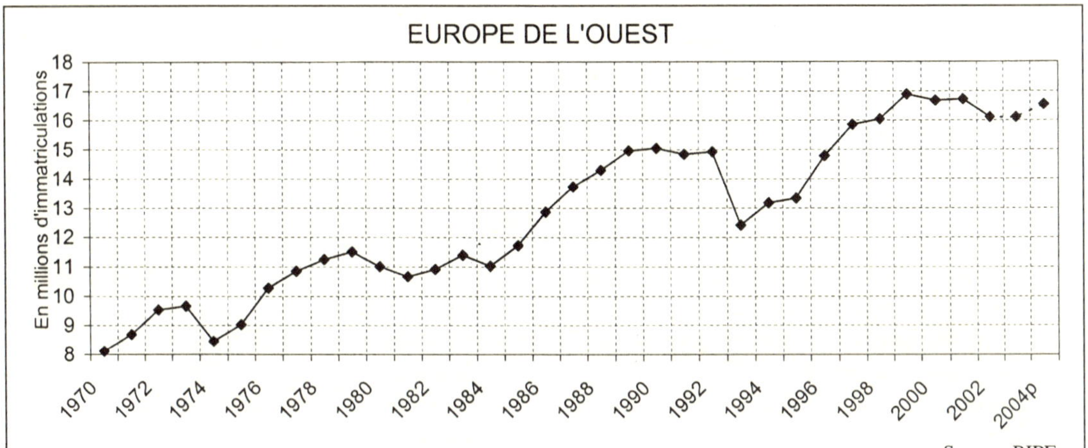

Source : BIPE.

sont attendus) va favoriser la reprise progressive des ventes sur l'ensemble de la grande Europe.

Seul grand pays européen à préserver son dynamisme, le Royaume-Uni enregistre pour la troisième année consécutive une progression importante de son marché (+ 4 %), préservant ainsi son second rang européen. Au-delà du dynamisme de l'offre constructeur sur les modèles phares du marché et d'une consommation robuste, le vecteur explicatif se situe sur un plan tarifaire. Montrés du doigt par les rapports de la Commission de la concurrence, les prix des véhicules ont suivi une courbe descendante depuis 1999, quoique irrégulière et relayée souvent par des promotions spécifiques d'ordre plus qualitative (services associés, niveau d'équipement). Par ailleurs, un phénomène s'est amplifié depuis deux ans : les importations parallèles en pro-

Le nouveau règlement se met doucement en place

Le nouveau règlement propre à la distribution automobile a été adopté le 17 juillet 2002 par la Commission européenne. Il remplace ainsi le régime instauré en 1985, légèrement révisé en 1995 (CE n° 1475/95) et qui arrivait à expiration le 30 septembre 2002. Une période de transition d'un an est prévue pour permettre la mise en conformité des contrats préexistants et de cinq ans pour la suppression progressive des clauses de localisation.

Lè nouveau règlement a pour finalité de favoriser le consommateur en renforçant notamment le mécanisme de la concurrence. Il est applicable aux services de vente, d'après-vente et à la fourniture des pièces de rechange de tous les véhicules automobiles. Ce nouveau règlement n'impose pas un cadre unique de distribution automobile en Europe mais offre au contraire une liberté de choix aux acteurs de l'offre.

Une constante n'est pas remise en cause : le constructeur conserve la maîtrise intégrale de la qualité sur la vente et l'après-vente. Même si la plupart des constructeurs se sont aujourd'hui prononcés sur le régime retenu, essentiellement la sélectivité, de nombreux points d'interrogation restent en suspens : dans quelle mesure les concessionnaires vont-ils se désengager de l'après-vente, sachant le chiffre d'affaires et la marge associés à cette activité ? Comment vont s'organiser dans l'avenir les connexions entre réseaux agréés et indépendants ? Quels intermédiaires vont jouer un rôle majeur dans le processus de vente et d'après-vente ?

Quelques exemples des répercussions du nouveau règlement européen sur les fonctions de distribution des acteurs

Avant	Après
VENTES	
• « Vente » corrélée aux services de réparation et d'entretien • Multi-marquisme coûteux (locaux séparés, gestion distincte) • Territoire défini (allocation des moyens, définition des objectifs)	• Fonction de « vente » seule (hors SAV) possible • Multi-marquisme facilité (un seul lieu possible) • Sélectivité : ventes actives hors territoire - Exclusivite : possibilité de vendre à des revendeurs indépendants
APRÈS-VENTE RÉPARATEURS AGRÉÉS	
• « Vente » liée aux serviuces de réparation et d'entretien • Le constructeur peut limiter le nombre de réparateurs agréés • Le constructeur peut fixer le lieu	• Fonction « après-vente » seule (hors « vente ») possible • Le constructeur ne limite pas le nombrte de réparateurs agréés • Le constructeur ne peut fixer le lieu
APRÈS-VENTE RÉPARATEURS AGRÉÉS	
• Vente pièces de rechange • Accès à l'information technique difficile	• Vente pièces de rechange • Meilleur accès à l'information (formation, équipement, outils)
APRÈS-VENTE PIÈCES DE RECHANGE	
• Le constructeur a le quasi-monopole • Le consommateur s'adresse à un réparateur agréé, sans choix possible entre pièces concurrentes	• Les producteurs ont accès au réseau des réparateurs agréés • Le consommateur peut disposer de « pièces d'origine » constructeur, fabricant ou de « pièces de rechange de qualité équivalente » venant d'un autre fabricant

Source : BIPE d'après Commission Européenne.

venance du continent sont en hausse annuelle de 24 %. Profitant des marges de manœuvre laissées par le règlement sur la distribution automobile, et avant même l'adoption du nouveau texte, les intermédiaires ont fait preuve d'une agressivité commerciale remportant un franc succès. Les acheteurs, devançant les risques d'une harmonisation à la hausse des prix sur les marchés pour l'heure les plus séduisants, tel le Danemark, se sont laissés

Des écarts de prix H.T. supérieurs à 30 % en Europe

Des prix catalogues toujours orientés à la hausse ...

Les prix catalogues ont continué à augmenter au cours de l'année 2002, en moyenne de 1 %, traduisant les montées en gamme technologiques des équipements automobiles. Afin de préserver la fréquentation du réseau, constructeurs et distributeurs réalisent des efforts tarifaires particuliers (offres promotionnelles, prolongement de garantie, services gratuits, équipement supérieur, etc).

... mettant en évidence des différentiels de prix importants ...

Les comparaisons réalisées par la Commission européenne sur la base d'un panel de quatre vingt modèles laissent transparaître des écarts de prix avoisinant les 30 %. Face au Danemark, un des pays les moins chers de l'Union européenne, le Royaume-Uni se distingue par ses prix affichés, bien supérieurs à la moyenne des quinze pays de l'Union européenne.

...et accélérant les flux de véhicules transfrontaliers

Les acheteurs profitent des différentiels de prix à leur avantage. Les intermédiaires ont vu ainsi fortement croître leur activité au cours de l'année 2002, comme en attestent les chiffres disponibles sur le marché britannique. Le nouveau règlement sur la distribution automobile devrait encore faciliter ces ventes, en permettant au réseau de planifier son activité sur un périmètre géographique élargi.

Différence des prix hors taxes des voitures au sein de l'Union européenne au 1er mai 2002
Top ten européen en 2002 : écart de prix extrêmes et marchés associés

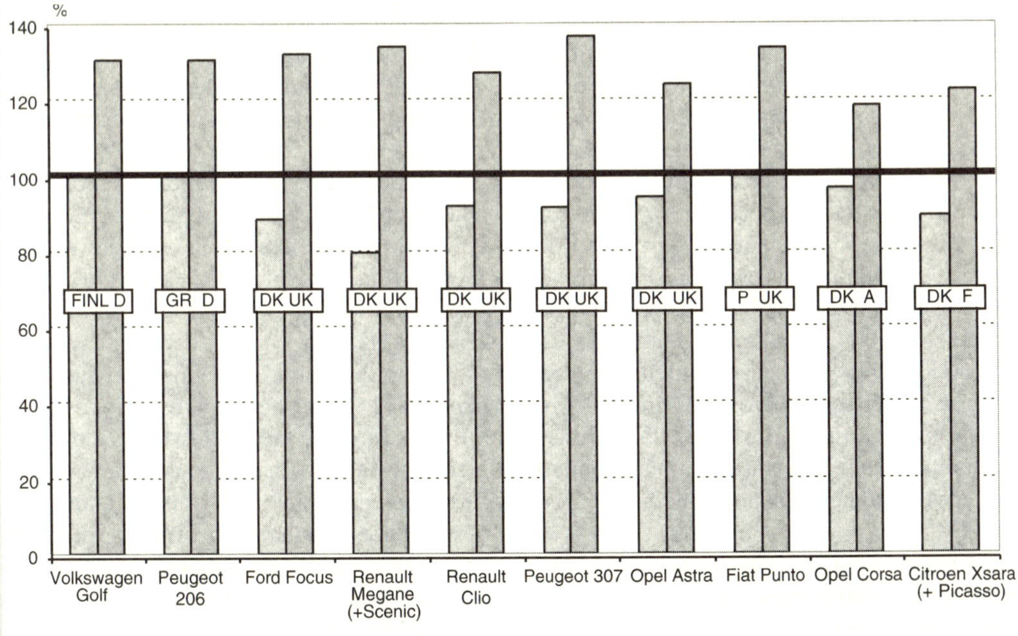

Source : Commission Européenne.

LES MARCHÉS

convaincre. Après les pertes enregistrées sur les valeurs mobilières, les ménages britanniques, particulièrement endettés, vont se montrer plus prudents dans leurs achats, face aux risques croissants liés à l'immobilier et au financement de leur retraite. Le marché sera en recul en 2003 (– 7 %) avant une stabilisation attendue sur 2004.

L'Italie a connu une année particulièrement instable : le maintien d'un marché à haut niveau au lendemain des mesures d'aide au secteur restait le fait d'artifices commerciaux dont l'aggravation de la situation du constructeur national et le plan de redressement annoncé ont eu raison. Face à des acheteurs hésitants à fréquenter les concessions, l'instabilité économique associée aux annonces concernant la suppression des rabais et des ventes à perte ou peu rentables (location courte durée, véhicules kilomètre zéro) ont eu un impact fort auprès d'une population habituée aux remises en tous genres.

En dépit d'une situation sur le front de l'emploi encourageante, un phénomène d'attentisme s'est amplifié au fur et à mesure que se confirmait une intervention gouvernementale spécifique. À la mi-juillet, au programme de soutien à l'investissement des entreprises, la Tremonti bis, se greffait une aide spécifique à l'automobile, revêtant la forme d'allégements fiscaux pour l'achat de véhicules neuf et d'occasion, et couvrant également la location avec option d'achat. Le marché a répondu avec retard à ce soutien spécifique (– 4 %). En dehors de toute reconduction de tels programmes de soutien, nous estimons un marché stabilisé à haut niveau avant une reprise plus soutenue en 2004. L'assainissement de la situation du groupe Fiat et le calendrier des nouveaux modèles donneront les impulsions nécessaires à une meilleure tenue du marché, les acheteurs étant par ailleurs conditionnés par un environnement économique plus favorable.

La France s'est inscrite dans une dynamique de baisse des ventes avec un recul des véhicules légers de 5 %. L'attentisme s'est imposé chez les acheteurs (diesel, nouveautés du Mondial, décisions budgétaires du gouvernement). Le rebond du marché n'interviendra pas avant la mi-2003, chefs d'entreprise et ménages restant attentifs à l'amélioration conjoncturelle.

Éloignées de par leur taille respective de marché, l'Allemagne et l'Espagne se rejoignent cependant sur l'impact négatif d'une conjoncture économique difficile : les marchés automobiles s'inscrivent conjointement en recul (– 3 % et – 7 %). Les tensions croissantes sur le marché de l'emploi ont conduit les acheteurs vers le marché de l'occasion en Espagne alors que l'essoufflement du second plan Prever se faisait plus marqué. L'amélioration du revenu des ménages en 2003, associée à un potentiel de progression du parc automobile, soutient nos hypothèses d'une reprise progressive du marché, avant une stabilisation en 2004. Ce rythme de reprise des ventes attendu plutôt au printemps sera également de mise sur le premier marché européen, les besoins de renouvellement se concrétisant par une reprise des achats. Le marché du neuf restera cependant fortement concurrencé par l'occasion.

Avec une part de marché stable en Europe, le groupe Volkswagen préserve sa position de leader avec plus de 18 % de pénétration. Les autres constructeurs allemands se maintiennent également affichant des parts de marché de 7 % et 4 % pour Daimler-Chrysler et BMW. Les constructeurs français présentent des résultats mitigés : les ventes de PSA ont progressé, permettant au groupe de se positionner à la seconde place du marché européen, tandis que celles de Renault sont en léger recul. Le groupe Fiat perd plus d'un point de parts de marché. Les Japonais progressent grâce à Toyota et Honda.

La production s'est également inscrite en baisse (– 2 %), à l'heure où recherche de flexibilité et rationalisation des coûts deviennent incontournables. La chaîne de valeur se modifie : équipementiers et sous-traitants gèrent des modules industriels croissants, permettant aux constructeurs de se positionner plus en aval de la filière à l'image des activités de financement et de location, moyen de lisser les aléas conjoncturels.

Europe Centrale et Orientale (PECO) : des marchés fluctuant au rythme des crises économiques et financières

Les marchés d'Europe centrale et orientale ont fait l'objet de nombreux investissements ces dernières années. Ils représentent un potentiel conséquent, dont la concrétisation en termes de rythme de vente varie en fonction des aléas conjoncturels. Les crises économiques et financières traversées par ces pays se retrouvent sur les résultats des marchés.

La Pologne sort de trois années de fort recul (– 6 % en 2002) : le ralentissement de la croissance économique a amplifié les difficultés d'accès à l'automobile (marché fortement taxé, coût du crédit en hausse). Les réalisations de la fin de l'année s'inscrivent en hausse et laissent présager une forte progression du marché en 2003 et 2004. La République tchèque n'échappe pas au marasme, les deux segments étant en recul (– 4 %). Après assainissement de la situation économique et financière du pays, la Turquie (– 17 %) connaîtra en 2003 un rebond de ses ventes à la hauteur du recul enregistré. La Hongrie voit se poursuivre la croissance de son marché (+ 16 %). Pour sa part, la Russie, le plus gros marché de la zone, a vu ses ventes progresser (+ 2 %).

Chimie

Les médiocres performances économiques de l'industrie chimique mondiale en 2001 (1,6 %) sont à peine compensées par les modestes performances observées en 2002 (de l'ordre de 2,1 % à 2,5 % selon les sources), qualifiées de croissance à petit pas. Production, consommation, échanges extérieurs et investissements ont connu des progressions modérées notamment pour les principaux pays industriels. Ceci est en ligne avec les performances macroéconomiques (PIB) de ces derniers : États-Unis (2,3 %), OCDE (1,3 %), Union européenne (0,9 %), Japon (– 0,1 %), confirmant ainsi la tendance récente de cette macro-industrie à son alignement, à la baisse, sur les rythmes de la croissance globale et plus encore sur celle de l'industrie (2,2 % pour l'Union européenne). Afin de situer cette conjoncture, un rappel s'impose : sur la période 1991/2001 la croissance annuelle moyenne de la production de l'industrie chimique a été de 3,1 % pour l'Union européenne, 2,4 % pour les États-Unis, 1,4 % pour le Japon. Fait significatif, le rythme annuel des investissements sur la même période a été respectivement de 1,1 % (mais – 5 % en 2002) pour l'Union européenne, 5,3 % pour les États-Unis, 2,5 % pour le Japon. Avec 75 % de la production et des échanges mondiaux, la croissance de la production de l'industrie chimique de l'Amérique du Nord (0,3 %), de l'Europe Occidentale (entre 2,1 et 2,5 %) et du Japon (– 0,3 %) tire par le bas la croissance « mondiale » de la chimie. Les deux premiers trimestres de l'année ont confirmé le ralentissement observé en 2001, parfois l'ont amplifié. Un redressement sensible mais conjoncturel caractérise les deux derniers trimestres permettant une légère amélioration pour 2002, mais dans un contexte géostratégique vis-à-vis de l'Irak peu propice à la relance. Pour l'heure, les prévisions de croissance pour 2003 restent modestes, marquées par l'incertitude sur le conflit avec l'Irak, notamment aux États-Unis (3 % pour les optimistes) et dans l'Union européenne (au mieux 2 %). Par ailleurs, l'affaiblissement de l'Allemagne fédérale n'incite pas à entrevoir les perspectives d'une relance.

Cette vision globale est à nuancer fortement. En effet des performances nettement meilleures sont observées d'une part en Asie (hors Japon) et d'autre part pour deux composantes sectorielles : la pharmacie et à un moindre degré la pétrochimie. Dans les deux cas, les performances durables et soutenues au cours des dernières années sont confirmées en 2002 : la croissance de l'industrie chimique en Asie se maintient à un rythme de l'ordre de 6 %, appuyée par un effort à l'investissement consolidé à un niveau particulièrement élevé (de l'ordre de 20 %), orienté principalement sur la pétrochimie. Quant à l'industrie pharmaceutique, sa croissance annuelle moyenne de l'ordre de 8 %, contraste singulièrement avec les performances des autres composantes de la chimie, prolongeant ainsi les tendances observées depuis le milieu des années 1990. Son marché de référence reste toutefois l'ensemble des pays développés. À titre indicatif, la pharmacie représente 26 % du chiffre d'affaires de l'ensemble de la chimie de l'Union européenne comparé aux 25 % de la chimie fine et les spécialités et 37 % de la chimie de

Prix trimestriels et contractuels des grands produits de base en Europe
(euro/tonne)

	Ethylène	Propylène	Butadiène	Benzène	Toluène	P.xylène	O.xylène	Méthanol
2001								
4° Trim	553	405	403	270	292	542	412	150
3° Trim	608	440	428	293	321	640	494	220
2° Trim	640	475	520	380	420	567	494	255
1° Trim	665	525	570	390	375	540	467	255
2002								
4° Trim	515	467	512	395	325	490	470	208
3° Trim	540	495	455	470	330	480	490	208
2° Trim	540	437	410	380	387	540	448	145
1° Trim	473	365	335	238	279	400	378	125

« Oléfines : Éthylène, Propylène, Butadiène ; Aromatiques : Benzène, Toluène, Paraxylène, Orthoxylène ; Méthanol »

Source : European Chemical News

base. Ces deux exceptions notables, pétrochimie et pharmacie, prolongent et confirment les dynamiques passées. Paradoxe apparent, elles se situent aux deux extrêmes de la grande diversité des chaînes de valeur et des filières de production dont est constituée la chimie industrielle.

Cependant de nouvelles donnes se sont affirmées en 2002 : une rupture de l'industrie pharmaceutique par rapport à la matrice de la chimie industrielle ; une relance conséquente des projets pétrochimiques en Asie et au Moyen-Orient. Elles nous semblent constituer les faits les plus marquants de 2002.

L'industrie pharmaceutique s'émancipe de la chimie industrielle : une confirmation en 2002

Au plan industriel, le divorce entre la chimie et la pharmacie est prononcé. Le coup d'envoi a été donné en 1993 par Imperial Chemical Company (ICI) qui a été le premier groupe chimique à externaliser une partie de ses activités chimiques, « spécialités et sciences de la vie », avec la création de Zeneca. En 1999, Zeneca est devenu un « pur pharmacien » lors de la fusion avec Astra, dénommé désormais AstraZeneca. Par ailleurs ICI, le major historique de la chimie britannique, disparaît quasiment du paysage industriel. La même année, Rhône-Poulenc et Hoechst créent Aventis ainsi que trois groupes de la chimie de spécialités : Rhodia pour Rhône-Poulenc, Celanese et Clariant pour Hoechst. À leur tour Rhône-Poulenc et Hoechst, figures historiques respectivement de la chimie française et allemande, s'effacent. Ciba et Sandoz, par fusion, ont suivi le même chemin en formant Novartis. Au cours de 2001 et 2002, Bayer puis Basf, groupes emblématiques de la chimie de base allemande, sont contraints de se désengager de la pharmacie. Du Pont, Dow Chemical, Akzo ont également opéré un tel désengagement, de moindre envergure et de manière moins radicale.

Ces événements traduisent la rupture de l'industrie pharmaceutique à l'égard de sa matrice traditionnelle qu'a été la chimie industrielle. Un autre profil d'industrie se dessine : d'une organisation intégrée des activités recherche à la fabrication des molécules et la commercialisation au sein de grands groupes généralistes, la pharmacie industrielle contemporaine organise et développe une recherche permanente largement fondée sur le partenariat industriel et scientifique, à l'échelle mondiale. Par ailleurs, elle suscite la création d'un tissu industriel de sous-traitance de spécialités pour la fabrication de molécules contribuant ainsi à l'émergence d'une activité spécifique de chimie fine pharmaceutique.

Industrie diversifiée, depuis une décennie, la pharmacie progresse à des rythmes annuels de l'ordre de 7 à 9 % avec des mouvements permanents de concentration à l'image de Pharmacia, numéro 9 mondial, en voie de rachat par Pfizer. L'industrie pharmaceutique radicalise ainsi sa rupture structurelle d'avec l'industrie chimique sous l'impulsion de deux mouvements : le désengagement confirmé des activités de la pharmacie de la part des grands groupes de la chimie industrielle, le renforcement des « grands de la pharmacie » par le maintien d'une stratégie d'acquisition et de croissance externe et en fin de compte d'une tendance permanente à la concentration. À l'heure actuelle, les dix premiers groupes mondiaux réalisent près de 50 % des ventes mondiales avec des parts de marchés proches les uns des autres et sans écarts, les différences se jouant à un niveau plus fin des marchés par classes thérapeutiques.

Les dix majors de la pharmacie mondiale et leurs parts de marché

(Données consolidées pour 2001)

Pfizer (Usa)	7,5
GlaxoSmithKline(Gb)	7,0
Merck & Co (Usa)	5,3
AstraZeneca (Gb)	4,6
Johnson & Johnson (Usa)	4,4
Bristol-Myers Squibb Usa)	4,3
Novartis (Ch)	4,0
Aventis (Fr)	3,5
Pharmacia (S)	3,4
Abott (Usa)	3,1

en %

Un tel processus de rupture est également à l'œuvre dans l'agrochimie. À l'issue d'opérations de rectifications de frontières accompagnées d'acquisition et de fusion, un mouvement permanent de concentration a conduit à la formation de six grands opérateurs mondiaux, avec dans l'ordre : Bayer CropScience, Syngenta, Monsanto, Basf, Dow AgroSciences, Du Pont.

Le tableau suivant retrace leur formation pour quatre de ces leaders mondiaux :

- **Bayer CropScience :** Aventis CropScience (AgrEvo-Shering, Boots, Fisons, Upjohn, Hercules Us) ⇐ Hoechst / Roussel Uclaf + Rhône-Poulenc (Union Carbide, Mobil, Chunjin)
- **Syngenta** : Zeneca (ICI, Stauffer, ISK Americas) ⇐ Ciba (Geigy, dr Mass, Shell Canada) + Sandoz + Merck & Co + Oriental Chemical
- **Monsanto** : De Kalb + Sensako + Calgene + Jacob Hartz + Agracetus + Cargill + PBI
- **Basf** : Cyanamid (Shell International, Celamerck) + Sandoz (US maiz herbicide) + Microflow + Svalof WeiBull (40 %)

Consolidation de l'industrie pétrochimique et confirmation de la réalisation de méga projets : l'Asie et le Moyen-Orient

En 2002, malgré un contexte géostratégique troublé, en particulier pour le Moyen-Orient, l'envol de l'industrie pétrochimique s'affirme en Asie et au Moyen-Orient avec la confirmation de la réalisation de méga projets notamment en Chine et dans le Golfe Persique. Les industries chimiques de la grande majorité des économies d'Asie et du Moyen-Orient ont connu un rythme soutenu de croissance de la production et des échanges extérieurs. Pour l'Asie, cette croissance s'observe pour la production mais plus encore pour les importations tirées par la forte demande intérieure en produits chimiques diversifiés. Cette dynamique, par effet d'entraînement, engendre une forte croissance de l'investissement productif avec le développement de méga projets pétrochimiques. La stratégie observable au Moyen-Orient est, par contraste, largement orientée à la grande exportation des produits chimiques de commodités visant à la fois l'espace économique asiatique et l'Union européenne.

Les signes de déplacement du centre de gravité de la pétrochimie mondiale

Cette évolution est la confirmation du déplacement, à terme, du centre de gravité des développements de la pétrochimie au cours de la prochaine décennie. En effet, les zones traditionnelles de l'implantation de cette branche, les États-Unis et l'Union européenne, ont une politique de rationalisation et de modernisation de leurs complexes pétrochimiques associée à un renforcement de leur interconnexion et de leur intégration logistique. L'Europe centrale et orientale ainsi que la Russie sont en phase de reconstruction de leur pétrochimie afin de se situer aux standards internationaux d'efficience. Ainsi, les investissements de capacités sont relativement modestes et s'inscrivent non pas dans une perspective de croissance mais dans une optique de remplacement et de plus grande efficience. Cette stratégie contraste singulièrement avec la politique d'investissements massifs en termes de création de capacités observables en Asie et au Moyen-Orient. Les grands opérateurs, pétroliers et grands chimistes occidentaux, sont d'ailleurs directement impliqués dans ce processus jouant ainsi sur les deux tableaux : amélioration de l'efficience technique et organisationnelle des capacités installées en Occident ; accompagnement et engagement conjoint dans les méga projets en Asie et au Moyen-Orient.

La croissance de la production chimique en 2002 pour l'ensemble de l'Asie, à l'exception de la Chine et du Japon, est de 4 %. La croissance moyenne de cette industrie, pour les pays de la région, est la suivante : Chine et Inde 6 %, Singapour et Indonésie et Corée du Sud 4 %, Taïwan 3 %. Seuls la Thaïlande (0,5 %), le Japon (– 0,5 %) et la Malaisie (– 2 %) présentent des performances médiocres.

Les investissements pétrochimiques en Asie

À Singapour, en Corée du Sud, en Thaïlande, à Taïwan, mais principalement en Chine, se confirme la réalisation de méga projets pétrochimiques centrés sur des vapocraqueurs intégrés à l'amont à des sites de raffinage et prolongés à l'aval par des filières de production des grands polymères de commodités. De tels projets représenteront une capacité additionnelle de production (exprimée en million de tonnes par an d'éthylène : Mt/an) de l'ordre de 5,5 à 6,5 Mt/an à l'horizon 2006/2008. La quasi-totalité de ces projets est en joint-ventures (50/50) avec des groupes européens et américains, en particulier les majors du pétrole : BP, Shell, Exxon Mobil, TotalFinaElf et une exception, le chimiste Basf. En termes de négociation et de réalisation, les projets les plus avancés sont : en Corée du Sud, AtoFina (filiale de TotalFinaElf) et Samsug General chemical (filiale de Samsung) réalisent en commun un complexe pétrochimique (de l'ordre de 1 Mt/an). En Chine, trois voire quatre complexes pétrochimiques sont programmés, associant respectivement Basf et BP à Sinopec, Shell à China National Offshore Oil Corp. Sinopec est le premier groupe pétrochimique chinois et le vingt-huitième mondial. Les capacités existantes sont de l'ordre de 5 Mt/an et ces trois projets représenteront un potentiel de production de l'ordre de 3 Mt/an entre 2005 et 2007. À Singapour, Shell et Sumitomo ont en commun un projet d'une capacité de 1 Mt/an connecté au site de raffinage de Shell pour la matière première : le naphta. Ce projet s'ajoute au complexe d'ExxonMobil (1 Mt/an) en démarrage.

Le Moyen-Orient au cœur d'un vaste projet de développement de la pétrochimie intégrée à l'économie pétrolière et gazière

Malgré une conjoncture économique affaiblie depuis quelques années, 2002 est riche en annonces de méga projets pétrochimiques. À l'horizon 2010, les projets annoncés puis confirmés au cours de l'année représenteront un potentiel de 15 Mt/an de capacités installées d'éthylène, sans compter l'ensemble des projets des filières dérivées : l'Arabie Saoudite

(6 à 8 Mt/an), l'Iran (5 Mt/an), les autres pays du Golfe Persique (2 à 4 Mt/an) – Abou Dhabi, Koweït, Qatar et Oman pour l'essentiel. À eux seuls l'Arabie Saoudite et l'Iran représentent 75 à 85 % des capacités projetées. À titre de comparaison, le volume des capacités existantes d'éthylène au sein de l'Europe occidentale est de l'ordre de 20 Mt/an, de 28 pour l'Amérique du Nord et de 15 pour l'Asie, y compris le Japon. Ces projets représentent un défi organisationnel, logistique et financier sans précédent ou du moins d'une importance semblable aux projets concernant l'industrie du raffinage. Le rapprochement de ces deux types d'activités (pétrole/gaz et pétrochimie) en termes de projets, indique l'ampleur des synergies industrielles et logistiques attendues de l'articulation complémentaire de ces activités de valorisation du gaz et du pétrole parmi les producteurs du Golfe Persique. Effet d'annonce pour les sceptiques ou défis industriels majeurs pour les optimistes, ce type de projets s'inscrit dans une perspective claire d'industries orientées à l'exportation visant à la fois l'Asie dans sa globalité mais notamment la Chine d'une part et d'autre part l'Europe occidentale et plus particulièrement la zone euro. Pour la majorité d'entre eux, ces projets s'inscrivent dans un vaste plan de négociations avec les « majors » du pétrole, du gaz et des grandes commodités chimiques.

Pour l'Arabie saoudite, ces projets pétrochimiques sont directement liés au plan « Saoudi gas Initiative » combinant exploration, production de gaz naturel et filières pétrochimiques avec l'appui et sur l'initiative de trois « cores joint ventures » (CV's). Au milieu de l'année 2001, puis en 2002, à l'annonce de la constitution de ces « cores joint-ventures », les huit majors suivants ont confirmé leur accord et leur participation: ExxonMobil, Shell, BP, TotalFinaElf, Philipps Petroleum, Marathon Oil Canada, Occidental Petroleum, Conoco. Les projets, de l'ordre de 4 à 5 Mt/an d'éthylène portés par ces « cores ventures » seront opérationnels en 2010. À l'initiative de la Sabic (Saudi Basic Industries Corporation) principal opérateur saoudien dans les hydrocarbures et la pétrochimie, sont programmés pour 2007-2008, deux autres projets (de l'ordre de 2 à 3 Mt/an d'éthylène), distincts des « core ventures ». L'attention déjà portée à la stratégie de « global player » de la pétrochimie du groupe SABIC se confirme sur un autre registre, sa volonté de s'intégrer directement dans la pétrochimie européenne au sens large. En 2002, avec l'acquisition et le contrôle total de DSM, chimiste généraliste néerlandais mais aussi engagé dans les filières pétrochimiques à laquelle s'ajoute celle déjà réalisée de Polimeri Europa du groupe Enichem, SABIC devient ainsi un acteur direct de la pétrochimie européenne. Désormais il est le dixième groupe chimique européen. Au plan mondial, il devient le onzième producteur d'oléfines, le troisième et le quatrième dans les filières « aval » que sont respectivement le polyéthylène et le propylène.

Face à ces perspectives, à moyen terme, de développement de complexes pétrochimiques en Asie et au Moyen-Orient, la place des États-Unis et de l'Union européenne devient nettement plus modeste. C'est en cela que l'on peut considérer qu'il y a l'amorce d'un déplacement du centre de gravité de la pétrochimie à l'échelle mondiale et en parallèle accélération d'un processus de recentrage des « chimistes » encore trop « broadly based chemical activities ». Malgré des performances médiocres, voire négatives des principaux groupes chimiques en Europe et aux États-Unis (ventes et bénéfices), les opérations de fusions et acquisitions sont un instrument d'un recentrage sur une chimie de plus haute valeur ajoutée en direction des spécialités chimiques au sens large.

Fusions et acquisition comme processus permanent de concentration, de spécialisation et de retour à la compétitivité

Cette dynamique apparaît comme la seule voie de retour à la compétitivité, pour autant qu'elle s'accompagne d'une inflexion dans la stratégie des groupes afin de rendre plus lisibles leurs domaines de compétences et donc leurs frontières. Les données les plus récentes (2001) font état d'un volume « d'affaires » de l'ordre de $ 37 milliards (contre 30 en 2000 et 48 en 1999) concernant soixante-dix-huit opérations, à l'exclusion de la pharmacie. C'est entre acteurs européens et dans l'espace européen que les opérations ont été les plus nombreuses 34 en 2001 contre 23 en moyenne annuelle sur la période 1997 à 2000; 11 entre acteurs américains, contre 18 sur la même période. Les spécialités chimiques au sens large sont les plus concernées : elles représentent 41 % du nombre d'opérations et 36 % en valeur. La chimie fine et l'agrochimie (16 % et 18 %) devancent la chimie de base et les plastiques de commodités. Ce dernier secteur ne représente plus que 15 % du nombre d'opérations et 15 % en valeur. L'ère des « broadly based chemical activities » est ainsi remise en question, à travers ces opérations, avec comme logique de fond : assurer de meilleures complémentarités entre activités et filières de valorisation, construire des économies d'échelle sur des portefeuilles d'activités plus restreints et renforcer dans ces domaines des parts de marchés significatives.

Engrais

Les perturbations météorologiques, qu'elles soient attribuables à El Nino ou au réchauffement de la planète, se sont traduites par une baisse drastique de la production céréalière mondiale. Avec 1,833 milliard de tonnes (y compris le riz en équivalent usiné, selon les données de la FAO), elle perd 61 millions de tonnes par rapport à la récolte 2001-2002. Pour 2003, une hausse – marginale – est attendue, en même temps qu'une forte réduction des stocks céréaliers.

Une météo plus clémente devrait renverser la tendance en 2003, mais pour cet espoir, la FAO s'en remet au... ciel. Ceci n'est pas neutre pour le marché des engrais... car la culture du maïs dans le monde absorbe 19 % d'engrais, celle de riz 21 %, de blé 24 % et des autres céréales, du coton et des légumes 5 % respectivement.

Vers une baisse de l'utilisation d'engrais ?

L'European Fertilizers Manufacturers Association (EFMA) confirme les prévisions de la FAO : l'utilisation générale d'engrais

ENGRAIS	1996	1997	1998	1999	2000
• Engrais azotés					
Production	90 418	87 540	88 303	87 752	84 616
Importations	24 555	22 919	24 324	25 764	28 119
Exportations	24 345	23 251	22 997	23 935	24 697
Consommation	82 590	81 316	82 767	84 950	81 624
(en milliers de tonnes N)					
• Engrais phosphatés					
Production	33 608	32 927	33 086	32 515	31 704
Importations	11 501	12 728	12 790	13 576	12 149
Exportations	12 070	12 234	12 595	12 703	12 114
Consommation	31 104	33 320	33 347	33 465	32 655
(en milliers de tonnes P_2O_5)					
• Engrais potassiques					
Production	22 963	26 014	25 007	25 011	25 541
Importations	20 069	22 204	22 623	23 315	23 478
Exportations	19 968	22 821	22 228	22 650	23 406
Consommation	20 885	22 586	22 045	22 121	22 156
(en milliers de tonnes K_20					*(Source : FAO)*

continuera ou devrait continuer à décliner. La consommation des trois principaux intrants – nitrates, phosphore et potasse – baisserait de 7 %, 13 % et 12 % respectivement dans les dix ans à venir dans l'Union européenne. Pour la première fois, tous les pays prévoient une réduction de leur utilisation d'engrais.

Au cours des trois dernières saisons, une moyenne saisonnière de 9,4 millions de tonnes de nitrates, 3,2 millions de phosphore et 3,6 millions de potasse ont été répandus sur 147,7 millions d'hectares. Ces chiffres devraient être ramenés, d'ici 2012, respectivement à 8,8 millions, 2,7 millions et 3,1 millions de tonnes. Ce qui représente une baisse de 15 % pour les nitrates, de 49 % pour les engrais phosphorés et de 38 % pour la potasse depuis les pics de consommation connus dans les années 70-80. Pourtant, cette chute de la demande n'a pas été suivie par une diminution des productions. Au contraire, celles-ci augmentent grâce à l'emploi de technologies modernes et d'une meilleure pratique agricole. Les prévisionnistes s'attendent à une hausse de 7 % de la production de céréales dans les dix ans à venir, tandis que l'utilisation d'engrais baisserait de 4 %.

Le Bureau américain des études géologiques (USGS) est en revanche plus optimiste. Il considère que la demande mondiale de phosphates va s'accroître à mesure que la terre se peuplera. Entre 2001 et 2005, la consommation mondiale devrait même augmenter de 3,6 % par an. Les USA restent le premier producteur mondial de phosphates et le premier fournisseur de DAP (diammonium phosphaté). Mais ils doivent faire face à une concurrence accrue. Ils disposent d'une production minière de 34,2 millions de tonnes de phosphate brut. Viennent ensuite le Maroc et le Sahara occidental (22 millions de tonnes), la Chine (19,4 millions de tonnes) et la Russie (11,1 millions de tonnes).

Une hausse rapide de la consommation mondiale d'engrais est même prévue en Asie (Chine et Inde). Ces deux pays ont mis en

Prix du phosphate (70 %BPL) fas Casablanca
(en US $/tonne)

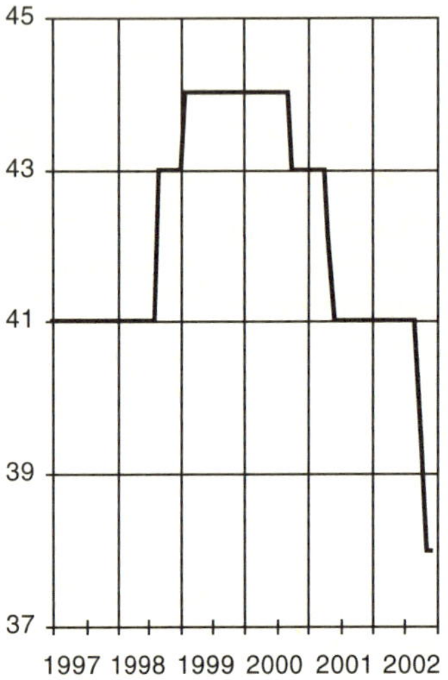

place d'énormes capacités de production d'engrais afin de limiter leurs importations, la Chine ayant même frappé d'interdiction les importations d'engrais azotés, dont le nitrate d'ammonium. Son industrie du gaz est en pleine expansion Des projets importants d'infrastructures gazières ont été lancés ; ils sont encore – et pour quelques années – freinés par l'utilisation d'un charbon disponible et bon marché, mais l'élan est donné. En 2001, dernières données connues, la Chine a consommé environ 24,5 millions de tonnes de nitrates, 11,7 millions d'engrais phosphatés et seulement 5,1 millions d'engrais potassiques. Selon des estimations récentes du Potash and Phosphate Institute of Canada (PPIC), elle aurait besoin d'un supplément de 1,6 million de tonnes de nitrates, 1,2 million de tonnes de phosphates et de 8,9 millions de potasse pour couvrir ses besoins de façon adéquate.

Prix comptants moyens des engrais (en vrac fob)
(en US$/tonne)

	2000		**2001**		**2002**	
	janv.	sept.	janv.	sept.	janv.	sept.
• **Urée**						
Europe de l'Est	**79-81**	105-109	**118-122**	90-93	**104-107**	90-93
Proche Orient	**109-113**	128-130	**179-185**	101-103	**111-113**	112-115
• **Phosphate diammonique**						
Jordanie	**164-169**	175-182	**170-174**	151-154	**156-160**	182-184
Afrique du Nord	**159-164**	179-185	**158-168**	143-150	**146-152**	167-170
Golfe des E.U.	**147-151**	166-168	**155-157**	135-137	**151-154**	163-165
• **Superphosphate triple**						
Afrique du Nord	**131-135**	131-135	**129-133**	119-125	**120-127**	130-133
Golfe des E.U.	**136-140**	138-142	**127-134**	121-125	**172-131**	133-135
• **Chlorure de potassium**						
Europe de l'Est	**95-109**	92-111	**91-106**	91-106	**90-105**	92-107
Vancouver	**117-131**	117-131	**116-130**	111-130	**109-128**	111-123
Europe de l'Ouest	**129-137**	115-122	**115-122**	115-122	**112-117**	105-115

(Source : FAO)

PHOSPHATE BRUT		1996	1997	1998	1999	2000
Production mondiale		**135,2**	**140,6**	**144,4**	**134,8**	**131,7**
dont	États-Unis	44,7	43,6	44,0	40,9	39,2
	Maroc	20,8	23,4	23,6	22,0	21,6
	Chine	22,9	25,1	27,1	20,8	19,4
	Fédération de Russie	8,7	10,0	10,0	11,2	11,1
	Tunisie	7,1	7,1	8,0	8,0	8,3
	Jordanie	5,4	5,9	6,0	6,0	5,5
	Israël	3,8	4,0	4,1	4,1	4,1
Exportations mondiales		**28,7**	**38,8**	**36,4**	**32,5**	**30,2**
dont	Maroc	10,1	11,7	11,7	11,4	10,5
	Fédération de Russie	0	4,6	4,8	4,7	4,1
	Jordanie	4,4	4,4	3,7	3,6	3,1
	Israël	2	1,5	1,5	1,2	1,1
	Tunisie	1,2	1,2	1	1,1	1,1
	États-Unis	1,6	0,3	3,1	0,3	0,2
Importations mondiales		**31,2**	**34,2**	**33,5**	**32,4**	**28,7**
dont	Inde	2,4	2,7	2,8	3,3	4,3
	États-Unis	1,8	1,9	1,8	2,2	2,0
	Pologne	1,8	1,8	1,9	1,5	1,5
	Corée du Sud	1,5	1,3	1,6	1,3	1,4
	France	1,5	1,6	1,3	1,5	1,2
	Pays-Bas	1,6	1,4	2,0	1,8	1,2
	Espagne	2,2	2,1	2,1	2,2	0,2

(en millions de tonnes) *(Source : FAO)*

LES MARCHÉS

Une bonne année pour les prix du DAP

Durant les premiers mois de 2002, les prix du DAP sont restés relativement stables, entre $ 160-166 la tonne (Jordanie), $ 146-155 (Afrique du Nord) et $ 151-154 (Golfe du Mexique). Dès le mois de mai, l'Inde, le Pakistan et le Vietnam étaient très présents sur le marché, tandis que l'Europe ralentissait ses achats.

En septembre, les prix ont augmenté $ 182-184 (Jordanie), $167-170 (Afrique du Nord), $ 163-165 (Golfe du Mexique). Ils étaient supérieurs de 15 % – 20 % aux prix de septembre 2001. La forte demande du Pakistan, de l'Inde et des États-Unis a contribué à les soutenir. Les prix ont légèrement baissé à la fin de l'année, la plupart des pays ayant satisfait leurs besoins.

À noter que le Vietnam a rejoint les producteurs de DAP en réduisant sa propre dépendance. Quant à la Chine, elle aurait accumulé des stocks de DAP d'environ 1 million de tonnes.

Le numéro 1 mondial des engrais, le Canadien Potash Corporation of Saskatchewan, indique que 94 % en 2001 de la production mondiale de phosphate brut provenaient de treize pays, soit 139 millions de tonnes (Chine, États-Unis, CEI, Brésil, Australie,

La direction des mines françaises « Potasse d'Alsace » avait décidé de la fermeture du dernier puits en avril 2003. Le site devait conserver toutefois une activité liée au stockage des déchets par l'intermédiaire de Stocamine. Mais le 10 septembre 2002, un incendie oblige à mettre fin plus tôt que prévu à l'exploitation de la potasse. Le 21 octobre, la mine Amélie II fermait définitivement.

Inde, Jordanie, Syrie, Israël, Tunisie, Maroc, Sénégal, Afrique du Sud). La production mondiale de DAP est de 24 millions de tonnes (le DAP est l'engrais le plus en usage dans le monde) les États-Unis réalisant 42 % du total mondial. Les États-Unis consomment 63 % de leur production et exportent les 37 % restants. Le contingent d'importation, de la Chine pour 2002 était d'environ 5,7 millions de tonnes, dont 85 % alloués à des organismes d'État. Ce pays a changé sa politique d'exportation de phosphate naturel pour promouvoir sa production intérieure d'engrais phosphatés.

Année médiocre pour la potasse

Entre le début et la fin de 2002, les prix de la potasse ont évolué à la baisse, dans une fourchette allant de $ 100-105 la tonne (Europe de l'Est), $ 109-128 (Vancouver) et $ 112-117 (Europe de l'Ouest) à $ 89-104 (Europe de l'Est), $110-120 (Vancouver) et $ 105-115 (Europe de l'Ouest) en janvier 2003.

En Europe, la demande est restée pratiquement la même qu'en 2000. Celle de l'Inde a été affectée par une forte sécheresse et par l'incertitude politique au Brésil. En fin d'année, on signalait des stocks de 1,5 million de tonnes de potasse en Chine, et des réserves importantes également aux États-Unis et au Canada. Les obligations contractées par la Chine dans le cadre de l'OMC comprennent l'imposition d'un droit à l'importation de 3 % sur le chlorure de potassium.

La potasse est produite dans treize pays : Canada, États-Unis, Belarus, Russie, Grande-Bretagne, France, Allemagne, Espagne, Israël, Jordanie, Brésil, Chili, Chine. Les mines du Saskatchewan (Canada) sont les plus riches au monde. Au total, six pays producteurs couvrent presque 90 % de la production mondiale : plus de 150 pays emploient la potasse, en premier lieu l'Asie et l'Amérique du Nord. Les Usa en sont les premiers importateurs, puis la Chine, le Brésil et l'Inde. Selon le PPIC, le potentiel de consommation de l'Asie est énorme. La production mondiale était estimée à 27,4 millions de tonnes en 2001.

Forte présence de l'Asie sur l'urée

En janvier 2002, les prix de l'urée s'affichaient à $ 83-85 la tonne (Europe de l'Est) et à $ 98-100 (Proche-Orient). L'année s'est conclue à $ 96-99 (Europe de l'Est) et $ 119-112 (Proche-Orient), en progression quasi constante au fil des mois. La crise socio-politique grave que traversait le Venezuela et qui perdurait en janvier 2003, ainsi que l'éventualité d'une guerre en Irak, ont fait grimper les cours du gaz naturel.

En début d'année, la Chine a annoncé que son quota d'importations d'urée pour 2002 serait de 1,3 million de tonnes, avec un plafonnement de 600 000 tonnes pendant le premier semestre. Conformément aux accords conclus avec l'OMC, ce volume d'importations a été soumis à un droit de douane de 4, avec un taux de TVA à 6,5 % (contre 13 % précédemment) pour le mettre à égalité avec celui de la production nationale.

Les importateurs chinois ont reçu l'autorisation de réexporter l'urée si les cours en dehors du pays s'avéraient meilleurs que les prix intérieurs. Ils en auraient réexporté 60 000 tonnes en Corée du Nord, au début de l'été.

Pour 2003, le quota d'importation d'urée de la Chine est prévu en hausse, à 1,8 million de tonnes, avec des livraisons sur une base trimestrielle.

Au cours du premier semestre, la demande en provenance des États-Unis et d'Asie (Thaïlande, Vietnam, Bangladesh) a été forte à l'approche de la saison des semis et les stocks étaient réduits.

En novembre, les exportations du Venezuela vers l'Europe et les États-Unis étaient maintenues, en dépit d'une production qui tendait à se réduire.

La Commission européenne a institué en mars 2002 un droit antidumping définitif pour la Russie de 47,07 par tonne sur les exportations de nitrate d'ammonium. La capacité de production de nitrate d'ammonium de la Russie est estimée à 8,9 millions de tonnes, pour une consommation locale de 2,2 millions de tonnes seulement.

La détention en vue de la vente ou de la distribution à titre gratuit d'engrais NK contenant plus de 25 % en masse d'azote provenant du nitrate d'ammonium et ayant une teneur en chlorure supérieure à 0,02 % est, par arrêté du JO européen du 1er octobre 2002, suspendue pour la durée d'un an. Ces engrais de mélange étaient jusqu'alors importés et mis sur le marché sans précaution particulière et il en résultait un danger grave et immédiat.

Les nitrates servent à hauteur de 82 % à la fabrication d'engrais, 4 % sont réservés à un usage direct et 14 % à des usages autres que les engrais. L'Asie en est le premier consommateur, suivie loin derrière des États-Unis et de la CEI. Celle-ci a plus de capacités que l'Amérique du Nord, mais produit moins et exporte plus. La production mondiale représentait 105 millions de tonnes en 2001.

La dépendance du gaz naturel et les difficultés de manipulation font qu'ils sont largement produits sur place. Seulement 12 % de la production mondiale est exportée.

L'Asie et l'Amérique latine (Brésil, Chili, Argentine notamment) sont en passe de devenir des acteurs majeurs sur le marché des engrais. Le Brésil est pour l'heure le seul pays au monde à utiliser davantage de potasse que de nitrates et de phosphates. En tant qu'important producteur de soja, il utilise très peu de nitrates, mais en diversifiant son agriculture, cette donnée devrait changer.

Pâte et papier

Depuis la fin du siècle dernier, l'industrie papetière mondiale n'en finit pas avec des horizons moroses, des prix médiocres, une demande peu soutenue et les difficultés liées à des fusions-acquisitions faites bien souvent sur des bases beaucoup trop optimistes. Comme pour de nombreux autres secteurs économiques, la seule nouvelle vraiment positive au début 2003 venait d'Asie avec une demande soutenue, notamment de matières premières, pâtes et vieux papiers, permettant d'espérer une légère reprise des cours.

Des marchés déprimés

Même si la pâte « marchande » ne représente qu'une part minoritaire de la production de pâte à papier (l'essentiel faisant l'objet d'intégration verticale à l'intérieur d'usines ou de groupes), le prix de la pâte — qui fait l'objet d'un marché à terme électronique, le Pulpex — est un bon indicateur instantané de l'état de l'industrie, au moins dans sa partie amont. Depuis le milieu de 2001, les prix sont restés déprimés, entre $ 450 et $ 500 la tonne (pour la pâte NBSK), des niveaux à peine

PATE DE BOIS		1997	1998	1999	2000	2001
Production mondiale		**162,7**	**159,9**	**163,6**	**171,4**	**166,3**
dont	Etats-Unis	60,3	59,5	58,4	57,8	53,6
	Canada	25,0	23,8	25,4	26,7	24,8
	Finlande	11,1	11,4	11,7	12,0	11,2
	Suède	10,4	10,5	10,6	11,5	11,0
	Japon	11,4	10,9	10,9	11,4	10,8
	Brésil	6,3	6,8	7,1	7,3	7,4
Exportations mondiales		**34,9**	**34,9**	**37,0**	**37,8**	**38,3**
dont	Canada	11,0	10,6	11,6	11,9	11,2
	Etats-Unis	6,3	5,5	5,4	5,8	5,6
	Brésil	2,5	2,8	3,1	3,0	3,3
	Suède	2,9	2,9	3,0	3,1	3,0
Importations mondiales		**34,2**	**34,78**	**36,7**	**38,0**	**39,0**
dont	Etats-Unis	5,8	5,5	6,1	6,6	6,7
	Chine	2,6	3,1	3,9	4,0	5,8
	Allemagne	4,0	3,9	3,7	4,1	3,8
	Italie	3,1	3,2	3,3	3,2	3,3

(en millions de tonnes) *(Source : FAO)*

supérieurs aux minima atteints en 1993 et 1985 et couvrant avec difficulté les seuls frais variables de la plupart des producteurs. Une légère remontée des prix à $ 500 la tonne (annoncés par les producteurs) n'a pu se concrétiser, l'année se terminant autour de $ 450 avec de nouvelles annonces de hausse pour le début de 2003. Manifestement, le niveau des stocks des producteurs (1,6 million de tonnes fin décembre pour les stocks Norscan) reste trop élevé du fait d'une demande peu soutenue.

Aux États-Unis, après une chute de 6 % de la production de papier en 2001, la production s'est à peu près stabilisée en 2002 (+ 0,6 % au Canada). En Europe, la progression a été de 2,4 % alors qu'au Japon, la production reculait encore de 0,7 % sur les dix premiers mois de 2002.

C'est le secteur de l'impression écriture qui a été le plus touché avec le recul de la publicité, donc de la pagination des journaux et donc du papier journal et magazine. La

Prix de la pâte à papier (Suède) caf Mer du Nord

(en $/tonne caf)

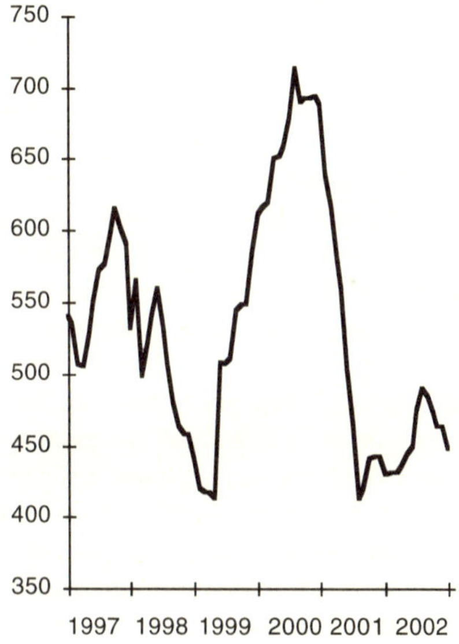

PAPIERS ET CARTONS	**1997**	**1998**	**1999**	**2000**	**2001**
Production mondiale	**301,4**	**301,5**	**315,7**	**324,0**	**320,3**
dont Etats-Unis	87,9	87,3	88,8	86,5	81,5
Chine	31,7	32,3	34,2	35,4	37,9
Japon	31,0	28,8	30,6	31,8	30,7
Canada	18,9	18,8	20,2	20,8	19,8
Allemagne	15,8	16,3	16,7	18,2	17,9
Finlande	12,2	12,7	12,9	13,5	12,5
Suède	8,8	9,9	10,0	10,7	10,5
Italie	8,0	8,3	8,6	9,1	8,9
Brésil	6,5	6,5	6,3	6,5	7,4
Exportations mondiales	**86,7**	**89,7**	**92,6**	**97,7**	**94,6**
dont Canada	14,8	14,2	14,4	15,6	14,5
Finlande	10,2	11,0	11,2	11,6	10,9
Allemagne	7,7	737	8,0	8,9	8,8
Suède	8,2	8,5	8,8	9,0	8,7
Etats-Unis	9,9	9,1	8,6	9,1	8,4
Importations mondiales	**85,8**	**87,9**	**96,9**	**98,8**	**96,3**
dont Etats-Unis	14,4	14,5	15,7	16,3	15,5
Chine	10,6	10,2	11,0	10,4	9,8
Allemagne	7,9	8,4	9,0	9,8	9,5
Italie	3,6	3,4	4,0	4,4	4,2

(en millions de tonnes) *(Source : FAO)*

demande a ainsi diminué de 18 % en Amérique du Nord, de 6 % en Europe et de 3 à 4 % en Australasie. En Europe, les prix du papier journal se sont inscrits en baisse de 10 % et en février 2003, aucun accord n'avait été encore trouvé en France entre les producteurs et les utilisateurs pour les prix 2003. Certes, la demande est meilleure en Asie, mais un industriel comme le norvégien Norsk Skog, numéro 2 mondial du papier journal, a annoncé un exercice 2002 avec un chiffre d'affaires en recul de 10 %. Comme d'habitude, le secteur de l'emballage a mieux résisté. Malgré des baisses de volume, les prix, tant du kraftliner que des papiers à base de vieux papiers, ont augmenté sur l'année de 3 à 10 % selon les sortes. Ceci a été nécessaire pour compenser deux vagues de hausse sur le marché des vieux papiers, liées à la force de la demande asiatique (sur des échanges mondiaux d'une trentaine de millions de tonnes de vieux papiers, l'Asie représente la moitié des importations, la Chine étant de loin le premier importateur mondial avec 6 millions de tonnes) : début 2003, les vieux papiers, dont le prix moyen en France était de 50 euros la tonne, faisaient l'objet de contrats à l'exportation entre 55 et 65 euros.

Le temps de la digestion

Ces dernières années, le monde du papier avait rêvé de fusions internationales et de concentrations. Les Européens en particulier avaient débarqué en force en Amérique du Nord et même en Asie. Passés les premiers temps d'euphorie et dans un contexte de marchés déprimés, l'heure est à l'apurement des comptes, et même à l'éclatement. Stora Enso qui avait acheté Consolidated aux États-Unis en 2001 ferme maintenant des sites et supprime cinq cents emplois américains. Smurfit s'est séparé de sa filiale américaine (l'ancien Stone) et l'entreprise irlandaise a fait l'objet d'un rachat par un fond d'investissement familial. En Italie, Fiat a vendu sa participation dans le groupe papetier Burgo. En France, le groupe La Rochette été démantelé. Les deux groupes finlandais Metsa Serla (devenu M-Real) et Millykowski ont officialisé leur séparation... En Asie, le groupe Asia Pulp and Paper (APP) est toujours sous le contrôle des banques créditrices après sa retentissante faillite...

Signe des temps, les seuls investissements notables en Europe en 2002 ont été le fait d'entreprises familiales dans le domaine du papier pour ondulé : Palm en Allemagne et Emin Leydier en France. Au même moment, UPM Kymmene procédait au démontage de la vieille usine de pâte de Stracel en Alsace qui, vendue, va être reconstruite en Chine... Ainsi va le monde du papier.

Semi-conducteurs

2002 : une année qui tient ses… petites promesses

L'année 2002 aura tenu ses promesses aussi modestes soient-elles. Avec 1 % de croissance par rapport à 2001, elle se présente bien comme une année de transition entre l'effondrement de 2001 et la reprise d'une croissance à deux chiffres pour 2003 et au-delà. La reprise de 2002 – point surprenant – est la plus rapide de l'histoire de l'industrie : le marché des semi-conducteurs aura touché son point bas en janvier 2002 à – 40 %, pour terminer à fin décembre sur une note légèrement positive à + 1 %, soit 41 % de différentiel en onze mois, un record. Voilà qui témoigne de la grande vitalité de l'industrie électronique.

Cette modeste croissance de 2002 aura été de « mauvaise qualité ». Essentiellement tractée par une forte reprise en quantité – on a franchi en novembre 2002 le pic de juillet 2000, dernier record historique – dans un environnement de prix très dégradé : – 14 % pour l'ensemble de l'année faisant suite à – 12 % en 2001. Cette forte reprise en quantité a été générée par une reconstitution des stocks de semi-conducteurs considérablement réduits en 2001. Quant à la demande « réelle » de semi-conducteurs émanant des secteurs utilisateurs, elle a été plutôt faible :

– Le mobile, avec 400 millions d'unités vendues, n'a aucune croissance sur 2001.

Le cycle du marché des semi-conducteurs

Taux de croissance ($) de 1986 à 2002 (novembre 2002)

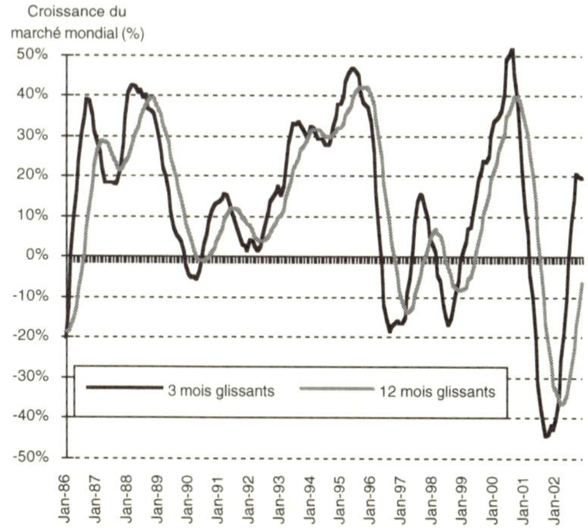

Marché mondial : croissance séquentielle trimestrielle

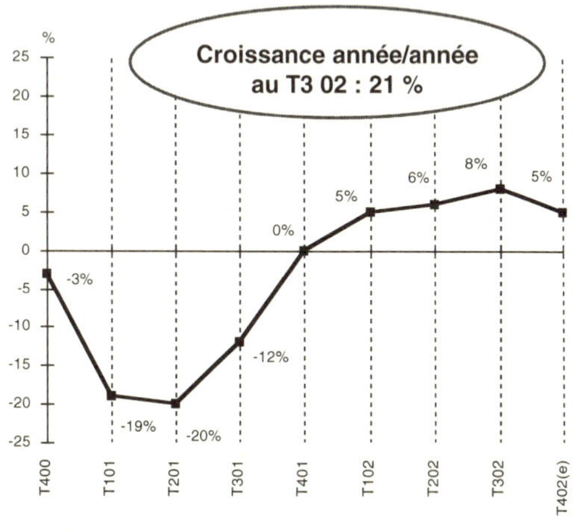

Source : WSTS, décembre 2002

Structure du marché du semi-conducteur par application en 2002

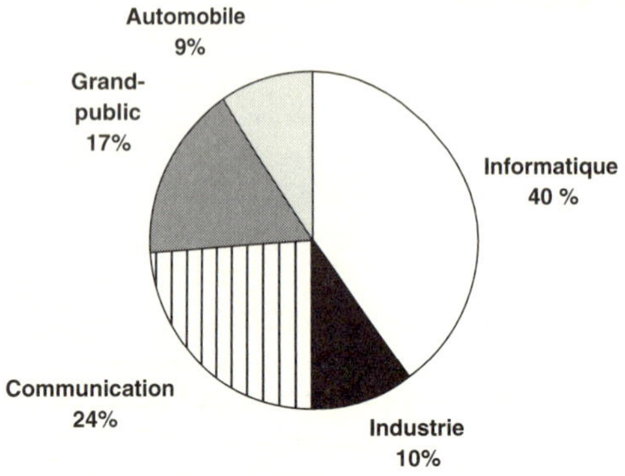

141 milliards de $ - Estimation 2002

Source : WSTS

TENDANCE

- Mobilité : - Téléphone
  - Informatique
  - Grand-public
  - Automobile
- Vidéo Audio Numérique
- Inter-connectivité :
  - Internet
  - Inter-opérabilité
  - Communication à large bande
- Sécurité :
  - Stockage des données
  - Carte à puce

– Le PC enregistre sa deuxième mauvaise année consécutive avec une croissance de quelques pour-cent.

– La téléphonie fixe – transport et infrastructure mobile – est largement dans le négatif.

– En revanche, les segments automobile et grand public, en raison de la forte évolution technologique dont ils bénéficient, affichent des croissances positives en 2002 comprises entre 5 et 7 %.

La dynamique trimestrielle du marché 2002 a été la suivante : + 5 % au premier trimestre en raison de l'exceptionnelle et artificielle croissance du marché des mémoires DRAM, + 6 % et + 8 % au second trimestre sous l'effet de la généralisation de la reconstitution de stocks pour tous les segments. Au quatrième trimestre, le marché ralentit, car il entre dans une phase de correction correspondant à la transition d'une dynamique fondée sur la reconstitution de stocks qui a disparu dès le mois de juillet et à une croissance tractée par les avancées technologiques des semiconducteurs qui va prendre de l'ampleur à partir du premier trimestre 2003.

Parmi les faits marquants de 2002, citons :

– l'importance croissante des marchés de l'Asie : près de 40 % du marché mondial ;

– la part croissante des « produits différenciés » dans l'ensemble du marché des semiconducteurs au détriment des mémoires et des microprocesseurs ;

– une nouvelle baisse de 30 % de l'investissement productif en semi-conducteurs à la fin 2002, les ouvertures de sites et l'annonce de nouveaux sites sont de l'ordre d'1 milliard de dollars, soit huit fois moins qu'en juin 2000.

2003 : la croissance retrouvée

Les mouvements de reprise du marché des semi-conducteurs connaissent toujours trois phases :

– la première, 2002 cette fois, correspond à la reconstitution de stocks : c'est la reprise « mécanique » tirée par les quantités ;

– la seconde, 2003, est animée par l'arrivée progressive de nouveaux « designs » de circuits intégrés, laquelle en enrichissant le « mix » produit, relâche la pression sur les prix, puis contribue à leur augmentation : c'est la reprise technologique tirée par les prix ;

– la troisième, 2004 et peut-être 2005, est amenée par la reprise économique généralisée, laquelle a été annoncée par la reprise technologique des semi-conducteurs de 2003 : c'est la phase « économique ».

Rien jusqu'à présent – bien au contraire – ne permet de penser que ce métronome puisse se dérégler. Examinons en les mécanismes :

– L'industrie du semi-conducteur a connu en 1999 une année record pour la production de nouveaux designs – ce qui a contribué à la croissance 2000 –, mais depuis, leur nombre n'a cessé de diminuer. Votre mobile de mi-2002 ressemble beaucoup à celui de mi-2000 ! L'activité design a redémarré au premier trimestre 2002, dans le domaine du mobile, du grand public numérique (appareils photo, DVD) et dans l'automobile. Ces nouveaux designs vont atteindre la production de volume à partir du deuxième trimestre de 2003 :

• Ainsi du côté des nouveaux circuits intégrés : mobile à écran couleur, GPRS, caméra, écran plat pour PC, DVD et décodeur numérique à forte capacité de stockage, multiplexage de la face avant des véhicules, photo et vidéo numérique ;

• Ainsi du côté de la capacité de production, le taux de saturation des usines avancées à finesse de gravure en dessous de 0,20 micron, est de 94 % au troisième trimestre 2002, alors que celui des usines plus anciennes n'est que de 73 %.

– Depuis 2000, pic de l'investissement productif, le flux d'investissement n'a cessé de diminuer pour arriver à la fin 2002 à un niveau très proche de celui de la maintenance de l'équipement installé, si bien que graduellement, il s'est construit une sous-capacité potentielle de production en technologie avancée (finesse de gravure de 0.13 à 0,18 µ), même si apparemment la surcapacité est la règle aujourd'hui.

– Ainsi, et conformément à la règle des cycles du marché, les capacités de production pour ces nouveaux produits étant insuffisantes, les prix repartent à la hausse.

Au total, l'année 2003 devrait connaître une croissance de l'ordre de 11 %, chiffre somme toute modeste. Demeurons prudents dans la mesure où le premier trimestre 2003 restera toujours marqué par une conjoncture économique incertaine.

Sur la base de ces 11 % de croissance – les experts de l'industrie de semi-conducteurs tablent plutôt sur 20 %, le segment mobile devrait croître de 15 %, suivi de l'automobile à 12 %, du grand public à 10 %, les cartes mères PC pour leur part, étant autour de 10 %. Quant aux télécommunications, victimes des excès d'investissement des années 1996-2000, elles sont toujours négatives : – 5 %. Concernant les produits, la croissance de 2003 sera entraînée par celle des mémoires Flash, très au-dessus de 25 %.

2004 devrait être une autre bonne année pour l'industrie des semi-conducteurs, dans la

Croissance du marché du semi-conducteur 2002-2003 par segment

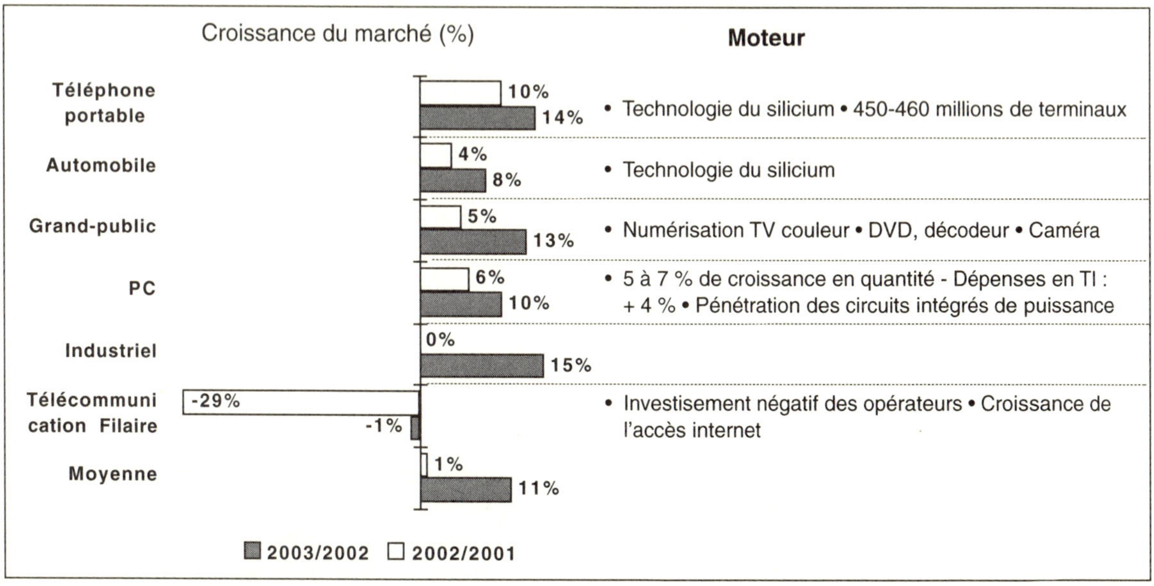

Structure du marché du semi-conducteur par région en 2002

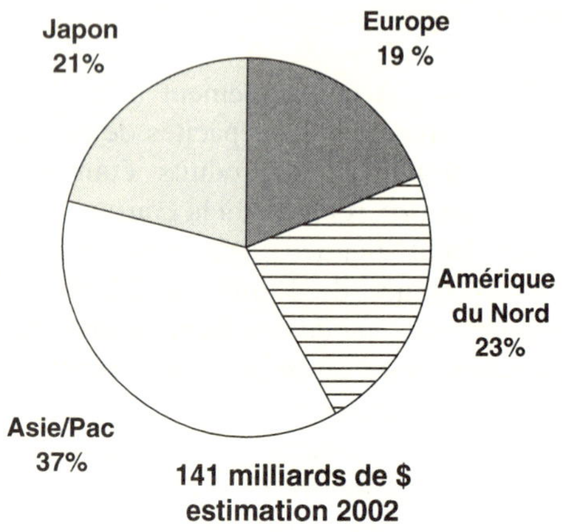

TENDANCE

- Importance croissante des zones à bas coût :
  - Asie/Pacifique
  - Europe de l'Est
  - Amérique du Sud
- Importance croissante des zones de marché de masse
  - Chine

mesure où cette fois, la reprise des dépenses d'investissement devrait relancer le marché du PC et celui des infrastructures de communication, deux segments qui représentent la moitié du marché des semi-conducteurs.

Croissance à moyen terme : ralentissement ou arrêt ?

Que la croissance en 2003 soit de 11 % ou de 20 % depuis 1995 – huit ans –, l'accroissement annuel moyen du marché sera à peine supérieur à 1 %, un contraste frappant avec les 15 % annuels enregistrés depuis le début de l'industrie. De quoi se poser légitimement la question de la saturation des marchés de l'électronique. Nous pensons que cette industrie, comme cela est déjà arrivé entre 1975 et 1985, connaît un ensemble de transitions qui ralentissent momentanément sa croissance structurelle :

– géographique : du marché des pays développés vers ceux des pays en voie de développement ;

– produits : de produits technologiquement performants vers des produits délivrant des fonctionnalités facilement utilisables par le consommateur ;

– technologique : du CMOS avancé vers le système sur la puce très élaboré et très coûteux à fabriquer.

Reprenons ces différents points : l'Asie-Pacifique connaît une croissance spectaculaire depuis pratiquement vingt ans et en importance relative, son marché est le plus vaste du monde. Jusqu'à présent, la croissance de ce marché était liée à la délocalisation des productions des pays riches, mais ce mouvement qui se poursuit est désormais amplifié par les producteurs locaux de PC et de radiotéléphone. D'ici à dix ans, la Chine sera le plus vaste marché des semi-conducteurs, supérieur au marché américain. Il faut encore un peu de temps avant que la locomotive chinoise ne remplace l'américaine qui a tracté notre industrie depuis 1960.

Pour illustrer l'évolution des produits, prenons l'exemple du PC. Ce marché a connu quinze ans de développement rapide en raison de la forte élasticité de la demande finale à l'évolution du rapport performance/prix. En d'autres termes, le renouvellement du parc du PC était imposé par le rythme technologique. Depuis trois ans, et en dépit d'une nette accélération des performances du PC, l'élasticité de la demande est devenue négative. Ce sont de nouvelles formes de PC et surtout de logiciels très faciles d'accès, qui relancent le marché vers le haut et non pas un hypothétique renouvellement massif du parc par effet mécanique, comme on le croit aujourd'hui. Il faudra quelques années pour découvrir ces nouvelles machines. Dans le domaine du radiotéléphone, les opérateurs relancent le marché avec de nouvelles applications (GPRS), lesquelles sont permises par la nouvelle technologie des appareils.

Enfin, la technologie, en raison de son coût croissant, a peut-être ralenti sa vitesse de développement.

Au total, pas d'arrêt de la croissance, mais un infléchissement de celle-ci. Il est clair que le rythme de croissance de notre industrie s'infléchit, pour passer sur le long terme des 15 % historiques à quelques 10 % à l'horizon dix ans.

Il est clair aussi que le droit d'entrée dans notre industrie s'accroît régulièrement, tant en coût des usines – de $ 2,2 à $ 2,4 milliards l'unité –, qu'en recherche et développement. Et dans le même temps, l'industrie ne s'est pas restructurée contrairement à nos acheteurs – l'industrie électronique – qui ont déjà depuis longtemps commencé leur phase de consolidation industrielle qui devrait être achevée d'ici à dix ans. Dans tout mouvement de cette nature, il faut un choc très violent pour que des édifices fissurés s'écroulent. Ce sera sans aucun doute la concurrence chinoise, encore naissante, qui donnera ce coup de butoir à l'industrie du semi-conducteur. Toute société n'ayant pas atteint 5 % de part du marché mondial, sera inexorablement candidate à la disparition. Mais ça, c'est pour 2008-2010.

L'Horloge merveilleuse

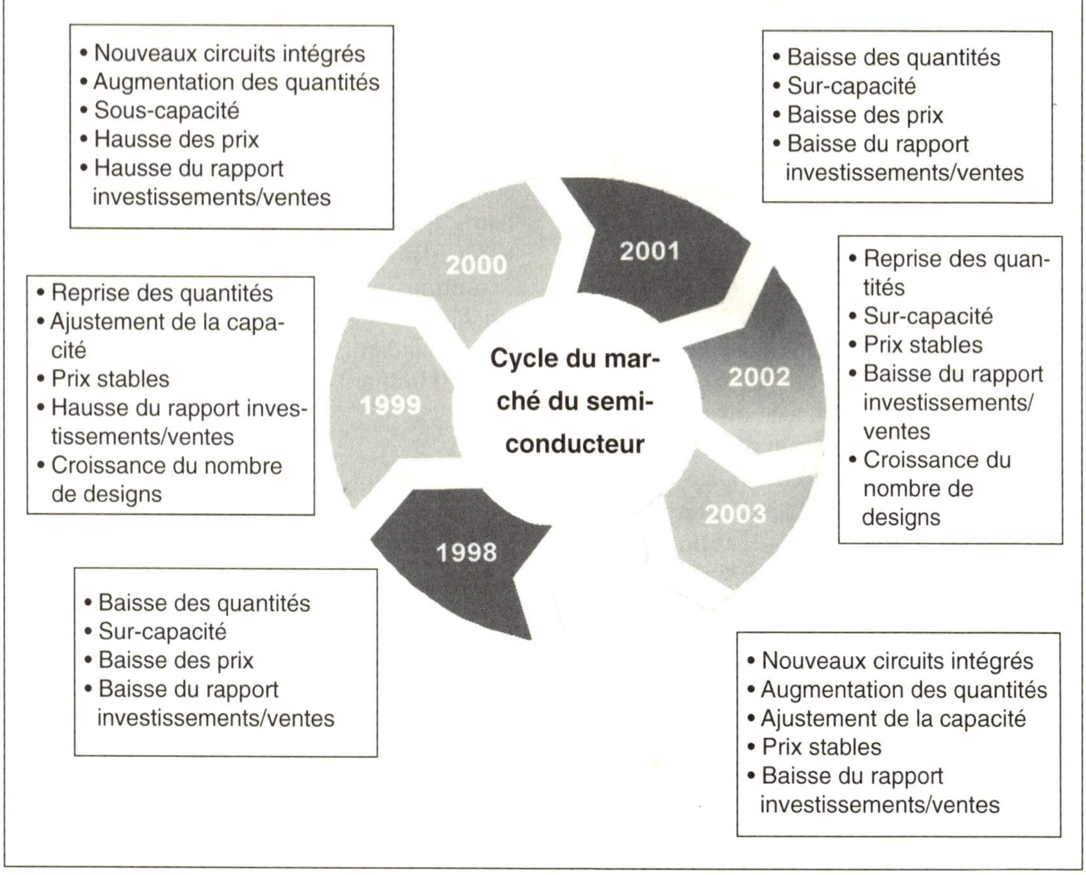

Textiles

En 2002-2003, la filière textile aborde une zone de turbulences caractérisée non plus seulement par une conjoncture incertaine, mais par la proximité et la simultanéité de plusieurs échéances lourdes qui pourraient entraîner de profondes mutations dans la structure et le fonctionnement du secteur textile mondial.

1. En premier lieu, se profile la fin du démantèlement de l'accord multifibres (**AMF**), c'est-à-dire la libéralisation des marchés (fin des quotas) programmée au 31 décembre 2004 avec la réintégration des produits les plus sensibles encore sous quotas.

2. Parallèlement, l'année 2002 a confirmé la forte montée en puissance de la **Chine** comme producteur et fournisseur textile dominant : premier producteur mondial, premier exportateur mondial d'habillement et deuxième exportateur mondial de textiles après l'Union européenne. La Chine vend déjà un vêtement sur trois dans le monde (demain peut-être un sur deux...).

3. En troisième lieu, le textile européen va devoir assimiler un nouveau périmètre à partir de 2004 avec **l'élargissement** aux dix pays candidats (PECO). Cette évolution implique d'importants phénomènes d'arbitrage et de redistribution (notamment par les fonds structurels) mais va aussi entraîner la mise en concurrence avec de nouveaux entrants textiles performants à faibles coûts de production (1,25 million d'emplois textiles dans les PECO).

4. Enfin, l'année 2002 a vu la poursuite des initiatives de commerce régional (Nafta/Alena, future zone des Amériques, zone Asie-Pacifique, liens avec l'Afrique subsaharienne, pays de l'Asean,...) alors qu'en Europe le projet de zone de libre-échange euro-méditerranéenne reste encore imprécis tant sur le calendrier (2010-2012) que sur le contenu.

Le commerce mondial textile

Les dernières statistiques de l'OMC font apparaître un léger tassement des flux textile-habillement dans le monde, mais sans dégradation excessive puisque le repli (- 4 %) est en ligne avec l'évolution du commerce des produits manufacturés. En termes de structure, alors que le commerce textile-habillement était en quasi-équilibre en 1990 ($ 104 milliards d'échanges textiles contre $ 108 milliards dans l'habillement), on observe une évolution plus rapide de la composante « habillement » sur les dix dernières années qui se matérialise par un écart quasi-structurel de $ 50 milliards au profit des produits finis.

Évolution du commerce mondial de textile-habillement

(milliards de dollars)

Exportations	**1990**	**1999**	**2000**	**2001**
Textile	104	148	157	147
Habillement	108	186	198	195
TOTAL	**212**	**334**	**356**	**342**

Source : OMC – Organisation Mondiale du Commerce, Rapport 2001/2002, Genève, octobre 2002.

Le classement des principaux pays exportateurs ne subit pas de changements notables : l'Union européenne reste premier exportateur mondial de textiles et la Chine premier exportateur mondial de vêtements. Cependant, l'écart amorcé au moment de la crise financière de 1998 entre la Chine et les autres producteurs asiatiques semble se creuser. Alors que la Chine maintient un rythme élevé de croissance dans ses échanges – et cela sans avoir eu recours à des dévaluations du yuan – les producteurs textiles d'Asie marquent presque tous le pas. Ainsi, Taïwan accuse un recul de $ 1,8 milliard d'exportations textiles et passe du cinquième au sixième rang au profit des États-Unis en s'éloignant singulièrement de l'objectif d'exportations de $ 20 milliards qui était fixé pour 2005-2010 par les professionnels taïwanais.

De même, la filière indienne du textile a enregistré en 2002 un tassement dans sa croissance qui est passée de 12 % en moyenne entre 1992 et 1998 à 7 % en 2001-2002.

Classement des principaux exportateurs de textiles (2001) - selon l'OMC

(milliards de dollars)

Pays/Zone	1998	1999	2000	2001
1. Union européenne (hors UE-15)	23,06	22,14	22,30	22,01
2. Chine	12,82	13,04	16,14	16,83
3. Hong-Kong	13,00	12,27	13,44	12,21
4. Corée du Sud	11,28	11,62	12,78	10,94
5. États-Unis	9,22	9,51	10,96	10,49
6. Taïwan	11,16	10,98	11,69	9,92
7. Japon	5,97	6,59	7,02	6,18
8. Inde	4,56	5,09	5,90	nd
9. Pakistan	4,30	4,51	4,53	4,52
10. Turquie	3,55	3,48	3,67	3,91

Source : OMC – Organisation Mondiale du Commerce, Rapport 2000/2001, Genève, octobre 2002.

Classement des principaux exportateurs d'habillement (2001)

(milliards de $)

Pays/Zone	1998	1999	2000	2001
1. Chine	30,05	30,08	36,07	36,65
2 . Hong-Kong	22,16	22,37	24,22	23,44
3 . Union Européenne (hors UE-15)	15,80	14,83	14,97	15,75
4 . États-Unis	8,79	8,27	8,65	7,01
5 Turquie	7,06	6,52	6,53	6,63
9 . Indonésie	2,63	3,86	4,73	4,53
6 . Corée	4,65	4,87	5,03	4,31
8 . Inde	4,78	5,15	6,03	nd
7 . Thaïlande	3,56	3,45	3,95	3,57
10. Taïwan	3,17	2,88	2,97	2,48

Source : OMC – Organisation Mondiale du Commerce, Rapport 2001/2002, Genève, octobre 2002.

L'Inde, comme la plupart de ses voisins, craint que la fin des quotas en janvier 2005 ne profite en priorité à la Chine et aux pays les plus compétitifs. Du coup, tous ces pays se livrent entre eux à un « benchmarking » serré en comparant leurs avantages et faiblesses sur l'ensemble de leurs structure de coûts (accès aux matières premières, dépenses d'énergie, coût du travail...).

Devant la « menace » chinoise, l'Inde a décidé de prendre l'offensive (audit stratégique confié à un grand cabinet de conseil ; soutiens publics à l'exportation...). Le ministère indien du textile affiche une grande ambition et a fortement révisé les objectifs à l'exportation pour le secteur textile : de $ 15 milliards en 2002, on devrait passer à $ 50 milliards en 2010. Mais la Chine de son côté prévoit $ 75 milliards en 2005 !

La politique commerciale textile

L'année 2002 devait être une année charnière dans la mise en œuvre des décisions prises à la Conférence ministérielle de l'OMC à Doha en novembre 2001. Toutefois, faute d'accord au 31 juillet 2002, le Conseil du Commerce des Marchandises de l'OMC n'a pas été en mesure de présenter des recommandations au conseil général de l'Organisation comme cela était prévu, sur les deux points qui restaient en suspens :

- choix de la méthode de calcul des quotas pour les petits producteurs (pays les moins avancés) ;
- accélération de la croissance des quotas (« growth on growth ») à réintégrer dans l'ATC (Accord Textile Vêtements de Marrakech, avril 1995).

Le dossier textile a donc été renvoyé dans le champ plus large – et plus sensible – de la négociation d'accès aux marchés qui doit aboutir à horizon janvier dans le cadre d'un cycle de Doha placé formellement sous l'angle du « développement » et non plus seulement du commerce, comme c'était l'usage dans les cycles commerciaux précédents (Tokyo Round, Uruguay Round...). Cette ligne politique nouvelle ouvre la voie à un regain de pressions et de surenchères de la part des pays en développement fortement exportateurs en textiles (à l'exemple de l'ITCB – Bureau International du Textile-Habillement – installé à Genève et regroupant 26 pays en développement derrière l'Inde, le Pakistan...) pour que le secteur textile soit négocié comme un outil de développement entre les pays industrialisés et les pays « pauvres ».

L'échéance majeure sera la tenue de la cinquième Conférence ministérielle de l'OMC à Cancun (Mexique) du 10 au 14 septembre 2003 avec, comme ordre du jour, l'état d'avancement des travaux et des négociations engagés dans le cadre du « Programme de Doha pour le développement ». Compte tenu de l'écart entre l'objectif fixé à Doha (contribuer au financement du développement par une libéralisation accélérée du commerce mondial) et de l'avancement concret modeste du cycle multilatéral, on peut s'attendre à une montée en puissance des deux dossiers sensibles à l'OMC : les questions agricoles et le textile-habillement.

Le volet tarifaire – et celui des obstacles non tarifaires – est au cœur de négociations tendues au sein de l'OMC. Selon l'agenda de Doha, les membres de l'OMC doivent contribuer à la libéralisation du commerce par une baisse effective de leurs droits de douane. En janvier 2005, l'Union européenne (avec les États-Unis et le Japon) aura les droits textile-habillement les plus bas du monde, sans aucun pics tarifaires (droits supérieurs à 15 %). La filière européenne propose une ouverture des marchés passant par une baisse généralisée des droits de douane textile-habillement jusqu'à un maximum de 15 %. Rappelons que de nombreux pays tiers maintiennent des droits très supérieurs (jusqu'à 80 %), pratiquent des pics tarifaires (exemple : les États-Unis pour les tissus de laine) et/ou des obstacles non-tarifaires qui freinent, voire interdisent l'accès effectif à un marché (certificats divers, normes, contraintes d'étiquetage...).

Droits de douane Textile-Habillement	Tarifs consolidés 2005 *(en %)*
UE-15	**7.9**
États-Unis	8.9
Japon	6.8
Argentine	35.0
Chine *(pas OMC)*	11.5
Colombie	36.8
Inde	87.8
Indonésie	39.9
Mexique	35.0
Pakistan	30.0
Paraguay	35.0
Thaïlande	29.2
Bolivie	40.5
Nicaragua	40.0
Venezuela	35.0
Malaisie	19.3
Philippines	30.6
Maroc	40.0

De nombreux pays à fort potentiel textile – comme l'Indonésie – craignent cette démarche globale de désarmement tarifaire. Fin 2002, l'Indonesian Textile Association (ITA) a ainsi saisi le gouvernement indonésien pour reporter de trois ans la mise en œuvre de l'AFTA (zone de libre-échange de l'ASEAN) afin de permettre à l'industrie textile locale de rester compétitive par le maintien de droits moyens de 20 à 30 %.

L'OMC a reçu de nombreuses propositions de réduction des droits de douane. La contribution américaine, publiée le 28 novembre 2002, est sans doute la plus ambitieuse puisqu'elle vise à la suppression des droits sur tous les produits non-agricoles d'ici à 2015 selon le schéma suivant :

- 2003-2005 : suppression des droits inférieurs à 5 % ; ouverture de négociations sectorielles
- 2005-2010 : plafonnement des droits résiduels à 8 %
- 2010-2015 : suppression progressive des droits encore existants

La position américaine va beaucoup plus loin que la position européenne présentée par la Commission début novembre 2002. Toutefois, une étude récente confirme que dans le textile-habillement, l'Union européenne a enregistré les plus importantes concessions tarifaires depuis 1994 compte tenu du démantèlement de l'Accord Multi Fibres (AMF) depuis 1995 et des réductions tarifaires consenties dans le cycle de l'Uruguay. Par ailleurs, il apparaît que seule l'Union européenne dispose d'un système tarifaire à la fois bas (droits de 7 à 12 %), concentré (absence de pics tarifaires) et transparent (droits appliqués = droits consolidés notifiés officiellement à l'OMC).

La Chine : un producteur et fournisseur dominant dans le textile

L'évolution récente de la production et des exportations chinoises de textile-habillement confirme que la Chine est bien devenue un acteur mondial incontournable dans le secteur. Des pays tiers comme les États-Unis ou comme Israël ne cessent d'alerter leurs autorités politiques sur la pression des importations chinoises (session spéciale de la Knesset le 23 octobre 2002 sur la progression des exportations textiles chinoises). La constitution de l'ALENA à la mi-1990 avec l'application de droits nuls entre les États-Unis, le Mexique et le Canada n'aura pas suffi à contenir les flux de produits chinois. En 2002, les exportations de textile-habillement chinoises vers les États-Unis auront même progressé de + 14,9 %, alors que tous les autres fournisseurs étaient stationnaires ou orientés à la baisse.

Évolution des importations textile-habillement des États-Unis en 2002 (en %)

Mexique :	– 4,07
Europe :	– 0,18
Caraïbes :	+ 1,00
Taïwan :	– 9,54

Depuis 2002, la Chine est ainsi redevenue le premier fournisseur textile-habillement des États-Unis, devant le Mexique.

Chine : objectifs du textile : 2005

L'industrie textile chinoise vient de publier des objectifs chiffrés ambitieux pour le plan quinquennal 2001-2005.

Croissance du secteur : + 6,5 % en moyenne annuelle sur la période 2001-2005

Production textile 2002 : $ 121 milliards (+ 15 %)

Valeur ajoutée : en forte progression de 268 milliards de yuans (2000) à 430 milliards de yuans (2005).

Soit, avec une parité quasi fixe $ / yuan de $ 1 = 8,3 yuans : $ 32 milliards en 2000 et $ 52 milliards en 2005.

Production de fibres : la production annuelle de fibres passerait de 12,10 millions de tonnes (2000) à 14,25 millions de tonnes (2005).

A titre de comparaison, la production mondiale de fibres (naturelles et chimiques) s'élevait en 2000 à 53 millions de tonnes selon les statistiques du CIRFS de Bruxelles.

Consommation par tête : la consommation de fibres per capita progresserait de 6,6 kg (2000) à 7,4 kg (2005).

Exports textile-habillement : en valeur, le cumul des exportations de textile/habillement serait fortement révisé à la hausse, passant de $ 52 Mrds (2000) à $ 75 Mrd (2005).

Structure des marchés : montée en gamme technologique vers les TUT (textiles à usages techniques) :

En % du total	**2000**	**2005**
Habillement	67 %	64 %
Maison	20 %	21 %
Textiles techniques	13 %	15 %

Economies d'énergie : le plan se fonde sur une hypothèse d'économie d'énergie de 15 % par unité produite entre 2000 et 2005.

Economies d'eau : taux de recyclage d'eau porté à 30 % pour tissage, impression et teinture. Consommation d'eau (par séries traitées de 100 m d'habillement en teinture/impression) en baisse de 3,6 tonnes (2000) à 3 tonnes (2005).

Importations textile-habillement des États-Unis

(en millions de dollars)

États-Unis de :	**1997**	**2001**	**2002**
– Chine	8 248	9 517	10 931
– Mexique	6 403	9 606	9 214
– Monde	***57 810***	***75 171***	***76 494***

Source : US Department of Commerce, mars 2003.

Cette évolution est similaire dans l'Union européenne. Sur dix mois 2002, le déficit textile-habillement UE/Chine s'est régulièrement creusé. Pour un pays comme la France, les importations en provenance de Chine sont passées de 290 millions d'euros en 1990 à 1 662 millions en 2001 et 1 767 en 2002 avec une forte progression des vêtements.

Balance commerciale textile-habillement Union européenne / CHINE

(millions d'euros)

10 mois 2001	:	- 7 329,54
10 mois 2002	:	- 8 157,87

L'essor des échanges régionaux

Face aux lourdeurs du système multilatéral ou à la puissance de marché d'un acteur dominant comme la Chine, certains pays ou ensembles de pays s'efforcent de mettre en place des accords bilatéraux et des préférences commerciales régionales.

Les initiatives américaines sont les plus ambitieuses et les plus larges comme l'a rappelé le représentant au Commerce (USTR) devant la Chambre des Représentants le 26 février 2003 à l'occasion de la présentation de l'agenda régional et bilatéral américain. L'adoption de la TPA (Trade Promotion Authority – ex « fast track ») donne par ailleurs toute latitude à l'Administration américaine pour négocier rapidement et sans vote du Congrès un accord commercial. Selon le Département américain du Commerce, les propositions américaines de libéralisation du commerce pour les produits non-agricoles entraîneraient une économie de droits de douane de $ 18 milliards par an, soit un gain annuel de pouvoir d'achat de $ 1 600 pour une famille de quatre personnes.

Depuis 2001, les États-Unis disposent de quatre grandes sources d'approvisionnement textiles/habillement sensiblement égales en taille (autour de $ 9,5 milliards) :

Fournisseurs de textile-habillement des États-Unis – année 2002

(millions de dollars)

Mexique	9 214
Chine	10 931
Bassin Caraïbes	9 689
ASEAN	9 992

Le projet de zone des Amériques (FTAA) vise à la constitution d'un ensemble de 800 millions d'habitants. Cette zone concerne trente-quatre pays des deux continents américains et constituerait la plus grande zone commerciale mondiale avec un PIB cumulé de $ 13 000 milliards. Lors de la conférence de Quito en novembre 2002, le programme de réduction des droits d'ici 2005 a été accepté. Ce processus sera activé lors de la future conférence ministérielle de la FTAA à Miami en novembre 2003.

Parallèlement, les États-Unis ont négocié en 2002 des accords de libre-échange avec le Chili et avec Singapour et lancé des négociations avec le Maroc. Toutefois, c'est le processus développé vers l'Afrique sub-saharienne (Africa Bill ou AGOA) qui semble le plus retenir l'attention de l'Administration américaine. L'Afrique est actuellement absente des grands fournisseurs textile-habillement des États-Unis. L'objectif américain est d'assurer une montée en puissance du « sourcing » africain vers les USA. Rappelons que depuis l'AGOA I (janvier 2001), trente-six marchés d'Afrique sub-saharienne et environ 2 000 produits (dont au premier rang, le textile-habillement) bénéficient d'un accès à droits nuls et sans quotas sur le marché américain. En 2001, les pays éligibles ont exporté $ 8 milliards vers les États-Unis. Depuis 2002, la signature de l'AGOA II élargit les critères d'éligibilité à de nouveaux produits textiles (sweats, T-shirt, chaussettes...) qui devraient entraîner des investissements importants sur place et créer des emplois. En 2002, les États-Unis ont déjà ouvert des « hubs » régionaux au Kenya, au Bostwana et au Ghana et tout laisse à penser que l'engagement africain des États-Unis ne se ralentira pas (le Congrès vient d'être saisi d'une demande d'extension de l'AGOA au-delà de l'échéance initiale de 2008).

De son côté, l'Union européenne maintient son concept de zone de libre-échange euro-méditerranéenne validé par le processus de Barcelone (1995). Toutefois, dans le meilleur des cas, cette zone ne verra pas le jour avant 2010-12, soit bien après la fin des quotas (2005), la baisse des droits de douane (2005), l'élargissement de l'UE à 15 vers l'UE à 25 (2004) et le déploiement des ensembles régionaux évoqués plus haut. Pour toutes ces raisons, la profession textile européenne défend à l'horizon 2005-2006 un concept de zone préférentielle pan-euroméditerranéenne compre-

Pays d'élargissement	Textile-habillement Effectifs	% dans emploi	% dans production
Turquie	1 930 000	15.5	40
Roumanie	430 000	8	4
Pologne	331 000	4.4	13
Rep. Tchèque	112 000	3.5	10
Hongrie	103 000	2	3
Bulgarie	89 000	6.1	-
Lithuanie	60 000	14	24
Slovaquie	51 000	5.5	15
Slovénie	31 000	9	14

Source : EURATEX, Bruxelles 2002.

nant 700 millions de consommateurs, une quarantaine de pays, et générant environ $ 10 000 milliards de PIB cumulé (soit le PIB des États-Unis).

Des flux importants existent déjà dans le textile-habillement en intra-européen. Selon l'OMC, le commerce intra-régional le plus important se situe en Europe avec $ 53,1 milliards d'échanges. Les exportations textiles communautaires vers les PECO (Europe centrale et orientale) progressent de + 12 % par an en moyenne depuis 1990. De même, le premier fournisseur textile de l'Union européenne est la Turquie pour $ 2 milliards en 2001 (+ 6 %) ; pour $ 5,4 milliards dans l'habillement (+ 5 %).

L'élargissement européen : conséquences pour le secteur

L'élargissement de l'Union européenne qui est prévu entre 2004 et 2007 devrait avoir des impacts négatifs sur le secteur textile-habillement.

• La Turquie, premier fournisseur textile-habillement de l'Union, ne figure pas dans le premier cercle des pays candidats (en Union douanière depuis 1999),

• La zone pan-Euromed n'est que partiellement imbriquée dans cet élargissement malgré les investissements importants des opérateurs textiles dans les pays de sous-traitance du Maghreb,

• Enfin, les politiques structurelles devraient aller en priorité vers les PECO (environ 40 milliards d'euros d'ici 2006) et rendre plus problématiques les ajustements sectoriels en Europe du fait de la mondialisation (référence : le TAA : Trade Adjustement Assistance – programme américain de $ 12 milliards à destination des secteurs industriels affectés par les conséquences des accords commerciaux).

Pourtant, le potentiel est incontestable que ce soit en termes de sous-traitance ou de courants d'échange vers l'Union européenne.

En millions d'euros

Imports d'habillement de l'UE	2002
Asie	12 450
Zone pan-euromed	14 500
dont : – pourtour méditerranéen	7 020
– PECO	7 480

Le textile mondial se prépare donc à une période troublée sur fond d'ouverture des marchés et de montée en puissance chinoise. Dans de nombreux pays, des plans de soutien au secteur sont mis en place : Maroc, Corée du Sud, Bangladesh ou Pakistan au même titre que l'Union européenne dont le principal atout reste son positionnement sur les produits à plus forte valeur ajoutée.

– VIII –

Services

- Réassurance
- Transport aérien et construction aéronautique
- Tourisme
- Fret maritime
- Télécommunications

Réassurance

Après l'exercice 2001 marqué par le plus grand sinistre de l'histoire de l'assurance mondiale, l'ampleur des pertes techniques consécutives à ce sinistre ainsi qu'à une série d'autres catastrophes et les incertitudes sur les fondamentaux de la réassurance, l'année 2002, tout à rebours des espérances de l'ensemble de la profession, s'est révélée plus noire encore. L'effondrement des marchés financiers, survenant après une baisse déjà particulièrement importante l'année précédente, a eu un effet dévastateur sur le secteur de l'assurance et de la réassurance. Les valorisations boursières des grands acteurs mondiaux sont tombées à des niveaux invraisemblablement bas et les prévisions de résultats, bien qu'en amélioration sur un plan technique, apparaissent singulièrement préoccupantes.

La concentration du secteur s'accélère, le remplacement des dirigeants prend une ampleur jamais atteinte et les investisseurs semblent tétanisés tant devant la dimension des risques pris dans le passé et à assumer aujourd'hui que devant l'ensemble des risques émergents. Pour les grands risques courus par les groupes de dimension mondiale comme pour l'ensemble des risques sociétaux, c'est la notion même de mutualisation et de transfert du risque sur un marché spécialisé dans son étude et son traitement – avec les capacités financières requises – qui est remise en cause. Devant cette situation, qui n'est pas encore l'Apocalypse, mais qui n'en est peut-être plus très loin, les acteurs du marché de la réassurance encore plus ou moins valides ont mis en pratique une politique de survie dont les principales caractéristiques ont été une sélection drastique des risques souscrits, la limitation de leurs engagements, des hausses tarifaires parfois impressionnantes et bien souvent un recentrage de leurs activités sur un plan géographique et sectoriel.

La chute des marchés financiers et l'accélération des processus de restructuration

Après avoir cédé 30,5 % en 2001, l'indice de référence en matière de valorisation de sociétés d'assurance et de réassurance, le DJ Stoxx 600 Insurance a plongé de 51,24 % en 2002. Peu de valeurs du secteur ont échappé à ce phénomène. Certaines ont été pénalisées plus lourdement encore : les géants allemands Allianz et Munich Ré avec respectivement – 65,9 % et – 62,6 %, Royal Sun Alliance, Skandia et détenant le record, Swiss Life avec – 79 %.

S'il est établi que le secteur amplifie traditionnellement à la hausse comme à la baisse les réactions des marchés financiers, les évolutions constatées en 2002 vont incontestablement bien au-delà de ce phénomène. Assureurs et réassureurs ont dû faire face simultanément à un double phénomène. L'alourdissement de leur passif : sinistralité exceptionnelle de 2001 non encore rattrapée dans les tarifs et surtout montée de la sinistralité dans les tranches à déroulement lent comme la responsabilité civile et le développement des sinistres liés à l'amiante et à la pollution notamment aux États-Unis. L'allégement brutal de leurs actifs : tarissement de la

Performance des 27 premières valeurs d'assurance européennes en 2002

Assureurs	Pays	Capitalisation fin 2002 (mrds euros*)	Évolution du cours sur 2002 (%)	Rang fin 2002	Évolution rang/ fin 2001
Generali	Italie	25	– 37,14	1	4
Axa	France	22,5	– 45,5	2	2
Allianz	Allemagne	22	– 65,92	3	– 2
Munich Ré	Allemagne	20,3	– 62,62	4	– 2
Swiss Re	Suisse	20,1	– 45,69	5	1
Aegon	Pays-Bas	17,6	– 59,67	6	– 3
Aviva	Royaume-Uni	15,3	– 47,57	7	0
Prudential	Royaume-Uni	13,4	– 44,85	8	0
Zurich Financial Services	Suisse	12,8	– 56,74	9	0
Legal & General	Royaume-Uni	9,6	– 39,62	10	1
Ergo (Munich Ré)	Allemagne	9,1	– 36,84	11	– 1
RAS (Allianz)	Italie	8,5	– 12,13	12	1
Alleanza (Generali)	Italie	6,1	– 41,57	13	– 1
AGF (Allianz)	France	6	– 40,82	14	0
Old Mutual	Royaume-Uni	5,1	0,57	15	7
CNP	France	4,9	– 0,98	16	9
Sampo	Finlande	4	– 17,61	17	7
Mediolanum	Italie	3,5	– 51,53	18	– 1
Friends Provident	Royaume-Uni	3,2	– 39,63	19	4
AMB (Generali)	Allemagne	2,8	– 55,87	20	– 1
Irish Life & Permanent	Irlande	2,8	– 9,65	21 ns	
Royal & Sun Alliance	Royaume-Uni	2,7	– 69,41	22	– 7
Skandia	Suède	2,6	– 69,47	23	– 7
Hannover Re	Allemagne	2,4	8,18	24 ns	
Bâloise	Suisse	2,1	– 64,05	25	– 5
Converium	Suisse	1,8	– 16,98	26 ns	
Swiss Life	Suisse	1,7	– 79,02	27	– 6
Indice DJ Stoxx 600 insurance			**– 51,24 €**		

* Au taux de 1 euro = 0,65 livre = 1,45 CHF = 9,11

Source : Blooomberg.

source de revenus traditionnellement importante représentée par les plus-values sur cessions d'éléments d'actifs et plus inquiétant encore, obligation d'effectuer de considérables provisions pour dépréciations durables.

Les premiers résultats semestriels, publiés en août 2002, ont généré un fort sentiment d'inquiétude tant chez les actionnaires que chez les analystes financiers. À cet égard, les deux premiers réassureurs mondiaux, Munich Ré en annonçant une ponction de € 1,5 milliard au premier semestre pour dépréciation d'actifs et Swiss Ré une diminution de son résultat du premier semestre 2002 de 91,3 % par rapport au précédent, ont donné le la et aussi perdu – en compagnie d'Allianz – leur triple A de Standard and Poors. La spirale baissière s'est alors accentuée, les investisseurs ont développé une profonde allergie au risque et sont restés à l'écart quand ils ne se sont pas considérablement allégés sur des titres exposés tant aux risques de catastrophes naturelles, d'attentats, de faillites, qu'à une érosion de leurs fonds propres provoquée par la chute des marchés actions.

Pour respecter les ratios de marge de solvabilité, plusieurs sociétés ont été suspectées de chercher à procéder à des augmentations de capital, avec menace de dilution du bénéfice par action. En début d'automne, Axa a perdu à Paris 25 % de sa valeur boursière en cinq jours sur des rumeurs d'augmentation de capital. Les fonds spéculatifs ont joué le secteur délibérément à la baisse et, depuis son plus bas touché le 23 septembre, l'indice sectoriel n'avait repris que 8 points au 31 décembre 2002.

La baisse des taux obligataires a de son côté été extrêmement préjudiciable aux assureurs-vie et notamment à ceux qui s'étaient engagés à rembourser à leurs clients les sommes investies avec un taux garanti très supérieur au rendement actuel des portefeuilles obligataires.

Pour cet ensemble de raisons, le secteur de l'assurance/réassurance a particulièrement souffert de la désaffection des investisseurs. En ce début d'année 2003, les plus belles sociétés sont valorisées à des niveaux que beaucoup d'analystes n'hésitent plus à qualifier de ridiculement bas. Allianz, par exemple, qui pesait près de € 80 milliards au printemps 2001, au moment de l'achat de Dresdner Bank, n'était plus valorisée à fin 2002 qu'à € 22 milliards. Cependant, même à ces niveaux, les investisseurs restent de marbre, affichant ainsi leur peu de confiance dans la capacité de ces sociétés à générer à l'avenir des profits suffisants et réguliers.

La crise du secteur semble à ce point profonde et durable qu'en dépit de la carence des investisseurs, le marché voit se développer un puissant mouvement de restructuration. Prenant le contrepied des fusions et acquisitions de la période précédente, ce mouvement de concentration s'effectue à la base, au niveau du placement des affaires.

S'il est exact que peu de réassureurs ont cessé leurs activités en 2002, le cas de Gerling Globale est tout de même significatif puisque ce groupe était classé à la sixième place mondiale. Les attentats du 11 septembre 2001, la responsabilité civile aux États-Unis, les pertes financières et la prise en charge des résultats très négatifs de Gerling Assurance sur le marché des risques industriels allemands ont eu raison d'un réassureur aux performances et aux prestations jusque-là excellentes. Le portefeuille patiemment constitué depuis des décennies s'est réparti en quelques semaines sur le petit nombre de réassureurs disposant de réelles capacités de souscription. Sans cesser leurs activités, nombre de réassureurs ont dû restreindre leurs souscriptions lors des renouvellements au 1er janvier 2003. Le respect de la marge de solvabilité conduit parfois à observer des situations paradoxales. En effet, à fonds propres constants et tout juste suffisants pour un portefeuille donné, toute augmentation des primes de réassurance – et donc d'opportunité de gains pour le réassureur – amène celui-ci à réduire sa part dudit portefeuille. Ce phénomène a pu être observé au bénéfice des sociétés les mieux capitalisées et pourvues en réserves libres. Par ailleurs, compte tenu des limitations de capacité disponible chez les réassureurs de taille moyenne, les risques d'intensité élevée et les risques les plus exposés se sont placés majoritairement auprès des plus grands réassureurs et tout particulièrement auprès de Munich Ré et Swiss Ré qui auront vu leur part de marché croître considérablement en 2003. D'autres réassureurs, et non des moindres, se trouvent dans l'œil du cyclone : depuis l'automne 2003, G.E Frankona Ré, quatrième mondial, sait qu'il ne fait plus partie du cœur de métier du groupe Général Electric, ce qui laisse envisager une vente. Le ticket vaut tout de même encore environ $ 8 milliards et limite le nombre de candidats potentiels.

Axa Ré, après avoir, semble-t-il, cherché un partenaire au cours de l'année 2002, a annoncé en janvier 2003 un recentrage de son activité afin de limiter l'allocation des fonds propres du groupe à la réassurance à 8 %. La Scor, après une tentative de rachat du portefeuille de Gerling Globale en septembre/octobre 2002, qui s'est révélée désastreuse tant le titre a plongé pendant la période de négociation, a dû immédiatement après l'arrêt des pourparlers avec Gerling, afficher des pertes et des provisions telles que l'augmentation de capital de près de € 400 millions prévue pour le financement de l'opération sur Gerling, n'a en définitive servi qu'à effacer la perte de 2002. Cette augmentation de capital « réussie » a été opérée à un cours de € 3,85 alors que celui-ci avait atteint € 50 pendant le premier trimestre 2002.

La Direction a payé un lourd tribut à la suite de ces péripéties puisque Président, Directeur Général et Directeur financier ont quitté l'entreprise. De façon générale, la crise du secteur a provoqué la chute de nombreux patrons en 2002 et l'Europe tend à s'aligner rapidement sur les pratiques américaines. Des personnalités aussi reconnues que Henning Schulte – Noelle (Allianz), Rolph Huppi (Zürich Financial Services), Manfred Zobl (Swiss Life), Bob Mendelsohn (Royal and Sun Alliance) ou encore Gianfranco Gutti qui a dû céder son fauteuil pour le retour d'Antoine Bernheim à la présidence de Generali, ont payé pour ce qui est considéré aujourd'hui comme des erreurs stratégiques et pour des politiques saluées il y a bien peu encore par toute la communauté financière pour leurs performances et leur pertinence.

Pour bien mesurer l'ampleur du phénomène, il faut se souvenir de la sorte de folie qui s'est emparée de la plupart des acteurs et des analystes de l'économie et surtout de la finance à la fin des années 1990: croissance forcenée, fusions-acquisitions au prix fort, lutte pour les parts de marché, rentabilité des fonds propres à des niveaux intenables sur le long terme, comptes de résultats outrageusement « optimisés ». Le secteur de l'assurance-réassurance, par la nature même de son activité, a subi de plein fouet cette sorte de dérèglement comportemental. Pour optimiser leurs résultats, attirer les investisseurs et prendre des parts de marché par des pratiques de dumping, un grand nombre d'acteurs du secteur a privilégié le placement en actions afin d'optimiser le rendement financier à court terme par la réalisation de plus-values. Ceci faisant, ces sociétés ont ajouté un risque financier aux risques d'entreprise constituant le cœur de leur métier. Il est également plus que probable que nombre de sociétés se sont montrées exagérément optimistes quant à l'évaluation de leurs engagements sur des risques en garantie et surtout sur le développement de sinistres anciens. L'augmentation spectaculaire des provisions pour sinistre à laquelle on assiste depuis quelques mois n'a pas une cause unique, cependant l'une des principales semble bien être le sous-provisionnement plus ou moins délibéré au cours des années précédentes.

La montée des périls

Pourtant, groupes internationaux d'assurance et réassureurs sont bien placés pour analyser et mesurer l'évolution des risques qu'ils sont amenés à prendre par le simple exercice de leur métier. Cette évolution ne laisse pas de paraître inquiétante et bien davantage qu'une sanction des erreurs du passé, la panne d'investissement du secteur semble bien corrélée au développement de risques que les professionnels ne peuvent plus correctement prévoir, quantifier ni prendre en charge.

L'accroissement de la dangerosité des risques assumés par les assureurs et réassureurs constitue une réelle menace sur leur pérennité. Sans présenter un caractère d'exhaustivité, un certain nombre de phénomènes concourent à la déstabilisation du secteur.

– L'accumulation des valeurs :

L'urbanisation, la concentration de valeurs de plus en plus élevées sur des périmètres réduits, les interactions croissantes dues à l'accélération des échanges et à la généralisation de la gestion selon des flux tendus renchérissent considérablement le coût des sinistres, quelles que soient leurs causes.

– Le consumérisme

Les notions de « zéro défaut », d'obligation de résultat, la recherche sans cesse croissante de responsabilités suite à tout dommage réel ou supposé entraînent dans toutes les économies développées un renchérissement des sinistres et surtout une croissance exponentielle de leur fréquence.

– Les dérives jurisprudentielles

Il est bien connu que les plus spectaculaires s'observent sur le marché américain ; les ramifications internationales de la réassurance exportent cependant leurs effets dans le monde entier : les « punitives dammages » américains, en fixant les indemnités en fonction de l'appréciation par un jury élu du comportement « fautif » d'une entreprise et de ses ressources financières supposées, mettent en péril la notion même d'assurabilité sur un territoire représentant près de 50 % du marché mondial de l'assurance.

– Les évolutions technologiques

Les progrès de la médecine et de la chirurgie, de l'hygiène, de l'alimentation allongent rapidement l'espérance de vie dans les économies développées, à un coût sans cesse croissant. Des techniques employées dans le passé sans aucune connaissance des effets négatifs futurs sur de vastes populations, se révèlent catastrophiques plusieurs dizaines d'années après avoir été utilisées. Le cas de l'amiante et du cancer de la plèvre est aujourd'hui le plus impressionnant, mais les sinistres dus aux différentes formes de pollution recèlent peut-être davantage d'indemnisations au cours des prochaines années. Cette situation conduit les assureurs et réassureurs à se poser beaucoup de questions aujourd'hui sans réponses significatives sur la nature et l'amplitude des risques éventuels générés par les champs électromagnétiques, les ondes radio émanant de nos objets familiers, nombre de médicaments et traitements, les OGM…

– Les évolutions climatiques

Le réchauffement de la planète mis en évidence au cours des années 90 s'accélère. 2002 a été l'année de tous les dérèglements climatiques. En effet, au deuxième rang des années les plus chaudes des cent dernières années après 1998, elle a connu des pluies record avec inondations historiques à Hawaii en janvier. En février, chute de neige record (2,33 mètres en un mois) au Michigan alors qu'au Nebraska à mi-avril, le thermomètre atteignait 31,6°. En mai, une vague de chaleur avec des températures supérieures à 50° pendant une semaine a fait plus de 1 000 victimes en Inde. 2002 restera également comme l'année de pluies exceptionnelles en Russie méridionale, en Chine et dans la péninsule indienne ainsi qu'en Europe centrale, provoquant partout des inondations dévastatrices. Dans le même temps, l'hémisphère sud a souffert de très fortes sécheresses particulièrement nocives dans la corne de l'Afrique, au Paraguay et en Australie.

– Le terrorisme

Le traumatisme provoqué par les événements du 11 septembre 2001 ne s'est pas résorbé. Si les pays occidentaux ont réussi à marquer un certain nombre de points dans leur lutte contre le terrorisme et contre le réseau Al-Qaida plus particulièrement, la carte des principaux attentats anti-occidentaux en 2002 montre à l'évidence que le risque d'autres

Amiante : évolution du sinistre

	1982	**2002**
Nombre de plaignants	21,000	600,000
Coût total à ce jour ($)	1 milliard	54 milliards
Faillites	3	54
Coût futur estimé ($)	38 milliards	200 + milliards

Source : RAND ; Insurance Information Institute.

LES MARCHÉS

attentats majeurs (par le nombre de victimes, le coût des réparations et les effets induits sur les plans économique et financier) est particulièrement élevé et durable.

Les mesures de survie

Les performances financières des principaux acteurs du marché au cours de ces dernières années ont pu occulter, au moins partiellement, la montée des périls sur le plan de leurs engagements et donc des menaces sur leur passif. Deux années de cure sévère, ramenant leurs actifs à 25 ou 30 % des niveaux atteints début 2000, les rendent extrêmement vulnérables et particulièrement soucieux de fixer une ligne de conduite propre à assurer le maintien de leurs activités.

Cette situation a tout d'abord amené les réassureurs à adopter pour les renouvellements au 1er janvier 2003 une politique très défensive, axée sur les fondamentaux techniques et destinée à reconstituer rapidement des marges. Elle les a ensuite conduits dans de nombreux cas à examiner avec les pouvoirs publics les domaines d'intervention de chacun et les conditions à réunir pour espérer pérenniser le métier de réassureur.

Dans le kit de survie des réassureurs au cours des négociations pour établir les conditions applicables à 2003, figure en bonne place la hausse des tarifs s'étendant à la quasi-totalité des branches d'assurances, des catégories d'affaires et des marchés. La hausse a été particulièrement marquée dans les branches sensibles : responsabilité civile, transport, aviation, crédit-caution, pertes d'exploitation et garanties financières. Dans ces domaines, les prix ont le plus souvent augmenté dans une fourchette de 30 à 80 %.

En second lieu, les réassureurs se sont appliqués à exclure un maximum de risques ou à limiter drastiquement leurs garanties. Virus informatiques, fautes inexcusables, risques politiques et attentats, garanties illimitées en responsabilité civile pour les dommages matériels, responsabilités civiles professionnelles exposées, autant de catégories de risques qui n'ont pu être transférées auprès des réassureurs que pour une infime partie. Ce faisant, les réassureurs ont amélioré leur exposition à des risques souvent mal maîtrisés tant par eux-mêmes que par les assureurs.

Le troisième volet de cette politique a consisté pour nombre de réassureurs à opérer un recentrage de leurs activités : géographique par exemple pour Axa Ré qui abandonne les États-Unis, le plus souvent sectoriel avec l'abandon de branches (aviation pour Generali) ou de catégories d'affaires (les « facultatives » ou grands risques cédés individuellement sur le marché de la réassurance).

Enfin, un certain nombre d'acteurs importants du marché ont dû adopter une politique malthusienne et limiter leur croissance pour conserver un ratio chiffre d'affaires sur fonds propres acceptable par les marchés financiers et pour donner des signaux aux analystes, qui valorisent mieux actuellement les actions défensives que le redémarrage des activités.

Peut-être aptes à faire passer aux réassureurs un cap difficile, ces mesures leur ont paru devoir être complétées par une action de plus long terme auprès des pouvoirs publics. Deux considérations majeures sous-tendent cette action. Tout d'abord l'ampleur des catastrophes potentielles et l'imbrication des responsabilités des individus, des entreprises et des pouvoirs publics dans les coûts de ces catastrophes conduisent à une coopération entre professionnels du risque et gouvernements afin de mieux définir le rôle de chacun dans le processus d'indemnisation et les capacités financières disponibles ou mobilisables. Dans ce domaine, il s'agit d'optimiser des pratiques déjà existantes dans de nombreux pays, notamment pour les risques nucléaires, les risques de catastrophes naturelles et, depuis l'année 2001, pour les risques de terrorisme.

Dans un autre ordre d'idée, les réflexions en commun avec les pouvoirs publics se sont présentées de façon moins consensuelle car provoquées par des carences d'assurance dans des branches où elle est obligatoire. À cette occasion, on vient de réaliser que si le législateur fait les lois, si le Gouvernement les applique et si le pouvoir judiciaire les interprète et les fait évoluer, personne ne peut contraindre les réassureurs internationaux à assurer la contrepartie financière de Lois ou de jurisprudences incompatibles avec leurs techniques d'appréciation du risque et leur capacité à le mutualiser.

À cet égard, la France avec quatre-vingt quinze catégories d'assurances obligatoires, détient le record du monde ; elle présente aussi la particularité, avec quelques rares pays où le Code Napoléon est appliqué, de prévoir des garanties illimitées pour la réparation de dommages corporels ; elle voit se généraliser le concept d'obligation de résultat donc de responsabilité sans faute et la persistance de la Cour de cassation à rattacher les indemnisations à l'exercice du fait générateur du dommage. À la fin 2002, devant l'impossibilité de réassurer en responsabilité civile des professionnels comme des médecins, chirurgiens, anesthésistes, obstétriciens, le marché de l'assurance a disparu. C'est donc dans l'urgence que des solutions transitoires ont été trouvées avec la création d'un Groupement Temporaire des Assurances Médicales. Cependant, le problème est maintenant clairement posé de la compatibilité entre ce qui est socialement souhaitable et ce qui est financièrement supportable et par qui, de l'assuré ou du contribuable.

Entre le marché et les gouvernements, la crise pousse au dialogue, celui-ci s'étend également à la question des taxes d'assurance, de l'établissement de règles de provisionnement plus performantes ainsi qu'aux questions relatives à l'adoption et, si possible, l'adaptation des nouvelles normes comptables internationales.

Nous savons mieux aujourd'hui qu'hier que la sécurité a un coût et que les plus-values apportées parfois par les placements financiers ne peuvent se substituer à l'analyse des risques et à leur tarification technique. La problématique de la prise en charge des grands risques semble désormais mieux posée. Cependant, si 2003 ne marquait pas le début du redressement des réassureurs, nous entrerions dans une phase de crise majeure avec la question centrale du rôle des états dans la prise en charge de risques qu'un large consensus au niveau mondial s'accorde à reconnaître comme étant du domaine de l'initiative privée.

Transport aérien et construction aéronautique

L'industrie du transport aérien se remettra difficilement de l'après septembre 2001. L'environnement économique peu favorable en 2002 a amplifié les difficultés des transporteurs aériens et les risques de conflit en Irak pèseront sur l'évolution du trafic aérien en 2003. Malgré la réduction des capacités de transport disponibles face à un moindre trafic et les accords conclus au sein des alliances mondiales, la concurrence entre les compagnies aériennes s'est exacerbée et leurs résultats ont continué à se dégrader en raison de l'augmentation des charges. Cette détérioration a précipité plusieurs compagnies américaines au dépôt de bilan et entraîné de nouvelles pertes d'emplois, des réductions d'investissement qui se traduisent pour les industries aéronautiques par des annulations et des reports de commandes.

Transport aérien

Après avoir chuté de 6 % en 2001, le trafic aérien passager international a quasiment stagné (+ 0,06 %) pour l'ensemble de l'année 2002, alors que le fret a repris (+ 6,5 %), selon les premiers résultats de l'IATA. Les compagnies ont donc traversé une nouvelle année difficile, car ces résultats font suite à une année 2001 exécrable et, si on les compare avec ceux de l'année 2000, le trafic ressort en baisse de 4 % pour les passagers et de 2 % pour le fret. L'essentiel de la reprise provient de la zone Asie Pacifique où le trafic passager s'est accru de 5,8 % et celui du fret de 13 %, alors que l'axe Nord Atlantique reste le plus touché. Les grandes compagnies qui avaient immédiatement réagi après le 11 septembre 2001 ont encore réduit leur capacité (– 4,3 % en 2002) pour l'ajuster à la baisse de la demande ; l'offre de sièges diminuant, le taux de remplissage des avions s'est amélioré de 3,3 %. Mais malgré ces réductions, les surcapacités représentent encore 13 % de la flotte mondiale, soit le plus haut niveau jamais atteint. Non seulement le trafic passagers n'a pas retrouvé son niveau précédent, mais les compagnies ont dû faire face à l'explosion de leurs charges et à la concurrence croissante des compagnies « low cost » : les primes d'assurance sont passées de $ 1 milliard en 2001 à $ 5 milliards et les coûts des mesures de sécurité dans les aéroports se sont élevés à plus de $ 3 milliards en 2002, sans parler de la flambée des cours du pétrole qui ne va pas arranger les comptes. Ainsi après avoir enregistré des pertes de $ 18 milliards en 2001, les deux cent quatre-vingts compagnies membres de l'IATA auraient encore subi plus de $ 13 milliards de pertes en 2002 selon les premières estimations. Les pertes cumulées de ces deux dernières années sont supérieures à l'ensemble des profits réalisés depuis 1945 ! Les plus affectées sont les compagnies américaines et, malgré les quelque $ 5 milliards d'aide exceptionnelle débloqués par le gouvernement américain au lendemain des attentats, elles ont dû recourir à des plans de réduction drastiques et à des licenciements massifs. Au total, depuis le 11 septembre, plus de 100 000 emplois ont été supprimés dans le transport aérien américain, les principales compagnies américaines accusent une perte nette globale de $ 11 milliards en 2002 après

$ 7,2 milliards en 2001 et deux d'entre elles, US Airways et United Airlines, se sont placées sous la protection du chapitre 11. Ces faillites ne sont pas sans rappeler les périodes noires du transport aérien américain qui ont vu disparaître des compagnies comme la Pan Am, Eastern Airlines, TWA ; seule Continental Airlines, après deux dépôts de bilan, a survécu tout en restant indépendante, les autres ont disparu ou ont été absorbées par un concurrent.

Les principales faillites aux États-Unis

Juin 2002 : Sun Country Airlines
Juillet 2002 : Vanguard Airlines
Août 2002 : US Airways, n° 6, avec 9,6 % de part de marché américain (lignes intérieures-lignes internationales) et 40 000 salariés
Décembre 2002 : United Airlines (n° 2 américain avec 19 % de parts de marché), c'est sans doute la faillite la plus importante d'une compagnie aérienne en raison de l'importance de ses actifs ($ 24,1 milliards) et de ses effectifs (70 000 salariés).

La faillite des deux grandes compagnies américaines est un coup dur pour Boeing et Airbus qui ont encore dans leurs carnets des commandes d'appareils dont la livraison devait s'échelonner sur plusieurs années.

Les pertes des compagnies américaines (en milliards de dollars pour les neuf premiers mois de 2002)

American Airlines	– 3
United Airlines (faillite)	– 2
Delta Airlines	– 0,9
US Airways (faillite)	– 0,8
Northwest Airlines	– 0,3
Continental Airlines	– 0,3

En Europe, l'Association des Compagnies aériennes européennes indique une baisse du nombre de passagers en 2002 (– 4,6 % à 15 millions), le trafic intra-européen ayant mieux résisté que le trafic long courrier (Transatlantique, Moyen-Orient). Par ailleurs le segment des voyages d'affaires sur lesquels les marges des compagnies sont plus importantes marque le pas après plusieurs années de progression, les sociétés privilégiant plus systématiquement les nouveaux moyens de communication (conférences téléphoniques et vidéo conférences).

Dans ce contexte peu favorable, seules les compagnies « low cost » tirent leur épingle du jeu et affichent d'insolentes progressions sur le marché européen : grâce à leurs coûts d'exploitation inférieurs de 40 % à 60 % environ à ceux des compagnies traditionnelles, elles proposent des vols à tarifs très bas. Chaque année elles gagnent du terrain : elles s'octroient plus de 12 % du marché intra-européen (en PKT – passagers-kilomètres transportés) en 2002 contre 9 % en 2001 ; leur succès leur permet d'augmenter leur capacité et de négocier le prix de nouveaux appareils auprès des constructeurs qui se disputent les commandes de ces nouveaux gagnants du transport aérien qui pourraient bien transporter, au rythme actuel de leur développement, près de 30 % des passagers européens à l'horizon 2010. Les grandes compagnies ont bien tenté de créer leur propre filiale low cost, mais sans grand succès : la filiale de British Airways, Go, a été absorbée par Easy-Jet son principal concurrent, tandis que Ryanair vient de racheter Buzz, la filiale « low cost » de la compagnie néerlandaise KLM. Seule Lufthansa poursuit son expérience avec Eurowings dont elle possède 25 % du capital.

En France, le projet de privatisation d'Air France qui porte sur la vente de la deuxième tranche du capital (30 % sur les 50 % encore détenus par l'État) n'intervient pas à la meilleure période : il a été présenté dans un climat de tension extrême, au moment où la Compagnie Air Lib (3 200 salariés), deuxième pôle aérien français, vient de déposer son bilan et va être démantelée. Passée successivement dans les mains de British Airways, puis de Swissair, AOM-Air Liberté avait déposé son bilan en juin 2001, mais la dernière chance de redressement de la compagnie rebaptisée Air Lib vient d'échouer définitivement. Sa liquidation judiciaire prononcée mi-février 2003 libère des créneaux que convoite Air France bien sûr, mais également les « low cost » qui y voient l'opportunité d'accentuer leur présence en France où, depuis quatre ans, elles ont déjà quadruplé leur trafic (5,1 millions de passagers en 2002 contre 1,2 million en 1999).

En dépit de l'environnement économique géopolitique plus qu'incertain, les organisations internationales du transport aérien envisagent une reprise du trafic passagers pour 2003 de l'ordre de 6 à 7 % et un retour vers une croissance moyenne de 3,3 % par an d'ici à 2006, mais inférieure à la croissance historique de long terme de 4,5 %. Ces prévisions semblent bien optimistes, surtout en cas de guerre en Irak, et le retour des bénéfices des compagnies ne peut guère être envisagé avant 2004, voire 2005.

Les alliances aériennes ou le partage du ciel

Les difficultés et les faillites des compagnies aériennes ont quelque peu modifié les grandes alliances commerciales qu'elles avaient nouées ces dernières années et qui concentrent plus de 60 % du trafic aérien international. Ces regroupements se sont opérés sur la base d'accords commerciaux et non capitalistiques permettant aux compagnies d'élargir leurs réseaux, d'accroître le nombre de leurs liaisons sans avoir à développer leur flotte. Cette organisation permet une meilleure utilisation des capacités globales, une augmentation du taux de remplissage des avions et une réduction des coûts de l'ordre de 20 % (100 millions d'euros par an estimés par Air France depuis son entrée dans Skyteam).

Face à leur marché déprimé, les trois compagnies aériennes Delta, Northwest et Continental, respectivement numéro 3, 4 et 5 du secteur américain et détentrices de 40 % du marché domestique, ont signé en août 2002 un accord de coopération commerciale, qui reste encore soumis à l'approbation des autorités américaines et européennes. Cet accord renforcerait avec l'arrivée des deux compagnies partenaires de Delta, la position de l'alliance SkyTeam qui deviendrait le premier groupement devant Star Alliance (fragilisée par la faillite de United Airlines) et Oneworld, tout en remettant en cause l'existence de la quatrième alliance mondiale « Wings » qui perdrait deux de ses trois partenaires (Northwest et Continental). Le troisième partenaire KLM n'aurait alors d'autre solution que de rallier peut-être Skyteam avec laquelle des négociations semblent entamées. Les alliances regroupant les compagnies offrant des services traditionnels semblent être la seule alternative pour contrer la montée en puissance des compagnies à bas coûts ciblant une clientèle économique.

Aéronautique : chute libre des livraisons et des commandes

La crise du secteur aérien se lit dans les comptes que viennent de publier les groupes aéronautiques, l'aéronautique civile comptant pour près de 70 % dans le chiffre d'affaires de Boeing et pour plus des deux tiers pour EADS. En 2002, Boeing a vu son chiffre d'affaires chuter de 7 % à $ 54,07 milliards, son résultat s'est réduit à $ 492 millions contre $ 2,8 milliards en 2001 et les prévisions pour 2003 sont encore moins bonnes. Le groupe s'attend à un nouveau repli de son chiffre d'affaires et n'envisage pas de rebond de l'activité dans l'aviation commerciale avant 2005. Son rival européen EADS, qui détient 80 % d'Airbus aux côtés de BAE Systems, semble mieux résister en encaissant un recul moindre de son volume d'affaires (– 3 % à 29,9 milliards d'euros). Lui aussi fait les frais du marché déprimé des avions commerciaux, mais de surcroît il pâtit de l'affaiblissement du dollar, car le constructeur européen vend ses Airbus en dollars et paie une grande partie de ses coûts en euros. Au total, le bilan des commandes nettes enregistrées en 2002 – hors

Les principales alliances

Alliances	Cies faisant partie de l'alliance	Part du marché aérien de l'alliance	Millions de passagers/an	CA en 2001 en $ milliards
Star Alliance	Air Canada Air New Zealand All Nippon Airways Austrian Airlines British Midland Lufthansa Mexican Airlines SAS-Scandinavian Airlines Singapore Airlines Thai Airways international United Airlines (en faillite) Varig Airlines	23 %	292	74
Oneworld	Aer Lingus American Airlines British Airways Cathay Pacific Finnair Iberia Airlines Lan Chile Qantas Airways	17 %	242	48,9
Sky Team	Aeromexico **Air France** Alitalia Delta CSA Czech Airlines Korean Air	13 %	228	36,3
Wings Alliance	Continental Airlines KLM Dutch Airlines Northwest Airlines	11 %	180	
Autres : Qualiflyer, Asia Miles…		36 %		

Source : IATA.

annulations et conversions – ressort à l'avantage de l'Européen avec 233 Airbus contre 176 appareils pour Boeing.

Plus durement affectée par la dégradation financière des compagnies aériennes américaines, l'activité de l'industrie aérospatiale américaine s'est réduite en 2002 et son chiffre d'affaires global évalué à $ 148 milliards, s'est replié de 3,2 %. Aerospace Industries Association souligne que la hausse des livraisons au Département de la défense n'a pas compensé l'érosion des ventes de l'aéronautique civile (– 16 % à $ 43 milliards) et notamment l'effondrement des livraisons des avions commerciaux. Mais compte tenu des réductions drastiques d'effectifs (72 000 personnes en 2002, soit 10 % des effectifs) portant le niveau de l'emploi à son plus bas historique depuis 1953 et des restructurations, les résultats des entreprises commencent à s'améliorer. Les perspectives pour 2003 ne sont guère optimistes puisqu'un nouveau recul des ventes de l'aviation civile de l'ordre de 7 % amputerait le chiffre d'affaires d'environ $ 9,7 milliards, malgré une forte augmentation des livraisons militaires. Le Pentagone a attribué en 2002 plus de $ 170 milliards de contrats militaires, un montant en hausse de 18 % que se sont partagés ses fournisseurs de premier rang parmi lesquels figurent Lockheed Martin ($ 17 milliards) qui devance de peu Boeing ($ 16,6 milliards), devant Northrop Grumman ($ 8,7 milliards), Raytheon et General Dynamics ($ 7 milliards chacun). Mais la manne des contrats militaires risque de s'assécher et le budget de la défense d'être gelé ou revu à la baisse dans les années à venir en raison du creusement du déficit public américain qui a atteint $ 158,2 milliards en 2002 (contre un excédent de $ 236,9 milliards en 2000) et qui pourrait bien tripler d'ici à 2004.

Boeing qui se remet difficilement de ses restructurations successives, a essuyé de nombreuses annulations de commandes en 2002 et a dû une nouvelle fois tailler dans ses effectifs : une nouvelle réduction de 5 000 emplois porte à plus de 30 000 les effectifs supprimés depuis le 11 septembre 2001. Le rythme des cadences s'est fortement ralenti sur les chaînes d'assemblage : les livraisons de Boeing sont tombées à 381 en 2002 et ne devraient pas excéder 280 appareils en 2003 et 2004.

Par ailleurs le géant de Seattle vient d'abandonner, faute de clients, son projet de Sonic Cruiser (lancé en mars 2001) pour revenir au développement d'une nouvelle version du B 777. Le futur appareil qui porte le nom de code de B7E7 sera développé en deux versions (200 à 250 sièges) et présente l'avantage d'une autonomie accrue pour une consommation réduite. Son potentiel commercial est estimé à 3 000 unités au cours des vingt prochaines années et son entrée en service devrait s'effectuer en 2008.

Dans le domaine spatial, Boeing est particulièrement affecté par la perte de la navette spatiale Columbia, en tant que premier partenaire industriel de la Nasa aux côtés de Lockheed Martin. Car cette activité (environ $ 2 milliards par an), qui représente à peu près 4 % du chiffre d'affaires du groupe et concerne la révision et la maintenance des navettes, est quasiment bloquée pour de nombreux mois, tant que les résultats de l'enquête n'auront pas abouti. L'industrie spatiale américaine se prépare donc à une sévère réduction des commandes.

En Europe, EADS a ralenti les cadences : 303 Airbus ont été livrés en 2002, niveau qu'il ambitionne de maintenir en 2003, mais qui pourrait être revu à la baisse prochainement (autour de 285 livraisons). Malgré la chute des commandes nouvelles d'Airbus en 2002 et le retard du programme de l'A400 (l'avion de transport militaire), EADS a réussi à maintenir un volume d'activité future d'environ 1 500 avions, soit l'équivalent de cinq années d'activité. Il a ainsi engrangé 303 nouvelles commandes en 2002 pour un montant de $ 24,3 milliards, les 120 commandes d'Easy Jet, compagnie « low-cost », venant à point en fin d'année pour atténuer les 67 annulations intervenues au cours de 2002. Les activités de défense ne bénéficient pas du même soutien qu'aux États-Unis, car si elles sont également déterminées par les décisions des États européens, ceux-ci sont confrontés au dérapage des déficits publics et revoient à la baisse les dépenses militaires, en Allemagne tout particulièrement. Ainsi pour l'avion de transport militaire A400M, les commandes allemandes ont été revues à la baisse (60 au lieu de 73), ce qui porte à 180 le nombre d'appareils commandés par sept pays, soit le niveau plancher pour lancer le programme.

Dans les activités spatiales en baisse de 9 %, EADS qui contrôle à 100 % le constructeur de satellites Astrium, après avoir repris les 25 % que détenait BAE Systems, va entreprendre une restructuration afin de réduire de 20 % les coûts et de renforcer sa position stratégique sur un marché où l'offre est surcapacitaire en raison de l'effondrement du marché des satellites de télécommunications depuis deux ans.

Le secteur aéronautique européen s'attend lui aussi à un net ralentissement en 2003. L'industrie allemande chiffre pour sa part à 4000 les suppressions d'emplois en Allemagne en raison d'un nouveau repli attendu du chiffre d'affaires après une baisse de 7,9 % en 2001.

La bataille sera rude entre Boeing et Airbus puisque les deux constructeurs devront se partager en 2003 un marché qui ne devrait pas excéder 300 appareils.

Nombre de livraisons d'appareils

	2001	2002e	2003p
Airbus	325	303	300
Boeing	527	381	Entre 275 et 285

Source : Constructeurs.

Nombre de commandes d'appareils

	1998	1999	2000	2001	2002 (hors annulation)	2003
Airbus	556	476	520	375	300	Entre 150 et 180
Boeing	626	358	605	335	251	150

Source : Constructeurs.

Motoristes : la bataille des prix

Les motoristes se partagent un marché mondial estimé en moyenne à plus de $ 40 milliards dont plus de $ 30 pour le secteur civil (livraison de moteurs et pièces détachées), autant dire que la crise actuelle a des répercussions immédiates sur les motoristes, et plus globalement sur l'ensemble des équipementiers et sur des milliers de sous-traitants. Si les Américains GE Aircraft Engines (GEAE), Pratt&Whitney, le Britannique Rolls-Royce et le français Snecma occupent les principales positions, ils ont noué depuis de nombreuses années des accords de coopération et des liens afin de partager les coûts de R&D et d'équiper aussi bien les Boeing que les Airbus des compagnies aériennes. Mais en temps de crise, les motoristes sont mis en concurrence sur tous les fronts : ils doivent consentir d'importants rabais sur les moteurs neufs et les pièces de rechange, et se battre sur le terrain de la maintenance et de la réparation, activités de services qu'ils ont tous intégrées après le désengagement des compagnies aériennes. Snecma a vu son activité chuter de 6 % en 2002, les commandes en première monte pour les compagnies ont représenté 5,3 milliards d'euros en 2002 contre 6,1 en 2000, avec pour conséquence un net ralentissement du rythme de production en 2003 qui devrait tomber à 680 moteurs contre 750 en 2001 ; néanmoins le motoriste envisage une légère progression de son volume d'affaires en 2003 grâce aux commandes engrangées pour les compagnies « low cost » et les moteurs pour les hélicoptères.

Compte tenu du fléchissement des perspectives économiques mondiales et des risques géopolitiques qui pèsent sur l'évolution du trafic aérien mondial ainsi que de la dégradation des performances des compagnies aériennes, les constructeurs restent très prudents sur les perspectives des trimestres à venir. Une guerre en Irak aurait un impact négatif sur le transport aérien et accentuerait la baisse des commandes de nouveaux appareils.

Tourisme

L'année 2002 aura été celle des surprises pour le tourisme international avec une progression inespérée de la demande touristique internationale de 3,1 % qui a permis pour la première fois de dépasser les 700 millions d'arrivées touristiques dans le monde. Une telle performance était quasiment impensable au lendemain des attentats du 11 septembre qui avaient provoqué une chute brutale des voyages, tant touristiques, que professionnels. Cette progression confirme les analyses de l'Organisation Mondiale du Tourisme qui, à aucun moment, n'ont remis en cause les perspectives de croissance de long terme qui prévoient plus qu'un doublement des flux du tourisme mondial en moins de vingt ans, à l'horizon 2020, avec 1,5 milliard d'arrivées de touristes internationaux.

Taux de variations annuelles des arrivées et des recettes touristiques internationales (1993-2002)

Années	Arrivées (%)
1993	3,1
1994	6,1
1995	2,7
1996	5,6
1997	3,5
1998	2,7
1999	3,2
2000	7,4
2001	– 0,6
2002	3,1

Source : Organisation Mondiale du Tourisme, Statistiques 2003.

Il convient, en fait, de remarquer que cette année 2002 a été caractérisée par de nouvelles orientations des flux touristiques mondiaux avec la croissance du tourisme intra-régional, notamment en Europe et en Amérique du Nord, et avec de nouvelles habitudes symbolisées par la mode du « cocooning ».

Avec cette reprise de la progression des taux de croissance de la demande touristique internationale, le total des arrivées touristiques dans le monde établit un nouveau record avec 715 millions de touristes internationaux en 2002.

Une progression mondiale soutenue par la région asiatique

La région Asie Pacifique progresse très fortement avec un taux de croissance en 2002 de 7,9 %, plus du double de la moyenne mondiale, et un nombre d'arrivées touristiques internationales de 130 millions.

Dans les autres régions du monde, c'est paradoxalement le Moyen-Orient qui connaît la plus forte progression avec un taux de croissance supérieur à celui de l'Asie avec + 10 % en 2002. Ce résultat s'explique notamment par les performances exceptionnelles de Dubaï et des nouvelles destinations touristiques des Émirats.

Cette croissance des flux touristiques dans la région asiatique est largement la conséquence de la reprise économique dans les Nouveaux pays Industriels d'Asie et de la poursuite de la croissance chinoise. L'attentat

Évolutions des arrivées touristiques par régions en 2002

Régions OMT	Arrivées 2002 (millions)	Parts de marché en 2002 (%)	Variation 2002/2001 (%)
Monde	714,6	100	3,1
Afrique	28,7	4,0	3,7
Amériques	120,2	16,8	– 0,6
Asie Pacifique	130,6	18,3	7,9
Europe	411,0	57,5	2,4
Moyen-Orient	24,1	3,4	10,6

Source : Organisation Mondiale du Tourisme, 2002.

Évolutions des arrivées touristiques dans la région d'Asie Pacifique en 2002

Région Asie-Pacifique	Arrivées 2002 (millions)	Parts de marché en 2002 (%)	Variation 2002/2001 (%)
Asie du Nord-Est	73,4	10,3	11,9
Asie du Sud-Est	41,7	5,8	3,9
Océanie	9,6	1,3	1,1
Asie du Sud	5,9	0,8	2,0
Total Asie	**130,6**	**18,3**	**7,9**

Source : Organisation Mondiale du Tourisme, 2002.

de Bali n'a pas remis en cause cette tendance après avoir affecté l'Indonésie jusqu'à la mi-décembre 2002. Le fait que la plupart des destinations touristiques asiatiques soient très compétitives en termes de prix des prestations touristiques et surtout de qualité et de service constitue un avantage comparatif, et peut-être même quasi absolu, qui explique largement ces succès.

De plus, le tourisme intra-régional qui avait été fortement affecté par les effets de la crise de 1998, progresse considérablement à la fois grâce à la croissance des voyages d'affaires et aux déplacements de loisirs.

Le taux de croissance des arrivées touristiques atteint un record en Asie du Nord-Est avec près de 12 % de progression alors que les performances en Océanie sont relativement décevantes avec seulement + 1,1 % en 2002 à la suite de la stagnation de la clientèle américaine.

La crise en Amérique du Sud affecte gravement le tourisme

La région Amériques est la seule perdante de l'évolution des flux touristiques internationaux en 2002 avec un déclin de 0,6 %. Cette diminution est particulièrement sensible pour l'Amérique du Sud avec – 7 % et pour la Caraïbe avec – 3 %. En revanche, les arrivées touristiques internationales progressent très

Évolutions des arrivées touristiques dans la région Amériques en 2002

Région Amériques	Arrivées 2002 (millions)	Parts de marché en 2002 (%)	Variation 2002/2001 (%)
Amérique du Nord	85,3	11,9	0,4
Caraïbe	16,4	2,3	– 3,0
Amérique Centrale	4,8	0,7	9,7
Amérique du Sud	13,6	1,9	– 7,0
Total Amériques	**120,2**	**16,8**	**– 0,6**

Source : Organisation Mondiale du Tourisme, 2002.

Évolutions des arrivées touristiques dans la région Afrique en 2002

Région Afrique	Arrivées 2002 (millions)	Parts de marché en 2002 (%)	Variation 2002/2001 (%)
Afrique du Nord	10,1	1,4	– 4,0
Afrique Sub saharienne	18,6	2,6	+ 8,5
Total Afrique	**28,7**	**4,0**	**+ 3,7**

Source : Organisation Mondiale du Tourisme, 2002.

légèrement en Amérique du Nord malgré les attentats du 11 septembre avec + 0,4 %. Il en résulte que c'est essentiellement le climat de crise économique, notamment dans le cône Sud de l'Amérique du Sud, qui est à l'origine de la stagnation, et même du déclin du tourisme dans cette région.

L'Afrique du Nord en péril

Les pays d'Afrique poursuivent leur progression avec plus de 28 millions d'arrivées en 2002 et un taux de progression légèrement supérieur à la moyenne mondiale avec 3,7 %.

Cependant, la situation est très contrastée entre d'une part la chute de la fréquentation touristique de l'Afrique du Nord avec – 4 % en 2002, qui subit de plein fouet les conséquences du climat de tension international, et la forte progression des autres régions d'Afrique sub-saharienne avec + 8,5 % des arrivées touristiques internationales.

L'Europe résiste

Le poids relatif de l'Europe dans les destinations touristiques demeure largement prépondérant avec 57,5 % des arrivées touris-

Évolutions des arrivées touristiques en Europe en 2002

Région Europe	Arrivées 2002 (millions)	Parts de marché en 2002 (%)	Variation 2002/2001 (%)
Europe du Nord	42,5	5,9	2,3
Europe de l'Ouest	141,4	19,8	1,8
Europe de l'Est et Centrale	81,1	11,3	3,9
Europe du Sud	146,1	20,4	2,2
TOTAL Europe	**411,0**	**57,5**	**2,4**

Source : Organisation Mondiale du Tourisme, 2002.

tiques dans le monde. Cependant, il est en recul relatif avec une évolution inférieure à la moyenne mondiale en 2002 avec seulement + 2,4 % des arrivées touristiques. Le recul représente plus d'un point de parts de marché depuis 1995, année où la part de l'Europe était de 58,8 % du total des arrivées touristiques dans le monde.

Cette résistance de l'Europe provient largement du développement de nouvelles habitudes de loisirs et de vacances avec le retour à des voyages de proximité et avec la mode de l'écotourisme et du tourisme vert.

L'Europe Centrale et Orientale connaît une forte progression supérieure à la moyenne mondiale de + 3,7 % qui provient notamment des avantages de prix de certaines de ces destinations et des progrès d'adaptation des produits touristiques grâce aux importants programmes de rénovation des infrastructures touristiques qui ont été conduits, notamment sur le littoral de la Mer Noire.

La France, toujours première destination mondiale

L'analyse du classement des principaux pays récepteurs permet de remarquer que la France conserve son rang de première puissance touristique dans le monde avec 76 millions de touristes internationaux devant l'Espagne et les États-Unis (45 millions). Cependant, la Chine enregistre une progression très importante pour atteindre le cinquième rang mondial à quasi-égalité avec l'Italie avec 36 millions d'arrivées touristiques en 2002.

La France continue de devancer l'Espagne, les États-Unis et l'Italie. Cependant, en termes de recettes, les États-Unis sont loin devant avec des recettes touristiques plus de deux fois supérieures à celles de la France. Cette très forte importance des recettes touristiques américaines provient à la fois d'un meilleur rapport qualité/prix malgré la récente baisse des taux de change du dollar par rapport à l'euro en 2002 et aussi de la part importante d'un « Tourisme de Traversée » lié à la position de la France entre le Nord et le Sud de l'Europe.

Le problème des insuffisances des recettes touristiques est général en Europe vis-à-vis des États-Unis. Cependant, l'Espagne et surtout l'Italie font mieux que la France, puisque avec moins d'arrivées touristiques internationales, ces deux pays ont des recettes touristiques supérieures grâce à un meilleur positionnement de leurs produits touristiques.

Cette évolution des flux touristiques mondiaux permet d'être relativement optimiste pour les années futures malgré les risques à court terme engendrés par l'instabilité politique internationale et les conflits militaires.

Fret maritime

Les experts attendaient une reprise économique mondiale en 2002 : elle n'a pas eu lieu. L'économie de l'Argentine, poids lourd du commerce céréalier et des oléagineux, s'est effondrée ; celle du Japon va de mal en pis et l'« aggiornamento » espéré par le courtier maritime Barry Rogliano Salles (BRS) ne s'est pas produit ; aux États-Unis, les scandales « industrialo-boursiers » ont plombé la confiance des investisseurs ; l'Europe s'agrandit, mais elle s'en inquiète, l'Australie a vu une partie de son territoire partir en fumée après de gigantesques incendies. La Chine serait-elle le seul pays au monde à enregistrer une croissance significative ? Sa production industrielle a augmenté de 12,6 % en 2002 et les investissements de l'État dans les infrastructures vont bon train. Sa demande de vrac sec – céréales et minerais – devient donc déterminante pour le commerce mondial.

Le canal de Panama a revu à la hausse son système de tarification. Ce sera fait en deux étapes. La première a eu lieu le 1er octobre 2002. Elle alourdit la « taxe de passage » de 8 % en moyenne, les tarifs étant désormais calculés en fonction du tonnage du navire et non plus en fonction de son type et de son état. La seconde étape prendra effet en juillet 2003 et équivaudra à une hausse de 4,5 % par rapport aux tarifs pratiqués au 1er octobre 2002.

Le commerce pétrolier est pris en tenaille, entre la perspective d'une guerre contre l'Irak et une grève de plusieurs semaines au Venezuela, qui durait encore en janvier.

Au plan maritime, deux événements majeurs ont marqué l'année. D'abord le naufrage – encore un – du pétrolier *Prestige* au large de l'Espagne, remettant sur le devant de la scène les problèmes liés à la sécurité maritime. Moins visible mais tout aussi catastrophique : l'effondrement de la construction navale dans le monde.

La question des pétroliers à simple coque n'est toujours pas réglée

Trois ans après le naufrage de l'*Érika* au large des côtes françaises de Bretagne, le pétrolier à simple coque *Prestige* a sombré au large des côtes espagnoles de la Galice le 19 novembre 2002, avec 70 000 tonnes de fuel dans ses cuves.

Après l'*Érika*, l'Organisation Maritime Internationale (OMI) et l'Union européenne ont pourtant mis en œuvre un ensemble de mesures, en particulier l'élimination des navires pétroliers à simple coque, selon un calendrier étalé de 2003 à 2015, en fonction de l'âge du navire. Ils ont notamment décrété l'accroissement des contrôles dans les ports, le renforcement du contrôle des activités des sociétés de classification, une meilleure surveillance du trafic maritime, la création d'une agence européenne de sécurité maritime et une meilleure indemnisation des victimes.

La Commission européenne a manifesté en janvier 2003 son intention de proposer rapidement des sanctions pénales à l'égard des responsables – propriétaires, affréteurs, armateurs – de pollutions marines ayant commis une faute lourde. Elle souhaite qu'un accord politique soit dégagé en mars 2003 et que soient bannis des ports européens les pétroliers à simple coque transportant du fioul lourd et que soit accéléré le retrait du marché de ces navires.

Par ailleurs, les vingt et un pays composant le groupe de l'Asia Pacific Economic Cooperation se sont prononcés pour un renforcement drastique des mesures de sécurité maritime dans leurs régions – systèmes d'identification informatisés, douanes électroniques et meilleure collaboration contre la piraterie – pour mettre au point un standard commun élevé et prévenir tout acte de terrorisme.

Quelques données

Le trafic maritime a augmenté de 35 % en dix ans et celui de marchandises polluantes ou dangereuses de 40 %.

99,99 % des cargaisons maritimes arrivent à bon port.

Les pertes totales de navires ont enregistré une baisse continue de 1999 (174 navires) à 2000 (95 navires), soit une diminution de 44 %.

Les avaries ou accidents affectant des pétroliers ont été divisés par dix entre 1980 et 2000. 12 % des pollutions de la mer proviennent du transport maritime (77 % des effluents industriels et urbains, 10 % des décharges).

Source : Armateurs de France.

La construction navale s'effondre

Dans son sixième rapport au conseil sur la situation de la construction navale dans le monde, rendu le 13 novembre 2002, la Commission européenne tire un bilan catastrophique de l'année 2002, ou du moins de sa première partie, car elle ne disposait pas encore de toutes les données pour l'ensemble de l'année.

Elle relève que « le marché de la construction navale ressent de plus en plus les effets d'un excès de commandes dans le passé, de la récession aux États-Unis, des incertitudes de l'économie mondiale et les conséquences du 11 septembre ».

Le niveau mondial des nouvelles commandes au premier semestre 2002 était inférieur de 60 % à celui de l'année 2000, année faste. Pour l'Union européenne, le niveau tombe à – 77 %.

Premiers touchés : les porte-conteneurs, qui sont passés de 7,369 millions de tbc (tonnes brutes compensées) en 2002 à 519 000 tbc au premier semestre 2002. Les transporteurs de GNL ont vu aussi leurs commandes chuter à 517 600 tbc en 2002, contre 2,1966 millions en 2001. Quant aux transporteurs de produits pétroliers et chimiques, ils sont tombés de 3,5581 millions de tbc en 2001 à 1,3649 million.

Mais les navires commandés en 2000 et 2001, principalement les porte-conteneurs, ont été livrés en 2002, prêts à prendre la mer.

Au 1er janvier 2002, la flotte mondiale représentait 825,7 millions de tonneaux de jauge brute, soit + 2,1 % par rapport à 2001. Les livraisons de nouveaux bâtiments se chiffraient à 45,2 millions de tonneaux de jauge brute et 27,9 millions de tonneaux de jauge brute étaient promis à la démolition ou perdus.

Les estimations d'*Intercargo* pour 2002 tablent sur une hausse du commerce mondial du vrac sec d'environ 1 %-1,5 %. Un redressement plus prononcé était attendu pour 2003, notamment dans le transport d'acier, mais aussi dans celui du charbon et des céréales.

La croissance de la flotte ralentit, et même avec un recyclage limité, la demande devrait commencer à devancer l'offre, conduisant à un retournement du marché du fret en 2003.

Intercargo convient que la prévision est quelque peu optimiste et qu'il existe des risques négatifs : récession américaine, conséquences

LES MARCHÉS

Taux de fret céréales, Golfe US/Europe du Nord
(en US $/tonne)

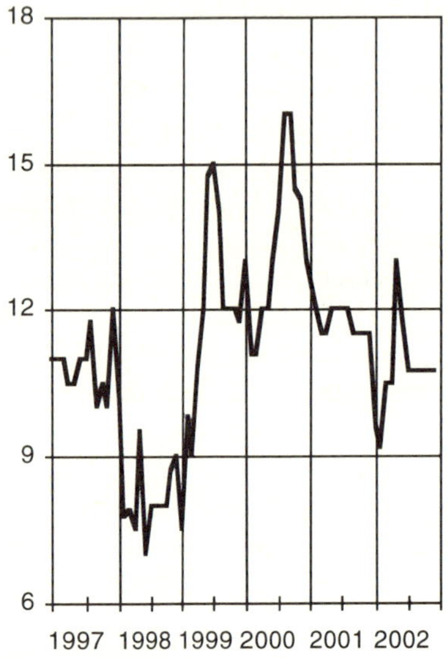

Indice Baltic Freight Index sur le Biffex
(1985 = 1000)

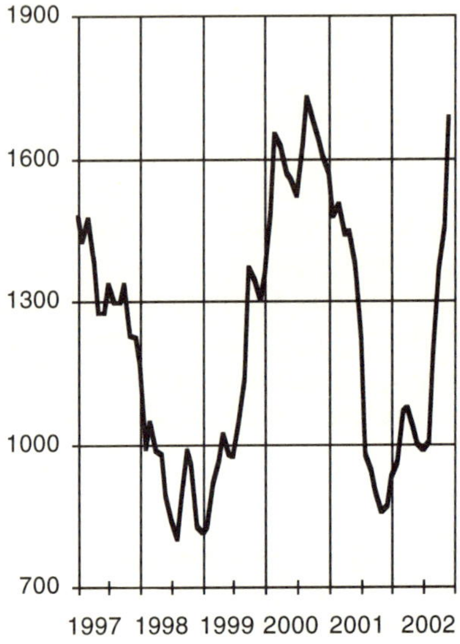

Taux de fret tanker base Worldscale Golfe Persique sur Europe
(en US $/tonne)

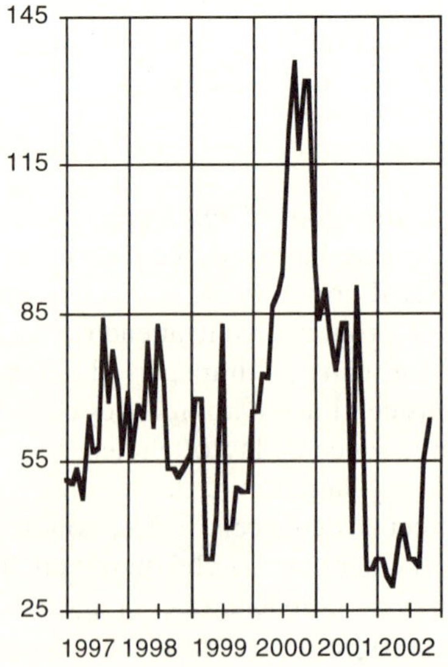

Taux de fret tanker base Worldscale Caraïbes sur Europe
(en US $/tonne)

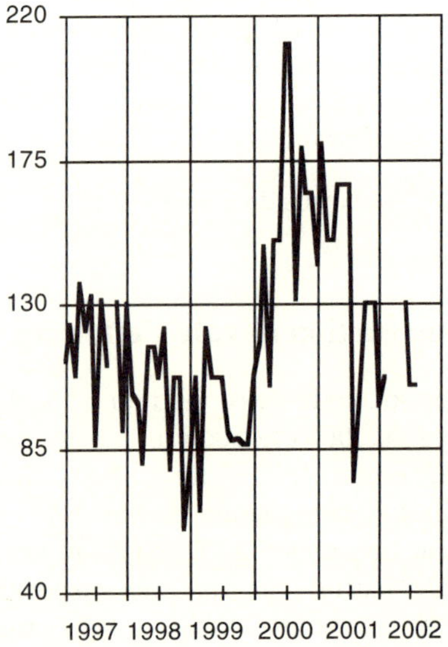

de l'effondrement des marchés boursiers sur la reprise industrielle. Si l'économie « réelle » (par opposition à boursière) se reprend – mais elle n'en prend pas le chemin –, le marché du vrac sec entrera dans un cycle haussier.

Le tableau final est brossé par la Commission : « Le secteur de la construction navale reste confronté à des surcapacités de production significatives, de l'ordre de 20 à 30 % au moins par rapport au niveau requis pour le remplacement nécessaire des tonnages vétustes et la satisfaction de la demande supplémentaire résultant de l'accroissement du commerce maritime. Ces surcapacités continuent d'avoir un effet négatif sur les prix ».

Les prix des navires, indique la Commission dans son rapport, ont baissé de près de 15 % depuis la mi-2001, et ce pour presque tous les types de navires. Ont particulièrement souffert les porte-conteneurs – catégorie 3 500 EVP (– 20 % entre juin 2001 et juin 2002), les grands vraquiers (– 17 %) et les grands pétroliers (– 15 %). De même, les navires à haute valeur ajoutée ont vu leurs prix battre en retraite, soit – 9 % pour les transporteurs de LNG, – 9 % pour les petits porte-conteneurs.

La Corée du Sud devant l'OMC pour dumping

C'est dans ce contexte particulièrement morose que la Corée du Sud intervient en « cassant » les prix du marché. Pour lutter contre la baisse de la demande, note Bruxelles, les chantiers coréens tentent de « pénétrer de nouveaux segments de marchés (méthaniers, installations off-shore et navires de croisière), et de stimuler la demande sur leurs segments traditionnels (tankers et porte-conteneurs). Dans les deux cas, ils procèdent en abaissant leurs propositions de prix, en dépit d'augmentations significatives des coûts de production en Corée durant les douze derniers mois ».

Plusieurs consultations entre les dirigeants sud-coréens et les chantiers navals ont été conduites par la Commission de Bruxelles au cours de 2002, mais toutes ont échoué. Seule solution : porter le différend devant l'OMC. C'est ce qu'a fait la Commission le 19 octobre 2002. À compter de cette date, la Corée du Sud avait soixante jours pour répondre aux demandes formulées par Bruxelles. Si aucun accord n'intervient passé ce délai, l'organisation désignera un groupe d'experts pour trouver une solution satisfaisante.

Devant cette concurrence jugée très déloyale, les chantiers navals européens n'ont pu suivre et certains ont fait faillite (en Allemagne, Italie, Pays-Bas, Suède, Norvège et Pologne). La Commission souligne que très peu de chantiers ont des carnets de commandes s'étendant au-delà de 2003-2004.

Au Japon, la construction navale était en pleine restructuration début 2003, avec reprise en mains par de grands groupes. L'archipel est très compétitif sur les vraquiers et 50 % de ses commandes proviennent de son marché domestique.

Chez le grand voisin chinois, la construction navale est en constante progression. Une fois que seront résolus les problèmes d'organisation, de l'accès aux technologies et les délais de livraison, la Chine deviendra un acteur majeur dans le monde (avec des coûts de main-d'œuvre très bas).

Démolition

Les taux de fret enregistrés en 2000 et 2001 ont freiné tout mouvement de démolition volontaire des navires les plus anciens, indique Barry Rogliano Salles. Ce qui n'est plus le cas actuellement.

On note une très forte baisse des carnets de commande, et on s'attend, pour les trois types de pétroliers (VLCC, Suezmax et Aframax), à des démolitions plus rapides que prévu des navires de plus de vingt ans.

L'année 2002 a été difficile pour les armateurs. Les valeurs de leurs actifs étaient retombées à leur niveau de 1999 et un grand nombre de navires était prêts à prendre la mer, notamment des Aframax et des Panamax. La démolition des navires anciens est inévitable mais, selon BRS, les revenus drainés par des navires âgés sont souvent ceux qui permettent aux armateurs de faire face aux échéances dues pour leurs navires modernes.

Les frets

Entre janvier 2002 et janvier 2003, les prix des frets ont fait un véritable bond. De 924 points, l'indice composite Baltic Dry Index (BDI) du marché de Londres, indicateur des prix mondiaux du transport de vrac (céréales, minerais, charbon sur des navires type Capesize, Handysize, Panamax), est passé à 1 722 points. Il y a eu des hauts et des bas en cours d'année, en particulier au premier semestre. Mais globalement, depuis le mois d'août (971 points le 5 août, 1 013 points le 18 août), la tendance à la hausse ne s'est pas démentie. Le Baltic Panamax Index (BDI), qui comporte sept routes, essentiellement pour le transport de céréales, a enregistré à peu près la même tendance, mais avec une progression en dents de scie. Entre janvier 2002 et janvier 2003, les prix du fret ont augmenté de 954 points à 1842 points.

Au premier trimestre, les taux des Panamax sur l'Atlantique sont restés faibles, à cause d'un grand nombre de navires neufs mis sur le marché et d'une demande faible, malgré une légère reprise en février, en partie due à de nouvelles affaires avec le Japon, la Chine, Taïwan et la Corée du Sud.

Avec le printemps, le marché des Panamax s'est renforcé, suivant la hausse des cours du pétrole et le début de la saison d'exportations des céréales de l'Amérique latine.

Les taux sur la principale route céréalière, du Golfe du Mexique au Japon, sont passés de $ 16,00 en octobre 2001 à $ 21, 50 en avril 2002, un plus haut de onze mois, pour finir l'année à $ 24,60. Les taux vers la Corée du Sud et Taiwan approchaient ceux pratiqués vers le Japon.

Redressement fin 2002 pour les VLCC

Le marché des pétroliers, en particulier celui des VLCC, a connu des taux de fret globalement baissiers sur une grande partie de l'année. Un tanker de cinq ans de 280000 tonneaux de jauge brute atteignait seulement $ 23000 en mai. La demande de VLCC étant globalement faible, un VLCC moderne était à environ $ 7000 par jour en avril, tandis que des Suezmax et Aframax pouvaient monter jusqu'à $ 20000 par jour. Seuls les marchés d'Afrique de l'Ouest et de la Mer du Nord étaient à des niveaux acceptables, à $ 18000 par jour. À l'approche de l'été, les propriétaires des plus gros pétroliers (VLCC et Suezmax) étaient toujours dans le rouge.

En octobre, l'attaque contre le pétrolier français « Limbourg » et l'attitude belliqueuse de George Bush ont dominé le marché. Du coup, la demande s'est accrue et les taux sont remontés, alors qu'entre octobre et novembre, on enregistrait une forte baisse de la disponibilité des VLCC, et que la demande de pétrole du Moyen-Orient s'accroissait. La pression continuelle des affréteurs s'est traduite par un redressement rapide des taux : à $ 30000 par jour. Fin décembre, le marché des VLCC enregistrait une moindre demande à partir du Moyen-Orient, mais les taux restaient à un niveau élevé.

En janvier 2003, le prix d'affrètement n'était en rien comparable à celui pratiqué douze mois plus tôt : affréter un grand tanker pouvait coûter jusqu'à $ 60000 par jour, contre $ 18000 en 2002 et en fin de mois, les taux crevaient les plafonds pour les VLCC et les Suezmax. L'éventualité d'une guerre contre l'Irak et une interminable crise au Venezuela étaient à l'origine de l'envolée des prix du pétrole et des coûts de mise en soute. Au départ du Moyen-Orient, la demande de VLCC était très forte et il fallait compter $ 90000 par jour pour un voyage vers l'Ouest.

L'inconnue irakienne pesait début janvier 2003 sur l'évolution des marchés. En cas de conflit, l'OPEP aurait à compenser l'interruption des livraisons de l'Irak à hauteur de 5 millions de barils par jour (dans l'éventualité que la grève sévisse toujours au Venezuela). La capacité de production supplémentaire se concentre au Proche-Orient et sa livraison dépendra alors d'un nombre limité de pétroliers qui devront passer par le détroit d'Ormuz, passage obligé pour le Golfe arabo-persique, un voyage assez risqué en temps de guerre, anticipe le Centre for Global Energy Study (CGES).

Si les perspectives à court terme semblent bouchées, à moyen terme, elles paraissent se dégager. Selon le Lloyd, le nombre de commandes de méthaniers ne cessera de grimper dans les dix ans à venir, d'environ 7 % à 8 % par an. La flotte devrait atteindre 193 unités en 2006 et l'on sait déjà qu'il faudra près de 250 navires en 2010 pour satisfaire les besoins du marché.

La demande en capacité portuaire en matière de conteneurs poursuit sa hausse. Selon une étude de *Ocean Shipping Consultants*, en 2001, la demande en Europe du Nord devrait progresser entre 2001 et 2010, de 58 % à 69 % (49,5 à 53 millions d'EVP) et entre 2010 et 2015 de 25 % à 31 % (62,1 à 69,2 millions d'EVP).

Quant au ministre singapourien des Transports, il affirme que le trafic de conteneurs transitant par les ports d'Asie du Sud-Est triplera d'ici 2015. Alors qu'en 2000, ces ports ont traité 36 millions d'EVP, ils devraient en traiter 123 millions en 2015. À elle seule, la Malaisie attend une croissance de 67 % de ses trafics par conteneurs pour 2005.

L'acier et le minerai de fer devraient continuer à être les principaux vecteurs du commerce du vrac. Alors que les cargaisons ont décliné de 14 millions de tonnes en 2001, elles devaient retrouver une croissance limitée en 2002 et plus forte en 2003, estime BRS. Le commerce du charbon s'est ralenti en 2002, avec de moindres demandes en Grande-Bretagne et aux États-Unis et des prix bas. En 2003, la tendance devrait s'inverser, estime Barry Rogliano Salles.

Enfin, les importations de céréales de la Chine seront déterminantes pour le commerce mondial. Mais la conjoncture internationale fait peser une lourde hypothèque sur toutes les prévisions.

Télécommunications

Après avoir déjà plus que doublé en dix ans, le marché mondial des télécommunications continue bon an mal an de progresser. Après une brutale décélération en 2001 (avec un taux de croissance inférieur à 2 %), il vient de boucler l'année 2002 avec une progression globale d'environ 5 % ; il affiche ainsi une croissance moyenne annuelle de plus de 6,5 % sur la période 1997-2002 qui, bien qu'en ralentissement sur la période précédente (plus de 11 % l'an entre 1992 et 1996) et bien qu'en fort retrait par rapport aux « folles anticipations » formulées jusqu'à l'éclatement de la bulle des nouvelles technologies en mars 2000, demeure supérieure à celle de la plupart des autres secteurs d'activité.

Il est vrai que le marché mondial des télécommunications bénéficie de fondamentaux favorables qui lui assurent un minimum de croissance tant de son parc d'utilisateurs que des volumes induits en termes d'équipements (infrastructures, réseaux et terminaux) ainsi qu'en termes de trafic de communications. Il s'agit tout d'abord de l'extension progressive à tous les pays du processus de dérégulation des télécommunications initié en Amérique du Nord puis en Europe de l'Ouest. Il s'agit ensuite de l'augmentation régulière des besoins liés à la croissance démographique et à la mondialisation accrue des échanges et du commerce. Il s'agit enfin des retards d'équipement et des faibles taux d'utilisation encore observés dans la très grande majorité des pays dans un ou plusieurs types de communications (téléphonies fixe ou mobile, vocale ou pour le transport de données). La progression du

Le marché mondial

Évolution des recettes à prix et taux de change courants (milliards de dollars)

	Services	Équipements	Total		Services	Équipements	Total
1990	396	112	508	1997	712	234	946
1991	403	120	523	1998	767	248	1 015
1992	448	132	580	1999	854	269	1 123
1993	470	135	605	2000	920	290	1 210
1994	517	158	675	2001	968	264	1 232
1995	596	183	779	2002*	1 020	275	1 295
1996	672	213	885	2003**	1 070	300	1 370

* estimation ; ** prévision

Source : ITU, janvier 2003.

nombre d'abonnés ou d'utilisateurs au niveau mondial est à ce titre significative. Elle est depuis dix ans comprise entre 5 et 10 % l'an en téléphonie fixe, avec plus de 1,1 milliard de lignes principales fin 2002, ce qui représente plus qu'un doublement sur la période, après un nouveau gain de l'ordre de 7 % en 2002. Elle est encore plus forte dans la téléphonie mobile qui, depuis le second semestre 2002, compte davantage d'abonnés que la téléphonie fixe; son rythme de croissance décélère certes depuis trois ans (après une moyenne de plus de 50 % l'an au cours de la décennie précédente) mais il demeure soutenu (à environ 20 % en 2002), ce qui a permis la vente de plus de 420 millions de terminaux portables en 2002 après 410 millions en 2001 ! Enfin, elle continue d'être dynamique pour les communications liées au transport de données informatiques et surtout liées à Internet grâce à un double effet de base: d'un côté la progression ininterrompue du nombre d'internautes depuis le boom des années 90, avec près de 600 millions d'utilisateurs d'Internet dans le monde fin 2002 (+ 15 % sur un an) contre moins de 300 millions fin 1999, et d'un autre côté la croissance de l'activité de chaque internaute en termes de nombre et de durée moyenne de connexion.

Dans un tel contexte, le marché mondial des télécommunications devrait dépasser un nouveau cap symbolique à $ 1 300 milliards l'an dès le premier semestre 2003 et approcher celui de $ 1 400 milliards en début d'année 2004. A la bonne tenue confirmée du secteur des services qui représente 80 % du marché (avec une croissance de plus de 5 % en 2002 comme en 2001) semble en effet se conjuguer sinon le rebond, au moins la stabilisation du secteur des équipements, dont la progression de 2002 (estimée à environ 4 %) a permis d'effacer une partie du repli de plus 9 % enregistré en 2001. Tout dépendra une fois encore de l'intensité de la concurrence et du succès des nouvelles technologies à venir dans les deux ensembles géographiques qui se caractérisent par des situations et des évolutions fort disparates: celui des principaux pays développés et celui du reste du monde.

Télécommunications en crise dans les pays développés

Sur les deux premiers marchés mondiaux des télécommunications que sont l'Amérique du Nord et l'Europe de l'Ouest (à quasi-égalité avec 25 % de parts de marché), opérateurs et équipementiers connaissent depuis trois ans une situation de crise sans précédent.

La téléphonie fixe traditionnelle est un marché arrivé à maturité. Côté équipementiers, les perspectives de débouchés sont limitées par les taux élevés d'infrastructure et d'équipement ainsi que par le faible taux de renouvellement des matériels. Côté opérateurs, le fort développement du trafic de communications s'accompagne d'une pression sur les prix encore plus intense sur chacun des segments de marché au fur et à mesure de leur ouverture effective à la concurrence. La compétition entre opérateurs historiques et opérateurs alternatifs se concentre pour l'instant davantage sur le trafic international et, dans une moindre mesure, sur le trafic national de longue distance; les communications régionales et surtout urbaines, plus importantes en volume, profitent encore essentiellement aux opérateurs historiques qui conservent une rente de situation découlant de leur monopole de fait sur la boucle locale. Plus lent qu'attendu, le déploiement du dégroupage demeure en effet très limité. Son rythme de progression est encore incertain aux États-Unis: la Federal Communications Commission (FCC) en a profondément modifié les règles début février 2003, d'une part en le supprimant pour le marché des entreprises et pour les réseaux haut-débit (au détriment des opérateurs longue distance et des nouveaux entrants) et d'autre part en confiant à chaque État la justification économique et la décision de son maintien pour le marché local de la voix (au détriment des « Baby Bells »). Le dégroupage devrait en revanche s'accélérer en Europe où moins de 1 % des 185 millions de lignes téléphoniques sont en pratique concernées en 2002, à l'image de la situation en France où à peine plus de 10000 lignes – soit moins de 0,05 % – étaient dégroupées au

1er février 2003 ! Mais déjà, la croissance totale du marché des services de téléphonie fixe tend à ralentir comme l'illustre le repli de 3 % en valeur enregistré sur l'ensemble de l'Europe de l'Ouest en 2002 à moins de € 95 milliards, soit moins de 40 % du marché européen des services.

De son côté, la téléphonie mobile connaît un net essoufflement de la forte croissance des années 90 qui lui avait permis de devenir le premier segment de marché des télécommunications dans la plupart des pays développés. De plus en plus élevé, son taux de pénétration dans la population dépasse 50 % aux États-Unis et 70 % en moyenne en Europe, ce qui *ipso facto* limite la croissance des parcs d'abonnés et celle des ventes de terminaux, intensifie la concurrence entre les protagonistes et réduit toujours plus le potentiel de croissance du marché en valeur aux possibilités de décuplement du trafic et surtout de renouvellement de l'offre par des équipements et des services à valeur ajoutée et payants. Mais aux États-Unis comme en Europe, pour des questions tantôt d'infrastructures ou de terminaux (disponibilité, interopérabilité, fiabilité) tantôt d'offres de services (qualité, étendue, prix publics), force est de constater l'échec commercial de la première évolution des terminaux de deuxième génération autour de la technologie WAP, les retards au démarrage des technologies GPRS et EDGE ainsi que les lancements sans cesse repoussés de téléphonie de troisième génération (3G) alors que dans le même temps, l'explosion du volume de trafic se trouve largement compensée par les baisses de tarif des communications et des abonnements. La tendance est moins flagrante au Japon où les trois opérateurs NTT DoCoMo, KDDI et J-Phone ont réussi à attirer plus de 60 millions d'abonnés vers des services d'Internet mobile, mais elle est globalement orientée à la stabilisation – voire au repli – de l'ARPU (pour *Average revenue per user*) dans la plupart des pays occidentaux. Ces évolutions se traduisent par une décélération de la croissance du marché des services mobiles à des niveaux inférieurs aux espérances, à l'instar de la progression de moins de 8 % enregistrée pour l'ensemble de l'Europe de l'Ouest en 2002. Ceci fragilise les opérateurs occidentaux, historiques et surtout alternatifs, car ils doivent amortir et rentabiliser les importants investissements qui ont été nécessaires pour les infrastructures, les réseaux, les services et les achats de licences UMTS (dont le coût total a dépassé la barre des € 130 milliards pour les opérateurs européens), et qui ont plus souvent été financés plus par endettement auprès des banques ou

Les abonnés dans le monde

	Tél. fixe (nb de lignes principales)	**Tél. mobile**		**Tél. fixe (nb de lignes principales)**	**Tél. mobile**
1990	520	11	1997	792	215
1991	546	16	1998	846	318
1992	572	23	1999	905	490
1993	604	34	2000	983	740
1994	643	56	2001	1 053	955
1995	689	91	2002*	1 129	1 155
1996	738	145	2003**	1 210	1 329

* estimation ; ** prévision

Source : ITU, janvier 2003.

Le trafic international

	Minutes de trafic téléphonique international (milliards)		Minutes de trafic téléphonique international (milliards)
1990	33	1997	79
1991	38	1998	89
1992	43	1999	100
1993	49	2000	118
1994	57	2001	127
1995	63	2002*	135
1996	71	2003**	140

* estimation ; ** prévision

Source : ITU, janvier 2003.

des marchés financiers que par autofinancement. Mais ces évolutions pénalisent encore davantage les équipementiers qui subissent les multiples reports et diminutions d'investissements décidés par les opérateurs et qui enregistrent *in fine* des marchés en stabilisation, voire en repli dans certains pays.

Les communications fixes liées à Internet connaissent de leurs côtés un schéma d'évolution dans les pays développés assez identique aux communications mobiles. La croissance annuelle du nombre d'internautes ralentit avec l'augmentation progressive du nombre de foyers connectés d'autant plus rapidement que l'équipement des ménages en ordinateurs s'avère plus coûteux que pour un téléphone portable; le taux de pénétration d'Internet atteint désormais plus de 67 % auprès des adultes américains et près de 44 % dans la population en moyenne dans l'Union européenne fin 2002, avec des chiffres inférieurs à 35 % dans les pays du Sud (Espagne, Italie) et de plus de 60 % dans les pays nordiques (Suède, Finlande). La croissance totale du trafic demeure dans ces conditions exponentielle en volume. Elle se traduit toutefois par une progression du marché des services Internet plus « limitée » en valeur (avec un gain de tout de même plus de 25 % en Europe de l'Ouest pour 2002 à près de € 20 milliards) : les surcapacités en tuyaux issus des forts investissements de la période d'euphorie pour les NTIC ont en effet provoqué une âpre concurrence sur les prix des communications et des forfaits pour le bas-débit qui demeure l'accès majoritaire à Internet. Cela s'est d'ailleurs avéré fatal à bien des opérateurs alternatifs et équipementiers qui se sont trouvés confrontés à un démarrage de l'accès haut-débit – via le câble ou via la technologie ADSL – plus difficile et plus lent qu'attendu jusqu'au premier semestre 2002 malgré les millions de foyers finalement connectés fin 2002 au Japon (6 millions), dans l'Union européenne (12 millions) et aux États-Unis (16 millions). Les principaux fournisseurs d'accès Internet haut-débit sont aujourd'hui le plus souvent des filiales d'opérateurs historiques tels que Wanadoo (France Telecom), T-Online (Deutsche Telekom), Terra Networks (Telefonica) ou BT Openworld (BT); ces derniers se sont adjugés plus de 50 % de parts de marché sur les abonnés actifs en Europe en 2002.

Dans ce contexte général de vive décélération en valeur, l'évolution du marché des télécommunications s'avère moins défavorable au Japon (+ 6 % encore en 2002), qu'aux

Les internautes

	Nombre d'internautes dans le monde (millions)		Nombre d'internautes dans le monde (millions)
1990	2,6	1997	117
1991	4,4	1998	183
1992	7,0	1999	277
1993	10,0	2000	399
1994	21	2001	502
1995	40	2002*	580
1996	74	2003**	665

* estimation ; ** prévision

Source : ITU, janvier 2003.

États-Unis (moins de 3 %) et surtout qu'en Europe où la progression moyenne d'environ 2 % en 2002 (contre plus de 4 % l'année précédente) cache des niveaux de croissance s'étalant entre environ 4 % pour l'Espagne et moins de 1,5 % pour les deux plus importants marchés que sont la Grande-Bretagne et l'Allemagne. Mais pour tous les équipementiers et les opérateurs, l'année 2002 restera aussi tristement mémorable que l'année 2001 avec une nouvelle longue liste de mauvaises nouvelles : l'effondrement des valeurs boursières, la dégradation des « rating », l'explosion des provisions pour dépréciations d'actifs, de nouveaux records de pertes (€ 25 milliards pour Deutsche Telekom) et d'endettement (€ 70 milliards pour France Telecom), ou bien encore l'intensification des programmes drastiques de licenciements, de recentrage stratégique ou géographique, de recours à la sous-traitance, de désendettement via des augmentations de capital, des cessions de filiales ou encore d'immobilier... sans oublier les défaillances d'entreprises à l'instar de Teleglobe au Canada, de KPNQ West aux Pays-Bas, de Carrier 1 en Allemagne ou bien encore de WorldCom, de NTL Group, d'Adelphia et de Global Crossing aux États-Unis, pour ne citer que les plus importantes sociétés en termes de chiffres d'affaires.

Le reste du monde encore épargné par la crise des télécommunications

Dans la plupart des autres pays du monde qui représenteraient déjà 35 % du marché mondial des services et des équipements, les télécommunications sont loin de connaître une telle situation de crise, avec une croissance dynamique qui a été supérieure à 8 % en 2002. Certains, comme en Amérique latine, connaissent une conjoncture économique moins propice. D'autres se trouvent pénalisés soit par de plus faibles niveaux de pouvoir d'achat, comme en Afrique sub-saharienne, soit par une mise en œuvre plus progressive ou plus tardive d'une politique de libéralisation des télécommunications, comme au Proche et Moyen Orient et dans la CEI. Mais tous ces pays sont encore majoritairement en phase d'équipement pour assurer la modernisation et surtout l'extension de leurs infrastructures et de leurs réseaux alors qu'ils connaissent une demande d'accès aux services de télécommunications d'autant plus forte que l'usage du téléphone fixe ou portable est globalement bien moins répandu que dans les pays développés.

Les plus fortes croissances des marchés des télécommunications s'observent sans surprise dans les pays les moins avancés (PMA)

Le marché mondial des services

Évolution des recettes à prix et taux de change courants (milliards de dollars)

Répart./ types	1990	1991	1992	1993	1994	1995	1996	1997	1998	1999	2000	2001	2002*	2003**
Téléphone fixe (a)		331	350	359	386	428	444	437	456	476	477	472	465	455
International	33	37	43	46	47	53	53	54	56	58	60	63	65	68
Mobile	11	19	26	35	50	78	114	142	172	223	278	317	364	414
Autre (b)	29	53	72	77	81	89	114	133	139	155	169	180	190	200

* estimation ** prévision

(a) y compris les recettes d'installations, les abonnements et toutes recettes liées au service de la voix sur téléphonie fixe

(b) dont liaisons louées, transport de données, telex, fax.

Source : ITU, janvier 2003.

et dans les pays émergents où les seuils symboliques de respectivement 1 et 20 téléphones pour 100 habitants n'ont été franchis que depuis 2001 (contre un niveau de 120 pour l'ensemble des pays développés). Celles-ci ne correspondent à des montants « significatifs » en volume et en valeur que principalement encore dans les pays d'Asie et d'Europe centrale et orientale où le processus d'intégration dans l'Union européenne accélère les réformes et la mise à niveau des télécommunications.

Le retard d'équipement et le faible taux de pénétration de la téléphonie globalement observés dans ce « reste du monde » bénéficient en partie tout naturellement au marché de la téléphonie fixe traditionnelle. Son rythme de progression et ses perspectives de croissance sont toutefois moins importants dans les pays d'Afrique sub-saharienne que dans ceux plus riches d'Afrique du Nord, du Proche et Moyen-Orient, d'Europe de l'Est et de la CEI – où beaucoup de monopoles subsistent pour la téléphonie fixe – ainsi surtout que dans les grands pays d'Asie, Inde et Chine en tête.

Mais dans tous ces pays sans exception, c'est la téléphonie mobile qui connaît la progression la plus spectaculaire grâce à sa plus grande ouverture à la concurrence et surtout grâce à des coûts et des délais d'installation des réseaux moins élevés que pour la téléphonie fixe. Le nombre d'abonnés – et avec lui les volumes de communications – ne cessent de progresser : il dépasse désormais le chiffre de 10 millions en Inde et de 17 millions en Russie (avec à chaque fois une quarantaine de réseaux), de 25 millions au Moyen-Orient ainsi qu'en Afrique (avec respectivement près d'une vingtaine et d'une centaine de réseaux), de 100 millions en Amérique centrale et latine ou bien encore de 300 millions en Asie Pacifique tandis que la Chine compterait mensuellement près de 5 millions de nouveaux abonnés, avec plus de 200 millions déjà dénombrés en novembre 2002. À l'image de l'Amérique latine où son taux de pénétration dans la population n'atteint pas 20 %, le potentiel de développement de la téléphonie mobile demeure sans conteste très important en volume ; il devrait permettre, à court terme au moins, de largement compenser des ARPU d'une part déjà plus faibles en montant dans ces pays du fait de la faiblesse relative des niveaux de revenus et de pouvoir d'achat de leurs habitants, et d'autre part déjà en diminution : la part croissante des offres prépayées dans le succès de la téléphonie mobile est à ce titre révélatrice, avec une part de marché de plus de 60 % en Indonésie, en Thaïlande ou dans les Philippines, et d'environ 80 % en Chine !

Ventes de téléphones mobiles dans le monde

	PDM 2002 (%)	PDM 2001 (%)
Nokia	36,10	35,60
Motorola	16,80	14,90
Samsung	10,10	7,30
Siemens	8,50	7,30
Sony Ericsson	5,20	7,10
Autres	23,30	27,80
Total (en millions d'unités)	**422**	**412**

Source : Strategy Analytics.

Contrainte d'équipement informatique et de point d'accès au world wide web oblige, la forte progression du marché des communications Internet dans les pays du « reste du monde » est en revanche pour l'essentiel le fruit des croissances observées dans les pays – voire seulement les régions ou les villes – où le pouvoir d'achat et les infrastructures téléphoniques existantes sont les plus importantes. Il s'agit de fait moins des pays d'Afrique et du Moyen-Orient ou de ceux d'Amérique latine qui totalisent respectivement moins de 20 millions et de 40 millions d'internautes fin 2002. Il s'agit davantage des pays d'Europe de l'Est et surtout d'Asie dont certains comme la Corée et Singapour affichent même des taux de pénétration d'Internet dans la population plus élevés qu'en Europe ou aux États-Unis.

Dans un tel contexte, opérateurs et équipementiers du « reste du monde », qu'ils soient historiques ou nouveaux entrants, s'affichent globalement plus optimistes que leurs homologues américains ou européens et, toutes proportions gardées, en meilleure santé financière. Ils sont en tout cas toujours plus nombreux à se développer à l'international à l'image du hongkongais Hutchinson Whampoa, de Singapore Telecom ou de Telecom Malaysia côté services de télécommunications, ou à l'instar des Chinois Huaweï et ZhongXing Telecom (ZTE) côté équipementiers. Dans le haut des classements mondiaux figurent d'ailleurs déjà deux opérateurs chinois de téléphonie mobile, China Mobile et China Unicom, avec respectivement plus de 130 millions et de 60 millions d'abonnées – tous domestiques –, ou bien encore deux anciens sous-traitants coréens côté équipementiers, à savoir LG Electronics et surtout Samsung, qui a confirmé son troisième rang mondial en 2002 derrière le finlandais Nokia et l'américain Motorola.

Top 10 mondial des opérateurs de téléphonie mobile, en nombre d'abonnés à fin septembre 2002

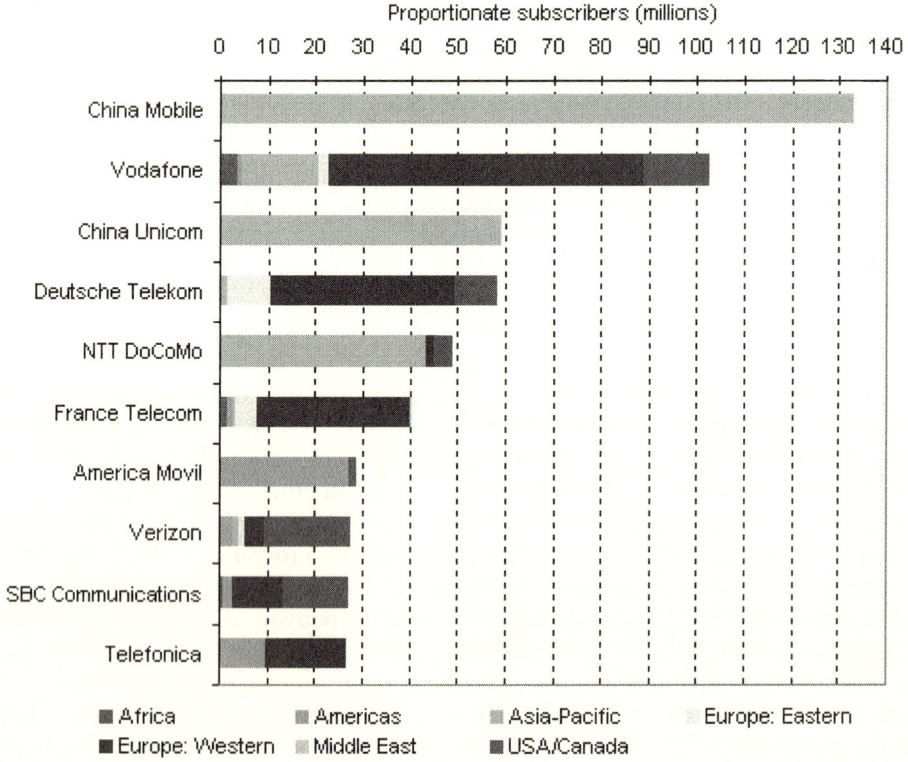

Source : EMC World Cellular Investors December 2002.

WI-FI ou la révolution du sans-fil

Plus connue des spécialistes sous l'appellation « 802.11b », Wi-Fi (pour Wireless Fidelity) est un label fondé par l'IEEE (Institut for Electronics and Electronical Engineering) et le consortium Weca (Wireless Ethernet Compatibilty Association) réunissant notamment 3Com, Apple, Acer, Compaq, Epson, Fujitsu, Microsoft, Nec ou encore Ericsson.

Complémentaire de la norme Bluetooth développée par Ericsson (ainsi dénommée en hommage au roi viking Harald Blatard dont c'était le surnom) qui permet l'échange de données sans fil à bas débit, la technologie Wi-fi repose de son côté sur la bande de fréquence radio de 2,4 GHz, qui est non réglementée puisque utilisée par les fours à micro-ondes, avec un débit théorique maximal de 11 Mbps dans un rayon d'action pouvant s'étendre jusqu'à 100 m en terrain dégagé. C'est en langage moins technique un moyen de connexion, notamment pour Internet, à la fois sans fil et haut débit pour tous les appareils communicants tels que les ordinateurs (portables ou non), les assistants personnels (PDA) ou bien encore les téléphones portables.

ADSL, 3G ou Wi-Fi, quel relais pour la croissance ?

Loin d'être figé, le paysage mondial des télécommunications s'annonce déjà fort différent pour la fin 2003, plus particulièrement à la faveur de deux événements très attendus : la forte montée en puissance de l'ADSL côté communications Internet dont le trafic mondial quotidien a déjà atteint une moyenne de 180 millions de gigabits en 2002, et les premiers lancements commerciaux de la 3G en Europe, après ceux de faible envergure à Monaco et dans l'île de Man, côté communications mobiles.

La nouvelle et toute récente technologie Wi-Fi pourrait toutefois accélérer la recomposition du marché des télécommunications si son succès, pour l'instant aussi rapide qu'inattendu et qui profite déjà aux quelques équipementiers « précurseurs », se confirmait.

D'installation facile pour un moindre coût, cette technologie d'ailleurs déjà intégrée dans beaucoup de nouveaux modèles informatiques, peut bousculer les marchés liés à l'Internet haut débit : outre le confort d'utilisation apporté par l'absence de fil pour les ordinateurs portables, elle permet au sein d'un appartement, d'une maison, voire bientôt d'un immeuble ou d'un quartier, le partage à plusieurs internautes d'une seule connexion et donc d'un seul abonnement auprès d'un fournisseur d'accès, alors que ceux-ci sont engagés dans une phase d'acquisition des abonnés ADSL d'autant plus coûteuse (publicité, opérations promotionnelles avec prise en charge plus ou moins partielle du modem, des frais d'installation ou d'accès aux services) qu'elle s'inscrit dans un contexte général de baisse des tarifs. D'autant que les premiers forfaits associant ADSL et Wi-Fi sont déjà prévus.

Mais la technologie Wi-Fi peut aussi bousculer la 3G. Cette dernière était déjà en proie à de nouvelles incertitudes liées aux difficultés rencontrées par NTT DoCoMo pour faire migrer ses 40 millions d'abonnés vers ses services 3G baptisés « Foma » (moins de 300 000 abonnés au bout d'un an et demi) alors que parallèlement, les technologies existantes autour de la 2,5G et de ses évolutions semblent amplement suffire pour satisfaire les attentes exprimées par le grand public, y compris les fameux MMS (pour *Multimedia Messaging Services)* appelés à supplanter les très lucratifs SMS dont plus de 150 milliards ont été envoyés en Europe en 2002 et près de 5 milliards en Chine le seul jour du Nouvel An Chinois ! La 3G doit désormais aussi affronter le Wi-Fi dont les atouts sont réels (des bornes réseaux dix fois moins chères et un débit théorique maximal dix fois plus élevé) et dont les faiblesses trouvent des améliorations ou des solutions techniques chaque mois : la qualité et la sécurité des transmissions à nombre élevé de connexions, et surtout une portée encore réduite qui limite pour l'instant la rentabilité du Wi-Fi aux « hot spots », c'est-à-dire aux lieux de fort passage comme les centres d'affaires, les aéroports ou les hôtels.

Alors que le premier lancement commercial de services 3G en Europe a été réalisé en mars 2003 dans une grande discrétion par Hutchinson Whampoa sur les terres du géant britannique Vodafone, d'autres opérateurs comme AT&T, T-Mobile et Verizon ont de leurs côtés déjà préféré prendre le pas du Wi-Fi et reporté davantage leurs plans de déploiement de l'UMTS…

Le marché de l'art

Pour le marché mondial de l'art, 2002 aura été une année peu spectaculaire marquée par une baisse des volumes traités (au moins sur les marchés « organisés » que sont les maisons de ventes aux enchères), par l'absence de transactions vraiment marquantes, par un certain retour à la normale des grands acteurs des marchés après l'euphorie, et même la folie des années précédentes, et pourtant aussi par une progression des prix (+ 4,3 % pour l'indice Art Price des arts figuratifs, de la peinture à la photo) dont l'évolution contraste avec celle de nombreux autres actifs financiers.

Des prix soutenus sur des marchés moins actifs

Dans l'ensemble, l'offre sur le marché mondial de l'art a été en retrait par rapport à 2001 avec une diminution de 15 % du nombre de lots offerts dans les salles de vente de la planète que suit Art Price dans le domaine du « fine art » (arts figuratifs). Étant donné une nette augmentation du taux d'invendus (37,4 %), ce qui met en évidence un phénomène de sélectivité du marché, le nombre de lots adjugés a diminué de 26 % à un peu moins

Les principales enchères enregistrées en 2002 (millions de dollars)

Rubens	Massacre des Innocents	Sotheby's Londres	69,7
Picasso	Nu au collier	Christie's Londres	21,7
Monet	Nympheas	Sotheby's Londres	18,3
Monet	Nympheas	Sotheby's New York	17
Brancusi	Danaïde (sculpture)	Christie's New York	16,5
Cezanne	Pichet	Sotheby's New York	15,2
Degas	Musée du Louvre	Sotheby's New York	15
Giacometti	Diego (sculpture)	Sotheby's New York	12,5
Giacometti	Forêt (sculpture)	Christie's New York	12
De Kooning	Oreste (email)	Sotheby's New York	12
...			
Peale	Portrait de George Washington	Rouillac, Cheverny	4,1

Rappelons les records de 2001 (Cezanne $ 39,2 millions), 2000 (Picasso : $ 55 millions), 1999 (Cézanne : $ 60 millions).

de 195 000 pour un chiffre d'affaires mondial de $ 2 658 contre $ 2 800 millions en 2001. L'année a été peu fertile en « grands » événements : il y a eu peu de dispersions de collections célèbres et de provenances illustres. Le record de l'année est revenu à un Rubens provenant des collections de la famille de Liechtenstein, redécouvert et réattribué par un expert de Sotheby's qui l'a vendu en juillet à Londres $ 69 millions (pour une estimation de $ 6 à $ 9 millions !). C'est maintenant le tableau ancien le plus cher de l'histoire et il détrône le portrait de Cosme de Médicis de Pontormo, vendu en 1989 (en janvier 2003, un Mantegna s'est vendu $ 25,5 millions). Il est intéressant de noter que l'acquéreur est un collectionneur, le milliardaire canadien de l'agro-alimentaire, Lord Thomson, qui a battu notamment le Musée Getty de Californie. En dehors de cette enchère, on retrouve comme d'habitude des toiles impressionnistes et contemporaines entre $ 5 et $ 20 millions. Ceci étant, il n'y a eu en 2002 que 3 016 enchères supérieures à 100 000 euros, mais de très nombreux artistes ont touché des niveaux records comme Basquiast (à $ 5,5 millions) ou Donald Judd.

Une offre peu abondante, une demande soutenue mais se montrant relativement sélective sur la valeur et la qualité des œuvres étrangères, le marché de l'art a en tout cas été l'un des plus rentables en 2002 en termes d'investissement, surtout si on le compare aux marchés boursiers. Remarquons cependant des différences assez sensibles à l'intérieur de l'indice Art Price entre la peinture (+ 1,4 %) et surtout le dessin (+ 12,5 %) et la photographie (+ 7,8 %). Nous ne disposons pas d'éléments équivalents pour d'autres secteurs du marché de l'art mais ceux-ci sont en général moins mondialisés, qu'il s'agisse des arts asiatiques (en 2001, Christie's avait vendu à New York pour $ 10 millions un bronze chinois), du mobilier français du XVIIIe siècle, de l'art américain…

En termes de structure de marché, les grandes places de « consommation » restent Londres et New York. À New York se sont réalisés 41,9 % du chiffre d'affaires du marché mondial des arts figuratifs. Si l'on ajoute Londres (27 %), on a plus des deux tiers des ventes et l'essentiel des « grosses » enchères : sur les cinquante plus fortes enchères prononcées en 2002, 35 l'ont été à New York, 13 à

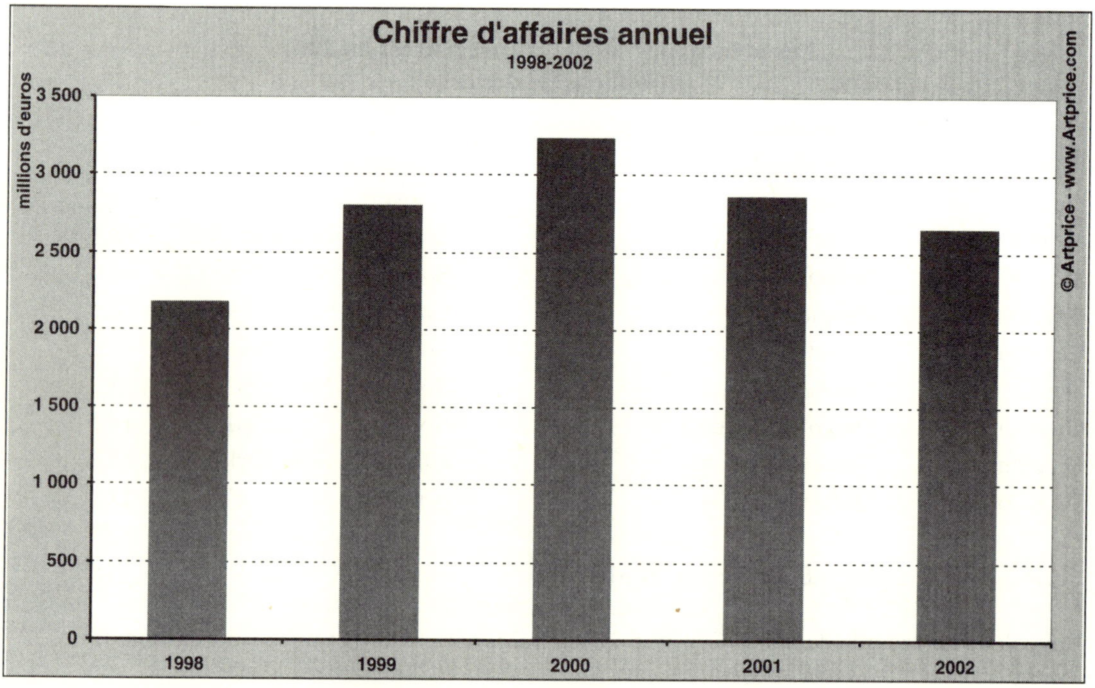

Londres, une à Berne et une à Cheverny et dans ce cas, il s'est agi d'un achat américain pour un portrait en pied de Washington ! Les grands acheteurs sont de l'autre côté de l'Atlantique ! Par contre, la répartition du nombre de transactions en 2002 raconte une autre histoire et met bien en évidence la place des lieux de « production » comme la France, qui vient en tête avec 16,8 % du nombre d'adjudications mondiales, l'Allemagne (11 %), l'Italie (4,7 %).

L'année 2002 aura été aussi marquée par l'ouverture du marché français qui semble en passe de retrouver une partie au moins de son ancien éclat.

L'ouverture du marché français

Le monopole des commissaires priseurs, officiers ministériels, a donc vécu. Place maintenant aux Sociétés de Ventes Volontaires (SVV) puisque depuis le 10 juillet 2002, les anciens commissaires priseurs ont dû transformer leurs structures. Ceci a permis aux maisons étrangères (Christie's et Sotheby's) de pénétrer enfin sur le marché français. Mais on a vu aussi apparaître de nouvelles SVV provenant soit du milieu des experts (Camard), soit d'acteurs plus éloignés du marché de l'art (Massol, Pierre Bergé). Comme on pouvait le prévoir, un vaste mouvement de rapprochement et de fusion a commencé et quelques pôles sont ainsi apparus comme celui formé par Poulain-Le Fur, Briest, Arcurial et Aguttes associés à un regroupement de sociétés de province (Ivoire). Ce nouvel ensemble est appuyé par le groupe Dassault et un financier monégasque, Michel Pastor. De son côté, Pierre Bergé, l'ancien dirigeant de Saint Laurent, a réuni plusieurs « études » (Buffetaud, Chambre Godeau, Nicolay) dans une société commune.

Mais la grande affaire aura été l'évolution de Drouot, à la fois hôtel de ventes commun et éditeur notamment de la célèbre « Gazette de l'Hôtel Drouot ». Après des projets proposés par Pierre Bergé, Barclay's, Axa et ABN Amro, Drouot a finalement gardé son indépendance dans le cadre de Drouot Holding dont sont actionnaires les anciens commis-

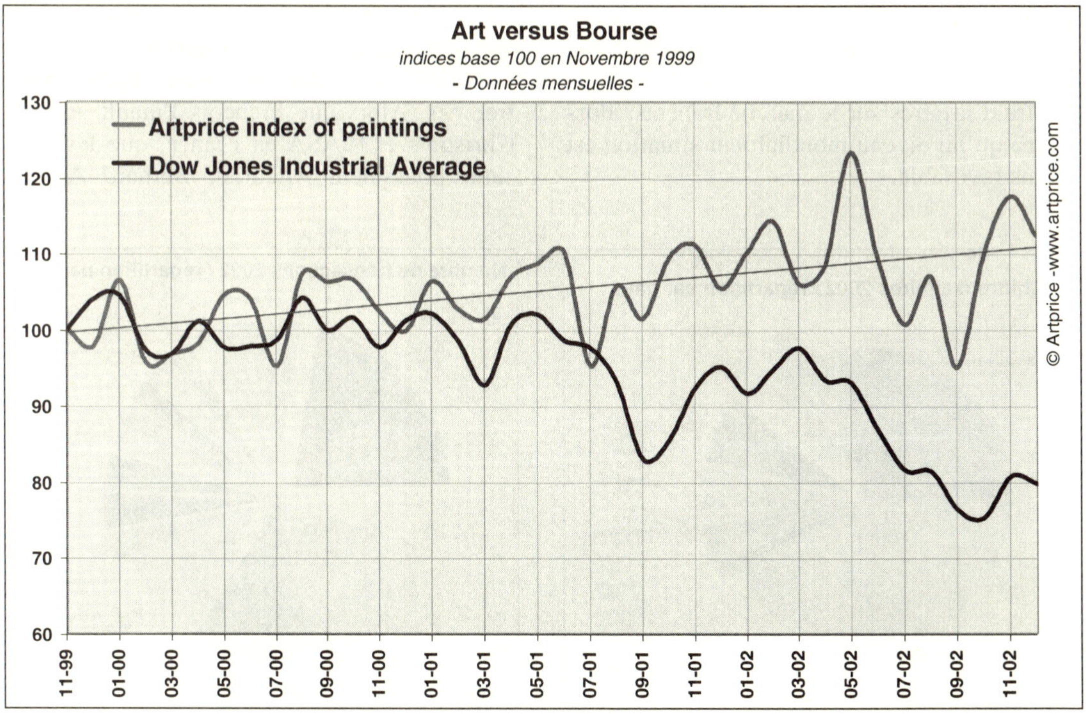

Les ventes aux enchères à Paris au lendemain de la libéralisation de 2002 (millions d'euros et nombre de ventes cataloguées entre parenthèses)

Artcurial (Briest/Poulain Le Fur) + Aguttes + Ivoire (Dassault)	72,5	
Tajan (Arnault)	69,5	(101)
Christie's (Pinault) (avec vente Giacometti)	57 (64,7)	(30)
Sotheby's	50,1	(17)
PIASA (Pinault)	48,9	
Beaussant-Lefevre	22,6	
Massol	18,7	
Gros-Delettrez	18,5	
Bergé Associés	14	(18 depuis juin 2002)
Cornette de Saint Cyr	13	
Total Drouot	**376**	
Drouot Richelieu/Montaigne	368	
Ensemble des ventes « Paris »	**613/632**	

saires priseurs. Quelques mois après la réforme, le marché français a trouvé un nouveau dynamisme et profite sans nul doute de la présence et de la concurrence des maisons anglo-saxonnes, Christie's et Sotheby's, toutes deux implantées à Paris et qui à elles deux, ont réalisé un peu plus de 100 millions d'euros de chiffre d'affaires sur le marché français, alors même qu'au niveau mondial leur situation est moins favorable.

Les grands acteurs mondiaux sur la défensive

On se souvient de la fièvre qui avait saisi les grandes sociétés de ventes aux enchères il y a quelques années avec l'irruption de quelques milliardaires français aux « eg...aults » bien trempés. Alors que François Pinault achetait Christie's et PIASA en France, que les Dassault poussaient Artcurial, Bernard Arnault

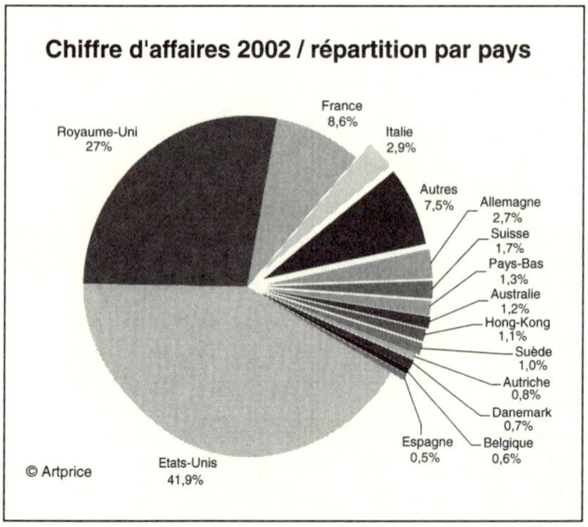

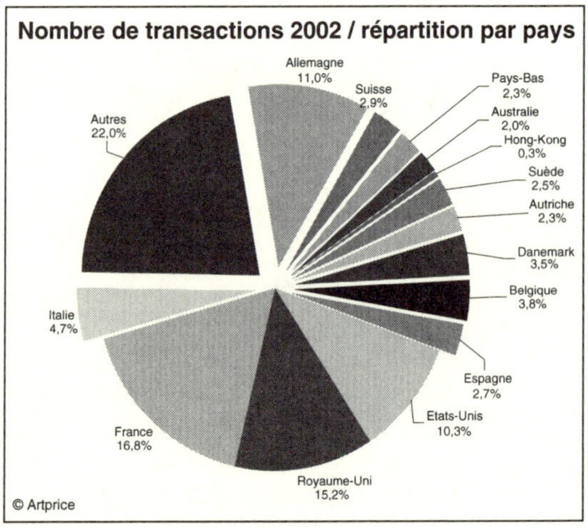

achetait Tajan, tournait autour de Sotheby's et finalement regroupait Philipp's, Bonham et le couple de Pury/Luxembourg auquel il donnait de considérables moyens financiers pour pénétrer le marché des grandes ventes : pour ce faire, la méthode est simple : il suffit de donner des prix de garantie bien supérieurs aux attentes en espérant que le marché suivra. On fait du volume mais c'est coûteux et il semble bien qu'à ce petit jeu, Philipp's, qui n'a réalisé en 2002 que $ 180 millions de chiffre d'affaires, ait perdu suffisamment d'argent pour que Bernard Arnault jette l'éponge et vende en deux temps toute sa participation dans Philip's à ses deux dirigeants qui ont décidé de revenir à leur métier d'origine, le courtage et le négoce en chambre.

Des deux autres grands acteurs internationaux, on sait que la situation financière reste précaire, meilleure pour Christie's que pour Sotheby's. Celle-ci, qui était officiellement en vente, n'a pas trouvé d'acquéreur pour les 63 % du capital que détient Alfred Taubman (lequel purge en 2002-2003 un an de prison à la suite de sa condamnation pour entente illégale avec Christie's). Sotheby's a vendu son siège de New York et a dû considérablement réduire son train de vie.

Mais à côté des marchés « organisés » par les maisons de ventes aux enchères, il faut tenir compte du marché de gré à gré (l'OTC !) au fil des foires et salons. Celui-ci reste par essence inquantifiable, mais à voir certains événements comme la Foire de Maastricht, il fait preuve d'une belle vitalité, même si avec les bruits de guerre les acheteurs américains traversent moins facilement l'Atlantique.

En 2003, on devrait assister à la poursuite du rééquilibrage du marché mondial avec le retour du pôle français marqué de quelques ventes spectaculaires comme celle de l'atelier d'André Breton en avril, mais aussi au retour du traditionnel duopole des deux grands « auctionneers » anglo-saxons.

Table des matières

Les collaborateurs de CyclOpe 2003 VI
Avant-propos VIII
Chroniques d'une guerre annoncée XI

Première partie : Doutes et incertitudes du monde 1

I Après la grisaille de 2002, 2003 dans le monde : un monde en proie au doute et aux incertitudes économiques . . 3
II Amérique du Sud : les réformes ou l'enlisement 23
III Après Johannesburg : quelles perspectives de développement durable ? 35
IV Un certain parfum de protectionnisme ! 53
V L'affaire Metaleurop et Glencore 59

Deuxième partie : Les marchés 63

La conjoncture des marchés 2002-2003 65
I Les marchés financiers (bourses, monnaies, taux) 75
- Bourses et marchés des actions 77
- Marchés de taux et de devises 91
- Marchés dérivés et opérateurs 101

II Grains et agriculture tempérée 111
- Cap sur une nouvelle PAC 117
- Après le Farm Bill : les agriculteurs américains déterminés à ne pas abandonner leurs soutiens dans la négociation agricole de l'OMC 122
- Les débats agricoles à l'OMC : l'Europe à Cancun 132
- Céréales 137
- Riz 151
- Oléoprotéagineux 155
- Viandes 169
- Lait et produits laitiers 199
- Pommes de terre 207
- Fruits et légumes 210
- Jus de fruits tempérés 215

• Vin ... 217
• Coton ... 224
• Laine ... 232
• Tabac ... 236
• Cuirs et peaux ... 240
• Fruits secs ... 243
III Produits tropicaux ... 247
• Sucre ... 253
• Café ... 258
• Cacao ... 263
• Thé ... 269
• Huile de palme ... 272
• Poivre et épices ... 275
• Bananes ... 278
• Ananas ... 282
• Agrumes et jus d'orange ... 285
• Caoutchouc ... 289
• Jute ... 293
• Sisal et fibres dures ... 296
• Bois tempérés ... 299
• Bois tropicaux ... 306
IV Produits de la mer ... 311
V Minerais et métaux ... 329
• Fer et ferrailles ... 336
• Les grands métaux non ferreux
– Acier ... 339
– Aluminium ... 345
– Cuivre ... 351
– Étain ... 357
– Nickel ... 361
– Plomb ... 367
– Zinc ... 371
• Les petits métaux ... 375
– Antimoine ... 375
– Bismuth ... 376
– Chrome ... 376
– Cadmium ... 377
– Cobalt ... 377
– Germanium ... 378
– Lithium ... 378
– Manganèse ... 379

– Mercure 380
– Sélénium 380
– Silicium 380
– Magnésium 381
– Molybdène 381
– Tantale 382
– Titane 382
– Terres rares 382
– Tungstène 383
– Vanadium 383
– Zirconium 384
• Les métaux et produits précieux
– Argent 385
– Or 387
– Platinoïdes 390
– Diamants 395
VI Énergie 399
• La consommation mondiale d'énergie en 2002-2003 401
• Pétrole 405
• Raffinage 423
• Gaz naturel 429
• Charbon 438
• Énergie nucléaire 443
• Électricité 446
VII Grands marchés industriels 451
• Industrie 453
• Automobiles 456
• Chimie 466
• Engrais 472
• Pâte et papiers 478
• Semi-conducteurs 481
• Textiles 486
VIII Services 493
• Réassurance 495
• Transport aérien et construction aéronautique 502
• Tourisme 508
• Fret maritime 512
• Télécommunications 518
IX Le marché de l'art 527

Réalisé en P.A.O. par STDI - Z.A. Route de Couterne - 53110 LASSAY-LES-CHÂTEAUX
Imprimé en France. - JOUVE, 11, bd de Sébastopol, 75001 PARIS
N° 326096T. - Dépôt légal : mai 2003